GESCHICHTE FRANKREICHS

BAND 4

Frankreich im Zeitalter der Revolutionen

1789–1851

Geschichte Frankreichs

HERAUSGEGEBEN VON
JEAN FAVIER

Beratung der deutschen Ausgabe
Karl Ferdinand Werner

DEUTSCHE VERLAGS-ANSTALT
STUTTGART

GESCHICHTE FRANKREICHS

BAND 1   KARL FERDINAND WERNER
Die Ursprünge Frankreichs
bis zum Jahr 1000

BAND 2   JEAN FAVIER
Frankreich im Zeitalter des Feudalismus
1000–1515

BAND 3   JEAN MEYER
Frankreich im Zeitalter des Absolutismus
1515–1789

BAND 4   JEAN TULARD
Frankreich im Zeitalter der Revolutionen
1789–1851

BAND 5   FRANÇOIS CARON
Frankreich im Zeitalter des Imperialismus
1851–1918

BAND 6   RENÉ RÉMOND
Frankreich im 20. Jahrhundert
1918 bis zur Gegenwart

Geschichte Frankreichs

BAND 4

Frankreich im Zeitalter der Revolutionen 1789–1851

VON JEAN TULARD

Aus dem Französischen übertragen
von Arnulf Moser

DEUTSCHE VERLAGS-ANSTALT
STUTTGART

LES RÉVOLUTIONS DE 1789 À 1851
erschien als vierter Band der
HISTOIRE DE FRANCE
erstmals 1985 bei Fayard, Paris.
© 1985 by Fayard, Paris

CIP-Titelaufnahme der Deutschen Bibliothek

GESCHICHTE FRANKREICHS/
hrsg. von Jean Favier. Beratung d. dt. Ausg.
Karl Ferdinand Werner. –
Stuttgart : Deutsche Verlags-Anstalt
Einheitssacht.: Histoire de France ⟨dt.⟩
NE: Favier, Jean [Hrsg.]; EST

Bd. 4. Tulard, Jean: Frankreich im Zeitalter
der Revolutionen 1789–1851. – 1989

TULARD, JEAN:
Frankreich im Zeitalter der Revolutionen
1789–1851 / von Jean Tulard. Aus d. Franz. übertr.
von Arnulf Moser. –
Stuttgart : Deutsche Verlags-Anstalt, 1989
(Geschichte Frankreichs ; Bd. 4)
Einheitssacht.: Les révolutions de 1789 à 1851 ⟨dt.⟩
ISBN 3-421-06454-7

Lektorat: Jochen Grube und Wolfgang Stammler
Typographische Gestaltung:
Brigitte und Hans Peter Willberg, Eppstein
Gesamtherstellung: Wilhelm Röck, Weinsberg
Printed in Germany

INHALTSVERZEICHNIS

Einführung 15

KAPITEL I DIE REVOLUTION DER PARLAMENTE

Die Staatskrise 18
Die geistige und moralische Krise 21
Versperrter Aufstieg: das Bürgertum 31
Bevölkerungsentwicklung und soziale Krise 34
Die Wirtschaftskrise 37
Die Finanzkrise 41
Die Revolution zieht herauf 50

KAPITEL II DIE REVOLUTION DES DRITTEN STANDES

Die Wahlen 52
Die politische Revolution des 23. Juni 1789 56
Die soziale Revolution des 4. August 1789 58
Die nationale Revolution des 14. Juli 1790 66
Die konstitutionelle Monarchie 68
Der erste Fehler der Constituante: die Assignaten 70
Der zweite Fehler der Constituante: die Zivilverfassung des Klerus 74
Die Flucht des Königs 77
Die Verfassung von 1791 82

KAPITEL III DER KRIEG

Ludwig XVI.   89
Europa und die Revolution.   92
Die Dekrete.   93
Der 10. August 1792   98

KAPITEL IV DIE ZEIT DES SCHRECKENS

Die erste Phase der Schreckenszeit   102
Valmy.   105
Der Konvent   107
Der Sturz der Gironde.   111
Die revolutionäre Regierung.   114
Die Krise des Sommers 1793   119
Der Aufschwung   121
Die Spaltung der Bergpartei   126
Robespierre   131

KAPITEL V DIE BÜRGERLICHE REPUBLIK

Die Thermidorianer   136
Die Verfassung des Jahres III   140
Das erste Direktorium   144
Die Siege.   148
Das zweite Direktorium   150
Der Feldzug in Ägypten   153
Die zweite Koalition   157
Der Brumaire   159
Warum Bonaparte?   162

KAPITEL VI BILANZ EINER REVOLUTION

Die Verlierer 164
Die Gewinner 171
Neue Schichten 176
Der revolutionäre Vandalismus 178

KAPITEL VII DER AUFSCHWUNG

Die Wohlfahrtsdiktatur 184
Die Verfassung des Jahres VIII 186
Die Zentralisierung 188
Die Neuordnung der Finanzen 191
Die Wiederherstellung des politischen Friedens 193
Der religiöse Frieden 195
Der Frieden auf dem Kontinent 198
Das Kaiserreich 202

KAPITEL VIII DIE SIEGE

Der Verlust der Seeherrschaft 210
Austerlitz und Jena 211
Die Kontinentalsperre 219

KAPITEL IX DER GIPFEL

Paris, die Hauptstadt des Kaiserreichs 223
Die Provinz 224
Der Code Civil 228
Die Notabeln 230
Die Armee 236
Die Mittelschichten 237
Die Welt der Bauern 239

Die Arbeiter 241
Der Empire-Stil 244

KAPITEL X DIE WENDE VON 1808

Die Stärkung der kaiserlichen Autorität 250
Gelenkte Kultur 255
Die Entstehung des kaiserlichen Adels 256
Der Krieg in Spanien 258
Der Feldzug von 1809 262
Der Anfang vom Ende 264

KAPITEL XI DAS ENDE DES KAISERREICHS

Die Wirtschaftskrise 266
Die Katastrophe in Rußland 269
Die Affäre Malet 275
Der Verlust Deutschlands 276
Der Zusammenbruch des Großen Kaiserreichs 280
Die öffentliche Meinung in Frankreich 281
Die Invasion 285

KAPITEL XII DIE KRISEN VON 1814/1815

Die öffentliche Stimmung im Jahre 1814 289
Die erste Restauration 292
Die Rückkehr Napoleons 297
Die Hundert Tage 305
Waterloo 309
Der Weiße Terror 312

KAPITEL XIII ULTRAS UND LIBERALE

Die Ultras 316
Die konstitutionelle Partei 319
Die Liberalen 324
Die Rückkehr der Ultras 327
Villèle 330
Die Reaktion 333
Das Experiment Martignac 338
In Richtung Revolution 339

KAPITEL XIV DIE REVOLUTION VON 1830

Die Erlasse und die Erhebung 344
Die konfiszierte Revolution 348
Vom Sinn einer Revolution 350

KAPITEL XV DIE STRASSE UND DAS PARLAMENT

Louis-Philippe 354
Die »Bewegung« 356
Der »Widerstand« 358
Die Konsolidierung 361
Der Parlamentarismus 364
Die Krise von 1839–1840 367

KAPITEL XVI BAUERN, BÜRGER UND ARBEITER

Das ländliche Leben zwischen 1815 und 1848 373
Der Niedergang der Aristokratie 378
Die Kirche 381
Der Triumph der Bourgeoisie 383
Die Rentiers 391

Der öffentliche Dienst 392
Das Bürgertum auf dem Lande 395
Das bürgerliche Leben 396
Die Armee 399
Die Entstehung der Arbeiterklasse 400
Konflikte 407
Die sozialen Theorien 408

KAPITEL XVII DIE ROMANTIK

Einflüsse 414
Die Schlacht 417
Die Romantik unter Louis-Philippe 422

KAPITEL XVIII DIE REVOLUTION VON 1848

François Guizot 426
Die Außenpolitik 428
Die Spaltung zwischen Nation und politischem Regime 431
Die Wirtschaftskrise 433
Die politische Krise 436
In Richtung Republik 440

KAPITEL XIX DAS SCHEITERN DER REPUBLIK

Die Arbeiterfrage 444
Die politischen Probleme 448
Die Junitage 452
Die Verfassung 456
Die Präsidentenwahl 457
Die Gesetzgebende Nationalversammlung 460
Der Konflikt zwischen dem Präsidenten
und der Nationalversammlung 462
Der Staatsstreich 466

Schluß 470

Zeittafel 474
Karten
Die Pariser Sektionen im Jahre III 495
Frankreichs Einteilung in 130 Departements im Jahre 1811 496
Die Poststrecken gegen Ende des 18. Jahrhunderts 498
Bibliographische Hinweise 499
Personenregister 509
Ortsregister 536

EINFÜHRUNG

Am 11. September 1789 spalteten sich in Versailles die Abgeordneten der Verfassunggebenden Nationalversammlung in zwei Gruppen auf. Die Anhänger eines absoluten Vetorechts für den König ließen sich zur Rechten des Präsidenten nieder, ihre Gegner, Befürworter einer vom Volkswillen begrenzten Monarchie, zur Linken. Diese *Constituants* orientierten sich am Beispiel Englands, wo die Regierungspartei im Unterhaus zur Rechten des Sprechers sitzt und die Opposition links von ihm. In Wirklichkeit leiteten sie dadurch ungewollt eine neue Spaltung Frankreichs ein.

Rechte und Linke: In Versailles verlor diese Zweipoligkeit sofort ihren funktionalen Charakter und geriet zur Ideologie. Auf der einen Seite saßen nicht die Abgeordneten der Partei *an der* Macht, sondern der Partei *der* Macht, nämlich der absoluten Monarchie und der gesellschaftlichen Hierarchie des Ancien régime; auf der anderen Seite die Vertreter gesellschaftlicher Reformen, die den Sturz der alten Strukturen anstrebten. Die Konservativen widersetzten sich den Kräften der Veränderung; Fortschritt stieß auf Tradition. Ein Gegensatz, der während des gesamten 19. Jahrhunderts andauern sollte und den diese beiden topographischen Begriffe »rechts« und »links« problemlos verdeutlichen. Dieses neue Element überstrahlte den leuchtenden Fortschritt der Technik, den Umsturz der Sitten, die künstlerischen und literarischen Kämpfe und gab dem Verlauf der verschiedenen Revolutionen einen festen Rhythmus.

Sicher, nicht zum ersten Male waren die Franzosen gespalten. Der Hundertjährige Krieg und die blutigen Auseinandersetzungen zwischen Katholiken und Protestanten erwiesen sich als erbitterte Bruderkämpfe. Aber die Revolution von 1789 errichtete erneut zwei feindliche Lager; sie begründete die politische Instabilität (zehn Verfassungen in weniger als fünfzig Jahren) und löste einen Bürger- und Religionskrieg aus.

Rechte und Linke: Diese ideologische Spaltung deckte sich jedoch nicht vollständig mit den sozialen Gegensätzen. Im Jahre 1789 zeigte sich der Adel genau in dem Augenblick starr und unzugänglich, als das aufstrebende Bürgertum zum Sturm auf die Macht ansetzte und eine Bauernschaft, die vielgestaltiger war, als man annahm, nur noch mit Ungeduld das regional unterschiedliche Gewicht der Feudallasten ertrug und nur mühsam ihren Wunsch unterdrückte, Besitzer des Bodens zu werden, den sie bebaute.

In der Nacht des 4. August 1789 erlebte die Aristokratie ihre entscheidende Niederlage. Diese Nacht öffnete den Weg in eine neue Gesellschaft, die im Prinzip keine Privilegien mehr kannte und die soziale Gleichheit anstrebte. Wenn auch die Bauern, die großen Gewinner der Reformen (mit Ausnahme der Tagelöhner), nach und nach in das Lager der Konservativen schwenkten, so tauchte nun eine neue Gruppe auf, die eine soziale Krise wieder entfachte, die man unter Napoleon I. schon als gelöst betrachten konnte: Die industrielle Revolution schuf ein neues Proletariat, das heißt den Typ des Industriearbeiters, den mit dem Gesellen der ehemaligen Handwerkerinnungen nichts mehr verband. Der Liberalismus, vom triumphierenden Bürgertum zum politischen und wirtschaftlichen Ideal erhoben, blieb gegenüber dem Los dieses Arbeiters gleichgültig, obwohl es sich ständig verschlechterte. Die soziale Explosion von 1848 sollte zeigen, daß man mit dieser neuen Kraft künftig zu rechnen hatte. Dem Gegensatz zwischen Privilegierten und Drittem Stand von 1789 folgte ein unerbittlicher Kampf zwischen Bürgertum und Arbeiterklasse, wie ihn 1848 Alexis de Tocqueville und Karl Marx ankündigten.

Ideologische Konflikte und soziale Spannungen rissen dieses »neue Frankreich«, von dem Prévost-Paradol spricht, auseinander. Die absolute Monarchie hatte die politischen Spaltungen aufgehoben oder verhüllt, während die Volksaufstände an Schärfe verloren. Das Ende Ludwigs XVI. ließ sie wiedererstehen und weitete sie aus. Zu dem politischen Vakuum, erzeugt durch die Unfähigkeit zu einem anderen politischen System – Republik, konstitutionelle Monarchie oder Wohlfahrtsdiktatur –, kam ein gesellschaftlicher Umsturz hinzu, der durch das Verschwinden der Stände und die industrielle Umwandlung Frankreichs verursacht wurde. Das Jahr 1789 eröffnete somit einen zusammenhängenden Zyklus von Revolutionen und Staatsstreichen, die den Weg der Geschichte Frankreichs während der ersten Hälfte des 19. Jahrhunderts bestimmten.

KAPITEL I

Die Revolution der Parlamente

Im Jahre 1789 grenzte Frankreich im Westen an den Atlantik und im Süden an die Pyrenäen; aber seine Nordgrenze blieb trotz der Festungen Philippeville und Marienburg, Enklaven in den österreichischen Niederlanden, verwundbar. Der Rhein bot nur ein unvollkommenes Hindernis, da sein linkes Ufer nicht überall in französischer Hand war. Im Südosten schließlich hatte der französische König weder auf Nizza und Savoyen noch auf Avignon und die Grafschaft Venaissin Zugriff. Frankreichs politische Geographie bot also ein Bild der Unvollkommenheit, die später sein Streben nach natürlichen Grenzen beflügelte.

In Frankreich regierten keine politischen Parteien, sondern die absolute Monarchie, in der ein König von Gottes Gnaden über zwanzig Millionen Untertanen herrschte.

Die Gesellschaft untergliederte sich in drei Stände, Geistlichkeit, Adel und Dritter Stand, und basierte auf den Privilegien der beiden ersten Stände.

Der Wohlstand des Landes resultierte im wesentlichen aus dem Kolonialhandel. An ihm verdienten vornehmlich die Hafenstädte am Atlantik, weil die Waren aus Afrika und von den Antillen über sie nach Frankreich gelangten. Auch die trotz herkömmlicher Technik fortschreitende landwirtschaftliche Produktion trug zum damaligen Reichtum der Staatskasse bei.

Die Idee der Veränderung kam von England über das Meer, wo sich im Gegensatz zum französischen System des göttlichen Rechts eine parlamentarische Monarchie herausgebildet hatte und der Philosoph Locke an die Rechte des Menschen wie Freiheit und Gleichheit erinnerte und nicht mehr bloß an seine Pflichten. In der englischen Industrie schließlich hielt die Dampfmaschine stürmisch Einzug, und die Vereinigten Staaten von

Amerika schufen eine Demokratie auf der Basis einer kodifizierten Verfassung. Hinkte Frankreich dieser Entwicklung hinterher? Reformen erschienen damals notwendig, obwohl niemand die monarchische Form der Macht bestritt. Die republikanische Idee streifte allenfalls einige Geistliche mit fortschrittlichen Ideen und einige Leser von Livius und Plutarch. Aber schon zeichnete sich eine Spaltung Frankreichs ab, bei der das neue Denken mit der traditionellen Geisteswelt in Konflikt geriet.

Paradoxerweise brachten die Privilegierten die Revolution in Gang. Die Parlamentsangehörigen, Mitglieder der Gerichtshöfe, forderten als erste öffentlich vor dem König fundamentale Freiheiten und Rechte; sie sind es, die gegen den Absolutismus die Einberufung der Generalstände verlangen. Ahnen sie, daß sie die Büchse der Pandora öffnen?

DIE STAATSKRISE

Im Jahre 1789 wurde Frankreich durch einen Herrscher von Gottes Gnaden regiert. Seine Autorität war grenzenlos und jenseits jeglicher Kontrolle; für die Ausübung der höchsten Gewalt war er nur Gott Rechenschaft schuldig; er verkörperte das Gesetz; der Staat lebte aus ihm.

Obwohl Paris die Hauptstadt des Königreiches war, regierte er von Versailles aus, wo er mit seinem Hof residierte, unterstützt von Ministern (ein Generalkontrolleur der Finanzen und Staatssekretäre für das Kriegswesen, die Marine, die auswärtigen Angelegenheiten und das Königshaus) und von vier Ratskollegien: der Rat der Staatsminister und engsten Mitarbeiter Ludwigs XVI., Finanzrat, Depeschenrat und eine Art oberster Gerichtshof. Alles ging vom König aus, alles endete beim König. Diese absolute Monarchie war also absolut zentralisiert.

Frankreich war in vierzig Regierungsbezirke *(Gouvernements)* gegliedert; die meisten entsprachen den ehemaligen Provinzen aus der Feudalzeit, lediglich acht beschränkten sich auf eine Festung. Die Gouverneure, die sich aus dem Hochadel rekrutierten, besaßen nur noch eine repräsentative Funktion und residierten in Versailles.

Eine andere Einteilung bildete sich heraus: die *Généralité*, an deren Spitze ein mit Kommissionsvollmachten ausgestatteter Intendant amtierte, den der König jederzeit abberufen konnte. Gleichsam als kleinen

Königen kam den Intendanten die Macht zu, Truppen auszuheben, den Gerichten vorzusitzen und die Aufteilung der direkten Steuern zu überprüfen. Das ganze wirtschaftliche Leben der *Généralité* unterlag ihrer Kontrolle. Die *Généralités* unterteilten sich in Diözesen, *Bailliages* (Gerichtsbezirke) oder *Élections* (Steuerbezirke), die eine gewisse Anzahl von Gemeinden umfaßten. Sie wurden von Vertretern geleitet, die der Intendant ernannte.

Obwohl dem Anschein nach mächtig, wies diese Monarchie in Wirklichkeit Zeichen der Schwäche auf. Alles ruhte auf dem König. Wenn ihm Charakter fehlte, so wurde seine königliche Autorität alsbald in Frage gestellt, und das war 1789 der Fall.

Ludwig XVI., 1754 geboren, mangelte es, wenn nicht an Intelligenz, so doch an Willenskraft. Er war wohlwollend, großmütig und von beispielhafter Frömmigkeit. Er wollte stets Gutes tun und war zunächst als neuer Heinrich IV. begrüßt worden. Aber dieser starke Esser und Nimrod vor dem Herrn enttäuschte bald durch Zögern und Unentschlossenheit: »Stellen Sie sich geölte Elfenbeinkugeln vor, die Sie versuchen zusammenzuhalten«, notierte ein Zeitgenosse. Seine vorübergehende Unfähigkeit, die Ehe mit Marie Antoinette zu vollziehen, provozierte den Spott eines freigeistigen Jahrhunderts – Lächerlichkeit verzieh man damals nicht, und seine Güte tat ein übriges. »Wenn man von einem König sagt, daß er gut ist, ist die Herrschaft verfehlt«, soll Napoleon gesagt haben.

Seine österreichische Gemahlin Marie Antoinette hatte es nicht verstanden, das Herz der Franzosen für sich zu gewinnen. Seit dem Siebenjährigen Krieg machte man Wien für alles Unglück in Frankreich verantwortlich. Auch eine gewisse Hochnäsigkeit, ja Frivolität, die mit ihrer Jugend entschuldbar ist – sie war 1755 geboren –, waren nicht dazu angetan, die Dinge zu bereinigen. Obwohl sie unschuldig war, hatte sie die öffentliche Meinung in der sogenannten Halsbandaffäre von 1785 verurteilt (Kardinal Rohan hatte gehofft, sich das Wohlwollen der Königin durch ein Perlenhalsband zu sichern, und war dabei durch eine Intrigantin, die Gräfin de La Motte, getäuscht worden). Man schürte den Volkszorn durch gemeine Pamphlete gegen sie, die der allgemeinen Überzeugung nach von den Brüdern Ludwigs XVI., den Grafen von Provence und Artois ausgingen.

Ohne einen energischen und gefürchteten Herrscher schwankten die Zügel der Macht. Als der König Rivarol fragte, was zu tun sei, soll dieser

geantwortet haben: »König sein!« Denn das Königtum garantierte die
Einheit eines Reiches, dessen Teile sich nach und nach aus den Launen
einer von Annexionen und Heiraten bestimmten Politik herausgebildet
hatten. Andererseits mußte man die Privilegien und Besonderheiten jeder
Provinz respektieren, die dem Königsgut zugeschlagen wurde, so daß es
keine innere Einheit gab: Mundarten und Dialekte bestanden fort; kodifiziertes, einheitliches Recht galt im Süden und 285 Gewohnheitsrechte im
Norden Frankreichs, so daß Voltaire schreiben konnte, daß man von
»Post zu Post beim Pferdewechsel die Rechtsordnung wechselt«. Gewichte und Maße variierten von einer Provinz zur anderen: Morgen, Rute,
Scheffel, Ohm, Sester waren nicht überall einheitlich. In den landständi-
schen Provinzen *(pays d'État)* legten ihre Abgeordneten die Steuerauftei-
lung fest; in den *pays d'Élections* wurde die gleiche Steuer direkt durch
Vertreter des Königs aufgeteilt. Zollschranken im Landesinneren behinderten den Warenkreislauf. Der partikularistische Geist waltete so stark,
daß Mirabeau von Frankreich behaupten konnte, daß es nur ein »unzu-
sammenhängendes Aggregat uneiniger Völker sei«.

Überall stieß sich die Tätigkeit der königlichen Intendanten an Privilegien der Provinzen, Korporationen und Individuen. Die Freiheiten waren
damals größer, als man angenommen hatte. Sie hingen an den Zugeständnissen, welche die Monarchie zum Zeitpunkt der jeweiligen Annexion
hatte einräumen müssen und die die Intendanten vergeblich zurückzu-
nehmen versuchten. Weil die französische Krone so viele Privilegien zu
berücksichtigen hatte, war Frankreich ein Land mit vielen Freiheiten. Der
»ministerielle Despotismus«, den alle Pamphlete bekämpften, stieß bei
jeder Gelegenheit an seine Grenzen. Darüber hinaus lähmte die Ämterkäuflichkeit die Autorität des Königs über seine eigenen Vertreter. Seit
dem Edikt von Paulet im Jahre 1604 mündete die Simonie sogar in der
Erblichkeit. Der Vorteil eines solchen Systems lag in der gesicherten
Unabhängigkeit der Amtsinhaber gegenüber dem Herrscher; der Nachteil indes beruhte auf der Bestechlichkeit der Richter, denen es nur darum
ging, ihre Anstellung durch die Einkünfte aus den Gebühren gewinnbringend zu verwerten, und lag in der Schwächung des Staates: »Er war darauf
beschränkt«, notierte Tocqueville, »zum politischen Handeln Instrumente zu verwenden, die er nicht selbst geformt hatte und die er nicht
zerbrechen konnte. Oft mußte er mitansehen, wie sich sein absolutester
Wille bei der Durchführung seiner Erlasse aufrieb. Dieser seltsame und

mangelhafte Aufbau der öffentlichen Ämter bildete eine Art politische Garantie gegen die Unfähigkeit der Zentralgewalt. Wie ein unregelmäßiger und schlecht gebauter Deich spaltete er die Kraft des absoluten Herrschers und dämpfte seine Stoßkraft.«

Obwohl die Generalstände seit 1614 nicht mehr einberufen worden waren, hielten die Parlamente seit dem Aufstand der Fronde doch an ihrem Rollenverständnis fest. Insbesondere das Parlament von Paris und andere Vertretungen erklärten sich mißbräuchlich zu Hütern der Gesetze und Grundsätze des Königreiches. Ihre Rolle beschränkte sich auf das Richteramt; dennoch beanspruchten sie die Kontrolle und Überwachung der Regierungshandlungen. Sie bereiteten die Rache der von Richelieu und Ludwig XIV. gleichgeschalteten großen Feudalherren vor. Am Ende der Regierungszeit von Ludwig XV. waren sie so lästig geworden, daß der Kanzler und Siegelbewahrer Maupeou ausrief: »Gibt es nun einen alleinigen Herrscher, oder ist Frankreich zwölf Aristokratien unterworfen?« Im Jahre 1771 ließ er deshalb die Parlamente abschaffen. Schlecht beraten, stellte Ludwig XVI. sie kurz nach seinem Regierungsantritt wieder her und schwächte so seine eigene Autorität. Unter dem Deckmantel humanitärer Phrasen, die letzten Endes nur der Verteidigung ihrer Privilegien dienten, brachten die Parlamentsmitglieder die nützlichsten Reformen zu Fall und schürten die Empörung gegen den König. Der sah sich wegen seines Despotismus' angegriffen, während er in Wirklichkeit versuchte, die Lage seiner Untertanen zu verbessern. Es ist deshalb keine Übertreibung zu behaupten, daß die Revolution eigentlich 1774 beginnt.

DIE GEISTIGE UND MORALISCHE KRISE

Die Aktivitäten der Parlamente wären ohne einen sie begünstigenden intellektuellen Hintergrund nicht möglich gewesen, denn im Gegensatz zu Revolten entsteht eine Revolution nicht spontan. Die Erschütterung der Denkweisen geht immer dem politischen Wechsel voraus. Das allgemeine Elend kann Volksaufstände provozieren, die um so leichter zu unterdrücken sind, je anarchischer sie sind. Vor einer Revolution hingegen kommt stets das Bewußtwerden dieses Elends sowie die Reflexion über seine Abhilfe. Die Revolution von 1789 läßt sich deshalb nicht verstehen, wenn man die Rolle der Philosophen vernachlässigt: Voltaire und Rousseau trugen sehr wohl Verantwortung für den Sturz der Monarchie.

Diese Erschütterung der Denkweisen begann in den letzten Regierungsjahren Ludwigs XIV., denn sie stellte den königlichen Absolutismus in Frage, den schon Kardinal Retz zur Zeit der Fronde im Namen von »Grundgesetzen« bekämpft hatte. Auch Fénelon hielt den Absolutismus für ein »Attentat an den Rechten der menschlichen Brüderlichkeit«. Er verlangte »geschriebene, immer beständige und von der Nation bestätigte Gesetze«. Die Regierenden durften ihre Autorität nur aus diesen Gesetzen ableiten.

Die Entdeckung der Ideen John Lockes, der in England eine »Abhandlung über die Regierung« veröffentlichte, führte die Entscheidung herbei. Künftig galt es als selbstverständlich, daß Freiheit und Gleichheit die vorrangigen Rechte des Menschen waren. Es gehörte nun zum guten Ton, Privilegien und die mangelnde Kontrolle der Monarchie zu verurteilen, die Gleichheit der Steuerlasten und die Teilhabe der Nation an der Regierung zu fordern. Dieses Programm brauchte einen Namen und fand ihn im Begriff der »Aufklärung«. Ihre Herrschaft zu verlangen bedeutete »philosophieren«. Darunter verstehen wir mit Madame de Lambert »das Joch der Meinung und Autorität abschütteln«.

Montesquieu eröffnet die Reihe der Philosophen, die ihr intellektuelles Engagement zum Eckstein ihres Werkes machen. Nachdem er in seinen »Persischen Briefen« 1721 eine gefällige Satire der französischen Gesellschaft geboten hatte, begann er in seinem 1748 erschienenen Werk »Vom Geist der Gesetze«, alle Regierungsformen zu analysieren. Er unterschied drei Gewalten: die Exekutive, die Legislative und die Jurisdiktion, deren Trennung ihm allein die unabdingbare Garantie für die Freiheit zu sein schien. So gelangte er zur Kritik an der französischen Monarchie, die alle Gewalten in sich vereinigte. Die ideale Organisationsform erblickte er im englischen Regierungssystem, weil »der Herrscher keine Gewalt hat, irgend jemand ein vorstellbares Unrecht anzutun, aus dem Grund, weil seine Macht durch eine andere kontrolliert und begrenzt ist«. Die Politik, pragmatisch unter Machiavelli und mystisch bei Bossuet, wird dank Montesquieu zur Wissenschaft.

Ihm folgte »König« Voltaire, dessen »Philosophische Briefe« 1734 Locke in Frankreich bekannt machten. Voltaire griff die Willkür und religiöse Intoleranz an und pries England als Land, »wo dem Herrscher, allmächtig, um Gutes zu tun, die Hände gebunden sind, um Böses zu tun«. Das Buch wurde aufgrund eines Urteils des Pariser Parlaments verbrannt – es kam für seine Zeit einfach zu früh. Lassen wir einige Episoden aus dem Leben Voltaires beiseite, und betrachten wir nur seine Rolle als Berater Friedrichs II. von Preußen, und vor allem ab 1755 die des Patriarchen von Ferney, der gegen Mißbräuche und Folter ankämpfte. Die Affäre Calas brachte ihm große Berühmtheit ein. Nach diesem Protestanten, der beschuldigt wurde, seinen ältesten Sohn erhängt zu haben, weil er zum Katholizismus übertreten wollte, verteidigte er einen jungen Freigeist, La Barre mit Namen, der in Abbeville hingerichtet wurde, weil er ein Kruzifix verstümmelt hatte.

Voltaires Kampfbereitschaft hatte auch ihre Kehrseite. Da er vollständig auf den Kampf konzentriert war, vernachlässigte er das konstruktive Element. Seine Rolle beschränkte sich, wie er selber in einem Brief an Madame du Deffand zugab, auf die des großen Zerstörers. Insbesondere griff er das Christentum und die Autorität des Königtums an. Aber man sollte sich hüten, ihn als Demokraten zu betrachten. Das Volk hielt er für »dumm und barbarisch«, dem »ein Joch, ein Stachel und Heu« genügen, wie er 1769 in einem Brief schrieb. Handelte es sich dabei um einen bloßen Scherz? Jean-Jacques Rousseau hätte ihn abgelehnt. Sein Einfluß war in allen Bereichen gewaltig; er reichte von der Kindererziehung bis zur Wertschätzung der Botanik, von einer übermäßigen Empfindsamkeit, die Ströme von Tränen vergoß, bis zum Deismus, der später Robespierres Kult des »Höchsten Wesens« inspirieren sollte. Was Rousseau anstrebte, war eine totale Umgestaltung von Staat und Gesellschaft, wie er sie in seiner »Abhandlung über den Ursprung der Ungleichheit unter den Menschen« 1755 und vor allem sieben Jahre später im »Gesellschaftsvertrag« darlegte. Wie Locke stellte er heraus, daß alle Menschen gleich und frei seien und jede gesellschaftliche sowie politische Organisation allein dem Ziel der Wahrung individueller Rechte zu folgen vermag. Der Schutz dieser Rechte, so Rousseau, findet seine Grenze allerdings im Interesse und dem Willen der größten Zahl; denn das Volk als Gesamtheit verkörpert die Souveränität: Die Demokratie ist für Rousseau zwar das ideale System; dennoch ist dieser Weg nicht immer gangbar.

Die Ökonomen folgten den Philosophen. Sie verurteilten die bestehenden Verhältnisse nicht nur allein im Namen einer abstrakten Vernunft, sondern auch vom Boden der Tatsachen aus. Charles Quesnay, Sohn eines Pariser Parlamentsadvokaten, faßte seine Ideen 1758 in seiner »Wirtschaftsübersicht« (*»Tableau économique«*) und 1760 in den »Allgemeinen Grundsätzen der Wirtschaftsverwaltung in einem Ackerbauland« (*»Maximes générales du gouvernement économique dans un royaume agricole«*) zusammen. Er sah in den natürlichen Ressourcen wie Landwirtschaft, Steinbrüchen und Bergwerken die einzige Quelle des Reichtums. Diese Allmacht der Natur definierte er mit dem Begriff »Physiokratie«. Gournay fügte der Lehre von Quesnay noch die Industrie als zweite Quelle des Reichtums hinzu. Wie dieser zielte er im wirtschaftlichen Bereich auf ein freiheitliches System. »Nicht zuviel regieren, auf keinen Fall reglementieren«, sagte Quesnay; »machen und geschehen lassen« (*»laisser faire, laisser passer«*), meinte Gournay. Damit wurde das gesamte, vom Mittelalter ererbte Wirtschaftssystem in Frage gestellt und die Berechtigung aller Standesorganisationen bestritten.

Die Synthese der philosophisch-ökonomischen Lehrsätze lieferte die »Enzyklopädie«, herausgegeben von Diderot und d'Alembert. Diderot war wegen seines Materialismus und Atheismus zunächst ein weit kämpferischerer Philosoph als die anderen, wie er vor allem in seinem »Brief über die Blinden für die Sehenden« (*»Lettre sur les aveugles à l'usage de ceux qui voient«*) schrieb, der 1749 erschien und ihm eine Haftstrafe im Gefängnis von Vincennes einbrachte. »Setzen Sie an die Stelle von Gott eine durch Kraft und dann durch Aktivität spürbare Materie, dann haben Sie alles, was bisher im All vom Stein bis zum Menschen entstanden ist.« Alles gegenwärtige Sein erklärte sich als Ergebnis mechanischer Prozesse: Stets verfeinerte Evolutionstechniken produzieren Mineralien, Pflanzen, Tiere und schließlich denkende Wesen.

Die »Enzyklopädie« sollte nach Diderots Vorstellung »ein allgemeines Bild der Anstrengungen des menschlichen Geistes auf allen Gebieten und zu allen Zeiten« entwerfen. Diderot träumte von einem Universallexikon, das den damaligen Kenntnisstand in Geschichte, Naturwissenschaften, den technischen Disziplinen und den Sitten abbildete. Methodisch unterschied es sich von den bisherigen Enzyklopädien, indem es einen Überblick über die Ordnung und Verknüpfung der menschlichen Kenntnisse bieten sollte, namentlich auch über ihren Fortschritt, denn Diderot stellte ihn in Opposition zur Tradition und wies die Vorstellung der Erbsünde zurück.

Sämtliche Schriftsteller und Gelehrten aus dem Lager der Philosophen arbeiteten an diesem Werk mit: unter ihnen Voltaire, Buffon, Quesnay, Turgot, d'Alembert. Es wurde im Jahr 1751 begonnen und erst nach mehreren Verboten 1772 abgeschlossen. Die »Enzyklopädie« fuhr in der Tat schweres Geschütz auf gegen die Religion, welche die Befriedigung des Instinkts störte, gegen die absolute Gewalt des Souveräns, die die individuelle Freiheit beeinträchtigte und die Meinungs- und Pressefreiheit verweigerte, sowie gegen das berufsständische System der Korporationen, das die Freiheit von Industrie und Handel behinderte. Der Beitrag »Eigentum« zeigt es ganz deutlich: Der Verfasser erinnert daran, daß das Recht auf Eigentum zu den natürlichen Rechten des Menschen gehört und daß der König nicht der Eigentümer der Güter seiner Untertanen ist. »Die guten Könige haben stets den Besitz ihrer Untertanen geachtet; sie haben die öffentlichen Gelder, die ihnen anvertraut worden sind, nur als Pfand betrachtet, das sie auf keinen Fall verschleudern durften, um ihre frivolen Leidenschaften, die Gier ihrer Günstlinge oder die Habsucht ihrer Höflinge zu befriedigen.« Oft blieb die Kritik verschleiert, war aber im allgemeinen dank eines geschickten Spiels mit Verweisen besonders beißend.

Nach der amerikanischen Revolution nahm sie unter der Feder neuer Philosophen wie dem Abbé Raynal noch radikalere Züge an. Er legte 1770 in seiner »Philosophischen und politischen Geschichte der Niederlassungen und des Handels der Europäer in den beiden Indien« die Untaten der europäischen Kolonisatoren offen. Auch Abbé Mably hieb in seiner Abhandlung »Von den Rechten und Pflichten des Bürgers« (*»Des droits et des devoirs du citoyen«*) in dieselbe Kerbe, als er die Abschaffung des individuellen Eigentumsrechts an Grund und Boden forderte. Er entwarf eine Art konstitutioneller Monarchie, deren Oberhaupt nur als Vertreter der Nation in der Exekutive handeln sollte, während die gewichtigere gesetzgebende Gewalt einer Abgeordnetenversammlung vorbehalten blieb. Condorcet wiederum bestand auf der Einhaltung der Menschenrechte. In seinen Augen waren dies die Sicherheit der Person, der Genuß des Eigentums, die Verpflichtung, nur allgemeinen und für alle Bürger geltenden Gesetzen unterworfen zu sein, das Recht, an der Entstehung dieser Gesetze mitzuwirken, sowie die Freiheit, frei zu denken und zu schreiben.

Modisches, man könnte es auch Snobismus nennen, spielte eine wich-

tige Rolle bei der Verbreitung dieser Ideen: »Jeder, auch der geringste
Schriftsteller, will als Philosoph gelten, das ist die Krankheit oder, besser
gesagt, der Wahn unserer Tage«, notierte die Zeitschrift »*L'Année littéraire*«.

Daran hatte die Schwäche der königlichen Autorität entscheidenden
Anteil. Das Edikt vom April 1757 erlaubte die Todesstrafe gegen Autoren
und Drucker von nicht genehmigten Werken. Diderot kam in den Turm
von Vincennes, das »System der Natur« des Barons von Holbach wurde
verbrannt, und der reiche Finanzmann Helvetius mußte sein 1758 erschie-
nenes Werk »Vom Geist« zurückziehen.

Anstatt die Neugier zu bremsen, stachelten diese Verbote die Produktion an. Die zahlreichen Geheimdruckereien hatten Hochkonjunktur;
Bücher wurden aus London, Amsterdam oder Genf eingeschmuggelt.
Unter Ludwig XVI. trat die Nachsicht der Behörden offen zutage. Als
Direktor der Bücherbehörde protegierte Malesherbes Rousseau und bekannte öffentlich seinen Abscheu vor der Zensur: »Die Pressefreiheit
trägt ihr Heilmittel in sich selbst; mag auch der Irrtum zuzeiten wegen
der überlegenen Talente eines Verteidigers der schlechten Sache triumphieren, so trägt letztlich doch die Wahrheit den Sieg davon. Ich betrachte es als ein unbestreitbares Prinzip, daß die Diskussionsfreiheit
allein geeignet ist, die wahren Interessen einer Nation aufzuzeigen.«
Dieser ärgerliche Optimismus sollte ihn in der Schreckenszeit auf die
Guillotine bringen.

Das Entgegenkommen der Verwaltung nahm zu. In den aus Adligen,
Geistlichen und höheren Richtern zusammengesetzten Provinzakade-
mien, wahren Zentren des kulturellen Lebens in den Provinzen – darunter
als angesehenste Toulouse, Dijon, Besançon, Rouen, Amiens, Caen,
Metz, Nancy und Lyon –, hielten die neuen Ideen Einzug und verbreiteten sich von dort aus weiter. Bereits im Jahr 1757 schreibt die Akademie
von Amiens die Preisfrage aus: »Welches sind die Hindernisse, die die
Handwerkszünfte oder -korporationen der Arbeit und den Fortschritten
der Industrie in den Weg stellen?« Rousseau liefert das Thema für die
Akademie »*Jeux floraux*« in Toulouse. Später schlug die Akademie von
Lyon das Thema vor: »Welche Wahrheiten und welche Gefühle soll man
den Menschen für ihr Glück in erster Linie einpflanzen?« Glück? Ein
Wort, das allein schon aufrührerisch wirkte: War denn die Erde kein
Tränental? Unter den Wettbewerbsteilnehmern befand sich ein junger

Offizier namens Bonaparte, der schrieb: »Oh Rousseau, warum durftest du nur sechzig Jahre leben! Im Interesse der Tugend hättest du unsterblich sein müssen!«

Der geistige Einfluß der zweiundzwanzig Universitäten war völlig unbedeutend. Dafür gewannen die neuen Ideen in den Gymnasien mit ihren 72 000 Schülern (1789) rasch an Boden. Heimlich las man Voltaire, wahrscheinlich eher seine »Jungfrau« *(»La Pucelle«)* als das »Philosophische Wörterbuch« *(»Dictionnaire philosophique«),* und Rousseau. Der spätere Militärarzt Desgenettes bekannte, daß er in der Schule von Le Plessis gegen 1780 die »Vermischten Schriften« *(»Mélanges«)* von d'Alembert und das Vorwort der »Enzyklopädie« gelesen hatte.

Nach 1740 wuchs die Zahl der Zeitungen: Sie hießen *Affiches* und erschienen in Lyon, Toulouse, der Normandie, Reims und Dijon. In allen war der Einfluß der Philosophen spürbar, bis hin zum strengen *»Journal des Savants«,* das die Rezensionen ernster theologischer Werke aufgab, um die Schriften der Philosophen zu besprechen.

Welche Rolle spielte die Freimaurerei bei der Verbreitung dieser Ideen? Diese alte Debatte entstand mit Barruel, der 1797 die Frage nach dem Einfluß der Logen in seinen »Memoiren zur Geschichte des Jakobinismus« *(»Mémoires pour servir à l'histoire du Jacobinisme«)* aufwarf. Obwohl in den Jahren 1738 vom Papst und 1763 von der Sorbonne verurteilt, bildete die Freimaurerei ein mächtiges Netz aus 629 Logen und 30 000 Brüdern: Ihr Anteil an der Verantwortlichkeit für den Erfolg der neuen Ideen läßt sich schwerlich leugnen. Aber sie ist nicht allein. Denn die Ansteckung erreichte nicht nur diejenigen, die die Revolution später ins Verderben stürzen sollte. Die Prüfung der Abonnentenliste der »Enzyklopädie« ergibt eine erstaunliche Vielfalt: Adlige, Geistliche, Angehörige des mittleren Bürgertums. Voltaire erzählt, selbst Ludwig XVI. habe sie konsultiert, aber die Anekdote ist wahrscheinlich erfunden.

Nicht vernachlässigen darf man auch die Volksliteratur, die von fahrenden Händlern verbreitet wurde, die den Almanach des Père Gérard zwischen zwei Gebetbüchern verkauften.

Bis hin zur Freigeisterei schmückte man sich mit gesellschaftlicher Kritik. Bemerkt nicht sogar der Marquis de Sade in *»Justine«:* »Die Härte der Reichen rechtfertigt das schlechte Verhalten der Armen; möge ihr Geldbeutel sich unseren Bedürfnissen öffnen, möge die Menschlichkeit in ihren Herzen regieren, und die Tugenden werden sich in unserem niederlassen können, aber solange unser Unglück, unsere Geduld, es zu ertragen, unsere Gutgläubigkeit, unsere Unterwürfigkeit nur dazu dienen, unsere Ketten zu verdoppeln, solange werden unsere Verbrechen ihr Werk bleiben, und wir wären an der Nase herumgeführt, wenn wir diese Verbrechen ablehnen würden, die das Joch mildern können, mit dem ihre Grausamkeit uns niederdrückt... Wir, Thérèse, wir, die diese barbarische Vorsehung, die du in deinem Wahn zum Idol machst, dazu verurteilt hat, in der Erniedrigung zu kriechen wie die Schlange im Gras; wir, auf die man nur mit Verachtung herabsieht, weil wir arm sind; die man tyrannisiert, weil wir schwach sind; wir, deren Lippen nur von Galle getränkt sind und deren Schritte nur die Dornen spüren, du willst, daß wir uns dem Verbrechen versagen, welches allein uns die Tür zum Leben öffnet, uns dort erhält und bewahrt und uns hindert, es zu verlieren? Du willst, daß wir ewig unterworfen und entwürdigt bleiben, während diese Klasse, die uns beherrscht, für sich alle Begünstigungen des Glücks genießt, daß wir uns nur Mühe, Niedergeschlagenheit und Schmerz, nur Bedürfnisse und Tränen, nur Brandmale und Schafott vorbehalten? Nein, nein, Thérèse, nein; entweder ist diese Vorsehung, die du verehrst, nur zu unserer Geringschätzung geschaffen, oder dies ist keinesfalls ihr Wille.«

Angesichts der Attacken von philosophischer Seite entwickelte sich eine Gegenoffensive. Bislang als einziger wendete sich Daniel Mornet in seinen »*Origines intellectuelles de la Révolution*« den Verteidigern von Kirche und Tradition intensiv zu, die in den Handbüchern der Literaturgeschichte ein wenig voreilig in den Hintergrund gedrängt worden waren.

An der Spitze der Polemik gegen die Philosophen stand Jean Fréron, der seit 1754 »Das literarische Jahr« (»*L'Année littéraire*«) veröffentlichte und dort empfindliche Schläge gegen die Aufklärung führte. Voltaire ging sein Treiben schließlich so auf die Nerven, daß er das berühmte Epigramm verfaßte:

> »Neulich, in der Tiefe eines Tales
> biß eine Schlange Jean Fréron.
> Raten Sie, was geschah?
> Es war die Schlange, die krepierte.«

Und in »*L'Écossaise*« brachte er ihn sogar auf die Bühne.

Vermutlich von geringerer geistiger Bedeutung, jedoch in hohen Auflagen erschienen waren die Werke Chaudons, dessen »Antiphilosophisches Wörterbuch« (»*Dictionnaire antiphilosophique*«) sieben Auflagen erreichte, des Abbé Guénée, dessen »Briefe von einigen portugiesischen Juden« (»*Lettres de quelques juifs portugais*«) fünfmal gedruckt wurden, und des Jesuiten Feller, dessen »Philosophischer Katechismus« (»*Catéchisme philosophique*«) ebenfalls mehrere Neuauflagen erlebte.

Aus der Verteidigung der Monarchie ging das »Soziale und patriotische Wörterbuch« (»*Dictionnaire social et patriotique*«) von Lefèvre de Beauvray im Jahre 1770 hervor. Er behauptete, daß die Demokratie der Anarchie unendlich viel näher stehe als die Monarchie dem Despotismus: »Was den Geist der Freiheit betrifft, so führt er geradewegs in den Umsturz jeder gesellschaftlichen Ordnung.« Zwölf Jahre vor Ausbruch der Revolution betrachtete Gain das System der reinen und unbegrenzten Monarchie noch als wahres Prinzip der französischen Regierung (1777). Von Boncerf stammte das Porträt des »wahren« Philosophen, der die Tradition respektiert.

Dennoch war ihr Kampf vergebens. Den Philosophen gelang es, die öffentliche Meinung für sich zu gewinnen, »die neue Königin der Welt«. Augustin Cochin hat aufgezeigt, wie die Sekte die Gelehrtenrepublik erobert hatte:

»Sie hat ihre Gesetzgeber, die ›Enzyklopädie‹; sie besaß ihr Parlament in Gestalt von zwei oder drei Salons. Ihre Tribüne bildete die ›Académie française‹, in die Duclos die Philosophie eingeführt und die von d'Alembert nach fünfzehn Jahren hartnäckigen Kampfes und konsequenter Politik an die Macht gebracht wurde. Sie besaß ihre Niederlassungen überall, zum Beispiel in den Akademien, literarischen Gesellschaften oder Lesezirkeln der Provinzen. Dieses riesige Netz durcheilte ein ewiges Hin und Her von Korrespondenzen, Adressen, Wünschen und Anträgen, ein gewaltiges Konzert der Wörter von wunderbarem Einklang ohne jede falsche Note. Von Zeit zu Zeit sammelte man sich auf ein Signal aus Paris zu großen Manövern. Dort probte man den Aufstand gegen den Klerus, den Hof, ja auch gegen die eine oder andere unvorsichtige Persönlichkeit, wie Palissot, Pompignan oder Linguet, die glaubten, die eine oder andere Clique angreifen zu müssen, und nun verblüfft mitansehen mußten, wie der ganze Schwarm der Philosophen von Marseille bis Arras und von Rennes bis Nancy in einem einzigen Flug sich erhebt.«

Wir sollten in diesem Zusammenhang auch nicht übersehen, daß das neue Gift bereits in der Kirche wirkte. Sie sah sich hin- und hergerissen zwischen einem starrsinnigen Flügel, dem das Edikt von 1787 zugunsten der Protestanten als unfreundlicher Akt galt, und einer modernistischen Strömung, ausgedrückt in den »kommunistischen Regungen« des Pfarrers Meslier, den ketzerischen und gesellschaftsverändernden Theorien des »Gesetzbuches der Natur« (»*Code de la nature*«) von Morelly (rührte dieser obskure Schriftsteller tatsächlich an die Kirche?) oder den verschiedenen Schriften aus der Feder Mablys. Der niedere Klerus, der eher dem mittleren oder Kleinbürgertum als dem ländlichen Milieu entstammte, blieb gegenüber der Aufklärung nicht unempfindlich.

Kurz, die Philosophie triumphierte allenthalben. »Wir haben Provinzschulen«, schrieb Doray de Longrais in seinem Roman »Faustin oder das philosophische Jahrhundert« (»*Faustin ou le siècle philosophique*«), »Zeitungen, Bibliotheken und Büchersammlungen, Zeitschriften für Politik, Literatur, Wirtschaft, Medizin, Theater, Almanache und Mappen, Enzyklopädien und Wörterbücher der Wissenschaften, Lexika und Jahrbücher, Institute für Philanthropie und Predigt, Schulen für Künste und Handwerke, für Geisteswissenschaften und Recht, Kollegien, Museen, Gymnasien, Zeitungen und Romane für das Volk, elementare und pädagogische Bücher, ökonomische, patriotische, literarische, typographische Gesellschaften, Lesekabinette, Clubs, Keller, politische und literarische Tabakskollegien...«, und überall, so stellte er fest, regierte die Aufklärung.

Ein Philosoph war im Frankreich Ludwigs XVI. der mächtigste Mann, denn er setzte auf die Vernunft, glaubte an den Fortschritt und beanspruchte das Recht auf Glück. Er schuf einen neuen, von Unwissenheit und Vorurteilen befreiten Menschen. Und er »erfand« den wohlhabenden Bürger, den großen Nutznießer der sich abzeichnenden technischen Revolution, den Herrn des Seehandels, der sich über die aus dem Mittelalter tradierten juristischen Zwänge ereiferte. Für ihn beruhte die Quelle jeden Wertes in der Arbeit und nicht im Gebet oder dem Krieg; folglich lehnte er die Drei-Stände-Teilung der Gesellschaft ab, da sie ihn in den Dritten Stand verwies. Da er um seine Verdienste sehr wohl wußte, trachtete er nach einer politischen Rolle, die ihm der Absolutismus kaum zubilligen wollte. Wie sollte er da nicht von einer konstitutionellen Monarchie träumen, die ihm einen hervorragenden Platz in der Gesellschaft versprach? Er verurteilte die bestehenden politischen und gesellschaftlichen Strukturen, wobei sich sein Kampf sogar gelegentlich mit dem Widerstand des Adels vereinigte, der zwar den Absolutismus, nicht aber seine

Privilegien abschaffen wollte. Die gesellschaftlichen Umwälzungen hatten in den Köpfen bereits stattgefunden, bevor man die revolutionäre Tat wagte.

VERSPERRTER AUFSTIEG: DAS BÜRGERTUM

Bei ihrer politischen Wühlarbeit profitierten die Parlamentsmitglieder von einer sozialen und wirtschaftlichen Konjunktur, die für sie ebenso günstig verlief wie die intellektuelle.

Die Unzufriedenheit im Bürgertum war allgemein, selbst wenn sie sich nicht in dieselbe Richtung bewegte wie die des aufrührerischen Adels. Dem Bürgertum blieb jeder gesellschaftliche Aufstieg versperrt; die städtische Jugend lebte ohne Aussicht auf Arbeit, während Mißernten die Spannung in der Landwirtschaft verschlimmerten.

Das einzig dynamische Element in einer im übrigen erstarrten Gesellschaft war der Bürger, den der Rationalismus und Humanismus der »Enzyklopädie« formte. Wie Bouillé in seinen Memoiren festhält, »waren alle kleinen Städte mehr oder weniger Kaufmannsstädte geworden, und fast alle besaßen Manufakturen. Alle waren von Kleinbürgern bevölkert, die, reicher und tüchtiger als die meisten Adligen, es durch die Pacht von Verbrauchssteuern und Grundbesitz oder im Dienste bedeutender Herren zu großem Reichtum brachten, wenn sie sich nicht gar noch an größere Spekulationsgeschäfte wagten.«

In Wirklichkeit präsentierte sich das Bürgertum nicht als homogene Welt, sondern eher als eine Hierarchie der Einkünfte. An seiner Spitze stand das Großbürgertum der bedeutenden Hafenstädte und der Finanzwelt. Der Dreieckshandel zwischen Nantes, Bordeaux und La Rochelle auf der einen, Afrika sowie den Antillen auf der anderen Seite hatte die Entstehung riesiger Vermögen begünstigt. Im Jahre 1724 setzte der Seehandel von Bordeaux 40 Millionen französische Pfund um; im Jahre 1789 war er auf 250 Millionen angestiegen. Daß Geschäfte mit »Ebenholz«, das heißt der Sklavenhandel, darin einen ganz wesentlichen Platz einnahmen, störte die mächtigen Reederfamilien von Bordeaux und Nantes nicht eben sehr. Aus dem Handel mit Übersee entstanden ganz neue Industriezweige. Sie förderten das Hinterland dieser Häfen durch die Errichtung von

Brennereien und Raffinerien. Ganz allgemein vervierfachte sich der Außenhandel Frankreichs zwischen 1716 und 1789, wobei die Kolonialpro-
dukte eine gewichtige Rolle spielten. Die atlantische Fassade Frankreichs
spiegelte also den wirtschaftlichen Aufschwung des Königreichs wider.

Zollpächter und Generalsteuerpächter waren ebenso reich oder noch
wohlhabender als die Reeder aus Bordeaux und Nantes. Der *Turcaret* von
Lesage, ein ungeschliffener Finanzmagnat, mußte einem Lavoisier oder
Beaujon weichen, die durch ihren finanziellen Aufwand zu blenden verstanden: Paläste in Paris und Landhäuser in Auteuil, Passy oder Neuilly
bezeugen noch heute ihren Geschmack. Mollien, ein späterer Minister
Napoleons, schrieb: »Den meisten Steuerpächtern von 1780 stand wegen
ihrer Geistesbildung und ihres liebenswürdigen Umgangsstils ein Platz in
den vordersten Rängen der französischen Gesellschaft zu. Es gab unter
ihnen mehrere, die aufgrund ihrer Studien und Kenntnisse dem Staat
besser und sogar für weniger Profit gedient hätten, wenn es die Minister in
besserer Kenntnis ihrer Zeit verstanden hätten, die Quellen dieses öffentlichen Wohlstands zu erkennen, ihn besser zu nutzen und ihn sinnvoller
auf sein wahres Ziel hin auszurichten.« Das Anwachsen der Pachtsummen
bei Abschluß der Verträge läßt uns ihren Wohlstand erahnen: 20 Millionen Livres im Jahr 1726 steigen auf 110 Millionen Livres 1756 und
schließlich auf 152 Millionen Livres im Jahre 1774.

Manufakturen legten das Fundament zum Wohlstand von Unterneh-
mern wie Réveillon, Oberkampf oder Claude Perier. In der Metallindustrie ersetzte das Schmelzverfahren mit Koks nach und nach die Holzkoh-
le. 1787 wurde die Aktiengesellschaft von Le Creusot gegründet und gab
4000 Anteile zu je 2500 Livres aus. Die Fabrik erhielt eine sehr moderne
Ausstattung mit Dampfmaschinen und Dampfhämmern. Die Bergbaugesellschaft Anzin, gegründet zur Exploration unterirdischer Kohleflöze,
repräsentierte die andere Form eines Großbetriebs und begünstigte die
Entstehung eines neuen Unternehmertyps. Im Jahre 1789 erreichte ihr
Gewinn mehr als eine Million Livres. Innerhalb der Textilindustrie wies
die Baumwollverarbeitung durch die Einführung englischer Maschinen
die größte Konzentration auf. Die Beispiele zeigen, wie der Handelskapi-
talismus an Einfluß in der Industrie gewann, doch darf man die Wirkung
auch nicht übertreiben. Die industrielle Situation in Frankreich ist viel
rückständiger als in England; der Kleinbetrieb, die Werkstatt mit einigen
Arbeitern, bestimmt weiterhin das Bild.

Das mittlere Bürgertum setzte sich aus Rentiers zusammen, die ihr Geld unvorsichtigerweise dem Staat geliehen hatten beziehungsweise Immobilien in der Stadt oder landwirtschaftliche Betriebe besaßen. Ihre Einkünfte schwankten zwischen 4000 und 40000 Livres. Die Inhaber öffentlicher Ämter zählten ebenfalls zu dieser Schicht, was neben der Ehre, dem König zu dienen, auch lange Zeit als sichere Kapitalanlage betrachtet wurde. Ihr gehörten auch die Advokaten, Notare, Gerichtsvollzieher, verschiedene Richterämter und natürlich die Ärzte an.

Am unteren Ende der bürgerlichen Skala stand der Inhaber eines Ladengeschäfts und der Handwerker, weil sie beide täglich direkt mit dem einfachen Volk in den Städten zu tun hatten. Darunter verstand man Arbeiter, die in Gesellenverbänden zusammengefaßt waren, das Dienstpersonal, Tagelöhner und Kleingewerbetreibende der Straße.

Trotz der ausgeprägten Bevölkerungsvielfalt herrschte ein gemeinsames Gefühl der Frustration. Die Menschen reizte nicht der tatsächliche oder angebliche Despotismus, sondern die »Arroganz des Adels«, wie Rivarol bemerkte. Rousseau, der Prophet der Gleichheit, sprach einem Barnave aus dem Herzen, dessen Mutter im Theater von einem Angehörigen des Hochadels zu Boden gestoßen worden war, oder der späteren Madame Roland, die von einer Dame des niederen Adels eingeladen und in der Küche bewirtet wurde. Es gab eben Erniedrigungen, die man nicht verzieh, vor allem dann nicht, wenn man sich als Beleidigter seinem Beleidiger überlegen fühlte. Am besten hat dieses Gefühl wohl der Marquis von Bouillé in seinen Memoiren wiedergegeben: »Die Bürger hatten im allgemeinen eine Erziehung erhalten, die für sie notwendiger war als für die Edelleute, von denen einige durch Geburt und Reichtum die höchsten Stellen im Staat erhielten, selbst ohne Verdienst und Talent, während die anderen dazu bestimmt waren, auf untergeordneten Posten der Armee dahinzudämmern. So war das Bürgertum in Paris und in den großen Städten der Adelskaste an Reichtümern, Talent und persönlichem Verdienst überlegen. In den Provinzstädten besaß es die gleiche Überlegenheit über den Landadel. Es spürte diese Überlegenheit; überall jedoch wurde es erniedrigt; durch die militärischen Reglements sah es sich von den Armeeposten ausgeschlossen, wie ihm auch in gewisser Weise der Zutritt zur höheren Geistlichkeit verwehrt war. Die Bischöfe entstammten nämlich dem Hochadel; auch die Generalvikare kamen im allgemeinen aus dem ersten Stand. Für Bürgerliche gab es auch kein Hineinkommen in die höhere Richterschaft, und die meist souveränen Gerichtshöfe ließen nur Adlige in ihren Reihen zu. Selbst um als Assessor im Staatsrat *(maître des requêtes)* eingestellt zu werden, mußte man in den letzten Jahren Adelsnachweise vorlegen.«

Seit etwa dreißig Jahren trachtete die feudale Reaktion danach, den Zugang zu den höheren Ämtern allein dem Adel vorzubehalten. Im Falle der Armee schob das Edikt von Ségur (1781) die Leutnantsstellen jenen zu, die entweder aus der Truppe oder einer Militärschule kamen oder vier adlige Großeltern nachweisen konnten. Die Militärschulen indessen verschlossen sich den Bürgerlichen. Wer nicht dem Adel angehörte, konnte nicht hoffen, über den Oberleutnantsrang hinauszukommen. In der Marine wurden die »blauen« Offiziere oder die »Schreibstubenoffiziere« wegen ihres bürgerlichen Ursprungs verachtet. Alle Minister (außer Nekker, der Ausländer ist) waren adlig, ebenso sämtliche Intendanten und Richter. Darüber hinaus rückte der Adel zusammen und riegelte sich nach außen ab. Darüber verlor er eines seiner Hauptmerkmale: Er hörte auf, die Bestätigung eines gesellschaftlichen Aufstiegs zu sein. Das Bürgertum, das sich seines Wertes und seines Reichtums bewußt wurde, sah seinen Aufstieg blockiert. Sein Neid verwandelte sich in Haß, das freimaurerische Gleichheitsstreben verbreitete sich problemlos in seinen Rängen. Zudem zerbrach das alte Bündnis zwischen Monarchie und Bürgertum gegen die Feudalherren in dem Moment, als diese die Krise der öffentlichen Finanzen als Hebel gegen den Absolutismus benutzten.

BEVÖLKERUNGSENTWICKLUNG UND SOZIALE KRISE

Eine weitere Schranke tat sich auf: die Jugend. Der wirtschaftliche Niedergang traf ein Land im vollen demographischen Aufschwung. Zwischen 1645 und 1715 hatte Frankreich unter der Wirkung von Kriegen, Steuerdruck und hoher Sterblichkeit eine Stagnation und sogar einen Rückgang seiner Bevölkerung hinnehmen müssen. Er wirkte sich allerdings weniger stark aus, als es die Bevölkerungsstatistiker zunächst angenommen hatten. Für das Jahr 1720 schätzten sie die Einwohnerzahl des Königreichs auf 23 Millionen Menschen.

Das Bevölkerungswachstum wurde vor allem seit dem dritten Jahrzehnt des 18. Jahrhunderts spürbar. Dabei spielte die allgemeine Verbesserung der Lebensbedingungen, verknüpft mit guten Ernten, wenn nicht gar mit Fortschritten in der Landwirtschaft, die allerdings von einigen Historikern bestritten werden, eine große Rolle. Die Herrschaft Ludwigs XV. bedeutete Prosperität; Straßen wurden gebaut, um die Dörfer an die Außenwelt anzubinden, und eine ländliche Textilindustrie initiiert, die zusätzliche Einnahmequellen bot. Hinzu trat eine günstige Konjunktur, die zu Preiserhöhungen ermutigte, was wiederum die Produktion anregte.

Auch die großen Krankheitsepidemien kamen zum Erliegen. Die Pest beispielsweise wütete in Marseille im Jahre 1720 zum letzten Mal. Die Pocken wurden gezielt bekämpft, indem die entsprechende Schutzimpfung mit Macht propagiert wurde und der König mit gutem Beispiel voranging. Allerdings wirkten sich die Impfungen erst später spürbar aus. Ganz allgemein achtete man jedoch mehr auf die Versorgung der Kinder und die Hygiene. Die königliche Verwaltung ergriff im 18. Jahrhundert eine Reihe von Maßnahmen zur Förderung der Geburtshilfe. Die Berufsbedingungen der Hebammen wurden durch Gesetz geregelt, doch fanden die Anordnungen nicht überall den gleichen Respekt.

Die Kindersterblichkeit betrug im Zeitraum von 1740 bis 1750 296 je Tausend Neugeborene. Kurz vor der Revolution ging sie auf 278 je Tausend Neugeborene zurück. Umgekehrt stieg die Lebenserwartung bei der Geburt um 3,2 Jahre, das heißt von 24,8 auf 28 Jahre. Da auch das Heiratsalter sank, nahm vor allem die Zahl der unehelichen Geburten zu. Die Geburtenfreudigkeit verharrte auf hohem Niveau, zumal die Geheimnisse der Geburtenkontrolle im dunkeln blieben und die Verbindung zwischen Ehe und Zeugung noch fest bestand. Die neuen Verhältnisse schlugen sich in einem raschen Bevölkerungswachstum nieder: Aus 24 Millionen Einwohnern im Jahre 1740 wurden 25,7 Millionen im Jahre 1780 und schließlich 28 Millionen Bürger am Vorabend der Revolution.

Frankreich war also kurz vor der Revolution stark bevölkert, aber noch nicht übervölkert. Der Zuwachs war aber doch so kräftig, daß die Jahrgänge 1753 bis 1769, die in den achtziger Jahren ins Erwachsenenalter treten würden, auf dem Arbeitsmarkt mit absolut erstarrten Strukturen zu rechnen hatten, die aus einer Zeit stammten, als Frankreich noch viel weniger bevölkert war. Aus dieser absehbaren Konstellation entstand auf dem Land Konkurrenz unter den Pächtern. Sie trieb die Pachtpreise in die Höhe, was Klein- und Mittelbauern um ihre Höfe brachte. Sie sanken in

die Masse der Tagelöhner ab, die von Hof zu Hof irrten und ihre Arbeitskraft feilboten. Dieses Proletariat wurde von der Wirtschaftskrise natürlich zuerst getroffen und entwickelte, weil es nichts mehr zu verlieren
hatte, gefährliche Sprengkraft.

Für diese Bauern geschah nichts. Geistliche, Adlige oder Bürger ver-
gaben ihre Ländereien lieber in großen Einheiten an Großpächter, als sie
in Parzellen zu teilen, die von Tagelöhnern bestellt wurden. Der bäuerlichen Jugend blieb nur die Aussicht auf das elende Leben eines Landarbeiters.

Dieselbe Situation herrschte auch in den Städten, wo das Zunftwesen
die Entwicklung der Unternehmen lähmte. Es fehlte an den notwendigen
Investitionen für die Entwicklung der Industrie. Privatleute setzten ihr
Geld unter notarieller Vermittlung nur begrenzt und nur für sichere
Kapitalanlagen ein; das schloß die noch junge Industrie meistens von der
Mittelzufuhr aus. So schwappte eine immer größere Welle junger Leute
auf den Arbeitsmarkt, ohne daß sich dessen Beschäftigungsmöglichkeiten
ausweiteten. Diese Situation schuf ein fruchtbares Klima für soziale Spannung. Die Masse der sozial Deklassierten und Arbeitslosen war bereit,
sich als Bataillone des Aufstands zur Verfügung zu stellen. Die revolutionäre Gewalt fand in ihnen ihre besten Gehilfen.

In diesem starken Bevölkerungswachstum des Königreichs lag jedoch
auch das Geheimnis der späteren französischen Siege über die Koalitionen
der europäischen Mächte in den zwanzig Jahren von 1792 bis 1812. Mit
Ausnahme gewisser Widerstände in einigen Provinzen gab es keinerlei
Probleme bei der Truppenaushebung. Junge Arbeitslose und Außenseiter
fanden endlich eine Beschäftigung und Rechtfertigung ihrer Existenz. Die
Revolution und später das Kaiserreich vermochten eindrucksvolle Massen von Soldaten auf die Schlachtfelder zu werfen. Sie brauchten sich nicht
allzusehr um taktische Maßnahmen zu kümmern und nützten die zahlenmäßige Überlegenheit in vollem Umfang aus.

DIE WIRTSCHAFTSKRISE

Die Konjunkturentwicklung verschärfte die sozialen Gegensätze. Ludwig XVI. war ein König ohne Fortune, und die wirtschaftliche Euphorie in den Zeiten Ludwigs XV. versandete bereits gegen 1776. Gute Ernten führten zwischen 1777 und 1787 zu einer Senkung der Getreidepreise, während die Pachtzinsen anstiegen. Zur gleichen Zeit machte sich eine starke Inflationsbewegung bemerkbar, die durch den Zufluß südamerikanischer Edelmetalle ausgelöst wurde. Diese Inflation traf mit voller Wucht auf einen Adel, der erst spät die Vorteile einer Kapitalanlage in den Gruben von Anzin oder La Grand-Combe beziehungsweise in der Metallindustrie bemerkt hatte. Die Angst, gegen Standesregeln zu verstoßen, hatte ihn lange Zeit daran gehindert. Diese Blindheit sollte sich bitter rächen, denn sie riß viele in die wirtschaftliche Krise. Da sich unter dem Eindruck der Geldentwertung zahlreiche Angehörige des Adels wieder der Verbesserung des Ertrags aus ihrem Grundvermögen zuwandten, ließen sie ihre Lehensverzeichnisse von Experten des Feudalrechts mit dem Ziel durchleuchten, in Vergessenheit geratene Rechte aufzuspüren. Le Poix de Fréminville definierte in seiner »Allgemeinen Praxis für die Erneuerung der grundherrschaftlichen Ländereien und Rechte« (*»Pratique universelle pour la rénovation des terres et droits seigneuriaux«*) »das Lehensverzeichnis als Register oder Urkundensammlung, das die Gesetze der Grundherrschaft enthält und die Gebräuche, Rechte, Vorrechte, Privilegien, Standesbedingungen der Personen und Erbrechte aufführt, die mit dieser Grundherrschaft verknüpft sind. Darin sind alle Erklärungen der Zinspflichtigen, Pachtzinsen, Protokolle der Gerichtsbarkeitsgrenzen, Aufzählungen der praktischen wie der Ehrenrechte der Grundherrschaft, Beschreibungen und Abgrenzungen der Güter, der Erbrechte daran und ganz allgemein alles festgehalten, was zur Grundherrschaft gehört.« »Der Grundherrschaft Combourg«, schrieb Chateaubriand in seinen »Denkwürdigkeiten nach dem Tode« (*»Mémoires d'Outre-Tombe«*), »gehörten lediglich Heideland, einige Mühlen, zwei Wälder, und dies in einem Land, wo Holz fast keinen Wert darstellt. Aber Combourg besaß viele Feudalrechte. Mein Vater hatte einige dieser Rechte wieder aufleben lassen, um ihre Verjährung zu verhindern.«

Dieses Beispiel steht für viele andere und verdeutlicht das Bemühen, alte, manchmal mittelmäßige, oft aber bedeutsame Rechte wieder aufleben zu lassen.

Diese Überprüfungen gingen zu Lasten der Bauern. Wenn sie die Rechte ihres Herrn bestritten, mußten sie sich auf komplizierte Verfahren einlassen, und dies vor oft parteiischen Gerichten. Die Richter besaßen oft selbst Lehensgüter und standen folglich im Verdacht, mit den Grundherren unter einer Decke zu stecken. Es kam aber noch schlimmer, denn der Adel schielte auch nach dem Gemeingut. Die Grundherren verlangten eine Aufteilung der zum Gemeinbesitz der Dorfbewohner zählenden Wiesen und Wälder und wollten ein Drittel davon vereinnahmen und einzäunen. In diesem Sinne beschloß die Ständeversammlung des Artois im Jahre 1779, daß ein Drittel der umsonst überlassenen und ein Sechstel der gegen Bezahlung überlassenen Gemeingüter den Herren zustünden. Die letzten freien oder Allodialgüter wurden im Namen des Prinzips »Kein Land ohne Herr« angefochten. Man verweigerte den Bauern sogar das Holzrecht, das heißt das Recht, das notwendige Brennholz zu sammeln, unter dem Vorwand, der Holzbestand in den Wäldern sei zu gering. In Wahrheit aber wollten die Herren dort selbst Holzkohlenmeiler errichten. Den Bauern von Vacqueville (Meurthe) blieb diese Absicht nicht verborgen, weshalb ihre Versammlung feststellte, »dieser Mangel und die enorme Verteuerung des Holzes bringt die Provinzen in Verzweiflung«.

Diese feudale Reaktion war je nach Gegend unterschiedlich entwickelt, aber sie hatte offenbar den größten Teil des Königreiches erfaßt und verursachte Klagen der Bauern, die man zu neuen Fronlasten zwingen wollte.

In diese ungesunde Atmosphäre fielen die mäßigen Ernteerträge der Jahre 1788 und 1789. In den vorausgehenden Jahren von 1775 bis 1778 hatte eine maßlose Weinüberproduktion das Preisniveau für französischen Wein zerstört, was zahlreiche Weinbauern der Ile-de-France an den Rand des Elends brachte. Eine große Trockenperiode ließ 1785 die Futtermittel knapp werden und ruinierte die Viehzüchter, denen das Vieh wegstarb. Im Herbst 1787 hingegen regnete es viel; das Jahr 1788 war noch feuchter. In der Gegend von Amboise gingen am 13./14. Juli und 11. August 1788 katastrophale Gewitter nieder. Der Pfarrer Renard aus Pocé notierte in seinem Pfarregister: »Die Winter von 1787 und 1788 mit ihren ständigen Regenfällen unterbrachen die Feldarbeiten, und ein Teil der Felder konnte nicht eingesät werden. Am 14. Juli 1788, Tag der Kirchweih, trug ein schreckliches Unwetter mit sehr starkem Hagel Verzweiflung in die ganze Gemeinde. Die Ernten dieser Pfarrgemeinde sind zu einem Viertel vernichtet worden.« Diese Bemerkung galt für einen Gutteil des Königreichs, nämlich das Pariser Becken sowie den Norden und Osten Frankreichs. Hinzu kam, daß es weiterhin kaum Viehfutter gab, was wiederum die Bestände drastisch verkleinerte, und daß die Gewinne aus dem Weinbau immer weiter absanken. Die wohlhabendsten Pächter vermochten diesen Schicksalsschlag dank ihrer Reserven gerade noch aufzufangen, während ein großer Teil der ländlichen Bevölkerung verarmte. In Limeray erklärte der Pächter, der im Auftrag der Abtei Saint-Julien von Tours, Lehnsherr von Le Grand-Côteau-Villiers, die Zinsen und Abgaben einziehen sollte, daß die Hintersassen kaum die Hälfte der geschuldeten Beträge abliefern konnten. Er benannte eine hohe Zahl von Personen, die öffentliche Hilfe in Anspruch nehmen mußten.

Angesichts der zunehmenden Verarmung erschienen die Steuern und Feudallasten nur noch drückender. Unerträglich im moralischen Sinne – Cliquot de Blervache beklagte 1783 »das Elend und die Erniedrigung, in die das Feudalwesen das Volk gestürzt hat«, und d'Argenson sprach in seinen »Betrachtungen über die alte und gegenwärtige Regierung Frankreichs« (»Considérations sur le gouvernement ancien et présent de la France«) 1784 »von einer Tyrannei im kleinen, die größeren sozialen Sprengstoff enthält, als wenn ein großes Reich einem einzigen Menschen unterworfen ist«–, wurden die Feudalrechte in Zeiten wirtschaftlicher Schwierigkeiten schlicht verhaßt und riefen Empörung hervor. Die Frage war nur, wie lange diese landwirtschaftliche Krise ohne Auswirkungen in den Städten blieb.

Die schlechte Erntesituation rief nämlich im städtischen Milieu bald die Angst vor einer Hungersnot hervor. Die Märkte gerieten in Unruhe, weil die Getreidepreise rasch anstiegen. Die Berichte der Intendanten verhehlten die Furcht vor Aufständen nicht. Da Plünderungen von Getreidetransporten immer häufiger vorkamen, verschärfte sich die latente Unruhe noch weiter. Der Ausbau des Straßennetzes durch die Straßen- und Brückenverwaltung erwies sich in Krisenzeiten nun als Handicap: Die Arbeitslosen bewegten sich leichter fort und verwandelten eine örtliche »Unruhe« rasch in eine Provinzrevolte; richtige und falsche Nachrichten über die Ereignisse verbreiteten sich wie ein Lauffeuer. Da die

Bauern, Hauptkunden der fahrenden Händler und der Märkte, kein Geld
mehr besaßen, geriet der Absatz auf dem Lande ins Stocken, was für die
Kleinindustrie der Städte katastrophale Folgen hatte. Diese Industrie litt
auch unter der Teuerung des Brotes, denn sie veranlaßte die städtische
Bevölkerung, ihren Verbrauch auf das Lebensnotwendige zu beschränken. Ferner führte der französisch-englische Handelsvertrag vom Mai
1786, der den französischen Markt für britische Produkte öffnete, zum
Zusammenbruch der Textilindustrie. Ihre Zentren Abbeville, Sedan,
Reims, Troyes wurden davon hart getroffen. Von Lille bis Rouen (wo sich
die Verluste von 1785 bis 1789 vervierfachten) nahmen die Firmenzusam-
menbrüche zu. Durch die Arbeitslosigkeit verbreitete sich das Elend
daraufhin auch in den Städten und bewirkte eine mehr oder weniger
bewußte Solidarität mit dem Land: Die Verödung der Felder entsprach
dem Stillstand der Werkstätten.

Wie in allen Unglücksperioden suchte man nach einem Schuldigen.
Auf dem Land richtete sich der Volkszorn gegen die Monopolrechte des
Grundherrn, gegen seine Mühlen oder Backöfen, die die Preise steigen
ließen, gegen sein Jagdrecht, das den Ernten schadete, gegen die vielfälti-
gen Naturalabgaben und den Kirchenzehnten, die den Bauern den letzten
Rest verkaufsfähiger Überschüsse wegnahmen, und schließlich gegen den
Frondienst, der sie von der Feldarbeit abhielt. Ihr Blut kochte. Die Wut
hatte den kleinen Grundbesitzer ebenso ergriffen wie den Tagelöhner, der
nur mühsam Arbeit fand. Er mußte von Hof zu Hof ziehen und dort seine
Dienste meist erfolglos anbieten. Kurz, es herrschte eine abgrundtiefe
Wut gegen den Grundherrn, der seine Schulden einforderte, gegen den
Geistlichen, der den Zehnten verlangte, und gegen den Steuerbeamten,
der die Steuer eintrieb. In den Städten verbreitete sich das Gerücht vom
»aristokratischen Komplott«, das das Volk aus undurchsichtigen Gründen aushungern wollte. Zum Schwinden der finanziellen Möglichkeiten
infolge des stockenden Absatzes und der Arbeitslosigkeit paßte, daß just
in diesem Moment der Brotpreis in die Höhe kletterte.

Ein Schrei erhob sich; er ertönte je nach Provinz mehr oder weniger
stark. Die gesamte Schuld an der wirtschaftlichen und sozialen Misere
wurde den Großgrundbesitzern in die Schuhe geschoben, denn die Krise
begünstigte Personen mit festen Einkünften in Naturalien. In Mangelzei-
ten vervielfachte sich deren Wert, so daß deren Bezieher dank ihrer
Lagerbestände Verkäufe aufschieben und die Preise bis zum Siedepunkt

treiben konnten, um dann enorme Profite einzustreichen. Sie preßten das Volk auf dem Lande aus und ließen die Städte hungern.

Gerade dieser Kreislauf vertiefte die Kluft zwischen adligen oder geistlichen Großgrundbesitzern auf der einen und der Masse der Bauern auf der anderen Seite. Zwischen beiden Lagern fand sich das mittlere Bürgertum und das städtische Proletariat wieder. Es bedurfte nur noch eines Funkens, um die soziale Explosion auszulösen.

DIE FINANZKRISE

Das Chaos der königlichen Finanzen lieferte den Parlamentsmitgliedern den willkommenen Vorwand, um sich an der Monarchie zu rächen. Die Finanzkrise des Staates wurde zur direkten Ursache der Revolution. Das Defizit war der Anlaß, die Einberufung der Generalstände zu verlangen und so die Autorität Ludwigs XVI. zu untergraben.

In Zeiten wirtschaftlicher Krisen sind Steuern in der Tat nur schwer einzutreiben. Die finanzielle Schieflage der Monarchie war nicht mehr zu beheben, was für Ludwig XVI. letztlich den Untergang bedeutete. Am Anfang stand ein Defizit, das sich seit der Regentschaft *(Régence)* ständig verschlimmert hatte. Die Inflation trieb die Staatsausgaben ständig in die Höhe, von 200 Millionen im Jahre 1740 auf 630 Millionen im Jahre 1788. Die Aufblähung der Pensionen für Günstlinge des Hofes trugen ebenfalls ihren Teil dazu bei. Auch der Krieg in Amerika, dessen Kosten auf zwei Milliarden Livres berechnet wurden, war nicht geeignet, die Dinge wieder ins Lot zu bringen. Fast die Hälfte aller Geldausgänge aber stammte aus Zinslasten, da die Monarchie allzu zahlreich Anleihen aufgelegt hatte.

Aber wie ließen sich diese Ausgaben wieder senken? Es war nicht möglich, die Staatsschuld zu streichen, denn dies hätte das Vertrauen vieler Privatpersonen in die Solvenz des Staates ruiniert. Politisch als ebenso schwierig erwies es sich, die bereits gewährten Pensionen anzugreifen. Auch die Budgets der Armee, der öffentlichen Bauten und Dienstleistungen ließen sich nicht zusammenstreichen. Es blieb also nur eine Lösung: die Einnahmen vermehren. Aber in jener Zeit zeichnete sich das System der direkten Besteuerung nicht gerade durch Elastizität aus und war zudem sehr kompliziert. Es enthielt eine Fülle von Ausnahmen und Befreiungen, die wiederum von Provinz zu Provinz unterschiedlich waren. Die *Taille* (Einkommensteuer), die hauptsächlich auf dem Nichtadligen lastete, wurde per Erlaß dekretiert. In ihm legte der Monarch einseitig den für das gesamte Königreich einzuziehenden Gesamtbetrag fest. Die Erhebung dieser Steuer zog zahlreiche Ungerechtigkeiten nach sich. Die *Capitation* (Kopfsteuer), die ursprünglich alle Franzosen zu bezahlen hatten, lastete schließlich wie die *Taille* nur noch auf den Nichtadligen. Beim sogenannten »Zwanzigsten« *(Vingtième)* war der Klerus mit schlechtem Beispiel vorangegangen und hatte sich als erster Stand ein für allemal von allen staatlichen Steuern freigekauft, und der Adel folgte ihm. Auch ließen sich die indirekten Steuern (Salzsteuer, Zölle auf Wein und Alkohol) nicht einfach ausweiten, denn sie waren verpachtet, und der Vertrag der Generalpacht lief über mindestens sechs Jahre.

Die Unordnung in der königlichen Finanzverwaltung überstieg jede Vorstellungskraft. Calonne mußte dies im Jahre 1787 vor der Notabelnversammlung eingestehen: »Die ungeheure Zahl verschiedenartiger Staatsausgaben, aus denen sich die Haushalte zusammensetzen, der Wirrwarr der verschiedenen Schuldforderungen, das buchhalterische Chaos, das sich durch örtliche Vorwegnahmen auf spätere Einkünfte ergab, der Übertrag von Werten und Anweisungen, die von einem Jahr aufs nächste übernommen wurden, die unvorstellbare Vielzahl unvorhergesehener Gründe, die die Reihenfolge von Ausgaben und Eingängen verändern können; schließlich die fast unvermeidbare Vermischung von Rückständigem, Laufendem und Künftigem, von Festem und Möglichem, von Überweisungen und effektiven Zahlungen – alle diese Gründe zusammen machen die Feststellung der jährlichen Kostenzuweisung außerordentlich schwierig, das heißt die Voraussetzung dafür, um einen gerechten Ausgleich des normalen Haushaltsjahres zu ermitteln.«

»Kein Haushaltsplan also!«, stellte Dupont de Nemours seinerseits fest und bestritt im voraus alle Zahlen, die ihm vorgelegt wurden: »Es vergeht kein Jahr, in dem nicht eine Menge Einnahmen und Ausgaben auftreten, die zu den vorausgegangenen Haushaltsplänen und Rechnungsjahren gehören. Daraus ergibt sich die absolute Unklarheit und eine nicht mehr zu fassende Differenz zwischen den Summen, die tatsächlich eingenommen und in einem Rechnungsjahr ausgegeben wurden, und den Einkünften beziehungsweise Belastungen des laufenden Jahres. Ein

Finanzminister muß sehr viel Arbeit zur Klärung der Frage aufwenden, ob die Finanzen auf dem laufenden sind oder nicht und um wieviel sie im Plus oder im Minus stehen. Wenn er, um seine Pläne festzulegen, hartnäckig und mit unglaublicher Anstrengung die Wahrheit schließlich entdeckt zu haben glaubt, garantiert ihm nichts, daß das Ergebnis seine Erwartungen nicht völlig enttäuschen wird; daß die Gelder, mit denen er rechnete und die auch tatsächlich eingegangen sind, nicht noch durch nachträgliche Ausgaben aufgezehrt werden, denen er sich, wenn sie rechtmäßig beschlossen wurden, nicht verweigern kann.«

Nur eine grundlegende Änderung des Steuersystems vermochte die Probleme zu lösen. Ein besserer Ertrag war erforderlich; mehr Klarheit und Gerechtigkeit sollten eingeführt werden. Schon 1707 hatte Vauban in seinem »Königlichen Zehnten« *(Dîme royale)* die Mißbräuche bei der »Taille« angegriffen. Man konnte beispielsweise eine Steuer auf den Bodenertrag erheben, wenn die Pachten anstiegen, und parallel dazu eine Steuer auf die Gewinne des Kolonialhandels. Die grundlegende Bedingung der Steuerreform aber hatte die Abschaffung der Privilegien zu sein. Kurz, Ludwig XVI. fand bei seinem Regierungsantritt eine katastrophale Situation vor. Bereits beim Tod Ludwigs XV. verkündete Abbé Terray den Staatsbankrott. Die jährlichen Ausgaben übertrafen damals die Einnahmen um 22 Millionen; 78 Millionen Livres waren schon im Vorgriff ausgegeben.

Angesichts dieser Mißwirtschaft war guter Rat teuer, und Turgot, seit kurzem Generalkontrolleur der Finanzen und Vertreter der Ideen der Physiokraten, unterbreitete dem König ein verführerisches Programm: »Kein Bankrott, keine Steuererhöhungen, keine Anleihen.« Zwei Abhilfen waren denkbar: einerseits Einsparungen, auf der anderen Seite eine Erhöhung des Steuerertrags durch die Weiterentwicklung des öffentlichen Wohlstands. Turgot unterschätzte die Finanzprobleme nicht, aber er ordnete sie in ein weites Feld der wirtschaftlichen Expansion ein. Die Sparmaßnahmen wurden vom Königshaus zunächst mit der Abschaffung der Paradetruppen in Gang gebracht. So gewann man 10 Millionen Livres. Der Wirtschaftsaufschwung des Landes lief über Reformen. Ein Edikt vom 13. September 1774 beendete die »Einsperrung des Getreides«, indem es die Zölle zwischen den Provinzen abschaffte und den freien Getreidemarkt proklamierte. Am 5. Januar und am 9. Februar 1776 schritt Turgot zu zwei weiteren, grundlegenden Reformen:

1. Die Abschaffung der Handwerkerinnungen, die die Produktions-
bedingungen reglementierten und jeden Initiativgeist lähmten.

2. Die Aufhebung des Frondienstes auf den Domänen des Königs, der
die Bauern von der Feldarbeit abhielt und den eine Territorialsteuer
ersetzen sollte. Diese Steuer wollte man bei allen Grundbesitzern erheben, ob privilegiert oder nicht.

Dadurch schuf sich Ludwig XVI. viele Feinde. Das Edikt über das
Getreide wurde von den meisten Bürgern nicht verstanden, die jetzt sogar
noch mehr Hungersnöte fürchteten. Spekulanten wie der Prinz von Conti
hingegen begriffen nur zu gut, daß sie einen Weg der Bereicherung verloren. Das Zusammentreffen dieser beiden Widerstände sowie der Anstieg
des Brotpreises im Frühjahr 1775 rief Unruhen in Paris und Versailles
hervor, die unter dem Namen »Mehlkrieg« bekannt wurden. Das Edikt
über die Zünfte verärgerte die Handwerksmeister, zumal es auch Arbeits-
niederlegungen in den Betrieben auslöste. Die Schaffung einer »Territorialsteuer« schließlich, die alle Grundbesitzer bezahlen sollten, prallte
auf zu massive Interessen, um nicht lebhaften Widerstand hervor-
zurufen.

Das Parlamentsgericht von Paris, das Ludwig XVI. unklugerweise weniger als vier Jahre nach seiner Abschaffung durch Maupeou wieder
einsetzen ließ, sollte die Hauptkraft der Opposition gegen die Reformen
werden. An den König richtete es folgende Beschwerden: »Jedes System,
das unter dem Anschein von Menschlichkeit und Wohltätigkeit in einer
wohlgeordneten Monarchie danach trachten würde, die Gleichheit der
Pflichten unter den Menschen einzuführen und die notwendigen (sozialen) Unterschiede zu zerstören, müßte als unvermeidliche Folge der absoluten Gleichheit bald die Unordnung herbeiführen und einen Umsturz
der Gesellschaft bewirken.« »Worin bestehen die Gefahren eines Vorha-
bens, das aus einem unzulässigen System der Gleichheit hervorgegangen
ist und dessen erste Auswirkung es wäre, alle Stände des Staates zu
verwischen, indem man sie unter das Einheitsjoch der Territorialsteuer
zwingt?« fragten die Parlamentsmitglieder. »Der persönliche Dienst des
Klerus besteht in der Erfüllung aller Aufgaben bezüglich der Unterwei-
sung und des Gottesdienstes und darin, durch Almosen zur Unterstützung Unglücklicher beizutragen. Der Adlige opfert sein Blut der Verteidigung des Staates und unterstützt den Herrscher mit seinen Ratschlägen.
Die letzte Klasse der Nation, die dem Staat keine derart erhabenen Dien-

ste zu erweisen vermag, erfüllt ihre Pflicht ihm gegenüber durch die Abgaben, die Industrie und die körperliche Arbeit.« Das hieß, auf den Prinzipien der Ständegesellschaft zu beharren und ihre Privilegien nicht in Frage zu stellen. Es bedurfte erst eines königlichen Spruches *(lit de justice)*, um den Widerstand der Parlamentsmitglieder zu brechen. Ein Pyrrhussieg. Turgot, schneidend, ungeschickt und leicht bei der Hand mit schroffen Ratschlägen für Ludwig XVI. (»Majestät, vergessen Sie nie, daß Schwäche den Kopf Karls I. auf den Richtblock gebracht hat«) wurde am 12. Mai 1776 entlassen, alle von ihm getroffenen Maßnahmen wurden unverzüglich aufgehoben.

Kurz darauf übernahm Jacques Necker, ein Genfer Bankier, der für seine Kritik am Werk Turgots bekannt war, die Leitung der königlichen Finanzen. Nun, da der Krieg in Amerika in vollem Gang war, war keine Rede mehr von Einsparungen. Geld aufzunehmen war das Gebot der Stunde. Die Summe der Anleihen belief sich im Jahre 1781 auf 450 Millionen Livres. Angesichts einer derart bedeutsamen Summe machte sich in der Öffentlichkeit ein deutliches Zögern bemerkbar, dem Staat weiterhin Geld zu leihen. Um dem Volk das Vertrauen wiederzugeben, veröffentlichte Necker eine Art Übersicht über Einnahmen und Ausgaben der Monarchie unter der Bezeichnung »Rechenschaftsbericht für den König« *(»Compte rendu au Roi«)*. Die Einnahmen beliefen sich darin auf 264 Millionen und die Ausgaben auf 254 Millionen Livres. Ein ausgeglichener Haushalt also, der die öffentliche Meinung beruhigen sollte. In Wirklichkeit hatte Necker sämtliche Kosten des Krieges in Amerika unterschlagen. Statt eines Überschusses von 10 Millionen wies der Haushalt in diesem Jahr 1781 ein Loch von etwa 90 Millionen Livres auf. Dieses Täuschungsmanöver brachte dem »Rechenschaftsbericht« einen enormen Publikumserfolg und begründete Neckers große Popularität. Aber die Veröffentlichung der Ausgaben des Hofes löste einen Schock aus, den Marie Antoinette dem Finanzexperten nicht verzieh. Die geplante Einführung der Provinzialversammlungen als Gegengewicht zur Allmacht der Intendanten führte schließlich zum Sturz Neckers. Die erste dieser Versammlungen in der Provinz Berry verlangte »eine brüderliche Aufteilung der öffentlichen Lasten« und die Einsetzung ihrer Mitglieder durch die Untertanen selbst und nicht durch den König. Damit war das Maß voll. Am 19. Mai 1781 mußte Necker seinen Rücktritt einreichen.

Seine Nachfolger, Joly de Fleury und Lefèvre d'Ormesson, wagten keine neuen Reformvorschläge mehr. Der geistreiche und skeptische Calonne, den der Hof durchgesetzt hatte, setzte wieder auf Anleihen. Die Höflinge hatten sich nicht verrechnet. Der neue Generalkontrolleur der Finanzen wußte sehr wohl um den alten Grundsatz, daß, wer Geld leihen will, als reich erscheinen muß. In drei Jahren nahm er insgesamt 487 Millionen Livres Staatsschulden auf. Endlich aber kam der Augenblick, der keine weiteren Anleihen mehr zuließ. Calonne fügte sich daraufhin in die Notwendigkeit von Reformen und verfaßte einen »Grundriß der Finanzverbesserung« (»*Précis d'amélioration des finances*«). Hierin schlug er die Abschaffung der Frondienste, den freien Getreidehandel, die Bildung von Provinzialversammlungen und die Schaffung einer Territorialsteuer für alle Untertanen des Königreichs vor, das heißt, er griff ungeniert auf Turgots Programm zurück. Ludwig XVI. wunderte sich zwar darüber, erhielt aber zur Antwort: »Majestät, beim jetzigen Stand der Dinge ist es das Beste, was ich Ihnen anbieten kann.« Ahnungsvoll unterstrich er einige Wochen später vor dem König die Notwendigkeit, »das Fundament des ganzen Gebäudes zu erneuern, um seinen Einsturz zu verhindern«. In der sicheren Gewißheit, mit seinen Reformvorschlägen bei den Parlamenten auf heftige Opposition zu stoßen, wollte er sie einer Notabelnversammlung unterbreiten, deren Mitglieder er selbst bestimmen würde.

Diese Notabeln traten am 22. Februar 1787 in Versailles zusammen. Die Versammlung mit ihren 144 Mitgliedern, darunter sieben Prinzen von Geblüt, 14 Prälaten, 36 Vertreter des Schwertadels (darunter der Marquis de La Fayette), 33 Mitglieder der Parlamente, zwölf Vertreter der Provinzen mit Ständeversammlungen und 25 Bürgermeister aus den großen Städten, also ausschließlich Inhaber hoher Privilegien, tagte im »*Menus-Plaisirs*«. In seiner Eröffnungsrede ging Calonne mit den Privilegien scharf ins Gericht; er griff »die Mißbräuche an, deren Existenz auf der produktiven und arbeitenden Klasse lastet«, wetterte gegen »die ungerechten Befreiungen, die einen Teil der Steuerpflichtigen nur dadurch entlasten, daß sie das Los der anderen verschlimmern«, und schloß mit der Feststellung, daß »der Beitrag zu den Lasten des Staates die gemeinsame Schuld aller sein müßte«.

Die Notabeln stimmten der Einführung von Provinzialständen zu. Sie billigten die Abschaffung der Frondienste; sie akzeptierten den freien Getreidehandel, aber sie lehnten die Territorialsteuer für sämtliche Untertanen ab. Da Calonne an die Privilegien rührte, stieß er auf die gleichen Widerstände wie Turgot. Der Widerstand wurde im übrigen geschickt vorgetragen: Die Opponenten beriefen sich auf den Vorwand, daß ausschließlich die seit 1614 nie mehr einberufenen Generalstände für die Bewilligung neuer Steuern zuständig wären. Aber die Einberufung der Generalstände bedeutete soviel wie einen Schritt zurückgehen, das Werk Richelieus, Mazarins und Ludwigs XIV. zu leugnen und die absolutistische Form der Monarchie zu verurteilen. Der König konnte nicht nachgeben, ohne seine Autorität aufs Spiel zu setzen. Zudem sollten die Generalstände nach ihrer früheren Form, also entsprechend den drei Ständen (Adel, Klerus und Dritter Stand) getrennt zusammentreten, so daß jede Abänderung der Privilegien im Verhältnis von zwei gegen eine Stimme blockiert worden wäre. Bei seiner Forderung nach Einberufung der Generalstände ging der Adel keinerlei Risiko ein und rächte sich zugleich an der absoluten Monarchie...

Am 8. April 1787 entließ Ludwig XVI. Calonne und ernannte zu seinem Nachfolger Loménie de Brienne, Erzbischof von Toulouse. Auch ihm blieb nichts anderes übrig, als die Projekte Calonnes aufzugreifen, dieses Mal allerdings mit der Zustimmung des Königs. Er fügte sogar noch eine Stempelsteuer hinzu. Die Notabeln hielten jedoch ihre Opposition aufrecht und wurden am 25. Mai 1787 entlassen.

Die Regierung mußte also die Beratung ihrer Projekte beim Parlament von Paris beantragen, das alsbald eine Aufstellung der Finanzen verlangte, die ihr aber verweigert wurde. Es erklärte darauf, daß die Schaffung neuer Steuern allein in die Zuständigkeit der Generalstände falle. Immer die Generalstände – es war zum Verzweifeln! Die Privilegierten schöpften die Möglichkeiten dieser schrecklichen Waffe gegen die Monarchie voll aus. Am 6. August setzte Ludwig XVI. die zwangsweise Registrierung der Projekte Loménie de Briennes durch ein erneutes *lit de justice* durch. Einige Parlamentsmitglieder wie Adrien Duport und Duval d'Esprémesnil erklärten mit Unterstützung mancher Herzöge und Pairs die Registrierung für illegal. Daraufhin wurde das Parlament am 15. August nach Troyes verbannt, von wo aus es jedoch seine Opposition fortsetzte. In Paris griff die Unruhe auf die Straße über. Man beschimpfte die Königin als »Österreicherin« oder »Madame Defizit«, und man bejubelte die Parlamentsmitglieder als »Väter des Vaterlandes«. Schließlich fand sich dennoch ein Kompromiß: Das Parlament kehrte nach Paris zurück und

versprach die Genehmigung einer neuen Anleihe. Aber die Sitzung vom
19. November 1787 verlief besonders stürmisch. Der König mußte eine
erneute zwangsweise Registrierung seiner Anleihe verlangen. »Das ist
illegal!« rief der Herzog von Orléans. »Doch, es ist legal, weil ich es so
will!« antwortete der König, der fester als gewöhnlich auftrat und seinen
Vetter nach Villers-Cotterêts verbannte.

Der Erfolg der Anleihe verschaffte Loménie de Brienne eine Atem-
pause. Doch im Januar 1788 setzte die allgemeine Agitation wieder ein. Sie
entwickelte sich durch die Mitwirkung des Amtsadels weiter, der Einwände (remontrances) gegen die erzwungene Registrierung erhob. Brienne
sah keine andere Lösung mehr als die, die auch Maupeou unter Ludwig XV. angestrebt hatte: Abschaffung der Parlamente! Das Parlament
von Paris jedoch war gewarnt und schlug mit dem Erlaß vom 3. Mai 1788
über die »Erklärung der Rechte der Nation« zurück. »Frankreich«, so
erklärten die Parlamentsmitglieder, »ist eine Monarchie, die vom König
unter Beachtung der Gesetze regiert wird. Mehrere dieser Gesetze umfassen und bestätigen grundsätzlich das Recht der Nation, aus freien Stücken
Gelder durch das Organ der regelmäßig einberufenen Generalstände zu
bewilligen..., das Recht, ohne das alle anderen unnütz sind, daß eine
Festnahme, durch wessen Befehl auch immer, nur dann möglich ist, wenn
der Betroffene unverzüglich in die Hände der zuständigen Richter übergeben wird.«

Der Erlaß wurde in Paris enthusiastisch begrüßt. Das Parlament erschien als der Verteidiger der Freiheiten gegenüber dem monarchischen
Absolutismus. Das war die Sprache der Philosophen, und im Grunde
applaudierte man Montesquieu. Aber man übersah in Paris, daß die
Parlamentsangehörigen im Namen der uralten Verfassung die Steuer-
gleichheit de facto zurückwiesen. Das Ungeschick Briennes verschlimmerte die Situation nur noch. Bei Ludwig XVI. erreichte er die Verhaftung
der Rädelsführer Duval d'Esprémesnil und Goilard de Montsabert während der bewegten Parlamentssitzungen vom 5. und 6. Mai. Damit nicht
genug, erreichte er durch einen königlichen Spruch am 8. Mai 1788 die
Auflösung der Parlamente und die Schaffung eines sogenannten Oberge-
richts (Cour plénière), das dem Amtsadel die Kontrolle von Gesetzgebung
und Steuer absprach und das Recht erhielt, Edikte und Ordonnanzen
vorläufig, das heißt bis zu ihrer Billigung durch die Generalstände, zu
registrieren und zu verkünden.

Diese Operation sollte die Opposition der Parlamente brechen und Reformen zur Versöhnung von Monarchie und Drittem Stand erreichen. Wieder einmal stützte sich der König in seiner Auseinandersetzung mit dem Feudaladel auf das Volk. Aber Brienne reagierte nicht rasch genug. Es gelang ihm trotz der Flugschriften aus der Feder Marmontels und Rivarols nicht, die öffentliche Meinung umzustimmen. Die oppositionelle Bewegung erfaßte die Provinz. Alle Parlamente erklärten die zwangsweise Registrierung der Reformen für illegal, eine Welle von Flugschriften überschwemmte ein Land, das schon durch die Lektüre der philosophischen Schriften oder zumindest ihrer populären Wegbereiter darauf vorbereitet war. Eine Schrift wie »Der Geist der Edikte« *(»L'Esprit des édits«)* von Joseph Barnave stellte die Parlamentarier als Opfer des höfischen Despotismus dar. Die Sache der Parlamente verschmolz rasch mit der der Freiheit. Die Privilegierten übernahmen die Führung der Bewegung. Die Versammlung des französischen Klerus zwischen dem 5. Mai und dem 5. Juni 1788 erklärte sich mit den Parlamenten solidarisch; sie verweigerte deshalb die »freiwillige Steuer« *(don gratuit)* des Klerus und verlangte die Einberufung der Generalstände. In der Bretagne und Franche-Comté, im Béarn, in Toulouse und Dijon ergriff der Adel die agitatorische Initiative, und die Militärkommandanten sowie Intendanten hüteten sich aus Sympathie, Überraschung oder Vorsicht, scharf gegen diese Umtriebe vorzugehen.

Am heftigsten tobten diese Unruhen in der Dauphiné. Das Parlament von Grenoble, das die Reformen Briennes ebenfalls verurteilt hatte, scheute sich nicht, »jegliche Treue gegenüber dem Herrscher« aufzukündigen. Als der Intendant Caze de la Bove die aufständischen Richter mit militärischer Gewalt vertreiben wollte, provozierte er Aufruhr im Volk. Die Einwohner Grenobles bewarfen die Soldaten am 7. Juni von den Dächern herab mit Steinen – es war der »Tag der Ziegel«. Die Behörden gaben nach und richteten das Parlament wieder ein. Am 21. Juli beriefen die Notabeln der Stadt Vertreter der drei Stände. Der Dritte Stand war dabei den beiden anderen Ständen zahlenmäßig überlegen: 276 Mitglieder gegen 50 Geistliche und 165 Adlige. Da die Versammlung untersagt worden war, versammelten sich die Deputierten im Schloß Vizille, das dem Großindustriellen Claude Perier gehörte. Sie forderten alle Provinzen auf, sich gegen den Despotismus zusammenzuschließen und die Zahlung von Steuern zu verweigern.

Die Lage war noch nicht verzweifelt. Brienne erinnerte in den Regierungsverlautbarungen an das alte Bündnis von König und Drittem Stand gegen den aufsässigen Adel. Aber die Krise der Staatsfinanzen und die wirtschaftliche Lage begrenzten seine Manövriermöglichkeiten immer mehr. Der Bankrott zeichnete sich ab.

Unter dem Druck der Privilegierten berief Brienne durch Verfügung des königlichen Rates vom 8. August 1788 die Generalstände für den 1. Mai 1789 ein. Trotz dieses schwerwiegenden Zugeständnisses vermochte er am 16. August die Unterbrechung der Zahlungen aus der Staatskasse nicht zu verhindern. Am 25. August trat er zurück. Der König holte daraufhin Necker wieder zurück. Bankiers und Kaufleute streckten 75 Millionen Livres vor. Dafür wurden durch königliche Erklärung vom 23. September 1788 die Parlamente mit allen Rechten wiederhergestellt. Die Monarchie kapitulierte. Sie tat es weniger aus Schwäche als unter dem harten Druck der finanziellen Realitäten. Der Tod des Absolutismus war sein Unvermögen, die eigenen Finanzen zu verwalten; der Adel hatte nur den ersten Stoß geführt.

DIE REVOLUTION ZIEHT HERAUF

Im Jahre 1752 notierte d'Argenson in seinem Tagebuch: »Die schlechte Lage unserer absoluten Monarchie erweckt in Frankreich und in ganz Europa schließlich die Überzeugung, daß dies die schlechteste aller Regierungsformen ist ... Alles läuft mehr und mehr auf eine nationale Katastrophe hinaus, alles fällt in Stücke ... Die öffentliche Meinung indessen bahnt sich ihren Weg; ihr Einfluß steigt und wächst, was eine nationale Revolution auslösen könnte.«

Revolution, dieses Wort aus dem Vokabular der Astronomen ging in die Alltagssprache ein. »Genießen Sie die erstaunliche Revolution, die sich in den Gesinnungen vollzieht, und leben Sie, um die Menschen aufzuklären«, schrieb Voltaire 1765 an d'Alembert.

Natürlich dachte niemand an eine gewaltsame Revolution, die zum Blutvergießen führen würde, aber alle spürten die drohende Gefahr einer Explosion. Auf dem Lande herrschte angesichts der Verschärfung der Feudalrechte, des Pachtanstiegs und der Aussichtslosigkeit, Grund und

Boden zu erwerben, weil das notwendige Geld fehlte, dumpfe Unzufriedenheit. Enttäuschung machte sich auch bei dem aufstrebenden Bürgertum breit; es sah seinen Aufschwung durch die feudale Reaktion ge-
bremst, welche die höheren Positionen dem Adel vorbehielt. Unruhe
breitete sich auch bei der jungen Generation aus; sie war zu zahlreich, als
daß auch nur ausreichend viele einen Arbeitsplatz hätten finden können.
Zu ihr gesellten sich darüber hinaus Arbeitslose aus Stadt und Land, deren
berufliche Existenz der wirtschaftliche Niedergang der Jahre 1787/88
vernichtet hatte. In den Parlamenten herrschte ebenfalls Aufruhr. Obwohl sie vorgaben, gegen die Tyrannei der Regierung zu kämpfen, lehnten
sie echte Reformen ab, die ihre Privilegien gefährdet hätten.

Die Krise der königlichen Finanzen vor dem Hintergrund einer wirtschaftlichen Depression diente schließlich als auslösendes Moment der
Revolution. Der Amtsadel der Parlamente begann mit der Revolution, die
Bauern setzten sie fort, und die Bürger führten sie zu Ende. Diese Revolution trug aber, ob im Konvent oder auf den Schlachtfeldern, im Wohlfahrtsausschuß oder im Generalstab der französischen Armee in Italien
den Stempel jener jungen Männer, die in der geburtenreichen Regierungszeit Ludwigs XV. das Licht der Welt erblickten: Robespierre 1758; Danton 1759; Saint-Just 1767; Hoche 1768; Marceau und Napoleon Bonaparte 1769.

Zu diesem Zeitpunkt hätten vielleicht schlichte Reformen von oben
Frankreich eine Revolution erspart. Im Jahre 1789 jedoch kochten die
Gemüter über. Feinsinnig stellt Tocqueville fest: »Die Idee, daß das ganze
Volk das Recht zur Teilhabe an der Regierung hat, drang in die Gemüter
ein und bemächtigte sich ihrer. Die Erinnerung an die früheren Generalstände wurde wieder lebendig. Die Franzosen begnügten sich nicht mehr
mit dem Wunsch, daß ihre Angelegenheiten besser betrieben würden, sie
wollten sie selbst in die Hand nehmen.«

KAPITEL II

Die Revolution des Dritten Standes

Während der Messe zur Eröffnung der Generalstände in der Kirche Saint-Louis in Versailles rief Bischof Lafare aus Nancy in seiner Predigt pathetisch aus: »Majestät, das Volk, das Sie regieren, hat unzweideutige Beweise seiner Geduld geliefert. Es ist ein Märtyrervolk, dem man das Leben anscheinend nur gelassen hat, um es länger leiden zu lassen.« Indem sie das »Volk« beweihräucherten und dessen – oft echtes – Elend betonten, indem sie ihm den Aufstand predigten, nur um die absolute Monarchie zu schwächen, lösten die Angehörigen der privilegierten Schichten selbst den Sturm aus, der sie hinwegfegen sollte. Die Wirtschaftskrise tat ein übriges. Mehr als die Reden der Wortführer, die – wie man sagte – im Solde des Herzogs von Orléans oder Englands standen, waren die Hungersnot – oder genauer gesagt, die Angst davor – und in einem geringeren Maße die Arbeitslosigkeit die wahren Antriebskräfte der revolutionären Tage.

DIE WAHLEN

Bei seiner Entscheidung, die Generalstände einzuberufen, hatte Loménie de Brienne zwei Fragen offengelassen. Erstens: Wie zahlreich sollte die Vertretung des Dritten Standes sein? Im Verhältnis zu ihrer Stellung in der Nation oder in gleicher Stärke wie der Klerus? Zweitens: Wie sollte man in den Generalständen abstimmen? Nach Ständen oder nach Köpfen? Das waren grundsätzliche Fragen. Behielt man das Verfahren von 1614 bei, hatten die Privilegierten leichtes Spiel. Im anderen Fall aber war der Dritte Stand von dem Augenblick an, wo man ihm eine Vertretung gemäß seiner demographischen Bedeutung zugestehen und nach Köpfen abstimmen würde, zur Durchsetzung seines Willens in der Lage.

Diese Debatte führte zum Bruch zwischen dem Dritten Stand und den Vertretern des Adels und des Klerus. Zur Lösung dieser beiden Probleme konsultierte man das Parlament von Paris, das am 21. September 1788 antwortete, es müsse an der »1614 beachteten Form« festgehalten werden, also einer gleich großen Vertretung der drei Stände und an der Abstimmung nach Gruppen. Mit einem Schlag sah das Parlament, das noch wenige Monate zuvor die Spitze des Kampfes angeführt hatte, seine gesamte Popularität schwinden. Eine Notabelnversammlung, die vom 6. November bis 12. Dezember 1788 tagte, schloß sich den Folgerungen der Parlamentsmitglieder an. Die Privilegierten rückten zusammen: Sie verlangten die Einberufung der Generalstände nicht, um Reformen voranzutreiben, sondern um den Absolutismus zu ihrem ausschließlichen Vorteil zu beschränken. Dagegen bildete sich ein »Komitee der Dreißig«, das für die Verdoppelung der Vertretung des Dritten Standes, für die Abstimmung nach Köpfen und für die bürgerliche und steuerliche Gleichheit eintrat. Es verzeichnete in seinen Reihen neben Bankiers und Juristen auch eine Gruppe liberaler Adliger, an ihrer Spitze La Fayette und La Rochefoucauld-Liancourt. »Die öffentliche Diskussion hat ihr Gesicht verändert«, notierte Mallet du Pan im Januar 1789, »es geht jetzt nur noch in zweiter Linie um den König, den Despotismus und die Verfassung; in Wirklichkeit haben wir einen Krieg zwischen dem Dritten Stand und den beiden anderen Ständen.«

Ludwig XVI. befand sich in der Position des Schiedsrichters: Das Bürgertum verlangte die Verdoppelung des Dritten Standes; die Prinzen von Geblüt hingegen warnten den König am 12. Dezember vor den möglichen Gefahren, wenn er »seinen tapferen, uralten und ehrwürdigen Adel« opfere. In der Ratsitzung vom 27. Dezember 1788 schlug er einen Mittelweg ein. Er gewährte die Verdoppelung des Dritten Standes, äußerte sich aber nicht zur Frage der Abstimmung nach Köpfen oder Gruppen. Damit war nichts entschieden.

Der Wahlkampf begann im Februar vor dem Hintergrund einer sehr schlechten Wirtschaftskonjunktur. Da die Ernte von 1788 schlecht ausgefallen war, drohte eine Hungersnot; die Arbeitslosigkeit erreichte schreckliche Ausmaße. Überall brachen im Volk Unruhen aus. Daher schlug die Propaganda des Dritten Standes im Schutze der Meinungsfreiheit, die der König im Wahlreglement vom 24. Januar 1789 verkündet hatte, sehr schnell eine harte Gangart ein. In der Flut von Broschüren, die auf Frankreich niederging, erregte neben dem *»Appel à la nation artésien-ne«* (»Aufruf an die Nation des Artois«) von Robespierre oder dem *»Appel à la nation provençale«* (»Aufruf an die provenzalische Nation«) von Mirabeau besonders Abbé Sieyès mit seinem Pamphlet *»Qu'est-ce que le Tiers État«* (»Was ist der Dritte Stand?«) großes Aufsehen. Er antwortete: »Alles«, und fügte hinzu: »Was ist er bisher gewesen? Nichts. Was verlangt er? Etwas zu werden.« Die Wahlen selber fanden unter sehr liberalen Bedingungen statt, wenn auch nicht überall zur gleichen Zeit oder unter den gleichen Verhältnissen. Die Wahlen für die beiden ersten Stände wurden im Hauptort des jeweiligen *Bailliage* oder der *Sénéchaus-sée* durchgeführt. Alle Adligen, die ein Lehensgut besaßen, bildeten die Wählerversammlung des Adels. Die Wählerversammlung des Klerus be-stand aus Bischöfen und Äbten, den Domkapiteln, den Inhabern von Pfründen, Vertretern der Ordensgemeinschaften und den Pfarrern, was dem niederen Klerus die Mehrheit in der Versammlung sicherte.

Die Benennung der Vertreter des Dritten Standes gestaltete sich etwas komplizierter. Wahlberechtigt waren alle Franzosen über 25 Jahre, die einen Wohnsitz und eine Eintragung in die Steuerliste nachweisen konn-ten. In den Städten versammelten sich die Wähler nach Berufsständen oder Stadtvierteln, um ein oder zwei Delegierte für je hundert Stimmbe-rechtigte zu wählen; diese wiederum benannten die Wahlmänner für die Versammlung des Dritten Standes im jeweiligen Gerichtsbezirk *(Baillia-ge)*. Das Verfahren lief also in drei Stufen ab. Auf dem Lande wurde nach Pfarreien gewählt. Dabei vertrat ein Delegierter hundert Feuerstellen. Diese Delegierten trafen sich in der Versammlung des Gerichtsbezirks mit denen der Städte, um zwei Abgeordnete zu wählen, die je einem für die beiden anderen Stände gegenüberstanden.

Zusammen mit der Wahl der Abgeordneten wurden Beschwerdehefte übergeben. Adlige und Geistliche, weil des Schreibens kundig, verfaßten ihre Beschwerden selbst; die Hefte der Städte und Pfarrgemeinden wur-den von der Versammlung des Dritten Standes im Amtsbezirk zu einem einzigen zusammengefaßt. Diese schriftlichen Beschwerden sind nicht so interessant, wie man manchmal glaubt. Musterhefte wie die Choderlos de Laclos zugeschriebenen »Instruktionen des Herzogs von Orléans« zirkulierten und wurden oft schlicht abgeschrieben. Auch wenn sich ein allgemeines Einverständnis gegen den Absolutismus abzuzeichnen schien, so muß man heute doch die damalige Zeitstimmung berücksichtigen. Sicherlich herrschte bei der Forderung nach Umgestaltung des Steuersystems mehr Aufrichtigkeit auf seiten des Dritten Standes als beim Adel. Liest man diese Hefte, so läßt sich daraus leicht eine Anklageschrift gegen das Ancien régime konstruieren. Dennoch sollte man nicht vergessen, daß es sich um Forderungen handelte und folglich keine positiven Aspekte oder Motive der Zufriedenheit darin enthalten waren. Insgesamt ist der Ton gemäßigt: Nichts darin läßt auf eine Revolution schließen, wohl aber auf Konflikte zwischen dem Dritten Stand und den privilegierten Schichten über die bürgerliche Gleichheit und die Feudalrechte.

Die Zahl der Abgeordneten schwankte zwischen 1139 und 1196, denn die Mandatsprüfung erzeugte viel Verwirrung. Die Geistlichkeit bot offenbar 291 Vertreter auf, in ihrer Mehrheit reformfreudige Geistliche oder liberale Kirchenfürsten wie den Bischof von Autun, Talleyrand-Périgord. Doch auch die Priester, die den neuen Ideen mit Vorbehalten entgegentraten, erreichten eine stattliche Zahl. Unter ihnen befand sich einer der besten Prediger der Zeit, der wortgewaltige Abbé Maury, der zum herausragendsten Redner der Rechten avancieren sollte.

Die Abgeordneten des Adels kamen auf etwa 270 Personen. Der niedere Adel hielt an den Privilegien fest und orientierte sich an Cazalès, einem Offizier aus Südfrankreich. Die Herren des Hochadels wie der Herzog von Aiguillon, der Herzog von La Rochefoucauld oder der Graf von Clermont-Tonnerre bekannten sich zu liberalen Ideen, ohne damit den Adel wirklich zu vertreten. So erreichte etwa La Fayette, seit seiner Teilnahme am amerikanischen Unabhängigkeitskrieg Symbolfigur des Liberalismus, in Riom nur sehr mühsam seine Wahl.

Der Dritte Stand schließlich brachte es auf 578 bis 598 Abgeordnete, darunter weder Bauern noch Arbeiter, sondern ausschließlich Bürgerliche und einige Überläufer aus den beiden anderen Ständen wie Graf Mirabeau und Abbé Sieyès. Man stellte eine Mehrheit von etwa 200 Advokaten fest; Robespierre, Deputierter aus Arras, Barnave und Mounier aus Grenoble, Pétion aus Chartres und Le Chapelier aus Rennes befanden sich darunter. Auch viele Grundbesitzer, Ärzte wie Campmas, Persönlichkeiten wie der Astronom Bailly, der Schriftsteller Volney oder der Nationalökonom Dupont de Nemours zählten zum Dritten Stand. Aber kein Republikaner, kein einziger echter Revolutionär befand sich in ihren

Reihen. Alle erwarteten vom König Reformen, zum Beispiel die regelmäßige Versammlung der Generalstände sowie einen Beschluß dieser Stände über gleiche Steuern für alle und Garantie der individuellen Freiheiten.

DIE POLITISCHE REVOLUTION DES 23. JUNI 1789

Nach der Messe am Vorabend wurden die Generalstände am 5. Mai offiziell im großen Saal der »Menus-Plaisirs« eröffnet, wo zuvor schon die Notabeln getagt hatten. Die Rede Ludwigs XVI. enttäuschte die Vertreter des Dritten Standes. Mit harter und schroffer Stimme verlesen, verkündete sie, daß der König die Generalstände einberufen hatte, weil sie ihm helfen sollten, die Finanzen wieder in Ordnung zu bringen. Weiterhin erklärte er, er »kenne seine Autorität und werde sie aufrechterhalten«; schließlich forderte er die Abgeordneten auf, Neuerungen zu mißtrauen. Justizminister Barentin begnügte sich anschließend mit vagen Formulierungen, und Necker beschränkte sich in einer Rede von drei Stunden auf die technische Darstellung der finanziellen Schwierigkeiten. Die verächtliche Haltung des Hofes gegenüber dem Dritten Stand, die unfreundlichen Worte eines Liancourt (»Wir wollen sehen, was für ein Gesicht diese Tiere machen, die uns nun für längere Zeit heimsuchen werden«), die schwarze, nüchterne Tracht, die man den Nichtadligen vorgeschrieben hatte und die sich vom glänzenden Kostüm der Adligen abhob, all dies mußte die Vertreter des Volkes verstimmen. »Die Schlacht beginnt«, schrieb noch am Abend Duquesnoy aus Bar-le-Duc. »Alles deutet darauf hin, daß es in den Generalständen stürmisch zugehen wird, ob zwischen Drittem Stand und den beiden anderen Ständen oder dem Hof.«

Tatsächlich begann der Konflikt zwischen den beiden Ständen schon am folgenden Tag, als man daran ging, die Vollmachten der Abgeordneten zu prüfen. Der Dritte Stand schlug vor, die Mandatsprüfung gemeinsam vorzunehmen. Der Adel lehnte die Einladung ab, der Klerus antwortete ausweichend. Der Vorschlag des Dritten Standes war nicht ohne Hintergedanken: Die gemeinsame Prüfung hätte das Ende der Einteilung in Stände bedeutet und dem Dritten Stand das Übergewicht bei den Beratungen verschafft. Eine Vermittlungskommission machte sich an die Suche nach einem Kompromiß. Darüber verging ein Monat. Am 10. Juni versuchte es der Dritte Stand mit einem letzten Vorschlag, und am 12. Juni schritt er alleine zur Mandatsprüfung. Am 13. Juni schlossen sich ihm drei Geistliche aus der *Sénéchaussée* (Verwaltungsbezirk) Poitiers an, sechs am 14. Juni, darunter Abbé Grégoire, und zehn am 16. Juni. Am Mittwoch, 17. Juni, erklärten sich die Vertreter des Dritten Standes auf Vorschlag von Sieyès »in der Erwägung, daß sie $^{96}/_{100}$ der Nation vertreten« zur »Nationalversammlung«. Sie machte sogleich ihre Autorität geltend und genehmigte vorläufig die Einziehung der herkömmlichen Steuern, doch sollte jede künftige Eintreibung ihrer Zustimmung unterworfen sein.

Konnte der König demgegenüber nachgeben? Auf den Rat des Hofes und gegen den Wunsch Neckers entschloß er sich, auf seine Autorität zu pochen. Als die Abgeordneten am 20. Juni zur Sitzung vor dem Saal der »Menus-Plaisirs« erschienen, fanden sie ihn verschlossen. Sie versammelten sich darauf unter dem Vorsitz von Bailly in einem Saal des Ballhauses in der Nähe des Schlosses. Dort schworen sie, »niemals auseinanderzugehen und sich überall zu versammeln, wo die Umstände es erforderten, bis die Verfassung des Königreiches errichtet und durch solide Grundlagen gefestigt sei.« Der Maler David sollte später den »Schwur im Ballhaussaal« unsterblich machen. Am 22. Juni schloß sich der Klerus dem Dritten Stand an, der nun in der Kirche Saint-Louis tagte. Zwei Vertreter des Adels aus der Dauphiné kamen ebenfalls hinzu.

Am folgenden Tag, in der gemeinsamen königlichen Sitzung vom 23. Juni, verkündete Ludwig XVI. mit fester Stimme, daß er die von den Abgeordneten getroffenen Entscheidungen aufhebe, und forderte sie auf, wieder nach Ständen und nicht gemeinsam zu tagen: »Ich befehle Ihnen, auf der Stelle auseinanderzugehen und morgen vormittag die Ihrem Stand zugewiesenen Säle aufzusuchen, um dort die Beratungen wieder aufzunehmen.« Der König glaubte offenbar, die Zuhörer einzuschüchtern, doch er reizte sie nur. Der Dritte Stand rührte sich nicht von der Stelle, ebensowenig ein Teil des Klerus. Zeremonienmeister Dreux-Brézé forderte die Abgeordneten auf, sich zurückzuziehen, doch der Vorsitzende Bailly erwiderte ihm: »Die versammelte Nation kann keine Befehle entgegennehmen.« Mirabeau, der ebenfalls eingriff, hielt eine Ansprache, die in dieser Form auf die Nachwelt kam: »Sagen Sie Ihrem Herrn, daß wir durch den Willen des Volkes hier sind und daß man uns nur durch die Gewalt der Bajonette hier wieder herausholen wird.« Ebenfalls auf Vorschlag Mirabeaus beschloß die Versammlung die Unverletzlichkeit ihrer

Mitglieder und erklärte jeden zum »Verräter an der Nation«, der es
während oder nach der Sitzung wage, die Hand gegen die Abgeordneten
zu erheben. Der König beugte sich. Was sollte er anderes tun? Sobald die
Einwohner von Versailles Wind von den Zwischenfällen bekommen hatten, waren sie in die Höfe des Schlosses eingedrungen, ohne bei den
französischen Garden auf Widerstand zu stoßen, die ihnen sogar zuriefen:
»Es lebe der Dritte Stand! Wir sind die Armee der Nation!«

Am 24. Juni schloß sich die Mehrheit des Klerus dem Dritten Stand an;
am 25. Juni fand sich ein Teil des Adels mit dem Herzog von Orléans an
der Spitze ein. Am 27. Juni forderte der König die letzten Widerspensti-
gen auf, ihren Platz in der Nationalversammlung einzunehmen.

Die politische Revolution hatte sich tatsächlich ereignet. Die Generalstände überließen ihren Platz der Nationalversammlung als zweiter Gewalt, die ihre Kontrolle über die öffentlichen Finanzen ausübte und die
individuellen Freiheiten garantierte. Am 23. Juni hatte die absolute Monarchie in Frankreich zu existieren aufgehört.

DIE SOZIALE REVOLUTION DES 4. AUGUST 1789

Am 9. Juli 1789 bezeichnete sich die Nationalversammlung als »verfassunggebende Nationalversammlung«. Tags zuvor war ein Ausschuß mit
dem Auftrag gebildet worden, eine Verfassung zu entwerfen. Aber der
König konnte eine derartige Beschneidung seiner Autorität nicht hinnehmen, und seine Umgebung stachelte ihn zum militärischen Handstreich
gegen die Volksvertreter an. Da die französischen Regimenter nicht zu-
verlässig waren, rief man ausländische Truppen: 25 000 Mann wurden um
Versailles zusammengezogen. Graf Mirabeau protestierte am 8. Juli gegen
diese Truppenbewegungen, und die Nationalversammlung schickte eine
Delegation zu Ludwig XVI., um den Abzug dieser Streitkräfte zu verlangen. Der König lehnte am 10. Juli ab und entließ Necker am folgenden Tag. Neuer Präsident des königlichen Finanzrates wurde der Baron
de Breteuil; der wegen seiner Härte bekannte Marschall de Broglie
löste Puységur im Kriegsministerium ab, das Justizministerium behielt
Barentin.

Die Nachricht von der Entlassung Neckers wurde in Paris am 12. Juli bekannt. Dort zeichnete sich eine katastrophale Zuspitzung der wirtschaftlichen Situation ab: Der Preis für ein Pfund Brot war auf 4 Sous gestiegen, während der Lohn eines Arbeiters 30 bis 40 Sous betrug. Die Arbeitslosigkeit steigerte die Nervosität der Bewohner der Vorstädte wie schon im April, als Meuterer das Haus des Tapetenfabrikanten Réveillon geplündert hatten, dem man vorwarf, die Löhne senken zu wollen. Natürlich hatte der Großbankier Necker wenig für die Verbesserung der materiellen Situation des Volkes unternommen, aber erst seine Entlassung verfestigte die allgemeine Vermutung eines Aristokratenkomplotts mit dem Ziel, das Volk auszuhungern. Im Palais-Royal wurde in improvisierten Reden wie der des Journalisten Camille Desmoulins eine »Bartholomäusnacht der Patrioten« angekündigt. Unklar ist die Frage, ob Agenten des Herzogs von Orléans eine Rolle bei diesen Wirren spielten. Der Gesandte Venedigs, Antonio Capello, schrieb damals: »Das Palais-Royal ist der größte Versammlungsort und ein Stein des Anstoßes. Dort beginnt die Gärung. Sein Besitzer, der Herzog von Orléans, hat große Popularität gewonnen, indem er sich der Sache des Volkes geneigt zeigt, aber seine Absichten sind verdächtig, und seine Toleranz für alles, was in seinem Haus vorgeht, wird von allen Personen mit Verstand verurteilt.« Und er wird dann noch deutlicher, indem er sagt, daß »die Agitatoren des Palais-Royal sicherlich von dieser unwürdigen Hand bezahlt sind«.

Eine Marschkolonne der Demonstranten stieß in den Gärten der Tuilerien mit dem ausländischen Kavallerieregiment »Royal-Allemand« zusammen. Der Aufruhr verwandelte sich in einen Aufstand, als von sämtlichen Kirchtürmen die Sturmglocken läuteten. Am 13. Juli streiften Banden mit unterschiedlichster Bewaffnung durch Paris und nahmen eine immer bedrohlichere Haltung an. Besorgt versammelten sich die Pariser Wahlmänner der Abgeordneten des Dritten Standes für die Generalstände erneut im Rathaus. Ein ständiger Ausschuß wurde gebildet, der die Versorgung der Hauptstadt sicherstellen sollte, während jeder Stadtbezirk aufgefordert wurde, eine Liste von zweihundert waffenfähigen Bürgern zu erstellen, die für die öffentliche Sicherheit zu sorgen hatten. Innerhalb weniger Stunden zählte diese Miliz 12000 Männer, die sämtlich aus den besitzenden Schichten kamen.

Am Morgen des 14. Juli entdeckte eine Gruppe aus französischen Gardesoldaten, Arbeitern der Vorstadt Saint-Antoine und einigen Bürgern im Invalidengebäude Gewehre und Kanonen; über ihre Zusammensetzung sollte man die Aufzeichnungen eines Augenzeugen, des späteren Generals Thiébault, nachlesen. Von dort bewegten sich die erregten Demonstranten, deren Zahl unaufhörlich zunahm, in Richtung Bastille, wo sie ebenfalls Waffen vermuteten. Die alte Festung, als Gefängnis durch die »Memoiren« von Latude berühmt geworden, hatte viel von ihrer einstigen Bedeutung verloren. (Der Marquis de Sade, der dort in Haft gesessen hatte, war kurz zuvor verlegt worden.) Bewacht war sie von achtzig Invaliden und dreißig Schweizern unter dem Kommando des Gouverneurs de Launay. Im Verlauf der Verhandlungen, die Thuriot im Auftrag der Aufständischen führte – »eine schreckliche Dogge mit dem cholerischen Genie der Revolution in sich«, wie Michelet später meinte –, fielen gegen Mittag aus der Bastille Schüsse auf die Menge. Alsbald begann diese mit dem Sturm, wobei Kanonen vor der Festung aufgefahren wurden. »Monsieur de Launay hatte den Kopf verloren, bevor man ihn ihm abschnitt«, scherzte Rivarol. Er kapitulierte und wurde auf der Stelle umgebracht. Dem Führer der Kaufmannschaft, Flesselles, widerfuhr das gleiche Schicksal. Andere Amtspersonen, wie der Pariser Intendant Bertier de Sauvigny, fielen einige Tage später ebenfalls unter den Schlägen der Anführer.

In Versailles hatte man die Vorgänge in Paris mit Überraschung und Angst verfolgt. Sollte man die Truppen in einen Straßenkampf mit höchst unsicherem Ausgang schicken? Am 15. Juli wich der König ein weiteres Mal zurück. Wie später Karl X. im Juli 1830 oder Louis-Philippe im Februar 1848 widerstrebte es ihm, das Blut seines Volkes zu vergießen. Das Bürgertum indes kannte diese Skrupel nicht. Ludwig XVI. erschien persönlich in der Nationalversammlung, um die Entlassung der ausländischen Soldaten anzukündigen, und berief Necker am nächsten Tag zurück.

In Paris hatte das Bürgertum die Oberhand gewonnen und bemächtigte sich der Stadtverwaltung, die seit den Zeiten der Fronde scheinbar autonom, tatsächlich aber eng an die Monarchie gebunden war. Der ständige Ausschuß verwandelte sich in die Commune von Paris, als deren Bürgermeister Bailly gewählt wurde, während La Fayette das Kommando über die Bürgermiliz übertragen bekam, die den Namen »Nationalgarde« erhielt. Am 17. Juli erschien Ludwig XVI. in Paris und erkannte diese Umwandlungen an.

Bei dieser Gelegenheit wurde ihm die dreifarbige Kokarde überreicht, das Symbol für das Bündnis von Thron und Hauptstadt. Weiß, die Königsfarbe, verband sich mit Blau und Rot, den Farben der Stadt Paris.

Die Einnahme der Bastille hatte nicht die politische Bedeutung des 23. Juni. Alles war bereits geschehen. Aber dieses erneute Zurückweichen Ludwigs XVI. erfolgte dieses Mal gegenüber Paris, das als dritte Macht neben König und Nationalversammlung auftrat, zumal sich diese eher als eine Verkörperung der Provinz verstand und bald von der Hauptstadt beherrscht wurde. Die unbeugsamste Gruppe bei Hofe täuschte sich hierin nicht, als sie dem Grafen von Artois und dem Prinzen von Condé in die Emigration folgte. In der Provinz löste der Sturz der Bastille große Erregung aus. Er erschien als ein Symbol des Zusammenbruchs der absoluten Gewalt schlechthin, die von Philosophen und Parlamentsmitgliedern lange Zeit verhaßt gemacht worden war. In zahlreichen Städten ahmte man das Pariser Beispiel nach, vertrieb die Intendanten und richtete neue Stadtverwaltungen ein. Auch die Gemeindeselbstverwaltung, gegen die die Vertreter des Königs angekämpft hatten, erstand wieder.

Parallel zur Revolution in den Städten verlief die Erhebung der Bauern. Die Nachrichten zirkulierten mühsam, und alle Gerüchte aus Paris wurden aufgebauscht und entstellt. Die Agrarkrise hatte zahlreiche Landarbeiter arbeitslos gemacht, und manche irrten auf der Suche nach Arbeit oder einer Bleibe in Banden umher. Als Folge einiger gewalttätiger Auseinandersetzungen sprach man sogar von Räubern. Man berief sich aber auch auf das Komplott der Aristokraten: Mit Unterstützung des Auslandes wollten die Adligen die Bauern abwürgen – so jedenfalls war die allgemeine Einschätzung. Schließlich kam auch die Agrarrevolution zum Ausbruch. Man weigerte sich, die Feudalabgaben zu bezahlen, und Unruhen brachen in Nordfrankreich, in der Picardie und danach in den Waldgebieten der Normandie sowie der Franche-Comté aus. Aus dem allgemeinen Chaos erwuchs zwischen dem 20. Juli und dem 1. August 1789 das Phänomen der »Großen Furcht«. In der Franche-Comté, der Champagne, der Gegend um Beauvais und Nantes hatte man verschiedene Zentren der Revolte ausgemacht. Von Dorf zu Dorf eilte die Nachricht, daß Banditen (von 4000 Mann sprach man in Soissons und von 30000 in Toulouse) Frankreich durchquerten und auf ihrem Zug die Höfe verwüsteten. Eine andere Variante entstand in der Grafschaft Artois: Dort kündigte man keine Räuberbande, sondern die englische Armee an. In ihrer Bestürzung bewaffneten sich die Bauern und erwarteten den Angreifer. Da er nicht kam, wandten sie sich gegen die Schlösser, um sich die Archive mit den Urkunden der Feudalrechte aushändigen zu lassen. Einige Grundherren wurden mißhandelt, andere umgebracht. Der Bauernaufstand weitete sich aus, und die Bauern bemächtigten sich der örtlichen Gewalten. Davon ausgespart blieben nur die Bretagne, ein Teil der Normandie, Lothringen, das Elsaß und anscheinend Flandern, der Hennegau und das südliche Languedoc.

Die verstümmelten Nachrichten über die Pariser Ereignisse hatten das Phänomen der »Großen Furcht« und die nachfolgenden Unruhen entstehen lassen. In umgekehrter Richtung riefen die – ebenfalls aufgebauschten – Nachrichten über die Wirren auf dem Lande jetzt in Versailles blankes Entsetzen hervor. Der Aufstand auf dem Lande zielte nicht nur gegen die Aristokratie, sondern rührte auch an den Besitz des Bürgertums. Anläßlich der Unruhen im Gebiet von Mâcon schrieb ein Zeitgenosse: »Die Räuber hielten sich zuerst nur an die Schlösser, wo sie die Grundherrschaftsverzeichnisse vernichten wollten. In ihrer Unersättlichkeit greifen sie nun aber auch die Bürger an, zerstören und verbrennen ihre Häuser. Ihre Wut gegen die Reichen und Glücklichen ist so groß, daß es schon genügt, nicht bedürftig zu sein, um sich ihrer Gier nicht mehr zu erwehren.« Man sprach auch von Provokateuren, die im Auftrag der Nationalversammlung oder des Herzogs von Orléans aufhetzen sollten. Schriftsteller wie Beaulieu oder Montgaillard und Vertreter der Gegenrevolution haben dies behauptet, ohne allerdings konkrete Beweise vorzulegen.

Am Abend des 4. August 1789, als die Nationalversammlung über den Möglichkeiten zur Niederschlagung dieser Bauernaufstände brütete, ergriff Vicomte de Noailles das Wort. Er schlug die Abschaffung der grundherrlichen Rechte, der »verhaßten Reste des Feudalismus« vor. Sein Lösungsvorschlag zielte auf Abschaffung oder Ablösbarkeit dieser Rechte. Unterstützt wurde der Vorschlag vom Herzog von Aiguillon. Die Begeisterung erfaßte auch den Klerus, der auf den Kirchenzehnten verzichtete. Inmitten von Beifallskundgebungen, Freudenschreien und Umarmungen verschwanden die grundherrlichen Gerichtsbarkeiten, das Jagdrecht, die Bannrechte (Zwangsnutzungsrechte), Zünfte und Innungen, die Ämterkäuflichkeit, die Privilegien der Provinzen und der Einzelpersonen. Ein Abgeordneter beschrieb die allgemeine Stimmung: »Man fühlte sich hingerissen und wie im Delirium«, und ein anderer beobachtete: »Man weinte, man umarmte sich. Welche Nation! Welcher Ruhm! Was für ein

Glück, Franzose zu sein!« Was weder Turgot noch Calonne oder Brienne im Bereich der Steuern erreicht hatten, wurde während einer einzigen Nacht in einer Atmosphäre der Trunkenheit beschlossen. »Wir haben in zehn Stunden geleistet, was Monate dauern sollte«, schrieb ein Abgeordneter. Die soziale Revolution vervollständigte den politischen Umsturz. Der Bauer war von den Feudallasten befreit, die Klassenunterschiede sowie die örtlichen Besitzstände wurden vernichtet; die Gleichheit der Franzosen erhob man allgemein zum Dogma: Nach der Abschaffung des Absolutismus gab es nun auch keine Privilegien mehr. Das Ancien régime war vollständig hinweggefegt; »man hatte reinen Tisch gemacht«, wie ein Zeitgenosse bemerkte.

Nach dem Abflauen der allgemeinen Begeisterung kamen die Abgeordneten wieder zu Verstand. Lediglich die an die Person gebundenen Feudalrechte wurden abgeschafft; die Nutzungsrechte an Grund und Boden wurden für rückzahlbar erklärt. Als man die Einzelheiten der Ablösung regelte, verlangte der Gesetzestext vom Grundherrn keinerlei Nachweis seiner Besitzstände, woraus sich die starke Enttäuschung auf dem Lande anläßlich der Dekrete vom 5. und 11. August erklärte. Die Wirren dauerten deshalb fort, wenn auch in abgeschwächter Form.

Diese soziale Revolution erhielt unverzüglich ihre Weihe durch die Erklärung der Menschenrechte, deren Notwendigkeit Mounier dargelegt hatte: »Damit eine Verfassung gut ist, muß sie auf den Rechten des Menschen begründet sein und muß diese schützen; man muß die Rechte kennen, die die natürliche Gerechtigkeit allen Individuen gewährt, man muß an alle Prinzipien erinnern, die die Grundlage jeglicher Art von Gesellschaft bilden müssen, und daran, daß jeder Artikel der Verfassung die konkrete Folgerung aus einem Prinzip sein kann.« Und er schloß: »Diese Erklärung muß knapp, einfach und genau sein.« Die wichtigsten Teile des Textes verfaßten Mirabeau, Sieyès und Mounier. Man diskutierte über die Form dieser Erklärung, und es zeichnete sich eine Mehrheit zugunsten von Einzelartikeln nach dem amerikanischen Vorbild ab. Lebhafte Diskussionen entstanden bei den religiösen Fragen. Sollte die Erklärung unter der Anrufung Gottes stehen? Die Abgeordneten bevorzugten den Begriff des »Höchsten Wesens«. Die Debatte nahm beim Eigentumsrecht an Heftigkeit zu, und als die Nationalversammlung nach Abschluß der Redaktionsarbeiten am 26. August die Veröffentlichung der Erklärung beschloß, mußte sie deren Lückenhaftigkeit eingestehen. Sie war in

der Tat Ausdruck der Zeitumstände; vor allem aber mußte die Nationalversammlung rasch zu einem Ende gelangen.

Schon im ersten Artikel erklärten die Verfassungsgeber: »Die Menschen werden frei und gleich an Rechten geboren; die gesellschaftlichen
Unterschiede können nur auf dem allgemeinen Nutzen begründet werden.« Der Artikel 2 zählte »die natürlichen und unverjährbaren Menschenrechte« auf: »die Freiheit, das Eigentum, die Sicherheit und den
Widerstand gegen Unterdrückung«. »Die Souveränität«, erklärte Artikel 3, »liegt bei der Nation«; vom König war nicht die Rede. Es folgte eine
Definition der Freiheit, die berühmt werden sollte: »Die Freiheit besteht
darin, alles tun zu können, was einem anderen nicht schadet.« Während
das Gesetz als »Ausdruck des allgemeinen Willens« erscheint, werden
anschließend einige Rechte eigens aufgezählt: »Niemand darf außer in den
durch das Gesetz bestimmten Fällen angeklagt, verhaftet oder gefangengehalten werden«; »jeder Mensch wird solange für unschuldig gehalten,
bis er für schuldig erklärt worden ist«; »niemand darf wegen seiner
Ansichten, selbst nicht der religiösen, bedrängt werden«; »alle Bürger
haben das Recht, selbst oder durch ihre Vertreter die Notwendigkeit der
öffentlichen Abgaben festzuhalten«; ein anderes »unverletzliches und
heiliges« Recht: das Eigentum. Darüber hinaus nimmt die von Montesquieu entwickelte Idee der Gewaltenteilung den Rang eines Dogmas ein.

Diese Erklärung war vor allem – und so hatte man sie schon 1789
verstanden – »ein schweres Geschütz gegen das Ancien régime«. In Frage
gestellt wurden der Absolutismus (der König ist nicht mehr Eigentümer
des Königreiches), die Privilegien (der Zugang für alle zu den staatlichen
Ämtern wird bestätigt), die Willkür der Justiz und vor allem die geheimen
Haftbefehle *(lettres de cachet)*. Es bestanden aber auch Lücken: die Abschaffung der Sklaverei, die Verkündung des allgemeinen Wahlrechts, das
Recht auf Arbeit, die Handels- und Gewerbefreiheit. Insgesamt festigte
die »Erklärung der Menschenrechte« einige Errungenschaften des 4. August und schützte die Nation gegen einen Angriff der alten Prinzipien.

In der Tat war noch nichts endgültig entschieden. Denn um Gesetzes-
kraft zu erhalten, mußten die in der Nacht vom 4. August getroffenen
Entscheidungen vom König ratifiziert werden. Doch Ludwig XVI. hatte
Ende September noch nichts unterschrieben. Die mit Necker zurückge-
kehrten Minister – Champion de Cicé für die Justiz, Saint-Priest für das
Königshaus, Montmorin im Außenministerium, La Tour du Pin im

Kriegsministerium – flößten kein Vertrauen ein. Überdies zeichnete sich in der Nationalversammlung unter Führung von Mounier eine Mehrheit zugunsten eines Vetorechts des Königs ab, was die zukünftigen Entscheidungen der Volksvertreter gelähmt hätte. Die Monarchisten sahen den Zeitpunkt gekommen, die Revolution anzuhalten. Die Erregung in der öffentlichen Diskussion, in Paris vor allem, wurde noch durch die Versorgungsschwierigkeiten gesteigert: Der Brotpreis blieb hoch, und die Stadtverwaltung schien zur Lösung des Problems unfähig. Das Anstehen vor den Türen der Bäcker artete in Aufruhr aus. Die Nachricht von der Ankunft zweier Regimenter in Versailles brachte das Pulverfaß zur Explosion. Am 4. Oktober erfuhr die Öffentlichkeit Einzelheiten von einem Bankett im Schloß von Versailles zu Ehren der neuen Truppen. Dabei soll die dreifarbige Kokarde mit Füßen getreten worden sein; man habe Drohungen gegen die Nationalversammlung ausgesprochen und in Gegenwart Ludwigs XVI. und seiner Familie gesungen:
>»Oh Richard, oh mein König,
> die Welt verläßt dich...«
Am Morgen des 5. Oktobers versammelten sich Frauen aus der Vorstadt Saint-Antoine und dem Hallenviertel vor dem Rathaus; sie wollten Brot. Wahrscheinlich handelte es sich um eine spontane Demonstration, aber sie wurde von Agitatoren wie dem merkwürdigen Maillard geschickt nach Versailles umgelenkt, den man schon unter den »Freiwilligen der Bastille« erkannt hatte und der später noch an den Septembermassakern von 1792 aktiv mitwirkte. Nach dem Abmarsch der Frauen, denen arbeitslose Arbeiter und eine konturenlose Menge folgten, entschloß sich La Fayette als Verantwortlicher für die Aufrechterhaltung der öffentlichen Ordnung endlich zum Handeln. Gegen 5 Uhr abends, in dem Augenblick, als die Demonstranten vor dem Schloß ankamen, machte er sich auf den Weg nach Versailles. Der König verfügte über zuverlässige Truppen; dennoch leistete er auf den Rat Neckers hin keinerlei Widerstand und ließ der Nationalversammlung mitteilen, er sei bereit, die Dekrete über die Entscheidungen der Nacht vom 4. August zu unterzeichnen. Damit war er erneut zurückgewichen.

Dennoch drang die Menge in den Sitzungssaal der Nationalversammlung ein; die Nacht verbrachte sie auf dem Exerzierplatz. Am Morgen stürmte sie die Gitter des Schlosses, machte die Wachsoldaten nieder und gelangte bis ins Schlafzimmer der Königin. Der König wurde in Begleitung seiner Familie und La Fayettes, der abends gegen 10 Uhr angekommen war, gezwungen, auf dem Balkon zu erscheinen. Rufe »Nach Paris!« erschollen aus der Menge, und wieder beugte sich der König. Er gab seine Entscheidung bekannt, sich in der Hauptstadt niederzulassen, und die Nationalversammlung beschloß, ihm zu folgen. Um 14 Uhr verließ er das Schloß in Richtung Paris, das er nach neun Stunden inmitten eines buntscheckigen Gefolges aus Frauen, Gardesoldaten, Nationalgarden und Aufständischen erreichte. Er kam tatsächlich erst um 11 Uhr abends in den Tuilerien an. Einige Tage später richtete sich die Nationalversammlung im Palast des Erzbischofs ein und ab November 1789 in der Manege der Tuilerien.

Am 5. und 6. Oktober tobten vor allem Hungerunruhen. Man brachte »den Bäcker, die Bäckerin und den kleinen Bäckerjungen« nach Paris zurück, weil man den König der Intrigenwirtschaft des Hofes und der Aristokratie entziehen wollte. Beide, Hof wie Aristokratie, standen unter dem dringenden Verdacht, das Volk aushungern zu wollen: Die Bewohner von Paris sollten ihren seit Ludwig XIV. verlorenen König wiederfinden. Aber schätzten die Demonstranten die Folgen ihres Handelns richtig ein? Die Oktobertage veränderten den Gang der Revolution, obwohl seit dem 23. Juni zwei legale Gewalten aufeinanderstießen, der König und die Nationalversammlung. Eine neue Kraft, die am 14. Juli erstmals erschienen war, riß nun den Gang der Dinge an sich: das Volk von Paris. König und Nationalversammlung waren seit der Übersiedlung nach Paris seine Gefangenen, und es wollte sich die Möglichkeit nicht nehmen lassen, Druck auf beide auszuüben.

DIE NATIONALE REVOLUTION DES 14. JULI 1790

Während die Nationalversammlung in Paris ihre Arbeiten an der Verfassung wieder aufnahm, entwickelte sich in Frankreich eine Bewegung, die sein Gesicht dauerhaft verändern sollte. In zahlreichen Städten und Dörfern hatten sich nach den Ereignissen des 14. Juli in Paris Gemeindeverwaltungen und Nationalgarden gebildet; die »Große Furcht« hatte diese Entwicklung noch beschleunigt. In der Dauphiné strebten mehrere Ortschaften einen gemeinsamen Verbund an, um die gemeinsame Verteidigung zu sichern. Ihre Vertreter trafen sich am 28. November 1789 in Étoile bei Valence und schworen, »auf ewig vereint zu bleiben, den Warenverkehr zu schützen und die Gesetze der Nationalversammlung einzuhalten«. Ihr Beispiel stieß fast überall auf Nachahmung, und so entstanden Föderationen zunächst auf Provinzebene, später auch zwischen den einzelnen Provinzen. Diese Bewegung erhielt ihre offizielle Weihe am 14. Juli 1790.

Auf dem Marsfeld, das die Bevölkerung der Hauptstadt in sieben Tagen umgestaltet hatte, errichtete man ein riesiges Amphitheater. Es diente einer Zeremonie, zu der Vertreter aus allen Teilen Frankreichs erschienen; die Nationalgarden hatten 15 000 Personen insgesamt ausgewählt. Sie nahmen an einer Messe teil, die Talleyrand, unterstützt von Abbé Louis, zelebrierte. Dann leistete La Fayette im Namen aller Anwesenden den Eid, »auf ewig der Nation, dem Gesetz und dem König treu zu sein«. Dieser Treueid auf die Nation war die Geburtsstunde des nachabsolutistischen Frankreich. Bis zu diesem Zeitpunkt hatte sich das Königreich entwickelt, indem man Provinzen, Städte oder Territorien zum Königsgut hinzuschlug, die von den verschiedenen aufeinanderfolgenden Herrschern gekauft, erobert oder geerbt worden waren, ohne daß diese sich um den Willen ihrer Einwohner gekümmert hätten. Am 14. Juli 1790 drückten alle diese Provinzen, Städte und Territorien in einer freien Bewegung ihren Willen aus, Franzosen zu sein.

Die Nationalversammlung hatte schon im Februar 1790 die neue Einteilung des französischen Staatsgebiets in Departements gebilligt, nachdem ihr Thouret im November 1789 einen, im wesentlichen geometrischen, Plan aus achtzig gleichen Quadraten vorgelegt hatte, den man noch an die geographischen Gegebenheiten anpassen mußte. Die Gliederung der Departements bestand aus Distrikten, Kantonen und Gemeinden. Geleitet wurden diese Departements oder Distrikte von Direktorien, bestehend aus vier bis acht Mitgliedern, die permanent tagten und von Ratskollegien, das heißt einer Art Legislative gewählt wurden. Diese Kollegien versammelten sich zu einem genau bestimmten Zeitpunkt und setzten sich aus 12 bis 36 Mitgliedern zusammen, die ihrerseits wieder von den Departementsversammlungen bestimmt wurden. Ein Syndikus übernahm die Funktion des Generalsekretärs. In den Gemeinden amtierte an Stelle des Direktoriums ein Bürgermeister, den ein Amtsanwalt und ein von *allen* Aktivbürgern gewählter Rat unterstützten. Hier bestand ein

Unterschied zwischen der eher gemäßigt konservativen Departementsverwaltung und der mehr demokratisch orientierten Gemeindeverwaltung.
Paris, das lange unter der Verwaltungsaufsicht des Königs gestanden
hatte, erhielt seine Autonomie durch das Dekret vom 21. Mai/27. Juni
wieder zurück. Die Stadtverwaltung setzte sich aus einem Bürgermeister,
16 Administratoren, 32 Ratsmitgliedern, 96 Notabeln, einem Anwalt der
Kommune und zwei Stellvertretern zusammen. Die Stadt war in 48 Sektionen eingeteilt mit ebensovielen Aktivbürgerversammlungen. Ihre Aufgabe bestand darin, die Wahlmänner zu bestimmen, die wiederum die
Mitglieder der Departementsverwaltung und die Abgeordneten bestimmen sollten.

DIE KONSTITUTIONELLE MONARCHIE

Die »Monarchisten«, Anhänger einer konstitutionellen Monarchie, hatten bei den Debatten um den Verfassungsentwurf versucht, ein Königtum
ähnlich der in England seit der »Glorious Revolution« (1688) herrschenden zu begründen. Ihnen schwebte nur eine gemäßigte Revolution vor,
aber während der Oktobertage zerschellten ihre Hoffnungen: Mounier
emigrierte am 22. Mai 1790. Der Mißerfolg der Monarchisten versperrte
jedoch nicht den Weg für einen Kompromiß zwischen König, Aristokratie und Bürgertum, aber der Kompromiß war nur in Form einer konstitutionellen Monarchie denkbar.

Auch Mirabeau dachte in dieser Richtung. Honoré-Gabriel de Riqueti, Graf von Mirabeau, 1749 geboren, Abgeordneter des Dritten Standes, obwohl aus einer adligen Familie stammend, die seit dem 17. Jahrhundert in Marseille wohnte, hatte sich in der Verfassunggebenden Nationalversammlung rasch durchgesetzt. Trotz seines pockennarbigen Gesichts
überzeugte sein rhetorisches Talent (»Wenn ich meine schreckliche Rübe
schüttle, wagte niemand, mich zu unterbrechen«) und nicht zuletzt sein
Sachverstand. Immerhin verfügte er über ein Büro, dem so unterschiedliche Leute wie Talleyrand, der Schweizer Bankier Clavière oder Frochot,
der spätere Präfekt des Departements Seine, angehörten, die seine Reden
vorbereiteten. Sein allzu bewegtes Privatleben hingegen schadete ihm bei
zahlreichen Abgeordneten aus der Provinz. Um ihn als eventuellen Nach-

folger Neckers auszuschalten, hatte die Nationalversammlung schon am 7. Dezember 1789 beschlossen, daß es keinem Abgeordneten während der Sitzungsperiode erlaubt sei, Minister zu werden. In seinen Karriereträumen enttäuscht und überzeugt vom Irrweg einer Nationalversammlung, die die königlichen Vorrechte allzusehr einschränken wollte, was eine Zustimmung Ludwigs XVI. aus dem Bereich des Möglichen entfernte, näherte sich der Volkstribun dem Hof. Da er auf die *Constituante* nicht einwirken konnte, hoffte er, den König und dessen Umgebung beeinflussen zu können. In dieser Einschätzung lag er zweifellos richtig. Sein Fehler allerdings war, daß er sich seine Ratschläge, die Ludwig XVI. ohnehin nicht befolgte, teuer bezahlen ließ. Seine Popularität litt unter diesen Intrigen, und bald verkündete man in den Straßen von Paris den »großen Verrat des M. de Mirabeau«.

La Fayette galt als großer Rivale Mirabeaus, den die Aussichten einer gemäßigten und zu einer konstitutionellen Monarchie tendierenden Revolution ebenfalls überzeugten, zumal das amerikanische System, dessen Washington er gerne geworden wäre, in Frankreich nicht in Frage kam. Dieser Edelmann, 1757 geboren, hatte sich im amerikanischen Unabhängigkeitskrieg ausgezeichnet, was ihm den Beinamen eines »Helden zweier Welten« einbrachte. Vom Volk gefeiert, das seine stattliche Erscheinung verführte, vom Bürgertum, das sich dem Liberalismus dieses jungen Aristokraten aufgeschlossen zeigte, anerkannt, und in seinem Kommando über die Nationalgarde souverän, die er zum Garanten der öffentlichen Ordnung in Paris machte, fehlte ihm nur die Unterstützung des Hofes, um die Revolution zu stoppen und eine gemäßigte Monarchie zu errichten. Anfang 1790 schien er die Situation noch unter Kontrolle zu halten, aber die ersten Schwierigkeiten nach der kurzen Beruhigung von 1790 rieben ihn bald auf. Darüber hinaus haßte ihn die Königin, und auch Mirabeau verschonte ihn nicht, als er ihn als »*Gilles César*« (»Cäsar der Posse«) verspottete. Auch das »Triumvirat«, bestehend aus Barnave, einem Anwalt im Pariser Parlament, Lameth, wie La Fayette ein Held der amerikanischen Unabhängigkeitsbewegung, und Duport, einem Parlamentsrat in Paris, die in der Nationalversammlung auf der Linken saßen, griff ihn unaufhörlich an und ruinierte seine Popularität, bevor es seinerseits eine Politik betrieb, die das politische Gleichgewicht auf dem Weg über eine konstitutionelle Monarchie suchte.

Während hinter den Kulissen ein subtiles politisches Spiel gespielt wurde, bestand die Unzufriedenheit im Volk fort, auch wenn sich die allgemeine Wut in Paris langsam zu beruhigen schien.

Auf dem Lande hingegen brach die Enttäuschung durch. Dort verlangte man die völlige Beseitigung der Feudalrechte. So brach in der Region Quercy im November 1790 eine Erhebung aus; Bauern besetzten die Orte Cahors und Gourdon. Ähnliche Wirren wurden auch aus den Departements Seine-et-Marne, Loiret, Gard und Hérault gemeldet. Wenn auch die personengebundenen Feudalrechte wie Hörigkeit und *mainmorte* (tote Hand) inzwischen abgeschafft worden waren, so hatte die Nationalversammlung die jährlichen Zahlungen in Naturalien *(champart)* und Geld für rückzahlbar erklärt und folglich aufrechterhalten, denn sie wurden als Eigentum der Grundherren betrachtet. Das Dekret vom 3. Mai 1790 setzte den Wert des Rückkaufs auf den zwanzigfachen Betrag der Abgabe, wenn sie in Geld bezahlt, und auf den fünfundzwanzigfachen Betrag, wenn sie in Naturalien geleistet wurden, fest. Auch Rückstände waren noch dazu zu bezahlen. Daraus ergaben sich Unmutsäußerungen, Verärgerungen und Kränkungen, auch wenn am 15. März 1790 »jede ehrbezogene Unterscheidung, Vorrang und Gewalt, die aus dem Feudalregime herrührte«, aufgehoben und am 19. Juni »der erbliche Adel *für immer* abgeschafft wurde.«

Vergeblich glaubten nacheinander Mirabeau, La Fayette und schließlich Barnave, die Revolution stabilisieren zu können. In Wirklichkeit stand sie erst an ihren Anfängen.

DER ERSTE FEHLER DER *CONSTITUANTE:* DIE ASSIGNATEN

Über der Diskussion um die Probleme der Menschenrechte hätte man fast vergessen, daß die Nationalversammlung ursprünglich einberufen worden war, um die Finanzkrise der Monarchie zu lösen.

Seit Juli 1789 stand der Staatsbankrott fest: Man wollte und konnte nicht mehr zahlen. Der Zerfall der Finanzverwaltung im Verein mit den Unruhen gegen die Salzsteuer und die Zölle, die Unmöglichkeit, neue Listen für die *Taille* (Einkommenssteuer) aufzustellen, und die Angst der Steuerbeamten vor Angriffen auf Leib und Leben erklärten dieses Versiegen der Geldeingänge. Geld aufzunehmen war nicht mehr möglich: Nekker erhielt zwar von der Nationalversammlung die Zustimmung für eine Anleihe zu 4,5%, aber sie erreichte nichts. Die Wirtschaftskrise, aber auch die Kapitalflucht verhinderte die Zeichnung der Anleihe. Auch eine weitere Anleihe mit einem Zinssatz von 5% hatte nicht mehr Erfolg. »Das Vertrauen ist geschwunden«, mußte Necker eingestehen, »die letzte Zahlungsfrist nähert sich rasch ihrem Ende.«

Eine Entscheidung schien dringend geboten, als die Idee aufkam, sich der Kirchengüter zu bemächtigen und den Klerus zu enteignen. Die Initiative stammte von Talleyrand, es wurde sein erster Verrat. Die Vermögenskonfiskation sollte zwei Milliarden Livres einbringen und so das Defizit abdecken. Da der Bischof von Autun den Klerus bei der Krone vertreten hatte, traute man ihm zu, das Vermögen dieses Standes gut zu kennen. Mirabeau griff das Projekt auf und erklärte, man müsse im Gegenzug die Kosten der Religionsausübung übernehmen, und setzte die Summe, die der Geistliche einer Pfarrei bekommen sollte, mit 1200 Livres an. Für die Dorfpfarrer, die zuvor auf den »Pflichtanteil« (»portion congrue«) angewiesen waren, brachte diese Regelung Vorteile, und man band sie auf diese Weise an die »Nationalisierung«.

Aber die Konfiskation warf die Frage der Rechtmäßigkeit auf. Thouret bemühte sich um einen Beweis, indem er behauptete, die Kirchengüter gehörten der ganzen Nation. Ähnliche Präzedenzfälle hatte es schon gegeben. Darüber hinaus war das politische Interesse offensichtlich: Durch die Vermehrung der Zahl der Gehaltsempfänger würde man eine neue Klasse schaffen, die der Revolution verpflichtet war.

Für den Klerus erwiderte Maury, der geistliche Besitz sei gleicher Natur wie der eines jeden Bürgers, nämlich heiliges Recht. Zudem handele es sich um Schenkungen, die an eine genaue Zweckbestimmung gebunden worden seien und die man nun ihrer ursprünglichen Widmung entziehen würde: »Das Eigentum ist einheitlich und heilig für uns wie für Euch. Unser Eigentum garantiert das Eurige. Heute werden wir angegriffen. Aber täuscht Euch nicht. Wenn wir jetzt beraubt werden, werdet Ihr auch noch an die Reihe kommen.« Und er fügte hinzu: »An die Stelle des Bankrotts tritt eine Konfiszierung« zum größeren Nutzen von »Geldhändlern, Spekulanten und Finanzintriganten«. Man werde auf ernste gesellschaftliche Gefahren zusteuern: Die Aufrechterhaltung der Religion werde durch einen sehr fragwürdigen geistlichen Nachwuchs beeinträchtigt, da die Zahlung der Priestergehälter vom Steuereingang abhinge. Dies war eines der schwächsten Argumente des kirchlichen Protestes.

Man hatte auch andere Wege erwogen, zum Beispiel Sondersteuern auf den Klerus, teilweise Veräußerung seines Vermögens... Aber die Lösung einer totalen Konfiskation, die alle Probleme zu lösen schien, erschien politisch zu verführerisch. Deshalb entschied sich die Nationalversammlung am 2. November 1789 für sie: »Alle Kirchengüter stehen zur Verfügung der Nation mit der Auflage, in angemessener Weise, unter der Kontrolle und nach den Anweisungen der Provinzen für die Kosten des Gottesdienstes, den Unterhalt der Priester und die Armenhilfe zu sorgen.«

Der Verkauf dieser riesigen Ländereien – man sprach von einem Fünftel des Königreiches – konnte nur im Verlauf langer Jahre abgewikkelt werden. Da der Geldbedarf aber dringlich war, entwarf man den Plan, diese als »Nationalgüter« bezeichneten Grundstücke als Garantie für Papiergeld einzusetzen, das seine Besitzer gegen Grund und Boden einlösen konnten. Durch Dekret vom 19./21. Dezember 1789 gab man für 400 Millionen Livres Assignaten aus – Schatzanweisungen durch Vermittlung der Diskontbank. Die unvermeidlichen Schwierigkeiten stellten sich bald ein. Im März und April, August und September 1790 geriet die Debatte über die Assignaten in leidenschaftliche Bahnen. Mirabeau verteidigte das neue Prinzip, ebenso Clavière, der die »Notwendigen Beobachtungen über die Denkschrift von Herrn Necker« (*»Observations nécessaires sur le mémoire de M. Necker«*) veröffentlichte. Bei diesen Debatten verschwieg man die Tatsache, daß die Assignaten den entscheidenden Schlag gegen die Kirche bedeuteten, da sie deren gesamten Besitz in die Hände von Käufern übereignen würden, die der Revolution aufgeschlossen gegenüberstanden. Man begnügte sich statt dessen mit dem Hinweis, daß auf diese Weise brachliegende Grundstücke dem Anbau zugeführt würden und Kredite leichter zu erhalten seien. Wer Angst vor dem Papiergeld hatte, erhielt zur Antwort, daß dieses Mal an Stelle der nebulösen Mississippi-Ufer wie beim Spekulationsprojekt von Law die gute Erde Frankreichs als Pfand diene. Mirabeau wurde geradezu lyrisch: »Wir haben einen dringenden Bedarf an Mitteln, die die Geschäfte voranbringen; die Assignaten befreien uns nicht nur von den Schulden, sie liefern uns auch die Mittel, das Wirtschaftsleben anzuspornen, zu aktivieren und wiederherzustellen. Wie können Sie zögern, sie als eine Finanzmaßnahme zu begreifen, die Sie als ein sicheres und aktives Mitglied der Revolution auffassen sollten. Überall, wo ein Assignatenschein angelegt wird, ist er vom geheimen Wunsch nach Glaubwürdigkeit der Assignaten begleitet. Sie können auf einen Gläubiger zählen, der an Ihren Erfolgen interessiert ist. Werfen Sie diesen Lebenskeim in die Gesellschaft, der ihr fehlt, und Sie werden sehen, zu welchem Glanz und Wohlstand Sie in kurzer Zeit aufsteigen können.« Necker und die Rechte dagegen sagten für das Assignatengeld mehrere Gefahren voraus: eine starke Inflation und zugleich einen Aufschlag für das Metallgeld. Die Assignaten verschleierten in der Tat, wie sie sagten, einen Bankrott, da man nicht in Geld, sondern in Grundstücken zurückzahlte. Ohne Rücksicht auf diese Einwände wurde das Assignatengeld durch eine Reihe von Maßnahmen durchgesetzt. Am 17. April 1790 stand der Zwangskurs der Assignaten fest; am 29. September gab man Scheine für 800 Millionen Livres aus, und am 8. Oktober war man bei kleinen Noten angekommen. Sehr schnell hatte man eine Gesamtsumme von 1800 Millionen Livres erreicht.

Die finanzielle Lage blieb dennoch katastrophal. Das Defizit verschlimmerte sich gegen Ende 1790 sogar noch. Die neuen Steuern (Grundsteuer auf Boden und Gebäude; Steuern auf Personen und beweglichen Besitz nach dem geschätzten Vermögen und eine Gewerbesteuer) gingen nicht ein. Dagegen stiegen die Ausgaben von 630 Millionen im Jahre 1788 auf 691 Millionen im Jahre 1790 (die Besoldung des Klerus spielte dabei nur eine bescheidene Rolle). So erklärte sich die Versuchung, auf die Notenpresse zurückzugreifen. Solange man Maß hielt, verloren die Assignaten kaum an Wert. Vom Beginn des Jahres 1791 an war dies jedoch nicht mehr der Fall. Stand man in diesen Monaten noch bei 90% des Ausgangswertes, so beschleunigte sich der Sturz danach aus mehreren Gründen. Die Verschlechterung der politischen Situation spielte dabei eine große Rolle, während England und die Gegenrevolution nur einen begrenzten Anteil hatten. Vor allem die maßlosen Emissionen zerstörten das Vertrauen in das neue Zahlungsmittel. Dennoch stützten die Assignaten wahrscheinlich den Wirtschaftsaufschwung, der sich 1790 beobachten ließ. Die Euphorie einer anfänglichen Inflation konnte ebenfalls eine Rolle spielen. Aber dieser Aufschwung reichte nicht über das Jahr 1792 hinaus, und letzten Endes wurden die Assignaten zum bösen Geist der Revolution, deren Untergang sie beschleunigen sollten.

DER ZWEITE FEHLER DER *CONSTITUANTE*:
DIE ZIVILVERFASSUNG DES KLERUS

Als wenn ein göttlicher Fluch auf der Konfiskation der Kirchengüter lastete, löste die Zivilverfassung, die eine direkte Folge daraus war, in Frankreich eine Kirchenspaltung aus, die wiederum auf einen Bürgerkrieg zusteuerte.

Die Kirche hatte ihr Vermögen verloren; als Ersatz übernahm die Nation die Kosten der Religionsausübung und zahlte den Mitgliedern des Klerus ein Gehalt. Diese wurden folglich Beamte, und als solche erschienen sie auch im Rahmen der neuen Organisation, die die *Constituante* der französischen Verwaltung gab. Bereits am 13. Februar 1790 hatte die Verfassunggebende Versammlung die religiösen Orden abgeschafft und dabei erklärt, daß sie keine Ordensgelübde mehr anerkenne. Gemeint waren lediglich die kontemplativen Orden; die Orden für Unterrichtswesen und mildtätige Zwecke waren nicht betroffen. Ebenso hatte sich die Nationalversammlung geweigert, die katholisch-apostolische und römische Religion als Staatsreligion anzuerkennen.

Es blieb nun die Aufgabe, die Kirchenorganisation an die neuen Institutionen anzugleichen. Damit wurde ein Kirchenausschuß betraut, in dem die Laien die Mehrheit bildeten und der am 12. Juli 1790 die Zivilverfassung des Klerus beschloß.

Abschnitt I bestimmte die geistlichen Ämter. Aufrechterhalten wurden lediglich »Ämter für die Betreuung der Gläubigen«, was die Eliminierung der Kapitel, Stifte sowie der Generalvikare bedeutete. Die Zahl der Diözesen wurde von 135 auf 83 verringert, das heißt auf eine Diözese pro Departement. An die Stelle der 18 Erzdiözesen traten 10 Metropolitansitze; auch die Pfarreien teilte man neu ein. Abschnitt II der Zivilverfassung für den Klerus betraf die Ernennungen. Das Wählerkollegium des Departements wählte die Bischöfe und die Wahlmänner des Bezirkes die Geistlichen. Bischöfe und Geistliche wählten ihre Vikare selbst. Der Geistliche erhielt die kirchliche Weihe durch den Bischof, der Bischof durch den Erzbischof. Abschnitt III bestimmte den Betrag der Bezüge, die die Nation zahlte: 12 000 bis 20 000 Livres für die Bischöfe, 1200 bis 4000 Livres für die Geistlichen und 700 bis 1200 Livres für die Vikare.

Wie sollte die Kirche eine Verfassung akzeptieren, die Bischöfe und

Priester der Wahl durch Laien unterwarf? Und wie sollte der Papst sich beugen, da er doch gar nicht konsultiert worden war und nun ohnmächtig den vollständigen Triumph des Gallikanismus erleben mußte? Sicher, der Gesetzgeber rührte nicht an das Dogma: Es handelte sich um eine *bürgerliche* Verfassung. Aber hatte er wirklich das Recht zu einem solchen organisatorischen Eingriff? Msgr. de Boisgelin beschwor die Abgeordneten: »Jesus Christus hat den Aposteln und ihren Nachfolgern den Auftrag zum Heil der Gläubigen gegeben; er hat ihn weder den Richtern noch dem König gegeben.« Und er griff den einseitigen Charakter des Gesetzestextes an: »Mag sein, daß die Kirche Einschränkungen hinnehmen muß, aber man muß sie wenigstens fragen.«

Verwirrt wartete Ludwig XVI. auf ein Zeichen des Papstes, aber Pius VI. ließ auf seine Entscheidung warten. Eine eindeutige Haltung hätte dem französischen Klerus viele Gewissenskonflikte ersparen können. Am 22. Juli 1790 billigte jedoch Ludwig XVI. die Zivilverfassung. Einen Tag später erhielt er die Mitteilung des Papstes, sie nicht zu billigen – einen Tag zu spät.

Um die neuen Strukturen rasch zu verfestigen, unterwarf die Nationalversammlung »alle Bischöfe, früheren Erzbischöfe, Geistlichen und anderen kirchlichen Amtsträger« dem Eid, »der Nation und dem König treu zu sein« und »mit all ihrer Kraft die von der Nationalversammlung beschlossene und vom König gebilligte Verfassung aufrechtzuerhalten«. Wer sich weigerte, sollte abgesetzt werden und, falls er versuchen sollte, sein Amt dennoch fortzuführen, als Anstifter öffentlicher Unruhe verfolgt werden. Diese Entscheidung setzte allen Hoffnungen auf Versöhnung ein Ende: Obwohl ihn Boisgelin überzeugt hatte, daß diese Einwilligung ein »gewaltsamer Akt« war, fügte sich Ludwig XVI. dem Verlangen der Nationalversammlung und sanktionierte am 26. Dezember 1790 das Dekret über den Eid der Geistlichen.

Bereits am 27. Dezember ging Abbé Grégoire mit seinem Beispiel voran und schwor den Treueid auf die Verfassung. Für ihn bedeutete der Eid ein Gebot, da das Dogma nicht angetastet war und er die Kirche im Lager der Revolution erhalten wollte. Am gleichen Tag folgten ihm in der Nationalversammlung 62 weitere Priester. Am nächsten Tag schloß sich, sehr diskret übrigens, auch Talleyrand dieser Entwicklung an. Am 29. Dezember leistete auch der Titularbischof von Lydda, Msgr. Gobel, den Eid und mit ihm 40 Geistliche. Die übrigen hielten sich zurück. Von den

Abgeordneten des Klerus für die Generalstände legten nur ein Drittel den Schwur ab; von 160 Bischöfen bekannten sich nur vier, nämlich Loménie de Brienne, Jarente, Savine und Talleyrand, zu der Zivilverfassung der *Constituante.*

Die Mehrzahl der eidverweigernden Bischöfe wählte den Weg ins Exil, anstatt bei ihren Pfarrern und Gläubigen zu bleiben. Die Folge war, daß häufig Pfarrer, die dem Episkopat ohnehin feindlich gesonnen und nun sich selbst überlassen waren, die deutliche Verbesserung ihrer materiellen Lage erkannten und den Eid leisteten; allerdings läßt sich eine genaue Statistik der vereidigten Priester nicht aufstellen. Während sie im Westen, Norden, Osten und im Zentralmassiv klar in der Minderheit waren, bildeten sie in der Ile-de-France, im Südosten (Dauphiné und Provence) und einigen Departements in der Mitte (Cher, Loiret, Creuse, Indre, Yonne) die Mehrheit.

Die Wahlen für die Bischofssitze fanden von Januar bis Mai 1791 statt: 80 Bistümer waren zu besetzen, drei Bischöfe hatten bereits den Eid geleistet (Brienne in Sens, Jarente in Orléans, Savine in Viviers, während Talleyrand in Autun seinen Rücktritt eingereicht hatte). Viele Katholiken lehnten die Stimmabgabe ab. So führten diese Wahlen, die den Wahlmännern auf Departementsebene vorbehalten waren, oft zu überraschenden Ergebnissen. Zum Bischof gewählt wurden 55 Priester und 11 Ordensgeistliche, jedoch nur ein einziger Bischof stammte noch aus dem Ancien régime und besaß zudem kein französisches Bistum (Gobel). Das war die Rache des niederen Klerus. Ein buntgemischtes Episkopat entstand, in dem kämpferische Gestalten neben Skeptiker traten und Karrieristen neben aufrechte Hirten. Die Rekrutierung der Geistlichen wurde noch schwieriger, als man die Eidverweigerer ersetzen mußte. Die Hälfte der Geistlichen hatte den Eid nicht geleistet, und manchmal erreichte dieser Anteil sogar 95%, vor allem weil viele ihren Eid widerriefen, als endlich die Haltung Pius' VI. bekannt wurde. Außerdem berührte die neue Einteilung der Pfarrgemeinden zahlreiche Dörfer, die sich auf einmal ihrer Pfarrstelle beraubt sahen, während der Nachbarort seinen Hirten behielt.

In erster Linie kam es also darauf an, das Problem des Personalbestandes zu lösen. Aber die Schwierigkeiten bestanden auch danach fort. Die Eidverweigerer leisteten Widerstand; sie weigerten sich entgegen dem Gesetz, ihre Pfarrstelle zu räumen. Unvereidigte traten gegen Vereidigte

an: Die Kirchen, die Glocken, die Zeremonien, die Toten wurden zum
Zankapfel regelrechter Schlachten, bei denen makabre Szenen und
schlechte Scherze einander abwechselten. Hier sperrte man beispielsweise
eine Katze in einen Tabernakel, die dann dem (vereidigten) Eindringling
ins Gesicht sprang, dort ließ ein vereidigter Priester einen Sarg öffnen, um
sich zu vergewissern, daß man ihm einen Toten und keine Steine anvertraut hatte; in einem Städtchen wurden die Priestergewänder in der Mitte
zusammengenäht, anderswo tötete man den alten Hund des Priesters. In
Lyon verfaßte man ein Chanson über den verfassungstreuen Bischof
Lamourette:

>»Wir werden keinen anderen Herrn mehr haben
>als den reizenden Cupido.
>Das ist der Gott von Lamourette
>Turlurette! (trallala)«

Diese verbalen und tätlichen Übergriffe bereiteten den Bürgerkrieg vor.
Vor allem im Westen breitete sich heftige Unruhe aus: »Vernichtet die
Schwörer! Gebt uns unsere rechten Priester wieder!« Im Departement
Nièvre wird die Kirche, in der ein Eidverweigerer gerade die Messe
gefeiert hat, auf das Schlimmste verwüstet. Fast überall machte das Wort
von der Bartholomäusnacht die Runde.

Einer der unverzeihlichsten Fehler der *Constituante* bestand darin,
Priester, die zum Gelingen der Revolution beigetragen hatten, in Gegner
ebendieser Revolution zu verwandeln; schlimmer noch, sie spaltete damit
Frankreich in zwei feindliche Lager.

DIE FLUCHT DES KÖNIGS

Die Nationalversammlung setzte ihr Verfassungswerk unerschütterlich
fort. Die Abgeordneten hatten sich nach politischen Richtungen und
nicht nach Ständen zusammengefunden. Die »Patrioten« saßen zur Linken des Präsidenten, aber man sprach noch nicht von der »Linken«,
sondern von der »Seite des Palais Royal«. Ihre Vertreter suchten die
königliche Gewalt zu begrenzen. Auf der Rechten fanden sich die Aristokraten wieder: Dies war noch nicht die *Rechte*, sondern die »Seite der
Königin«. Diese Abgeordneten verteidigten die königlichen Vorrechte

mit allen Mitteln. Die Mitte, die sogenannte »Ebene«, war in eine monarchistische Rechte und eine konstitutionelle Linke gespalten.

Seit die Nationalversammlung in Paris tagte, stieg der Publikumsandrang unaufhörlich. Der Saal war lang, schmal, vier Meter fünfzig hoch, durch zwölf Fenster schlecht beleuchtet und belüftet. Auf den Publikumstribünen drängelten sich freiwillige oder arbeitslose Müßiggänger. Im Mai 1790 beschrieb ein ausländischer Diplomat anläßlich einer Debatte über das Recht des Königs, den Krieg zu erklären und Frieden zu schließen, die Haltung dieser Zuschauer: »Leute mit starren Blicken, länglichen, vor Zorn blauen Gesichtern, sie schäumten vor Wut, rannten von Gruppe zu Gruppe und schrien: ›Was seid Ihr für Hasenfüße! Wenn die Nationalversammlung den König begünstigen sollte, muß man sofort zu den Waffen rufen. Die Nationalversammlung soll sich in acht nehmen; wir werden eher Paris mit Feuer und Blut überziehen als dulden, daß die Nation ihrer Rechte beraubt wird!‹«

Dennoch war der Respekt gegenüber den Volksvertretern unbestreitbar, ein Respekt, der erst 1792 langsam schwand. Man begeisterte sich für die Redner. Auf der Linken zählten die Advokaten Pétion (Chartres), Buzot und vor allem Robespierre dazu, den man in seinen Anfängen »die Kerze von Arras« nannte, so eintönig und erloschen wirkte er. Dieses Triumvirat der fortschrittlichen Ideen wurde von Barnave überragt, dessen Beredsamkeit die Tribünen mitriß. Auf der Rechten provozierte Abbé Maury die Demonstranten mit seinem aggressiven Geist, einer zur Schau getragenen Vulgarität und seinem außergewöhnlichen Mut. Aber die stärksten Persönlichkeiten fanden sich in der Mitte: Mirabeau, der zur allgemeinen Bestürzung im April 1791 starb und dessen Leichnam man im Pantheon beisetzte, die beiden tüchtigen Juristen Tronchet und Treilhard, Sieyès, Talleyrand, Bailly und La Fayette. Parteien im eigentlichen Sinne gab es noch nicht; dafür aber Klubs, wo man sich nach den Debatten traf. Diese Debatten setzten sich in den Zeitungen fort. Die Pressefreiheit begünstigte die Zahl der Zeitungsneugründungen. Unter den royalistischen Blättern zwischen November 1789 und Oktober 1791 ragten die »Actes des Apôtres« heraus – Peltier, Rivarol, Bergasse, Lauraguais, Suleau und Champcenetz publizierten ihre Artikel dort –, die »Gazette de Paris« von Rozoi, die ihre erste Nummer am 1. Oktober 1789 startete, ferner »L'Ami du Roi« von Abbé Royou.

Die Linke verfügte über die größere publizistische Wucht. Ihre wichtigsten Presseorgane waren der »*Patriote français*« von Brissot, die erste Revolutionszeitung, weil sie April 1789 erschien, der »*Courrier de Versailles à Paris*«, herausgegeben von Gorsas, einem stürmischen Polemiker, der sich später der Gironde annäherte, die »*Révolutions de France et de Brabant*« von Desmoulins seit November 1789, der »*Ami du peuple*« von Marat, der seit September 1789 unregelmäßig unter verschiedenen Titeln erschien, bis zur »*Grande Colère du Père Duchesne*«, dem Blatt von Hébert, das schließlich 1790 erschien. Maret veröffentlichte ein »*Bulletin de l'Assemblée nationale*«, das den Verlauf der Beratungen der Abgeordneten wiedergab, und Prudhomme die »*Révolutions de Paris*«.

Die politische Aufspaltung Frankreichs zeichnete sich nicht deutlich ab. Mit Ausnahme einiger Aristokraten von der »Partei der Königin« war man sich im Grunde genommen über die Errichtung einer konstitutionellen Monarchie einig; dennoch stritt man heftig über deren Modalitäten. Die erste Debatte bezog sich auf die Notwendigkeit einer zweiten Kammer »nach englischem Muster«. Die Linke befürchtete über sie einen Gegenangriff der Aristokratie; am 10. September 1789 entschied man sich für ein Einkammersystem. Danach wurde der Verfassungsausschuß, bis dahin fest in den Händen Mouniers und seiner Anhänger, die das britische Modell favorisierten, zugunsten von Anhängern Abbé Sieyès' umgebildet.

Das Jahr 1790 widmete man der Debatte über das Recht zum Friedensschluß und zur Kriegserklärung; danach ging die Nationalversammlung zur Behandlung religiöser Fragen über. Sie löste schließlich die Flucht des Königs aus. Als aufrichtiger Katholik hatte Ludwig XVI. die Zivilverfassung des Klerus nur widerwillig gebilligt. Die Ausübung seiner eigenen religiösen Pflichten wollte er aber nur in die Hände eines eidverweigernden Priesters legen. Als er sich am 18. April 1791 anschickte, zum Schloß Saint-Cloud zu fahren, um dort die Kommunion für das Osterfest von einem nichtvereidigten Priester zu empfangen, drangen die Volksmassen in den Hof der Tuilerien ein und blockierten seine Karosse; er mußte auf die Fahrt verzichten.

Seit diesem Zeitpunkt dachte Ludwig XVI. an seine Flucht aus Paris. Dort war er dem Druck der Masse schutzlos ausgesetzt, weil ihn die Nationalgarde nicht verteidigt hätte und er sich mehr und mehr als Gefangener fühlte. Er hätte nach Westen fliehen können oder nach Südosten, wo sich eine gegenrevolutionäre Bewegung entwickelte, aber er entschied sich, die Armee im Osten aufzusuchen, die der Marquis de

Bouillé in Montmédy und Metz zusammengezogen hatte. Ende August 1790 war dort eine Revolte ausgebrochen, die Bouillé mit äußerster Härte unterdrückt hatte. Alles war zwischen Bouillé und dem Schweden Fersen, einem ergebenen »Freund« der Königin, abgesprochen. Nach mehreren Aufschüben war das Datum auf den 20. Juni festgelegt worden. Von Metz aus hätte der König wahrscheinlich die österreichische Armee in den Niederlanden erreicht. Dieses tatsächliche oder vermeintliche Einverständnis mit den Österreichern empörte die Bevölkerung und brachte sie gegen die Monarchie auf; besser wäre gewesen, wenn sich der König für den Westen entschieden hätte und in Frankreich geblieben wäre. Die gleiche Fluchtreaktion, dann aber nach Gent, sollte Ludwig XVIII. später ebenso schaden; sie stärkte den Mythos der »Packwagen aus dem Ausland«, in denen die Bourbonen zurückkehren.

In der Nacht vom 20. auf den 21. Juni verließen also der König, die Königin, die Schwestern des Königs, seine Kinder und deren Gouvernante die Tuilerien, obwohl diese doch sehr scharf bewacht waren. Die Reise verlief bis Sainte-Menehould ohne Zwischenfall, wo der König vom Sohn des Posthalters Drouet erkannt wurde. In Paris, wo die Flucht am Morgen des 21. Juni um 7 Uhr entdeckt worden war, hatte man Befehl gegeben, den König festzunehmen. Drouet eilte nach Varennes, einem kleinen Flecken am Fuße der Argonnen, um Alarm zu schlagen. Die Bevölkerung, die zunächst keinerlei feindselige Gefühle gehegt hatte, verhinderte die Weiterfahrt der königlichen Familie; auch die von Bouillé geschickten Reiter konnten sie nicht befreien. Am Morgen des 22. Juni mußte sie den Rückweg antreten. Bis zur Ankunft der Abgeordneten Barnave, Pétion und Latour-Maubourg beim König verlief die Fahrt unter schrecklichen Bedingungen, und der Empfang in Paris war eisig. Dieses unglückliche Abenteuer hatte Kraft und Ansehen des Königtums endgültig zerbrochen.

Die Reaktionen waren unterschiedlich. Es gab zwar Demonstrationen der Empörung über die Art und Weise, wie der König behandelt worden war; aber man hat sie bald vergessen. Festzuhalten bleibt, daß Varennes einen nationalen Reflex auslöste: Im Norden wie im Osten Frankreichs bildeten sich permanent tagende Ausschüsse; man bewaffnete sich, um dem Angreifer entgegenzutreten. Der Fluchtversuch des Königs begünstigte auch das Aufkommen einer demokratischen Strömung; in manchen Städten wurden die Wörter »König« und »Königtum« von den öffentlichen Straßen verbannt. »Endlich sind wir frei und ohne König«, erklärten die Mitglieder des Klubs der »*Cordeliers*« (»Franziskaner«) am 21. Juni. Schlösser wurden geplündert und Adlige massakriert wie der Graf von Dampierre, der den König unterwegs begrüßen wollte. Das Unbehagen erfaßte auch die Armee. Ein gewisser Bonaparte hielt in seinem Tagebuch fest: »Daß 25 Millionen Franzosen nicht in einer Republik leben können, ist eine unpolitische Redensart.«

Die Nationalversammlung hatte Kenntnis von dem Brief erhalten, in dem Ludwig XVI. seine Flucht damit erklärte, daß er seit den Oktoberta- gen »Gefangener in seinen eigenen Staaten« und das Ansehen des König- tums von der Nationalversammlung ruiniert worden sei. Er attackierte auch den fortschreitenden Zerfall der Verwaltung, den er der Nationalver- sammlung anlastete: Sie bestehe zwar aus gewählten Vertretern des Vol- kes, die jedoch ohne Regierungsverantwortung allein den Launen der Klubs unterworfen seien. Er erklärte alles für null und nichtig, was ihm mit Gewalt aufgezwungen worden war.

Die Flucht nach Varennes stellte sogar das Prinzip der konstitutionel- len Monarchie in Frage. Aber welche andere Lösung sollte man ins Auge fassen? Für das Bürgertum war die Republik gleichbedeutend mit Unru- hen. Es hatte gerade vor dem Hintergrund sozialer Unruhen am 14. Juni die Abstimmung über das Gesetz Le Chapelier durchgesetzt, das den Arbeitern das Koalitionsrecht vorenthielt.

Der Herzog von Orléans besaß nicht genügend Popularität, als daß man mit ihm einen Wechsel der Dynastie hätte wagen können, was im übrigen gefährlich war... Nachdem die Nationalversammlung Lud- wig XVI. zunächst suspendiert hatte, gab sie vor, der König sei entführt worden und gegen seinen Willen geflüchtet. Man machte Bouillé den Prozeß, der klugerweise den Weg des Exils gewählt hatte, und man entschloß sich, den Herrscher freizusprechen. Barnave, der Redner der Linken, der auf der Straße nach Varennes sein Damaskus-Erlebnis gehabt hatte, drückte das bei der Bourgeoisie vorherrschende Gefühl aus, die stets auf der Suche nach einem Kompromiß war, der den Gang der Revolution anhalten könnte: »Sollen wir die Revolution beenden, sollen wir sie von neuem beginnen? Ein Schritt weiter wäre ein unheilvoller und schuldhafter Akt, ein Schritt weiter auf der Linie der Freiheit würde die Zerstörung des Königtums bedeuten, auf der Linie der Gleichheit die Vernichtung des Eigentums.« Nach Mirabeau und La Fayette sprach sich nun auch Barnave zugunsten einer konstitutionellen Monarchie aus: *die Nation, das Gesetz, der König.*

Dennoch versuchte der fortschrittlich denkende Klub der Cordeliers, wo man Männer wie den Advokaten Danton oder den Journalisten Marat traf, auf dem Marsfeld eine Demonstration zu organisieren. In ihrem Verlauf wurde auf dem Altar des Vaterlandes eine Petition niedergelegt. Sie forderte die Abgeordneten auf, eine »neue verfassunggebende Gewalt« zu berufen, um »in wirklich nationaler Weise das Urteil über den Schuldigen zu sprechen und vor allem eine neue Exekutivgewalt einzusetzen und zu organisieren«.

Daraufhin ordnete die beunruhigte Nationalversammlung beim Bürgermeister von Paris an, die Demonstranten zu zerstreuen, und nach Verkündung des Kriegsrechts eröffnete die Nationalgarde unter dem Befehl La Fayettes das Feuer auf die Menge. Die näheren Umstände konnten niemals ganz aufgeklärt werden. Immerhin gab es zwischen 15 und 50 Tote. Zahlreiche Verhaftungen folgten; die führenden Köpfe des Klubs der Cordeliers tauchten unter. Am 16. Juli gründete die konservative Minderheit des Klubs der Jakobiner um das »Triumvirat« Barnave – Lameth – Duport den Klub der Feuillants.

DIE VERFASSUNG VON 1791

Die *Constituante* blieb bei der Formel von der konstitutionellen Monarchie, als sie letzte Hand an den Verfassungstext legte. Die Präambel und der erste Abschnitt griffen die in der Erklärung der Menschenrechte dargelegten Prinzipien wieder auf. Der zweite Abschnitt befaßte sich mit der Einteilung des Königreiches. Der erste Artikel proklamierte das »eine und unteilbare Frankreich« und führte 83 Departements ein, die ihrerseits in Distrikte und Kantone untergliedert waren. So verschwanden die Provinzen zugunsten eines neuen, oft künstlichen Zuschnitts. Im dritten Abschnitt wurde die Frage der öffentlichen Gewalten behandelt. Dabei fand die Souveränität der Nation eine kurze Erwähnung sowie die Anwendung des Prinzips der Gewaltenteilung, das Montesquieu so wichtig war. Die gesetzgebende Gewalt kam einer einzigen Kammer mit 745 Mitgliedern zu, die von den Departements für zwei Jahre gewählt wurden. Das Wahlrecht war den »Aktivbürgern« vorbehalten. Sie mußten Franzosen und mindestens 25 Jahre alt sein, einen Wohnsitz in der Stadt oder dem Kanton besitzen und eine direkte Steuer im Wert von mindestens drei Arbeitstagen bezahlen. Ihre Zahl belief sich auf etwa 4 298 000 Bewohner gegenüber 3 Millionen Passivbürgern. Sie trafen sich in den Primärversammlungen, die in jedem Kanton Wahlmänner bestimmten, das heißt einen für hundert Aktivbürger. In den Städten über 6000 Einwohner mußten die Wahlmänner Besitzer oder Nutznießer eines Gutes sein, das einem Betrag gleichkam, der dem örtlichen Wert von zweihundert Arbeitstagen entsprach, oder Mieter eines Gebäudes, das einem Einkommen im Wert von einhundertfünfzig Arbeitstagen entsprach. Auf dem Lande mußte man ein Gut besitzen, dessen Wert das Einkommen von einhundertfünfzig Arbeitstagen erreichte, oder Pächter mehrerer Güter sein, die dem Wert von vierhundert Arbeitstagen gleichkamen. Diese Wahlmänner, 42 980 an der Zahl, versammelten sich am Hauptort des Departements und wählten Richter, Verwaltungsbeamte des Departements und Abgeordnete.

Die Legislative war unauflösbar und tagte permanent; sie brachte Gesetzesentwürfe ein und stimmte über sie ab, setzte die Höhe der Steuern fest, regelte und überwachte die Verwendung der öffentlichen Mittel und entschied in Übereinstimmung mit dem König über Krieg und Frieden.

Die Exekutivgewalt war dem unverletzlichen und geweihten König *der Franzosen* (und nicht mehr König von *Frankreich*) anvertraut. Es gab keinen absoluten Herrscher von Gottes Gnaden mehr; ein Artikel erinnert daran, daß »es in Frankreich keine höhere Autorität gibt als die des Gesetzes. Nur durch das Gesetz herrscht der König, und nur im Namen des Gesetzes kann er Gehorsam verlangen.« Da er seine Domänen verloren hatte, die von nun an dem Nationalgut zugeschlagen wurden, erhielt er eine Zivilliste. Ihm allein oblag die Auswahl und Entlassung der Minister, die er allerdings nicht unter den Abgeordneten aussuchen konnte; das parlamentarische System im englischen Stil war also ausgeschlossen. Der König leitete auch die Außenpolitik, ernannte die Botschafter und einen Teil der Offiziere. Die von der Legislative beschlossenen Gesetze mußten von ihm gebilligt werden. Er konnte diese Zustimmung zwei aufeinanderfolgende Legislaturperioden hindurch, also für vier Jahre verweigern. Beschloß es aber eine dritte Nationalversammlung, dann trat dieses Gesetz auch ohne königliche Zustimmung in Kraft. Man nannte dieses dem König zustehende Recht, befristet gegen Gesetzesentwürfe Einspruch zu erheben, das »aufschiebende Veto«. Ein weiterer Abschnitt behandelte das Wirken einer höheren Verwaltung in jedem Departement und einer nachgeordneten Verwaltung in jedem Distrikt.

Mit der dritten, der richterlichen Gewalt, beauftragte die Nation Richter, die von den Aktivbürgern für zwei oder zehn Jahre gewählt wurden. Die neue Gerichtshierarchie bestand auf der unteren Ebene aus Friedensgerichten für den jeweiligen Kanton und darüber aus Distriktsgerichten. Es gab keine besonderen Berufungsgerichte, da die Berufung von einem Distriktsgericht zum anderen erfolgte. Im Strafrecht gab es drei Stufen der Gerichtsbarkeit: die einfachen Polizeigerichte für Übertretungen, die Strafgerichte für Delikte und die Kriminalgerichte für Verbrechen. In den letzteren erschienen erstmals Geschworene, die nach dem Losverfahren bestimmt wurden. An der Spitze stand ein Kassationsgericht mit dem Auftrag, »über Revisionsanträge gegen letztinstanzliche Urteile der Gerichte und über Berufungsanträge von einem Gericht an ein anderes« zu entscheiden. Ein Staatsgerichtshof befand über Vergehen der Minister und Exekutivbeamten sowie über Verbrechen gegen die Staatssicherheit.

Abschnitt IV regelte die Probleme der staatlichen Streitmacht, »die im wesentlichen gehorchende Funktion hat; keine bewaffnete Körperschaft kann mitberaten«. Im Abschnitt V standen die öffentlichen Abgaben, »die jedes Jahr von der gesetzgebenden Körperschaft beraten und festgelegt werden«. Abschnitt VI betrachtete die Beziehungen der französischen zu den ausländischen Nationen: »Die französische Nation verzichtet darauf, irgendeinen Krieg in der Absicht zu unternehmen, Eroberungen zu machen, und sie wird nie ihre Kräfte gegen die Freiheit irgendeines Volkes einsetzen.« Der letzte Abschnitt regelte das Verfahren einer Verfassungsänderung: Innerhalb von drei aufeinanderfolgenden Legislaturperioden mußten der gleichlautende Wunsch geäußert werden. Das Parlament der vierten Legislaturperiode, das um 249 in den Departements gewählte Mitglieder vergrößert wurde, bildete die eigentliche Revisionsversammlung.

Die Kompliziertheit dieses Revisionsverfahrens zeigte die Zufriedenheit der Mitglieder der Verfassunggebenden Nationalversammlung über ein Werk, das, wie sie meinten, keiner Überarbeitung bedurfte. Tatsächlich aber wies der Verfassungstext, der am 3. September 1791 beschlossen und am 13. September vom König gebilligt worden war, schwere Mängel auf. Die Trennung zwischen Exekutive und Legislative war zu strikt geregelt. Der König konnte keine Abgeordneten als Minister berufen, und die Minister waren dem Parlament nicht verantwortlich. Umgekehrt konnte die Nationalversammlung vom König nicht aufgelöst werden. Gerade das aufschiebende Veto begünstigte jedoch Spannungen zwischen den beiden Gewalten. Wie wollte man diese anders als mit einem Gewaltstreich lösen, da das Parlament den König nicht zwingen konnte, seine Minister zu entlassen, und der König das Parlament nicht der Entscheidung der Wähler aussetzen konnte? Hinzu kam, daß das Wahlsystem mit seiner Unterscheidung von Aktiv- und Passivbürgern gegen das Gleichheitsprinzip verstieß, das in der Erklärung der Menschenrechte festgehalten war. Die Privilegien der Geburt ersetzte die Verfassung durch die des Vermögens und trieb somit einen Keil zwischen Bürgertum und Volk.

Schließlich bestätigte sie die Verwaltungsreform von 1790. Diese schloß jedoch mit ihrem System gewählter Administratoren jeden Vertreter der Zentralgewalt aus den Departements aus. Jedes Departement wirkte wie ein Königreich im kleinen, und Frankreich war in 83 Teile zerstückelt, deren Bewegungen niemand koordinieren konnte. Daraus entstand ein Zustand »legaler Anarchie«.

Am 14. September erschien Ludwig XVI. in der Nationalversammlung und schwor feierlich, »die ganze Macht, die ihm zugewiesen war, dafür einzusetzen, die Verfassung auszuführen und zu erhalten«, und er schloß: »Möge diese große und denkwürdige Epoche das Pfand sein für die Vereinigung aller Franzosen, die Morgenröte des Friedens und des Glükkes für Frankreich.«

In dem Bewußtsein, daß »ihre Mission« erfüllt und ihre Sitzungen abgeschlossen waren, löste sich die Verfassunggebende Nationalversammlung am 30. September 1791 auf. Jacques-Guillaume Thouret, ihr letzter Präsident, spendete ihr das Lob: »In der Überzeugung, daß die Regierungsreform, die Frankreich am besten entspricht, diejenige ist, die die ehrenwerten Vorrechte des Thrones mit den unleugbaren Rechten des Landes verbindet, hat die Nationalversammlung dem Staat eine Verfassung gegeben, die in gleicher Weise Königtum und Freiheit garantiert.«

Trotz dieses schönen Optimismus' drohte Frankreich auch weiterhin eine dreifache Gefahr: die Inflation, die Kirchenspaltung und der Konflikt zwischen Exekutive und Legislative. Die Verfassungsgeber hatten geglaubt, Lösungen für die politischen, finanziellen und religiösen Probleme in Frankreich gefunden zu haben; sie hatten diese aber nur noch verschlimmert. Eine neue Gefahr sollte noch hinzukommen: der Krieg.

KAPITEL III

Der Krieg

Die Wahlen zur Gesetzgebenden Nationalversammlung fanden zwischen dem 29. August und dem 5. September statt. Auf Anregung Robespierres hatten sich die Mitglieder der *Constituante* am 16. Mai 1791 für nicht wählbar erklärt; daher waren die Mitglieder der Legislative neue Leute, in der Mehrzahl jung (eine große Zahl war noch nicht dreißig Jahre alt) und wenig bekannt. Sie alle waren royalistisch gesinnt, doch seit Varennes mißtrauten sie dem König und waren sich nicht einig über die Haltung, die sie ihm gegenüber einnehmen wollten.

Die Feuillants auf der Rechten (nach dem Namen des Klubs, in dem sie sich trafen) zählten 264 Abgeordnete. Sie bekannten sich zur Verfassung und wünschten deren strikte Anwendung. Sie weigerten sich folglich, die Rechte des Königs weiter zu schmälern, und wollten ihm loyal dienen. Allerdings herrschten bei ihnen zwei Strömungen vor, die aus der Rivalität zweier Persönlichkeiten entstanden waren: Die Anhänger Joseph Barnaves stritten mit denen von La Fayette, wobei die beiden Wortführer selbst gar nicht in der Legislative saßen.

Auf der Linken stimmten 136 Abgeordnete ab, von denen die meisten als Mitglieder des Jakobinerklubs eingeschrieben waren. Ihr Vertrauen zu Ludwig XVI. war gering, dessen Vollmachten sie auf die eines »erblichen Präsidenten der Republik« begrenzen wollten. Zwei Gestalten ragten hervor: der Journalist Brissot und der Philosoph Condorcet, beide in Paris gewählt. Brissot, 1754 als Sohn eines Gastwirts in Chartres geboren, hatte die »Gesellschaft der Negerfreunde« gegründet und eine Zeitung, den »*Patriote français*«, ins Leben gerufen. Er vertrat sehr fortschrittliche politische Ideen, die er in der Formel zusammenfaßte: »Mit einem Wort: überhaupt keinen König oder nur einen König mit einem auf Wahl beruhenden und nicht absetzbaren Rat an seiner Seite.« Gewandte Redner

aus dem Departement Gironde, die Advokaten Vergniaud, Guadet und
Gensonné, setzten sich innerhalb der Jakobiner schnell durch. Getragen
wurden sie vom Großbürgertum des Seehandels; sie trafen sich im Salon
von Madame Roland, deren Mann das Amt des Generalinspekteurs für
Handel und Manufakturen bekleidet hatte. Auf der äußersten Linken
saßen überzeugte Demokraten wie Robert Lindet, Abgeordneter des
Departements Eure, der Advokat Couthon aus Clermont-Ferrand, der an
den Beinen gelähmt war, oder Carnot, ein schreibwütiger Offizier, dessen
Lobrede auf Vauban die Akademie Dijon preisgekrönt hatte. Zu nennen
sind ferner der Ex-Kapuziner Chabot, Merlin de Thionville und Basire,
die den Klub der Cordeliers den Jakobinern vorzogen.

Zwischen den beiden Flügeln der Legislative hatte der »Sumpf« mit
seinen 345 Abgeordneten Platz gefunden. Sie verfolgten keine genaue
programmatische Linie und boten Leuten wie jenem Pastoret politische
Heimat, über den Rivarol spottete, daß er »das Gehirn eines Fuchses in
einem Kalbskopf« habe.

Mehr als die Parteien gaben die Klubs den politischen Ton an. Sie
bildeten sich nach englischem Vorbild in der Zeit der *Constituante* und
versammelten sich in Klöstern, die nach der Säkularisierung der religiösen
Orden aufgelöst wurden.

Ursprünglich war der Jakobinerklub eine Gruppe, die alle patriotisch
gesinnten Abgeordneten vereinte. Im Zusammenhang mit der Verlegung
der Nationalversammlung nach Paris öffnete sie sich aber den Schriftstellern, Advokaten und reichen Bürgern und ließ sich in der Kapelle des
Jakobinerklosters in der Rue Saint-Honoré nieder. Der Mitgliedsbeitrag
war hoch, 12 Livres im Jahr, doch fanden fast täglich Sitzungen statt. Im
Jahre 1791 zählte der Klub 1200 Mitglieder. Als einige Mitglieder nach der
Flucht des Königs dessen Absetzung verlangten, zogen sich die gemäßigteren Elemente zurück. Die Jakobiner, unter deren Rednern Robespierre
am meisten Gehör fand, wurden deswegen nicht radikaler. Sie blieben
dem monarchischen Prinzip treu, verlangten aber auf der Linie Robespierres das allgemeine Wahlrecht. Als jedoch die Haltung Ludwigs XVI.
immer verdächtiger wurde, befürwortete ihre Mehrheit 1792 die Abschaffung des Königtums. Die Macht der Jakobiner in Paris gründete auf dem
dichten Netz ihrer mehr als zweitausend Ableger, die sich unter den
Namen »Volksgesellschaften« über ganz Frankreich verteilten und mit der
Zentrale in Paris eine rege Korrespondenz pflegten. Die Jakobiner bilde-

ten einen (zentralistischen) Staat im (dezentralisierten) Staat, in dem die Verfassung der Regierung jegliche Einwirkungsmöglichkeit auf die Departements verwehrt hatte.

Im Klub der Feuillants sammelten sich die gemäßigteren Elemente aus dem Jakobinerklub; Barnave war ihr geistiger Führer. Dieser Klub spielte zu Beginn der Legislative eine bedeutsame Rolle, wurde aber schnell von den Ereignissen überholt. Der Klub der Cordeliers war im Gegensatz zu den Jakobinern und den Feuillants eindeutig demokratisch. Dieser Klub, der unter dem Namen »Gesellschaft für Menschen- und Bürgerrechte« von Danton gegründet worden war, der damit gegen die Unterscheidung in Aktiv- und Passivbürger protestieren wollte, hatte sich in einem bescheidenen Viertel im heutigen Gebäude der alten Medizinischen Fakultät niedergelassen. Ihre Klientel bestand aus Kleinbürgern, Händlern, zahlreichen Handwerkern und einigen Arbeitern. Man traf dort Journalisten wie Desmoulins, Marat und Hébert, einen Metzger wie Legendre oder einen großen Bierbrauer aus der Vorstadt Saint-Antoine mit Namen Santerre. Die Initiative zur Petition auf dem Marsfeld nach der Flucht Ludwigs XVI. stammte von den Cordeliers. Sie erwiesen sich mehr und mehr als Republikaner und stützten sich auf die Arbeitervororte von Paris.

LUDWIG XVI.

Die demokratisch-republikanische Strömung, die der Klub der Cordeliers verkörperte, beschränkte sich jedoch auf gewisse Pariser Stadtviertel und einige Regionen im Norden und Osten; in allen übrigen Landesteilen blieb Frankreich im Grunde königstreu. Die Errichtung der konstitutionellen Monarchie war also durchaus möglich, doch einer der Verantwortlichen für ihr Scheitern war unter dem Einfluß Marie Antoinettes Ludwig XVI. selber. Die Verfassung beurteilte er als »schrecklich und monströs«, und er hoffte, die Bevölkerung werde ihrer schnell überdrüssig werden. Von daher kam die Idee, sie möglichst schnell abzunutzen, indem man die extremen Parteien gegen die gemäßigten unterstützte. So begünstigte Marie Antoinette, nachdem Bailly auf das Bürgermeisteramt von Paris verzichtet hatte und La Fayette sich Chancen auf die Nachfolge ausrechnen konnte, im November die Wahl des Jakobiners Pétion, während Danton, Chef der Cordeliers, Stellvertreter des Staatsanwalts der Kommune von Paris wurde. Als Folge dieser Politik, die das Schlimmste schürte, »fanden sich die Gegner des Königs auf legale Weise als Herren von Paris wieder«. Bewußt fälschte der König die ohnehin schlecht begonnene Verfassungspraxis. Ohne es zu ahnen, unterhöhlte er damit endgültig die Grundlagen des Königtums und verhinderte die Errichtung einer Monarchie im englischen Stil, die durchaus hätte von Dauer sein können.

Ein weiterer Irrtum Ludwigs XVI. war dieser: Um seine Autorität wiederherzustellen, spielte er mit dem Gedanken, eine bewaffnete Intervention der ausländischen Herrscher in die Wege zu leiten. Er verhandelte mit Österreich und Spanien. Dem König von Preußen schrieb er am 3. Dezember 1791: »Ein Kongreß der großen Mächte, unterstützt von einer bewaffneten Streitmacht der ausländischen Herrscher, wäre die beste Möglichkeit, die Aufrührer zu stoppen und die Mittel zu liefern, um einen wünschenswerteren Stand der Dinge wiederherzustellen sowie zu verhindern, daß das Übel, das Frankreich überzieht, die anderen Staaten erfassen kann.« Die absolute Geheimhaltung dieser Verhandlungen war schwierig. Gerüchte entstanden; sie blähten diese Unterredungen natürlich auf und nährten Vorwürfe, wonach die Existenz eines österreichischen Komitees mit Sitz in den Tuilerien und unter der Leitung Marie Antoinettes »ein Komplott mit dem Ausland gegen die Nation schmiede«. Zudem hielt der König Verbindungen mit den Emigranten aufrecht. Eine erste Welle von Ausreisen war nach dem Phänomen der »Großen Furcht« erfolgt. Hatte nicht der Graf von Artois schon am 15. Juli ein Beispiel gegeben, als er den Hof seines Schwiegervaters in Turin aufsuchte? Man flüchtete vor den Bauernunruhen und nahm wenig Geld mit, da man überzeugt war, schnell zurückzukehren. Einige Militärrevolten des Jahres 1790, zum Beispiel in Metz, die Bouillé niederschlug, verleiteten zahlreiche Offiziere dazu, den Weg ins Exil zu wählen. Nach der Suspendierung des Königs und dann im September und Oktober 1791 erlebte man neue Abreisen, die jetzt eher abgesprochen und besser vorbereitet waren. Der Graf von Provence, der andere Bruder des Königs, hatte den Weg geebnet. Die Emigranten von 1789 hatten an eine Abwesenheit von kurzer Dauer geglaubt, an eine vorübergehende Revolte. Im Jahre 1791 gingen die Adligen aus anderen Gründen ins Exil. In ihren Augen hatte der König seine Handlungsfreiheit verloren, deshalb schien es ihnen besser, sich seinen Brüdern anzuschließen: Die Treue zum monarchischen Prinzip ging der Liebe zum Vaterland vor. Bereits im September 1789 hatte man in Turin ein gegenrevolutionäres Komitee gegründet und Calonne zu seinem Sprecher bestimmt. Er schlug den Emigranten die Bildung einer Armee vor, welche die Offiziere aufnehmen sollte, die Frankreich verlassen hatten. Ebenso bereitete er die Entführung des Königs vor. Der erste Versuch des Marquis de Favras scheiterte, und Favras wurde am 18. Februar 1790 gehängt. Ein anderes Projekt, das der von Marie Antoinette nach Turin entsandte Marquis de Vioménil betrieb, kam nicht zustande. Nach dem Mißerfolg von Varennes mußte man darauf verzichten.

Man dachte auch an eine allgemeine Erhebung, denn die Gegenrevolution schien sich im Languedoc, im Südosten und dem Rhônetal, den Regionen im Westen, dem Elsaß und der Franche-Comté gut etabliert zu haben. Sogar ein Datum wurde schon bestimmt: Am 15. Dezember 1791 sollte sie losschlagen. Nach der Entdeckung einiger Spuren des Komplotts in Lyon wurde das Projekt jedoch vertagt. Nach dem Zwist zwischen dem Grafen von Artois und dem König von Sardinien ließen sich die Prinzen im Rheinland im Territorium des Kurfürsten von Trier nieder. Dort entstand auch die Idee, eine bewaffnete Intervention vorzubereiten. Drei Heere mit insgesamt 25 000 Mann standen zur Verfügung: die Schwarze Legion von »Mirabeau-Tonneau«, dem Bruder des Volkstribunen; die Armee von Condé und die der Prinzen, die alle von Kaiser Leopold II., dem König von Spanien und verschiedenen deutschen Fürsten bezahlt wurden. »Ich kenne die Wege nach Paris«, schrieb der Herzog von Broglie; »ich werde die ausländischen Armeen hinführen, und von dieser stolzen Hauptstadt wird kein Stein mehr bleiben.« Die Emigranten mußten nur noch den Kriegseintritt der europäischen Mächte erreichen.

EUROPA UND DIE REVOLUTION

Die europäischen Staatskanzleien hatten die Nachrichten aus Frankreich ohne Mißvergnügen aufgenommen. Während sich zahlreiche Intellektuelle in Deutschland für die Prinzipien des revolutionären Frankreich begeisterten, wie Forster und Hegel, der von einem »herrlichen Sonnenaufgang« sprach, Fichte, Goethe, Kant, Schiller und Klopstock, oder in England Wordsworth, Mackintosh und Paine und in Italien Alfieri, blickten die Herrscher der europäischen Großmächte, insbesondere König Friedrich Wilhelm II. von Preußen, der deutsche Kaiser Leopold II. und Kaiserin Katharina II. von Rußland mit Befriedigung auf den Niedergang Frankreichs, da er ihnen die Hand für eine neue polnische Teilung frei ließ. In England verkündete Sheridan, er sehe auf der europäischen Karte an der Stelle Frankreichs eine große Leere. Bereits im Sommer 1789 hatte Joseph II., als Kaiser der Vorgänger Leopolds II., den Grafen von Artois zur Rede gestellt und ihn zur Rückkehr nach Frankreich aufgefordert. Dort sollte er sich »allem unterwerfen, was der König der Nation zu beschließen für gut befände«. Der Ablauf der französischen Revolution erschien im übrigen beruhigend. Die *Constituante* »verkündete den Frieden« für Europa und erklärte am 24. März 1790: »Die französische Nation verzichtet darauf, irgendeinen Krieg in der Absicht zu unternehmen, Eroberungen zu machen, und sie wird ihre Kräfte niemals gegen die Freiheit irgendeines Volkes einsctzen.«

Die Bemühungen Ludwigs XVI. allerdings reizten den Appetit der Großmächte: Die Kosten eines Krieges zur vollständigen Retablierung des absoluten Königtums in Frankreich konnte man sich mit Gebietsabtretungen bezahlen lassen. In diesem Sinne schlug der König von Preußen dem österreichischen Kaiser im September 1790 vor, als Ausgleich für eine Wiedereinsetzung des Königs von Frankreich das Elsaß an Preußen und Flandern an Österreich anzugliedern. Über den machtpolitischen Aspekt hinaus erfaßte die Herrscher in dem Maße die Unruhe, wie sich der universelle Charakter der von der Revolution proklamierten Prinzipien erwies, insbesondere des Selbstbestimmungsrechtes der Völker. Im Namen dieses Prinzips wurden Avignon und die Grafschaft Venaissin, die sich gegen die päpstliche Autorität erhoben hatten, am 17. September 1791 von Frankreich annektiert und bildeten das Departement Vaucluse.

Das revolutionäre Fieber erreichte bald das Rheintal und Norditalien. Die Verhaftung Ludwigs XVI. in Varennes erschreckte die europäischen Herrscher vollends. Vor diesem Hintergrund erschien ihnen mit einem Mal das Programm des österreichischen Kanzlers Graf Kaunitz völlig ungenügend:»Verhindern, daß die französischen Ideen über die Grenze kommen, und zulassen, daß Frankreich immer mehr verkommt.« Jetzt setzte sich das Bild vom Krebsgeschwür durch. Man fing an, die *»Betrachtungen über die französische Revolution«* von Edmund Burke zu lesen, in denen der Autor die Erklärung der Menschenrechte verriß. Es gibt nicht *den Menschen,* behauptete er, sondern *Menschen,* wobei es ihm vor allem darum ging, den schädlichen Charakter der neuen Ideen herauszustellen.

Leopold II. und Friedrich Wilhelm II. trafen sich im August 1791 in Pillnitz. Die beiden Herrscher verkündeten in einer Erklärung vom 27. August ihre Entschlossenheit, zugunsten Ludwigs XVI.»schnell in gegenseitigem Einverständnis zu handeln«. Dabei setzten sie allerdings die Bereitschaft aller europäischen Herrscher voraus, sich ihren Bemühungen anzuschließen. Leopold II. wollte in der Tat keinen Krieg mit Frankreich, sondern bevorzugte die friedliche Lösung im Rahmen eines Kongresses, der Frankreich den Willen des österreichischen Kaisers ohne bewaffnete Intervention diktiert hätte. Die Einschränkung auf die Zustimmung der übrigen Herrscher in Europa entwertete die Erklärung; in Paris aber wurde sie wörtlich genommen. Man behauptete, sie reflektiere die Meinung der geflüchteten Aristokraten mit der Folge, daß sie das französische Nationalempfinden verstärkte und den König noch suspekter erscheinen ließ.

DIE DEKRETE

Das politische Klima in Frankreich blieb düster. Der Wert der Assignaten verfiel zusehends, und die euphorische Wirkung der Inflation verflüchtigte sich. Die Negersklaven in Santo Domingo (Haiti) hatten sich erhoben, so daß Kaffee, Zucker und Rum nur noch unter Schwierigkeiten in Frankreich ankamen. Die Verteuerung der Lebensmittel führte fast überall zu Unruhen. In Paris kam es beim Anstehen vor den Türen der

Lebensmittelgeschäfte zu Schlägereien. Man verlangte eine Preisfestsetzung für Grundnahrungsmittel. In Étampes wurde Bürgermeister Simoneau am 3. März 1792 umgebracht, als er diese verweigert hatte. Auf dem
Lande verzögerte sich der verfassungsmäßig garantierte Rückkauf der
Feudalrechte immer weiter. Im Süden und in Zentralfrankreich wurden
die Schlösser emigrierter Adliger in Brand gesteckt. Schließlich rückten
auch die religiösen Probleme einen Bürgerkrieg in die Nähe des Möglichen: Zunächst wurden Unruhen in der Vendée, danach ein Bauernaufstand im Februar 1791 im Departement Lozère gemeldet. Die Patrioten
attackierten die Verbindungen zwischen eidverweigernden Priestern und
Aristokraten.

Als Antwort auf diese Drohung einer verkappten Gegenrevolution
beschloß die Legislative zwischen dem 31. Oktober und dem 29. November drei Dekrete: Der Graf von Provence sollte innerhalb von zwei
Monaten nach Frankreich zurückkehren, wenn er nicht seine Thronan-
sprüche verlieren wollte; die Emigranten, die »der Verschwörung gegen
das Vaterland verdächtig« erklärt wurden, sollten verfolgt und ihre Güter
konfisziert werden, falls die Truppenansammlungen an der Rheingrenze
nicht bis zum 1. Januar 1792 aufgelöst waren; schließlich waren die eidverweigernden Priester gehalten, innerhalb von acht Tagen den Eid auf die
Zivilverfassung des Klerus zu leisten, wenn sie nicht als Rebellen betrachtet werden wollten.

Gegen diese drei Dekrete legte der König sein Veto ein. Dennoch
schrieb er seinen Brüdern und forderte sie zur Rückkehr auf. Der Nationalversammlung erklärte er seine Bereitschaft, den deutschen Fürsten den
Krieg zu erklären, falls sie bewaffnete Gruppen von Emigranten aufnäh-
men. Die öffentliche Meinung registrierte jedoch lediglich seine Weigerung, die Dekrete gegen die Feinde der Verfassung zu unterzeichnen. Um
aus der Sackgasse herauszukommen, sah Ludwig XVI. keinen anderen
Ausweg mehr als den Krieg: Entweder verlief er erfolgreich, dann zog der
König großes Prestige daraus; oder er endete mit einer Niederlage, dann
fand der Herrscher, den andere Könige wiedereingesetzt hatten, auf diese
Weise seine frühere Autorität wieder. Voller Naivität begeisterte sich der
linke Flügel der Legislative, der von den sogenannten Girondisten gebildet wurde, für solche kriegerischen Intentionen. Insgeheim hoffte er, die
Revolution damit im Innern zu festigen, sie nach außen zu tragen und
zugleich den König zu zwingen, sich für oder gegen die Nation zu

entscheiden. »Ich habe nur eine Furcht«, sagte Brissot, »nämlich daß es keinen Krieg geben wird.«

Die Jakobiner um Robespierre wollten den Konflikt nicht, weil sie die Entstehung einer Militärdiktatur befürchteten. Doch widersetzte sich Robespierre aus Furcht vor dem Schwinden seiner Popularität nicht offen dem Krieg. »Ich will auch den Krieg, aber so, wie das Interesse der Nation es will. Zählen wir erst unsere Feinde im Innern, und marschieren wir dann gegen unsere äußeren Feinde, wenn dann noch welche vorhanden sind!« Später präzisierte er: »(Das Emigrantenzentrum) Koblenz ist kein zweites Karthago; das Zentrum des Übels sitzt nicht in Koblenz, sondern mitten unter uns. Bevor Ihr nach Koblenz eilt, versetzt Euch wenigstens erst in die Lage, Krieg zu führen.« Die Feuillants schließlich waren gespalten. Während sich einige vom Krieg eine Rückkehr der Popularität des Königs erhofften, fürchtete die Mehrheit die Folgen des Konfliktes für die noch zerbrechliche konstitutionelle Monarchie. Außerdem führten sie gleichsam die Regierungsgeschäfte, denn Narbonne (ein unehelicher Sohn Ludwigs XVI.) leitete das Kriegsministerium, Lessart das Außenministerium, seit er am 20. November 1791 Montmorin dort abgelöst hatte. Tarbé hatte das Ministerium für Steuern und öffentliche Einkünfte, das ehemalige Finanzministerium, zu verwalten, und Duport war für die Justiz zuständig. Unter ihnen befürwortete nur Narbonne den Krieg, aber Lessart setzte seine Entlassung durch. Die Girondisten griffen diese Entlassung auf, um die Anklageerhebung gegen den Pazifisten Lessart vor dem Staatsgerichtshof zu verlangen. Voll Schrecken traten daraufhin die übrigen Minister zurück.

Der König bildete am 15. März 1791 ein neues Kabinett, das die Girondisten beherrschten. Das Außenministerium erhielt Charles-François du Perrier, genannt Dumouriez, ein ehrgeiziger General von dreiundfünfzig Jahren. Er hatte am Siebenjährigen Krieg teilgenommen und war halb Soldat, halb Diplomat, den einst Ludwig XV. nach Polen entsandt hatte. Roland erhielt das Innenministerium, Servan, ein ehemaliger Brigadegeneral, das Kriegsministerium und der Bankier Clavière das Ministerium für Steuern und öffentliche Einkünfte.

An Vorwänden für einen bewaffneten Konflikt mangelte es nicht. Obwohl das Elsaß seit 1648 französisch war, besaßen einzelne deutsche Fürsten dort Hoheitsgebiete. Diese besitzenden Fürsten zogen weiterhin ihre Feudalabgaben ein. Nach der Abschaffung dieser Rechte in der Nacht

vom 4. August 1789 galten die entsprechenden Dekrete auch in den Gebieten der deutschen Grundherrschaften. Die Fürsten protestierten und
weigerten sich, Entscheidungen hinzunehmen, an deren Abstimmung sie
nicht beteiligt gewesen waren. Sie erreichten beim Reichstag in Regensburg, daß er ihre Sache in die Hand nahm. Die *Constituante* wollte
vermitteln und bot ihnen Entschädigungen an, aber der Reichstag, der die
Revolution ablehnte, legte ihnen die Zurückweisung des Angebots nahe
sowie die Forderung nach Aufrechterhaltung ihrer Rechte.

Die *Constituante* hingegen protestierte gegen die Ansammlung von
Emigranten auf dem Territorium des Kurfürsten von Trier. Im November
1791 verschärfte die Legislative ihre Forderung und drohte dem Kurfürsten mit Krieg. In seiner Eigenschaft als deutscher Kaiser teilte Leopold II.
der französischen Regierung mit, daß er den Kurfürsten aufgefordert
habe, die Ansammlungen aufzulösen. Sollte Frankreich aber noch einmal
das Kurfürstentum Trier bedrohen, nachdem es auf das französische
Ersuchen eingegangen sei, so werde er militärisch eingreifen.

Die Girondisten griffen diese Note auf, verurteilten sie lautstark als
Provokation und führten den Beschluß eines Ultimatums an Österreich
herbei. Zu diesem Zeitpunkt, das heißt am 1. März 1792, starb Leopold II.; ihm folgte sein Sohn nach, ein junger Mann von 24 Jahren,
»militärisch bis in die Seele und absolutistisch«. Er beantwortete das
Ultimatum mit einer Note. Sie forderte die französische Regierung auf,
die besitzenden Fürsten im Elsaß wieder in ihre Rechte einzusetzen und
Avignon dem Papst zurückzugeben. Die Note traf am 15. April in Paris
ein. Am 20. April beschlossen die Abgeordneten auf Vorschlag Ludwigs XVI. nahezu einstimmig (nur sieben Abgeordnete, darunter die
Feuillants Lameth und Jaucourt stimmten dagegen) »in einem freudigen
Tumult« die Kriegserklärung an den »König von Ungarn und Böhmen«.
Die etwas unerwartete Verwendung gerade dieses Titels besagte, daß
Frankreich nicht mit Deutschland, sondern nur mit Österreich Krieg
führen wollte und keinen Konflikt »Nation gegen Nation« wünschte,
sondern »die gerechte Verteidigung eines freien Volkes gegen die unge-
rechte Aggression eines Königs«.

Dumouriez glaubte hartnäckig an die Neutralität Preußens, weil er
sich an den Empfang Voltaires durch Friedrich II. erinnerte. Auch versuchte man den König von Sardinien zu gewinnen, indem man ihm das
Gebiet von Mailand als Ersatz für Savoyen vorschlug. Talleyrand wurde

nach London entsandt, um den Engländern klarzumachen, daß eine Unterstützung einer Koalition der europäischen Mächte gegen Frankreich nicht in ihrem Interesse liegen konnte. Als Preis eines Bündnisses oder ihrer Neutralität versprach Talleyrand ihnen Tobago in den Antillen und eine Aufteilung Südamerikas. Dumouriez, der zum Angriff entschlossen war, rechnete mit einer Erhebung der (österreichischen) Niederlande, die auch Holland erfassen würde. »Ich kann nicht begreifen, wie man einen Krieg erklären konnte, ohne auf irgend etwas vorbereitet zu sein«, gestand La Fayette. Es fehlte an allem: an Geld, Offizieren und Material, und es herrschte eine gewaltige Unordnung. Narbonne hatte keine Zeit mehr gefunden, um seine Reformen abzuschließen, insbesondere die Eingliederung der Freiwilligen aus der Nationalgarde in die Linientruppen. In Friedenszeiten betrugen die französischen Streitkräfte 110000 Fußsoldaten, 30000 Reiter und 10000 Artilleristen; hinzu kamen Freiwillige. Aber abgesehen davon, daß der Zustrom schwächer als erhofft war, entstand Zwist zwischen den Linientruppen, den »Weißen«, und den »blauen« Bataillonen der Freiwilligen.

Bereits am 28. April trieb die Panik das an der Grenze zu den Niederlanden versammelte französische Invasionsheer auseinander und machte jede Offensive unmöglich. Hatten die Österreicher durch Marie Antoinette Informationen erhalten? Eines aber war sicher: Die Armee hatte zu viele Führungskräfte verloren, um gegen einen wachsamen Gegner eine starke und zusammenhängende Streitmacht aufzustellen.

Der Krieg begann also schlecht, um so mehr als die Preußen sich entgegen den Hoffnungen der Girondisten den Österreichern anschlossen. Im Innern, im Westen und Süden Frankreichs, verschlimmerten sich die religiösen Unruhen und drohten durch einen Bürgerkrieg im Königreich selbst zu einer zweiten Front zu werden. Man mußte also einer doppelten Gefahr begegnen – dem Krieg und der Spaltung. In dieser Situation publizierte die Legislative drei neue Dekrete. Am 20. Mai 1792 beschloß sie die Entlassung der dem König kraft Verfassung zustehenden Garde und die Entfernung aller Linientruppen aus Paris. Am 27. Mai beschloß sie die Deportation aller eidverweigernden Priester und ordnete schließlich am 8. Juni die Bildung eines Lagers von 20000 freiwilligen Nationalgardisten in Soissons an, die später unter dem Namen »Föderierte« bekannt wurden. Gegen die beiden letzten Dekrete legte der König sein Veto ein und entließ am 12. Juni die girondistischen Minister.

DER 10. AUGUST 1792

Bei der Entlassung der Girondisten aus seiner Regierung handelte Ludwig XVI. verfassungskonform, indem er die Konsequenz aus ihrer Unfähigkeit zog. Aber den neuen Männern – Duranthon, dann Hector de Joly für das Justizministerium, Terrier de Monciel für das Innen- und Chambonnas für das Außenministerium sowie Lajard für das Kriegswesen – fehlte es ebenfalls an Format.

Die Entlassung der girondistischen Minister wurde vor allem auf der Linken der Nationalversammlung als Provokation aufgefaßt: »Die Nation befindet sich nicht nur im Krieg mit den ausländischen Königen, sondern auch mit Ludwig XVI., und ihn muß man als ersten besiegen, wenn man die Tyrannen, seine Verbündeten, besiegen will.« Eine Demonstration, die anläßlich des Jahrestages des Ballhausschwurs und der Flucht des Königs mit Zustimmung des Bürgermeisters von Paris vorbereitet worden war, versammelte unter der Führung von Santerre mehrere tausend Personen aus den Vorstädten. Man überbrachte der Nationalversammlung eine Petition, die erklärte, »der Wille von fünfundzwanzig Millionen Menschen könne nicht durch den Willen eines einzelnen gehemmt werden.« Der Zug aus Männern mit Jakobinerjacke (Carmagnole), roter Mütze und mit Spießen bewaffnet, Frauen in Sonntagskleidung und kleinen Kindern mit Blumensträußen brach gegen 16 Uhr die Türen der Tuilerien auf und rief: »Nieder mit Monsieur Veto!«. Danach zogen sie vor den König. Man setzte ihm eine rote Mütze auf und zwang ihn, in einer Fensternische ein Glas Wein auf das Wohl der Nation zu trinken. Aber er beugte sich nicht; er widerrief weder sein Veto noch die Entlassung der girondistischen Minister. Zum ersten Mal seit Beginn der Revolution wich Ludwig XVI. nicht zurück.

Das pöbelhafte Verhalten der Menge und ihr Wille, gegen die in der Verfassung festgelegten Regeln Druck auf den König auszuüben, riefen in der Provinz starke Empörung hervor. Pétion, der Bürgermeister von Paris, wurde seines Amtes enthoben. Am 28. Juni erschien La Fayette in der Nationalversammlung. Er forderte sie auf, die Schuldigen zu bestrafen. Aber Ludwig XVI. nützte seinen Vorteil nicht aus. Er wollte nicht von den Feuillants gerettet werden, und so siegte die Politik des schlimmeren Übels ein weiteres Mal.

Die öffentliche Meinung schlug jedoch um, als die Ankunft der Preußen unter dem Oberfehl des Herzogs von Braunschweig an der lothringischen Grenze bekannt wurde. Am 11. Juli 1792 erklärte die Legislative »das Vaterland in Gefahr« und ordnete die allgemeine Aushebung der Freiwilligen sowie die Beschlagnahme von Waffen und Munition an. Die Verwaltungskörperschaften sollten permanent tagen; die Nationalgarden wurden ebenfalls zu den Waffen gerufen. Mit einem Schlag wurde sich die Nation der Gefahr bewußt und verurteilte den Widerstand Ludwigs XVI.

Die Girondisten gaben ihre Hoffnung nicht auf, wieder an die Macht zurückzukehren. Sie knüpften Kontakte mit den Tuilerien, aber der König ließ diese Verhandlungen in die Länge ziehen, beließ zugleich aber die Girondisten in ihren Illusionen. Derart getäuscht bemühten sie sich, die revolutionäre Bewegung zu bremsen. Zu Beginn der Legislative hatte Brissot Barnave als Helfershelfer des Hofes angegriffen, so wie Barnave »den großen Verrat von Mirabeau« enthüllt hatte. Brissot sah sich nun seinerseits durch Verhandlungen mit der Umgebung des Königs kompromittiert; die Geschichte wiederholte sich.

Entgegen ihren Erwartungen hatten die Girondisten keinerlei Einfluß in Paris, wo besonders fortschrittliche Passivbürger jetzt schon die Nationalgarde durchsetzten und die Organisation der Sektionen unterwanderten. Am 30. Juli führte die Sektion »Théâtre-Français« das allgemeine Wahlrecht ein. Siebenundvierzig von achtundvierzig Sektionen verlangten die Absetzung des Königs. Das Volk in den Sektionen erhielt im übrigen die Unterstützung der Föderierten, die zum Fest der Föderation und zur Bildung des Lagers von Soissons nach Paris gekommen waren. Die Bretonen kamen am 25. Juli an und am 30. Juli dann die Vertreter Marseilles, die in der Vorstadt Saint-Antoine ein patriotisches Lied anstimmten, das »Kriegslied für die Rheinarmee« (»*Chant de guerre pour l'armée du Rhin*«), das der Offizier Rouget de L'Isle im April 1792 in Straßburg komponiert hatte und das unter dem Namen »Marseillaise« 1795 zur Nationalhymne erklärt wurde.

Am 3. August wurde in Paris ein Manifest bekannt, das der Oberbefehlshaber der preußischen und der österreichischen Armee, der Herzog von Braunschweig, wenige Tage zuvor verkündet hatte und das von einem Emigranten, dem Marquis de Limon, verfaßt worden war. Darin stand, daß jeder Einwohner, der es wagen sollte, sich gegen die Angreifer zu verteidigen, »als Rebell gegen den König« bestraft werde. Falls Ludwig XVI. erneut verhöhnt werden sollte, werde Paris »einer militärischen Vollstreckung und einer totalen Unterwerfung ausgeliefert werden«. Diese Drohung kehrte sich gegen die Monarchie, denn seit dem 20. Juni amtierte ein geheimes aufständisches Komitee mit Unterstützung der Stadtverwaltung, in dem der Generalstaatsanwalt Manuel und sein Vertreter Danton den Sturz Ludwigs XVI. vorbereiteten. Das Manifest des Herzogs von Braunschweig lieferte dazu den ersehnten Vorwand.

In der Nacht vom 9. auf den 10. August organisierten die Republikaner in allen Sektionen Versammlungen, in denen Kommissare gewählt wurden, die sich alsbald ins Rathaus begaben. Gegen 5 Uhr morgens wurde die legale Kommune ihres Amtes enthoben und von einer aufständischen Commune ersetzt. Ihr Hauptakteur war Danton. Der Kommandant der Nationalgarde, Mandat, der La Fayette abgelöst hatte und zu dessen Aufgaben die Verteidigung der Tuilerien zählte, wurde verhaftet und ermordet, während der Bierbrauer Santerre seine Stelle einnahm. Die aufständische Armee aus Föderierten (aus Marseille) und Arbeitern aus den Vorstädten bewegte sich auf die Tuilerien zu, wo sie gegen 6 Uhr morgens im Hof des Carrousel ankam. Der Palast wurde von 2500 Mann verteidigt, darunter etwa 900 Schweizern und Nationalgarden, die ihre Waffen allerdings niederlegten.

Jetzt griff Roederer, der Staatsanwalt des Departements, ein, der den Girondisten nahestand. Das letzte, was er wünschte, war eine erfolgreiche Erhebung, die das Ansehen der damals noch von den Girondisten beherrschten Legislative ruiniert hätte. Er suchte eine mittlere Lösung. Er wollte den König und seine Familie zur Flucht in die Nationalversammlung bewegen, um so den Aufständischen jedes Motiv zu nehmen, den Palast anzugreifen. Es gelang ihm tatsächlich auch: Der König fand gegen 10 Uhr im Sitzungssaal Asyl. Es hatte keinen Kampf gegeben, also auch keinen Sieger. Die Nationalversammlung blieb Herr der Lage. Roederer dachte, die Angst werde den König in die Arme der Gironde treiben. Unter dem Druck des Volkes würden die Abgeordneten ohne Gewalttätigkeiten die Rückberufung der girondistischen Minister erreichen. Schlimmstenfalls wollte man, falls der Pöbel dies verlangen sollte, das Vetorecht des Königs für die Dauer des Krieges aufheben, oder man wollte gar Ludwig XVI. zwingen, zugunsten seines Sohnes abzudanken. In jedem Fall aber würde sich die Gironde die reale Macht sichern.

Roederer konnte allerdings nicht voraussehen, daß ein Kampf ausbrechen würde. Nachdem die Aufständischen versucht hatten, mit den Schweizern zu fraternisieren, löste ein Schuß, der, wie es hieß, von einem Aristokraten abgegeben wurde, eine Schießerei aus. Die Gruppe aus Marseille löste sich zunächst auf, dann gingen die Föderierten, von den Aufständischen der Vorstadt Saint-Antoine angestachelt, mit Kanonen zum Angriff über. Der Kampf dauerte fast zwei Stunden. Ludwig XVI. glaubte zunächst an eine Niederlage der Aufständischen und zögerte deshalb mit dem Befehl an seine Schweizer Garde, den Kampf einzustellen. In dieser Annahme täuschte er sich gründlich, und so wurden mehr als 600 Schweizer Soldaten von dem eingedrungenen Pöbel gräßlich umgebracht. Die Aufständischen hatten 376 Tote oder Verwundete zu beklagen. Als der Sieg der Erhebung sicher schien, vertraten die kaum 300 anwesenden Abgeordneten der Nationalversammlung die Ansicht, daß nach dem Sturz der Exekutive durch das Volk der Auftrag der Legislative gleichfalls beendet sei. Sie forderte das souveräne Volk ohne Unterscheidung in Aktiv- und Passivbürger auf, einen Konvent zu bestimmen, der eine neue Verfassung ausarbeiten sollte.

Inzwischen war ein provisorischer Exekutivausschuß gebildet worden. Er setzte sich aus Danton (Justiz), Clavière (Steuern und öffentliche Einkünfte), Roland (Inneres), Servan (Kriegswesen), Monge (Marine) und Lebrun (Auswärtige Angelegenheiten) zusammen. Die königliche Familie wurde im Palais Luxembourg interniert, bis über das Schicksal des Königs entschieden war.

Damit hatte sich die Hoffnung auf eine Versöhnung zwischen den Anhängern des Ancien régime und den Befürwortern der Revolution über den Weg einer konstitutionellen Monarchie zerschlagen. Von nun an zerfiel Frankreich in zwei Teile.

KAPITEL IV

Die Zeit des Schreckens

Der Sturz des Königs löste nichts. Im Gegenteil, die Bedrohungen von außen wie im Innern wurden dadurch nur noch größer. Die Einheit, die sich um das monarchische Prinzip hätte bilden können, war von nun an unmöglich. Der Haß verschärfte sich, und die Revolution geriet in ein unkontrollierbares Fahrwasser. Mirabeau war tot, La Fayette am 19. August desertiert, Barnave kraftlos und ohne Einfluß; die Girondisten mußten mitansehen, wie ihnen die Lage angesichts einer Volksbewegung entglitt, die sie nicht mehr zu beherrschen vermochten. Die Revolution verschliß ihre Diener zunehmend rascher. Im übrigen schien sie verloren und mit ihr Frankreich: Die preußische Invasion erreichte Longwy, das am 23. August fiel. Anfang September wurde die damals noch nicht so symbolträchtige Festung Verdun eingenommen.

DIE ERSTE PHASE DER SCHRECKENSZEIT

Nach dem 10. August und bis zu Eröffnung des Konvents sah es so aus, als ob drei Gewalten Frankreich regierten: die Legislative, der Exekutivausschuß und die aufständische Commune von Paris.

Beherrscht wurde der Exekutivausschuß von Danton. Der frühere Anwalt, 1759 geboren, hatte sich in der Sektion Théâtre-Français und vor allem im Klub der Cordeliers einen Namen errungen. Er wurde ins Direktorium des Departements gewählt und Vertreter des Staatsanwalts der Commune. Dem Volk wußte er durch seine etwas triviale Beredsamkeit und seine beißenden Formulierungen zu gefallen.

In der dahinsiechenden Nationalversammlung herrschten vor allem die Girondisten. Sie unterlag aber dem Druck der Straße. Jeder dachte an die nächsten Wahlen, und viele Abgeordnete waren in ihre Departements abgereist. Immerhin beschloß die Legislative am 25. August die entschädigungslose Abschaffung der rückkaufbaren Feudalabgaben, sofern nicht ein Rechtstitel die Einnahme rechtfertigte. Mit diesem Beschluß sollte die Opposition auf dem Lande entwaffnet werden, zugleich regte man auch die Verbrennung der Feudalrechtsverzeichnisse *(terriers)* an. Die wahre Macht aber gehörte der aufständischen Commune von Paris, die sich auf die Vorstädte Saint-Antoine und Saint-Marcel stützte. Sie setzte am 17. August die Schaffung eines Sondergerichtshofs durch, dessen Richter von den Sektionen bestimmt wurden. Ihre Aufgabe bestand in der Verhaftung der eidverweigernden Priester sowie in der Genehmigung von Hausdurchsuchungen. Dieses Gericht wandelte die Internierung Ludwigs XVI. und seiner Familie im Palais Luxembourg in eine Gefängnisstrafe im Templerturm um. Zusammen mit dem Exekutivausschuß und der Nationalversammlung schickte es eilends Kommissare in die Departements, um Soldaten auszuheben; außerdem organisierte es die Verteidigung von Paris durch Schanzarbeiten und die Verteilung von 30 000 Spießen.

Unter dem Druck der Commune zeichnete sich eine antireligiöse Politik ab. Charakteristisch für die Entchristianisierung waren nicht nur die Maßnahmen gegen eidverweigernde Priester, sondern auch die Einführung der Scheidung und die Verweltlichung des Standesamtes. Seit dem 20. September 1792 wurde es in die Zuständigkeit der Gemeindeverwaltungen gelegt, was die vereidigten Priester einer ihrer wichtigsten Funktionen beraubte. Trotz ihres Eides auf die neue Verfassung blieben sie von der Verfolgung nicht verschont.

Die Commune von Paris trug die besondere Verantwortung für die Septembermassaker. Die Mitteilung, daß La Fayette, nachdem er ohne Erfolg versucht hatte, seine Armee von Sedan nach Paris zu führen, zum Feind übergegangen war, dann die ebenfalls am 2. September in Paris eintreffende Nachricht von der Besetzung Verduns versetzten die Bevölkerung in Bestürzung. Man befürchtete die Zerstörung der Hauptstadt, wie sie der Herzog von Braunschweig angedroht hatte. Die Commune organisierte einen dramatischen Volksauflauf mit Sturmglocke, Ruf zu den Waffen und riesiger Fahne, die über dem Rathaus entfaltet wurde. Die Nerven drohten zu zerreißen. Da griff Marat ein, der seit langem schon im »*Ami du peuple*« zur Ermordung der königstreuen Gefangenen aufgerufen hatte. Etwa 2800 Personen waren bei den Verhaftungen und Hausdurchsuchungen nach dem 10. August in den Gefängnissen der Hauptstadt verschwunden. Marat forderte die Freiwilligen, die zu den Grenzen aufbrechen sollten, auf, die Häftlinge umzubringen, sonst wären Frauen und Kinder, die allein in der Hauptstadt zurückblieben, den »Verbrechern« auf Gnade und Ungnade ausgeliefert.

Das Massaker begann am frühen Nachmittag des 2. Septembers im Hof des Abbaye-Gefängnisses bei Saint-Germain-des-Prés, wohin man etwa zwanzig Geistliche gebracht hatte. Danach erfaßte es das Karmeliterkloster, wo etwa 100 Priester unter Hausarrest lebten. Vier Tage lang zogen unter der Leitung des Überwachungsausschusses der aufständischen Commune Schlächterbanden, darunter der berüchtigte Maillard, von Gefängnis zu Gefängnis. Weder Danton im Exekutivausschuß noch die Legislative verhinderten das Massaker. Mehr als 1200 Menschen wurden regelrecht abgeschlachtet, die Prinzessin von Lamballe ebenso wie das einfache Straßenmädchen. Rétif de la Bretonne hat uns in seinen »Nächten von Paris« *(»Nuits de Paris«)* ein haarsträubendes Zeugnis hinterlassen. »Worin liegt also das wahre Motiv dieses Gemetzels?« fragt er. »Manche Leute denken, daß es sich tatsächlich deshalb ereignet hat, damit die zu den Landesgrenzen aufbrechenden Freiwilligen ihre Frauen und Kinder nicht auf Gedeih und Verderb Bösewichten aussetzen mußten, weil die Gerichte diese freisprechen und Böswillige sie von dort entkommen lassen könnten ... Ich wollte die Wahrheit wissen und habe sie schließlich gefunden. Man wollte eigentlich nur die eidverweigernden Priester loswerden. Einige wollten sich sogar ihrer aller entledigen. Man spürte jedoch, daß es noch religiösen Fanatismus gab und daß ein solcher Akt, der namentlich gegen die Priester und gegen sie allein gerichtet war, manche Leute empören würde ... Um von dieser illegalen Exekution abzulenken, inszenierte man die Affäre mit den Gefängnissen.« Weitere Hinrichtungen gab es in Versailles, Reims, Lyon.

Die Provinz verzieh Paris weder den 10. August noch die Septembermassaker. Zwischen der Hauptstadt und den Departements war eine Spaltung erfolgt. Der Kampf zwischen der *Pariser* Bergpartei *(Montagnards)* und der *provinziellen* Gironde spiegelte sie wider.

VALMY

Am 5. September standen die österreichisch-preußischen Truppen in den Argonnen. Dumouriez, der zum Befehlshaber der Nordarmee ernannt worden war, eilte auf die engen Pässe zu, konnte aber nicht verhindern, daß eine feindliche Einheit die ungenügend verteidigte Schlucht von La-Croix-aux-Bois bezwang. Die Champagne lag damit offen vor dem Feind.

Anstatt in Verwirrung zu geraten und zum Schutz der Hauptstadt in Richtung Châlons umzukehren, setzte er sich in den Rücken des Feindes und bedrohte dessen Versorgungslinien. Die preußischen Streitkräfte, die zu diesem Zeitpunkt weniger als 40000 Mann zählten, versuchten ihn zu vernichten, bevor sie weiterzogen. Sie erreichten Dumouriez am 20. September, doch der hatte in einer guten Ausgangsposition am Tag zuvor noch Verstärkung durch die Truppen aus Flandern und von der Mittelarmee erhalten, die unter dem Oberbefehl Kellermanns aus Metz über Toul herangekommen war. Von da an waren die Franzosen mit 47000 Mann zahlenmäßig überlegen. Das Treffen ereignete sich bei der Mühle von Valmy, wobei sich die Gegner mit verkehrten Fronten gegenüberstanden: Die Preußen schienen die Straße nach Paris zu verteidigen, die die Franzosen bedrohten. Im Nieselregen lieferte man sich zunächst ein langes und heftiges Artilleriegefecht. Als dann gegen Mittag der Himmel aufklarte, warf der Herzog von Braunschweig seine Infanterie zum Sturm des Plateaus von Valmy nach vorn, wo sich Kellermann festgesetzt hatte.

Nach einem Moment des Schwankens faßten sich die Franzosen wieder. Kellermann ließ sie in Angriffsformationen antreten und mit der Artillerie auf die Angreifer schießen. Von der gewaltigen Feuerkraft überrascht, blieben die Preußen tausend Meter vor den französischen Stellungen stehen. Das Artillerieduell dauerte an, bis die Munition ausging, aber die Preußen setzten nicht zum Sturm an. »Und es war eben, als wenn nichts gewesen wäre«, sagte Goethe, der das Gefecht beobachtet hatte. Danach setzte der Regen wieder ein. Der Dichter erzählt über die preußische Seite: »Die größte Bestürzung verbreitete sich über die Armee. Noch am Morgen hatte man nicht anders gedacht als die sämtlichen Franzosen anzuspießen und aufzuspeisen, ja mich selbst hatte das unbedingte Vertrauen auf ein solches Heer, auf den Herzog von Braunschweig, zur Teilnahme an dieser gefährlichen Expedition gelockt; nun aber ging jeder vor sich hin, man sah sich nicht an, oder wenn es geschah, so war es um zu fluchen, oder zu verwünschen. Wir hatten, eben als es Nacht werden wollte, zufällig einen Kreis geschlossen, in dessen Mitte nicht einmal wie gewöhnlich ein Feuer konnte angezündet werden, die meisten schwiegen, einige sprachen, und es fehlte doch eigentlich einem jeden Besinnung und Urteil. Endlich rief man mich auf, was ich dazu denke, denn ich hatte die Schar gewöhnlich mit kurzen Sprüchen erheitert und erquickt; diesmal sagte ich: ›Von hier und heute geht eine neue Epoche der Weltgeschichte aus, und ihr könnt sagen, ihr seid dabei gewesen.‹«

Schließlich zogen sich die Preußen zurück. Warum? Hatte Danton den Sieg mit den Krondiamanten gekauft, die aus der Königlichen Kammer entwendet wurden, wie man später behauptete? Spielten die Freimaurerbeziehungen zwischen Dumouriez und dem Herzog von Braunschweig eine Rolle? Hegte der Herzog die Hoffnung, König von Frankreich zu werden, und wollte er es unter diesen Umständen vermeiden, allzuviel französisches Blut zu vergießen? Waren die schon zahlenmäßig unterlegenen Preußen von den französischen Kanonen beeindruckt und von einem Widerstand überrascht, den sie nicht vorausgesehen hatten? Dachte Preußen eher an eine neue polnische Teilung und wollte Verstrickungen in Frankreich vermeiden? Fürchtete man die revolutionäre Propaganda unter den preußischen Soldaten? Eher schon spielten die Verhandlungen eine Rolle, die vor und nach Valmy eingesetzt hatten und auf die Außenminister Lebrun anspielte, ohne Näheres mitzuteilen.

Fest steht aber, daß die Preußen Kellermann den psychologischen Vorteil überließen. Soldaten und Freiwillige hatten die erste Armee Europas zurückweichen lassen, zumal da der preußische Rückzug sich unter der Einwirkung der Ruhr in eine wahre Katastrophe verwandelt hatte. »Ohne besiegt zu sein, verhielten sich die Preußen wie Besiegte«; am 22. Oktober hatten sie das französische Territorium wieder verlassen.

Damit war das Signal für die Offensive der französischen Armee gegeben. Unter dem Kommando des Marquis de Montesquiou besetzten ihre Truppen Savoyen und Nizza, die zum Besitz des Königs von Sardinien zählten. Custine griff die deutschen Bistümer auf dem linken Rheinufer an: Speyer, Worms und Mainz. Im November drang Dumouriez in Belgien ein; am 6. November überrannte er die Österreicher unter dem Herzog von Sachsen-Teschen bei Jemappes und vertrieb sie am 28. November vom belgischen Territorium.

DER KONVENT

Die Gesetzgebende Nationalversammlung war dem Nationalkonvent von 742 Abgeordneten gewichen, für dessen Wahl das allgemeine Wahlrecht in zwei Stufen galt. Die Primärversammlungen traten am 26. August zusammen, die Wählerversammlungen am 2. September. Zwischen dem 7. und 23. September wurde die Wahl abgeschlossen. In mehreren Departements (Cantal, Bouches-du-Rhône, Corrèze, Charente u. a.) wurde das Wahlgeheimnis nicht gewahrt; auf die gemäßigten Wähler wurde Druck ausgeübt, und so erklärt sich die beachtliche Zahl von Stimmenthaltungen: 6 300 000 bei 7 Millionen Wählern! Die Feuillants und andere Parteigänger der konstitutionellen Monarchie wurden von dem ehemals linken Flügel der Legislative beiseite gedrängt, der sich nun in Girondisten und Montagnards spaltete.

Auf den rechten Flügel verwiesen werden nun, nach Mounier und Barnave, jene etwa 160 Girondisten, die die Septembermassaker und die aufständische Commune von Paris verurteilt hatten. Ihre sämtlichen Wortführer aus den Zeiten der Legislative wurden in der Provinz wiedergewählt: Vergniaud, Brissot, Guadet, Gensonné, Condorcet und Isnard. Hinzu kamen ehemalige Abgeordnete aus der *Constituante* wie der Advokat Buzot und der Jurist Lanjuinais. Unter den Neuen fanden sich der ehemalige Bürgermeister von Paris, Pétion, der Minister Roland sowie der Advokat Barbaroux aus Marseille. Auch ein Bischof, Fauchet, und ein evangelischer Pfarrer, Rabaud Saint-Étienne, und nicht zu vergessen, ein Freigeist, der charmante Louvet, Verfasser der »Liebschaften des Ritters Faublas« *(»Amours du chevalier de Faublas«)*, zählten zu den girondistischen Abgeordneten.

Insgesamt handelte es sich um Juristen, Journalisten oder Geschäftsleute aus den südfranzösischen Departements, wo das geschriebene Recht vorherrschte, oder aus dem Westen Frankreichs – wo die Tradition ihre starke Stellung behielt – sowie um Volksvertreter aus den Hafenstädten am Atlantik, die es während des Ancien régime zu Reichtum gebracht hatten: Provinzbürgertum mit mittlerem Vermögen, gebildet, aber skeptisch, das Plutarch und Faublas, Rousseau und Cicero, Großzügigkeit und Frivolität miteinander vermengte. Ihren Haß auf Paris, das in ihren Augen weniger an dem Unrecht des Mordes an Priestern und Aristokraten

Schuld trug als vielmehr daran, sich vom Strom ihrer Beredsamkeit nicht
verführen zu lassen, verbanden sie mit einer tiefen Abneigung gegen den
Wirtschaftsdirigismus, die aus ihrer Bindung an die Hafenstädte erwuchs.
Freiheit war ihr Schlüsselwort. Vielleicht wollten sie Frankreich in eine
Vielzahl autonomer Republiken aufteilen, die nur ein lockeres Band
verknüpfte, wie man sie später beschuldigte. Man weiß es nicht, und
nichts beweist es. Fest steht aber, daß sie der führenden Rolle von Paris,
die allzusehr auf dem Gang der Ereignisse seit 1789 gelastet hatte, feindlich gegenüberstanden. »Die Hauptstadt muß auf ein Dreiundachtzigstel
ihres Einflusses reduziert werden«, behauptete einer von ihnen. Es waren
ausgezeichnete Juristen, aber ihr Respekt vor der Legalität hemmte sie in
ihrer politischen Wirksamkeit.

Ihnen gegenüber boten die zweihundert Abgeordneten der Bergpartei
ein uneinheitliches Gesamtbild. Das wichtigste Merkmal bestand darin,
daß sie wie ihre drei Anführer – Robespierre, Danton und Marat, die
einander übrigens recht unähnlich waren – von den Wählern der Hauptstadt in den Konvent entsandt worden waren. Aber abgesehen von der
Funktion eines Abgeordneten von Paris: Welche Gemeinsamkeiten hätten
Philippe Égalité, den Ex-Herzog von Orléans, und Fabre d'Églantine, den
amüsanten Autor von »*Il pleut Bergère*«, den Maler Jaques-Louis David,
der aus dem Dienste Ludwigs XVI. in den der Revolution überwechselte,
und den Advokaten Billaud-Varenne, genannt »der Geradlinige«, den
populären Journalisten Desmoulins und den davongejagten Schauspieler
Collot d'Herbois miteinander verbinden können? Andere Figuren der
Bergpartei wurden in den Departements gewählt, was den heterogenen
Charakter der Gruppe noch mehr unterstrich: der ehemalige Pionieroffi-
zier Carnot, der kühle, erst dreiundzwanzigjährige Saint-Just, der ge-
lähmte Couthon, der sich in einem Rollstuhl fortbewegte, Hérault de
Séchelles, ein eleganter Lebemann, der früher dem Parlament von Paris
angehört hatte, der unbeständige Barère, Advokat im Parlament von
Toulouse, der Geschäftsmann und Finanzexperte Cambon aus Montpel-
lier, der Anwalt Merlin aus Douai mit dem unfehlbaren Gedächtnis in
Rechtsfragen, der Ex-Kapuziner Chabot und der Bischof Grégoire; nicht
zu vergessen Joseph Fouché aus dem Orden der Oratorianer und der
Haudegen Dubois-Crancé.

Girondisten und Montagnards, die durch die amorphe Masse der
vierhundert Abgeordneten des »Sumpfes« (*»Marais«*) getrennt waren, wo

sich berühmte Persönlichkeiten wie Abbé Sieyès und Cambacérès neben Unbekannten wie Rochegude, einem ehemaligen Schiffskapitän und Mitglied der *Constituante,* wiederfanden, standen einander weniger schroff gegenüber, als man bisher gemeinhin glaubte; ihre Meinungsverschiedenheiten drehten sich hauptsächlich um Personen. Dieser Streit bestimmte von den ersten Sitzungen des Konvents an den Ton.

Zunächst wurde nach außen Einmütigkeit gezeigt, etwa bei der Abschaffung des Königtums am 21. September, dann am nächsten Tag, als Billaud-Varennes durchsetzte, daß öffentliche Urkunden künftig ab dem »Jahr I der Republik« datiert würden, oder auch noch am 25. September, als die Formel »Die französische Republik ist einheitlich und unteilbar« angenommen wurde. Diese Einmütigkeit verschwand aber rasch durch die Schuld der Girondisten, die zum Angriff gegen die Führer der Bergpartei ansetzten. Danton versuchte, das Unheil abzuwenden, und rief zur Einheit auf – jedoch vergebens. Die Girondisten schleuderten ihm den Vorwurf der Untreue im Amt entgegen: Er konnte über die Verwendung geheimer Fonds bei seinem Wechsel ins Justizministerium keine Rechenschaft ablegen. Marat hielt man seine Verantwortlichkeit für die Septembermassaker vor. Aber den heftigsten Angriff führte Louvet am 25. Oktober 1792 gegen Robespierre: »Robespierre, ich klage dich an, dich ständig wie ein Götzenbild aufgeführt zu haben; ich klage dich auch an, mit allen Mitteln der Intrige und des Schreckens die Wählerversammlung des Departements Paris tyrannisiert zu haben; ich klage dich schließlich an, offen nach der höheren Gewalt gegriffen zu haben.«

Die Attacke Brissots in seinem »Aufruf an alle Republikaner Frankreichs« (*»Appel à tous les Républicains de France«*) auf die Jakobiner blieb da viel unverbindlicher: »Die Zerrüttung kommt von denen, die alles nivellieren wollen, das Eigentum, den Wohlstand, die Lebensmittelpreise und die verschiedenen Dienstleistungen für die Gesellschaft.« Robespierre hingegen knöpfte sich in den »Briefen an seine Auftraggeber« (*»Lettres à ses commettants«*) die falschen Patrioten vor, »die die Republik nur für sich selber gründen wollen, die nur im Interesse der Reichen regieren wollen.« Der Prozeß gegen den König trieb diesen Konflikt auf seinen Höhepunkt.

Aus den Departements kamen Petitionen, die die Anklageerhebung gegen Ludwig XVI. verlangten. Die Girondisten zögerten: Kraft der Verfassung von 1791 war die Person des Königs unverletzlich und sakrosankt.

Robespierre fegte diesen Einwand beiseite: »Es gibt hier keinen Prozeß zu führen. Ludwig ist kein Angeklagter. Ihr seid keine Richter. Ihr seid lediglich Vertreter des Staates und Repräsentanten der Nation und könnt auch nichts anderes sein. Ihr habt kein Urteil für oder gegen einen Menschen zu fällen, sondern eine Maßnahme im Interesse der Öffentlichkeit zu ergreifen und einen Akt auszuführen, der für das Schicksal der Nation bedeutungsvoll ist.« Mit der Entdeckung von Schriftstücken im Panzerschrank der Tuilerien, die den Beweis für die Beziehungen des Königs mit den Emigranten und den ausländischen Mächten lieferten, wurde der Prozeß gegen Ludwig XVI. unvermeidlich. Er begann am 11. Dezember und endete am 20. Januar. Verteidigt wurde der König von Malesherbes, de Sèze und Tronchet.

Auf die Frage: »Ist Ludwig Capet der Verschwörung gegen die öffentliche Freiheit und des Anschlags auf die nationale Sicherheit schuldig?« antwortete der Konvent einstimmig bei wenigen Enthaltungen mit »Ja«. Eine nationale Volksabstimmung über das mögliche Urteil wurde mit 426 Stimmen gegen 278 verworfen. Welche Strafe sollte verhängt werden? Am 16. Januar begann um 8 Uhr abends die öffentliche Abstimmung durch namentlichen Aufruf zur Rednertribüne. Vergniaud stimmte für den Tod. Zögernde Abgeordnete resignierten angesichts des Geschreis auf den Tribünen. 721 Abgeordnete stimmten ab: 361 sprachen sich für den sofortigen Vollzug der Todesstrafe aus, 360 dagegen. Ludwigs XVI. Leben war also durch eine Mehrheit von einer (!) Stimme verwirkt, und die gehörte dem Herzog von Orléans, einem Vetter des Königs. Da 26 Volksvertreter sich für ein aufgeschobenes Todesurteil ausgesprochen hatten, zählte man sie zu den 361 Abgeordneten hinzu. Damit ergab sich eine Mehrheit von 387 »Königsmördern«. Brissot versuchte, die Hinrichtung hinauszuschieben. Der Antrag wurde jedoch in einer vierten Abstimmung mit 380 gegen 310 Stimmen abgelehnt.

Am 21. Januar 1793 wurde Ludwig XVI. auf der »Place Louis XV.«, dann »Platz der Revolution« und heute »Place de la Concorde«, vor einer riesigen Menge hingerichtet. Er starb mutig, ganz wie ein König.

Der Konvent forderte Europa heraus, als er ihm den Kopf eines Herrschers vor die Füße warf. »Nun sind wir aufgebrochen«, schrieb der Abgeordnete Lebas, »die Brücken hinter uns bestehen nicht mehr; ob wir wollen oder nicht, wir müssen vorwärtsschreiten, und gerade jetzt lautet die Parole: Frei leben oder sterben.«

Die Antwort Europas auf die Hinrichtung Ludwigs XVI. war die Bildung einer Koalition, die zwischen Februar und März 1793 neben Österreich und Preußen, die sich bereits im Krieg mit Frankreich befanden, England, Spanien, Holland und die wichtigsten deutschen und italienischen Staaten zusammenführte. Die Gefahr von außen wurde wieder bedrohlicher, zumal Dumouriez nach der Niederlage vom 18. März bei Neerwinden mit dem Herzog von Chartres, dem Sohn von Philippe Égalité, zum Feind überlief. Custine verlor das linke Rheinufer, und bald darauf bedrohten die Spanier die Pyrenäen. Hinzu kam im März 1793 der Aufstand in der Vendée.

DER STURZ DER GIRONDE

Im gleichen Moment nahm der Kampf zwischen Gironde und Bergpartei eine dramatische Wendung. Um den äußeren Gefahren zu begegnen, hatte der Konvent die Aushebung von 300000 Mann angeordnet und einige außergewöhnliche Maßnahmen beschlossen. Am 1. Januar war ein »Ausschuß für allgemeine Verteidigung« gebildet worden, aus dem am 9. April der »Wohlfahrtsausschuß« hervorging, den der Konvent jeden Monat wählte und der ihm verantwortlich war. Am 10. März 1793 wurde in Paris ein Revolutionstribunal eingerichtet und gegen die Emigranten sowie die eidverweigernden Priester die Todesstrafe beschlossen.

Die Girondisten bekämpften diese Maßnahmen und griffen die Führer der Bergpartei erneut an. Sie beschuldigten Marat vor dem Revolutionsgericht, einen Bürgerkrieg zu entfachen. Nach seinem Freispruch am 4. April 1793 wurde »der Freund des Volkes« im Triumph zum Konvent geführt. Ohne den Mut zu verlieren und trotz der Veröffentlichung eines heftigen Pamphlets von Desmoulins, »Geschichte der Anhänger Brissots oder Fragment der geheimen Geschichte der Revolution« (»*Histoire des Brissotins ou fragment de l'Histoire secrète de la Révolution*«), setzten die Girondisten ihre Attacken gegen die Commune von Paris fort. Ein Komitee von zwölf Mitgliedern erhielt den Auftrag, eine Untersuchung über deren Machtmißbrauch seit dem 10. August durchzuführen. Der Ausschuß ließ Hébert, den Vertreter des Staatsanwalts der Commune, verhaften. Er hatte als Redakteur des »*Père Duchesne*«, eines demagogischen

Blattes, das mit der Zeitung Marats konkurrierte, mehr Aufsehen erregt. Eine Delegation der Commune erschien am 25. Mai 1793 und verlangte in drohendem Ton die Freilassung Héberts. Der Girondist Isnard, der den Vorsitz im Konvent führte, entgegnete nicht weniger drohend: »Wenn diese sich ständig wiederholenden Revolten dazu führen sollten, daß die nationale Vertretung angetastet wird, so erkläre ich Ihnen im Namen ganz Frankreichs, daß man an den Ufern der Seine bald nachsuchen kann, ob Paris je existiert hat.«

Die Commune wich nicht zurück. Die wirtschaftliche Lage kam ihr zugute: Als Folge der Abwertung der Assignaten stiegen die Preise der Grundnahrungsmittel unaufhörlich, aber die Löhne folgten nicht in demselben Maße. Es entwickelte sich eine Bewegung, deren Wortführer die Bezeichnung »*enragés*« (»die Wütenden«) trugen und die die Einführung eines Preisstopps und die Einführung von Steuern für die Reichen verlangte: »Wenn das Brot fehlt, gibt es weder Gesetze noch Freiheit mehr.« Am 27. Mai drangen Arbeiter aus den Vorstädten in den Konvent ein und forderten die Abschaffung des Zwölferausschusses. Am nächsten Tag richtete ihn die Nationalversammlung, vom Druck der Straße befreit, erneut ein. Bereits am 31. Mai verkündete die Commune die förmliche Erhebung und ernannte kraft eigener Autorität Hanriot, einen ehemaligen städtischen Zollangestellten, zum Oberkommandierenden der Pariser Armee. Ferner wies sie den Arbeitern oder anderen, die in den Pariser Sektionsversammlungen permanent unter Waffen standen, einen täglichen Sold von 40 Sous zu. Eine neue Symbolfigur tauchte auf, der Angehörige einer Sektion oder »*Sansculotte*« mit gestreifter Hose, Jakobinerjacke und phrygischer Mütze mit dreifarbiger Kokarde sowie Spieß und Säbel als Waffen, denn die Gewehre hatte man für die Armee beschlagnahmt. Er gebrauchte das »Du«, vermied die Bezeichnung »Herr« (»*monsieur*«) zugunsten von »Bürger« (»*citoyen*«) und las den »*Père Duchesne*« oder den »*Ami du peuple*«. Dieses Heer von Aufständischen drang am 31. Mai erneut in die Nationalversammlung ein und setzte die Abschaffung des Ausschusses durch. Aber die Girondisten hatten noch nicht aufgegeben. Zwei Tage später, am 2. Juni, ließ die Commune die Tuilerien mit 80 000 Mann umzingeln, richtete die Kanonen auf den Konvent und forderte die Verhaftung der wichtigsten Girondisten. Unter Führung ihres Präsidenten Hérault de Séchelles kam der Zug der Abgeordneten Hanriot entgegen. Der begnügte sich mit dem Befehl: »Kanoniere, an die

Geschütze!«, und der Konvent gab nach. Er stimmte für den Ausschluß von 29 girondistischen Abgeordneten. Einige, wie Vergniaud und Gensonné, wurden verhaftet; andere, wie Buzot, Roland, Pétion, Louvet und Barbaroux, konnten flüchten, aber die meisten kamen elend um.

Die Girondisten gingen zugrunde, weil sie den Krieg zwar gewollt hatten, ihn aber nicht zu lenken vermochten. Sie hatten den König zunächst denunziert und ihn dann wieder retten wollen. Sie hatten die Wirtschaftskrise verschärft, aber die Mittel zu einer Lösung verweigert. An ihrem Beispiel verdeutlichte sich die Kraftlosigkeit des Liberalismus in Krisenzeiten. Auch sie widerstanden nicht dem Sturm, der von Mounier bis Barnave alle die hinweggefegt hatte, die geglaubt hatten, man könne die Revolution zu einem gegebenen Zeitpunkt anhalten.

Trotz der Niederlage in Paris behielten die Girondisten ihre Bastionen in der Provinz. Der Staatsstreich vom 2. Juni rief in Marseille, Lyon, Bordeaux und Caen Reaktionen hervor, die nicht unbedingt gegenrevolutionär, sondern nur der Diktatur von Paris feindlich gesinnt waren. Diese als »föderalistisch« bezeichnete Erhebung, die nicht mit dem royalistischen Vendée-Aufstand verwechselt werden darf, berührte viele Departements. Insgesamt hatten sich Anfang Juni 1793 sechzig, also 75 Prozent aller französischen Departements gegen den Konvent erhoben. Um dem Aufstand den Wind aus den Segeln zu nehmen, trieb die Bergpartei die Arbeiten des Ausschusses voran, der im Auftrag des Konvents eine neue Verfassung ausarbeiten sollte.

Der Konvent hatte sich ab 29. September an diese Arbeit gemacht. Ein Ausschuß mit Danton, Brissot, Pétion, Barère, Vergniaud und Gensonné hatte stetig an einem Entwurf gearbeitet, dessen Architekt Condorcet war. Der Entwurf lag am 15. Februar 1793 vor. Mit seinen 402 Artikeln steigerte er die Bedeutung der Departementverwaltungen und übertrug die Macht einem Exekutivausschuß, der aus sieben Ministern bestand. Der Konvent hatte übrigens »alle Freunde der Freiheit und der Gleichheit« aufgefordert, Verfassungsentwürfe einzureichen. Dreihundert waren eingegangen – man mußte zu einem Ende kommen.

Nach dem Sturz der Gironde erarbeiteten die Montagnards vom 11. bis 24. Juni eine neue Fassung, die in groben Zügen von Hérault de Séchelles in Verbindung mit Saint-Just und Cambon entworfen wurde und aus 80 Artikeln bestand. Ihr Hauptverdienst war die Einführung des allgemeinen Wahlrechts. In ihrem entschlossenen demokratischen Anspruch schwächte sie die Exekutivgewalt in Form eines Rates von 24 Mitgliedern, die von der Gesetzgebenden Nationalversammlung ausgewählt werden sollten. Ihre Abgeordneten wurden in einer Persönlichkeitswahl für ein Jahr direkt und mit absoluter Mehrheit gewählt. Die Gesetzesentwürfe der Nationalversammlung unterlagen der Ratifizierung durch den Volksentscheid, wenn ein Teil der Wählerversammlungen in den Departements Einwände gegen sie erhob. Die Verfassung erklärte außerdem das Widerstandsrecht zum »heiligsten der Rechte und zur unumgänglichsten der Pflichten«.

Der Text wurde einem Volksentscheid unterworfen, der im Juli 1793 an verschiedenen Tagen und unterschiedlichen Orten stattfand. Die Verfassung wurde unter Begleitumständen, die auf Grund der Gegebenheiten zumindest anfechtbar waren, mit 1801918 Ja-Stimmen gegen 11610 Nein-Stimmen gebilligt; mehr als 4 Millionen Wähler enthielten sich ihrer Stimme.

Diese Verfassung des Jahres I der Republik wurde niemals in Kraft gesetzt und war im übrigen gar nicht anwendbar. Am Ende einer von dem Maler David inszenierten Feier wurde sie am 10. August 1793 in einem Schrein aus Zedernholz eingeschlossen und im Sitzungssaal deponiert. Sie sollte ihn auch nicht mehr verlassen.

DIE REVOLUTIONÄRE REGIERUNG

Die Lage war dramatisch. Saint-Just erklärte: »Unter den Umständen, in denen sich die Republik befindet, kann die Verfassung nicht eingeführt werden; man würde sie an sich selbst scheitern lassen. Sie würde zum Garanten von Anschlägen gegen die Freiheit, weil ihr die notwendige Verfügung über die Polizeigewalt fehlt, um diese zu unterdrücken.«

An allen Grenzen war der Feind eingedrungen, von den 60 aufständischen Departements ganz zu schweigen. Die Engländer besetzten im Süden Toulon und belagerten im Norden Dünkirchen. Erst Houchards Sieg bei Hondschoote am 8. September rettete die Stadt. Valenciennes war in die Hände der Österreicher gefallen, die nun mit der Belagerung von Maubeuge begannen. Die Preußen drangen ins Elsaß ein, und die Spanier überschritten die Pyrenäen. »Die Republik«, erklärte Barère im Konvent,

»ist nur noch eine große belagerte Stadt.« Saint-Just hatte also recht: Unter diesen Bedingungen konnte keine Rede davon sein, die Verfassung in Kraft zu setzen; statt dessen mußte man zu besonderen Maßnahmen greifen. So beschlossen die Konventsabgeordneten am 10. Oktober 1793: »Die provisorische Regierung Frankreichs wird bis zum Friedensschluß revolutionär sein.«

Eine solche revolutionäre Regierung hatte die aufständische Commune bereits am Abend des 10. August gefordert. Cambon wiederum erinnerte am 13. Dezember 1792 an die Notwendigkeit einer »revolutionären Gewalt«: »Alle«, sagte er, »die Befreiungen oder Privilegien genießen, sind unsere Feinde. Man muß sie vernichten. Sonst wäre unsere eigene Freiheit in Gefahr. Da die Völker, zu denen die Armeen der Republik die Freiheit gebracht haben, nicht die notwendige Erfahrung besitzen, um ihre Rechte zu sichern, müssen wir uns zur revolutionären Gewalt erklären und das Ancien régime, das sie unterdrückt hält, zerstören. Keine Institution des alten Regimes darf fortbestehen, wenn die revolutionäre Macht sich zeigt.«

Im Dezember 1793 und erneut im Februar 1794 stellte Robespierre die verfassungsmäßige und die revolutionäre Ordnung einander gegenüber: »Letztere ist weniger einheitlichen und weniger starren Regeln unterworfen, weil die Umstände, in denen sie sich befindet, turbulent und im Wandel sind, und vor allem weil sie gezwungen ist, ständig neue und schnelle Hilfsmittel zu entfalten, um neuen und drängenden Gefahren zu begegnen. Die revolutionäre Regierung schuldet den Patrioten den Schutz der ganzen Nation und den Feinden des Volkes nur den Tod.« Am Ende seiner Rede schließlich der ergreifende Appell: »Man muß den Despotismus der Freiheit organisieren, um den Despotismus der Könige zu vernichten.« Billaud-Varenne legte in einem Bericht vom 18. November 1793 ebenfalls das Credo der neuen Regierung dar: »Die Regierung wird schrecklich für die Verschwörer sein, zwingend gegenüber den öffentlichen Vertretern, streng gegen Pflichtverletzungen, furchtbar für die Bösen, schützend für die Unterdrückten, unerbittlich gegen die Unterdrücker, den Patrioten geneigt und wohltätig für das Volk.«

Der Konvent war »das einzige Antriebszentrum der Regierung«. Aus dieser Versammlung gingen verschiedene Ausschüsse hervor, darunter der Ausschuß für allgemeine Sicherheit. Er hatte den Auftrag, »über die Sicherheit des Staates zu wachen«, und wurde endgültig am 17. Oktober

1792 gebildet. Er umfaßte zunächst dreißig Mitglieder und sollte alle zwei Monate erneuert werden. Nach der Ermordung eines Abgeordneten, Le Peletier de Saint-Fargeau, wurde er auf zwölf Mitglieder reduziert. Le Peletier war von einem ehemaligen Gardeangehörigen erdolcht worden, weil er für den Tod des Königs gestimmt hatte. Dieses Verbrechen wurde dem Ausschuß als Nachlässigkeit beim Schutz der Konventsmitglieder angelastet.

Wie schon gesagt, erschien der »Wohlfahrtsausschuß« zunächst mit achtzehn, dann mit fünfundzwanzig Mitgliedern als nicht näher bezeichneter Ausschuß für allgemeine Verteidigung. Seinen endgültigen Namen erhielt er am 6. April 1793, gleichzeitig wurde er auf neun Mitglieder reduziert. Zu seinen Funktionen gehörten das Kriegswesen und die Diplomatie; für die Finanzen war er dagegen nicht zuständig. Der erste Ausschuß wurde von Gemäßigten beherrscht wie Danton, Barère, Guyton-Morveau, Treilhard oder Delmas. Er bewirkte nicht viel und regierte bis Juli 1793. Seine Effizienz wurde beeinträchtigt durch die Verstrickung in geheime Verhandlungen, und er vermochte weder die ausländische Invasion abzuwehren noch den Vendée-Aufstand niederzuschlagen. Nach dem Sturz der Girondisten erschien eine Umgestaltung notwendig. Fünf neue Mitglieder kamen hinzu, darunter Hérault de Séchelles, Couthon und Saint-Just. Danton verließ ihn, aber dafür erschien am 27. Juli Robespierre. In der Folge wurden noch zwei Vertreter der ultrarevolutionären Richtung berufen, Billaud-Varenne und Collot d'Herbois, so daß er schließlich zwölf Mitglieder umfaßte. Robespierre, Couthon, Saint-Just, Billaud-Varenne und Collot d'Herbois befaßten sich mit der allgemeinen Politik, Carnot leitete das Kriegswesen und Lindet die Versorgung; Barère kümmerte sich um die Außenpolitik und sicherte die Verbindung mit dem Konvent. Auf Prieur de la Côte d'Or entfiel das Rüstungswesen, auf Jean-Bon Saint-André die Marine und Prieur de la Marne war mit verschiedenen Missionen in den Departements betraut. Hérault de Séchelles wurde bald an den Rand gedrängt, da er sich verdächtig gemacht hatte.

Die Minister unterstanden diesem Ausschuß, bis sie am 1. April 1794 durch zwölf Exekutivausschüsse ersetzt wurden.

Der Ausschuß für allgemeine Sicherheit erfuhr gleichfalls Umbildungen. Künftig beherrschte ihn Vadier, ein ehemaliger Rat am Obergericht von Pamiers. Weitere Mitglieder dieses Ausschusses waren der Gefolgsmann Robespierres, Lebas, der Maler David und die Abgeordneten Amar, Vouland, Élie Lacoste, Ruhl und Jagot.

Die Revolutionsregierung war zwangsläufig zentralistisch organisiert. Die gemäßigten Departementsverwaltungen hatten sich durch föderalistische Erhebungen kompromittiert. In seinem Bericht vom 18. November 1793 verlangte Billaud-Varenne eine Verringerung ihres Einflusses. Folglich schaffte das Verfassungsgesetz vom 4. Dezember 1793 die Generalräte und Syndici der Departements ab. Übrig blieben die Direktorien, deren Befugnisse auf den Verkauf der Nationalgüter und auf die öffentlichen Bauten beschränkt wurden. Die Distriktverwaltungen erbten deren bisherige Funktionen, wurden aber dem Konvent direkt unterstellt. Ihre Syndici waren künftig Staatsdiener, das heißt »direkte Vertreter der Regierung«. Ebenso setzte man in den Gemeinden an Stelle des Syndicus Staatsvertreter ein, die ihre Direktiven gleichfalls von der Regierung erhielten und als Instrumente einer zentralistischen Praxis galten, die man später als »jakobinisch« bezeichnete.

Um die Verwaltungen zu säubern und die Situation wieder in den Griff zu bekommen, entsandte der Konvent einige seiner Mitglieder in offizieller Mission in die Departements. Andere brachen zu den Armeen auf. Neben diesen offiziellen Vertretern stützte sich der Wohlfahrtsausschuß auch auf Geheimagenten wie Jullien, der den Süden inspizieren sollte. Herausgeputzt, mit dreifarbiger Schärpe am Gürtel und Federbusch am Hut, waren diese »Nationalagenten« mit weitreichenden Vollmachten ausgestattet. Sie blieben jedoch dem Konvent untergeordnet und mußten spätestens nach zehn Tagen dem Wohlfahrtsausschuß berichten. In den Departements konnten sie auf die Mithilfe der Jakobinerklubs, jetzt den sogenannten »Volksgesellschaften«, zählen, die ihnen die notwendigen Auskünfte lieferten. Diese »Gesellschaften« maßten sich oft Rechte an, die sie eigentlich gar nicht besaßen.

Am 21. März 1793 hatte der Konvent beschlossen, daß in jeder Gemeinde oder jeder Pariser Sektion ein Überwachungsausschuß gebildet wird. Seine zwölf Mitglieder durften weder aus der Geistlichkeit noch »aus den vormaligen Lehnsherren des Ortes« ausgewählt werden. Diese Ausschüsse sahen sich mit weitreichenden Kompetenzen ausgestattet: Ausstellung von Bescheinigungen über die Bürgergesinnung, Jagd auf Verdächtige, Ausländerkontrolle, Ausstellung von Haftbefehlen... Ein Kritiker der Revolution, Duval, beschrieb sie in seinen *»Erinnerungen«*

als »einen Haufen elender Figuren«, an dessen Spitze fast immer ein Perückenmacher, ein ehemaliger Gerichtsdiener oder ein ehemaliger Kammerdiener stand und in dem sich »Schuhflicker, Lumpensammler, Portiers und Lakaien« tummelten. Barère gab ihre Zahl mit 21 500 Personen an.

Um wirksam und schnell handeln zu können, mußte die revolutionäre Regierung nicht nur zentralistisch organisiert sein, sondern sie mußte auch Schrecken verbreiten. Die revolutionäre Justiz hatte Verräter zu bestrafen und die Bürger durch Terror zum Gehorsam zu zwingen. »Künftig muß«, wie Billaud-Varenne sagte, »das Damoklesschwert über ganz Frankreich schweben.« Während auf Gemeindeebene die Überwachungsausschüsse Verdächtige verfolgten, wurde in Paris am 10. März 1793 ein Revolutionsgericht gebildet. Es bestand aus fünf Richtern, einem öffentlichen Ankläger und seinen beiden Vertretern sowie aus zwölf Geschworenen, deren Urteile ohne Einspruchsmöglichkeit innerhalb von 24 Stunden zu vollstrecken waren. Die ordentlichen Strafkammern besaßen die Möglichkeit, dem Revolutionsgericht Fälle zu überweisen, die in sein Gebiet zu fallen schienen. Deshalb mußte man ihn unter gleichzeitiger Beschleunigung der Verfahren bald auf sechzehn Richter und sechzig Geschworene vergrößern. Nach dem Pariser Modell wurden auch Revolutionsgerichte in Straßburg, Brest, Toulon und Nancy eingerichtet.

Mit der Einführung dieser revolutionären Regierung, die eher empirisch und nicht systematisch vor sich ging, verdeutlichten die Montagnards ihren Unterschied zu den Girondisten. Obwohl bürgerlich wie ihre Gegner, herablassend gegenüber dem »Volk« wie sie und den gleichen, aus der Aufklärung stammenden Ideen folgend, unterschieden sie sich von ihnen jedoch durch ihren Realismus. Sie waren Liberale, die sich aber ohne allzu viele Gewissensbisse dem Wirtschaftsdirigismus anschlossen, wenn die Umstände es erforderten. Demagogische Exzesse flößten ihnen keine Furcht ein, und wenn es darum ging, mit außergewöhnlichen Maßnahmen eine übermäßige Zentralisierung voranzutreiben, oder darum, die großen Prinzipien des Richtertums abzuschaffen, zögerten sie nicht, den Graben der Legalität zu überschreiten. Konnten sie überhaupt anders handeln? »Sieg oder Tod«, das war das Motto der Sansculotten.

DIE KRISE DES SOMMERS 1793

Die Lage verschlechterte sich immer mehr. Neue Emissionen hatten den Sturz der Assignaten beschleunigt: Im Sommer 1793 sank der reale Wert von 100 Livres auf ein Viertel des Nennwerts. Die Vendée hatte sich in dem Augenblick erhoben, als dort 300000 Mann ausgehoben werden sollten. Ursache oder Vorwand? Der Sturm brach jedenfalls am 2. März 1793, einem Markttag, in Cholet los, wo die Bauern gegen die Entscheidung des Konvents protestierten. Schon vorher waren Aufstandspläne betrieben worden, vor allem durch den Marquis de La Rouërie; aber wie alle gut vorbereiteten Projekte waren sie Papier geblieben. Dieses Mal bestimmte die Volkswut das Geschehen, doch spielten andere Faktoren ebenfalls eine Rolle. In einem Gebiet, wo der Glaube weiterhin lebendig blieb, hatte die religiöse Krise die Gewissen verwirrt: Die ersten Verfolgungen gegen die eidverweigernden Priester hatten die Bauern empört. Hinzu kam ihr Haß auf das Bürgertum der Städte: Nicht die Halb- und Zeitpächter hatten die zum Verkauf gelangten Nationalgüter erworben, sondern die wohlhabenden Einwohner der Kleinstädte, so daß die Bauern diesen Personenkreis mit der Revolution gleichsetzten. England dagegen hatte dieses Mal keinen Einfluß auf das Geschehen.

Von Cholet aus erfaßte die Bewegung die Vendée. Es handelte sich zunächst eher um einen Kleinkrieg, den die Hohlwege der Heckenlandschaft begünstigten, als um einen richtigen Krieg. Die Führung hatten zunächst Nichtadlige wie der Jagdhüter Stofflet oder der Fuhrmann Cathelineau; später übernahmen dann Adlige das Kommando: Charette, d'Elbée und La Rochejaquelein. Aufgrund ihrer verbesserten Organisation bildeten diese Banden von nun an die katholisch-königliche Armee und bemächtigten sich wichtiger Ortschaften wie La Roche-sur-Yon, Machecoul (wo die Patrioten umgebracht wurden), scheiterten jedoch vor Les Sables d'Olonne. Der Aufstand weitete sich aus: Saumur fiel am 9. Juni und Ponts-de-Cé am 27. Juni. Die Republikaner in Angers mußten zittern. Das Bild des Herz Jesu an die Brust geheftet und den Rosenkranz am Handgelenk, bedrohte eine Armee die Revolution, die unzweifelhaft im Volk verankert war und an deren Spitze gewählte Führer standen.

Parallel dazu breitete sich die föderalistische Erhebung rasch aus, ein Zeichen für die Verärgerung in der Provinz über Paris und ein Signal für das Fortleben lokaler Besonderheiten. In der Bretagne, der Normandie und im Südwesten fielen girondistenfreundliche Departementverwaltungen von der Pariser Zentralgewalt ab. Caen, Bordeaux, Marseille und Lyon gerieten in die Hände der Aufständischen. Man machte dort sogar Jagd auf die Jakobiner, und am 17. Juli wurde Chalier, der Führer der Bergpartei in Lyon, hingerichtet. Der Kontrapunkt dieses Aufstands war die Ermordung Marats, den Charlotte Corday am 13. Juli 1793 mitten in Paris erdolchte. Die allgemeine Verwirrung begünstigte weitere gegenrevolutionäre Vorstöße. So organisierte Paoli die korsische Unabhängigkeitsbewegung. Zu befürchten waren auch Aktionen des gegenrevolutionären Untergrundes: Spione, die der Comte d'Antraigues bis in die Büros des Wohlfahrtsausschusses einschleuste, oder Bestechungsversuche des Baron de Batz, der die Revolution zu diskreditieren suchte, indem er sie zu den schlimmsten Exzessen anstachelte.

Die Kolonien waren verloren. Ohne Schwierigkeiten nahmen die Engländer Tobago, Saint-Pierre-et-Miquelon und Pondichéry in Besitz. Die Verzögerungen bei der Abschaffung der Sklaverei, die erst am 4. Februar 1794 proklamiert worden war, hatten die französische Position auf den Antillen beeinträchtigt. Martinique und Guadeloupe fielen im April 1794. In Santo Domingo (Haiti) jedoch, wo die Konventskommissare Santhonax und Polverel dieser Abschaffung vorgegriffen hatten, rettete ein ehemaliger Negersklave, Toussaint Louverture, die Lage. Er hob eine Armee von Schwarzen aus, die erfolgreich gegen die Engländer kämpfte. Bald war Toussaint Louverture Herr der Insel, aber die Oberhoheit Frankreichs war nur noch eine Fiktion und der Handel mit der Perle der Antillen nur noch ein pures Phantom.

Frankreich schien zerfallen und verloren, denn zum gleichen Zeitpunkt verkündeten die Nachrichten von den Grenzen eine Katastrophe nach der andern. Überall waren die französischen Truppen auf dem Rückzug. Paris murrte, die Verteuerung der Grundnahrungsmittel (der Fleischpreis war um 136 Prozent gestiegen) brachte die Bevölkerung außer sich. Einem Bericht zufolge war in der Vorstadt Saint-Antoine ein Mann festgenommen worden, weil er geschrien hatte: »Früher kostete die Seife nur 12 Sous, heute kostet sie 40. Es lebe die Republik! Der Zucker kostete früher 20 Sous, heute 4 Livres. Es lebe die Republik!« Im Zusammenhang mit der Plünderung eines Seifentransports brachen vom 26. bis 28. Juni Unruhen aus. Die sogenannten *Enragés* drangen nach dem Tode

Marats in den Konvent ein und verlangten eine allgemeine Preisfestsetzung und ein Gesetz gegen die Lebensmittelhamsterer. Ihre Anführer waren Varlet, Leclerc und vor allem Jacques Roux, der dem Konvent eine Petition vorlegte, die einen nachhaltigen Eindruck hinterließ: »Die Freiheit ist nur ein leeres Phantom, wenn eine Klasse von Menschen die andere ungestraft aushungern kann. Die Gleichheit ist nur ein leeres Phantom, solange der Reiche durch sein Monopol über seine Mitmenschen das Recht über Leben und Tod ausübt. Die Republik ist nur ein Trugbild, solange die Gegenrevolution von Tag zu Tag über den Warenpreis operiert, bei dem Dreiviertel der Bürger nicht mithalten können, ohne Tränen zu vergießen.« Mit einem Mal nahm die Revolution eine scharfe soziale Wendung, und Hébert sah sich gezwungen, sich selbst zu überbieten, um mit der Konkurrenz des *»Publiciste de la République française, par l'ombre de Marat«* von Jacques Roux und dem *»Ami du peuple«* von Leclerc mithalten zu können.

Der Wohlfahrtsausschuß, der ohnehin schon gezwungen war, der ausländischen Invasion, dem Vendée-Aufstand und der föderalistischen Erhebung entgegenzutreten, mußte nun auch noch mit der Agitation in Paris fertig werden.

DER AUFSCHWUNG

Um die öffentliche Meinung wieder für sich zu gewinnen, ließ der Wohlfahrtsausschuß am 3. Juni durch den Konvent beschließen, daß die konfiszierten Emigrantengüter prinzipiell nur in kleinen Parzellen verkauft werden sollten. Am 10. Juni folgte der Beschluß, das Gemeindeland aufzuteilen, und schließlich am 17. Juli die entschädigungslose Abschaffung der Feudalrechte. Auf Druck der Vorstadtbewohner, die am 5. September in die Versammlung eingedrungen waren, wurde am 11. September ein nationaler Höchstpreis für Getreide und Mehl festgesetzt. »Das Gesetz über das allgemeine Maximum der Lebensmittel« vom 29. September gab Lebensmitteln und Löhnen feste Obergrenzen vor, die nicht überschritten werden durften. Die Grundnahrungsmittel wurden nach dem Durchschnittspreis von 1790 festgesetzt, den man zusätzlich um ein Drittel anhob. Die Obergrenze für die Löhne wurde auf das Lohnniveau des

Jahres 1790 plus die Hälfte angesetzt. Wenn man die Preise in den Griff bekommen wollte, mußte man in der Tat auch die Höhe der Löhne beschränken.

Die *Enragés* sahen sich dadurch vorübergehend entwaffnet, und ihre Liquidierung wurde jetzt möglich. Schon am 19. September hatte das *»Journal de la Montagne«* gewarnt: »Die Volksbewegungen sind nur gerecht, wenn die Tyrannei sie notwendig macht.« Jacques Roux wurde am 5. September verhaftet, dreizehn Tage später Varlet. Dadurch gewarnt, stellte Leclerc das Erscheinen seines *»Ami du peuple«* ein. Am 21. September wurden die als umstürzlerisch eingestuften Frauenklubs verboten. Die Revolution sollte nach dem Willen ihrer Führer nicht noch weiter gehen.

Politische Maßnahmen ergänzten diese wirtschaftlichen Entscheidungen. Am 5. September wurde die Revolutionsarmee des Inneren aufgestellt und der Terror gleichsam auf die Tagesordnung gesetzt. Am 17. September wurde das Gesetz über die Verdächtigen beschlossen. Danach wurden künftig alle des Hochverrats angeklagt, »die, wenn sie auch nichts gegen die Freiheit unternommen haben, so doch nichts für sie getan haben«. Hausdurchsuchungen und Verhaftungen häuften sich. Das Fehlen der Bescheinigung über die Bürgergesinnung genügte, um die Kerker der Revolution und die Guillotine kennenzulernen.

Ab Oktober begannen die großen Prozesse: gegen die Königin, die am 16. Oktober nach einem Prozeß hingerichtet wurde, der für ihre Ankläger erniedrigend war; gegen die Girondisten am Ende des Monats; gegen Philippe Égalité am 9. November, dann gegen Bailly, Manuel, Barnave und andere. Zwischen März 1793, dem Gründungsmonat des Revolutionsgerichts, und Januar 1794 gab es jedenfalls nur 381 Todesurteile bei 1046 Vorladungen; man zählte 34 Deportationen, 15 Verurteilungen zu Kettenhaft, sechs zu langjährigen Kerkerstrafen und 66 Urteile über Haft bis zum Friedensschluß. Man verzeichnete 209 Freisprüche bei der Kammer und 336 nach öffentlicher Sitzung. Die »großen Schübe« fanden im Sommer 1794 statt: Insgesamt wurden 2596 Personen hingerichtet. Den Vorsitz bei Gericht führte zunächst Herman, danach Dumas. Als Generalstaatsanwalt fungierte Fouquier-Tinville, ein kleinlicher und phantasieloser Beamter. Die Guillotine wurde zum Symbol der Schreckenszeit. »Laßt uns an den Fuß des Großen Altars treten und die rote Messe feiern«, rief Amar vom Ausschuß für allgemeine Sicherheit.

Die Konventsbeauftragten trugen die Schreckensherrschaft auch in die Provinz. In Nantes ließ Carrier mehr als 5000 Menschen in der Loire ertränken, so daß der Fluß verseucht wurde. In Lyon rächten Fouché und Collot d'Herbois Chalier, indem sie 2000 Personen in der Ebene von Les Brotteaux erschießen ließen. Lebon in Arras bediente sich der Guillotine mit höchster Raffinesse: Er las dem Verurteilten, dessen Kopf schon in den Ring eingespannt war, die Nachrichten von den Siegen der Republik vor, damit der Unglückliche sie »den Tyrannen, die in der Hölle schmorten«, überbringe. Lequinio in Fontenay, Tallien in Bordeaux, Fréron und Barras in der Provence wüteten nicht weniger. Javogues notierte in Feurs: »Die Schlächterei ist gut gelaufen.« – »Wir werden menschlich sein können, wenn wir sicher sind, die Sieger zu sein«, schrieb seinerseits Carra an Hérault de Séchelles.

Wie viele Menschen der Schreckensherrschaft zum Opfer fielen, weiß man nicht: Man schätzt maximal 40000. Es gab zwischen 300000 und 500000 Verdächtige, also 2 Prozent der Bevölkerung, denen ein unterschiedliches Schicksal zuteil wurde. Die Statistik der in Paris offiziell verurteilten und hingerichteten Personen könnte auf einen starken Anteil der Angehörigen des Dritten Standes hinweisen: etwa 75 Prozent gegenüber 5 Prozent Geistlichen und 9 Prozent Adligen.

Allerdings muß man noch den bewußten »Völkermord« in der Vendée hinzurechnen. Schon am 1. Oktober 1793 richtete Barère von der Tribüne des Konvents aus eine Proklamation an die in den Westen entsandten Truppen: »Soldaten der Freiheit, vor Ende Oktober müssen die Räuber der Vendée beseitigt sein, das Wohl des Vaterlandes fordert es. Zerstört die Vendée!« Diese erhielt am 7. November die offizielle Bezeichnung »gerächtes Departement«. General Westermann schrieb am 23. Dezember 1793: »Es gibt keine Vendée mehr. Ich habe sie in den Sümpfen von Savenay begraben. Ich habe die Kinder unter den Füßen der Pferde zermalmt und die Frauen umgebracht. Ich habe mir keinen einzigen Gefangenen vorzuhalten. Ich habe alles ausgelöscht.«

Robespierre formulierte am 25. Dezember das Dogma: »Die Quelle der Volksregierung ist in Friedenszeiten die Tugend; in der Revolutionszeit liegt sie gleichzeitig in der Tugend und im Schrecken.« Entgegen den öffentlichen Behauptungen nach dem Sturz Robespierres stand der gesamte Konvent dahinter. »Schlag zu!«, schrieb Barère an Lebon; und als dieser das rote Hemd der Vatermörder anziehen mußte, bevor er selbst

nach dem Ende der Schreckenszeit hingerichtet wurde, rief er aus: »Zieht
es dem Konvent an!«

Im militärischen Bereich beschloß die Nationalversammlung am
23. August 1793 die Massenaushebung und setzte für alle Franzosen von
18 bis 40 Jahren »die permanente Zwangsverpflichtung« fest. »Von diesem
Augenblick an bis zu jenem, an dem die Feinde aus dem Gebiet der
Republik davongejagt sind, stehen alle Franzosen unter Zwangsverpflichtung für den Dienst in den Armeen. Die jungen Männer werden in den
Kampf ziehen; die verheirateten Männer werden Waffen schmieden und
den Nachschub transportieren; die Frauen werden Zelte und Kleidung
anfertigen und in den Lazaretten dienen; die Kinder werden alte Wäsche-
stücke zu Verbandsmaterial zupfen; die Alten werden sich auf die öffentlichen Plätze tragen lassen, um den Mut der Krieger anzustacheln und die
Einheit der Republik und den Haß auf die Könige zu predigen.« Dank des
starken Zuwachses der französischen Bevölkerung konnte man 750000
Mann in neun Armeen an die Grenzen werfen. Man praktizierte bewußt
die Mischung von alten Soldaten, Freiwilligen und Zwangsverpflichteten:
»Ein Bataillon alter Soldaten in weißen Uniformen und zwei ›blaue‹
Bataillone aus Freiwilligen bildeten eine Halbbrigade; aus zwei Brigaden
entstand eine Division, die durch Reiterschwadronen und Geschützbatte-
rien vervollständigt wurde.« Die Division bildete für sich allein eine etwa
12000 Mann starke Armee und wurde zur taktischen Einheit der kommenden Kriege. Zur Ausrüstung der Soldaten vermehrte man die Zahl der
Waffenfabriken; man berief Gelehrte (Monge, Berthollet, Fourcroy,
Guyton-Morveau) und beschlagnahmte Pferde, Wagen und Futtermittel.
So requirierten die Konventsvertreter für alle Soldaten der Pyrenäenar-
mee Schuhe mit doppelter Sohle: »Diejenigen, die nur ein Paar Schuhe
besitzen, sind gehalten, sie dem Distrikt zu übergeben, sie werden dafür
Holzschuhe tragen.« Einige Zahlen seien genannt: In einem Jahr wurden
20000 Kanonen produziert und in Paris täglich 1000 Gewehre. Es handelte sich um eine Aufrüstung, wie sie Frankreich noch nie zuvor gekannt
hatte.

Gestützt auf ein unerschöpfliches Menschenreservoir und dank des
jugendlichen Alters seiner Heerführer – Hoche war als Oberkommandie-
render gerade 25 Jahre alt und Marceau sowie Bonaparte nicht viel älter –
konnte Frankreich die von Carnot festgelegte Taktik anwenden: »Sam-
melt Eure Truppen, konzentriert sie in Massen und fallt über den Feind

her. Seid die Angreifer, stets die Angreifer.« Hatte er nicht Jourdan zugerufen, als dieser mit der Weiterführung einer Offensive zögerte: »Nicht zuviel Vorsicht, General!« Besiegte oder unfähige Generale wie Custine oder Houchard wurden alsbald abgesetzt und vor das Revolutionsgericht gestellt. Danach bestrafte die Guillotine sie für ihre Schwäche. Mit einem Mal gab es keine besiegten Generale mehr. Die Auswirkungen dieser unerbittlichen Maßnahmen zeigten sich auch bald.

Im Innern Frankreichs erlag Lyon, die von Précy und den Royalisten verteidigte Bastion des föderalistischen Aufstands, am 9. Oktober dem Ansturm der republikanischen Truppen, und die Stadt erhielt den Namen »befreite Commune«. Die Belagerung Toulons durch Dugommier drohte anzudauern; doch der Artilleriehauptmann Bonaparte verstand es, seine Geschütze gut aufzustellen, so daß der Hafen am 19. Dezember wieder eingenommen und zum »Hafen der Bergpartei« wurde. Bordeaux, die Stadt der Girondisten, kapitulierte ebenfalls. In den Westen schickte man die Mainzer Garnison mit ihrem energischen Chef General Kléber. Die Aufständischen wurden am 17. Oktober 1793 bei Cholet von zwei Marschkolonnen blauer Truppen aus Niort und Nantes geschlagen. Nachdem La Rochejaquelein und Stofflet mit 20000 Mann die Loire überschritten hatten, versuchten sie – wenn auch vergeblich – Granville zu besetzen, das der Konventsabgeordnete Lecarpentier verteidigte. Nach einem weiteren Mißerfolg vor Angers schlugen sie die Straße nach Le Mans ein, wo sie am 13. und 14. Dezember von Marceau und Kléber besiegt wurden. Am 23. Dezember wurden die Reste der Vendée-Armee bei Savenay vernichtet. Damit hatte der Krieg in der Vendée zwar noch kein Ende gefunden, aber die drängendste Gefahr war wenigstens abgewendet.

Auch die Invasion der feindlichen Armeen an den Grenzen wurde gestoppt. Dank des Sieges bei Wattignies, den Jourdan davontrug, der sich 1792 als Freiwilliger gemeldet hatte und inzwischen zum Oberkommandierenden der Nordarmee avanciert war, wurde die Festung Maubeuge entsetzt. Die Schlacht dauerte zwei Tage, vom 15. bis zum 16. Oktober 1793. Fünfmal wurde das Dorf Wattignies gestürmt, verloren und wieder genommen. Beim letzten Sturm griff Carnot, der Vertreter des Wohlfahrtsausschusses, neben Jourdan mit dem Gewehr in der Hand an.

An der Ostgrenze hieß der Befreier General Hoche, ein ehemaliger Angehöriger der französischen Garden. 1789 wurde er Gefreiter und 1793

General an der Spitze der Rheinarmee. Er trieb die Österreicher am
22. Dezember aus ihren Stellungen bei Reichshofen; am 24. Dezember
besetzte er die befestigte Höhe des Geisberg vor Weißenburg. Drei Tage
später hoben die Österreicher die Belagerung von Landau auf, und das
Elsaß war gerettet. Die Spanier wurden an den Pyrenäen zurückgewiesen.
Im Oktober 1793 schließlich besetzte Kellermann erneut Savoyen.

DIE SPALTUNG DER BERGPARTEI

Im Augenblick des nahen Sieges klaffte ein tiefer Riß in der Bergpartei.
Homogen war sie nie gewesen; lediglich gegenüber den Girondisten trat
sie entschlossen auf. Starke Persönlichkeiten hatten sie schlecht und recht
zusammengehalten, doch Anfang 1794 ließen sich die unterschiedlichen
Tendenzen nicht mehr verbergen.

Die *Enragés* hatten die sozialen Unzulänglichkeiten der Bergpartei
deutlich hervorgekehrt. Sollten nun, nach Mounier, Mirabeau, Barnave
und den Girondisten, die Montagnards auf den rechten Flügel verwiesen
und von der Revolution hinweggefegt werden? Der Anführer dieser
Bewegung war Jacques Roux, der Sohn eines Offiziers. Als Priester hatte
er in verschiedenen Seminaren Philosophie und Physik gelehrt, doch dann
hatte er das Leben der armen Handwerker im Viertel Les Gravilliers
geteilt. Gnadenlos rechnete er mit den Jakobinern ab: »Abgeordnete der
Bergpartei, warum seid Ihr nicht in den dritten bis neunten Stock der
Häuser dieser revolutionären Stadt gestiegen? Die Tränen und Seufzer
einer gewaltigen Volksmenge ohne Brot und Kleidung, die von Spekulation und Wucher in diesen elenden und unglücklichen Zustand getrieben
wurden, hätten Euch gerührt.«

Die *Enragés* hatten auch die Mängel der neuen Verfassung aufgedeckt,
vor allem die fehlenden Maßnahmen gegen die Teuerung. Die Sektionen,
die Cordeliers und sogar die Commune – der Roux angehörte – hatten
ihnen wohlwollend Gehör geschenkt. Als Roux vor der Schranke des
Konvents erschienen war, hatte er jedoch auf den Bänken der Bergpartei
empörte Reaktionen ausgelöst: »Ihr habt soeben an dieser Schranke die
gräßlichen Prinzipien der Anarchie gehört«, hatte Thuriot erklärt. Damit
war der Untergang der *Enragés* beschlossen. Robespierre ging zum An-

griff über und erklärte Jacques Roux zum Agenten des Auslands, »der von den Feinden des Volkes bezahlt war«. Er geißelte ihn als Priester, den man nur wegen zweier schrecklicher Aktionen kannte: Zum einen wollte er Händler und Kaufleute umbringen lassen, weil sie zu teuer verkauften, zum anderen wollte er die Verfassung unter dem Vorwand ihrer Mangelhaftigkeit zurückweisen lassen. Die Commune, die spürte, woher der Wind wehte, und die die Konkurrenz fürchtete, wandte sich unter dem Einfluß Héberts, des Vertreters des Staatsanwalts Chaumette, ebenfalls gegen Roux und machte ihn für die Lebensmittelknappheit verantwortlich. Réal, der zweite Vertreter Chaumettes, rief: »Es entsteht eine Art künstlicher Hungersnot; diese hat sich gebildet, seit Jacques Roux auf der Tribüne des Konvents von der Lebensmittelversorgung gesprochen hat. Die einzige Weise, die Versorgung zu zerstören, besteht darin, von der Versorgung zu reden.«

Wie man sieht, wurde die allzu isolierte Bewegung der *Enragés* leicht zerschlagen, und Roux mußte sich in seiner Zelle erstechen. Aber die schlechten Ernten von 1792 und 1793 hatten die Ernährungsprobleme weiter verschlimmert, und die ständigen Beschlagnahmen machten die Lage nur noch komplizierter. Die Bestrebungen der kleinen Leute nach Einführung eines Vermögensmaximums (»Das Eigentum bemißt sich nur an den physischen Bedürfnissen«, formulierte eine Petition vom 2. September) und nach mehr sozialer Gerechtigkeit bestanden fort. Die Revolution war noch nicht am Ende.

Aber wer würde diese Forderungen wieder aufgreifen? Den freien Platz nahm Hébert ein. Manche vermuteten in ihm ein williges Werkzeug des Baron de Batz, der als überzeugter Machiavellist zur demagogischen Übertreibung anstachelte, um so die Revolution zugrunde zu richten. Oder handelte Hébert aus eigenem Antrieb?

Die Position der Hébertisten war eng mit der antireligiösen Politik verknüpft. Der Konvent hatte am 5. Oktober 1793 auf den Bericht von Romme hin den Revolutionskalender angenommen. Der erste Tag der Republik begann am 22. September 1792. Das Jahr war in zwölf Monate zu je dreißig Tagen eingeteilt und jeder Monat in drei Dekaden, die die Woche ersetzten, wobei der »*décadi*« die Stelle des Sonntags einnahm. Die Monatsnamen wurden von Fabre d'Églantine gewählt. Dies war die erste Etappe der Entchristianisierung. Dann nahm man sich die Kirchen, die Kultgegenstände und die Friedhöfe vor (Fouché ließ auf einem Friedhof des Departements Nièvre die Inschrift anbringen: »Der Tod ist ein ewiger Schlaf«). Nahezu überall häuften sich Akte des Vandalismus und der Entweihung. In Paris trat Chaumette, Staatsanwalt der Commune, an die Spitze der Bewegung, und Bischof Gobel von Paris mußte seine Ämter niederlegen. Am 10. November 1793 wurde in Notre-Dame ein großes weltliches Fest gefeiert, während die Kathedrale, deren Portal verstümmelt worden war, künftig der Vernunft geweiht war. Am 23. November beschloß die Commune die Schließung der Kirchen.

Die Entchristianisierung führte zum Bruch zwischen den Hébertisten und der Konventsmehrheit. Robespierre ging am 21. November im Jakobinerklub auf Distanz: »Wer jemand am Messelesen hindert, ist genauso fanatisch wie derjenige, der sie liest.« Ebenso verurteilte Danton »die Maskeraden« der Commune, und am 6. Dezember erinnerte der Konvent an das Prinzip der Kultfreiheit. Während die Hébertisten die *Enragés* ablösten und versuchten, die Revolution weiterzuführen, hielten Danton und seine Freunde, darunter Desmoulins, Legendre, Delacroix, den Augenblick für gekommen, die Schreckensherrschaft zu beenden. Danton, der sich wieder verheiratet hatte, hatte Urlaub genommen, sein revolutionärer Schwung verblaßte. Die Erschöpfung, aber auch andere Gründe, die man bald entdecken sollte, erklärten diesen plötzlichen Hang zur Nachsicht. Desmoulins brachte am 5. Dezember 1793 ein neues Blatt heraus, *»Le Vieux Cordelier«*, das ab der dritten Nummer das Schreckenssystem erfolgreich in Frage stellte. Der Konvent mußte zur Überprüfung aller Haftfälle die Einsetzung eines Justizausschusses beschließen; in den Departements gerieten Gemäßigte und *Enragés* aneinander. Doch der Gegenstoß der Anhänger der Schreckensherrschaft ließ nicht auf sich warten, und Billaud-Varenne ließ den Justizausschuß wieder abschaffen. So spaltete sich die Bergpartei in rivalisierende Gruppierungen: auf der einen Seite die Hébertisten, auf der anderen die »Nachsichtigen« und in der Mitte der Wohlfahrtsausschuß, den Robespierre beherrschte und der alle Macht auf sich vereinigte. Doch zögerten Robespierre und die beiden Ausschüsse für Wohlfahrt und allgemeine Sicherheit, gegen die beiden Gruppierungen loszuschlagen.

In den Ausschüssen waren die Hébertisten schon am 27. September von Fabre d'Églantine, einem Günstling Robespierres, angegriffen worden und am 14. November von Chabot. Man behauptete, sie seien Mitglieder einer großen Verschwörung aus dem Ausland, deren Hauptdrahtzieher die österreichischen Juden Frey und Proli, der Deutsche Cloots und ein ehemaliger spanischer Grande, Guzman, waren. Diese Männer hatten in Verbindung mit Hébert zur Entchristianisierung gedrängt, betrieben Schleichhandel mit Armeelieferungen und Assignaten und lenkten die Revolution auf eine demagogische Bahn, um sie besser ins Verderben zu stürzen. Man munkelte auch von Verbindungen zwischen Hébert und einem der Führer der Gegenrevolution, dem Baron de Batz. Doch zögerten die Ausschüsse, Hébert der Konspiration mit dem Ausland anzuklagen, aus Angst, nicht nur die Commune, sondern die Bergpartei selber zu diskreditieren. Es bedurfte eines Aufstandes der Ultrarevolutionäre, die Anfang März 1794 aus Anlaß einer Verschärfung der Versorgungskrise gegen die »Langweiler« des Konvents angehen wollten, damit der Wohlfahrtsausschuß zur Tat schritt. Saint-Just hatte das Terrain mit den Dekreten vom 8. und 13. Ventôse (26. Februar und 3. März 1794) vorbereitet, die eine massive Umverteilung der beschlagnahmten Güter der Republikfeinde zugunsten der Patrioten ankündigten. In der Sprache der *Enragés* rief Saint-Just: »Die Unglücklichen sind die Mächtigen der Erde, sie haben das Recht, als Herren zu den Regierungen zu sprechen, die sie vernachlässigen.« Offensichtlich war dies eher ein Manöver als das Einschwenken auf die Ideen der Extremisten.

In der Nacht vom 23. auf den 24. Ventôse (13./14. März) wurden die Wortführer der »ultrarevolutionären« Gruppierung verhaftet, Hébert, Ronsin, ein General der Revolutionsarmee, Vincent und Momoro. Im Prozeß koppelte man ihr Verfahren an das der »Agenten des Auslands« wie Cloots und Proli an und richtete alle am 24. März 1794 hin.

Zuvor aber war schon der Sturz der »Nachsichtigen« beschlossen worden, und zwar wegen ihrer Angriffe im Konvent gegen die Ausschüsse und wegen der Pressekampagne Desmoulins' zugunsten der Milde, was nun als verdächtige Neigung ausgelegt wurde. Sie verbarg eine unbestreitbare Korruption. Die Aufdeckung der Rolle, die Fabre d'Églantine bei der Fälschung des Dekrets über die Liquidation der Indienkompagnie gespielt hatte, lieferte am 4. Januar 1794 den gewünschten Vorwand. Ein Dekret vom 24. August 1793 hatte alle Kompagnien und Aktiengesellschaften abgeschafft. Vorausgegangen waren vorher abgesprochene Angriffe der Geschäftemacher unter den Abgeordneten wie Chabot, Delaunay, Julien, Basire und vor allem Fabre d'Églantine, die auf Baisse spekulierten. Das Dekret, das die Liquidation der Indienkompagnie regeln

sollte, wurde am 8. Oktober eingebracht: Fabre ließ einen Zusatz be-
schließen, der die Liquidation durch den Staat und nicht durch die Gesell-
schaft selber vorsah. Aber bei der Veröffentlichung im *»Bulletin des Lois«*
(Gesetzblatt) stand im Text wieder die Liquidation durch die Kompagnie.
Die Urschrift war von Fabre gegen ein Bestechungsgeld der Kompagnie in
Höhe von 500000 Livres gefälscht worden. Das Manöver wurde am
14. Dezember von Chabot selbst aufgedeckt, der in die Angriffe gegen die
Verschwörung aus dem Ausland verwickelt war. Daraufhin beschloß der
Konvent, die in die Affäre verwickelten Abgeordneten Fabre, Basire,
Chabot und Delaunay anzuklagen. In der siebten Nummer des *»Vieux
Cordelier«* hatte Desmoulins eine heftige Attacke gegen den Wohlfahrts-
ausschuß geritten, der daraufhin das Blatt beschlagnahmen ließ. Die Ver-
bindungen zwischen dem überstürzt zurückgekehrten Danton und Fabre
waren bekannt, und so bemühten sich Billaud-Varenne und Collot d'Her-
bois, den noch zögernden Robespierre zu überreden, gegen die Danton-
Gruppe loszuschlagen.

In der Nacht vom 9. auf den 10. Germinal (29./30. März 1794) wurden
Danton, Desmoulins, Delacroix und Philippeaux verhaftet; der Konvent
billigte diese Verhaftungen, nachdem er Robespierre gehört hatte: »Auch
ich bin ein Freund von Pétion gewesen; doch als er sich demaskiert hat,
habe ich ihn aufgegeben; ich habe ebenfalls Verbindungen mit Roland
gehabt; er wurde zum Verräter, und ich habe ihn denunziert. Danton will
ihre Stelle einnehmen, und so ist er in meinen Augen nur noch ein Feind
des Vaterlandes.«

Vor Gericht verfuhr man wieder nach dem Muster der Koppelung
(»amalgame«). Danton und Desmoulins wurden mit ausländischen Ge-
schäftemachern wie Guzman und den Gebrüdern Frey abgeurteilt sowie
mit den Abgeordneten, die in die Fälschung des Dekrets über die Indienkompagnie verwickelt waren. Hinzu kamen Hérault de Séchelles, der in
den Verdacht geraten war, der Urheber von Indiskretionen aus dem
Wohlfahrtsausschuß gewesen zu sein, und General Westermann, der sich
für einen militärischen Staatsstreich zugunsten der Dantonisten zur Verfügung gestellt hatte. In einem stürmischen Prozeßverlauf hätte Danton
beinahe noch die gegen ihn erhobene Anklage umgestoßen, doch drängten die Ausschüsse das Gericht, möglichst rasch zu Ende zu kommen und
den Angeklagten das Rederecht zu nehmen, da sie angeblich die nationale
Justiz beleidigt hatten. Sie wurden am 5. April hingerichtet. Ein dritter

Schub, der Chaumette mit den Witwen Desmoulins und Hébert auf die gleiche Stufe stellte, ermöglichte die Liquidierung der Reste der Gruppierungen am 13. April.

Die Konsequenzen aus diesen Säuberungen waren beträchtlich. Kein Wunder, daß die Sansculotten verwirrt wirkten. Jetzt schleppte man nicht mehr nur Aristokraten, Priester und Drahtzieher der Gegenrevolution zur Guillotine, sondern auch Hébert, den Herausgeber des *»Père Duchesne«*, das Idol der Sektionsmitglieder, der nun plötzlich der Verschwörung mit dem Ausland beschuldigt wurde. Oder den Volkstribunen Danton, wenn er dies war, den man als bestechlich und als Feind der Republik denunzierte. Mutlosigkeit und Angst gingen in den Sektionen um. »Die Revolution ist eisig geworden«, mußte Saint-Just bekennen.

ROBESPIERRE

Nach dem Untergang dieser Parteigruppierungen erschien Robespierre als Herr Frankreichs. Man sprach von den »Armeen Robespierres«, den Entscheidungen Robespierres, wobei dies zweifellos übertrieben war. »Der Unbestechliche« – so sein Beiname, was einiges über die Käuflichkeit der anderen Revolutionäre besagt –, der ehemalige Anwalt aus Arras mußte mit seinen Kollegen aus dem Wohlfahrtsausschuß rechnen. Doch Robespierre, der einflußreiche Redner im Jakobinerklub, der seine Parteigänger in der Commune von Paris untergebracht hatte – sie war von hébertistischen Elementen gesäubert, und Fleuriot-Lescot hatte Pache als Bürgermeister abgelöst – Robespierre, der in den Sektionen große Popularität genoß und auf den man im Wohlfahrtsausschuß hörte, vermittelte den Eindruck, nach der Diktatur zu streben. Wünschte er sie? Der Mann bleibt auch heute noch geheimnisvoll. Er war von gepflegtem Äußeren, kühl, stolz, schulmeisterlich und führte im Gegensatz zu den anderen bekannteren Konventsmitgliedern ein keusches und genügsames Leben. Er wohnte in der Familie des Schreinermeisters Duplay in der Rue Saint-Honoré. Er war äußerst dogmatisch; sein Denken, das den Einfluß Rousseaus nicht leugnete, ließ ihn an ein Höchstes Wesen glauben (von daher sein Abscheu gegen den Atheismus der Hébertisten) und für die Tugend schwärmen (von daher seine Verachtung für Danton und Fabre). Durch seine Strenge und seine eisige, einsame und von sich selbst überzeugte Miene wirkte er wenig gefällig. Nach seinem Sturz lastete ihm der Konvent alle Sünden der Schreckenszeit an; er wurde zu deren Ausbund schlechthin; zwar zitterte er vor ihm, billigte aber doch alle seine Entscheidungen.

Am 8. Mai setzte Robespierre ein Dekret durch, in dem »das französische Volk die Existenz des Höchsten Wesens und die Unsterblichkeit der Seele« anerkannte. Einen Monat später folgte eine von David organisierte Zeremonie, bei der Robespierre als Konventspräsident in hellblauem Gewand, nankinggelber Hose, in der Hand einen Strauß von Blumen und Ähren, eine Prozession der Abgeordneten von den Tuilerien zum Marsfeld anführte; während Chöre die Hymne »*Père de l'Univers, suprême intelligence*« (»Vater des Universums, höchste Weisheit«) anstimmten, setzte der »Unbestechliche« die Statue des Atheismus in Brand.

Nachdem die Tugend von Amts wegen eingeführt und ihren gebührenden Platz erhalten hatte, konnte man zum Schrecken zurückkehren. Am 22. Prairial (10. Juni) brachte Couthon einen Gesetzesentwurf ein, der auf alle die abzielte, »die durch Gewalt oder List die Freiheit zu vernichten suchen. Jede Verzögerung«, erklärte er, »ist ein Verbrechen, jede Formalität eine öffentliche Gefahr. Die Frist zur Bestrafung der Feinde des Vaterlandes darf nur in der Zeit bestehen, die man braucht, um sie aufzudecken.«

Von da an war das Revolutionstribunal aufgefordert, auf Grund von moralischen Beweisen zu urteilen, ohne seine Zeit mit der Anhörung von Zeugen und Anwälten zu verlieren. Es konnte keine andere Strafe als die Todesstrafe aussprechen, und der Wohlfahrtsausschuß konnte sogar die Konventsabgeordneten selbst vor das Revolutionstribunal zitieren, ohne die Zustimmung des Konvents abzuwarten. So wurden zwischen dem 10. Juni und dem 27. Juli 1376 Personen hingerichtet, darunter viele Generalsteuerpächter, der Chemiker Lavoisier, Malesherbes und der Dichter André Chénier.

Der Ekel vor dem Schafott erfaßte die Bevölkerung: Es gab keine Rechtfertigung mehr für den Terror, denn die inneren Unruhen waren zerschlagen worden. Am 26. Juni, mit dem Sieg bei Fleurus, setzte die Nordarmee zur Wiedereroberung Belgiens an, Pichegru marschierte in Antwerpen ein und Jourdan in Lüttich. Dugommier drang in Katalonien ein. Die Seeschlacht vom 1. Juni auf der Höhe von Ouessant, bei der das

Schiff »*Le Vengeur*« unterging, zeigte, daß die englische Seeherrschaft in Frage gestellt werden konnte. Kurz, das Vaterland war nicht mehr in Gefahr.

Dagegen blieb die wirtschaftliche Lage schlecht. Zwar hatten die Bauern die endgültige Abschaffung der Feudalrechte wohlwollend aufgenommen, aber nun mußten sie die immer umfangreicheren Beschlagnahmen von Getreide, Futter und Wolle überstehen. Die Festsetzung eines Höchstpreises für Grundnahrungsmittel hatte zur Folge, daß sie auf dem offiziellen Markt nicht mehr zu haben waren, wohl aber auf dem Schwarzmarkt, der allerdings exorbitante Preise forderte, was der Preisüberwachung durch die Behörden einen Strich durch die Rechnung machte. Während sich die Warenpreise kaum begrenzen ließen, vermochte man dies bei den Löhnen sehr wohl. Allein hier funktionierte das »Maximum«, das daher schnell unbeliebt wurde. Hieraus resultierte die materielle Verelendung der Arbeiter; sie konnten von der kriegsbedingten Ausdünnung des Arbeitsmarktes nicht profitieren und empfanden tiefe Unzufriedenheit.

Innerhalb der Ausschüsse, deren Mitglieder mit angespannten Nerven lebten, steigerten sich die Gehässigkeiten. Nicht ohne Verärgerung hatte der Ausschuß für allgemeine Sicherheit mitansehen müssen, wie innerhalb des Wohlfahrtsausschusses ein Polizeibüro entstand. Vadier und Amar verziehen dies Robespierre nicht, der nunmehr im Ausschuß für allgemeine Sicherheit nur noch auf Lebas zählen konnte. Im Wohlfahrtsausschuß gerieten Carnot und Saint-Just in Militärfragen aneinander. Billaud-Varenne und Collot d'Herbois neigten zu einer noch extremeren Politik und verdächtigten Robespierre, nach der Diktatur zu greifen. Der gemäßigte Lindet verschanzte sich hinter Nachschubproblemen, dachte aber genauso. Cambon, den großen Meister des Finanzausschusses, beunruhigten die Eingriffe des Wohlfahrtsausschusses in seine Funktionen. Die Vertreter des Konvents in offizieller Mission waren, wenn sie wie Barras, Fréron, Tallien und Fouché als allzu korrupt oder blutrünstig galten, zurückgerufen worden und fühlten sich bedroht.

Den ersten Schlag gegen Robespierre führte Vadier, der den Kult des Höchsten Wesens ins Lächerliche zog, als er die derbe Geschichte der Cathérine Théot im Konvent vortrug. Sie bezeichnete sich als Mutter Gottes und verkündete die Ankunft eines Messias, den man leicht mit Robespierre verwechseln konnte.

Am 25. Juli (7. Thermidor) trug Barère in der Nationalversammlung einen Bericht vor, in dem er alle tadelte, die von neuen Ächtungen träumten. Der Konvent beschloß die Drucklegung des Berichts, doch am folgenden Tag erschien Robespierre im Konvent und erwiderte den Angriff von Barère. Er bezeichnete sich selbst als »Sklaven der Freiheit« und »lebendigen Märtyrer der Republik«, griff die Unterdrückung der Versammlung durch die Ausschüsse an und verlangte deren Säuberung sowie den Ausschluß einer Handvoll Gauner aus dem Konvent. Er lehnte es aber ab, Namen zu nennen. Hätte er es getan, so hätte der Konvent unverzüglich ihre Verhaftung beschlossen. Da niemand genannt war, glaubte sich jeder gemeint: Die Angst siegte über den Mut. Der Konvent hatte zunächst die Drucklegung der Rede beschlossen; doch als Cambon protestierte, verschoben die Abgeordneten ihre Entscheidung. Das war ein Mißerfolg für Robespierre. Während »der Unbestechliche« den Applaus für seine Rede im Jakobinerklub entgegennahm, der daraufhin Billaud-Varenne und Collot d'Herbois ausschloß, verständigten sich seine Gegner, darunter Fouché, Tallien, Barras und die Mitglieder der Ausschüsse, darüber, ihn zu Fall zu bringen.

Am 27. Juli (9. Thermidor) begann die Konventssitzung gegen 11 Uhr. Als Saint-Just von der Rednertribüne zu einer Anklage gegen Billaud-Varenne und Collot d'Herbois ansetzte, unterbrach ihn Tallien, schob ihn vom Rednerpult und verlangte die Anklageerhebung gegen den »neuen Cromwell«. Robespierre kam nicht zu Wort, da Collot d'Herbois und dann Thuriot mit der Präsidentenglocke die Stimme des Beschuldigten übertönten. Die Nationalversammlung geriet außer Rand und Band; sie beschloß zuerst die Verhaftung Hanriots, des Kommandanten der Pariser Nationalgarde, und von Dumas, dem Vorsitzenden des Revolutionstribunals, und schließlich die Robespierres. Sein Bruder, Saint-Just, Lebas und Couthon verlangten, sein Schicksal zu teilen: »Die Republik ist verloren, die Verbrecher triumphieren!« In Wahrheit aber war noch nichts entschieden. Robespierre und seine Freunde sollten vor dem Revolutionstribunal erscheinen, das ihnen wohlgesinnt war. Ein Freispruch, vergleichbar dem Marats, galt als wahrscheinlich, wenn nicht gar als sicher. Aber ein Fehler der Commune verursachte den Untergang der Gruppe um Robespierre. Sobald nämlich der Pariser Bürgermeister Fleuriot-Lescot von ihrer Verhaftung Kenntnis erhalten hatte, verhängte er den Belagerungszustand über die Stadt und ließ seine Gönner befreien. Das aber hieß, die Legalität zu verhöhnen. Während die Sektionen aufgefordert wurden, ihre Abgeordneten ins Rathaus zu entsenden, erklärte der Konvent Robespierre und seine Anhänger für geächtet. Anschließend übergab er das Kommando über die dem Konvent ergebenen Truppen an Barras und Merlin de Thionville.

Robespierre hatte sich ins Pariser Rathaus geflüchtet; ihm fehlte die entschlossene Führernatur: Hanriot war betrunken und seine Leute unentschlossen. Die Sansculotten der Sektionen, die schon der Sturz von Danton und Hébert erschüttert hatte, waren von der Ächtung Robespierres wie betäubt und wurden zudem durch ein Gewitter zerstreut. Am Morgen des 28. Juli (10. Thermidor) betrat Barras gegen zwei Uhr ungehindert das Rathaus. Ein Polizist namens Meda hatte Robespierre den Kiefer zerschlagen, falls es sich nicht gar um einen Selbstmordversuch handelte. Der einzige, der noch bei klarem Bewußtsein war, Saint-Just, unternahm nichts; er leistete nicht einmal Widerstand.

Am Abend dieses 28. Juli gegen halb acht Uhr, nach einer schlichten Identitätsüberprüfung vor dem Revolutionsgericht, wurden Robespierre, Saint-Just, Couthon, Hanriot und achtzehn weitere Anhänger hingerichtet. Die Mitglieder der Commune folgten ihnen am nächsten Tag.

»Wenige Tage nach Thermidor«, erzählt Michelet, »ging ein Mann, der jetzt noch lebt und damals zehn Jahre alt war, mit seinen Eltern ins Theater. Am Ausgang bewunderte er die lange Reihe glänzender Equipagen, die er zum ersten Mal zu sehen bekam. Leute in Westen und mit gezogenem Hut sprachen die herauskommenden Zuschauer an: »Ein Wagen gefällig, *mein Herr?*« Das Kind verstand diese neuen Begriffe nicht. Es ließ sie sich erklären, und man sagte ihm nur, daß es »durch den Tod Robespierres eine große Veränderung gegeben habe.«

KAPITEL V

Die bürgerliche Republik

Revolutionen kümmern sich nicht um Entwicklungsstufen; sie überspringen sie einfach. Frankreich veränderte innerhalb von fünf Jahren sein Gesicht: Es verlor seinen König und seine ständische Gesellschaft, den Partikularismus seiner Provinzen, die Privilegien des Adels und seiner Geistlichkeit. Im Jahre 1794 bleibt die ganze Entwicklung jedoch stehen. Die Veränderungen gehen nicht mehr weiter. Die Auseinandersetzung um das Eigentumsrecht wird auf später verschoben, der Zugang des Volkes zur Macht findet (noch) nicht statt. Abgesehen von den Zugeständnissen an die Bauern, insbesondere der Beseitigung der Feudalrechte, ist die nun beendete Revolution eine rein bürgerliche Revolution. Schon die *Enragés* verfielen darob in Verbitterung; sämtliche Unklarheiten der Dekrete Robespierres im Monat Ventôse wurden von den Siegern, den sogenannten Thermidorianern, aufgehoben, die damit den Sieg der Notabeln vorbereiteten.

DIE THERMIDORIANER

Die Sieger über Robespierre bildeten keine homogene Gruppe. Neben die »Ebene« (Abbé Sieyès, Cambacérès und andere), die bis dahin klug geschwiegen hatte, bevor sie am 9. Thermidor die Waagschale gegen Robespierre zum Sinken brachte, traten die Girondisten, die die Ächtung überlebt hatten, wie beispielsweise Lanjuinais und Louvet, einige Danton-Anhänger wie Legendre und reumütige Mitglieder der Schreckensherrschaft wie Barras und Tallien. Eine Losung führte sie zusammen: »Die Revolution ist vollendet.« Es war nicht mehr die Rede davon, den von der

Bergpartei eingeschlagenen Weg fortzusetzen, sondern im Gegenteil zu »reagieren«.

Die Reaktion war politischer Art. Obwohl man bis zur Ausarbeitung einer neuen Verfassung das Prinzip der revolutionären Regierung nicht in Frage stellte, verlor der Wohlfahrtsausschuß, der vom Konvent regelmäßig erneuert wurde, seine herausragende Stellung unter den vierzehn anderen Ausschüssen; außerdem gaben gemäßigte Politiker in ihm den Ton an. Die Schreckensherrschaft wurde aufgegeben, man hätte ihre Aufrechterhaltung allgemein nicht mehr verstanden. Das Gesetz vom 2. Prairial wurde aufgehoben, und das Revolutionsgericht hörte vor seiner Umgestaltung auf zu tagen. Die Überwachungsausschüsse verschwanden, und die Gefängnisse öffneten sich. Um diesen Willen zur Veränderung wirklich zu verdeutlichen, wurde Fouquier-Tinville, der finstere Ankläger des Revolutionstribunals, hingerichtet. Carrier, der die Massenertränkungen von Nantes zu verantworten hatte, ferner Lebon und andere berühmte Anhänger des Terrors erlitten das gleiche Schicksal. Die Ächtung erfaßte auch die höchsten ehemaligen Mitglieder des Wohlfahrtsausschusses wie Barère, Billaud-Varenne und Collot d'Herbois. Sie sahen sich durch ein Pamphlet von Méhée de La Touche, *»La queue de Robespierre«* (»Das letzte Gefolge Robespierres«) und im Konvent von Lecointre und Durand de Maillane angegriffen.

Die Jagd auf die Jakobiner weitete sich aus. Sie wurde unter der Leitung Talliens und Frérons von jungen Leuten aus dem Bürgertum geführt, die sich an ihrem exzentrischen Äußeren erkannten. Das brachte ihnen den Beinamen *» Muscadins«* (»parfümierte Stutzer«) ein. Auf Befehl des Konvents wurde der Jakobinerklub im November geschlossen, was in der Bevölkerung keinerlei Reaktionen auslöste. Im übrigen hatten die Aktivbürger in den Pariser Sektionen die Sansculotten wieder verdrängt. Ob in der Provinz »weißer Terror« herrschte, ist schwer zu sagen, denn die Untaten der girondistisch-royalistischen Banden der *Compagnie de Jéhu,* die die Aufkäufer von Nationalgütern verfolgten, wurden zweifellos aufgebauscht; dennoch kam es in Lyon und Nîmes zu Massakern.

Neben die politische trat eine religiöse Reaktion. Am 3. Ventôse des Jahres III (21. Februar 1795) wurde die Kultfreiheit wieder eingeführt. Davon profitierte Hoche bei seinen Verhandlungen mit den Aufständischen im Westen. Als die Thermidorianer aus Gründen der Sparsamkeit am 18. September 1794 auf den staatlich vereidigten Kult verzichteten und somit die tatsächliche Trennung von Staat und Kirche einführten, brachten sie dessen Vertretern im übrigen einen schweren Schlag bei. Die Auseinandersetzung zwischen konstitutionellen und unvereidigten Priestern nahm eine neue Wendung. Das Ergebnis war, daß die katholische Kirche von der neuen Freiheit profitierte. Sie nahm einen neuen Aufschwung, der für die Republik nicht ungefährlich war. »Mit der Zulassung von Katholiken läßt der Konvent wieder Royalisten zu«, stellte der gegenrevolutionäre Pamphletist Mallet du Pan fest.

Die Reaktion erfaßte schließlich auch die Wirtschaft. Sie begann mit der Überführung einer gewissen Anzahl von Manufakturen für Kriegsmaterial in private Unternehmensformen. Der Außenhandel war zunächst in staatliche Regie überführt worden, aber im November kehrte man zur Exportfreiheit zurück. Am 24. Dezember 1794 fiel schließlich der Preisstopp, und das Schreckensregime nahm damit für die Wirtschaft ein Ende. Diese Wende hatte das System der Assignaten zu bezahlen, die auf drei Prozent ihres ursprünglichen Wertes fielen. Die Emissionen hatten im Dezember 1794 die Zehn-Milliarden-Grenze erreicht. Bei diesem Sturz schossen die Preise zusätzlich nach oben, weil die Bauern, die nicht in entwerteten Assignaten bezahlt werden wollten, die Versorgung der Städte einstellten. In Paris stieg der Preisindex vom Vergleichswert 100 im Jahre 1790 auf 900 im April 1795. Die Inflation traf vor allem die unteren Volksschichten und, allgemein gesprochen, die Lohnempfänger, deren Einkommen mit einem solchen Preisaufschwung nicht Schritt halten konnten, um so mehr als die Arbeitslosigkeit sich zur gleichen Zeit ausweitete. Eine der härtesten Kälteperioden des Jahrhunderts tat ein übriges. Die eingeführten Lebensmittelkarten ermöglichten nicht einmal das tägliche Pfund Brot. Die Sterblichkeit stieg an, und es rumorte in den Vorstädten. Petitionen und Menschenansammlungen alarmierten den Konvent. Bereits am 21. März 1795 hatte er die Todesstrafe gegen Personen verkündet, die sich gegen die Nationalversammlung zusammenrotteten. Der Aufstand vom 12. Germinal des Jahres III (1. April 1795) erfolgte spontan. Da ihn niemand anführte, blieb er in anarchischen Formen stecken und blieb von seinen Ursachen her gesehen eher ein Kind des Elends als ein bewußtes Komplott gegen den Konvent. Die Massen verlangten lautstark nach der Verfassung des Jahres I sowie nach Maßnahmen gegen die Hungersnot. Nach der Verkündung des Ausnahmezustands kehrte die Ordnung wieder zurück. Der Konvent nutzte die Gelegenheit, um ohne Urteil die Deportation von vier großen Gestalten der früheren revolutionären Regierung zu beschließen: Billaud-Varenne, Collot d'Herbois und Barère vom Wohlfahrtsausschuß, die sich seit dem Sturz Robespierres pausenlosen Angriffen ausgesetzt sahen, sowie Vadier, der den Ausschuß für allgemeine Sicherheit beherrscht hatte. Ebenfalls geächtet wurde der frühere Wortführer des Finanzausschusses, Cambon.

Die Thermidorianer waren fest entschlossen, dem Druck der Straße nicht nachzugeben. Vielmehr beschloß der Konvent am 10. April 1795 die Entwaffnung der »Männer, von denen in ihrer Sektion bekannt war, daß sie an den schrecklichen Geschehnissen in der Zeit der Tyrannei teilgenommen hatten«. Besser wäre es gewesen, Maßnahmen gegen die Hungersnot zu ergreifen, die sich immer weiter ausbreitete. Noch nie hatte die Unterernährung in Paris und in den Provinzstädten so krasse Formen erreicht. Die Preise stiegen bei gleichzeitig hoher Arbeitslosigkeit unerbittlich weiter. »Schmerz, Erschöpfung, Hunger und Elend«, so hieß nach dem Urteil eines Zeitgenossen das Programm, das dem einfachen Volk der Hauptstadt auferlegt wurde. Sein Elend hob sich von dem schamlos ausgebreiteten Luxus der Neureichen erschütternd ab, das heißt der Spekulanten und Munitionslieferanten, die von der Krise profitierten, und der »merveilleuses«, exzentrischer Frauen in antikisierender Kleidung wie die Damen Hamelin und Tallien, die man allgemein nur »Notre Dame de Thermidor« nannte.

Erneut ging die Unruhe von der Vorstadt Saint-Antoine mit der gewohnten Forderung nach Brot und der Verfassung des Jahres I aus. Am 1. Prairial (20. Mai) drangen Demonstranten aus Saint-Antoine und Saint-Marceau in den Konvent ein, töteten den Abgeordneten Féraud, dessen Kopf sie aufspießten und so dem Präsidenten Boissy d'Anglas entgegenhielten. Sie verlasen eine Proklamation zur »Erhebung des Volkes« (»*Insurrection du peuple*«) und fanden Unterstützung bei einigen Überlebenden der Bergpartei wie Crétois, Romme und Soubrany.

Aber die Ausschüsse hatten genügend Zeit, ihre Abwehr zu organisieren. Die Nationalgarde aus den wohlhabenden Vierteln im Westen von Paris besetzte den Konvent. Vierzehn Abgeordnete, die in den Aufstand verwickelt waren, darunter Romme, wurden verhaftet. Die Agitation ging auch am nächsten Tage weiter und bedrohte erneut die Nationalversammlung, doch schreckten die Aufständischen vor einem Gewaltstreich zurück. Der Gegenschlag folgte auf dem Fuße. Die Vorstadt Saint-Antoine wurde von Truppen umzingelt, die man in die Hauptstadt geholt hatte und die durch die Nationalgarde der gemäßigten Stadtviertel und die »*jeunesse dorée*« verstärkt wurden. Die Arbeiter wurden entwaffnet und 149 Aufständische von einer Militärkommission verurteilt. Sie fällte 36 Todesurteile, von denen unter anderem auch Vertreter der Bergpartei, die Abgeordneten Bourbotte, Soubrany, Duroy, Goujon, Romme und Duquesnoy, betroffen waren. Die drei letzteren töteten sich beim Verlassen des Gerichts selbst. Die Pariser Sektionen wurden gesäubert: 1200 Personen wurden verhaftet und 2000 Arbeiter entwaffnet.

Die Bewegung der Sansculotten war damit zerschlagen; in Wirklichkeit hatte ihr Niedergang bereits mit dem Ende der *Enragés* eingesetzt. Das Ende des Père Duchesne, wie Hébert auch genannt wurde, und Dantons, später dann Robespierres hatte die Sansculotten aus der Bahn geworfen und demoralisiert. Bis 1830 rührten sich die Vorstädte nicht mehr.

DIE VERFASSUNG DES JAHRES III

Niemand sprach mehr von der Wiedereinsetzung der Verfassung des Jahres I; sie war ein reines Gelegenheitswerk. Vielmehr machte sich eine Kommission an die Arbeit, um eine neue Verfassung auszuarbeiten. Zu ihr zählten ehemalige Girondisten wie La Révellière-Lépeaux oder Louvet und Gemäßigte wie Daunou, Thibaudeau und Boissy d'Anglas. Sie alle hegten tiefes Mißtrauen, zum einen gegen die Demokratie: »Ein Land, das von den Besitzenden regiert wird, befindet sich in sozialer Ordnung; das Land, in dem die Nichtbesitzenden regieren, befindet sich im Naturzustand«, behauptete Boissy d'Anglas. Zum anderen vereinte sie äußerste Skepsis gegenüber einer einzigen Kammer und der persönlichen Macht: Es erschien ihnen nach den Erfahrungen der letzten Jahre unumgänglich, die Exekutive und Legislative zu teilen, um sowohl einer Diktatur als auch der Tyrannei einer einzigen Kammer vorzubeugen. Und schließlich herrschte bei ihnen Mißtrauen gegenüber Paris, der Quelle aller Unruhen seit 1789.

Die Verfassung begann mit einer Erklärung der Rechte, die durch eine Erklärung der Pflichten vervollständigt wurde. Die beiden Erklärungen spiegelten die Besorgnisse des neuen Bürgertums wider. Die Gleichheit beschränkte sich auf das Fehlen jeglicher Unterscheidung durch Geburt und jeglicher Erblichkeit der Macht; von der sozialen Verpflichtung des Eigentums war keine Rede mehr. Weder das Recht auf Arbeit und auf Bildung noch gewisse Grundfreiheiten kamen in dieser Verfassung vor. Dagegen proklamierte man im Stil der Zeit vor Prudhomme: »Niemand ist ein guter Bürger, der kein guter Sohn, guter Vater, guter Freund oder guter Ehemann ist.« Man bemerke, daß der Ehemann an letzter Stelle genannt ist! Des weiteren behauptete die Verfassung: »Auf der Aufrecht-erhaltung der Besitztümer beruhen der Landbau, alle Produktionsfor-men, jedes Arbeitsmittel und die gesamte gesellschaftliche Ordnung.«

Auf der unteren Ebene, in den Kantonen, bestimmten die Primärver-sammlungen der Bürger über einundzwanzig Jahre, die eine direkte, persönliche oder Grundsteuer bezahlten, einen Wahlmann für je 200 Bürger. Diese Wahlmänner mußten ein Mindestalter von fünfundzwanzig Jahren nachweisen, in Gemeinden über 6000 Einwohnern leben und ein Vermögen besitzen, das, je nach Ort, mindestens dem Einkommen von 200 Arbeitstagen entsprach. Ersatzweise genügte der Nachweis einer Wohnungsmiete, deren Wert dem Einkommen von 150 Arbeitstagen entsprach, oder ein Landbesitz, der mit 200 Arbeitstagen bewertet wurde. In den Gemeinden mit weniger als 6000 Einwohnern oder auf dem Land waren die Voraussetzungen weniger hoch. Diese Bestimmungen bedeute-ten die Wiedereinführung des Zensuswahlrechts, das die politische Macht den »Aktivbürgern« vorbehielt.

Diese Wahlmännerversammlungen wählten die Mitglieder der Ge-setzgebenden Nationalversammlung, des Kassationsgerichtshofs, die De-partementsverwaltungen, den Präsidenten und den öffentlichen Ankläger des Strafgerichts sowie die Richter der Zivilgerichte. Die gesetzgebende Gewalt bestand aus zwei Kammern: die Kammer der Fünfhundert, deren Mitglieder mindestens dreißig Jahre alt sein mußten und die Gesetze vorschlugen, und die Kammer der Alten (250 Mitglieder über vierzig Jahre), die diese Vorschläge in Gesetze umwandelten. »Der Rat der Fünf-hundert wird die schöpferische Phantasie der Republik darstellen, der Rat der Alten die Vernunft«, sagte Boissy d'Anglas, der brillant zu formulie-ren verstand. In jedem Jahr sollte ein Drittel der beiden Kammern erneu-ert werden.

Die Exekutivgewalt wurde einem Direktorium von fünf Mitgliedern anvertraut, die mindestens vierzig Jahre alt waren und für fünf Jahre gewählt wurden. In jedem Jahr wurde ein Mitglied dieses Kollegiums ausgetauscht, wobei in den ersten Jahren das Los bestimmte. Die Direktoren wurden vom Rat der Alten aus einer Liste von zehn Mitgliedern ausgewählt, die der Rat der Fünfhundert vorgelegt hatte. Das Direktorium ernannte die Minister, hatte aber keinerlei Auflösungsrecht gegenüber den Kammern.

Die Verfassung ging auch auf das Problem der Departements- und Gemeindeverwaltung ein. In jedem Departement bestand die Verwaltung aus fünf gewählten Mitgliedern, von denen jährlich einer zur Wahl stand. In Gemeinden über 5000 Einwohnern wurde eine Stadtverwaltung eingeführt; unterhalb dieser Grenze setzte man einen Gemeindeverweser und einen Beigeordneten ein. In Gemeinden mit mehr als 100000 Einwohnern bestanden mindestens drei Verwaltungsbereiche. Hauptaufgabe der Verwaltungen in Gemeinde und Departement war die Aufteilung der direkten Steuern.

Das Wahlprinzip wurde also beibehalten; auch die Dezentralisierung setzte sich erneut durch. Doch um ihren Nachteilen zu begegnen, ernannte das Direktorium für jede Stadt- oder Departementsverwaltung einen Kommissar, den es jederzeit abberufen konnte und der diese Verwaltungen zu überwachen hatte. Paris verlor seinen Bürgermeister, der nun durch die fünf Mitglieder der Verwaltung des Departements Seine ersetzt wurde. Das Gebiet der Stadt Paris wurde entsprechend Artikel 183 der Verfassung in zwölf Stadtverwaltungen mit begrenzten Vollmachten aufgeteilt. Die Polizeigewalt in der Stadt fiel einem Zentralbüro mit drei Mitgliedern zu, die von der Verwaltung des Departements ernannt und vom Direktorium bestätigt wurden.

Da man keine konstitutionelle Monarchie einführen konnte – der mutmaßliche Tod Ludwigs XVII. am 8. Juni 1795 im Temple machte diese Lösung unmöglich, und seine Entführung konnte nie überzeugend nachgewiesen werden –, schuf man eine bürgerliche Republik. Doch sah sich diese durch eine allzu große Trennung zwischen Exekutive und Legislative bedroht, so daß Konflikte nur durch Staatsstreiche gelöst werden konnten. Überdies verfielen die Konventsmitglieder dem Irrtum, für den Fall eines Antrags auf Verfassungsänderungen ein allzu langes und zu kompliziertes Verfahren einzurichten. Auch diese Regelung führte geradewegs zum Staatsstreich.

Schon beim ersten Mal verletzten die Thermidorianer, die bei den Wahlen einen starken royalistischen Aufschwung befürchteten, die Regeln, die sie sich selbst gegeben hatten. Das Dekret vom 22. August 1795 bestimmte, daß die Wahlmännerversammlungen zwei Drittel der neuen Abgeordneten (500 von 750) aus den gegenwärtigen Konventsmitgliedern auswählen sollten. Nachträglich wurde beschlossen, daß die wiedergewählten Konventsmitglieder, falls dieser Anteil nicht erreicht würde, ihre Gruppe durch Kooptation ergänzen sollten.

Die Verfassung und die dazugehörigen Dekrete wurden einer Volksabstimmung unterworfen. Diese Abstimmung fand nach allgemeinem Wahlrecht statt, und die Verfassung wurde mit 1057390 Ja-Stimmen gegen 49978 Nein-Stimmen angenommen. Das Dekret über die Zwei-Drittel-Auswahl fand jedoch nur die Zustimmung von 205000 Stimmen gegenüber 108000 Wählern, die es ablehnten. In Paris hatten sich alle Sektionen bis auf eine dieser Bestimmung verschlossen.

Für die royalistische Opposition kam es nun darauf an, schnell zu handeln, wenn sie die Wahlen noch beeinflussen wollte. Die Erhebung vom 13. Vendémiaire (5. Oktober) richtete sich gegen das Zwei-Drittel-Dekret, war aber von politischen Hintergedanken getragen, die weniger offen eingestanden wurden. Zum ersten Mal entdeckte man ein anderes Gesicht von Paris, denn die Erhebung war gegenrevolutionär. Sieben Pariser Sektionen, angestiftet von der Sektion Le Peletier, proklamierten am 11. Vendémiaire (3. Oktober) den Aufstand, und diese Bewegung riß alle Unzufriedenen mit sich. Der Konvent vertraute die Verteidigung einer Kommission von fünf Mitgliedern an, darunter Barras. Dieser berief im Ruhestand befindliche Generale der Jakobiner und insbesondere Bonaparte, den er bei der Belagerung von Toulon kennengelernt hatte. Die Streitkräfte, über die der Konvent verfügte, waren schwach gegenüber den aufständischen Sektionen: 5000 Mann ohne Artillerie und Munition. Bonaparte schickte Murat, damals Schwadronführer, ins Lager von Les Sablons, um sich der dortigen Kanonen zu bemächtigen. Er ließ die Geschütze so geschickt anordnen, daß er jede Truppenkonzentration seiner Gegner verhinderte. Im übrigen wurde der Sieg durch den mangelhaften Kampfwillen der Nationalgarden, durch das Fehlen der Artillerie und die Unfähigkeit ihres Chefs Danican erleichtert. So wurden die Thermidorianer vor der royalistischen Gefahr gerettet. Am 26. Oktober 1795 ging der Konvent unter den Rufen »Es lebe die Republik« auseinander.

DAS ERSTE DIREKTORIUM

Die Wahlen vom Oktober führten zur Wiederwahl von lediglich 413 ehemaligen Konventsabgeordneten, überwiegend Gemäßigten. Diese Abgeordneten ergänzten die vorgesehenen zwei Drittel durch weitere gemäßigte Republikaner. Das restliche Drittel bestand in der Mehrheit aus Anhängern der Monarchie.

Aus der Liste, die der Rat der Fünfhundert für das Direktorium vorlegte, wählte der Rat der Alten Barras, La Révellière, Letourneur, Reubell und Sieyès; letzterer lehnte ab und wurde durch Carnot ersetzt. Carnot blieb weiterhin für den militärischen Bereich zuständig, unterstützt von Letourneur, einem ehemaligen Offizier wie Carnot. Reubell, ein elsässischer Konventsabgeordneter und »Königsmörder« – er hatte für die Hinrichtung Ludwigs XVI. gestimmt –, leitete die Außenpolitik. Ein weiterer »Königsmörder«, La Révellière, beschäftigte sich mit Religionsfragen und rief einen neuen Kult ins Leben, die Theophilanthropen. Der starke Mann im Direktorium wurde jedoch Barras, der Sieger des Thermidor und Vendémiaire. Dieser ehemalige Adlige, 1755 geboren und einst Offizier, charakterlich verdorben und bereit, sich dem Meistbietenden zu verkaufen, verstand es, bis 1799 geschickt zu manövrieren. Auch er hatte 1793 für den Tod des Königs gestimmt. Die Minister gehörten ebenfalls zur politischen Familie der Thermidorianer: Bénézech im Innenministerium, Ramel für die Finanzen, Merlin de Douai für die Justiz, Delacroix für die Außenpolitik; außer Bénézech hatten alle Minister einst im Konvent für die Hinrichtung Ludwigs XVI. gestimmt.

Das Programm des Direktoriums bestand nur aus wenigen Punkten, die am 5. November 1795 vorgelegt wurden: Man wollte den Royalismus aktiv bekämpfen und die Parteigruppierungen unterdrücken, Industrie und Handel wieder beleben sowie Frieden stiften. Das Direktorium wollte im Sinne einer konstitutionellen Monarchie, jedoch ohne Monarchen regieren. Und wie 1791 sah es sich einer Opposition auf der Rechten, den Royalisten, und einer Opposition auf der Linken, den Neo-Jakobinern, gegenüber. Deren ständige Vorstöße sollten die Verfassung von 1795 ruinieren, so wie sie schon den Sturz der Verfassung von 1791 beschleunigt hatten. In seiner Schrift »Stärke der gegenwärtigen Regierung« (»Force du gouvernement actuel«), die in Auszügen im Mai 1796 im

»*Moniteur*« erschien, rief Benjamin Constant dennoch dazu auf, das Direktorium zu unterstützen. Er glaubte an den Fortbestand der neuen Regierung von dem Augenblick an, wo eine konstitutionelle Monarchie unmöglich geworden war. Ludwig XVII. war tot, und der Graf von Provence, jetzt Ludwig XVIII., hatte sich in seiner Erklärung von Verona uneinsichtig gezeigt. »Die Geschichte«, schrieb Constant, »bietet uns keine Beispiele für eine Republik von 25 Millionen Menschen, also schließt man alsbald daraus, daß eine Republik von 25 Millionen Menschen eine Chimäre ist. Mir scheint, das hieße, die Erfahrung in seltsamer Weise zu mißbrauchen. Sie kann uns nur aufklären über das, was sie uns zeigt. Was bisher nicht existiert hat, gehört nicht in ihren Bereich.« Ihm applaudierte Madame de Staël in ihrem *»Traité des passions«* (»Abhandlung über die Leidenschaften«). Vertrat sie nicht sogar die Ansicht, das Repräsentativsystem, das die Nachteile der direkten Demokratie korrigiere, sei von »erhabener Vollendung«?

In seinem Streben nach Stabilität hatte das Direktorium zunächst mit einer katastrophalen wirtschaftlichen Situation fertig zu werden, denn die Inflation nahm eine dramatische Wendung. Angesichts einer leeren Staatskasse druckte die Assignatenpresse unbeirrt weiter (die progressive Zwangsanleihe vom 10. Dezember 1795 hatte nur eine lächerliche Summe eingebracht und überdies das Bürgertum verstimmt). Die umlaufende Papiergeldmasse erreichte bald die astronomische Höhe von 40 Milliarden. Das hieß, daß die Assignaten praktisch wertlos geworden waren. Selbst die Bettler lehnten sie ab, wie man berichtete. Am 19. Februar 1796 wurde diese Währung aufgegeben, und ab 18. März des gleichen Jahres versuchte man es mit neuem Papiergeld, da man nicht zur Metallwährung zurückkehren konnte. Das Münzgeld war vom Markt verschwunden und blieb weiterhin versteckt. Die neuen Geldscheine, das sogenannte Territorialgeld *(Mandat territorial)*, waren weder durch die nicht verkauften Nationalgüter abgesichert, noch wurden sie durch einen Zwangskurs gestützt. Es verlor in weniger als einem Monat 70 Prozent seines Wertes, und schon am 4. Februar 1797 mußte man sich von ihm trennen. Die Deflation folgte der Inflation auf dem Fuße und bewirkte einen gewaltigen Preissturz. Die sozialen Konsequenzen waren fürchterlich. Der Winter 1795/96 war schon schrecklich gewesen. In Paris schrumpfte nun die tägliche Brotration auf 75 Gramm, und es fehlte an Holz. Die Armut schien chronisch zu werden.

Die linke Opposition versuchte, aus dieser schlimmen Situation politisches Kapital zu schlagen. Sie sammelte sich im »Club Panthéon« um einen ehemaligen Feudalrechtler, Gracchus Babeuf (1760 in Saint-Quentin geboren), der nach seinen Erfahrungen mit den Bauern der Picardie über das Eigentumsproblem nachgedacht hatte. Er und seine Genossen träumten von einem Agrarkommunismus und einer egalitären Gesellschaft im Stile Spartas. Ihr Programm bewies den Einfluß Rousseaus und des *»Code de la Nature«* (»Gesetzbuch der Natur«) von Morelly und beschränkte sich auf den Grund und Boden, da er die Hauptquelle des Reichtums war. Sie propagierten den Verzicht auf Privateigentum; statt dessen sollte jeder Bürger zunächst einen gleichen Anteil am Boden und variablen Anteil an der Gesamtmasse der Produkte erhalten.

Babeuf, der die Zeitung *»Le Tribun du peuple«* (»Der Volkstribun«) veröffentlichte, vertrat die Ansicht, man solle auf einen Volksaufstand verzichten, da er zu leicht von der Armee und der Nationalgarde niedergeschlagen würde. Er wollte eine aktive Minderheit, die nach einem Staatsstreich eine provisorische Diktatur bilden sollte. Am 30. März 1796 tagte ein Aufstandskomitee, dem so unterschiedliche Männer wie Buonarotti, ehemaliger Kommissar des Wohlfahrtsausschusses in Korsika, Felix Le Peletier, Sylvain Maréchal oder Darthe angehörten. Man brauchte eine Streitmacht: Babeuf glaubte sie in der Polizeilegion von Paris zu finden, die mit der Aufrechterhaltung der Ordnung in Paris beauftragt war, später dann, nach ihrer Auflösung, in den Truppen des Lagers von Grenelle. Da man ein Ministerium für allgemeine Polizei geschaffen hatte, dessen neuer Amtsinhaber Cochon die Bewegung Babeufs unterwanderte, wurde Babeuf am 10. Mai 1796 verhaftet. Seine Anhänger, Opfer von Provokateuren, versuchten die Armee im Lager Grenelle in der Nacht vom 9. auf den 10. September aufzuwiegeln – allerdings ohne Erfolg. Die Polizei nahm sie mühelos fest. Der Prozeß verzögerte sich und fand erst 1797 statt. Babeuf, der versucht hatte, sich umzubringen, wurde hingerichtet.

Die Royalisten hingegen erwiesen sich als weit gefährlichere Gegner. Das Scheitern der Erhebung vom 13. Vendémiaire sowie der unglückliche Versuch einer Invasion, die Puisaye am 27. Juni 1795 in Quiberon versucht hatte, hatten sie in der Idee bestärkt, ihr Heil lieber auf dem legalen Weg, das heißt von den Wahlen zu erwarten. Sie waren gut organisiert in Klubs wie dem von Clichy oder dem Philanthropischen Institut von Dandré. Sie verfügten über Vermögen, und sie verkörperten das Bedürfnis nach Frieden und Ordnung. Sie machten sich den religiösen Aufschwung und die Rückkehr der ersten Emigranten zunutze. Die monarchistische Bewegung bereitete also die Wahlen für die Erneuerung des ausscheidenden ersten Drittels der beiden Kammern, die Anfang 1797 stattfanden, sehr sorgfältig vor. Das Ergebnis war für die Thermidorianer vernichtend: Nur elf ihrer Abgeordneten wurden wiedergewählt. Dieses neue royalistische Drittel verstärkte die schon 1795 gewählten monarchistischen Abgeordneten. In der ersten Sitzung vom 20. Mai gaben sich die beiden Kammern überzeugte Monarchisten als Präsidenten, Barbé-Marbois im Rat der Alten und General Pichegru im Rat der Fünfhundert, der schon seit einiger Zeit mit dem royalistischen Lager Kontakte unterhalten hatte. Letourneur, der als erster aus dem Direktorium ausschied, wurde durch Barthélemy, einen ehemaligen Gesandten mit monarchistischen Neigungen, ersetzt.

Alles deutete auf eine politische Restauration hin, als Barras, der zunächst gezögert hatte, sich im Direktorium dem Flügel von La Révellière und Reubell gegen Barthélemy und Carnot annäherte, der immer gemäßigter geworden war. Das Direktorium konnte sich auf die Minister (Talleyrand hatte soeben auf Empfehlung von Madame de Staël das Auswärtige Amt erhalten) und auf die Sambre-und-Maas-Armee und die Armee in Italien stützen. Letztere stand unter dem Kommando Bonapartes, der, wie aus den Papieren des Grafen d'Antraigues, eines bekannten Gegenrevolutionärs, ersichtlich wird, den Beweis für die Absprachen zwischen Pichegru und Ludwig XVIII. geliefert hatte.

Die drei Direktoren kamen der Gegenseite zuvor. Am 18. Fructidor des Jahres V (4. September 1797) wurden Barthélemy, Pichegru und mehrere Abgeordnete verhaftet. In 49 Departements wurden die Wahlen annulliert, 177 Abgeordnete wurden ausgeschlossen. Strenge Maßnahmen trafen die ein wenig zu rasch zurückgekehrten Emigranten und die Geistlichen, ob Eidverweigerer oder nicht. Die Verwaltungen wurden gesäubert und 42 Zeitungen der Opposition verboten. An Stelle von Barthélemy und Carnot traten François de Neufchâteau und Merlin de Douai in das Direktorium ein. Nachdem es zunächst nach links zugeschlagen hatte, setzte das Direktorium seine Balancepolitik fort und schlug dieses Mal nach rechts zu. Es konnte es sich leisten, denn die äußere Situation gestaltete sich immer besser.

DIE SIEGE

Nach den militärischen Siegen des Wohlfahrtsausschusses, dessen Armeen mit Pichegru bis Holland vorgestoßen waren, die Savoyen und Nizza zurückerobert hatten und in den Norden Spaniens eingedrungen waren, zerfiel die Koalition der europäischen Mächte. Preußen, das sich nach wie vor mehr in Richtung Polen orientierte, hatte am 5. April 1795 den Frieden von Basel geschlossen und erkannte die Besetzung des linken Rheinufers durch Frankreich an.

Am 16. Mai 1795 schlossen die Holländer in Den Haag Frieden. Holland trat den niederländischen Teil Flanderns ab und wurde eine Schwesterrepublik der französischen Republik, die sogenannte Batavische Republik. Spanien, das in finanziellen Schwierigkeiten war, schloß ebenfalls am 22. Juli 1795 in Basel einen Frieden mit Frankreich.

Abgesehen von England, das durch das Meer geschützt war, blieben nur noch Österreich, das Königreich Sardinien und einige kleinere italienische Staaten übrig. Carnot hatte einen Angriffsplan entworfen, der sich auf drei Armeen stützte: der Sambre-und-Maas-Armee unter Jourdan, der Rhein-und-Mosel-Armee unter Moreau und der Italienarmee, deren Oberkommando auf Empfehlung von Barras Bonaparte als Dank für sein erfolgreiches Wirken am 13. Vendémiaire erhalten hatte. Diese drei Armeen einte ein gemeinsames Ziel: Wien. Die Sambre-und-Maas-Armee sollte die österreichische Hauptstadt über das Maintal und Bayern erreichen, die Rhein-und-Mosel-Armee über das Donautal und die Italienarmee über Tirol. Vor allem von ihr erwartete man ein Ablenkungsmanöver. Indessen war es Bonaparte, der dank seiner Schnelligkeit und Überraschungstaktik die entscheidenden Schläge führte.

Der Hauptstoß scheiterte aber: Erzherzog Karl von Österreich schlug die Franzosen bei Altenkirchen und zwang sie zum Rückzug über den Rhein. Dagegen hatte Bonaparte auf der italienischen Halbinsel mehr militärisches Glück, und dies trotz der Mittelmäßigkeit der ihm anvertrauten Armee. Im Süden Piemonts erwarteten eine österreichische und eine sardische Armee, zusammen 70000 Mann stark, die Franzosen. Mit dem Übergang über den Cardibona-Paß am 11. April 1796 und weiter durch das Bormida-Tal drängte sich Bonaparte zwischen die beiden Armeen. Zur Rechten schlug er die Österreicher bei Montenotte (12. April) und bei Dego (14. April); zur Linken besiegte er die Sarden bei Millesimo (am 13. April), trennte sie von den Österreichern und vernichtete sie am 22. April bei Mondovi. Daraufhin unterzeichnete der König von Sardinien den Waffenstillstand von Cherasco, da die neue Situation seine Hauptstadt Turin bedrohte, und danach, am 3. Juni 1796, den Frieden von Paris. Er überließ Frankreich Nizza und Savoyen.

Bonaparte wandte sich daraufhin gegen die Österreicher unter Beaulieu; er passierte sie, indem er den Po bei Piacenza überschritt, und zwang sie, ihm das Gebiet von Mailand kampflos zu überlassen. Hinter der Adda verschanzt, konnten sie davon ausgehen, eine feste Verteidigungslinie zu halten. Doch Bonaparte überwand das Hindernis über die Brücke von Lodi am 9. Mai und zwang die Österreicher zum erneuten Rückzug. Ganz Oberitalien von den Alpen bis zum Oglio wurde unterworfen. Die oberitalienischen Fürsten von Parma und Modena beeilten sich, Frieden zu schließen. Die hohen Kriegsentschädigungen, die ihnen Bonaparte auferlegte, füllten die Kassen des Direktoriums.

Die späteren Operationen spielten sich um Mantua ab. Die Festung beherrschte die Ausgänge des Mincio- und des Etschtales, der Durchgangswege der Österreicher nach Italien. Bonaparte schritt zur Belagerung der Stadt, während die Österreicher sich bemühten, sie zu entsetzen. Im August 1796 wurde eine erste Armee von 70000 Mann unter ihrem Oberbefehlshaber Wurmser in den Schlachten von Lonato und Castiglione (4./5. August) geschlagen. Einen Monat später versuchte Wurmser ein zweites Mal, Mantua frei zu bekommen. Bonaparte zog ihm im Etschtal entgegen, wo er eine österreichische Heeresgruppe bei Rovereto schlug (4. September), dann besiegte er an der Brenta bei Bassano am 8. September Wurmser selbst. Die Reste der österreichischen Armee schlossen sich in Mantua ein, von wo Wurmser in der Schlacht von San Giorgio am 15. September vergeblich auszubrechen versuchte.

Eine dritte Armee unter Alvinczy, 50000 Mann stark, wurde vom 15. bis 17. September durch ein außergewöhnliches Wendemanöver Bonapartes in den Sümpfen von Arcole vernichtet.

Beim letzten Versuch der Österreicher im Januar 1797 verfügte Alvinczy über 75000 Mann. Die entscheidende Begegnung fand am 14. Januar 1797 bei Rivoli statt: Die österreichische Armee wurde ein weiteres Mal geschlagen, und Mantua kapitulierte am 2. Februar.

Während Pius VI. den Frieden verlangte und am 17. Februar 1797 im

Frieden von Tolentino die Annexion Avignons und der Grafschaft Venaissin durch Frankreich anerkannte sowie eine Kriegsentschädigung
halb in Kunstwerken, halb in Bargeld bezahlte, eilte Bonaparte, der nun
Herr Oberitaliens war und den Frieden in Mittelitalien gesichert hatte,
nach dem ursprünglichen Plan in Richtung Wien weiter. Er erzwang den
Übergang über die Piave, dann über den Tagliamento. Seine Vorhut hatte
schon den Semmeringpaß etwa 100 Kilometer vor Wien erreicht, als die
Österreicher sich in ihr Schicksal fügten und am 7. April 1797 in Leoben
einen Waffenstillstand unterzeichneten, der in einen Vorfrieden umgewandelt wurde. Nach langen Verhandlungen, in denen sich Bonaparte in
keiner Weise um die Instruktionen des Direktoriums kümmerte, kam der
endgültige Frieden von Campo Formio am 17. Oktober 1797 zustande.

Der Kaiser trat Belgien an Frankreich ab und erkannte die Cisalpinische Republik an, die Bonaparte aus den Gebieten von Mailand, der
Lombardei, dem Herzogtum Modena und der vom Papst abgetretenen
Romagna gebildet hatte. Ebenso erkannte er die im Juni erfolgte Umwandlung Genuas in die unter französischem Einfluß stehende Ligurische
Republik an. Zum Ausgleich übergab ihm Bonaparte die Republik Venedig, die seine Truppen nach einem Massaker an französischen Gefangenen
in Verona besetzt hatten. In Rastatt wurde ein Kongreß eröffnet, der die
deutschen Fragen regeln sollte. Er dauerte 18 Monate und endete im April
1799 mit der Ermordung von zwei der drei französischen Verhandlungs-
führer. Am Ende des Jahres 1797 hatte Frankreich dank der napoleonischen Siege Frieden auf dem Kontinent. Nun blieb ihm nur noch, England
zu besiegen.

DAS ZWEITE DIREKTORIUM

Da der Krieg siegreich geführt wurde, lieferte er dem Direktorium eine oft
beträchtliche Beute; zur Beseitigung der finanziellen Probleme reichte sie
dennoch nicht aus: Diese Aufgabe hatte Ramel zu lösen.

Das erste Ziel war, die Zinslast der enormen Staatsschuld zu verrin-
gern. Am 30. September 1797 bereinigte man die Situation durch die
Liquidation von zwei Dritteln dieser Schuld; das letzte Drittel wurde in
ein großes Kassenbuch eingetragen und »konsolidiert«. Die beiden freige-

setzten Drittel bekamen die Schuldner in Gutscheinen zurückerstattet, die auf ihren Namen lauteten. Auf diese Weise wurde der Staatshaushalt zu Lasten der Anleihezeichner um 160 Millionen Livres für den Zinsendienst erleichtert. Um den Steuerertrag zu verbessern, richtete Ramel eine Behörde für die direkten Steuern ein, deren Beamte mit der Veranlagung und der Eintreibung beauftragt waren. Zu den drei in der Revolution eingeführten Steuern – Gewerbesteuer, Grund- und Mobiliarsteuer – trat am 24. November 1798 eine Steuer auf Türen und Fenster. Außerdem kehrte man zu den indirekten Steuern zurück, indem man insbesondere den Pariser Zoll wieder einführte (am 18. Oktober 1798). Dennoch bestand das Defizit fort.

Seit dem Jahre V machten sich die Wirkungen der Deflation bemerkbar. Von 1792 bis zum Jahre IV hatte man in den Städten gelitten, und aus dem Elend waren Unruhen hervorgegangen. Vom Jahre V an breiteten sich die Schwierigkeiten auch auf das Land aus. Das Bandenunwesen griff im großen Stil um sich, überdies begünstigt durch die Wehrdienstverweigerung. Die Affäre um die Post in Lyon erhellt die Situation besonders.

Die Wiederbelebung der Wirtschaft war dringend geboten. Als François de Neufchâteau das Innenministerium übernahm, griff er dieses Problem auf und organisierte 1798 auf dem Marsfeld eine nationale Industrieausstellung. Er entwickelte die Statistik und versuchte, das Straßen- und Flußnetz zu verbessern. Stolz verkündete der »*Moniteur*« über den Rhein, der zur Achse der französischen Wirtschaft geworden war, seit die Häfen durch den Seekrieg gelähmt waren: »Waren werden frei von Hüningen bis Hersingen schwimmen, und wir werden die Nordsee sich mit dem Mittelmeer verbinden sehen, um die Früchte unserer Industrie zu verbreiten.«

Immer zwingender wurde es, möglichst viele Länder in den französischen Wirtschaftskreis einzufügen und die Industrie gegen die englische Konkurrenz zu sichern. Das Gesetz vom 10. Brumaire des Jahres V (31. Oktober 1796) gebot, jedes Schiff mit englischen Waren aufzugreifen, die von nun an auf dem Gebiet der französischen Republik und der angrenzenden Schwesterrepubliken verboten waren. So wurde auch mit der Batavischen Republik am 7. Februar 1797 eine Zollunion geschlossen.

Im Bereich der Wirtschaft kollidierten jedoch zwei politische Richtungen: Die Seehäfen, die von einer Rückkehr zu den Friedenszeiten träumten, verlangten die Wiederbelebung des verlorenen Handels, während die Geschäftsleute in Ostfrankreich mit Reubell behaupteten: »Ein Friede mit England scheint mir der Untergang der Republik: ›Carthago delenda‹ (›Karthago muß zerstört werden‹). In einigen Jahren werden wir unsere Waren nicht mehr exportieren können.«

Im Bereich des Innern hatte sich die Politik des Direktoriums verhärtet. Der Ausnahmezustand, der seit dem Fructidor herrschte, bedeutete eine empfindliche Beschränkung der Pressefreiheit; er begünstigte die Schaffung von Militärausschüssen und nahm mit der Verpflichtung aller Priester, den Haß auf das Königtum zu beschwören, einen deutlich antiklerikalen Tonfall an. 250 Geistliche wurden nach Guyana deportiert, etwa 1000 auf den Inseln Ré und Oléron interniert. Man bemühte sich, den Dekadenkult fortzuentwickeln, um ihn an die Stelle der katholischen Kirche zu setzen, doch das Prinzip einer Woche, bei der man bis zum zehnten Tag warten mußte, um sich auszuruhen, war weniger anziehend als der gewohnte Sonntag.

Die Wahlen des Jahres VI, bei denen 473 Parlamentssitze zur Disposition standen, erbrachten einen starken neojakobinischen Schub. Um ihn zu zerschlagen, zögerte das Direktorium nicht, die Wahl von 106 Abgeordneten über den sogenannten Staatsstreich vom 22. Floréal des Jahres VI (11. Mai 1798) zu annullieren. François de Neufchâteau, der durch das Los abgelöst wurde und somit nur übergangsweise im Direktorium saß, machte am 16. Mai 1798 Treilhard Platz, einem »Königsmörder« aus der Konventszeit und typischen Thermidorianer.

Die folgenden Wahlen im Jahre VII (1799) endeten wiederum in einem starken Anwachsen der Jakobiner. Von 187 offiziellen Kandidaten der Thermidorianer wurden 121 geschlagen. Doch dieses Mal ließen sich die beiden Kammern das Spiel des Direktoriums nicht gefallen. Nachdem das Los Reubell bestimmt hatte, das Direktorium zu verlassen, wurde Sieyès, ein Feind der Verfassung (er träumte davon, sie durch eine andere nach seiner Fasson zu ersetzen), gewählt und nahm die Wahl an. Er profitierte von der Neutralität Barras' und unterstützte die Offensive der beiden Kammern gegen die Exekutive. Die Wahl Treilhards wurde am 28. Prairial (16. Juni) annulliert, und der blasse Gohier trat an seine Stelle. Dann, am 30. Prairial, griffen die gleichen Kammern den Staatsstreich vom Floréal an. Geführt wurde die Attacke von Bertrand du Calvados und Boulay de la Meurthe. Sie forderten La Révellière und Merlin de Douai auf, ihren Rücktritt einzureichen; sie mußten ihre Plätze an einen obskuren General namens Moulin und an einen ehemaligen »Königsmörder« aus dem Konvent, Roger Ducos, abtreten, der Sieyès nahestand.

Diese Rache der Kammern am Direktorium bewirkte die Umbildung der Ministerien: Bernadotte, der den Jakobinern verbunden war, erhielt das Kriegsministerium, Robert Lindet, ein ehemaliges Mitglied des Wohlfahrtsausschusses, die Finanzen. An die Spitze der Polizei kehrte ein anderer Jakobiner zurück, Joseph Fouché. Die Waage neigte sich jetzt der Linken zu: Die Klubs wurden wiedereröffnet, die jakobinischen Zeitungen erschienen wieder, eine Zwangsanleihe von 100 Millionen auf die Wohlhabenden wurde angenommen. Am 12. Juli 1799 trat das »Gesetz über die Geiseln« in Kraft, das heißt, die Verwaltung wurde ermächtigt, künftig unter den Angehörigen von Emigranten oder Adligen Geiseln zu nehmen. So wurden etwa im Falle der Ermordung eines Beamten oder eines Erwerbers von Nationalgütern vier Geiseln deportiert.

Angesichts dieses neuen revolutionären Fiebers wuchs die Unruhe immer mehr an. Doch die royalistische Gefahr war nicht weniger bedrohlich. Im Departement Haute-Garonne brach eine Erhebung aus, und Toulouse fiel beinahe in die Hände der Aufständischen. Auch im Westen griff man wieder zu den Waffen. Mehr und mehr erschien die Armee als einzige Zuflucht. Hatte die Stunde eines Retters in Soldatenstiefeln geschlagen?

DER FELDZUG IN ÄGYPTEN

Nach Campo Formio verfügte Bonaparte über ausreichende Kräfte, um das Direktorium hinwegzufegen: Die Italienarmee war ihm völlig ergeben. Auch die Truppen, die in Deutschland gekämpft hatten, bekannten sich zu ihm. Das Direktorium war unpopulär, und der General konnte dank der Dokumente, die man in der Brieftasche des Herzogs von Antraigues gefunden hatte, den Beweis für die Korruption einzelner Mitglieder beibringen. Der Staatsstreich lag im Bereich des Möglichen, aber sein Erfolg schien nicht sicher. Obwohl diskreditiert, kompromittiert und abgenutzt, blieb die Regierung dennoch die legale Regierung. Als Robespierre der Bannstrahl traf, waren die Sektionen dem »Unbestechlichen« nicht mehr gefolgt. Sollte es im Falle Bonapartes nicht genauso gehen, um so mehr als das Mißtrauen gegenüber der militärischen Macht groß blieb? La Fayette, Dumouriez und Pichegru waren trotz ihres Prestiges gescheitert. Die öffentliche Meinung blieb unstet und konnte sich nach einer Unvorsichtigkeit rasch gegen das Idol des Tages wenden, und Ruhm ist schließlich vergänglich. Wenn Bonaparte noch zuwarten wollte, war er gezwungen, die Zahl seiner Heldentaten zu vervielfachen, um nicht in Vergessenheit zu geraten. Seine Wahl in die Akademie der Wissenschaften, die ihm am 25. Dezember 1797 die Pforten des Institut National öffnete, in dem die literarisch-politische Richtung der Ideologen herrschte, reichte nicht aus, um sich lange in der öffentlichen Aufmerksamkeit zu halten, selbst wenn sie den General mit der Aureole eines Gelehrten umgab: Man erwartete nach dem glänzenden Italienfeldzug, dessen Ergebnisse eine geschickte Propaganda noch vergrößert hatte, von ihm neue Taten, etwa die Landung in England. Hoche hatte über diesem Plan sein ganzes Prestige verloren. Blieb der Angriff auf Hannover, den englischen Festlandsbesitz. Die Aktion versprach nur begrenztes Interesse. Deshalb nahm ein Plan immer deutlichere Konturen an, den Talleyrand im Februar 1798 vor dem Direktorium entwickelte: die Besetzung Ägyptens.

Dieses Projekt bot dreifachen Vorteil: Erstens eignete sich der Isthmus von Suez, einer der Verbindungswege zwischen England und Asien, für eine Blockade; zweitens erschien die Vorbereitung einer Expedition gegen Indien, der Hauptquelle des englischen Reichtums, möglich; und drittens bot sich die Aussicht auf Annexion einer Kolonie als Ersatz für Frankreichs verlorengegangene Kolonien. Gewiß, diese Expedition siedelte am Rande des Wahnsinns: Sie barg die Gefahr, eine Armee und mit ihr einen erfahrenen General in der Ferne festzuhalten, während auf dem Kontinent die Wiederaufnahme des Krieges drohte. Aber die Berichte der Handelskonsuln ließen eine leichte Eroberung erwarten. Aus der Oberherrschaft Konstantinopels hatte sich Ägypten dem militärischen Feudalsystem der Mamelucken unterworfen, das damals völlig darniederlag. Ihr Widerstand sollte sich als schwach erweisen, und zwar um so mehr als die Bevölkerung der Fellachen, Kleinhandwerker und Krämer deren Herrschaft nur mit Mühe ertrug.

Bonaparte konnte nicht widerstehen. Als begeisterter Leser der Memoiren Totts, der »Geschichte der Araber« von Marigny und des *»Commerce des Européens dans les deux Indes«* (»Der europäische Handel in den beiden Indien«) von Raynal träumte er vielleicht davon, sich sein

Reich im Orient zurechtzuschneidern. Später sprach er öfter davon, aber war er dabei aufrichtig? Las Cases gegenüber bekannte er im Jahre 1816: »Das Hauptziel des Ägyptenfeldzuges war die Erschütterung der englischen Macht an allen vier Ecken der Welt durch eine Revolution, die in der Lage war, das ganze Gesicht des Orients zu verändern und Indien neue Ziele zu geben. Ägypten sollte an die Stelle von Santo Domingo (Haiti) und unserer Kolonien in Amerika treten und die Freiheit der Schwarzen mit unserem Handel vereinen. Diese neue Kolonie hätte die Engländer in Amerika, im Mittelmeer und bis an die Ufer des Ganges ruiniert.«

Das also war der eigentliche Grund einer Expedition, die man unter dem offiziellen Vorwand einer wissenschaftlichen Forschungsreise im Stil des 18. Jahrhunderts startete. Eine Kommission für Wissenschaften und Künste begleitete die Armee; aus ihr erwuchs später das Ägyptische Institut. Monge, Berthollet, Geoffroy Saint-Hilaire, Conté, der Archäologe Jomard und der Orientalist Jaubert beteiligten sich daran. In Wirklichkeit aber wahrte Bonaparte Distanz. Er wollte im Orient nur seinen Ruhm vergrößern, während er gleichzeitig aufmerksam den Zerfall der Direktorialgewalt überwachte. Seine Instruktionen erlaubten ihm, einen Nachfolger nach seinem Belieben zu benennen, die Armee zurückführen oder selbst zurückzukehren, wenn er dies für sinnvoll erachtete.

Am 19. Mai 1798 verließ eine Flotte von 200 Schiffen mit 35000 Soldaten an Bord Toulon. Hier waren sie innerhalb eines Monats unter größter Geheimhaltung zusammengezogen worden, um der englischen Flotte zu entgehen. Unterwegs nahm Bonaparte Malta ein, und hier enthüllte er den Truppen das Ziel der Expedition. Am 1. Juli landete er in Alexandria: Die Überraschung war perfekt. Am 2. Juli richtete er eine Proklamation an die Bevölkerung: »Seit langem schon beleidigen die Beys, die Ägypten regieren, die französische Nation und überschütten ihre Kaufleute mit Beschimpfungen. Die Stunde ihrer Züchtigung ist gekommen.«

Damit ist ein Vorwand gegeben. Doch Bonaparte erschien auch hier als Befreier. »Gibt es ein schönes Stück Land, so gehört es den Mamelukken. Gibt es eine schöne Sklavin, ein schönes Pferd, ein schönes Haus, so gehört auch all dies den Mamelucken. Wenn Ägypten ihre Pacht ist, so mögen sie den Pachtvertrag vorzeigen, den Gott mit ihnen geschlossen hat.« Insgesamt ist der Ägyptenfeldzug nur die Fortsetzung der Befreiungskriege, die die Revolution geführt hat. Allah hat Bonaparte, den

Vorkämpfer der Gleichheit, ausgewählt, um das ägyptische Volk aus der Herrschaft der Mamelucken zu befreien. Zugestanden, der französische General ist ein Ungläubiger, aber hat er nicht gegen die Feinde des Islams gekämpft, vom Papst bis zu den Malteserrittern?

Das Manifest war geschickt verfaßt, doch konnte es weder die Barrieren der Sprache noch der Religion überwinden, und die Eroberung Ägyptens gestaltete sich wahrhaft nicht leicht. Die Franzosen drangen im Juli mit einer Ausrüstung, die der starken Hitze dieser Jahreszeit in keiner Weise angemessen war, in Ägypten ein. Fieber und Ruhr wüteten, und es kam zu mehreren Selbstmorden.

Der Sieg bei den Pyramiden am 21. Juli öffnete den Franzosen die Tore Kairos und richtete ihre gesunkene Moral wieder auf. Doch die Begeisterung flaute rasch ab: Am 1. August 1798 wurde die französische Flotte auf der Reede von Abukir von dem englischen Admiral Nelson überrascht und nahezu vernichtet. Der Eroberer sah sich nun plötzlich als Gefangener seiner Eroberung. Doch Bonaparte zeigte keine Anzeichen von Niedergeschlagenheit. Er organisierte Ägypten um, wie zuvor Italien. In der Moschee von El-Azhar setzte er einen Diwan (Regierung) mit sieben Personen ein, von denen zwei ihren ständigen Wohnsitz beim Heereskommandanten hatten. Die Steuer wurde vereinheitlicht und gleichmäßig nach dem Umfang der Grundstücke aufgeteilt; dem schloß sich eine Bevölkerungszählung an. Die konfiszierten Güter der Mamelucken dienten der Bezahlung der Armee. Ein Münzgebäude wurde geschaffen und ein Ägyptisches Institut gegründet. Man wollte die Geschichte Ägyptens erforschen und begann mit archäologischen Grabungen bei Theben (Luxor und Karnak). Die Entdeckung des Steins von Rosette im westlichsten Mündungsarm des Nildeltas mit Resten antiker Inschriften, die einen in Hieroglyphen, die anderen in demotischer Schrift und die dritten in griechisch, stand dank Champollion am Ausgangspunkt der Ägyptologie.

Wie aber vermochten die zahlenmäßig so geringen französischen Truppen so viele Aktivitäten zu entwickeln, und dies angesichts einer wachsenden Unsicherheit, je weiter sich die Besetzung ausdehnte: Massaker an einsamen Posten und die Ermordung von Meldegängern? Im Oktober 1798 erhob sich Kairo, und die Revolte kostete General Dupuy und den Adjutanten Bonapartes, Sulkowski, das Leben. Auch wenn sich die ägyptischen Notabeln nach dem Beispiel Jabartis, dem wir ein Tagebuch über die französische Besetzung verdanken, oft auf die französische Seite schlugen, so verharrte das einfache Volk doch in feindlicher Gesinnung. Denn die englische Blockade drosselte die Zufuhr oder verteuerte die Waren; bei zahlreichen Handwerksbetrieben blieben die Kunden aus, und die Fremdenfeindlichkeit herrschte ungebrochen.

Die Türken, die von dem unvorhergesehenen Angriff überrascht wurden, hatten sich zu einem Gegenangriff entschlossen und ihre Truppen in Syrien konzentriert. Bonaparte beschloß, diesem Angriff zuvorzukommen und den Gegner zu stellen. Er dachte sogar daran, bis nach Konstantinopel zu ziehen; er wollte von dort mit einer Flotte nach Frankreich zurückkehren. Er nahm Gaza und Jaffa ein, schlug die Türken am 16. April 1799 an den Hängen des Berges Tabor, wurde aber vor der Festung Akkon gestoppt, die der französische Emigrant Antoine de Phélippeaux und Ahmed Djezzar verteidigten, versorgt von der englischen Flotte unter Sidney Smith. Der Mangel an Artillerie behinderte Bonaparte, und die Pest wütete in seinem Heer, so daß der Rückzug geboten schien. Zudem zeichnete sich die Gefahr einer türkischen Landung in Ägypten ab. Bonaparte kehrte rechtzeitig zurück, um die türkischen Streitkräfte am 25. Juli 1799 bei Abukir zu vernichten. Dieser neue Sieg löschte die frühere Niederlage aus. Dennoch – die Zukunft Bonapartes lag nicht im Orient.

Zur gleichen Zeit setzte der Krieg auf dem europäischen Kontinent wieder ein.

DIE ZWEITE KOALITION

Der Kampf gegen England, den letzten Gegner Frankreichs, hatte nach 1797 eine eindeutig ökonomische Wende genommen. Seine Waffe hieß »Handelssperre«; sie weitete sich indes zur wirtschaftlichen Beherrschung Europas aus, deren Vorteile die französische Bourgeoisie rasch erkannte. Bevor Delacroix das Ministerium der Auswärtigen Beziehungen an Talleyrand abgab, hatte er in mehreren Noten die systematische Ausbeutung der eroberten Länder empfohlen. Nach und nach zeichnete sich eine entschlossen expansionistische Außenpolitik ab: die »Grande Nation«, wie man sie nannte.

Schon in den ersten Monaten des Jahres 1798 schuf das Direktorium drei neue Schwesterrepubliken. Im Februar ließ es unter dem Vorwand des Todes von General Duphot, der bei einer Erhebung umgekommen war, Rom besetzen. Papst Pius VI. wurde in Haft genommen und nach Frankreich deportiert, wo er später starb. Der Kirchenstaat wurde in die »Römische Republik« umgewandelt. Fast zur gleichen Zeit griffen französische Truppen in der Schweiz in die Kämpfe zwischen den Kantonen ein. Die alte Eidgenossenschaft machte einer »Helvetischen Republik« Platz. Eine weitere Schwesterrepublik wurde wenig später in Neapel durch Championnet gegründet – die »Parthenopeische Republik«. Diese Republiken ergänzten die »Batavische« und »Cisalpinische Republik«. Sie erhielten Verfassungen nach französischem Muster, wobei man sich auf örtliche »Patrioten« stützte, das heißt Bürgerliche, deren Weltbild vor allem die Philosophie der Aufklärung geprägt hatte. Im gleichen Zeitraum annektierte das Direktorium die Republiken Mülhausen und Genf sowie das Fürstentum Montbéliard (Mömpelgard). Nach einigen Zwischenfällen in Turin gelangte im Dezember 1798 Piemont schließlich unter französische Herrschaft.

Plötzlich entdeckte Europa, daß Frankreich sich unaufhörlich vergrößerte: Es hatte Belgien und das linke Rheinufer, Avignon und Savoyen, Nizza und Piemont, Mülhausen und Genf annektiert und dehnte durch das System der »Schwesterrepubliken« seinen Einfluß auf Holland, die Schweiz und den größten Teil Italiens aus.

Angesichts dieser Bedrohung entstand die zweite europäische Koalition, die schon im Laufe des Jahres 1798 vorbereitet und im Dezember geschlossen wurde. Sie umfaßte außer England, das vor allem finanzielle Mittel bereitstellte, Österreich, Rußland und Neapel. Die Koalitionspartner konnten 350000 Mann aufbieten, während die besten französischen Truppen in Ägypten blockiert waren. Das Direktorium verfügte nur über 150000 Soldaten, hatte aber jetzt viel ausgedehntere Grenzen zu verteidigen. Von Anfang an häuften sich die Niederlagen. Erzherzog Karl siegte am 22. März 1799 bei Stockach und bedrohte nun den französischen Rhein. In Italien mußten die Franzosen Neapel räumen, dann Rom und Mittelitalien. Nach der Niederlage von Cassano am 28. April 1799 und dem Desaster von Novi, wo am 15. August 1799 General Joubert fiel, gingen nacheinander die »Cisalpinische Republik« und Piemont verloren. Mit Ausnahme Genuas wurde die gesamte Halbinsel von den Franzosen geräumt. Doch im September schlug Brune die Engländer und Russen in Holland, wo sie eine Landung versucht hatten und nun gezwungen wurden, im Oktober die Kapitulation von Alkmaar zu unterzeichnen. In der Schweiz vernichtete Masséna am 25./26. September 1799 bei Zürich die russische Armee unter Korsakow, die sich zu weit von ihrem Basislager entfernt hatte, und zwang Suworow nach der Schlacht von Altdorf zum Rückzug. So wurde die Aufmerksamkeit der Öffentlichkeit durch neue Schlachtfelder von der Ägyptenarmee abgelenkt. In Paris munkelte man von einem Staatsstreich. Nunmehr war der räumliche Abstand für Bonaparte kein Vorteil mehr, sondern geriet eher zum Handicap. Deshalb übergab er am 23. August den Oberbefehl über die Ägyptenarmee an Kléber und schiffte sich nach Frankreich ein. Den Soldaten gegenüber verwies er auf Nachrichten aus Europa, die seine Abreise erforderten.

Von seiten des Direktoriums waren in wirrer Unordnung Befehle und Gegenbefehle erfolgt. Schließlich konnte Bonaparte eine offizielle Rückberufung vom 26. Mai vorweisen. In Wirklichkeit war er nicht unzufrieden, den Gang der Dinge zu beschleunigen.

DER BRUMAIRE

Bonaparte hatte Glück. Es gelang ihm nicht nur, die englische Überwachung im Mittelmeer erneut zu täuschen, sondern die Nachricht seines Sieges bei Abukir traf in Paris einige Tage vor seiner Ankunft ein und widerlegte die pessimistischen Informationen, die über das Schicksal der Ägyptenarmee umliefen. Er stand nun nicht mehr als der besiegte General da, der seine Soldaten im Stich ließ, sondern als ein Eroberer, der den französischen Truppen im Kampf gegen Europa die Unterstützung seines Schwertes brachte. Sein Empfang gestaltete sich enthusiastisch. Entlang der ganzen Strecke häuften sich die Sympathiekundgebungen, angefacht durch eine geschickte Propaganda, die in Bild und Text die Hauptepisoden des Ägyptenfeldzuges verherrlichte. Auch die Brüder des Generals hatte man dabei nicht vergessen: Joseph und Lucien waren sogar in den Rat der Fünfhundert gewählt worden. Man erwartete von ihm, daß er die Revolution beendete, war sich aber über die Art und Weise nicht einig.

Vier Lösungen boten sich an: Die erste bestand darin, die Verfassung des Jahres III trotz ihrer Mängel beizubehalten und die Autorität des Direktoriums durch die Aufnahme Bonapartes zu stärken. Doch hatte dieser noch nicht das geforderte Alter, und Gohier weigerte sich, sich umstimmen zu lassen. Nachdem so die legale Lösung einer Wahl ausschied, blieb nur der Staatsstreich. Die Jakobiner erwogen ihn; sie stellten sich eine Wohlfahrtsdiktatur mit Unterstützung durch das Volk vor. Einige Beschlüsse wie die Zwangsanleihe für die Reichen ließen schon etwas von den Maßnahmen erkennen, die diese Diktatur ergreifen würde. Hieraus entstand die Beunruhigung der Notabeln und all derer, die von der Revolution profitiert hatten und nun den Wunsch hegten, ihr ein Ende zu setzen. Seine Vergangenheit als Parteigänger Robespierres (er war vom Bruder des »Unbestechlichen« bei der Belagerung von Toulon protegiert worden) hätte Bonaparte in diese Richtung treiben können, aber abgesehen davon, daß der Platz bereits von Bernadotte besetzt war, erriet der Sieger von Abukir auch die Erschöpfung des Volkes.

Sollte man – als dritte Lösung – eine Restauration der Monarchie ins Auge fassen? Bonaparte entstammte dem Adel und war in den Kriegsschulen des Absolutismus erzogen worden, und wenn er auch dazu beigetragen hatte, die gegenrevolutionären Aktionen des Vendémiaire und Fructidor zum Scheitern zu bringen, konnte er doch anführen, daß diese Versuche verfrüht waren. Jetzt kam die Stunde eines Monk. Auch Barras dachte so, doch die Verständigung mit Bonaparte erwies sich wegen eines langen Streits und aus gekränktem Ehrgefühl als unmöglich; daran war Barras' einstige Mätresse, Joséphine de Beauharnais, die Bonaparte geheiratet hatte, nicht unbeteiligt. Zudem war eine Restauration in den Augen der Notabeln ohne entsprechende Garantien Ludwigs XVIII. nicht möglich; diesem jedoch schien es damit nicht zu eilen. Im Westen setzte erneut der Bürgerkrieg ein.

Nachdem auch die monarchische Lösung verworfen worden war, kam man auf die Verfassung des Jahres III zurück. Sieyès schlug eine Überarbeitung vor, um ihr mehr Schlagkraft zu verleihen. Aber nach der Verfassung war zwischen dem Antrag auf Änderung und der Änderung selbst eine Frist von neun Jahren vorgesehen. Somit blieb nichts anderes übrig, als den legalen Weg zu verlassen. Doch wie? Sieyès plante einen parlamentarischen Gewaltstreich, der sich auf einen Säbel stützen konnte. Welchen Säbel? Hoche und Marceau waren tot. Sieyès dachte an Joubert, doch dieser fiel bei Novi. Damit war der Platz für Bonaparte frei. Die Annäherung vollzog sich durch Vermittlung von Talleyrand und Roederer. Der Kommissar des Direktoriums beim Departement Seine, Réal, Polizeiminister Fouché, zahlreiche Mitglieder aus dem Rat der Alten und einige aus dem Rat der Fünfhundert beteiligten sich an dem Komplott. Aus ihm entstand ein für die neuen Notabeln sehr repräsentativer Clan, der später den Beinamen »Brumairianer« erhielt.

Im Monat Brumaire wurde dieser Staatsstreich tatsächlich in Gang gesetzt. Der Plan von Sieyès sah die Schaffung eines Vakuums in der Exekutive vor, das dann wie im Jahre 1792 zum Sturz der Legislative und zur Bildung einer Kommission führen sollte, die unter seiner Leitung eine neue Verfassung auszuarbeiten hätte. Alles sollte ohne Gewalt ablaufen.

Der Plan Sieyès' funktionierte zunächst reibungslos. Am 18. Brumaire des Jahres VIII (9. November 1799) beschloß der Rat der Alten, der nach der Verfassung den Tagungsort der Legislative bestimmte, die Verlegung der beiden Kammern in das Schloß Saint-Cloud, nachdem Drohungen eines angeblichen jakobinischen Komplotts vorgelegt worden waren. General Bonaparte wurde mit der Ausführung des Dekretes beauftragt. Anschließend mußte man das geplante Vakuum an der Spitze der Exekutive erzeugen: Sieyès und Roger Ducos reichten ihren Rücktritt ein; Talleyrand gelang es, den von Ausschweifungen aller Art gezeichneten Barras zu überreden, es ihnen gleichzutun. Moulin und Gohier zählten nicht; man stellte sie im Palais Luxembourg kurzerhand unter Hausarrest und beauftragte Moreau mit ihrer Bewachung. Die erste Runde hatte man also ohne Schwierigkeiten gewonnen.

Am nächsten Tag, dem 19. Brumaire (10. November), fanden sich die Mitglieder der beiden Kammern in Saint-Cloud ein. Die Sitzung war erst für Mittag vorgesehen, die Abgeordneten hatten also Zeit, sich zu besprechen und sich über die Anwesenheit der nach ihrer Ansicht etwas zu zahlreichen Truppen zu wundern. Bonaparte trat zunächst im Rat der Alten auf. Dort erwies er sich als mittelmäßiger Redner, doch die Abgeordneten, die in ihrer Mehrheit dem Komplott von Sieyès zustimmten, bereiteten ihm einen wohlwollenden Empfang. Im Rat der Fünfhundert, dem Hort der Neo-Jakobiner, ging die Sache schief. Bonaparte wurde unterbrochen, ausgepfiffen, bedrängt und verlor seine Kaltblütigkeit. Von allen Seiten ertönten Rufe: »Ächtet ihn!« Lucien Bonaparte führte zwar den Vorsitz, schaffte es aber nicht, die Ruhe wiederherzustellen: Das Spiel schien verloren. Um Zeit zu gewinnen, legte Lucien daraufhin die Präsidentschaft nieder. Außerhalb des Schlosses improvisierte er eine Rede vor den Soldaten der Parlamentswache und entdeckte ihnen den Versuch der Abgeordneten, seinen Bruder zu erdolchen. Er wies auf den verstörten General hin, dessen Gesicht blutete – wahrscheinlich hatte er sich in der Aufregung gekratzt. Die Wut der Soldaten brach los. Die Trommeln schlugen zum Angriff. »Werft mir die Leute raus!« rief Murat und zeigte auf die Abgeordneten. Innerhalb weniger Minuten war der Saal der Fünfhundert von den Soldaten geräumt.

Mit einem Schlag ist der Plan von Sieyès zerronnen. Zwar rettete die Intervention der Armee die Verschwörer, aber jetzt ist von einer rein parlamentarischen Operation ohne Gewaltanwendung nicht mehr die Rede. Der Staatsstreich wird militärisch, und sein Hauptnutznießer ist nun genau der Mann, der beinahe alles zum Scheitern gebracht hätte, Bonaparte. Immerhin fanden sich einige Abgeordnete aus dem Rat der Fünfhundert, die man mehr schlecht als recht im Saal des Rates der Alten versammelte. Diese improvisierte Kammer stellte am Ende des Abends das Fehlen einer Exekutive fest und füllte diese Lücke mit einem vorläufigen Triumvirat aus Bonaparte, Sieyès und Roger Ducos. Zugleich gab sie die Notwendigkeit einer Verfassungsumgestaltung zu erkennen, die zwei Kommissionen innerhalb einer Frist von sechs Wochen vorbereiten sollten. Aber von nun an war Bonaparte das Haupt der Verschwörung. Er verkündete eine Proklamation, in der er die Machenschaften der Aufrührer angriff, denen er, wie er behauptete, soeben ein Ende bereitet hatte. Paris, das sich an die jährlichen Staatsstreiche des Direktoriums gewöhnt hatte, rührte sich nicht: einer mehr, stellte man achselzuckend fest. Die Notabeln freuten sich über einen Versuch, der jede Hoffnung der Extremisten vernichtete, je wieder an die Macht zu kommen; er schien die Rückkehr zur Ordnung anzukündigen, die für den erfolgreichen Gang der Geschäfte unabdingbar war.

WARUM BONAPARTE?

Wo Dumouriez und La Fayette gescheitert waren, hatte Bonaparte Erfolg. Warum erschien dieser Offizier plötzlich als Retter, der 1769 in Ajaccio (Korsika) aus armem Kleinadel geboren worden war, der es vorzog, lieber

der Revolution zu dienen, als zu emigrieren, der nach dem Sturz Robespierres schwierige Augenblicke erlebte, bevor er von Barras in den Sattel
gehoben wurde? Später, auf Sankt Helena, dachte Napoleon über die
Gründe seines Aufstiegs nach und nannte sechs Voraussetzungen. Die
erste bestand im Tod seines Vaters, »der sehr an Adel und Aristokratie
hing« und der ihn in die Sackgasse der Emigration mitgezogen hätte. Der
zweite Grund war sein Alter, das es ihm verwehrte, Abgeordneter zu
werden, was ihm »den militärischen Weg« verschlossen hätte. Als dritten
Grund bezeichnete er die Armut und Bedürftigkeit seiner Familie, ohne
die er, als Adliger abgestempelt, kein Kommando erhalten hätte. Auch die
Zahl seiner Brüder und Schwestern ermöglichte es ihm, »seine Beziehungen und Einflußmöglichkeiten« zu vervielfachen. Andererseits hatte ihm
seine Heirat mit Joséphine die Pforten des alten Adels geöffnet, und
schließlich hatte sich seine ausländische Herkunft vor allem in Italien
vorteilhaft ausgewirkt.

Zu diesen Gründen, die das »*Mémorial*« aufzählt, ist die revolutionäre
Vergangenheit Bonapartes hinzuzurechnen – seine Broschüre »*Le souper
de Beaucaire*« gegen die Girondisten, die seine jakobinische Gesinnung
reflektierte, seine Haltung bei der Belagerung von Toulon und danach im
Vendémiaire und im Fructidor –, was wiederum die Brumairianer bezüglich einer eventuellen Wiedereinsetzung Ludwigs XVIII. beruhigte, der
sich damals in seiner eigenen Unnachgiebigkeit gefangen hatte. Umgekehrt waren die Bindungen Bonapartes an den alten Adel für die Royalisten ein Pfand der Mäßigung, wenn nicht gar mehr. Hinzu trat noch sein
ausgeprägtes Gespür für Propaganda, das es dem General ermöglichte,
seine Rivalen an militärischem und politischem Glanz zu übertreffen.

Aber wenn sich Bonaparte durchsetzte, dann auch deswegen, weil
endlich der Augenblick gekommen war, die Revolution zu beenden. La
Fayette und Dumouriez hatten zu früh gehandelt. Im Jahre 1799 war das
Volk erschöpft, das Bürgertum beunruhigt, die Parteien auf der Rechten
wie auf der Linken schienen am Ende zu sein. Das Wort »Frieden« kehrte
in allen Petitionen, Anträgen und Adressen wieder, die nach dem Staatsstreich zirkulierten. Innerer und äußerer Frieden war gefordert: »Frankreich will etwas Großes und Dauerhaftes.« Die Instabilität hatte es ins
Verderben gestürzt; nun rief es nach Beständigkeit, es wollte die Einheit in
der Aktion an der Macht. Kurz, es wollte die Früchte einer zehnjährigen
Leidenszeit ernten.

KAPITEL VI

Bilanz einer Revolution

Wann ging die Revolution zu Ende – im Jahre 1799 oder eher mit dem Tod Robespierres? Oder, noch überzeugender, mit der Verhaftung von Jacques Roux, mit der der Konvent seinen Willen bekennt, das Eigentumsrecht nicht anzutasten, und klarmacht, daß die Revolution eine Revolution von Bürgern für Bürger war und nun zu Ende ist? Das Jahr 1799 kennzeichnete lediglich der Wunsch, ein von innen und außen bedrohtes Werk zu festigen; es war Zeit, Bilanz zu ziehen.

DIE VERLIERER

Jede Revolution trennt scharf zwischen Gewinnern und Verlierern – so auch hier.

Am meisten verlor der Adel: Er wurde abgeschafft, geächtet und ruiniert, immerhin ein Stand von 400 000 Personen, deren Reichtum und Privilegien das Bürgertum behinderten. In seiner berühmten Komödie »Figaros Hochzeit« hatte Beaumarchais die Klagen gegen den Adel zusammengefaßt: »Weil Ihr ein großer Edelmann seid, haltet Ihr Euch für einen großen Geist... Adel, Rang, Vermögen, Positionen, all dies macht Euch so stolz. Was habt Ihr eigentlich getan für soviel Güter? Ihr habt Euch Mühe gegeben, geboren zu werden, und weiter nichts. Im übrigen seid Ihr ein ganz gewöhnlicher Mensch, während ich, bei Gott, in der dunklen Menge verloren, allein zum Überleben mehr Wissen und Berechnung entfalten mußte, als seit hundert Jahren nötig, um alle spanischen Länder zu regieren.«

Warum leistete dieser Stand so wenig Widerstand? Man hat die Schuld

dafür der Spaltung zwischen dem Amtsadel und dem Schwertadel gegeben, was aber durch die Heiraten zwischen Familien von Parlamentsmitgliedern und alten Adelsfamilien widerlegt wird. Sicher, der arme Landadel – man denke an einen La Baronnais, der mit 2000 Livres siebzehn
Kinder zu ernähren hatte – war auf den Hofadel neidisch, bei dem
einzelne Mitglieder über ein gesichertes Einkommen von 100000 Livres
verfügten. Doch wenn auch der niedere Adel in der Armee weiterhin dem
konstitutionellen König und danach der Republik diente, so brachte er
doch die Revolution nicht in Gang. In Wahrheit haben die Liberalen den
Sturz des Adels zu verantworten, die Teilnehmer am amerikanischen
Unabhängigkeitskrieg, zum Beispiel ein La Fayette oder ein Lameth, in
dem sie dem Stand ein schlechtes Gewissen einflößten und ihn dadurch an
der Gegenwehr hinderten.

Die Nacht vom 4. August 1789 versetzte dem Adel einen verhängnis-
vollen Schlag. Am 23. Juni 1790 untersagte die *Constituante* alle Adelsbezeichnungen, Wappen und Livreen. Der erbliche Adel wird »für immer«
beseitigt; bald darauf wird der Stand des Adels generell geächtet. Ein Teil –
der Hochadel vor allem – wählte von vornherein die Emigration. Damit
entzog er der Gegenrevolution im Innern Führungskräfte, die ihr nützlich
gewesen wären. In Turin, dann in Deutschland schwadronierten die Emigranten, spalteten sich und stellten Armeen auf die Beine, die sich später
aus Geldmangel als wirkungslos erwiesen, aber auch weil es zu viele
Offiziere gab und zu wenig einfache Soldaten. Die in der Folgezeit gegründeten Agentennetze waren das Werk von Abenteurern wie des Grafen von Antraigues oder Montgaillards. Selbst Batz spekulierte mit Nationalgütern, und seine Politik, die darin bestand, die Revolution in die
schlimmsten Exzesse zu treiben, um sie so besser zu diskreditieren, war
nicht ungefährlich.

Die härtesten Schläge gegen die Revolution führten die Bauern im
Westen Frankreichs und einige Mitglieder des verarmten Adels. In London und in Deutschland führten die Emigranten ein untätiges und immer
ärmlicheres Leben. Haussonville erzählt: »Man kam auf tausend Einfälle,
um in dem Elend, in das man gefallen war, das gleiche vergnügte Leben
fortzuführen, an das man gewöhnt war. Die wohlhabenderen Haushalte
nahmen Pensionsgäste auf. Man gab Abendessen, wo jeder seine Speisen
mitbringen mußte. Man vereinbarte, abends einander abwechselnd zu
besuchen. In manchen Kreisen war die Regel, daß jeder seinen Zucker

mitbringen mußte. Dies war eine Galanterie für die Dame des Hauses.« Sénac de Meilhan zog aus dieser Erfahrung den Stoff für einen Roman, »*L'Émigré*«. Doch manchmal nahm das Elend auch schlimmere Ausmaße an. »Ich sah vor mir nur noch das Hospital oder die Themse«, erzählte Chateaubriand. Manche weigerten sich, ihre Irrtümer einzugestehen. »Die Privilegien, das war das beste«, behaupteten sie; andere entdeckten das Christentum wieder: Religion in der Prüfung und im Leiden. Um 1797 zählte man 220 000 Emigranten, doch befanden sich darunter auch viele Bürgerliche und Geistliche.

Das Gesetz gegen die Verdächtigen vom 17. September 1793 galt für *alle* Adligen, ob emigriert oder nicht; sie sollten bis zum Friedensschluß eingesperrt werden. Gleichwohl blieben viele unter ihnen unbehelligt. Dennoch stellte der Adel ein starkes Kontingent an Hingerichteten, darunter vor allem die früheren Parlamentsmitglieder, die für die Anfänge der Revolution verantwortlich waren. Diejenigen, die der Schreckensherrschaft entgingen, mußten oft feststellen, daß sie nur das nackte Leben gerettet hatten und vor dem finanziellen Ruin standen. Die entschädigungslose Abschaffung der Feudalrechte versetzte ihren Einkünften, je nach Gegend, einen manchmal harten Schlag. Das Gesetz vom 28. März 1793 sah die Konfiskation der Güter von Personen vor, die auf der Liste der Emigranten standen, und diese Sekundogeniturgüter wurden dann verkauft.

Manchen gelang es zwar, sie mittels eines Strohmannes, fiktiver Scheidungen oder verschiedener anderer Tricks zurückzukaufen, so daß in einigen Gegenden (Dombes, Haute-Loire) der adlige Grundbesitz nahezu intakt blieb. Doch als 1799 ein Adliger sein Gut wieder übernahm, fand er es in einem verwahrlosten Zustand vor. »Die Beschlagnahme, die Maßnahmen der Revolution, die schlechten Jahre, Schwierigkeiten jeder Art hatten die Güter aufgelöst, die Einkünfte vernichtet, die Schulden verschlimmert«, stellt Madame Rémusat in ihren Memoiren fest. Jedenfalls verlor die Aristokratie ihre politische Vorherrschaft und ihre beherrschende Stellung als Grundbesitzer.

Nicht weniger dramatisch stellte sich die Situation für den ersten Stand der Nation, den Klerus, dar, der 1789 noch seine eigenen Gerichte, seine Kirchenversammlungen und ein imposantes Grundvermögen besessen hatte, selbst wenn dieses nur mäßig verwertet wurde. Die Kirche überstand zwar den Sturm, aber auch nur um den Preis des wirtschaftlichen

Ruins; ihr bewegliches Vermögen wurde am 2. November 1789 beschlagnahmt und ihr Grundvermögen in Form von Nationalgütern verkauft. Die ewigen Gelübde der Ordensgeistlichen wurden untersagt. Die Pfarrer waren gespalten, da die Zivilverfassung die Entstehung eines Schismas zwischen Vereidigten und Eidverweigerern begünstigte. Auch wenn die Politik der Entchristianisierung nur die Städte berührte und das Land kaum streifte, so fügte sie der Kirche doch schwere Schläge zu, und die Trennung von Staat und Kirche, die die Thermidorianer am 18. September 1794 beschlossen hatten, nahm ihr vollends die offizielle Rolle, die schon durch die Verweltlichung des Personenstandswesens im Jahre 1792 stark beschnitten worden war: »Die Republik bezahlt nicht mehr die Kosten oder Gehälter irgendeines Kultes.«

Von Mai 1795 bis September 1797 bestand religiöse Toleranz und eine Periode des kirchlichen Wiederaufbaus. Hierzu ein Zeugnis des Abbé Proyart vom 3. Februar 1797: »In Paris sind 30 oder 31 Gebetsstätten geöffnet. Ich habe in einer die Messe gelesen und die Kommunion gespendet. Es gibt in Frankreich drei Bischöfe, die Priester weihen, der frühere Bischof von Troyes, der von Senlis und der von Alès; sie treten auch öffentlich auf. Hier und da existieren kleine Klostergemeinschaften von sieben bis acht Nonnen im gleichen Haus, in dem ein Priester ihnen die Messe liest. Man weiß es und duldet es.« Jordan verlangte im Mai 1797 drei Freiheiten: die Auswahl der Priester, die Ausübung des Priesteramtes und das Läuten der Glocken. Doch nach dem Staatsstreich vom Fructidor brach sich wieder eine heftige antireligiöse Reaktion Bahn. Ein Augenzeuge, Heinzmann, schrieb: »Ich habe gesehen, wie man Kirchen abdeckte und das Material verkaufte. Mehrere katholische Kapellen und Kirchen sind geschlossen und tragen die Aufschrift *Nationalbesitz zu verkaufen.* Die meisten Kirchen dienen der durchziehenden Kavallerie als Ställe oder Unterkunft. Trotzdem herrscht der Katholizismus noch heimlich weiter und ist weit verbreitet in Frankreich.«

Schließlich litt die Kirche unter den Verlusten ihrer Mitglieder: elende Opfer der Septembermassaker im Karmeliterkloster und in St. Firmin, Ertränkte in Nantes, Hingerichtete in Paris. Während 30 000 Geistliche den Weg der Emigration wählten, häuften sich die Schikanen für die Zurückgebliebenen: So verbot Fouché im Departement Nièvre das kirchliche Zölibat; Laplanche zwang in Bourges den Bischof, einem Vater von zwölf Kindern alle Weihen zu geben, während Ruhl in Reims das heilige

Salbungsgefäß zerbrach. Dieser lange Leidensweg gipfelte im Tod des Papstes in der Gefangenschaft zu Valence im August 1799.

Die Bilanz der zehn Revolutionsjahre ist für die Kirche katastrophal. Der Pontifex ist nicht mehr in Rom, die Geistlichkeit ist dezimiert, ruiniert und gespalten; der Glaube droht unterzugehen. War dies alles geplant? Existierte ein großes antiklerikales Konzept, für das die Freimaurerei die Verantwortung übernommen hätte? Abbé Barruel behauptete es in seinen *»Mémoires pour servir à l'histoire du Jacobinisme«*, die 1798 in Hamburg erschienen: »Gegen Mitte des Jahrhunderts, in dem wir leben, trafen sich drei Männer, die alle drei von einem tiefen Haß auf das Christentum durchdrungen waren. Diese drei Männer waren Voltaire, d'Alembert und König Friedrich II. von Preußen. Voltaire haßte die Religion, weil er auf ihren Schöpfer und all die, denen sie Ruhm gebracht hat, eifersüchtig war. D'Alembert, weil sein kaltes Herz nichts lieben konnte, und Friedrich, weil er sie immer nur über seine Feinde kennengelernt hatte.« Der Autor zeigt, daß die Verfolgungen absichtlich stattfanden: »Alles war vorgesehen, überlegt, kombiniert, beschlossen. Alles war das Werk der tiefsten Niedertracht.« So verbreitete sich die Idee einer Freimaurerverschwörung gegen Thron und Altar. Der Gedanke fand sich schon bei Rétif de la Bretonne. Doch darf nicht übersehen werden, daß die Entchristianisierung auch die Protestanten und Juden traf, deren Synagogen man schließen ließ; und endete schließlich nicht einer der hohen Würdenträger der Freimaurerei, der Herzog von Orléans, auf dem Schafott?

Weitere Opfer der Revolution sind die Rentiers und ganz allgemein die Besitzenden, die durch die Abwertung der Assignaten ruiniert wurden. Alle, die dem Staat Geld geliehen hatten, sahen ihr Geld durch den Bankrott um zwei Drittel seines Wertes schwinden. Auch die Pachten verloren stark an Wert: Ein Pächter, dessen Pacht sich 1789 auf 1000 Livres belief, mästete 1795 ein Schwein, verkaufte es für 1000 Livres und bezahlte mit dem Geld seinen Grundherrn in abgewerteten Assignaten. Außerdem verlor die durchwegs bürgerliche Beamtenschaft durch die Nacht vom 4. August ihre Ämter und damit ihre Kapitalanlage. Sie wurde in Assignaten ausbezahlt, das heißt so gut wie enteignet. Rechtsanwälte und Ärzte hatten sich nach der Abschaffung der berufsständischen Vereinigungen der Konkurrenz durch anrüchige Geschäftemacher und Scharlatane zu erwehren. Schließlich ruinierte der Seekrieg die bürgerliche Kaufmannschaft der Häfen am Atlantik und im Mittelmeer, das dynamischste Element im Wirtschaftsleben des 18. Jahrhunderts.

In der Tat hatte die Revolution für die französische Wirtschaft verhängnisvolle Folgen. Das Kapital verließ das Land; die Inflation vernichtete die Ersparnisse und begünstigte die Spekulation zu Lasten der Investitionen. Der wirtschaftliche Aufschwung einer Stadt wie Lyon, eines großen Geschäftszentrums und Hauptort der Herstellung von Seide, wurde gebrochen: 40000 Einwohner, darunter zahlreiche Kaufleute, verließen die Stadt.

Am härtesten aber wurde der Kolonialhandel getroffen. Die Handelsbeziehungen zwischen Bordeaux, Nantes, Le Havre und den Antillen rissen ab. Die Kolonien, darunter Santo Domingo (Haiti), entglitten den Franzosen. Der Großhandel zur See war wegen des Dreieckshandels mit Afrika (Textilien, Zucker) der Motor des Wachstums. Er ermöglichte den Export von Produkten der örtlichen Textilindustrie und sicherte den Zuckerraffinerien Arbeit. Ein ganzes Feld damit verbundener industrieller und handwerklicher Aktivitäten brach zusammen. Das Hinterland von Bordeaux, Le Havre oder Nantes durchlebte eine Phase des industriellen Zerfalls – »Agrarisierung« nannte man diesen Prozeß im Südwesten Frankreichs; diese Phase wurde durch den Bürgerkrieg noch zusätzlich verschärft. Das fehlende Kapital bremste den technischen Fortschritt trotz der Anreize durch die Kriegsindustrie. So blieb die Weiterentwicklung der von den Gebrüdern Perier eingeführten Dampfmaschine stecken. Die Revolution verschlang also eine ganze Welt von Kapitalisten, Kaufleuten und Technikern und trug damit die Verantwortung für den wachsenden Rückstand Frankreichs gegenüber England im industriellen Bereich.

Zu den Verlierern zählten schließlich auch die Arbeiter. Sie hatten im Ancien régime keinen Grund zur Klage, da Innungen und Gesellenverbände ihnen einen sozialen Rahmen boten, der ihre materielle Sicherheit garantierte. Die Revolution verschlechterte ihren juristischen Status: Am 15. Februar 1791 wurde die Abschaffung der Zünfte und Innungen gebilligt. Die Arbeiter verloren ihre berufliche Perspektive und sahen sich nun ihrer Führungskräfte und ihrer Stütze beraubt: Künftig konnten die Arbeitgeber die Löhne festsetzen, ohne der Reglementierung durch den Berufsverband unterworfen zu sein. Auch der Verlaß auf Streik und Solidarität, die der Gesellenverband bot, erwies sich als brüchig. Ab 1789 hatten die Arbeiter ihre Demonstrationen vervielfacht; sie verlangten Lohnerhöhungen und die Senkung des Brotpreises sowie die Verkürzung der täglichen Arbeitszeit. Mehrfach mußte das Kriegsrecht gegen ihre Ansammlungen ausgerufen werden.

Die Unruhe unter den Pariser Zimmerleuten im April 1791 lieferte der Verfassunggebenden Nationalversammlung die Gelegenheit, »die Freiheit« der Unternehmer zu bekräftigen, die Löhne nach ihrem Belieben festzusetzen. Das sogenannte Gesetz Le Chapelier vom 14. Juni 1791 enthielt zwei grundsätzliche Artikel. Im Artikel 4 wird festgelegt: »Wenn entgegen den Prinzipien der Freiheit und der Verfassung Bürger, die den gleichen Berufen, Künsten und Handwerken angehören, Beratungen vornehmen oder untereinander Absprachen treffen, die darauf abzielen, die Leistung ihres Fleißes oder ihrer Arbeit gemeinsam zu verweigern oder nur zu einem bestimmten Preis zu gewähren, so werden solche Beratungen und Vereinbarungen als verfassungswidrig, als Verstoß gegen die Freiheit und die Erklärung der Menschenrechte und für nichtig erklärt.«

Artikel 8 ist nicht weniger deutlich: »Alle Ansammlungen von Handwerkern, Arbeitern, Gesellen, Tagelöhnern oder von ihnen gegen die freie Ausübung von Gewerbe und Arbeit angestachelten Personen, die jedermann zugestanden ist und in jeder Form von einvernehmlich vereinbarten Bedingungen abhängt, oder Ansammlungen gegen die Tätigkeit der Polizei und die Ausführung von Urteilen, die in diesem Bereich erlassen wurden, gelten als aufrührerische Ansammlungen und werden als solche von den Inhabern der öffentlichen Gewalt aufgelöst und nach der ganzen Strenge des Gesetzes über die Urheber, Anstifter und Anführer der genannten Ansammlungen bestraft werden.« Damit raubte die Revolution den Arbeitern jede Möglichkeit zur Bildung einer Koalition oder Durchführung eines Streiks und bestätigte auch dadurch ihren bürgerlichen Charakter.

Die materielle Lage der Arbeiter verschlechterte sich gleichfalls stark, vor allem in den Perioden 1789–1791 und dann 1792–1793. Die Preise erhöhten sich sehr rasch und wuchsen schneller als die Löhne. In der gleichen Zeit, als Unruhen herrschten und der Luxus verschwand, wuchs die Arbeitslosigkeit, und die schlechten Ernten riefen eine Hungersnot hervor. Erst unter dem Druck des Volkes führte der Konvent eine Preispolitik der festen Obergrenzen ein, fixierte aber kurz darauf auch die Löhne. Das Lohnmaximum wurde natürlich eingehalten, nicht aber die Preisgrenzen, mit der Folge, daß sich neue Schwierigkeiten ergaben. Als Maximilien Robespierre zur Guillotine geführt wurde, ertönte es aus der Menge: »Nieder mit den Höchstlöhnen!« Die Thermidorianer kehrten also zu einem freiheitlichen System zurück, das jedoch einen gewaltigen Preisschub provozierte. Das Elend der Arbeiterschaft wuchs oft ins Unermeßliche. Um 1798 kippte die Konjunktur um. Die Wehrpflicht, die dem Arbeitsmarkt Männer entzog und die Arbeitskraft verknappte, ließ die Löhne in dem Augenblick ansteigen, als infolge Deflation und guter Ernten die Agrarpreise zusammenbrachen. Zwischen 1798 und 1803 soll der Getreidepreis um 28 Prozent gestiegen sein, während ein Tagelöhner um 62 Prozent mehr verdiente. Diese Konjunktursituation erklärt das Ausbleiben von Unruhen nach dem Staatsstreich vom 18./19. Brumaire.

Insgesamt gesehen ließ sich in der Welt der Arbeit jedoch noch kein wirklicher Klassengeist feststellen und kein politischer oder sozialer Ehrgeiz. Die *Enragés* hielten die fortschrittlichsten Reden, aber sie gehörten nicht dem städtischen Proletariat an. Die Vorstädte ließen sie ohne Unterstützung, als der Wohlfahrtsausschuß gegen sie losschlug.

DIE GEWINNER

Die Revolution kannte nicht nur Verlierer, sondern auch Gewinner. In erster Linie zählen dazu all diejenigen, die Nationalgüter kauften, denn sie sicherten sich einen umfangreichen Grundbesitz zu niedrigen Preisen. Die Verkäufe betrafen übrigens nicht ausschließlich die Güter des Klerus. Nach den Dekreten vom 23. Oktober und 5. November 1790 wurden auch die Güter der Krone und ihrer Günstlinge veräußert. Andererseits gelangten nicht alle kirchlichen Güter zum Verkauf; man sparte die Liegenschaften der Stiftungen, Hospitäler und Unterrichtsinstitute aus. Die Verkäufe wurden in Form von Versteigerungen durchgeführt, und es war keine Rede davon, Güter an Bedürftige zu verteilen. Der Text, der die Durchführung regelte, stammt vom 14. Mai 1790. Es konnte entweder an die Gemeinden verkauft werden, die an Privatpersonen weiterveräußerten, oder direkt an Privatkäufer. Pachten und Halbpachten wurden zusammen verkauft, und man räumte lange Zahlungsfristen ein: zwölf Prozent der Kaufsumme in bar, der Rest in zwölf Jahren bei fünf Prozent Zinsen.

Die Verkäufe, die 1790 in Gang kamen, hatten ungeheuren Erfolg. Im Departement Rhône waren sämtliche Kirchengüter vor dem Jahre 1792 verkauft. Selbst im Westen, wo der Klerus noch über Einfluß verfügte, wechselte alles rasch und günstig den Besitzer. Manchmal wurde hartnäckig gesteigert, manchmal verhinderte man nur durch Druck das weitere Ansteigen der Preise. Festzuhalten bleibt, daß diese Verkäufe in Feststimmung abgewickelt wurden. In den Städten traten hauptsächlich Bürger als Käufer auf. In Bordeaux kauften Geschäftsleute, Unternehmer und Architekten die ehemals kirchlichen Gebäude. Ohne den Krieg und die Schreckenszeit hätten die Auswirkungen auf die städtebauliche Entwicklung beträchtlich sein müssen, da der Staat in der Tat den Gemeinden ein Sechstel des Preises nachließ, wenn sie als Käufer auftraten. Auf dem Land scheuten sich der Adel und selbst der Klerus nicht mitzubieten. Doch auch hier waren es Geschäftsleute und Juristen, die Halb- und Vollpachten an sich rissen. Im Departement Gard erwarb die Bourgeoisie von Alès, Nîmes und Beaucaire die Hälfte der Grundstücke unter 5000 Livres. Das gleiche Übergewicht herrschte in Flandern und der Ile-de-France, wo sechs Siebtel der Grundstücke in Versailles in Gemeindebesitz übergingen, und die Pariser Bourgeoisie dehnte ihre Käufe bis zur Aisne aus. Kurz: »Die Operation schloß mit einer massiven Verlagerung des Besitzes zugunsten des Bürgertums ab.«

Eine weitere Form der Bereicherung stellte die Spekulation auf die Abwertung der Assignaten dar. Hinzu kamen mit der Kriegszeit als weitere Quelle riesiger Gewinne die Lieferungen an die Armee. Dringlichkeit, mangelnde Kontrolle und Korruption erlaubten die Anhäufung eindrucksvoller Vermögen zu Lasten der Soldaten. Die Gebrüder Michel, die aus einer obskuren Familie im Departement Ariège stammten, galten als Meister ihrer Art. Zunächst lebten sie als Magazingehilfen in Toulouse, aber 1793 erhielten sie den Zuschlag für die Tuchlieferung an die Spanienarmee. Daraus entwickelte sich ihr schwindelerregender Aufstieg. Zu nennen wäre auch der spätere Bankier Seillière, der ebenfalls auf Tuche spezialisiert war, oder Colombier-Batteur, der den Ursprung seines Vermögens so erklärt: »Ich habe mich damit begnügt, eine Million Kittel mit einem Franc Gewinn zu verkaufen.«

Während des Direktoriums spielten die Geldspekulanten, die von der Knappheit in der Staatskasse profitierten, eine bedeutsame Rolle: Ouvrard, der verschwenderische neue Besitzer von Schloß le Raincy, Hainguerlot, Paulée und Vanlerberghe, nicht zu vergessen Simons, der Ehemann von Mademoiselle Lange, dem Idol des Feydeau-Theaters zwischen 1795 und 1797. Simons sicherte sich massive Gewinne beim Feldzug in Belgien; Ouvrard spekulierte mit Nationalgütern und Kolonialprodukten: Man behauptete, er habe in drei Monaten 500000 Francs verdient. Das lange Zeit zurückhaltende Bankwesen (mit Ausnahme von Perrégaux, der gleichzeitig für den Wohlfahrtsausschuß und die Emigranten arbeitete) fand unter dem Direktorium seine Bedeutung wieder: Kontokorrentkasse von Récamier, Handelsdiskontkasse, Allgemeine Handelsgesellschaft von Lecouteulx in Rouen und andere. Die schönen Zeiten der Schieber und Geschäftemacher, die mit dem Krieg entstanden und während der Schreckensherrschaft durch die Aufdeckung der ausländischen Verschwörung und der Fälschung des Dekrets über die Indienkompagnie vorübergehend in Mißkredit geraten waren, erlebten unter dem Direktorium eine neue Blüte. Eine Welt von Neureichen breitete einen unverschämten Luxus aus, den Fiévée in »La Dot de Suzette« (»Suzettes Mitgift«) voller Ingrimm beschrieb und den die Brüder Goncourt berühmt machten; ein Luxus, der sich vom Elend der einfacheren Schichten grell abhob und dazu beitrug, die Revolution zu diskreditieren.

Dieser Revolution verdanken die Bauern alles, nämlich die Vernichtung der Feudalrechte und die wachsende Möglichkeit, Land zu erwerben.

Mit der Nacht vom 4. August 1789 waren die Feudalrechte mit Ausnahme der drückendsten, das heißt der Realrechte, abgeschafft worden: Auf dem Lande herrschte deshalb tiefe Enttäuschung. Doch im August 1792 erklärte die Legislative, es müßten alle Abgaben ohne Rechtstitel verschwinden. Viele von ihnen waren jedoch zur Zeit der »Großen Furcht« verbrannt oder von den ehemaligen Grundherren mit in die Emigration genommen worden. Damit war aber ein erster Schritt zu ihrer totalen Abschaffung getan. Am 17. Juli 1793 wurden schließlich alle Feudalrechte ohne die geringste Entschädigung aufgehoben. Hinzu kam ein Steuersystem, das die Bauern weniger belastete als früher, so daß die Verordnung vom 17. Juli Kleinbauern und Tagelöhnern einen kleinen finanziellen Spielraum verschaffte. Da die Pachten in abgewerteten Assignaten bezahlt wurden, erschienen sie zwischen 1792 und 1799 weniger drückend, um so mehr als die schlechten Ernten der Jahre 1792, 1793 und 1794 eine Preisexplosion auslösten, von der die kleinen Bauern ebenfalls profitierten. Zur gleichen Zeit sahen sich die Bauern bei den Abgaben entlastet, und der Verkauf der Nationalgüter bot ihnen neue Möglichkeiten, an Grundbesitz zu gelangen.

In Wahrheit aber profitierten Bauern mit mittleren Einkünften trotz der Zahlungserleichterungen nicht von dem Verkauf der Landgüter, der nach Höchstgebot und in der Stadt abgewickelt wurde. Überdies standen sowohl der gesamte Besitz als auch einzelne Teile gleichzeitig zur Versteigerung an, weil sie in ein und derselben Veranschlagung erfaßt waren. Der Grundbesitz wurde nur geteilt, wenn die Summe der Teilgebote höher lag als der höchste für das Gesamtgut gebotene Preis. Ferner konnten laufende Pachtverträge nicht annulliert werden, was die Parzellierung der Liegenschaften oft verhinderte.

Die Bauern kauften also vor allem kleine Grundstücke. Aber manchmal schlossen sie sich zum Erwerb umfangreicherer Ländereien in Verbänden zusammen. In Soissons zählt man 85 solcher Genossenschaften für 22 Gemeinden, und 50 Prozent der Käufe in Laon wurden über solche Körperschaften abgewickelt; die gleichen Verhältnisse herrschten auch in den Departements Côte-d'Or, Gard, Nièvre und anderswo. Ein Dekret vom 24. April 1793 untersagte jedoch diese Form der Geschäftsabschlüsse. In den Gegenden mit zerstückeltem Grundbesitz kam diese Art von Käufen durch Landbewohner am häufigsten vor. Im Gebiet um Straßburg erwarben im Jahre 1791 die Bauern 73 Prozent der zum Verkauf stehenden Güter; in den Weinbaugebieten der Yonne, der Côte d'Or, des Beaujolais verhielt es sich ähnlich. Neue Möglichkeiten bot der Verkauf von Emigrantengütern, vor allem als die Legislative die Aufteilung dieser Grundstücke in kleine Parzellen von 2 bis 4 Morgen beschloß, die in 15 Jahren abzuzahlen waren.

Weder die Städter noch die Kleinbauern erwarben die meisten Grundstücke, sondern die Bauern, die flüssige Geldmittel besaßen. Balzac hatte dies sehr wohl bemerkt, als er die Käufe des Père Grandet beschrieb: »Als die Republik im Bezirk von Saumur die Güter der Geistlichkeit zum Verkauf brachte, hatte der damals vierzigjährige Böttcher soeben die Tochter eines reichen Holzhändlers geheiratet. Versehen mit seiner verfügbaren Barschaft und der Mitgift, ausgestattet also mit zweitausend Louisdor, begab sich Grandet in diesen Distrikt. Hier gelang es ihm, mittels der zweihundert Doppellouis, die sein Schwiegervater dem wilden Republikaner, der den Verkauf der Nationalgüter überwachte, anbot, für ein Butterbrot und legal – wenn auch nicht rechtens – in den Besitz der schönsten Weinberge des Bezirks, die einer alten Abtei gehört hatten, und einiger Pachthöfe zu kommen. Die Bewohner von Saumur hatten mit der Revolution wenig im Sinn, daher erschien ihnen der Père Grandet als ein kühner Mann, ein Republikaner, ein Patriot, kurz: als ein Geist, der den neuen Anschauungen huldigte, während der Böttchermeister nur mit den Weinbergen liebäugelte. Er wurde zum Mitglied der Distriktverwaltung ernannt, und sein beruhigender Einfluß machte sich bald in der Politik wie im Handel bemerkbar. In der Politik beschützte er die vormaligen Adligen und verhinderte mit all seiner Macht den Verkauf der Besitzungen der Emigranten. Im Handel lieferte er den republikanischen Armeen ein- oder zweitausend Faß Weißwein und ließ sich in herrlichen Wiesen bezahlen, die ehemals einer Frauenkongregation gehört hatten und die man für einen letzten Verkauf aufgespart hatte.« So wuchs er mit Hilfe der umfangreichen Besitzverschiebung, die der Verkauf der Nationalgüter auslöste, in die Schicht der ländlichen Honoratioren hinein.

Die neue Bodengesetzgebung bestätigt dieses Übergewicht der wohlhabenden Bauern über das ländliche Proletariat. Das Gesetz vom 14. August 1792 ordnete die Aufteilung der kommunalen Flächen an. Der Tagelöhner verlor dabei. Sein kleines Fleckchen Land konnte die Gemeindewiese für die Ernährung der Tiere nicht ersetzen. Das Recht zur Umzäunung und die Abschaffung der Weidegerechtigkeit, die die Physiokraten im Namen des Fortschritts verlangten, nützten nur den Besitzenden. So vertiefte sich der Graben zwischen einer neuen ländlichen »Bourgeoisie« nach dem Modell des Père Grandet und dem kleinen Parzellenbesitzer oder Tagelöhner.

Dies traf um so mehr zu, als nach dem Gesetz Jourdan-Delbrel von 1798 die Last des Krieges auf dieser Schicht ruhte. Der Bauer verließ nicht gern sein Dorf. Die Armeen der Monarchie hatten bis dahin hauptsächlich aus Söldnern bestanden, und die Miliz diente nur an Ort und Stelle. Daher war die Wehrpflicht auf dem Lande sofort unpopulär und die Zahl der Kriegsdienstverweigerer oder Deserteure von vornherein groß. Bei der ersten Aushebung, die 203 000 Rekruten mobilisieren sollte, brachen von 140 000 für tauglich Erklärten nur 97 000 Personen wirklich zu den Fahnen auf; von ihnen kamen nur 74 000 in den Lagern an. Der Appell aus dem Jahre 1793 war einer der Gründe für die Erhebung im Westen gewesen.

Festzuhalten bleibt außerdem ein Preisrückgang ab 1796. Die Ernte war in diesem Jahr gut, sogar ausgezeichnet, und löste einen Zusammenbruch der Notierungen aus, den der Geldmangel noch verschärfte. Die Preise purzelten, und es erhob sich ein allgemeines Jammern. Im Departement Lot-et-Garonne klagten die Behörden über »das absolute Elend des Bauern, dessen Zunahme ungewöhnlich rasch droht. Der Grundbesitzer ist überlastet mit Produkten, die er nur zum niedrigsten Preis verkaufen kann.« Und aus dem Departement Seine tönte es: »Der niedrige Getreidepreis im Verein mit den Lohnerhöhungen für Arbeitskräfte erschüttert und ruiniert die Bauern.« Das Goldene Zeitalter neigte sich zwar nicht für den Pächter, aber doch für den Kleinbauern seinem Ende zu; andererseits begann es nun für die riesige Masse der Lohnempfänger, die der Mangel an Arbeitskräften wegen der Wehrpflicht bei den Löhnen begünstigen sollte.

NEUE SCHICHTEN

Die Revolution brachte einen neuen Menschentyp hervor, den »Bürokraten«, wie ihn der Statistiker Peuchet taufte. Sein Entstehen verdankte er der wachsenden Bedeutung des Staates, die man sich durch die mit dem Verschwinden der Privilegien wachsende Zentralisierung erklärte. Die Ministerien reißen Kompetenzen an sich und blähen sich durch die Zahl ihrer Angestellten auf. Verwaltungsregeln entstehen; eine Welt gewählter Beamten und ernannter Angestellten setzt sich fest. Trotz seiner schlechten Bezahlung errang der Staatsbedienstete öffentliche Anerkennung. Die Revolution erscheint im nachhinein als große Aufbauperiode einer neuen Verwaltung. Sie macht das Rundschreiben zur Regel sowie den gedruckten, mehrspaltigen Bericht, die Registrierung der Postsachen und das System der Polizeikarteien.

Dennoch war man über die wachsende Macht dieser Verwaltung beunruhigt. »Es gibt niemand«, schrieb Mercier, »der sich nicht über die Unverschämtheit, Ignoranz oder Anzahl der Angestellten beklagt hätte, die sich in den Büros damit beschäftigen, Schreibfedern zuzuschneiden und den Gang der Dinge zu behindern. Nie wurde die Bürokratie auf einen übertriebeneren, aufwendigeren oder ermüdenderen Stand gebracht. Die Angestellten, die Papiere, die Details haben alles geschluckt. Der Sekretär des Kanzlisten des obskursten Bürokratenhaufens ist von mehr Akten umgeben, geschäftiger und wichtiger als früher der Kriegsminister.«

Saint-Just hatte als erster die Gefahr dieser Ausweitung der Bürokratie gesehen, die künftig das natürliche Ende jeder Revolution bedeuten sollte: »Kein Mensch im Amt macht etwas selber, sondern nimmt sich Hilfsbeamte. Der erste Hilfsbeamte hat wiederum seinen eigenen Gehilfen, und die Republik ist die Beute von zwanzigtausend Dummköpfen, die sie verderben und zur Ader lassen.« Später fügte er hinzu: »Das Ministerium ist eine Welt aus Papieren. Die Weitschweifigkeit seiner Korrespondenz und Regierungserlasse ist ein Zeichen seiner Untätigkeit. Es ist unmöglich, ohne knappe Anweisungen zu regieren. Nichts geschieht, und dennoch sind die Ausgaben enorm. Die Büros haben die Monarchie abgelöst.« Wie Saint-Just vorausgeahnt hatte, widersetzte sich die Verwaltung unter dem Direktorium den zu schwachen Kammern; sie etablierte sich als autonome Gewalt mit ihrer lokalen Klientel und ihren Karteien. Ihre Bediensteten sollten sich bis über die Restaurationszeit hinaus halten.

Eine weitere neue Schicht bildete die Armee. Aus dem Soldaten des Königs entwickelte sich der »Bürger-Soldat«. »Das Militärwesen«, meinte Napoleon später, »ist der Freimaurerei vergleichbar. Unter seinen Angehörigen herrscht ein gewisses Einverständnis, das dafür sorgt, daß sie einander überall erkennen, ohne sich zu täuschen, daß sie sich suchen und sich verständigen.« Damit wird deutlich, daß die Soldaten eine von der zivilen Gesellschaft getrennte Gesellschaftsschicht bildeten. Das Kennzeichen der Armee, die von Frankreich abgeschnitten und auf Feldzügen eingesetzt war, die nach den Begriffen der damaligen Zeit weit in die Ferne führten, war der Korpsgeist. Man »gehörte« zur Italienarmee oder zur Rheinarmee. Die Siege verstärkten den Stolz, zur »Großen Nation« zu zählen und ihr zu dienen. Doch damit wird die Armee eine Art Gegengewalt, die in die inneren Angelegenheiten eingreifen kann – was Robespierre sehr wohl vorausgesehen hatte. Zunächst verlangte man von ihr Kriegsbeute, die zur Auffüllung der Staatskasse bestimmt war, dann rief man sie, um unter Mißachtung der Legalität eine politische Entscheidung herbeizuführen, so im Fructidor und im Brumaire. Die meisten Soldaten hatten von der Pike auf gedient oder kamen – zu etwa einem

Drittel – aus dem niederen Adel oder dem mittleren Bürgertum: Im April 1792 zählte man 135 adlige Generäle und 18 nichtadlige; am 1. Januar 1793 waren es 139 adlige und 63 nichtadlige; am 1. Januar 1794 waren noch 62 adlige Kommandeure übriggeblieben, denen schon 275 nichtadlige gegenüberstanden; am 1. Juli 1795 notierte man 107 Adlige und 290 Nichtadlige in den höheren militärischen Rängen. Festzuhalten bleibt, daß die Bürgerlichen vor allem aus den Städten kamen: Brune arbeitete zuvor in einer Druckerei, Lannes war Lehrling in einer Färberei, Gouvion Saint-Cyr gab seinen früheren Beruf als »Maler« an. Die Generäle verwandelten sich in regelrechte Professionelle des Kriegswesens und bewiesen im Zusammenhang mit dem Anwachsen ihrer Vollmachten steigende Unabhängigkeit: Bonaparte, dann Joubert und Championnet in Italien sowie Hoche in Deutschland handelten politisch sehr selbstbewußt.

Während die Schwäche der Zivilgewalt zunahm, gewann das Militär, das vom Wohlfahrtsausschuß mit Hilfe der Guillotine (Houchard, Custine, Beauharnais) vorübergehend noch in Schach gehalten wurde, immer mehr an Gewicht. Die erbeuteten Reichtümer (es sei an die erste Proklamation Bonapartes an die Italienarmee erinnert) hatten die Unverschämtheit der Generäle gesteigert. Die Wehrpflicht, deren Ziel es war, den berufsmäßigen Charakter der Armee zu vermeiden und den Wehrdienst als »eine permanente Einrichtung« für junge Leute zwischen 20 und 25 Jahren zu gestalten, erreichte nicht das vorausberechnete Ergebnis. »Die Armee blieb von ihren Generälen beherrscht, die weiterhin die republikanische Gesinnung der Truppen für ihre eigenen Zwecke ausbeuteten.« So zeichneten sich am Ende der Revolution zwei neue Gewalten ab: die Verwaltung und die Armee. Ihnen gehörte die Zukunft; sie waren die endgültigen und wahren Sieger der Revolution.

DER REVOLUTIONÄRE VANDALISMUS

Die revolutionäre Zerstörungswut hatte man zu Recht verurteilt. Sie drückte sich vor allem im Haß gegenüber der Religion aus. Einige der schönsten religiösen Bauwerke wurden verstümmelt, insbesondere die Vorhallen der Kathedralen. Graf Henri Grégoire, Bischof von Blois, geißelte diesen platten Fanatismus in seinen Berichten an den Konvent.

Der Haß erstreckte sich auch auf die Symbole der Monarchie, und warum sollte man nicht an die Entweihung der königlichen Grabstätten von Saint-Denis erinnern? Außerdem schickte die Revolution Dichter wie Chénier und Roucher, Gelehrte wie Bailly, Condorcet und vor allem Lavoisier aufs Schafott. »Die Republik braucht keine Gelehrten«, soll einer der Geschworenen des Revolutionsgerichtes gesagt haben. Dieser Vandalismus ließ sich allenfalls durch den Kontext der allgemeinen, fanatischen Gewalttätigkeit in Frankreich erklären. Und noch bedenklicher ist, daß die Revolution im literarischen und künstlerischen Bereich so gut wie nichts hervorgebracht hat.

Per Dekret vom 13. Januar 1791 hatte die *Constituante* künstlerische Monopolstellungen aufgehoben und die Freiheit der Theater verkündet. Diese vermehrten sich, doch schwankte ihr Repertoire rasch zwischen mäßigen Satiren wie *»Le Jugement dernier des rois«* (»Das Jüngste Gericht der Könige«) von Sylvain Maréchal, *»Les Émigrés aux terres australes«* (»Die Emigranten am Südpol«), *»Le Mariage du Pape«* (»Die Hochzeit des Papstes«) oder *»Les Horreurs de l'Inquisition«* (»Die Schrecken der Inquisition«) und erbaulichen Stücken wie *»La Nourrice républicaine«* (»Die republikanische Amme«). Man kann allenfalls *»Oxtiern«* von de Sade davon ausnehmen, der den Franzosen als Sansculotte der Sektion Les Piques seine berühmte Flugschrift »Franzosen, noch eine Anstrengung, wenn Ihr Republikaner sein wollt« (*»Français, encore un effort, si vous voulez être républicains«*) entgegenschleuderte: »Franzosen, ich wiederhole es, Europa erwartet von Euch, vom Szepter und vom Weihrauchfaß befreit zu werden. Weder vor den Knien eines imaginären Wesens noch vor denen eines alten Betrügers darf ein Republikaner sich beugen: seine einzigen Götter müssen jetzt der Mut und die Freiheit sein.«

Nach dem Sturz der Monarchie traf die Bühnen eine unerbittliche Zensur. Der *»Ami des lois«* (»Der Freund der Gesetze«) von Laya, der in Anspielungen die Jakobinertyrannei angriff, wurde am 3. Januar verboten. Im August 1793 führte das Stück *»Paméla«* von François de Neufchâteau die Comédie Française ins Gefängnis. Man griff das klassische Repertoire an. *»Mahomet«* von Voltaire wurde wegen der folgenden Verse geächtet: »Beseitigt, große Götter, von dieser Erde,
   wer immer mit Vergnügen das Blut der Menschen vergießt.«

Am 26. April 1794 richtet die Polizeiverwaltung der Commune von Paris ein Rundschreiben an die Theaterdirektoren, das sie zur Streichung

der Titel »Herzog«, »Baron«, »Marquis«, »Graf« aus ihren Stücken aufforderte, »da diese Feudalbegriffe aus einer zu unsauberen Quelle stammen, als daß sie weiterhin die französische Bühne beschmutzen dürfen«.
Als Beispiel sei genannt: In »*Le Menteur*« von Corneille wird aus der
»Place Royale« die »Place des Piques«.

In der Malerei wurde die Stilrichtung eines Fragonard oder Watteau
zugunsten der antikisierenden Malweise eines David ausgeschaltet, dem
beherrschenden Maler dieses Zeitabschnitts. David war Schüler Bou-
chers; er war 1748 in Paris geboren und genoß die Protektion Sedaines, der
ihm eine Unterkunft im Louvre verschaffte. Von 1775 an beschäftigte er
sich mit den großen Themen der Antike: »Antiochos und Stratonike«,
»Belisarius«, »Der Schwur der Horatier«, »Brutus nach der Verurteilung
seiner Söhne«. Er schloß sich der Revolution an und malte den »Schwur
im Ballhaus«, dann, nach seiner Wahl in den Konvent, wo er für den Tod
des Königs stimmte, stellte er »Die letzten Augenblicke von Le Peletier«
dar, schließlich den »Tod des Marat«. Robespierre, dem er sich zunächst
verbunden gefühlt hatte, verließ er mit den Worten: »Man kann sich nicht
vorstellen, wie sehr dieser Unglückselige mich betrogen hat. Künftig, so
habe ich es mir geschworen, werde ich mich nicht mehr an die Menschen
binden, sondern nur noch an die Prinzipien.« Dies sollte ihn aber nicht
hindern, der offizielle Maler Napoleons zu werden.

Ein weiterer bekannter Vertreter der Malerei im Dienste der Ideen war
vor allem Regnault, dessen »*L'Acceptation de la Constitution*« (»Die
Annahme der Verfassung«) und mehr noch sein Bild »*La liberté ou la
mort*« (»Die Freiheit oder der Tod«) breite Zustimmung fanden. Wie die
Malerei, so wurde auch die Musik aufgefordert, sich in den Dienst der
Revolution zu stellen. Méhul komponierte »*Le Chant du départ*« (»Lied
vom Aufbruch«), Gossec »*Le Chant du 14 juillet*« (»Lied vom 14. Juli«)
und Rouget de l'Isle die »*Marseillaise*«. Die Revolution bemächtigte sich
auch der Feste und Feiern: Monarchistische, religiöse, dörfliche Feste
wurden nun zu Gedenkfeiern und Weihekulten. Daneben gab es noch die
offiziellen Feste vom 14. Juli 1790, 10. August 1793 und am 8. Juni 1794 zu
Ehren des Höchsten Wesens, umrahmt von der Musik Méhuls, aber
natürlich auch wilde und volkstümliche Feste, vor allem im Jahre II. Die
ersteren überraschten durch ihre Naivität und die Armut ihrer Symbolik;
die anderen endeten oft in Akten des Vandalismus. Manche gaben sich
pädagogisch wie das Salpeterfest im März 1794:

»Steigen wir in unsere Keller,
die Freiheit fordert uns dazu auf.
Sie spricht zu uns, Republikaner,
und es ist die Stimme des Vaterlandes.
Wasche die Erde in einem Faß,
und lasse das Wasser sich verflüchtigen.
Bald wird der Salpeter sich einstellen.
Um Pitt mit unseren Schiffen zu besuchen,
brauchen wir nur Salpeter.«

Die wissenschaftliche Bilanz der Revolution ist dagegen positiv, zum
Beispiel durch die Gründung des *Institut de France* am 3. Brumaire des
Jahres IV (25. Oktober 1795) mit seinen drei Klassen für physikalische
und mathematische Wissenschaften, moralische und politische Wissenschaften, Literatur und Schöne Künste sowie die Umwandlung des Bota-
nischen Gartens. In dieser Epoche gelangen einige große Entdeckungen:
Laplace veröffentlichte 1796 seine *»Exposition du système du monde«*
(»Darstellung des Weltsystems«); Lamarck verdankte man 1797 seine
»Mémoires de physique et d'histoire naturelle« (»Abhandlungen zur Physik und Naturgeschichte«) und Lagrange die *»Théorie des fonctions analy-
tiques«* (»Theorie der analytischen Funktionen«). Im Jahr 1799 erschienen
die *»Géométrie descriptive«* (»Beschreibende Geometrie«) von Monge
und die *»Leçons d'anatomie«* (»Anatomiekurs«) von Cuvier. Es sei auch
an den Telegraphen von Chappe und den Beobachtungsballon von Conté
erinnert. Manche Forschungen wurden vom Krieg angeregt: Fourcroy
erfand ein Schnellverfahren zur Stahlerzeugung.

Aus dem Bereich der Humanwissenschaften muß neben der Ägyptologie, die sich wenig später entfaltete, und der Verbesserung der Behandlung von Geisteskrankheiten durch Pinel vor allem die Veröffentlichung
der *»Ruines«* von Volney im Jahre 1791 festgehalten werden, die die
Aufmerksamkeit der Öffentlichkeit mit Erfolg auf die verschwundenen
Kulturen lenkten, und den *»Tableau des progrès de l'esprit humain«*
(»Übersicht über die Fortschritte des menschlichen Geistes«) von Condorcet im Jahre 1794.

Außerdem wurden Ansätze zur sprachlichen Vereinheitlichung unternommen: Das Französische wurde Nationalsprache (»Die Einheit der
Republik gebietet die Einheit der Sprache«). Doch leistete der Dialekt

kräftigen Widerstand, eine Fortentwicklung zeichnete sich jedenfalls erst
nach und nach ab. Als Agricol Perdiguier im Kaiserreich seine erste
Kommunion feierte, war er schockiert, als er den Priester im Dialekt
predigen hörte: »In Morières sprachen wir nur Dialekt; aber wir waren
eine Predigt in unserer eigenen Sprache nicht gewöhnt; sie erstaunte uns,
sie erschien uns gewöhnlich, trivial, grotesk und einer solchen Feierlich-
keit unangemessen.« Um das komplexe System der Maße zu vereinheitli-
chen, wurde das Dezimalsystem eingeführt. Die *Constituante* rief 1790
die Kommission für Maße und Gewichte ins Leben, deren Grundprinzipien »Meter« und »Gramm« am 26. März 1791 angenommen werden:
»Der Meter ist das Längenmaß, das dem zehnmillionsten Teil des Bogens
des Erdmeridians zwischen dem Nordpol und dem Äquator gleicht.« Das
Gramm wurde als »das absolute Gewicht eines Volumens an reinem
Wasser« definiert, »das dem Würfel aus dem hundertsten Teil des Meters
bei der Temperatur des schmelzenden Eises gleicht.« Dieses System stieß,
obwohl obligatorisch, in der Provinz auf Widerstände.

Ein ähnlicher Versuch der Vereinheitlichung wurde im Bereich des
Rechts unternommen, da sich Regionen mit geschriebenem und Regionen
mit Gewohnheitsrecht gegenüberstanden, doch gelangte er erst unter
Napoleon zum Abschluß.

Ebenso diskutierte man zahlreiche Unterrichtsprojekte. Das Prinzip
eines allgemeinen und kostenlosen öffentlichen Unterrichts für alle Bürger beschäftigte schon die *Constituante,* die dazu einen Bericht von Talleyrand hörte. Die Legislative griff dieses Problem ihrerseits wieder auf,
und Condorcet unterbreitete ihr einen ausführlichen Entwurf. Ein neuer
Plan, der von Le Peletier de Saint-Fargeau stammte, wurde im Konvent
verlesen, doch mußte man bis zur Herrschaft der Thermidorianer warten,
bevor einige dieser Bemühungen verwirklicht wurden.

Das Dekret vom 27. Brumaire des Jahres III (17. November 1794)
richtete Volksschulen ein, wobei auf tausend Einwohner eine Schule
kommen sollte. Die Lehrer wurden von einer Jury ausgewählt und vom
Staat bezahlt. Doch war dieser Unterricht nicht obligatorisch, und der
Gesetzestext ließ die Möglichkeit offen, Privatschulen zu errichten. Deshalb entwickelte sich der öffentliche Unterricht nur wenig weiter, und das
Analphabetentum blieb auf dem Lande auch weiterhin verbreitet.

Für das Höhere Schulwesen schuf das Dekret vom 7. Ventôse des
Jahres III (25. Februar 1795) auf Initiative Lakanals eine »Zentralschule«

pro Departement (drei für Paris). Die Lehrer wurden von einer Jury ausgewählt und durch die Departementsverwaltung ernannt. Sie bezogen ein Gehalt, das dem der bestbezahlten Beamten des Departements gleichkam. Dieser Unterricht wurde nicht kostenlos erteilt, doch gab es Stipendien für besonders begabte Schüler. Zwischen 12 und 14 Jahren lernte man alte oder neue Sprachen; von 14 bis 16 Jahren Mathematik, Physik und Chemie und von 16 bis 18 Jahren Literatur, Geschichte und Rechtslehre. Stendhal hat in *La vie d'Henry Brulard* (»Das Leben des Henry Brulard«) ein wenig schmeichelhaftes Bild seiner Lehrer in Grenoble hinterlassen.

Im Hochschulbereich wurden die Fakultäten am 15. September 1793 abgeschafft. Statt dessen erschienen neue Schulen und Institute: am 28. September 1794 die zentrale »Hochschule für öffentliche Bauten« *(École Polytechnique)*, am 30. März 1795 die »Hochschule für orientalische Sprachen«, am 29. September 1794 das »Konservatorium für Künste und Gewerbe«; die *École Normale Supérieure* am 24. Oktober 1794 sowie das von Sarrette begründete Musikkonservatorium. Das *Collège de France* wurde am 13. Juli 1795 neu organisiert. Ferner wurden im Dezember 1794 in Paris, Montpellier und Straßburg Hochschulen für das Gesundheitswesen geschaffen, die an die Tradition der Fakultäten anknüpften. Das Naturkundemuseum erlebte einen neuen Aufschwung, und schließlich sammelte und ordnete das Nationalarchiv, das durch das Dekret vom 25. Juni 1794 eingerichtet wurde, Urkunden, Register, Erlasse, die Frankreichs Geschichte betrafen.

Auch wenn die Revolution vor allem zerstörerisch wirkte, so hat sie doch das Bild einer modernen Gesellschaft entworfen, indem sie den Aufstieg eines neuen Bürgertums, den der Notabeln des 19. Jahrhunderts, begünstigte und die Bauern von den letzten Resten des Feudalwesens befreite. Aber im politischen Bereich scheiterte sie. Das Vakuum, das der Sturz des Absolutismus hinterließ, wurde nicht ausgefüllt. Die Ersatzformeln (konstitutionelle Monarchie, Wohlfahrtsregierung, bürgerliche Republik) bestanden nur vorübergehend und wurden Opfer der Staatsstreiche vom 10. August, 9. Thermidor oder 18. Brumaire. Prévost-Paradol faßte die Entwicklung in einem Aperçu zusammen: »Die Revolution hat eine Gesellschaft begründet; sie sucht noch ihre Regierung.« Vor allem spaltete sie Frankreich in zwei Lager. Rechte gegen Linke: Der Kampf begann.

KAPITEL VII

Der Aufschwung

Das Direktorium hatte weder die politische Instabilität, die auf den Sturz der Monarchie gefolgt war, noch den Krieg gegen Europa beenden können. Es löste weder die Finanzprobleme, die durch den maßlosen Druck von Geldnoten entstanden waren, noch diejenigen, die sich aus der Spaltung der Kirche wegen der Zivilverfassung des Klerus ergaben. Frankreich blieb in zwei Lager geteilt: Gegner und Anhänger des Wandels gerieten weiter unerbittlich aneinander. Der Konflikt blieb nicht auf die ideologische Ebene verbannt, sondern steuerte auf den Bürgerkrieg zu. Zwei Vorstellungen von Frankreich standen einander gegenüber: die traditionalistische und gegenrevolutionäre Joseph de Maistres und die liberale Benjamin Constants, die die Prinzipien von 1789 verfocht.

DIE WOHLFAHRTSDIKTATUR

Angesichts einer so schwierigen inneren Situation, die durch religiöse Spaltungen, politische Zwietracht, galoppierende Inflation mit einer nachfolgenden brutalen Deflation, Unsicherheit in den Städten und auf dem Land sowie durch einen ungewissen und endlosen Krieg gekennzeichnet war, Problemen also, die eine schwache Exekutive gar nicht bewältigen konnte, drängte sich nun die Idee eines Retters auf, der alle Probleme zu lösen vermochte. Man dachte an eine Wohlfahrtsdiktatur, wie sie nach dem Zeugnis lateinischer Historiker in Rom herrschte, wenn dort wegen einer Krisensituation alle Freiheiten aufgehoben waren.

Die Idee stammte im Grunde nicht einmal von der Rechten. Fabre d'Olivet behauptete in seinen *»Souvenirs«* (»Erinnerungen«), daß die

Jakobiner an Bernadotte gedacht hatten; doch der soll dem Vernehmen nach gewünscht haben, daß ihm diese Diktatur legal von der Volksvertretung angetragen werde. Jedenfalls präsentierte sich der Wohlfahrtsausschuß sehr wohl als eine Diktatur. Auch Sieyès dachte an eine provisorische Diktatur; er wollte seinen Plan einer Verfassungsreform in den Kammern mit Hilfe der Armee durchsetzen. Aber auch bei ihm sollte eine parlamentarische Abstimmung den Erfolg des Gewaltstreichs sanktionieren.

Natürlich kommt auch eine Wohlfahrtsdiktatur nicht ohne legale Basis aus. Dieses Ausnahmeregime, das seine Rechtfertigung allein in einer Ausnahmesituation fand, konnte ohne anfänglichen Konsens nicht existieren, wie dies der Fall war bei Bonapartes Konsulat. In Sankt Helena stellte Napoleon das Regime des Brumaire als eine Wohlfahrtsdiktatur dar: »Als ich an die Spitze der Geschäfte trat, befand sich Frankreich in derselben Lage wie Rom, als man nach einem Diktator rief, um die Republik zu retten. Alle mächtigen Völker Europas hatten sich gegen Frankreich zusammengeschlossen. Um mit Erfolg widerstehen zu können, mußte der Staatschef über die gesamte Macht und alle Mittel der Nation verfügen können.« Diese Theorie der Wohlfahrtsdiktatur griff Napoleon im Jahr 1815 nach der Katastrophe von Waterloo wieder auf: »Um das Vaterland zu retten, brauche ich eine umfassende Gewalt, eine vorübergehende Diktatur. Im Interesse aller Franzosen sollte ich mir diese Macht aneignen.«

Diese Diktatur war keine Militärdiktatur, auch wenn er später in Sankt Helena sagte: »Zum Regieren muß man Militär sein; man regiert nur mit Sporen und Stiefeln!« Allerdings wollte er mit diesen Worten seine Kriegserfahrung dem Kleinmut von Sieyès entgegensetzen. Zwar erklärte er am 4. Mai 1802 im Staatsrat: »Wir sind dreißig Millionen Menschen, die durch die Aufklärung, das Eigentum, den Handel vereint sind; drei- oder vierhunderttausend Soldaten sind nichts gegenüber dieser Masse.« Wenig später jedoch meinte er: »Die Armee, das ist die Nation.« Thibaudeau überliefert einen weiteren Ausspruch Bonapartes: »Ich will den Vorrang des zivilen vor dem militärischen Bereich nicht bestreiten.« Nicht die Armee brachte Bonaparte an die Macht, sondern eine Zivilperson, Sieyès, der ihm einen Staatsstreich vorschlug. Gewiß, Bonaparte verdankte die Wahl zum Ersten Konsul dem Glanz seiner militärischen Siege, aber er legte stets Wert darauf, sich als der Zivilste unter den Generälen zu zeigen.

Nach außen hin war ihm der Titel eines Mitglieds des *Institut National* wichtiger als sein Generalsrang.

Sobald er die Macht errungen hatte, brachte er undisziplinierte Generäle zur Räson und verwehrte den Offizieren zivile Tätigkeiten (außer in der Kriegsabteilung des Staatsrats). Die wenigen Generäle, die eine Präfektenstelle besetzten, waren Pensionäre. Es gab keine Militärkaste, die nach dem Beispiel unserer modernen südamerikanischen Diktaturen alle Hebel der Macht kontrollierte.

Das Konsulat stellte sich also als eine Wohlfahrtsdiktatur dar, die die öffentliche Zustimmung suchte. Die Verfassung des Jahres VIII wurde ebenso einer Volksabstimmung unterworfen wie die nachfolgenden Verfassungsänderungen. Diese Diktatur wollte ihre Rechtfertigung sowohl aus inneren wie äußeren Erfolgen ziehen. Sie stellte sich über die Parteien und lehnte die Spaltung Frankreichs in zwei Lager ab; dennoch machte sie sich zum Bollwerk der revolutionären Errungenschaften.

DIE VERFASSUNG DES JAHRES VIII

Für Bonaparte kam es vor allem darauf an, seine Autorität durchzusetzen. Entgegen der Legende gestaltete sich diese Aufgabe bei weitem nicht so leicht, denn er war nicht der einzige Sieger des Brumaire. Nach dem Staatsstreich war die Exekutivgewalt drei Konsuln – Sieyès, Roger Ducos und Bonaparte – anvertraut worden. Sieyès träumte von einer neuen Verfassung Frankreichs. Als er seinen Plan vorstellte, erkannte man, daß er aus dem Senat, dessen Mitglieder durch sein Bemühen aus ehemaligen Konventsabgeordneten rekrutiert worden waren, den Angelpunkt der neuen Institutionen machen und Bonaparte damit in das Ehrenamt eines Großen Kurfürsten verweisen wollte. Diese Rolle eines »Mastschweins« lehnte der General entschieden ab, so daß zwischen beiden Männern eine heftige Spannung entstand. Bonaparte verfügte über die militärische Macht, doch brauchte er nicht auf sie zurückzugreifen; die öffentliche Meinung war ihm ergeben. Er berief die Kommissare, die mit der Redaktion der Verfassung beauftragt waren, zu sich: Elf Abende hintereinander überarbeitete man den Entwurf von Sieyès. Das Ergebnis war die Verfassung des Jahres VIII.

Dem Anschein nach respektierte die neue Verfassung die revolutionären Prinzipien. Das allgemeine Wahlrecht wurde wiederhergestellt, die Exekutivgewalt blieb bei einem Kollegium; auf vier Kammern – darunter der für Sieyès so wichtige Senat – verteilte sich die Gesetzgebung. Tatsächlich aber gab es gar keine echten Wahlen. Die im Hauptort des Arrondissements versammelten Wähler bestimmten ein Zehntel unter ihnen, die eine Liste der Notabeln in den Gemeinden aufstellten. Diese Gewählten bestimmten ihrerseits die Notabeln des Departements, die nach einem identischen Verfahren ihrerseits die Liste der Notabeln auf nationaler Ebene festlegten. Aus diesen Listen wählte die Regierung die Gemeinde- und Departementsbeamten sowie die Mitglieder der Kammern aus.

An der Spitze der Exekutive standen drei Konsuln, die vom Senat auf zehn Jahre ernannt wurden. In Wirklichkeit aber hielt allein der Erste Konsul die Zügel der Macht in der Hand; bei ihm lag die Initiative zu den Gesetzen, die er auch verkündete, die Ernennung der Staatsräte, Minister und Beamten und das Recht über Krieg und Frieden; die beiden anderen Konsuln hatten nur beratende Funktion.

Dagegen war die gesetzgebende Gewalt auf vier Kammern aufgeteilt. Der Staatsrat, dessen vierzig Mitglieder vom Ersten Konsul ernannt wurden, bereitete unter dessen Vorsitz die Gesetzesentwürfe vor. Diese wurden im Tribunat diskutiert und einer Versammlung von hundert Mitgliedern vorgelegt, von denen ein Fünftel jedes Jahr ergänzt wurde. Von dort gelangten die Entwürfe an die Gesetzgebende Körperschaft. Sie zählte dreihundert Mitglieder, von denen jährlich ein Fünftel neu gewählt wurde. Sie beschloß oder lehnte die Entwürfe ab, nachdem sie drei Kommissare der Regierung, welche die Absichten des Ersten Konsuls darlegten, sowie drei Tribune angehört hatte, die eine Stellungnahme ihrer Kammer abgaben. Dem Senat kam die Rolle eines Hüters der Verfassung zu; er konnte Gesetze als verfassungswidrig annullieren. Dieser komplizierte Mechanismus zersplitterte und lähmte die parlamentarische Gewalt gegenüber dem Ersten Konsul.

Über die tatsächliche Verteilung der Macht gab sich niemand Illusionen hin: »Was steht denn in der Verfassung? Bonaparte!« sagte man im Dezember 1799. »Damit war von diesem Augenblick an die Gewalteneinheit gegeben«, sagte Napoleon später zu Las Cases und fuhr fort: »Der Erste Konsul war ein echter amerikanischer Präsident, doch verschleiert unter Formen, die der argwöhnische Zeitgeist noch gebot.« Er schloß mit der Feststellung: »Meine Herrschaft begann tatsächlich an diesem Tag.«

Um den republikanischen Schein bis zum Schluß zu wahren, wurde die Verfassung wie 1793 und 1795 der »Annahme durch das französische Volk« unterworfen. Dieses Mal ging es jedoch nicht mehr um eine Volksabstimmung, sondern um ein Plebiszit zugunsten Napoleons. Die Volksbefragung geriet zur Farce, da die Verfassung bereits vor ihrer Annahme in Kraft trat. In Paris stimmte man früher ab als in der Provinz; außerdem wurde das Wahlgeheimnis nicht beachtet, da die Bürger ihren Namen entweder in das Register der Ja-Stimmen oder aber in das der Nein-Stimmen eintragen mußten, allerdings mit der Möglichkeit, ihre Entscheidung zu begründen. Nach den offiziellen Angaben wurde die Verfassung schließlich mit 3 011 007 gegen 1 562 Stimmen angenommen. Die Zahl der Abstimmenden wurde aber von Lucien Bonaparte, jetzt Innenminister, künstlich aufgebläht, um den Eindruck einer breiten Zustimmung zu erwecken. In Wirklichkeit sollen es nur 1 500 000 Ja-Stimmen gewesen sein, was für die Vermutung vieler Enthaltungen spricht; dennoch bestand aber eine unbestreitbare Mehrheit an positiven Stimmen. Gemäß der Verfassung wurden an Stelle von Sieyès und Roger Ducos, die in den Senat überwechselten, Cambacérès und Lebrun zweiter und dritter Konsul. Fouché blieb Polizeiminister; Talleyrand erhielt das Außenministerium; Gaudin, der aus der Verwaltung des Ancien régime und dem nationalen Schatzamt der Revolutionszeit kam, erhielt das Finanzministerium und Berthier, ein Gefolgsmann Bonapartes, das Kriegswesen.

DIE ZENTRALISIERUNG

Auch wenn die Ausarbeitung der Verfassung das Werk Napoleons war, so überließ er die Aufgabe der Verwaltungsneuordnung Chaptal und Cambacérès. Die Ausschaltung von Sieyès war für das Regime letztlich günstig, was auch Las Cases bestätigte: »Man hat damals das Fingerspitzengefühl Napoleons bei der Wahl der Personen gelobt. Die Männer, die er berufen hatte, wurden von niemand in Europa in Frage gestellt. Sie hatten viel dazu beigetragen, die öffentliche Meinung in den verschiedenen Strömungen bei uns in Frankreich ihm zuzuführen; im Fall von Sieyès wäre es anders gewesen. Sein Name und die Erinnerung an ihn hätten in den Augen vieler den Entscheidungen geschadet, an denen er teilgenommen hätte.«

Die Einteilung des Landes in Departements, Arrondissements und Gemeinden wurde beibehalten, doch verzichtete man auf die Verwaltung durch Kollegien, die von den Bürgern gewählt waren. Der Föderalismus hatte deren Gefahren aufgezeigt. An der Spitze des Departements stand der Präfekt, der von der Regierung ernannt wurde und die Nachfolge des Intendanten antrat, doch hatte letzterer in seiner »Généralité« noch mit der Existenz privilegierter Körperschaften wie Parlament und Provinzial-ständen rechnen müssen, die nach der Revolution nicht mehr bestanden. Wie Alexis de Tocqueville festhielt, stieß die Zentralisierung im Jahre 1800 auf keine Widerstände mehr. Der *Subdélégué* machte dem Unterpräfekt im Arrondissement Platz; der Bürgermeister, der gleichfalls vom Ersten Konsul ernannt wurde, blieb der Gemeinde erhalten. Als Sprecher des Tribunats vor der Gesetzgebenden Körperschaft legte Delpierre die Rolle von Präfekt, Unterpräfekt und Bürgermeister als Werkzeuge der Zentrali-sierung klar dar: »Der Präfekt, der im wesentlichen mit der Ausführung beauftragt ist, übergibt die Anweisungen dem Unterpräfekten, dieser den Bürgermeistern der Städte, Landstädte und Dörfer. Auf diese Weise reicht die Ausführungskette vom Minister ohne Unterbrechung hinunter bis zum verwalteten Bürger und überträgt die Gesetze und Befehle der Regie-rung bis in die letzten Verzweigungen der gesellschaftlichen Ordnung mit der Schnelligkeit des elektrischen Stroms.«

Da entsprechend der Formulierung Chaptals – zunächst Staatsrat, dann Nachfolger Lucien Bonapartes im Innenministerium – *Verwalten* das Handeln eines einzelnen, *Beraten* aber das von mehreren darstellt, richtete man den Generalrat des Departements ein (mit 16 bis 24 Mitglie-dern), den Rat im Arrondissement (mit elf Mitgliedern) und den Gemein-derat (mit variabler Zahl), deren Mitglieder wie der Präfekt und der Bürgermeister von der Regierung bestimmt wurden, aber nur finanzielle Kompetenzen hatten. Die Räte bei der Präfektur übernahmen außerdem die Funktion der Verwaltungsgerichtsbarkeit.

Das Gesetz vom 28. Pluviôse des Jahres VIII (17. Februar 1800), das diese Zentralisierung einführte, vernichtete also jegliche lokale Autono-mie: Die Präfekten, die für die Verwaltung des Departements allein zu-

ständig waren, wurden von der Regierung ernannt und waren deren
Ermessen ausgesetzt (in der Gruppe der Präfekten gab es im Kaiserreich
die meisten Umbesetzungen). Die Sitzungen der Ratsgremien unterlagen
Einschränkungen, und ihre Kompetenzen blieben begrenzt; ihre Mitglieder hingegen wurden mit Sorgfalt unter den gemäßigten Notabeln,
Grundbesitzern und Geschäftsleuten ausgewählt. Das öffentliche Leben
der Departements hing seither von der Zentralgewalt ab.

Paris erhielt ein besonderes Statut. Das Departement Seine wurde in
drei Arrondissements eingeteilt. Das erste umfaßte im wesentlichen Pantin, Belleville, Clichy, Passy und Franciade (Saint-Denis); das zweite
zählte unter anderem Vincennes, Montreuil und Sceaux zu seinem Bezirk.
Beide erhielten Unterpräfekten. Das dritte Arrondissement, das Paris
umfaßte, erhielt keinen. Die Stadt blieb in zwölf städtische Arrondissements aufgeteilt, an deren Spitze ein Bürgermeister stand, der für das
Personenstandswesen verantwortlich war. Dafür gab es keinen Oberbür-
germeister. An seiner Stelle ließ sich der Präfekt des Departements Seine
im Rathaus nieder. Er erbte die Kompetenzen eines »Vogts der Kaufleute«
(prévôt des marchands), während ein Polizeipräfekt, der sich bald zum
Rivalen des Seine-Präfekten aufschwang, die des früheren Generalleut-
nants der Polizei erhielt. Paris bekam keinen Stadtrat – diese Funktion
übernahm der Generalrat des Departements –, auch keinen Bürgermeister
und keine Volksvertreter: Die Hauptstadt stand unter Aufsicht. Zu
schlecht war die Erinnerung, die man an die aufständische Commune von
1792 bewahrte. Die neuen Institutionen stellten ihre Wirksamkeit unter
Beweis, denn bis 1830 rührte sich Paris politisch nicht.

In diesem zentralisierten System nahm die Polizei eine besondere
Bedeutung ein. Die Präfekten mußten mit dem Polizeiminister Joseph
Fouché korrespondieren, und die Gendarmerie wurde neu organisiert.

Das Gesetz vom 27. Ventôse des Jahres VIII (18. März 1800) vervollständigte die Umorganisation der französischen Verwaltung, indem es
den neuen Rahmen der Gerichtshierarchie an sie anpaßte: ein Friedens-
richter im Kanton, ein erstinstanzliches Zivilgericht und eine Kammer für
Übertretungen im Arrondissement, eine Strafkammer im Departement.
Es gab 29 Berufungsgerichte, deren Bezirk den früheren Einteilungen in
Provinzen entsprach, und einen Kassationsgerichtshof in Paris. Man verkündete die Unabsetzbarkeit der Richter, doch wurden sie vom Ersten
Konsul ernannt; bei jedem Gericht fungierte ein Regierungskommissar

als Staatsanwalt und hatte gleichzeitig seine Amtskollegen zu überwachen.

Diese Neuorganisation schuf das, was Hippolyte Taine im Gegensatz zum »Alten Regime« das »moderne Regime« nannte. Sie bestätigte den Triumph der Notabeln, wobei die Zugehörigkeit zu den Notabeln jetzt durch das Vermögen und nicht durch die Geburt definiert wurde. Vom Staatsrat bis zu den Präfekturen sollten die im Jahre VIII eingeführten Institutionen den Sturz Napoleons überdauern, so sehr befriedigten sie die Bestrebungen des neuen Bürgertums.

DIE NEUORDNUNG DER FINANZEN

Eine Finanzreform war dringend geboten. Die Zukunft des neuen Regimes hing davon ab: Im Monat Brumaire zählte man nur noch 167000 Francs in der Staatskasse.

Gaudin griff die Reformen wieder auf, die Ramel zur Zeit des Direktoriums vorbereitet hatte. Das Gesetz vom 3. Frimaire des Jahres VIII (24. November 1799) schuf die Verwaltung der direkten Steuern. Das System der vier früheren Steuern (Grundsteuer, Steuer auf bewegliche Güter, Steuer auf Fenster und Türen, Gewerbesteuer) wurde beibehalten, aber ihre Veranlagung und Einziehung in die Hände des Staates gelegt. Direktoren und Kontrolleure stellten Steuerlisten auf, Steuereinnehmer und Kassierer zogen das Geld ein. Da alle von der Regierung ernannt waren, verschwanden die Nachteile der Wahl. Da sie eine Bürgschaft leisten mußten und dem Beförderungsreglement unterworfen waren, strengten sie sich an, und die Geldeingänge liefen endlich regelmäßig.

Um das Kreditwesen wiederzubeleben, schuf Gaudin eine Amortisationskasse, die aus den Bürgschaften der Steuereinnehmer gespeist wurde, also etwa zehn Millionen Francs zählte. Ihre Geschäftsführung oblag Mollien, der aus der Steuerpacht des Absolutismus stammte. Aufgabe der Kasse war es, die Staatspapiere durch Aufkäufe an der Börse zu stützen; außerdem diente sie als Reserve, um die Kriegskosten und Haushaltsdefizite abzudecken.

Auch der Handel brauchte wieder Vertrauen. Die Kontokorrentkasse, die 1796 von Perrégaux und Récamier gegründet worden war, hatte ihr

Ziel nicht erreicht und wurde am 24. Pluviôse des Jahres VIII (13. Februar 1800) in die Bank von Frankreich mit einem Kapital von dreißig Millionen in Aktien zu tausend Francs umgewandelt. Die zweihundert größten Aktionäre wählten fünfzehn Verwalter und drei Aufsichtsbeamte; sie bildeten den Generalrat der Bank. Obwohl Privatbank, erhielt die Bank von Frankreich einen Teil der staatlichen Mittel. Der Staat erwartete im Gegenzug die Normalisierung des Geldmarkts und die Abschwächung der Auswirkung krisenanfälliger Entwicklungen dank der Kreditmöglichkeiten, die sie den Firmen bot, die in Schwierigkeiten geraten waren. Am 24. Germinal des Jahres XI (14. April 1803) erhielt sie das Privileg der Banknotenemission für fünfzehn Jahre, zunächst allerdings nur für die großen Scheine: Die Erinnerung an die Assignaten war noch nicht verblaßt.

Die Währungsreform vervollständigte die Umgestaltung des Steuerwesens und die Neuordnung des Bankwesens. Das Gesetz vom 7. Germinal des Jahres XI (28. März 1803) bestätigte den Franc als Währungseinheit auf der Basis von 5 Gramm Silber mit einem tatsächlichen Gehalt von neun Zehntel. Auch wenn das Gesetz dem Silber den Rang des wichtigsten Währungsmetalles einräumte, so hielt es doch das System der zwei Edelmetalle aufrecht, indem es zwischen Silber und Gold ein Verhältnis von 1:15,5 festsetzte. So entstand der *franc-germinal*, der bis zum Ersten Weltkrieg stabil bleiben sollte. Zum ersten Mal und zur großen Befriedigung der Geschäftswelt entsprach der tatsächliche Wert des Geldes, wie man oft betonte, seinem Nominalwert.

Dieses Arsenal an Gesetzen begleiteten zwei Maßnahmen von ungeheurer psychologischer Wirkung: Die Staatspapiere wurden wieder in Bargeld ausbezahlt, und der Haushalt des Jahres 1802 wurde bei einem Volumen von etwa 500 Millionen Francs für ausgeglichen erklärt, wobei diese Zahl weit unter den Ausgaben der früheren Monarchie lag.

Der finanzielle Aufschwung trieb die Wirtschaft an und setzte eine wirtschaftliche Aufwärtsbewegung auf breiter Front in Gang. Dieser Aufschwung war allerdings brüchig. Als im Frühjahr 1801 die Ernte unsicher schien, war in der Hauptstadt der Brotpreis plötzlich hochgeschnellt und hatte die für einen Arbeiterhaushalt erträgliche Grenze überschritten. Vor den Türen der Bäckereien bildeten sich schon zu früher Stunde Schlangen; ein Transport wurde in der Rue Saint-Honoré angegriffen, und an den Straßenecken tauchten Redner auf, die die Regierung

der Unfähigkeit bezichtigten. Sollten die schlimmen Tage der Schreckenszeit wiederkehren? Mit einem Mal drohte sich in Paris, Lyon und Rouen
ein wirtschaftlicher Stillstand auszubreiten.

Bonaparte ergriff alsbald energische Maßnahmen. Die Presse erhielt
die Anweisung, kein Wort über die Situation zu verlieren. Die Finanzmakler Ouvrard und Vanlerberghe bekamen gegen eine hohe Provision
den Auftrag, in den englischen und holländischen Häfen alle Getreidela-
dungen aufzukaufen, derer sie habhaft werden konnten. Der Brotpreis in
Paris wurde schnell wieder unter die Grenze von 18 Sous für vier Pfund
gedrückt. Demonstrativ durchquerten Handelstransporte Frankreich,
um die unruhigen Gemüter zu beruhigen. Gleichzeitig wurden den am
meisten schlingernden Firmen zinslose Kredite gewährt und in der
Hauptstadt Werkstätten für Arbeitslose eröffnet.

Es handelte sich tatsächlich um eine banale Panik mit ihren üblichen
Auswirkungen auf die Aktivität der Manufakturen. Nachdem das Vertrauen dank der vor allem psychologischen Maßnahmen der Konsulatsre-
gierung wiedergekehrt war, herrschte schnell wieder Ordnung. Man zog
daraus den Eindruck, daß Bonaparte im Gegensatz zu Ludwig XVI. und
dem Wohlfahrtsausschuß den Hunger hatte besiegen können. Er gewann
daraus eine enorme Popularität.

DIE WIEDERHERSTELLUNG DES POLITISCHEN FRIEDENS

Der Erste Konsul hatte sich von Anfang an über die Parteien gestellt. »Ich
liebe weder rote Absätze (der Adligen) noch rote Mützen, ich fühle
national«, soll er gesagt haben. Seine ersten Maßnahmen galten der politischen Befriedung: Schließung der Emigrantenliste, Abschaffung des Fe-
stes vom 21. Januar, an dem der Tod Ludwigs XVI. gefeiert wurde, aber
auch eine Amnestie für die früheren Mitglieder des Wohlfahrtsausschusses, die deportiert worden waren.

Im November begannen Verhandlungen mit den Anführern des Ven-
dée-Aufstandes, und am 24. Dezember 1799 wurde ein Waffenstillstand
unterzeichnet. Der Führer der royalistischen Bauern (Chouans), d'Andi-
gné, begab sich nach Paris. Bonaparte erkannte vor ihm das Widerstandsrecht gegen einen Unterdrücker an und entwarf eine Vereinbarung: Be-

freiung von der Wehrpflicht in den aufständischen Departements, Erlaß der rückständigen Steuern sowie die Rückgabe der nichtverkauften Güter an die Adligen.

Trotz seines Verhandlungswillens zeigte er zugleich, daß er die Chouannerie im Falle eines Scheiterns vernichten würde, indem er unter dem Oberbefehl Brunes Truppen zusammenziehen ließ. Auf seiten der Aufständischen predigte der frühere Geistliche von Saint-Laud die Versöhnung. Im Januar erklärten sich Bourmont, d'Autichamp und Suzannet bereit, die Waffen niederzulegen. Cadoudal ging nach seiner Niederlage bei Grandchamp nach England; Frotté, einer der letzten, die sich weigerten aufzuhören, geriet in einen Hinterhalt und wurde erschossen. Daraufhin stellte sich im Westen eine noch sehr prekäre Ruhe ein. Im Süden war es schwierig, zwischen royalistischen Aktionen und Bandenunwesen zu unterscheiden. Sondergerichte ohne Geschworene wurden eingerichtet und mehrere Todesurteile gesprochen. Die Wirkung war auch hier eher psychologischer Art, aber das Räuberunwesen nahm auf spektakuläre Weise ab.

Seit den Tagen des Prairial und Germinal rührten sich die Pariser Vorstädte nicht mehr. Was hätten sie ohne Waffen und ohne Anführer auch ausrichten können? Manche Jakobiner gefielen sich in dunklen Andeutungen bezüglich eines Tyrannenmords. Zwischen den Worten und der Tat stand jedoch die Polizei Fouchés. Die einzige bemerkenswerte Verschwörung war die der »Dolche«, als man den Ersten Konsul in seiner Opernloge umbringen wollte. Die Verschwörer, darunter der Maler Topino-Lebrun, der römische Bildhauer Ceracchi und Arena waren in Wirklichkeit Opfer einer Provokation durch die Polizei. Die »letzten Terroristen«, die man für die Explosion einer Bombe bei der Durchfahrt von Bonapartes Wagen verantwortlich machte, wurden ohne Urteil deportiert. Die Opposition der Jakobiner schien endgültig zerschlagen. Die Untersuchung, die der Polizeipräfekt Dubois mit Unterstützung seiner besten Spürhunde Bertrand, Boucheseiche, Henry und Beffara durchführte, ergab, daß die Verantwortung für die Explosion in der Rue Saint-Nicaise nicht auf »die letzten Getreuen Robespierres« (»*la queue de Robespierre*«) fiel, sondern auf die Chouans Carbon und Saint-Réjeant. Sie wurden von den Polizisten Fouchés gefangen und hingerichtet. Bonaparte hatte an seinen Absichten keinerlei Zweifel gelassen, als er am 7. September die Vorschläge einer Restauration zurückwies, die Ludwig XVIII. an ihn gerichtet hatte: »Sie sollten Ihre Rückkehr nach Frankreich nicht wünschen; Sie müßten über hunderttausend Leichen marschieren...« Die Ungeschicklichkeit der Attentäter zog die Zerschlagung der Agentennetze nach sich, die Hyde de Neuville in der Hauptstadt aufgebaut hatte. In Südfrankreich agierten Imbert-Colomès und Dandré, die in Augsburg eine gegenrevolutionäre Agentur gegründet hatten, um die Erhebung der südlichen Departements vorzubereiten, auch nicht glücklicher: Ihre Papiere wurden in Deutschland von den preußischen Behörden sichergestellt und der französischen Polizei übergeben, die sie unverzüglich veröffentlichte.

Widerspenstige Generäle wurden beiseitegeschoben: Bonaparte entsandte sie als Botschafter in fremde Hauptstädte, wie Brune nach Konstantinopel und Lannes nach Lissabon, oder brachte sie in Mißkredit wie Lecourbe, der in eine undurchsichtige Affäre verwickelt war, oder ließ sie auch einsperren wie Simon, der in Rennes die Verschwörung der »Butterfässer« zugunsten Bernadottes geschürt hatte.

Als der Ausgang der Schlacht von Marengo ungewiß schien, hatten die Brumairianer im Juni 1800 geglaubt, die Macht wieder an sich ziehen zu können. Sie mußten jedoch auf das Triumvirat Talleyrand – Fouché – Clément de Ris, das sie angeblich ins Auge gefaßt hatten, verzichten und zu einer Haltung zurückkehren, die ihren Interessen besser entsprach. Die politische Zwietracht verblaßte angesichts der Autorität des neuen Staatschefs.

DER RELIGIÖSE FRIEDEN

In der Erbmasse der Revolution fand Bonaparte die Spaltung der Kirche in eidleistende und eidverweigernde Priester vor. Der Frieden für das Bürgertum stellte sich also über die Wiederherstellung des Religionsfriedens ein.

Sollte man der Entwicklung einer religiösen Erneuerung freien Raum lassen – ohne im Namen der Trennung von Staat und Kirche, die die Thermidorianer verkündet hatten, einzugreifen – und damit letzten Endes Gefahr laufen, den royalistischen Interessen zu dienen? War es nicht eher angemessener, der Kirche eine neue Organisation zu geben und sich dann

das Verdienst an dem neugeschaffenen Frieden zuzuschreiben? Bonaparte
hütete sich, den Irrtum der Mitglieder der *Constituante* zu begehen. Eine
solche Neuorganisation mußte in Zusammenarbeit mit dem Haupt der
Kirche, Pius VII., erfolgen, der am Ende eines mühsamen Konklaves am
14. März 1800 gewählt worden war.

Kurz nach seinem Sieg bei Marengo hatte der Erste Konsul in Vercelli
Kardinal Martiniana seine Absicht eröffnet, Gespräche mit Rom aufzunehmen. Wenige Zeit später wurde Monsignore Spina nach Paris eingeladen. Er traf dort auf Bernier, der schon den Friedensschluß mit der Vendée
ausgehandelt hatte. Die Verhandlungen waren langwierig und schwierig;
ihr Inhalt ist genau bekannt. Die wesentlichen Klippen waren die Spaltung
der Geistlichkeit, das Problem der Nationalgüter, der Katholizismus als
Staatsreligion, wie er es vor 1789 war, und die Kultfreiheit. Zwei Gruppen
standen einander gegenüber: auf der einen Seite die schwer bewegliche
römische Kurie und auf der anderen Seite die früheren Revolutionäre wie
Fouché. Spina kam am 5. November in Paris an. Der erste Brief, der von
ihm in Rom eintraf, stammte vom 20. Dezember und trug die Nummer
»zehn«, was bedeutete, daß die neun vorausgehenden vom französischen
Geheimdienst (»cabinet noir«) aufgefangen worden waren – fürwahr ein
schlechter Start der Verhandlungen.

Der erste Entwurf hatte die Zustimmung des Ersten Konsuls offenbar
bereits gefunden, doch ersetzte ihn Talleyrand, weil er ihn als zu kirchen-
freundlich einstufte, durch einen zweiten, den Spina wiederum zurückwies. Die Explosion einer Höllenmaschine im Dezember, die der Erste
Konsul den Jakobinern zuschrieb, erlaubte es Spina, einen weiteren, für
den Heiligen Stuhl günstigeren Entwurf vorzulegen. Doch Fouché entdeckte als tatsächliche Urheber des Attentats Chouans. Das wiederum
verärgerte Bonaparte, der daraufhin den Entwurf ablehnte. Spina bekam
eine vierte Fassung vorgelegt, die er jedoch nicht beantwortete. Es folgte
ein fünfter Entwurf. Der Auseinandersetzung überdrüssig, kam nun
Consalvi, der starke Mann beim Heiligen Stuhl, nach Paris. Er wies einen
sechsten Entwurf zurück, den er gleich nach seiner Ankunft erhielt. Eine
ausführlichere siebte Fassung wurde ihm unterbreitet; er hielt sie für nicht
akzeptabel und verfaßte in der Nacht einen Gegenentwurf, den wiederum
Bonaparte ablehnte. Statt dessen ordnete er an, auf den sechsten Entwurf
zurückzugreifen. Es folgten ein neuer Gegenentwurf und eine erneute
Ablehnung durch den Ersten Konsul, bis sich Napoleon und Consalvi

schließlich auf einen achten Entwurf einigten, den man am 13. Juli schließlich unterzeichnete. Als Consalvi aber den Text durchsah, stellte er fest, daß er nicht mit dem übereinstimmte, der die Einigung erreicht hatte. Es folgten neue Diskussionen und ein neunter Entwurf; Consalvi blieb unerschütterlich. Bonaparte gab schließlich nach: Am 14. Juli um Mitternacht war alles vorüber.

Pius VII. erkannte den Verkauf der Nationalgüter an oder verpflichtete sich zumindest, deren Erwerber nicht zu behelligen, denn er konnte der weltlichen Gewalt de jure nicht das Recht zugestehen, über diese Güter zu verfügen. Man forderte alle Bischöfe, ob vereidigt oder nicht, auf, ihren Rücktritt einzureichen, was sie mit einigen wenigen Ausnahmen taten. Dies führte zur Entstehung der schismatischen »Kleinen Kirche« (»Petite Église«). Schließlich wurde der katholische Glaube zur »Religion der großen Mehrheit der Franzosen« erklärt.

Die Zahl der Bistümer wurde auf sechzig verringert. Der Erste Konsul ernannte die Bischöfe, und der Papst gab ihnen die kanonische Weihe. Vor ihrem Amtsantritt leisteten sie »in die Hand des Ersten Konsuls« den Treueid; sie ernannten mit Zustimmung der Regierung die Geistlichen und erhielten wie diese ein Gehalt. Ernennung durch den Staat, Eid und Bezahlung verwandelten Bischöfe und Geistliche in Beamte.

Das Konkordat war ein Kompromiß. Bonaparte durchbrach das jahrhundertealte Bündnis von Thron und Altar und verpflichtete den Papst anzuerkennen, daß der Katholizismus nicht mehr Staatsreligion war. Pius VII. erreichte seinerseits die Anerkennung seiner geistlichen Autorität über die Kirche Frankreichs und die Wiederherstellung der Religion in einem Land, das soeben die Stürme der Entchristianisierung erfahren hatte. Die neuen Bischöfe waren rasch bestimmt: Zwölf ehemalige konstitutionelle Bischöfe (darunter Le Coz), sechzehn Eidverweigerer und zweiunddreißig neue Oberhirten, unter ihnen Bernier, der für sich das Erzbistum von Paris erhofft hatte und nur Koadjutor von Orléans wurde.

Auch wenn die öffentliche Meinung die Vereinbarung mit Rom enthusiastisch aufnahm, was dem »Geist des Christentums« (»Le Génie du christianisme«) Chateaubriands einen riesigen Bucherfolg sicherte, so stieß sie unter den Brumairianern doch auf heftige Vorbehalte. Der Staatsrat verharrte in mißbilligendem Schweigen, und im Tribunat gab sich die Opposition ironisch. Die Gesetzgebende Körperschaft wählte einen Atheisten zu ihrem Präsidenten, und der Senat wählte Grégoire hinzu, der das Konkordat kritisiert hatte. In der Armee machten Generäle wie Delmas ihrer Abscheu vor den »Kapuzinerpredigten« Luft.

Bonaparte schöpfte aus dieser versteckten Opposition die Rechtfertigung für die »Organischen Artikel«, die das Konkordat in eindeutig gallikanischem Sinn veränderten. Von nun an konnte Rom ohne Erlaubnis der Regierung keine Bulle mehr veröffentlichen noch Legaten schicken; ohne offizielle Erlaubnis konnten keine Bischofsversammlungen abgehalten werden. Prozessionen und Glockengeläut waren reglementiert. Und um klar zu unterstreichen, daß der Katholizismus aufgehört hatte, Staatsreligion zu sein, erhielten die Protestanten eine neue Organisation, die für die Pastoren dasselbe offizielle Gehalt vorsah wie für ihre katholischen Amtskollegen. Damit hielt der Erste Konsul nicht nur die Hand auf der nunmehr verbeamteten Kirche, sondern die religiöse Befriedung beraubte auch die royalistische Partei der katholischen Unterstützung. »Ich wünsche dem Papst von ganzem Herzen den Tod auf die gleiche Weise und aus dem gleichen Grund, wie ich ihn meinem Vater wünschen würde, wenn er mich morgen entehren sollte«, schrieb Joseph de Maistre in einem Wutanfall.

DER FRIEDEN AUF DEM KONTINENT

Im Jahre 1799 befand sich Frankreich in der Auseinandersetzung mit der zweiten Koalition, die aus Österreich, Rußland und Preußen bestand. Nach sieben Jahren nahezu ununterbrochenen Krieges sehnte sich Frankreich nach Frieden. Um seine Popularität zu festigen, bot Bonaparte England und Österreich Verhandlungen an. Die Ablehnung, die er einsteckte, war vorauszusehen; immerhin aber sicherte er sich mit seinem Angebot die öffentliche Unterstützung für seine Ansicht, und der Krieg ging weiter. Bonaparte verstand es, Deutschland zum wichtigsten Schauplatz der militärischen Operationen zu machen und dem Feldzug, der die französischen Truppen durch Bayern nach Wien führen sollte, alle anderen Schlachtfelder unterzuordnen. In der Tat konnte man in Italien nur ein Ablenkungsmanöver erwarten, denn um von dort in die österreichische Hauptstadt zu gelangen, mußte man das mächtige Massiv der Alpen überschreiten.

In der ersten Kriegsphase stützte sich der Erste Konsul zunächst nur auf zwei Armeen. Der Rheinarmee mit 150000 Soldaten unter dem Oberbefehl Moreaus kam die Aufgabe zu, die Streitkräfte des Österreichers Kray nacheinander und ohne allgemeine Schlacht zu vernichten, indem sie diese im Rücken überraschen und von ihren Versorgungslagern in Stokkach und Biberach abschneiden sollten. Die Ligurienarmee mit 40000 Mann unter Masséna sollte die österreichischen Truppen auf der italienischen Halbinsel binden.

Moreau weigerte sich, den Plan des Ersten Konsuls auszuführen. Er zog die Routine der vorausgegangenen Feldzüge vor. Deshalb griff er Mainz, Kehl, Breisach und Schaffhausen an, um Kray zur Verzettelung seiner Kräfte zu zwingen und dessen Reserven zu vernichten. Die Befriedung der Vendée ermöglichte Bonaparte aber die Aufstellung einer dritten Armee, die in Dijon, das heißt auf halbem Weg zwischen Basel und Genf als Reservearmee stationiert, Moreau wie Masséna unterstützen konnte. Angesichts der Weigerung Moreaus gab Bonaparte nach. Von nun an wurde Italien zum Hauptschauplatz der Operationen. Moreau sollte nur noch Kray bis Ulm zurückwerfen und ihn von einem Eingreifen in Italien abhalten, bis der entscheidende Schlag auf der Halbinsel geführt war. Masséna hatte die Österreicher bei Genua zu binden, um der Reservearmee den Einmarsch in Italien zu ermöglichen. Aber es lief nicht alles so einfach ab, wie es sich der Erste Konsul vorgestellt hatte. Der Österreicher Melas ergriff die Offensive in Italien früher als erwartet; er schloß Masséna in Genua ein und warf Suchet über den Var zurück. Mangels ausreichender Lebensmittelvorräte schien sich Genua nicht mehr lange halten zu können, und diese Situation erforderte ein rasches Eingreifen. Da Moreau mit dem Eintritt in den Feldzug gezögert hatte, konnte die Reservearmee nicht über den St. Gotthard ziehen, wo ihre Verbindungslinien im Falle eines Scheiterns der Rheinarmee in Gefahr geraten wären. So zwang der schwierige Übergang über den St. Bernhard und das Hindernis von Fort Bard den Ersten Konsul, vorübergehend seine Artillerie zu opfern.

Dennoch kam Bonaparte am 2. Juni in Mailand an, dem Zentrum seiner Operationsbasis. Genua fiel jedoch schneller, als er dachte, an die Österreicher. Diese Kapitulation setzte das österreichische Korps frei, das die Stadt blockiert hatte. Sie nahm dem französischen Manöver jeden Sinn, das darin bestand, Melas die Verbindungen abzuschneiden: Genua

befand sich in seiner Hand. Der österreichische Oberbefehlshaber verfügte über eine sichere Verbindungslinie über das Meer, das von der
englischen Flotte beherrscht wurde. Man mußte ihn also um jeden Preis
daran hindern, sich in Genua festzusetzen.

Der erste Zusammenstoß zwischen den beiden Heeren fand am 9. Juni
in der Gegend zwischen Ott und Lannes bei Montebello statt. Aber der
Kontakt mit Melas, dessen Absichten man nicht kannte, ging verloren. Bei
der Verfolgung der feindlichen Kräfte stieß der Erste Konsul, der seine
Truppen gerade auseinandergezogen hatte, am 14. Juni bei Marengo auf
die Österreicher. Um 3 Uhr schien die Schlacht verloren, und man blies
zum Rückzug. Der erschöpfte Melas überließ Zach die Aufgabe, die
Verfolgung der Franzosen zu organisieren; eine Marschkolonne wurde
gebildet. In diesem Augenblick tauchte der französische General Desaix
auf, der vom Kanonendonner alarmiert der Division Boudet vorausgeeilt
war. Die österreichische Kolonne wurde in der Flanke angegriffen. Bonaparte ließ alsbald eine offensive Wende ausführen, und der Kampf endete
trotz des Todes von Desaix mit einer österreichischen Niederlage. Melas
verlangte einen Waffenstillstand, der am 15. Juni in Alessandria in Piemont unterzeichnet wurde. Piemont und die Lombardei fielen erneut in
die Hände der Franzosen.

In Deutschland hatte Moreau München erreicht. Die Österreicher
versuchten, Zeit zu gewinnen, und ließen die Verhandlungen in die Länge
ziehen, da ihnen die Engländer neue Hilfsgelder versprochen hatten.
Moreau brachte den österreichischen Truppen am 3. Dezember 1800 bei
Hohenlinden den entscheidenden Schlag bei, als er Erzherzog Johann
überraschte und sich so die Straße nach Wien öffnete. Napoleon bagatelli-
sierte diesen Sieg als »eine dieser großen Aktionen, die durch Zufall
entstanden sind, durch den Zufall gewonnen wurden. Moreau hatte keine
schöpferische Gabe; er war nicht entschlossen genug; deshalb war er in
der Defensive besser. Hohenlinden war ein Geplänkel. Der Gegner war
inmitten seiner eigenen Operationen getroffen und durch Truppen besiegt
worden, die er selber abgeschnitten hatte und vernichten sollte. Das
Verdienst kommt vor allem den Soldaten und den Generälen der Teiltrup-
pen zu, die sich am meisten in Gefahr befanden und wie Helden gekämpft
haben.«

Der Frieden von Lunéville, der am 9. Februar 1801 unterzeichnet
wurde, bestätigte die Gebietsabtretungen an Frankreich in Italien, Belgien

und am Rhein. Wien erkannte die Batavische, die Helvetische und die Cisalpinische Republik an.

Aus der zweiten Koalition blieben Rußland und England übrig. Aber Paul I. löste sich von London. Ihn hatte die Freilassung von 7000 in der Schweiz gefangenen russischen Soldaten durch Bonaparte gerührt, und er bewunderte den Ersten Konsul. In dem Augenblick jedoch, in dem sich eine französisch-russische Annäherung abzeichnete, wurde der Zar mit englischer Hilfe ermordet. Sein Sohn Alexander I. brach daraufhin sofort mit der Politik seines Vaters.

Ohne den Mut zu verlieren, setzte Bonaparte seine diplomatische Offensive fort. Der Vertrag von Mortefontaine stellte am 3. Oktober 1800 zwischen Frankreich und den Vereinigten Staaten einen »festen und unverletzlichen« Frieden wieder her, was für England einen harten Schlag bedeutete. Mit Spanien unterzeichnete der Erste Konsul am 21. März 1801 den Vertrag von Aranjuez. Prinz Louis von Bourbon, Schwiegersohn Karls IV., wurde König von Etrurien (Toscana). Er trat die Insel Elba an Frankreich ab und verschloß den Engländern seine Häfen. England sah sich auf diplomatischem Feld trotz seiner siegreichen Offensive in Ägypten isoliert. Hier hatte Menou, ein General ohne große Autorität, nach der Ermordung Klébers am 14. Juni 1800 im August 1801 kapitulieren müssen. In England selber entwickelte sich eine frankophile und pazifistische Strömung, die durch die Inflation und die schlechten Ernten von 1799 und 1800 sowie durch die Verschlimmerung der irischen Frage und die geistige Umnachtung des Königs begünstigt wurde. Im Februar 1801 machte der kriegswillige Premierminister Pitt dem gemäßigteren Addington Platz. Alsbald wurden Verhandlungen mit Frankreich eröffnet, die am 1. Oktober in den Vorfrieden von London mündeten. Rußland hatte sich am 8. Oktober ebenfalls aus der Koalition zurückgezogen, nachdem es einen günstigen Ausgang der französisch-englischen Verhandlungen absehen konnte. Der endgültige Frieden zwischen Frankreich und England wurde am 27. März 1802 durch Joseph Bonaparte und Cornwallis in Amiens unterzeichnet. Die zweite Koalition existierte nicht mehr.

Auf Sankt Helena sagte Napoleon später: »Frankreich, das den Angriffen von mehreren Seiten ausgeliefert war, drohte erst unter den Schlägen des vereinten Europa zugrunde zu gehen. Es übergab das Steuer in die Hand eines einzelnen, und sogleich gab ich, der Erste Konsul, ebendiesem gesamten Europa das Gesetz. Der Einfluß, den ich mir geschaffen hatte, war so groß, daß ich mir sogar während dieser Verhandlungen von den Italienern die Präsidentschaft über ihre Republik antragen ließ (die Cisalpinische mit der Hauptstadt Mailand) und daß dieser Vorgang, der in der üblichen europäischen Diplomatie so viele Zwischenfälle produziert hätte, nichts unterbrach, nichts aufhielt.«

Zum ersten Mal seit April 1792 befand sich Frankreich wieder im Frieden. Die Nachricht vom Frieden von Amiens wurde in allen Bevölkerungsschichten mit Begeisterung aufgenommen, vor allem aber in den Häfen. Erhielt man nicht Martinique, den Senegal und die indischen Handelsstationen zurück, und konnte man nicht auf ein Wiederaufleben des Kolonialhandels hoffen? Innerhalb von zwei Jahren hatte Bonaparte die Finanzen in Frankreich in Ordnung gebracht, dem Bürger- und dem Religionskrieg ein Ende bereitet, den Frieden in Europa wiederhergestellt. Nur Heinrich IV. am Ende der Religionskriege kann mit ihm zu diesem Zeitpunkt verglichen werden.

DAS KAISERREICH

Nach seinen inneren und äußeren Erfolgen verlangte die öffentliche Meinung nach einem Zeugnis nationaler Anerkennung für den Ersten Konsul, doch beobachteten die ideologischen Verfechter der revolutionären Orthodoxie das Anwachsen der persönlichen Autorität Bonapartes mit großem Mißtrauen. Indes, was vermochten sie dagegen? Im Tribunat hatten anläßlich der Sitzungsperioden von 1800 und 1801 die Reden von Constant, Andrieux, Ganilh lauten Widerhall gefunden. Jeder Vorwand war ihnen recht, von der Verwendung des Wortes »Untertan« in einem Friedensvertrag bis zu den ersten Artikeln des *Code civil*. Als die Neuwahl des Fünftels im Tribunat und in der Gesetzgebenden Körperschaft anstand, war es Bonaparte möglich, unter Beteiligung des Senats Daunou, Constant, Say, Bailleul, Ginguené und Andrieux auszuschalten, ohne daß es Proteste gab.

Fouché, der von Talleyrand und der Umgebung Bonapartes beschuldigt wurde, zu freundlich zu den Jakobinern zu sein, verlor das Polizeiministerium, gewann dafür aber einen Senatorensitz. Den wichtigsten Generälen, die sich dem Aufstieg Bonapartes hätten widersetzen können, allen

voran Bernadotte und Moreau, fehlte es an Charakter. Außerdem war es
sehr die Frage, ob ihre Soldaten ihnen gefolgt wären. Keine Erwähnung
mehr verdienten die Royalisten. Das Ende der Feindseligkeiten mit London entzog ihnen die englische Unterstützung.

Bonaparte traf also im Jahre 1802 auf keine ernsthafte Opposition
mehr. Mehr noch, man erlebte die Entwicklung einer neomonarchisti-
schen Strömung, in der sich ehemalige gemäßigte Revolutionäre wie
Cambacérès oder Roederer sowie Überlebende des Fructidor wie Portalis, Barbé-Marbois und Muraire trafen. Diese Neomonarchisten griffen
die Pläne der Monarchisten von 1789 auf und förderten die Idee einer Art
konstitutioneller Monarchie zugunsten Bonapartes. Bereits im Jahre 1800
hatte Lucien, der Bruder des Ersten Konsuls, die »Parallele zwischen
Cäsar, Cromwell, Monk und Bonaparte« (*»Parallèle entre César, Cromwell, Monk et Bonaparte«*) gezogen und dabei von Dynastie und Erblichkeit gesprochen: »Gewiß, eine glückliche Republik, wenn Bonaparte
unsterblich wäre. Aber wenn er plötzlich der Republik fehlen sollte?«
Doch Lucien hatte zu früh recht behalten und mußte dafür mit demon-
strativer Ungnade bezahlen. Zwei Jahre später schien die Situation reif.
Die Neomonarchisten konnten ihre Idee über zwei Zeitungen, die Wo-
chenzeitung *»Mercure de France«* und die Tageszeitung *»Le Journal des
débats«*, verbreiten. In der ersteren schrieben Laharpe, Bonald und Fontanes, in der zweiten Geoffroy, Feletz und vor allem Fiévée, der außerdem
noch als geheimer Berater Bonapartes aktiv war. Der wahre Meister in
diesem Kampf gegen die revolutionäre Ideologie blieb aber Chateaubriand. Bei der Umwandlung des Konsulats in eine Monarchie spielten
jedoch Fontanes und Fiévée die entscheidende Rolle. Bonaparte ließ sich
nach und nach überzeugen und vertraute Thibaudeau an: »Entweder muß
die Form der benachbarten Regierungen sich der unseren annähern, oder
unsere politischen Institutionen müssen etwas mehr Harmonie mit den
ihrigen aufweisen. Zwischen den alten Monarchien und einer ganz neuen
Republik herrscht immer ein innerer Kriegszustand. Hier liegt der Grund
für die europäischen Spannungen.«

Die Initiative ging vom Tribunat aus, das am 6. Mai 1802 ein Zeichen
nationaler Dankbarkeit zugunsten Bonapartes verlangte. Der Senat als
besorgter Hüter der Verfassung, von Fouché und Sieyès geschickt bearbeitet, schlug lediglich eine vorgezogene Wiederwahl Bonapartes für zehn
Jahre vor. Eine erbärmliche Belohnung, wenn man mit einer Machtfülle

auf Lebenszeit für Bonaparte rechnete! Cambacérès fand den juristischen Kunstgriff: Es sei Sache des Volkes, behauptete er, sich darüber auszusprechen. Man befragte also die Nation nicht über eine Wiederwahl des Ersten Konsuls für zehn Jahre, sondern über die Frage: »Soll Napoleon Bonaparte Konsul auf Lebenszeit sein?« Und zum ersten Mal erschien dieser ungewohnte Vorname: Napoleon. Der Volksentscheid wurde eindeutig zum Plebiszit. Man zählte ungefähr 3 600 000 Ja-Stimmen gegen 8374 Nein-Stimmen, darunter die von La Fayette und einigen unnachgiebigen Republikanern. Am 2. August 1802 mußte der Senat notgedrungen Napoleon Bonaparte zum Konsul auf Lebenszeit proklamieren.

Der Senatsbeschluß vom 4. August veränderte folglich auch die Verfassung. Dem Ersten Konsul standen der Abschluß der Friedens- und Bündnisverträge zu, das Begnadigungsrecht, das früher königliches Vorrecht war, und die Ernennung der beiden übrigen Konsuln im Falle des Ablebens von Cambacérès und Lebrun, die wie Bonaparte auf Lebenszeit ernannt wurden. Die Reform begünstigte den Senat, der einerseits das Recht erhielt, durch organische Senatsbeschlüsse mit Zwei-Drittel-Mehrheit der Anwesenden »alles, was nicht von der Verfassung vorgesehen und für ihren Gang erforderlich ist«, zu regeln und zum andern das Recht, ebenfalls durch Senatsbeschluß die Gesetzgebende Körperschaft und das Tribunat aufzulösen oder die Geschworenengerichte zu suspendieren, wenn außergewöhnliche Umstände dies erforderten. Wenn auch der Senat sich weiterhin durch Kooptation ergänzte, so konnte doch der Erste Konsul »Bürger, die sich durch ihre Talente und Dienste ausgezeichnet hatten«, dorthin berufen.

Als Beweis für die Schwächung der parlamentarischen Gewalt sei angeführt, daß das Tribunat auf fünfzig Mitglieder verringert wurde und daß die Gesetzgebende Körperschaft aufhörte, regelmäßige Sitzungen abzuhalten. Die »Vertrauenslisten«, aus denen die Mitglieder der Gemeinde-, Departement- und Nationalversammlungen ausgewählt wurden, wurden durch Wählerkollegien im Kanton, Arrondissement und Departement abgelöst, die die Kandidaten präsentierten. Hinter diesem scheinbaren Zugeständnis an das repräsentative Prinzip verbarg sich eine Verstärkung der Autorität Bonapartes, der die Präsidenten der Wahlkollegien ernannte und jedem Kollegium im Arrondissement zehn Mitglieder nach seiner Wahl und zwanzig in den Kollegien der Departements hinzufügen und damit indirekt ihre Zusammensetzung kontrollieren konnte.

Aber das Mißtrauen gegenüber der Monarchie hielt an. Einen Wohlfahrtsdiktator war man noch bereit hinzunehmen, aber keinen König.
Auch wenn der Erste Konsul seinen Nachfolger im Senat präsentieren
konnte, so stand die Erblichkeit dennoch nicht auf dem Programm der
Verfassungsänderung von 1802. Wenn gewisse Formen des Ancien régime
wiederkehrten (insbesondere die Rückkehr zur Etikette und den Livreen), so stieß doch die Schaffung der Ehrenlegion im Tribunat (56
zustimmende gegen 36 ablehnende Stimmen) und in der Gesetzgebenden
Körperschaft (166 Stimmen dafür, 110 dagegen) auf starke Widerstände.
Als Belohnung für geleistete Dienste war sie jedoch nicht mit Privilegien
verbunden, die dem Gleichheitsprinzip widersprochen hätten. Nach ihrer
Einführung am 19. Mai 1802 hatte sie übrigens lebhaften Erfolg.

Die Wiederaufnahme des Krieges beschleunigte die Entwicklung in
Richtung einer monarchischen Form der Macht. Gegen den Vorwurf,
diese bereits seit dem Brumaire angestrebt zu haben, verteidigte sich
Napoleon später auf Sankt Helena: »Es mag sein, daß ich viele Pläne
gehabt habe; aber nie war ich in der freien Situation, einen auszuführen.
Vergebens hielt ich das Steuerrad, so fest meine Hand auch war; die
plötzlichen und zahlreichen Wellen waren noch stärker, und ich besaß die
Klugheit, eher nachzugeben als unterzugehen, weil ich unbedingt widerstehen wollte. Ich bin also nie wirklich mein eigener Herr gewesen,
sondern ich bin immer durch die Umstände beherrscht worden, und zwar
so sehr, daß zu Beginn meiner Erhebung ins Konsulat echte Freunde,
heiße Anhänger mich manchmal in der besten Absicht und zu ihrer
eigenen Orientierung fragten, wo ich eigentlich hingelangen wollte; und
ich antwortete stets, daß ich dazu nichts wüßte. Sie waren verblüfft,
vielleicht auch unzufrieden, und doch sagte ich ihnen die Wahrheit.«

Der Bruch des Friedens von Amiens im Jahre 1803 begünstigte das
Wiederaufleben royalistischer Komplotte. Im Oktober 1803 wurden in
Paris Chouans verhaftet, und einer von ihnen enthüllte die Anwesenheit
von Georges Cadoudal, der mit der festen Absicht in die Hauptstadt
gekommen war, den Ersten Konsul zu ermorden. Die Affäre weitete sich
aus, als einer der Verschwörer, Bouvet de Lozier, der auf Hinweise der
Chouans hin verhaftet worden war, in seiner Zelle einen Selbstmordversuch unternahm und noch unter Schock angab, Pichegru und selbst
Moreau, der Sieger von Hohenlinden, gehörten zum Komplott. Nach
einer außerordentlichen Ratssitzung beschloß Bonaparte die Verhaftung

seines Rivalen um den militärischen Ruhm. Die öffentliche Meinung folgte ihm aber nicht und glaubte an eine politische Intrige aufgrund der Eifersucht des Ersten Konsuls, zumal Pichegru und Cadoudal unauffindbar blieben. Die Abschaffung des Polizeiministeriums zeigte hier ihre Wirkung. Der Großrichter Régnier, dem die Polizeidienste unterstellt waren, hatte nicht das Format eines Fouché. Man mußte einen Experten, den Staatsrat Réal, auffordern, die Polizeiaktionen zu koordinieren. Es war höchste Zeit: Die öffentliche Meinung grollte, und die Armee murrte. Angesichts der Unruhe in Paris erwog Bonaparte sogar, seine Regierung nach Lyon zu verlegen. Die Lage änderte sich vollständig, als Pichegru schließlich aufgegriffen wurde und mit ihm einige Vertreter des Grafen von Artois wie Polignac und Rivière. Desgleichen fiel Cadoudal in die Hände der Polizei. An der Realität des Komplotts bestand nun keinerlei Zweifel mehr, und die öffentliche Meinung schlug sich wieder auf die Seite von Bonaparte.

Bei den Verhören von Cadoudal war auch die Ankunft eines Prinzen in Frankreich erwähnt worden. Handelte es sich dabei um den Herzog von Enghien, der sich damals in Ettenheim in der Nähe der französischen Grenze aufhielt? Im Vertrauen auf einen Polizeibericht ließ ihn Bonaparte am 15. März 1804 auf deutschem Boden entführen und in das Schloß Vincennes schaffen. In der Nacht vom 20. auf den 21. März wurde er vor ein Militärgericht unter dem Vorsitz Hullins gestellt und um 3 Uhr morgens standrechtlich erschossen. Wer trug die Verantwortung für diese Hinrichtung? Wahrscheinlich der übereifrige Savary, aber Bonaparte stellte ihn zu keinem Zeitpunkt bloß, denn der Tod des Herzogs von Enghien kam ihm zustatten. Zunächst einmal ließ die gerichtliche Untersuchung der Verschwörung die Hinrichtung des jungen Prinzen in den Hintergrund treten. Nachdem Pichegru stranguliert in seiner Zelle aufgefunden worden war, erschienen nur noch Moreau und Cadoudal vor Gericht. Cadoudal und seine Chouans wurden zum Tode verurteilt und hingerichtet, Moreau schließlich auf Lebenszeit verbannt.

Die Verschwörung des Jahres XII, wie man sie nannte, war trotz der Qualitäten ihrer Anführer gescheitert. Sie hatte nur geringe Erfolgschancen, da sie unter den Meinungsverschiedenheiten zwischen Moreau, der die Diktatur anstrebte, und den Royalisten litt, die die Wiedereinsetzung Ludwigs XVIII. wünschten. Sie war durch eine außergewöhnliche Wirtschaftskonjunktur beeinträchtigt, die durch niedrigen Brotpreis und Voll-

beschäftigung einem Volksaufstand jegliches Motiv nahm, und ihr fehlte
die Unterstützung einer auswärtigen Macht, die erneut mit Frankreich
Krieg führte. Doch sie beleuchtete die Schwäche einer Regierung, die nur
auf einer Person beruhte. Was wäre geschehen, wenn Bonaparte ermordet
worden wäre? Die neomonarchistische Strömung triumphierte: Allein die
Erblichkeit konnte die Stabilität des Regimes sichern und die Errungenschaften der Revolution bewahren. »Die große Zahl der gegen mein
Leben geschmiedeten Komplotte flößt mir keine Furcht ein«, erklärte
Bonaparte. »Aber ich kann mich nicht eines tiefen und schmerzhaften
Gefühls erwehren, wenn ich denke, in welcher Lage sich heute dieses
große Volk befände, wenn das letzte Attentat gelungen wäre.« Zudem
setzte der Krieg wieder ein; man mußte also die Autorität des Ersten
Konsuls stärken.

Die Initiative kam erneut vom Tribunat. Ein ehemaliger Revolutionär,
Curée, brachte einen Antrag ein, »der darauf abzielt, daß Napoleon
Bonaparte, gegenwärtiger Erster Konsul, zum Kaiser der Franzosen und
die kaiserliche Würde in seiner Familie für erblich erklärt werde.«

Lediglich Carnot widersetzte sich öffentlich dieser Initiative. Während Fouché das Polizeiministerium im Juli wieder mit seinem einstigen
Geschäftsbereich erhielt, wurde rasch eine neue Verfassung ausgearbeitet
und am 28. Floreal des Jahres XII (18. Mai 1804) verkündet. »Die Regierung der Republik wird einem Kaiser anvertraut, der den Titel ›Kaiser der
Franzosen‹ trägt.« So umging man das Hindernis des Königstitels. Der
Titel Kaiser verwies auf Karl den Großen und die Karolinger, das heißt auf
ferne und wenig bekannte Epochen. Die Kaiserwürde ging auf die Nachkommen des Kaisers über – mit Ausnahme der Frauen, in Erinnerung an
das salische Erbfolgegesetz. Aber da Napoleon keinen Erben hatte, konnte er seinen Nachfolger unter den Kindern und Enkeln seiner Brüder
Joseph und Louis aussuchen.

Die Verfassung des Jahres XII stellte im Geist ihrer Schöpfer nicht die
alte Monarchie wieder her, sondern festigte eine Wohlfahrtsdiktatur, die
dazu diente, die Errungenschaften der Revolution zu wahren. Der Eid,
diese Errungenschaften zu erhalten, war der Preis für die Verstärkung
seiner Autorität. Zwei Kommissionen, die beim Senat eingerichtet wurden, eine mit dem Auftrag, die individuelle Freiheit zu schützen, die
andere für die Pressefreiheit, sollten die notwendigen Garantien gegen
einen möglichen Despotismus des neuen Kaisers bieten. So wurde ein

Plebiszit organisiert über die Frage der »Erblichkeit der Kaiserwürde in der direkten, natürlichen und legitimen Nachkommenschaft Napoleons und in der direkten, natürlichen und legitimen Nachkommenschaft von Joseph Bonaparte und Louis Bonaparte.« Es ergab 3 572 329 Ja-Stimmen gegen 2569 Nein-Stimmen.

Aber Napoleon strebte eine andere Legitimität an als die einer Volksabstimmung. Trotz mancherlei Bedenken bei den Brumairianern verfiel er auf die Idee, den Papst in die Hauptstadt kommen zu lassen, um sich von ihm in Notre-Dame krönen zu lassen. So knüpfte man in den Augen Europas fester an die karolingische Dynastie an und verlieh dem Kaisertitel somit das wahre Gepräge. In der Hoffnung auf neue Verhandlungen über die von ihm mißbilligten »Organischen Artikel« stimmte Pius VII. zu.

Am 2. Dezember 1804 wurde in Notre-Dame eine aufwendige Zeremonie inszeniert, die David durch ein kolossales Gemälde unsterblich machte. Allerdings nahm er es mit der historischen Wahrheit nicht allzu genau. Nach dem Ende des religiösen Teils schloß die Krönung mit dem Eid Napoleons: »Ich schwöre, die Unversehrtheit des Territoriums der Republik zu erhalten, die Konkordatsgesetze und die Kultfreiheit zu respektieren, die Gleichheit der Rechte, die politische und bürgerliche Freiheit, die Unwiderruflichkeit des Verkaufs der Nationalgüter zu achten und zu wahren, nur kraft eines Gesetzes eine Steuer zu erheben und eine Abgabe einzuführen, die Institution der Ehrenlegion zu bewahren und allein im Hinblick auf das Interesse, das Glück und den Ruhm des französischen Volkes zu regieren.« Durch diesen Eid, der alle Errungenschaften feierlich bekräftigte, die den Brumairianern und allen teuer waren, die ihr Schäfchen durch geschickte Ausnutzung der Revolution ins trockene gebracht hatten, erschien Napoleon als der »gekrönte Vertreter der triumphierenden Revolution«. Das religiöse Zeremoniell war – im Geiste der 1789 entstandenen Klasse des Besitzbürgertums – nur ein Zugeständnis an die Eitelkeit des neuen Herrschers, eine Stilfrage, um sich mit den übrigen europäischen Fürsten auf die gleiche Ebene zu stellen. Für die ehemaligen Revolutionäre blieb Napoleon ein Wohlfahrtsdiktator. Was aber, wenn es ihm, durch die Legitimierung der Krönung gestärkt, in den Sinn kommen sollte, sich wie der Gründer der vierten Dynastie zu verhalten?

KAPITEL VIII

Die Siege

Der Frieden von Amiens war nur ein Waffenstillstand. Seine Unterzeichnung hatte Bonaparte zum Konsul auf Lebenszeit gemacht; sein Bruch
machte aus ihm einen Kaiser. Bei den Verhandlungen waren die wahren
Probleme ausgeklammert worden: Zur großen Enttäuschung der britischen Geschäftswelt war kein Handelsvertrag unterzeichnet worden.
Frankreich nahm nicht nur einen beherrschenden Platz auf dem Kontinent ein – es entschied beim Reichsdeputationshauptschluß vom Februar
1803 über die Umbildung Deutschlands, festigte seinen Einfluß in Norditalien und verstärkte seinen Druck auf die Batavische Republik–, es
entwickelte auch eine Kolonialpolitik in großem Stil. Mit Konstantinopel,
wohin Brune als Botschafter aufbrach, wurde Frieden geschlossen; nach
seiner Rückkehr aus Ägypten prophezeite Sébastiani in einem Bericht,
der im »*Moniteur*« erschien, eine Rückeroberung des Landes durch
Frankreich; Decaen wurde zum Generalkapitän der indischen Handelskontore ernannt, Cavaignac zum Kommissar für die Handelsbeziehungen
in Maskat (Oman). Nach Santo Domingo (Haiti) schickte Bonaparte
seinen Schwager, den General Leclerc, um dort die Ordnung wiederherzustellen.

Wenn auch die Expedition im Dezember 1803 endgültig scheiterte,
wenn auch Bonaparte im Mai des gleichen Jahres Louisiana, das Spanien
wieder an Frankreich abgetreten hatte, an die Vereinigten Staaten verkaufte, so blieb die Bilanz doch beunruhigend für England.

Zum Bruch zwischen beiden Ländern aber kam es über das Malta-
Problem, da England sich entgegen den Bestimmungen des Friedens von
Amiens weigerte, ein Unterpfand von solchem Gewicht im Mittelmeer
freizugeben, und als Gegenleistung die Räumung Hollands und der
Schweiz verlangte. Bonaparte hatte einen Schiedsspruch durch die neutra-

len Staaten vorgeschlagen, währenddessen die Russen vorübergehend Malta besetzen sollten; dennoch entschied sich London am 16. Mai 1803 für den Bruch.

DER VERLUST DER SEEHERRSCHAFT

Um England zu besiegen, mußte man es an Ort und Stelle angreifen, das heißt in Dover landen und nach London marschieren. Napoleon konzentrierte daraufhin seine Streitkräfte – 200 000 Mann – um Boulogne. Aber er mußte den Ärmelkanal überqueren. Er entwarf daher ein kühnes Seemanöver, das ihm für vierundzwanzig Stunden die Herrschaft über die Meerenge sichern sollte. Admiral de Villeneuve erhielt den Auftrag, mit dem durch die spanischen Schiffe verstärkten Geschwader von Toulon aus Nelson in Richtung der Antillen zu ziehen, danach seinen Gegner abzuhängen und möglichst schnell zurückzukehren, um zusammen mit der Flotte von Brest der aus 3000 Schiffen bestehenden Invasionsarmada den Übergang über den Ärmelkanal zu sichern.

Indessen blieb England nicht untätig. Das englische Gold verteilte sich über den Kontinent, um hier eine neue Koalition zwischen Österreich, Rußland und Schweden zu schmieden. Man mußte Napoleon, der in Boulogne seine Invasion vorbereitete, im Rücken fassen. Dieser verkannte jedoch die Gefahr nicht und schrieb am 23. August 1805 an Talleyrand: »Je mehr ich über die Lage in Europa nachdenke, um so mehr sehe ich, daß es dringlich ist, eine Entscheidung herbeizuführen. Von der Erklärung Österreichs habe ich im Grunde nichts zu erwarten ... Mein Geschwader ist von El Ferrol mit vierunddreißig Schiffen aufgebrochen und hatte keine Feinde in Sicht. Wenn es seine Instruktionen befolgt, sich der Flotte von Brest anschließt und in den Ärmelkanal einfährt, ist noch Zeit genug: ich bin dann der Herr Englands. Wenn meine Admirale dagegen zögern, schlecht manövrieren und ihr Ziel nicht erfüllen, habe ich keine andere Möglichkeit, als den Winter abzuwarten, um mit der Flotte überzusetzen. Diese Operation ist gewagt. Bei diesem Stand der Dinge eile ich möglichst schnell; ich hebe die Lager auf und befinde mich am 1. Vendémiaire mit 200 000 Mann in Deutschland...«

Vom 23. bis 25. August wartete Napoleon voller Unruhe auf Villeneuve. Am 25. August erfuhr er, daß der Admiral aus Furcht, Richtung Brest zu segeln, Richtung Cádiz steuerte. Während sich die Situation auf dem Kontinent verschlechterte, erwartete Napoleon nichts mehr von seiner Flotte; am 29. August brachen die ersten Abteilungen nach Deutschland auf.

Von Vorwürfen überhäuft, verließ Villeneuve schließlich Cádiz und stieß am 21. Oktober auf der Höhe von Trafalgar auf Nelson. Die englische Flotte trug einen entscheidenden, wenn auch teuer erkauften Sieg davon, da Nelson auf der Brücke der »Victory« von einer Kugel getötet wurde, die vom Schiff »Le Redoutable« abgefeuert worden war. Dennoch verlor Napoleon vorübergehend die Seeherrschaft und sollte mehrere Jahre benötigen, um eine neue Flotte aufzubauen.

Wie erklärt sich die Katastrophe von Trafalgar? Wahrscheinlich war der Plan Napoleons zu ehrgeizig und berücksichtigte nicht genügend die Windverhältnisse. Eine Flotte bewegt sich nicht wie eine Armee. Außerdem hatten die Admirale nicht das Format der Generäle Napoleons: Aufgrund des eher technischen Charakters eines Schiffskommandos war die Erneuerung nicht so tiefgreifend wie bei der Landarmee gewesen. Den Schiffsoffizieren Napoleons, die an Seeschlachten im alten Stil gewöhnt waren und sich oft auf einige Kanonensalven beschränkten, fehlte es an Offensivgeist; die Besatzungen waren zudem oft mittelmäßig und im technischen Bereich ihren englischen Gegnern unterlegen. Die Kaperfahrt lockte mehr.

AUSTERLITZ UND JENA

Da er England, den Kopf der Koalition, nicht treffen konnte, schlug Napoleon gegen deren Arm, Österreich, los. Deutschland wurde, wie Camon gezeigt hat, erneut zum Hauptkriegsschauplatz. Aber nun galt der Plan nicht mehr, der im Jahre 1800 Moreau vorgeschlagen worden war und der das Gros der Streitkräfte nacheinander nach Schwaben und dann nach Italien geführt hatte. Napoleon griff vielmehr die Strategie von 1796 auf, allerdings mit einem bedeutsamen Unterschied: An Stelle der zwei getrennt marschierenden Armeen Moreaus und Jourdans konzentrierte er 200000 Mann unter seinem Oberbefehl. »Ich marschiere Richtung

Wien«, schrieb er an Talleyrand. Er ahnte jedoch, daß ihn die Österreicher an den Ausgängen des Schwarzwalds erwarteten. Er beabsichtigte also, die Gegner durch Ablenkungsmanöver am Oberlauf von Neckar und Donau festzuhalten und sich über Pforzheim und Donauwörth nach Augsburg am Lech zu begeben und so den Österreichern den Rückzug abzuschneiden. Um seinen Streitkräften größere Beweglichkeit zu verleihen, organisierte er sie in selbständige Armeekorps von 20000 bis 30000 Mann um: Es entstanden sieben Korps unter dem Oberbefehl von Bernadotte, Marmont, Davout, Soult, Lannes, Ney und Augereau. Außerdem bildete er eine starke Kavalleriereserve (Kürassiere und Dragoner), die Murat mit dem Auftrag erhielt, Ablenkungsangriffe zu unternehmen, dem Feind die Rückzugslinien abzuschneiden und den geschlagenen Gegner zu verfolgen. Eine weitere Reserve bildete die Garde unter dem Kommando von Bessières.

Unter größter Geheimhaltung war das Gelände zwischen Tirol und Main von Bertrand und Murat sorgfältig erkundet worden. Als daher die Österreicher am 10. September eine Offensive über das Inntal einleiten und München besetzen, hatte der Kaiser schon den Gegenschlag vorbereitet. Alles lief wie geplant, und am 7. Oktober konnte Napoleon im *»Bulletin«* der Großen Armee mitteilen: »Diese große und weiträumige Bewegung hat uns in wenigen Tagen nach Bayern geführt. Dabei haben wir die Schwarzwaldberge vermieden, die Linie der parallelen Flüsse, die in die Donau münden, sowie den Nachteil, der mit einem System von Operationen verknüpft wäre, die stets die Ausgänge von Tirol in der Flanke gehabt hätten. Schließlich hat uns diese Bewegung in mehreren Stufen hinter den Feind gebracht, der keine Zeit verlieren darf, wenn er seinen vollständigen Untergang vermeiden will.« Und am 8. Oktober erläutert er Marmont: »Der Feind ist abgeschnitten; in wenigen Tagen wird er keine andere Wahl mehr treffen können, als zu versuchen, uns auf den Leib zu rücken.«

Der Angreifer in Bayern, der österreichische Feldherr General Mack, erwartete zusammen mit Erzherzog Ferdinand die Franzosen tatsächlich am Schwarzwald. Er verstand das Manöver Napoleons nicht oder erriet es erst zu spät. Von Ney in Elchingen am 14. Oktober geschlagen, konzentrierte er seine Truppen bei Ulm und entdeckte schließlich, daß er in der Falle saß. Am 20. Oktober kapitulierte er in Ulm. Napoleon hatte diese Taktik entworfen, um die Österreicher mit einem mächtigen Überraschungseffekt, der auf Heimlichkeit und Schnelligkeit beruhte, zu demoralisieren. Diese Demoralisierung lieferte ihm den Gegner schon in halb besiegtem Zustand in die Hände.

Die Straße nach Wien stand offen: Am 15. November fiel die österreichische Hauptstadt. Dennoch blieb die Situation schwierig, denn das Gros der russischen und österreichischen Streitkräfte unter Franz II. und Alexander I. hatte sich soeben vereinigt, und Erzherzog Karl eilte mit der Italienarmee herbei. Napoleon mußte möglichst schnell seinen Gegnern entgegentreten. Hieraus entwickelte sich die Schlacht von Austerlitz.

In Austerlitz aber war Napoleon nun auch ohne die Ankunft der gegnerischen Verstärkungen zahlenmäßig einem Feind unterlegen, der sich auf dem Plateau von Pratzen sicher festgesetzt hatte. Man mußte ihn also zwingen, in die Schlacht einzutreten, ohne Verstärkungen abzuwarten, oder ihn zu einem Fehler verleiten, der in die Niederlage führte. Das ganze Geheimnis des Sieges von Austerlitz beruhte in diesem doppelten Zwang. Um die Koalitionstruppen zum Kampf zu zwingen, entwarf der Kaiser den Plan, einen Rückzug vorzutäuschen und den rechten Flügel zu entblößen. Trotz der Mahnungen zur Vorsicht durch den russischen General Kutusow beschlossen die Generalstäbe von Franz II. und Alexander I., das Plateau von Pratzen zu räumen, um die schwächste Stelle der französischen Schlachtordnung sofort anzugreifen. Österreicher und Russen begingen also genau den kalkulierten Fehler. Napoleon ließ die geräumte Hochfläche auf der Stelle stürmen und schnitt die feindliche Armee, die in der Flanke überrascht wurde, in zwei Teile. Die Russen und Österreicher verloren 27000 Soldaten, 40 Fahnen und 180 Kanonen.

Während sich die Russen in Etappen zurückzogen, verlangten die Österreicher einen Waffenstillstand, der am 26. Dezember 1805 in den Frieden von Preßburg mündete. Talleyrand als Anhänger der Achse Paris–Wien empfahl Mäßigung, denn er befürchtete, daß sich Frankreich jenseits seiner natürlichen Grenzen in Italien und Deutschland festsetzte und sich so dem Risiko unaufhörlicher Kriege aussetzte. Napoleon schlug seine Warnungen in den Wind: Er verlangte zur Verstärkung der bisherigen Cisalpinischen Republik Venedig, Istrien und Dalmatien und bildete daraus das Königreich Italien mit der alten und neuen Hauptstadt Mailand; Schwaben, das an Württemberg ging, und Tirol für Bayern, ferner eine riesige Kriegsentschädigung in Wechseln und Bargeld.

Dieser Friedensschluß verstärkte die französische Herrschaft in Italien. Im Norden umfaßte das Königreich Italien nun auch Venedig. Österreich erreichte zwar für alle Zeiten dessen Abtrennung von der französischen Krone, konnte aber nicht verhindern, daß Eugène de Beauharnais, Schwiegersohn Napoleons, dort Vizekönig wurde und Augusta von Bayern heiratete. Im Süden hatte sich König Ferdinand IV. von Neapel unvorsichtigerweise der dritten Koalition angeschlossen: Durch einen schlichten Erlaß setzte ihn Napoleon am 27. September 1805 ab und ließ Joseph Bonaparte und Masséna mit 40000 Mann in Richtung Neapel marschieren. Ferdinand IV. und seine Gemahlin Marie-Caroline flüchteten nach Sizilien, und am 15. Februar 1806 zog Joseph, der durch seines Bruders Gnaden König geworden war, in seine Hauptstadt ein.

Nicht nur aus Italien, auch aus Deutschland wurden die österreichischen Streitkräfte verjagt. Austerlitz öffnete den Weg zu neuen Umbildungen: Murat wurde Großherzog von Berg mit dem Auftrag, die Sicherheit des rechten Rheinufers zu gewährleisten; die Kurfürsten von Bayern und Württemberg erhielten die Königskrone. Zusammen mit den übrigen Fürsten im Süden und Westen Deutschlands traten sie dem Rheinbund unter dem »Protektorat« Napoleons bei. Diese Abspaltung zog den Untergang des Heiligen Römischen Reiches Deutscher Nation nach sich, das zuletzt nur noch aus Österreich, Preußen und Norddeutschland bestand. Franz II. zog daraus die Konsequenzen und verzichtete auf seinen deutschen Kaisertitel. Als Franz I. nahm er nunmehr den Titel eines »erblichen Kaisers von Österreich« an. Außerdem wurde die Batavische Republik in das Königreich Holland umgewandelt, das Louis, einer der Brüder Napoleons, erhielt.

Die Folgen des Sieges von Austerlitz waren ungeheuer. Sie veränderten zu Beginn des Jahres 1806 gründlich das Gesicht Europas. Überall verstärkte Napoleon seinen Einfluß, die natürlichen Grenzen wurden überschritten. Frankreich beherrschte mehr als die Hälfte Italiens und einen großen Teil Deutschlands; in Holland und der Schweiz hatte es festen Fuß gefaßt. Die entscheidenden Umrisse des Großen Kaiserreichs, des Erben der Großen Nation, mit seinen schützenden Vorfeldern und seinen Vassallenkönigtümern zeichneten sich bereits ab.

Nach der Unterzeichnung des Friedensvertrages von Preßburg konnte man an einen allgemeinen Frieden in Europa glauben. Die Abtretung Hannovers – zuvor englischer Besitz – an das Königreich Preußen schien eine französisch-preußische Annäherung in Gang zu setzen, während

Preußen kurz zuvor beinahe in die dritte Koalition eingetreten wäre: In letzter Minute hatte der preußische Gesandte Haugwitz auf dem Schlachtfeld von Austerlitz sein Ultimatum in eine Ergebenheitsadresse umgewandelt. Ebenso war Zar Alexander vom französischen Sieg beeindruckt und schien verhandlungsbereit. In London machte der Tod William Pitts Platz für einen Frankreich günstig gesinnten Whig, nämlich Charles Fox.

Dennoch scheiterten die Verhandlungen zwischen Frankreich, England und Rußland, die im Mai 1806 in Gang kamen, am Thema Sizilien, das Napoleon den Bourbonen wegnehmen wollte. Außerdem hatte Preußen die von Napoleon vorgeschlagene Aufteilung Deutschlands abgelehnt: Dem Rheinbund hätte ein Nordbund mit dem Kaisertitel für das Haus Brandenburg entsprochen. Durch den Plan der Rückgabe Hannovers an England, den Frankreich bei den Verhandlungen im Mai ins Spiel brachte, mißtrauisch geworden, lehnte Preußen ab.

Die Beziehungen zwischen Paris und Berlin verschärften sich zunehmend. Napoleon hatte auf die Möglichkeit einer Allianz mit Preußen gebaut und wurde das Opfer der gleichen Illusion wie die Revolutionspolitiker. Bis zum letzten Moment weigerte er sich, an den Krieg zu glauben. Doch ließen die Berichte des französischen Botschafters keinerlei Zweifel offen: Offiziere erschienen, wie er berichtete, und wetzten ihren Säbel an den Stufen der Botschaft. Am eifrigsten zeigte sich Königin Luise, aber auch Friedrich Wilhelm III. hatte aus seiner antifranzösischen Einstellung nie einen Hehl gemacht. Aus einem russisch-preußischen Bündnis entwickelte sich mit den Ermutigungen und Hilfsgeldern Londons die vierte Koalition gegen Frankreich. Am 26. August 1806 schickte Berlin ein Ultimatum: Bis zum 8. Oktober sollte Napoleon seine Truppen über den Rhein zurückführen.

Ohne auch nur die Ankunft der Russen abzuwarten, stürzte sich Preußen mit einer Armee in den Krieg, die noch bei der Linientaktik stehengeblieben und deren Durchschnittsalter hoch war. Ihre Entfaltung behinderten Wagengespanne, und sie war eher für die Parade als für den Kampf geschaffen.

Napoleon rechnete mit einer preußischen Offensive am Rhein. Er sammelte seine Streitkräfte bei Bayreuth und stieß durch Sachsen gegen Berlin vor, da er annehmen konnte, der preußische König werde seine Armee eiligst zurückführen, um seine Hauptstadt zu verteidigen. Ebendiese Bewegung plante Napoleon ein, um die preußischen Truppen zu vernichten, die in zwei Armeen zusammengefaßt waren: 60000 Mann unter dem Oberbefehl des Königs und des Herzogs von Braunschweig, 50000 Sachsen und Preußen unter Führung des Fürsten zu Hohenlohe und 30000 Mann unter General Ruchel. Am 10. Oktober glaubte Napoleon an einen Zusammenstoß bei Weimar. Doch das Schicksal des Feldzugs in Sachsen entschied sich am 14. Oktober bei Jena und Auerstedt. Bei Jena schlug Napoleon die Armee des Fürsten zu Hohenlohe und nahm an, den Hauptteil der Truppen getroffen zu haben, während Davout in Auerstedt allein dem Ansturm der Armee des Königs standhalten mußte, da er von Bernadotte keine Hilfe erhielt.

Die preußische Niederlage verwandelte sich in eine wilde Flucht. Von 160000 Preußen, die in Sachsen einmarschiert waren, wurden 25000 kampfunfähig gemacht und 100000 gefangengenommen; sie ließen ihre Kanonen, Gewehre, Munition und 20000 Pferde zurück. Das Ergebnis der französischen Strategie wäre, wie Camon unterstrichen hat, noch bedeutsamer, weil unmittelbarer gewesen, wenn der preußische Generalstab eine regelrechte Schlacht vor Weimar akzeptiert hätte, wie es Napoleon am 10. Oktober erhofft hatte. Mit ihrem Rückzug Richtung Leipzig verhinderten die Preußen die Schlacht von Weimar. Statt dessen setzten sie auf den gespaltenen Kampf – Jena und Auerstedt –, der für die Franzosen ohne den hartnäckigen Widerstand Davouts übel hätte ausgehen können.

Am 16. November, nach der Einnahme von Magdeburg, war von der preußischen Armee nur noch ein Korps von 8000 Mann übrig. Mit Ausnahme von Kolberg und Danzig fielen die meisten Festungen ohne Widerstand. Am 25. Oktober zog Napoleon in Berlin ein. Der König und die Königin flüchteten nach Königsberg, wo sie auf die Russen hofften, deren Armee mit einer Stärke von 50000 Mann unter dem Oberbefehl Bennigsens gerade am rechten Ufer der Weichsel Aufstellung genommen hatte.

Murat stürmte auf Warschau zu, wobei er mit der Unterstützung der Polen rechnen konnte, während der Kaiser in Berlin das rückwärtige Gebiet organisierte und Clarke zum Generalgouverneur von Preußen ernannte. Ney und Bernadotte marschierten in Richtung Thorn und Soult zwischen Thorn und Warschau. Am 28. November 1806 erreichte Murat die polnische Hauptstadt, während sich Bennigsen wieder auf das rechte Weichselufer zurückzog. Napoleon verstand den Sinn dieses Rückzuges zunächst nicht, erfuhr aber am 15. Dezember, daß General Buxhowden mit seinen Truppen angekommen war und die in Pultusk sitzenden russischen Kräfte verstärkte. Nun bestand kein Zweifel mehr, die Russen bereiteten eine Offensive vor. Daraufhin plante Napoleon, sie an ihrer Rückseite zu umgehen. Nach der Überschreitung der Weichsel kam es am 26. Dezember zu den Kämpfen von Pultusk und Golymin, doch die Russen entkamen den Franzosen. Die schlechte Jahreszeit, der Zustand der Wege, in denen Menschen, Kanonen und Wagen versanken, beraubten Napoleon seines besten Trumpfes, der Schnelligkeit.

Das Aufeinandertreffen fand schließlich am 8. Februar bei Preußisch-Eylau statt. Napoleons Plan für diese Schlacht unterschied sich kaum von den übrigen: Während er dem Feind mit den Divisionen von Soult einen Frontalangriff lieferte, beauftragte er Davout mit einem Umfassungsangriff auf dem linken Flügel der Russen. Im Augenblick der Überflügelung warf er auf ebendiesen linken Flügel zusätzlich die beiden Divisionen von Augereau und die Kavallerie von Murat als Durchbruchsmasse, während Ney ihnen den Rückzug nach Königsberg abschnitt.

Aber Napoleon verfügte nur über 54000 Mann gegen 72000 Russen, die durch 10000 Preußen verstärkt wurden; Schneefall trübte das Wetter und behinderte die Truppenbewegungen. Es bedurfte also des umfangreichen Kavallerieangriffs unter dem Kommando Murats, um die französische Schlachtordnung zu entlasten. Die Schlacht geriet zur gräßlichen Schlächterei: 25000 Tote auf der russischen Seite, vielleicht 18000 bei den Franzosen. Jean-Antoine Gros verewigte den Tag nach der Schlacht in einem berühmten Bild, das unverkennbar die Botschaft des 64. *Bulletins* visualisierte: »Der Kaiser hat jeden Tag mehrere Stunden auf dem Schlachtfeld zugebracht, ein schrecklicher Anblick, den die Pflicht aber notwendig machte. Es war viel Arbeit erforderlich, um all die Toten zu begraben.« Die Russen hatten zwar den Rückzug angetreten, aber der nervlich erschöpfte Napoleon unterband weitere Operationen. Er zog sich auf die Passarge zurück und ließ das Lager bei Thorn errichten.

Im Frühjahr setzte die Offensive wieder ein. Danzig fiel am 26. Mai und bot künftig ein ausgezeichnetes Operationszentrum. Die Russen ergriffen die Initiative von Königsberg aus. Napoleon setzte seine Truppen in Bewegung, um sie von ihrer Basis abzuschneiden. Am 10. Juni griffen Soult und Murat das befestigte Lager von Heilsberg an, das zwei Tage später aufgegeben wurde. Zur eigentlichen Schlacht aber kam es am

14. Juni 1807 bei Friedland. Napoleon führte dabei eine neue Taktik ein: Nicht wie üblich stellte er den Gegner und rieb seine Truppen auf, sondern nutzte die Gunst der örtlichen Gegebenheiten und bemächtigte sich in einer plötzlichen Attacke der Brücken über die Alle. Damit schnitt er den Russen jede Rückzugsmöglichkeit ab. Dieser Sieg entschied über den Feldzug. Königsberg ergab sich am 16. Juni, während die Russen in Richtung Njemen flüchteten. Drei Tage später erbat der erschütterte Alexander einen Waffenstillstand.

Die Begegnung der beiden Kaiser kam am 25. Juni 1807 bei Tilsit auf einem Floß mitten im Njemen zustande. Ihre Vereinbarung ging besonders zu Lasten Preußens, indem es auf Pommern, Schlesien und Brandenburg beschränkt wurde; nicht einmal die Festung Magdeburg konnte es behalten. Aus den ehemals preußischen Gebieten zwischen Elbe und Rhein und einem Teil Hannovers entstand das Königreich Westfalen, das mit Kassel als Hauptstadt Jérôme, der jüngste Bruder Napoleons, erhielt. Die polnischen Teile Preußens bildeten das Großherzogtum Warschau, das dem Kurfürstentum Sachsen zugeschlagen wurde. Der Kurfürst wurde zum König aufgewertet und trat nach dem Willen Napoleons und trotz seiner Teilnahme an der Koalition auf preußischer Seite wie alle anderen bedeutenden Herrscher in Norddeutschland dem Rheinbund bei. Dieser Bund unter dem Protektorat Napoleons umfaßte nunmehr ganz Deutschland mit Ausnahme Österreichs und Preußens.

Alexander erkannte alle Veränderungen, die in Europa erfolgt waren, an und bot seine Vermittlung im französisch-englischen Krieg an. Im Falle der Ablehnung durch das britische Kabinett verpflichtete er sich, sich Napoleon anzuschließen, um Druck auf die Höfe in Kopenhagen, Stockholm und Lissabon auszuüben, die dazu angehalten werden sollten, ihre Häfen den englischen Waren zu verschließen. Umgekehrt bot Napoleon seine Vermittlung im russisch-türkischen Konflikt an: Für den Fall einer aufschiebenden Antwort aus Konstantinopel war die Aufteilung der ottomanischen Provinzen vorgesehen.

Nach Tilsit konnte Napoleon davon ausgehen, daß er auf dem Kontinent keinen Gegner mehr hatte. Preußen war von der Landkarte fast verschwunden, Österreich schien beträchtlich geschwächt, und Rußland wurde der Verbündete Frankreichs. Italien war mit Ausnahme Roms zum größten Teil Napoleon unterworfen, der zugleich als »Protektor« des Rheinbundes und »Vermittler« (Mediator) der Schweizer Kantone fungierte. Spanien erklärte sich zum Allianzpartner Frankreichs; Belgien war französisch, und über Holland regierte ein französischer Monarch. Kopenhagen zeigte seine Sympathien für Napoleon, und Stockholm dämpfte seine antifranzösische Einstellung. Nur England blieb noch übrig.

DIE KONTINENTALSPERRE

Frankreich verdankte seinen militärischen Triumph über den Kontinent letzten Endes seiner Bevölkerungsentwicklung. Bis Preußisch-Eylau verfügte Napoleon über eine relativ homogene Armee, »die Große Armee«. Sie hatte als einzige eine lange und gründliche Ausbildung erfahren; ihr Können ließ eine offensive Strategie zu, deren Erfolge auf ihrer Schnelligkeit und dem Überraschungseffekt beruhten. Seit dem ersten Italienfeldzug hatte es Napoleon verstanden, durch die *Bulletins* eine besondere Verbindung zu seinen Soldaten herzustellen. Sie beschrieben den Schlachtverlauf und hoben die Taten der Männer und der Regimenter hervor. Aus dieser Beziehung erklärte sich die Ergebenheit der Truppen gegenüber ihrem Führer. Den Söldnern oder wenig motivierten Soldaten unter der Führung überalterter Generäle mit mehr Titeln als Fähigkeiten stellte Napoleon eine nationale Armee entgegen, in der das ausländische Element in größerem Umfang erst nach Preußisch-Eylau erschien. Sie war psychologisch gut vorbereitet und wurde von jungen und ehrgeizigen Offizieren befehligt. In Austerlitz hießen sie Lannes, Davoult, Soult, Ney und Murat... Der Genius des Kaisers wäre ohne diese Armee ohnmächtig gewesen; andererseits aber hätte diese Armee ohne den bemerkenswerten Strategen, der sie befehligte, weder in Ulm noch in Friedland triumphiert.

Und doch vermochte diese Armee nichts gegen England, das die Meere beherrschte und dessen anmaßende Industrie weiterhin mit ihren Produkten die europäischen Märkte überschwemmte. Napoleon plante also, den Krieg in den Bereich der Wirtschaft zu tragen, eine Idee, die übrigens aus dem Direktorium stammte. Durch ein Dekret, das er am 21. November 1806 im soeben besetzten Berlin unterzeichnete, führte er ein, was man später mit dem unpassenden Begriff »Kontinentalsperre« bezeichnen sollte. Von nun an »sind jeglicher Handel und jegliche Korre-

spondenz mit den britischen Inseln untersagt; jede Person britischer
Staatsangehörigkeit, die in den von französischen oder alliierten Truppen
besetzten Ländern aufgefunden wird, wird zum Kriegsgefangenen erklärt; jedes Geschäft, jede Ware, jedes Eigentum gleich welcher Art, das
einem englischen Staatsbürger gehört, wird beschlagnahmt. Der Handel
mit englischen Waren ist verboten, und jegliche Ware, die England gehört
oder aus seinen Fabriken und Kolonien stammt, wird gleichfalls für
beschlagnahmt erklärt.«

Die Mitteilung über dieses Dekret erging an die Könige von Spanien,
Neapel, Holland und Etrurien; eine Diskussion war nicht gestattet. Als
treue Verbündete mußten sie sich Maßnahmen anpassen, die nicht nur in
Frankreich, sondern bereits auch in Belgien, auf dem linken Rheinufer
und in Norditalien, also in den zu französischen Departements umgewan-
delten Gebieten, angewandt wurden.

England schlug mit den Kabinettserlassen vom November 1807 zurück, die gegen alle Häfen Frankreichs und der Länder im Krieg mit
England einen strengen Blockadezustand verkündeten. Darauf folgte eine
Erwiderung Napoleons mit dem ersten Dekret von Mailand (23. November 1807), das anordnete, alle Schiffe aufzugreifen, die einen englischen
Hafen angelaufen hatten; ein zweites Dekret verstärkte die Anweisungen
des vorausgegangenen. Zwischen Juli und November 1807 verschloß sich
fast der gesamte Kontinent mit Ausnahme von Schweden und Portugal
dem englischen Handel. Dänemark verbündete sich durch den Vertrag
vom 31. Oktober 1807 mit Frankreich. Von seinem Bruder zur Ordnung
gerufen, nahm Louis Bonaparte den Kampf gegen das holländische
Schmugglerwesen auf. In Italien beschlagnahmte General Miollis am
29. August 1807 die englischen Waren in den Lagern von Livorno und
Pisa; Garnisonen richteten sich in Ancona und Civitavecchia ein. Die
Schweiz wurde scharf überwacht, Deutschland der Sperre vollständig
unterworfen, und nur Triest versorgte Österreich weiterhin mehr schlecht
als recht mit Kolonialprodukten. Rußland entschloß sich im Jahr 1808,
seine Ausfuhren an Holz, Leinen und Hanf nach England zu unterbinden.
Schweden reihte sich ebenfalls ein; und Portugal, das wirtschaftlich allzu
eng mit den englischen Häfen verbunden war, um mit einem Schlag
brechen zu können, sah sich von einer französischen Invasion bedroht.

Die Kontinentalsperre – aus französischer Sicht wäre der Begriff
»Schließung« tatsächlich genauer – als Folge der kaiserlichen Entschei-

dung besaß eine Tragweite, die in ihren Auswirkungen mit Austerlitz vergleichbar war; sie wurde eine furchtbare Kampfwaffe. Ihre Auswirkungen auf die britische Wirtschaft zeigten sich schnell. Während die Kolonialwaren auf den Docks von London verfaulten, da sie nicht ausgeführt werden konnten, konnten die Unternehmer von Manchester ihre Baumwollbestände nicht mehr absetzen. Das Pfund Sterling wies einen eindeutigen Kursrückgang auf; im Mai und Juni 1808 brachen Unruhen in Lancashire aus. England, dem wirtschaftlichen Kollaps nahe, schien nachgeben zu müssen. Keine europäische Macht schien in der Lage, Frankreich Widerstand zu leisten.

KAPITEL IX

Der Gipfel

Im Jahre 1807 hatte Frankreich seine natürlichen Grenzen erreicht: Rhein, Alpen, Pyrenäen und Atlantik. In Italien überschritt es sie sogar: Das ehemalige Königreich Piemont wurde in französische Departements umgewandelt, das Königreich Italien mit Mailand und Venedig einem Vizekönig, Eugène de Beauharnais, anvertraut, und im Königreich Neapel regierte Napoleons Bruder Joseph. Auch in Deutschland griff es mit der Errichtung des Großherzogtums Berg und dem Königreich Westfalen (Jérôme) über die natürliche Rheingrenze hinaus. Nicht zu vergessen Holland mit seinem König Louis, die Schweiz, deren »Vermittler« Napoleon selbst war, und Polen, zumindest das Herzogtum Warschau unter der Oberhoheit des Königs von Sachsen, das in Wirklichkeit aber unter französischem Einfluß stand. Und waren nicht fast alle deutschen Fürsten im Rheinbund versammelt und damit unter dem »Protektorat« Napoleons? 1810 akzeptierte Schweden sogar einen französischen Marschall, Bernadotte, als Erbprinzen. So entstand das »Große Kaiserreich«, Erbe der »Großen Nation«.

Die Bevölkerung des eigentlichen Frankreich wurde auf 29,5 Millionen Einwohner beziffert. Diese Zahl erhob das Land in den Rang eines der bevölkerungsreichsten Staaten Europas. Keine Macht auf dem Kontinent, einschließlich Rußlands, konnte hoffen, mit Frankreich militärisch zu konkurrieren. Von einer mächtigen Zollmauer geschützt, erschienen die französischen Manufakturen in der Lage, die englische Industrie abzulösen. Paris bestimmte die Mode und gab den gesellschaftlichen Ton an. Der Empire-Stil verbreitete sich dank des Napoleon-Clans über ganz Europa. Niemals im gesamten Verlauf seiner Geschichte schien Frankreich so mächtig.

PARIS, DIE HAUPTSTADT DES KAISERREICHS

In diesem zentralisierten Reich ging alles von Paris aus und endete alles in Paris. Die Stadt beherbergte in der Tat die Regierung, die sich in den Tuilerien niedergelassen hatte, den Senat mit Sitz im Palais Luxembourg und die Gesetzgebende Körperschaft *(Corps législatif)* im Palais Bourbon, die Ministerien auf dem linken Seineufer und die Generaldirektionen. Die Bevölkerung von Paris stieg von 500 000 auf 700 000 Einwohner an, und zwar weniger durch einen natürlichen Geburtenüberschuß als vielmehr unter dem Einfluß der Zuwanderung. Im ersten Kaiserreich setzte, wenn auch noch durch die Transportschwierigkeiten abgeschwächt, ein Strom von Menschen aus der Provinz in Richtung Paris ein, sei es über den Umweg der saisonalen Wanderung – jährlich zogen in der für Bauarbeiten günstigen Jahreszeit 40 000 Arbeiter nach Paris, von denen im Herbst und Winter aber viele nicht zurückkehrten –, sei es durch die im allgemeinen endgültige Niederlassung von Beamten und Dienstpersonal in der Stadt.

Auch die Industrialisierung erfaßte Paris. Das Verschwinden der englischen Konkurrenz begünstigte den Aufschwung der baumwollverarbeitenden Manufakturen von Richard-Lenoir; die chemische Industrie entwickelte sich in Javel; die Maschinenbauindustrie profitierte von den technischen Erfindungen eines Douglas oder eines Perier für die Dampfmaschinen. Die Luxusindustrie mit Goldschmiedearbeiten (Biennais, Oudot), Uhrenindustrie (Bréguet), Kunsttischlerei (Jacob), Porzellan (Dihl-et-Guerhard sowie Nast), Spiegeln und Tapisserien aus der berühmten Manufaktur in der Savonnerie sind ebenfalls vertreten.

Paris war auch die Stadt der Zerstreuungen und des Vergnügens. Die Theater brachten Stücke von Picard oder Collin oder die Melodramen von Pixérécourt; in der Oper ergötzte die Musik von Gaspare Spontini und Jacques Lesueur. Durch die Eröffnung raffinierter Restaurants kamen die Feinschmecker auf ihre Kosten, und die modebewußte Dame erging sich in den bestausgestatteten Geschäften des Kaiserreichs oder bei dem bekanntesten Modeschöpfer der damaligen Zeit, Leroy.

Dennoch änderte sich das Gesicht der Hauptstadt nicht. Napoleon fand nicht die Zeit, aus Paris die prunkvolle Stadt zu schaffen, von der er träumte. Lediglich einige Bauwerke, die im allgemeinen seinen militäri-

schen Siegen gewidmet sind, führten eine kriegerische Note in das Stadt-
bild ein: der Triumphbogen des Carrousel, der Ende 1808 von Percier und
Fontaine erbaut wurde, die Vendôme-Säule, die 1810 von Gondouin
errichtet wurde und auf der sich die Statue des Kaisers in der Ausführung
von Chaudet erhebt, die Fundamente des Triumphbogens an der Place de
l'Étoile, den Chalgrin vorbereitete. Neue Straßendurchstiche tragen die
Namen von Schlachten: die Rue de Rivoli, die damals noch in ihren
Anfängen stand, mit ihren Arkaden entlang der Tuilerien oder die Rue
d'Ulm, die auf das Panthéon mündet. Quais verherrlichen gleichfalls
militärische Erfolge wie der Quai de Montebello und Brücken wie der
Pont d'Austerlitz und der Pont de Jena.

DIE PROVINZ

Im Norden bildete Belgien neun Departements, die wie die übrigen
französischen Departements von Präfekten verwaltet wurden. In den
Jahren 1800 bis 1808 begann für die ehemaligen österreichischen Niederlande und ihre Bürger der ökonomische Aufschwung. Bislang hatte das
wirtschaftlich einflußreiche Bürgertum im Fürstentum Lüttich gewohnt.
Dank der neuen Bergbaugesetzgebung lieferte Belgien um 1807 die Hälfte
der Kohle und ein Viertel der Hochofenprodukte des Kaiserreiches. In
Genf befand sich die Baumwollindustrie dank der Mechanisierung in
vollem Aufschwung. In Antwerpen arbeiteten bedeutende Schiffswerf-
ten. Im Gegensatz zu Holland, das zu sehr auf den Außenhandel orien-
tiert war und durch die Kontinentalsperre ruiniert wurde, bot Belgien ein
Bild der Prosperität.
    Dieser wirtschaftliche Wohlstand ließ sich auch in den großen Zentren
Nordfrankreichs beobachten: Lille (54756 Einwohner im Jahre 1801) mit
seinen Zuckerraffinerien, seinen Baumwollspinnereien, seinem hopfen-
und flachsverarbeitenden Gewerbe, und Valenciennes, dessen Spitzen-
fabrikation damals begann. Auch die großen Textilzentren Amiens und
Saint-Quentin sind zu nennen sowie Anzin, wo die Kohlenförderung von
242777 Zentnern im Jahre 1807 auf 420706 Zentner im Jahre 1809 stieg.
Dieser Wohlstand erklärte den ausgezeichneten »öffentlichen Geist«, den
die Präfekten Nordfrankreichs signalisierten. Dagegen waren die Häfen

von Calais und Dünkirchen Opfer des Seekrieges und mußten in der
Kaperfahrt und in der Küstenschiffahrt nach neuen Existenzmöglichkeiten suchen.

Prosperität herrschte auch in den vier Departements am linken Rheinufer. Hier war der ökonomische Schub besonders spektakulär: Die Abschaffung der grundherrlichen Rechte förderte die Landwirtschaft, und
das Verschwinden der englischen Konkurrenz begünstigte die Textil- und
Metallindustrie. In Krefeld verdoppelte sich die Zahl der Seidenunternehmen, in Aachen verzehnfachte sich die Zahl der Manufakturen, und mit
65 000 Arbeitern in 2550 Unternehmen wies das Departement Roer das
höchste Niveau der Industrialisierung auf. Die Verlagerung des Großhandels von der Atlantikküste zum Rhein ließ aus Straßburg einen der bedeutendsten europäischen Handelshäfen und ein riesiges Zwischenlager für
Güter zur Weiterverteilung in Europa entstehen. Die Stadt profitierte von
der neuen Nord-Süd-Strömung; ihr Einfluß strahlte in die Schweiz, nach
Holland und Deutschland aus. Zwischen 1789 und 1805 hatte sie eine
Stagnation erlebt, die sich aus dem Verlust ihrer Privilegien und den
Kriegswirren erklärte. Aber gerade der Krieg, der sie zum Handelsplatz
erhob und den Zustrom einer bedeutenden jüdischen Gemeinde und des
Bevölkerungsüberschusses aus den Landgemeinden des Departements
Bas-Rhin förderte, verlieh ihr erneut demographische und industrielle
Bedeutung – vom Schmuggel ganz zu schweigen. Der Aufschwung der
Baumwolle begünstigte Mülhausen; Tabak und Rüben vervollständigten
den Reichtum des Elsaß.

Nicht weniger glänzend stellte sich die wirtschaftliche Lage der Gegend um Lyon dar. Der Aufschwung der Textilfabrikation dank der
technischen Neuerungen Jacquards für die Mechanik und Raymonds für
die Färberei sowie der Neubeginn des Handels wegen der Eröffnung
neuer Alpenübergänge – vor allem des Mont Cenis –, welche die Stadt in
ein Zentrum des Transitverkehrs zwischen Italien und Frankreich verwandelten, und schließlich die Errichtung eines Zwischenlagers für Kolonialwaren seit 1805 – all das erklärt den Reichtum Lyons nach den
Zerstörungen der Schreckenszeit und den Wirren des Direktoriums.
»Auch ist Lyon«, wie der deutsche Reisende Nemnich notierte, »nach
Paris unstreitig die geschäftsvollste Stadt des gegenwärtigen Frankreichs
und in dem selben Betracht vielleicht die am wenigsten unglückliche des
festen Landes von Europa.« Napoleon überhäufte sie mit seiner Gunst: Er

verlangte für die Hofzeremonien das Tragen von »Roben mit Schleppen aus Lyoner Stoffen« für die Damen und von seidenbestickten Gewändern für die Herren. Im Jahre 1808 ließ er dort eine Filiale der Bank von Frankreich einrichten. Was Wunder, daß die Stadt von 109000 Einwohnern im Jahre 1802 auf 115000 im Jahre 1814 anschwoll? An dieser Prosperität hatten auch Tarare, Saint-Étienne und Saint-Chamond teil. Der Frieden von Tilsit öffnete gar den russischen Markt für Seidenprodukte aus Lyon und glich dadurch den Verlust der Levante aus.

Deutlich weniger positiv präsentierte sich die Bilanz an der Atlantikküste von Nantes bis Bordeaux. Die Häfen, die von der englischen Flotte blockiert wurden, hatten noch im 18. Jahrhundert die Rolle des Motors der französischen Wirtschaft gespielt. Nun litten sie unter dem unbestreitbaren Zerfall des Handels; die Reeder verfluchten den Seekrieg, der den Dreieckshandel zum Erliegen gebracht hatte. La Rochelle versank in Untätigkeit. Zwischen 1804 und 1810 machten an seinen Kais gerade noch sechzig Schiffe aus nordeuropäischen Ländern fest und etwa zwanzig amerikanische Schiffe, die Salz, Wein und Schnaps luden.

Aus der Nähe betrachtet ergaben sich allerdings Unterschiede. Bordeaux bot ein günstigeres Bild als die Häfen am Ärmelkanal, die unter der strengen Überwachung durch England litten. Dank der neutralen Staaten USA und Dänemark behielt es zwischen 1803 und 1807 seine bedeutsame Aktivität bei. Erst im Jahre 1808 fand ein spektakulärer Zusammenbruch der Hafengeschäfte statt. Napoleon sah sich zu staatlichen Hilfen für den Handel gezwungen, um dem wirtschaftlichen Niedergang ein Ende zu setzen. Die Einwohnerzahl der Stadt ging von 112000 auf 90000 Einwohner zurück. »Hunderte von Häusern suchen Bewohner, und man lacht über die vormaligen Ausdehnungsprojekte. Schiffe sieht man nur sparsam zerstreut auf der geräumigen Fläche des Wassers; die Aussicht hinüber wird nicht mehr durch einen Wald von Masten in Kleinheiten zerteilt«, so das Urteil Nemnichs aus dem Jahre 1809. Was blieb, war der Weinbau, doch bevorzugte Napoleon, wie übrigens seine königlichen Vorgänger auch, den Burgunder, und der steigende Verbrauch innerhalb Frankreichs vermochte den Verlust des englischen Marktes nicht auszugleichen.

Auch die französische Mittelmeerküste litt. Die Einwohnerzahl von Marseille war von 110000 auf 96000 Einwohner gesunken. Napoleon verweigerte dem Hafen die Zollfreiheit, die die Einwohner forderten; er verweigerte ihm auch das Handelsmonopol mit der Levante, während sich das Kaiserreich um rivalisierende Häfen wie Genua (1804), Livorno (1808) und Triest (1809) vergrößerte. Mit dem Seekrieg und danach dem Spanienkrieg nahm der Einbruch bei den Ausfuhren – mit Ausnahme von Ölen – spektakuläre Dimensionen an. Der Industrie ging es allgemein schlecht; lediglich die Seifensiedereien hielten eine gewisse Aktivität bei.

Dennoch brauchte das Regime weder in Marseille noch in Bordeaux Unruhen zu befürchten. Der allgemeine wirtschaftliche Aufschwung nach den Ausschreitungen der Schreckenszeit war zu außergewöhnlich, als daß die öffentliche Meinung gegenüber Napoleon Front beziehen würde. Der Westen aber blieb der schwache Punkt des Kaiserreichs, auch wenn uns Nemnich von Rouen (87 000 Einwohner) und Caen (30 000) ein Bild des Wohlstands zeichnete. Hier handelte es sich – vor allem im Falle Rouens – um große Textilzentren, insbesondere im Bereich der Baumwolle, so daß »die Normandie«, wie er schrieb, »fast die Hälfte dessen, was Frankreich und Italien an Druckkattunen bedürfen, zu liefern im Stande ist.« Auch die Spitzenklöppeleien von Alençon vermerkte er. Als dramatisch hingegen beschrieb er die Situation in den Häfen: »Le Havre trieb ehemals einen beträchtlichen Seehandel. Es blühten dabei der Fischfang, die Tabakfabriken, der Vertrieb von Kolonialwaren, die Zuckerraffinerien, die Assekuranz, usw. Alles ist in diesem Augenblick fast ganz verfallen.«

Genauso desolat schien die Lage in der Bretagne. Nantes hatte weniger als 75 000 Einwohner, und sein Hafen litt »unsäglich seit der See- und Handelssperre«. »Auf der Reise durch die Vendée«, fuhr Nemnich fort, »sah ich allenthalben niedergerissene Häuser und zerstörte Dörfer, die Überbleibsel jenes bekannten innerlichen Krieges.« Die Regierung war darüber beunruhigt, daß das Bandenwesen weiterhin als Dauerzustand in den Departements Sarthe, Mayenne, Maine-et-Loire und Loire-Inférieure wütete. Die Heckenlandschaft, zerstreute Gehöfte, das Fortbestehen des religiösen Unbehagens, wie es sich in der »Kleinen Kirche« ausdrückte, die das Konkordat ablehnte, und die hohe Zahl der Deserteure erklärten die Fortdauer einer Unsicherheit, deren Dimensionen man allerdings auch nicht übertreiben sollte. Denn die Vendée selbst wurde in steuerlicher Hinsicht geschont, und die Wehrpflicht erwies sich dort als weniger drückend als im übrigen Land. Im allgemeinen trachtete der Westen nach Frieden und nach Heilung der Wunden aus dem Bürgerkrieg. Napoleon

bemühte sich ebenfalls darum und gründete im Herzen der Vendée
eine neue Stadt, La Roche-sur-Yon, die nun den Namen Napoleon-
Vendée erhielt.

Demgegenüber schien der Kaiser das Zentrum Frankreichs ein wenig
zu vernachlässigen. Die Auvergne, ein ärmliches Waldgebiet, das von den
übermäßigen Viehherden und durch die Ausbreitung der Ziegen buch-
stäblich kahlgefressen wurde, war ein wichtiger Hort der Auswanderung;
dennoch blieb der »öffentliche Geist« davon unberührt.

Frankreich, das war auch Piemont, das auf der anderen Alpenseite als
Vorfeld diente. Beherrscht wurde die Region, die in Departements mit
französischer Verwaltung aufgeteilt war, von Turin am Ausgang des Mont
Cenis. Dieser Paß war seit 1805 wichtiges Stück der Verbindung zwischen
Paris und Genua. Der Simplon-Paß erhielt erst nach der Annexion des
Wallis seine frühere Bedeutung wieder. Weitere Einnahmequellen Piemonts bildeten der Reis, dessen Anbau eine beachtliche Ausdehnung
erfuhr, Getreide und Maulbeerbäume. Der französische Einfluß beschränkte sich nicht allein auf Piemont und später auf den Kirchenstaat
(der 1809 annektiert werden sollte); er erfaßte auch die Toskana und vor
allem das Königreich Italien mit der Hauptstadt Mailand, das Eugène de
Beauharnais verwaltete. Auch hier fand man die Einteilung in Departements nach dem französischen Muster. Deutlich weniger vom französischen Geist angehaucht war das weiter entfernte Königreich Neapel.

DER CODE CIVIL

Noch in Sankt Helena behauptete Napoleon, daß er seinen Nachruhm
mindestens ebenso durch den Code Civil wie durch seine Siege sichern
wollte. Schon 1801 hatte Portalis dessen Geist definiert: »Gute bürgerliche Gesetze sind die Quelle der Sitten, der Schutzmantel des Eigentums.«
Der Entwurf, als dessen wichtigster Autor eben Portalis zeichnete, wurde
im Staatsrat diskutiert, im Tribunat bekämpft und erst am 30. Ventôse des
Jahres XII (21. März 1804) verkündet. Er bildete eine Synthese zwischen
dem alten Recht, ob kodifiziertes oder Gewohnheitsrecht, und dem neuen
aus der Revolution entstandenen Recht. Wenn das neue Gesetzeswerk
auch die Idee der Freiheit verkündete und sich in den Freiheiten der

Person, des Gewissens und der Arbeit konkretisierte, was ihm in den Augen Europas eine revolutionäre Tragweite verlieh, so wollte es doch vor allem das Eigentumsrecht verankern und so die Bourgeoisie und ganz besonders die Erwerber von Nationalgütern beruhigen. In diesem Punkt unterschied sich der Code Civil kaum von den revolutionären Verfassungen. »Das Prinzip des Eigentumsrechtes liegt in uns«, erklärte Portalis, als er seinen Entwurf am 17. Januar 1804 der Gesetzgebenden Körperschaft vorlegte; »es ist nicht das Ergebnis einer menschlichen Übereinkunft oder eines positiven Gesetzes; es liegt in der Verfassung unseres Wesens selbst. Das Eigentum hat die menschlichen Gesellschaften begründet; es hat unsere Existenz belebt, ausgeweitet und vergrößert; durch das Eigentum wurde der Arbeitsfleiß des Menschen, dieser bewegende, lebendige und alles belebende Geist, über die Meere getragen und hat in den verschiedenen Klimazonen alle Keime des Reichtums und der Macht aufblühen lassen.« In diesem Sinne bekräftigte der Artikel 544: »Das Eigentum ist das Recht, Dinge auf die absoluteste Weise zu nutzen und über sie zu verfügen, vorausgesetzt, daß man davon keinen durch Gesetze oder Verordnungen verbotenen Gebrauch macht.« Vor allem interessierte sich der Code Civil für den Grundbesitz. Das Eigentumsrecht wurde in diesem Punkt so absolut wie möglich gefaßt: Die Verfügungsfreiheit beim Testament wurde wiederhergestellt; der Erblasser konnte frei über den verfügbaren Teil seines Vermögens bestimmen, der nicht weniger als ein Viertel betragen, aber auch die Hälfte der Güter nicht überschreiten durfte. Der Artikel 332 riet, die Zerstückelung des Erbes und die Aufteilung der landwirtschaftlichen Betriebe möglichst zu vermeiden. Verstärkt wurde auch die Autorität des Ehemannes: »Der Mann ist seiner Frau Schutz und die Frau ihrem Mann Gehorsam schuldig.« Allein der Vater verwaltete das Vermögen der Familiengemeinschaft, und er allein übte die elterliche Erziehungsgewalt aus. Ein neuer Begriff kam auf: die »guten Sitten«, die an die Stelle guter Gesetze treten können, wie Portalis erklärte. Sie sind der wahre Baustein des sozialen Gebäudes. Alles, was sie beleidigt, verstößt gegen die Natur der Gesetze. »Wenn man sie durch Vereinbarungen verletzen könnte, so wäre die öffentliche Ehrbarkeit bald nur noch ein leerer Begriff, und alle Ideen von Ehre, Tugend und Gerechtigkeit würden durch schändliche Kombinationen aus persönlichem Interesse und durch lasterhafte Berechnungen ersetzt.« Unter dem Deckmantel der Moral bestätigte der Code Civil, wie alle seine Kommentatoren hervorhoben, die Errichtung eines repressiven Systems, das auf die Verteidigung des Eigentums abzielte. Er bestimmte »die Spielregeln einer Gesellschaft aus Notabeln«.

DIE NOTABELN

Der Aufstieg Napoleons entsprach dem der Notabeln: Der Bürger trat an die Stelle des Adligen. Vor dem Gesetz waren alle Franzosen gleich. Das Vorrecht durch Geburt bestand nicht mehr, die religiöse Diskriminierung war aufgehoben. Von nun an bestimmte das Geld die gesellschaftliche Hierarchie. Wer besaß, gehörte zur Klasse der Notabeln. Unter »Notabel« hatte man also einen Bürger zu verstehen, der sein Geld gut angelegt, einen Adligen, der sein Vermögen vor der Beschlagnahme in der Schreckenszeit gerettet, einen Bauern, der Nationalgüter gekauft hatte, oder einen glücklichen Spekulanten, einen unehrlichen Lieferanten, einen Angehörigen des Gerichts oder einen hohen Beamten.

Das Kaiserreich bestätigte das Verschwinden des früheren Adels, der Privilegien und der Feudalrechte, deren Abschaffung bekräftigt wurde. Es beendigte aber auch die Existenz des Parlamentsadels, der durch die Abschaffung der Ämterkäuflichkeit ruiniert wurde. Obwohl die Unterscheidungen durch Ehrentitel wieder eingeführt wurden und es gewissen Großgrundbesitzern wie dem Herzog von Luynes gelang, ihr Gut zu retten, so stand doch das Ende der Feudalaristokratie fest. Auch das Bürgertum des Ancien régime war von der Entwicklung verschlungen worden. Da man seine Ämter abgeschafft und in Assignaten ausbezahlt sowie seine Mieten und Pachten in abgewertetem Geld entgolten hatte, der Seehandel durch den Krieg und den Aufstand in den Kolonien vernichtet wurde, überstand es den Sturm nur um den Preis seines wirtschaftlichen Ruins. Die Hauptopfer waren der Rentier, der dem Staat leichtsinnigerweise Geld geliehen, und der Sparer, der den Ertrag seiner Ersparnisse in Hypothekendarlehen angelegt hatte, weil die Schuldner ihre Verbindlichkeiten rasch vor dem Gesetz des 23. Messidor im Jahre III in wertlosem Papiergeld zurückzahlten. Was den Staat betraf, so verschluckte der Bankrott von 1797 zwei Drittel des Geldes, das man ihm geliehen hatte.

Es entstand also ein neues Bürgertum, das bei seinen Kapitalanlagen weniger ängstlich, in seinen Vorstellungen kühner war und das die Möglichkeiten seiner Bereicherung schneller erfaßte. Gewinne fragwürdiger Herkunft, illegale Geschäfte, gewagte Kapitalanlagen, Korruption der Behörden, Rechtsverdrehungen verschiedener Art bildeten den Ursprung vieler neuer Vermögen. Ouvrard war die Symbolgestalt dieser Neureichen. Mercier und Fiévée hatten die weitverbreitete Unmoral unter dem Direktorium aufgedeckt. Im Kaiserreich wurde der Ton gemäßigter, denn die Zensur gestattete nichts anderes. Doch ließ Napoleon Ouvrard später einsperren und hielt allzu offensichtliche Spekulanten von dem Adel, den er 1808 begründete, fern.

Der Großgrundbesitz behielt seine beherrschende Position, und der Boden bildete weiterhin die Hauptquelle von Reichtum und Wertschätzung. Die Untersuchung, die 1804 über die zwölf größten Steuerzahler je Departement durchgeführt wurde, ermöglichte es, die Merkmale des Großgrundbesitzers zu präzisieren, der zwischen 8000 und 20000 Francs Steuern bezahlte. Er wohnte bevorzugt in der Pariser Gegend, in der Normandie und in Nordfrankreich. In der Steuererhebung von 1804 dominierte der Adel weiterhin mit 339 Personen. Der Herzog von Choiseul-Praslin war der größte Steuerzahler des Departements Seine-et-Marne (30575 Francs), wo auch Lefèvre d'Ormesson wohnte. Im Departement Seine-et-Oise beherrschte der Herzog von Luynes die Spitzengruppe der Steuerzahler mit 15500 Francs (zu denen noch 15800 Francs im Departement Sarthe und 12800 Francs im Departement Somme hinzukamen). Der Herzog von Luxembourg erreichte im Departement Seine-Inférieure eine gute Position mit 19000 Francs Steuerschuld. Im Departement Eure-et-Loir fand man einen gewissen Noailles (14500 Francs) und mit 13000 Francs einen Montmorency im Departement Eure. Im Departement Orne waren die zwölf größten Steuerzahler sämtlich ehemalige Adlige. Unter den untersuchten Personen stellte man auch 114 bürgerliche Grundbesitzer, 130 Geschäftsleute und Industrielle und 17 Großbauern fest. Bemerkenswert war auch die Präsenz von Finanzmaklern auf der Liste wie Lecouteulx oder Récamier, von Manufakturbesitzern wie Poupart de Neuflize und von Lieferanten wie Vanlerberghe oder Paulée. Dies verriet die damalige Anziehungskraft des Grundbesitzes, die durch die Einführung eines Grundstückskatasters im Jahre 1807 zusätzlich bekräftigt wurde.

Die nähere Betrachtung darf auch das Bankwesen nicht aus den Augen verlieren, das seine Aktivitäten noch nicht sauber vom Handel trennte. Die Bankiers spekulierten hemmungslos mit Baumwolle und Handelslizenzen, denn die Kredite blieben teuer, weil der Geldumlauf im Jahre IX (1801) noch auf eine Milliarde Francs begrenzt blieb. Ihre wichtigsten Vertreter waren die Regenten der Bank von Frankreich wie Laffitte, Thibon, Davillier, Mallet, Hottinguer, Perrégaux, Barrillon usw. Sie wohnten standesgemäß entweder in einem Stadtpalast in Paris (an der Chaussée d'Antin oder in der Vorstadt Poissonnière) oder in einem Schloß in der Pariser Region. Ihr Kapital hatten sie vorzugsweise im Handel, in Staatspapieren und in Grundstücken angelegt.

Unter den Notabeln tauchten auch die Unternehmer auf. Die Ausstellung im Jahre IX (1801) hatte 220 Aussteller im Hof des Louvre versammelt; im Jahre 1806 zählte man schon 1422 Aussteller. Sie produzierten Tuchwaren, Kaschmir, Serge und Siebtuche, Samt und Seide, Hüte und Bänder, Spitzenwaren und Musselin, Hanf und Baumwolle, Barchent und Pikeestoffe, nicht zu vergessen das Leinen für die textilverarbeitende Industrie. Sie stellten Eisen und Stahl für die Metallverarbeitung sowie im Bereich der chemischen Industrie Alaun, Soda und Farben her, und überall häuften sich die Neuerungen. »Ich habe die französische Industrie geschaffen«, stellte Napoleon später nicht ohne Stolz fest.

Die neue Gesetzgebung behielt die Abschaffung der Berufskorporationen bei und verankerte damit den Triumph des freien Unternehmertums. Sie schuf außerdem ein neues Bergbaurecht. Das Gesetz vom 21. April 1810 trennte das Eigentum an Grund und Boden von dem Besitz des Untergrundes, das heißt der darunterliegenden Bodenschätze; gleichzeitig räumte es dem Staat das Recht ein, Lizenzen für den Bergbau zu vergeben. Hinzu kommt noch das Handelsgesetzbuch von 1807, das die Gründung von Aktiengesellschaften ermöglicht und so neue Kapitalanlagen begünstigt.

Neben die Heerführer der Großen Armee traten die Industrieunternehmer, auch sie Teilhaber an der Napoleonischen Legende, so etwa der Bauernsohn Richard, der sich in fast allen Berufen versucht und mit Nationalgütern spekuliert hatte, bevor er sich zur Eröffnung eines Tuchhandels mit Lenoir-Dufresne zusammentat. Die Gewinne aus diesem Geschäft stiegen dank des Festpreissystems rasch an. Der Handel allein genügte den beiden nicht; sie wollten auch produzieren und richteten im ehemaligen Kloster Bon-Secours in der Rue de Charonne Web- und Spinnwerkstätten ein. Danach gründeten sie Filialen in der Provinz, zum Beispiel in Alençon, Sées und Laigle. Beim Tode Lenoirs beschäftigte das Unternehmen 12 800 Arbeiter; Richard erschien als König der Baumwolle. Ternaux wiederum, ein weiterer Textilfabrikant, revolutionierte die Tuchindustrie. Er kontrollierte sie einmal vertikal, indem er die verschiedenen Phasen der Tuchherstellung in Louviers konzentrierte, und zum anderen horizontal, indem er Stoffe in Bazancourt (über tausend Arbeiter), Louviers, Reims und Sedan produzieren ließ. Sein Vermögen schätzte man damals auf zwei Millionen Francs. Eine weitere große Gestalt war der Unternehmer Oberkampf, der in Jouy vor der Revolution eine Tapetenmanufaktur eingerichtet hatte; sie zählte im Jahre 1805 1322 Beschäftigte. Durch ihre Spezialisierung in der Massenproduktion von Qualitätsartikeln sicherte sie »den Übergang von der Manufaktur des 18. zur Fabrik des 19. Jahrhunderts«. In der Metallindustrie schuf sich François de Wendel wieder ein Vermögen, das er als Emigrant verloren hatte. Der Rückkauf von Hayange, dann im Jahre 1809 von Creutzwald und schließlich 1811 der Erwerb von Moyeuvre brachten ihm einen der vordersten Plätze unter den Hüttenbesitzern neben dem der Familien Dietrich in Niederbronn, Carillon-Destillières und Aubertot in Vierzon sowie im Departement Nièvre oder dem von Rambourg im Departement Allier ein.

Der Unternehmerlohn wuchs in diesen Jahren ungeheuer an, obwohl die Industrialisierung Frankreichs mangels einer umfassenden technischen Revolution weniger stark war, als dies Chaptal in seiner berühmten Schrift »*De l'industrie française*« (»Über die französische Industrie«) behauptet hatte, und die Produktion bei einer Wachstumsrate von etwa drei Prozent zwischen 1796 und 1812 im Jahre 1810 erst um 50 Prozent über dem Niveau von 1780 lag. Innerhalb eines Jahres verdiente Oberkampf 800 000 Francs!

Schließlich zählten neben den Großgrundbesitzern, den Geschäftsleuten und Industrieführern auch die hohen Beamten zur Kaste der Notabeln. Napoleon legte die Fundamente des öffentlichen Dienstes, indem er die Ämterkäuflichkeit des Ancien régime und das Wahlprinzip der Revolution durch die Ernennung der Staatsdiener durch die Regierung ablöste. Er ersetzte auch die planlos-chaotische Situation der früheren Amtsschreiber durch eine Hierarchie der Bezüge im Verhältnis zu den Funktionen, wobei die Beförderung mangels eines echten Statuts allerdings ebenso willkürlich blieb wie die Rekrutierung. Berufliche Garantien existierten nicht. Der Präfekt war jederzeit abberufbar, und die Unabsetzbarkeit der Richterschaft wurde kaum respektiert. Dafür waren die Bezüge hoch, und durch regelmäßige Abzüge von diesen Gehältern erwarb man Pensionsansprüche. Das Tragen einer Uniform verstärkte das öffentliche Ansehen; endlich strahlte die Allmacht des Staates auf diejenigen zurück, die ihm dienten. Balzac sprach in diesem Sinne in seinem Roman »*Les Employés*« vom goldenen Zeitalter des öffentlichen Dienstes. Daher war der Staatsdienst gesucht. Als im Jahre 1807 die Einrichtung des Rechnungshofes bekanntgegeben wurde, meldeten sich 2000 Kandidaten für 80 Stellen.

Doch der Graben zwischen Angestellten und Beamten vertiefte sich. Diese Begriffe hatte die Revolution eingeführt: Der Beamte wurde gewählt, der Angestellte ernannt. Dem Beamten fielen die verantwortlichen Tätigkeiten zu, dem Angestellten die ausführenden. Der Angestellte, als Expedient, Schreiber oder Redakteur im Ministerium, dessen Gehalt zwischen 1900 und 3400 Francs schwankte, zählte nicht zu den Notabeln, auch wenn er sich allgemeiner Achtung erfreute. Die Kaste der Notabeln begann auf der Ebene der Abteilungsleiter.

Ein Unterpräfekt verdiente zwischen 3000 und 4000, ein Präfekt hingegen 8000 bis 24000 Francs; der Präfekt des Departements Seine erhielt 30000 Francs.

An der Spitze standen die großen Körperschaften und hier besonders der Staatsrat, den der Kaiser zweimal pro Woche persönlich leitete. Zu den Räten und Staatsratassessoren gesellten sich seit dem 19. Germinal des Jahres XI die Auditoren hinzu. Sie stammten aus den Familien von Ministern, Senatoren und Generälen, was die Entstehung wahrer Dynastien wie die der Familien Régnier, Treilhard, Mounier und Roederer begünstigte. Dabei trat das Geld rasch an die Stelle der Verdienste. Seit 1809 mußte man entweder eine von der Familie bezahlte Pension oder jährliche Einkünfte in Höhe von 6000 Francs nachweisen. »Das Haupthindernis liegt beim Vermögen«, schrieb Stendhal an seine Schwester, als er auf seine Zulassung als Auditor hoffte. Napoleon kam in Sankt Helena auf diese Institution zurück, die eine regelrechte Verwaltungsschule bildete – die Auditoren lernten die Verwaltungspraxis in den Präfekturen, Ministerien oder dem Stab des Kaisers: »Ich verschaffte meinem Sohn eine äußerst glückliche Ausgangssituation. Genau für ihn erzog ich in der neuen

Schule die umfangreiche Klasse der Auditoren beim Staatsrat. Nach Abschluß ihrer Ausbildung und mit einem gewissen Alter hätten sie eines schönen Tages alle Stellen des Kaiserreiches besetzt.«

Die Bezüge sind hoch: 25 000 Francs für einen Rat und 5000 Francs für einen Assessor. Hinzu kommen vor allem nach 1810 noch riesige Belohnungen. Staatsrat Corvetto erhielt vier Aktien zu je 1000 Francs auf den Canal du Midi, 10000 Francs Einkünfte aus Gütern im schwedischen Pommern sowie 4000 Francs aus anderen Gütern in Illyrien. Warum diese hohen Bezüge und diese bedeutsamen Gratifikationen? Napoleon hat sich dazu auf Sankt Helena ausgelassen: »Am Anfang, als es darum ging, Einzelpersonen an sich zu binden, eine Gesellschaft und ihr entsprechende Sitten neu zu formen, waren umfangreiche Bezüge, ein wahres Vermögen unumgänglich; aber nachdem das gewünschte Ergebnis erreicht und die Zeit wieder in die natürliche Ordnung zurückgekehrt war, wäre es vielmehr meine Absicht gewesen, die hohen Ämter nahezu unentgeltlich zu machen. Die Bedürftigen, die niemals sich selber gehören und deren drängende Bedürfnisse die öffentliche Unmoral schaffen, die hätte ich ferngehalten; ich hätte die öffentliche Meinung dazu gebracht, diese Stellen aus purer Wertschätzung anzustreben. Sie wären öffentliche Ehrenämter geworden, die mit den Vermögendsten besetzt worden wären, für die Berufung, Menschenliebe und ein ehrenwerter Ehrgeiz das sichere Pfand einer wahren Unabhängigkeit gewesen wären.« Damit beschrieb er den bis heute gültigen Mythos der Notabeln.

Diese hohen Beamten verachteten die Kapitalanlage in Grundbesitz nicht, weil ihr Ideal der Großgrundbesitzer blieb. Sie entwickelten sich immer mehr in Richtung einer geschlossenen Gesellschaft, einer Kaste, die von den einfachen Angestellten beneidet wurde, weil Napoleon bei ihnen die Hoffnung auf einen Aufstieg geschickt wachhielt. Sie rekrutierten sich aus dem neuen oder alten Bürgertum und dem mit Napoleon versöhnten Adel – vor allem dem Parlamentsadel des Ancien régime, der durch so verschiedene Vertreter wie Pasquier und Molé personifiziert wurde. Dieser Parlamentsadel bildete innerhalb der Notabeln eine homogene, hierarchisch gegliederte und überdurchschnittlich gebildete Gruppe.

DIE ARMEE

Eine weitere Kaste bildete die Armee, eine nationale Armee, die von der
Nation aber durch den Krieg abgeschnitten war. Sie galt als eine geschlossene Welt, die in die Gesellschaft der Notabeln nur über Grundstücks-
käufe und Ehrentitel eindringen konnte. Für einen Schreiber bestand
wenig Hoffnung, Staatsrat zu werden, und die Patronentasche eines alten
Haudegens enthielt keinen Marschallstab. Die rasanten Karrieren spielten
sich zwischen 1792 und 1795 ab. Im Kaiserreich wurde der Übergang
vom einfachen Soldaten in den Offiziersrang schwierig, denn an die Stelle
des patriotischen Offiziers trat der Techniker.

Zwischen 1789 und 1792 ersetzte der Kleinadel die ersten Emigranten,
drang in die Generalstäbe ein und besetzte 40 Prozent der Stellen als
Bataillonschef bei den Linientruppen und den nationalen Freiwilligen.
Tatsächlich sah das Gesetz vom 20. September 1790 die Rekrutierung der
Leutnants der Linientruppen durch Wettbewerb oder nach Dienstalter
vor, was für das gesamte Beförderungswesen bis zum Hauptmann und zu
zwei Dritteln auch für die Oberstleutnants galt. Angehörige des Klein-
adels und Bürgerliche teilten sich die Führungsstellen der Armee. Nach
1792 erschien die Beförderung von Patrioten als wesentliche Bedingung
des Sieges. Seit Februar 1793 wurden die Offiziere zu einem Drittel nach
dem Dienstalter ausgesucht und befördert und zu zwei Drittel durch
Wahl. Für eine Leutnantsstelle legten die Soldaten eine Liste mit drei
Namen von Unteroffizieren vor, und die Leutnants wählten aus diesen
Namen aus. Die Beförderungen betrafen Männer von oft bescheidener
sozialer Herkunft. Die Wahl erfolgte öfters durch Akklamation, und die
Vertreter des Konvents schritten zu einer Säuberung von adligen Elementen. Dennoch blieb nach dem 22. November 1793 ein Drittel der Stellen
der Auswahl durch den Konvent nach Vorschlag des Verwaltungsrates des
Regiments vorbehalten; eine Kriegsschule zur Ausbildung der Offiziere
wurde geschaffen, und nach und nach erhielt die technische Ausbildung
den Vorrang vor der politischen Überzeugung. Napoleon verstärkte diese
Entwicklung nur noch. Er wollte die Rückkehr zum militärischen Fach-
verstand sowie zum Respekt vor der Hierarchie.

Die Ausbildung an der 1794 geschaffenen Polytechnischen Hochschule wurde 1804 im Sinne einer Betonung militärischer Lehrinhalte umge-

staltet. Die militärische Erziehungsanstalt »Prytanée« wurde nach La Flèche verlegt und die Militärschule von Fontainebleau im Jahre 1808 nach Saint-Cyr. Hinzu kam noch die Gründung einer Kavallerieschule in Saint-Germain, allesamt sogenannte »Offiziersfabriken«.

Im Jahre XII (1804) betrug der Anteil der Offiziere aus einer Militärschule nicht mehr als 2 Prozent. Man lebte noch vom Erbe der Revolution. Zwischen 1807 und 1809 stieg dieser Anteil auf 15 Prozent. Bei der Artillerie, der technischen Waffe schlechthin, wuchs die Zahl der ausgebildeten Offiziere schon zwischen den Jahren IX (1801) und XII (1804) an: Fünf Generale, die sich hochgedient hatten, standen gegen 20 Absolventen der Militärschulen. Die Obersten mit einer theoretischen Ausbildung waren doppelt so zahlreich vertreten wie die in der Praxis ausgebildeten. Erst nach 1812 sollten auf Grund der Katastrophe in Rußland Soldaten, die sich von unten hochgedient hatten wie Coignet, der 1807 noch Korporal war, Beförderungen in Offiziersränge erreichen.

Das Ansehen der Armee war so groß, daß die Listen der freiwillig Verpflichteten zumindest bis 1809 in manchen Pariser Stadtbezirken, wie dem Zehnten, eine große Beteiligung an Notarschreibern, Studenten und Söhnen von Geschäftsleuten aufwiesen, die vom Waffenhandwerk und dem Wunsch, etwas von der Welt zu sehen, und vom Streben nach Ruhm angezogen wurden.

DIE MITTELSCHICHTEN

Jenseits dieser Welt der Notabeln lag das mittlere und das Kleinbürgertum. Das Wort »Notabeln« stammte aus dem Ancien régime; es wurde während der Revolution kaum verwendet, außer im Dekret vom 14. Dezember 1789 über die Gemeindeverwaltungen, erschien aber wieder zur Zeit des Konsulats. Das Amt allein genügte nicht, um die Zugehörigkeit zu den Notabeln zu erringen. Das wahre Kriterium war das Geld: Notabeln waren Personen, die in der Liste der Höchstbesteuerten jedes Departements erfaßt und aus denen die Mitglieder der Verwaltungskollegien im Departement und im Arrondissement gewählt wurden; es handelte sich um etwa 70000 bis 100000 Familien.

Unterhalb der Grenze von 5000 Francs drängte sich das mittlere und

Kleinbürgertum, bestehend aus Rentiers, den Besitzern eines einzigen
Gebäudes in der Stadt oder eines bescheidenen Landgutes – eine ganze
Welt von Juristen, Notaren, Anwälten, Ärzten und Architekten. Die
freien Berufe kehrten zur Standesordnung zurück; das Gesetz vom
22. Ventôse des Jahres XII schrieb den Anwälten ein juristisches Staatsexa-
men, die Bildung einer Standesliste und den Amtseid vor; das Gesetz vom
19. Ventôse des Jahres XI regelte die Berufsausübung des Arztes.

Das Ladengeschäft fand seine Bedeutung wieder, die es während der
Revolution als einer Periode des Mangels und der Jagd auf Luxusgüter
verloren hatte. Man stellte ein starkes Anwachsen der Gewerbezulassun-
gen fest, dem allerdings eine hohe Zahl von Konkursen folgte, weil sich
allzu viele Handwerker ohne Ahnung von den elementaren Begriffen der
Buchführung als Kaufleute versuchten. Doch sämtliche Ausländer in
Paris zeigten sich vom Reichtum der neuen Geschäfte geblendet. Die
Reihe der Warenhäuser, die zwischen 1806 und 1813 gegründet wurden,
enthüllten die Bedeutung der Fassade, in der mehr und mehr das Schau-
fenster das Firmenschild ersetzte.

Die Berufsgruppe der Posthalter, die 1789 ihre Privilegien verloren
hatte, erlebte einen wahren Aufschwung. Mit dem Direktorium verbesserte sich die finanzielle Lage der Poststationen beträchtlich. Die Regierung schonte die Posthalter; sie wurden weder der Wehrpflicht unterworfen noch zu Requisitionen verpflichtet, noch unterlagen sie der Gewerbesteuer. Vielmehr wurde der Streckenpreis erhöht und ihnen das Trans-
portmonopol zugesichert. Warum diese Rücksichtnahme? Der Posthalter
war eine wichtige Persönlichkeit. Er stand am Ausgangs- und Endpunkt
der Verbindungen; er erfuhr über die offiziellen Kuriere und die Presse die
Nachrichten als erster. Das Gasthaus, das er führte, war ein Treffpunkt.
Seine Uniform erhöhte noch sein Prestige. Vor allem kaufte er Nationalgüter, denn er brauchte Grundstücke für seine Pferde. Manche Postmeister wie Barthélemy Lanchère, Postmeister der Station Paris seit 1792,
rückten sogar in die Klasse der Notabeln auf. Sein Vater hatte mit Choi-
seau eine Gesellschaft zur Lieferung von Pferden für die Artillerie gegründet; später wurde er deren Teilhaber. Zusammen mit seinem Vater
erwarb er Grundstücke in Versailles und in Sèvres sowie im Departement
Yonne. Im Jahre 1814 verheiratete Lanchère seine älteste Tochter mit
Claude Dailly, einem Grundbesitzer in Trappes, der ihm als neuer Posthalter von Paris nachfolgte.

DIE WELT DER BAUERN

Schon vor der Machtergreifung Bonapartes war auf dem Lande die Ruhe wieder eingekehrt. Der wesentliche Grund hierfür lag im endgültigen Verschwinden der Feudalrechte am 17. Juli 1793. Nach der Bauernbefreiung war es der Grund und Boden, der befreit wurde. Von dieser Last erleichtert, konnte der selbständige Landwirt seine Mittel in den Kauf von Land und Material investieren. Auf jeden Fall ergab sich aus dem Verschwinden des Feudalwesens eine Verbesserung der bäuerlichen Lebensbedingungen. Doch die Furcht vor der Wiedereinführung der alten Feudalrechte bestand weiter und sollte erst gegen Ende des 19. Jahrhunderts ganz erlöschen.

In der Erbmasse der Revolution fand das Konsulat mit der Institution der Grundsteuer auch ein neues Steuerwesen vor, das gerechter und weniger drückend war als das frühere. Weitere Verbesserungen wurden eingeführt. Das Gesetz vom 15. September 1807 legte die Ausarbeitung eines Grundstückskatasters fest, und gegen Ende des Kaiserreiches waren darin schon mehr als 900 Gemeinden verzeichnet.

Der Verkauf der Nationalgüter hatte bedeutsame Besitzveränderungen nach sich gezogen. Der kirchliche Besitz verschwand, der Grundbesitz der Aristokratie ging zurück. Doch in welchem Ausmaß? Leider sind nur einzelne und verstreute Zahlen bekannt. Im Departement Nord fiel der Anteil des Adels am Grundbesitz im Jahre 1802 von 22 Prozent auf 12 Prozent; der bürgerliche Grundbesitz wuchs hingegen von 16 Prozent auf 28 Prozent, der der Bauern von 30 Prozent auf 42 Prozent. Überall und sogar im Zentrum Frankreichs stieg die Zahl der Eigentümer spürbar an. Wie der Präfekt des Departements Mosel schrieb, »gibt es keinen Landbewohner, keinen Handwerker in der Stadt, der nicht von dem Wunsch gequält ist, ein Feld, einen Garten, ein Pachtstück zu besitzen. Diese Neigung, die schon vor der Revolution in den Gemütern lag, hat sich seither verstärkt.« Nach einigen Schätzungen soll es in Frankreich zwischen 1789 und 1816 fast 500000 neue Grundbesitzer gegeben haben. Das Kaiserreich begünstigte diesen Trend durch die Liquidation der letzten Nationalgüter und den Verkauf der Gemeindegüter, der im Gesetz vom 20. März 1813 verfügt wurde. Hinzu kam ein weiterer Rückgang des früheren adligen Grundbesitzes im Gefolge von privaten Verkäufen durch

Emigranten, die ihre Güter in schlechtem Zustand wiederfanden und sie angesichts der hohen Kosten lieber verkauften.

Immer noch begegnet man in der ländlichen Welt den vier Typen des Ancien régime: den kleinen oder mittleren selbständigen Bauern, deren Zahl zugenommen hat; den Bauern auf kleinen Parzellen, deren Zahl ebenfalls zugenommen hat; den Pächtern und Halbpächtern; und schließlich der erdrückenden Mehrheit der Tagelöhner. Für die meisten bedeutete die Kaiserzeit eine Epoche relativer Prosperität. Der Bauer profitierte von der Rückkehr der Sicherheit und den Verbesserungen beim Anbau, wenn auch weniger als der Großgrundbesitzer, der mehr investieren konnte, um hohe Erträge zu erreichen, und weniger noch als der Großpächter, dessen Pachten allerdings anstiegen, die er überdies in gutem Geld bezahlen mußte. Dennoch erlauben die Statistiken der Präfekten, so man ihnen Glauben schenken will, eine Vorstellung von den erreichten Fortschritten: Rückgang der wenig ertragreichen Kulturen, Ausdehnung der Saatfelder, Anwachsen des Viehbestandes trotz der Futtermittelkrise, verstärkter Schutz der Wälder dank der Umorganisation der Verwaltung für Gewässer und Forsten. Dennoch sollte man den Feststellungen Chaptals in seinem Werk *»De l'industrie française«* (»Über die französische Industrie«) eine gewisse Skepsis entgegenbringen, wenn er dort von »erstaunlichen Verbesserungen« spricht. Spektakuläre technische Umwälzungen waren nicht festzustellen. Nirgends ging in der Kaiserzeit die Tendenz in Richtung einer Neuerung, sondern vielmehr zurück zur Ordnung. Die Gewohnheit blieb das Merkmal der bäuerlichen Welt, ein Verbleiben im Althergebrachten, das nicht nur die landwirtschaftlichen Techniken betraf: Auch schaffte es das metrische System nicht, die alten Maßeinheiten abzulösen. Und Verbesserung der landwirtschaftlichen Produktion hin oder her – sie ging an den Besitzern von wenigen Landparzellen, das heißt also der größten Gruppe innerhalb der französischen Bauernschaft, spurlos vorüber.

Nur die Lohnempfänger profitierten von der Konjunktur auf dem Lande. Arbeitskräfte waren in der Tat rar, und nicht nur, weil einige Tagelöhner Zugang zu Grundbesitz gefunden hatten, sondern vor allem, weil die Wehrpflicht einen großen Aderlaß an arbeitsfähigen Männern bewirkte. Als der Getreidepreis um 28 Prozent stieg, wuchs der Lohn eines Landarbeiters um 67 Prozent. Daraus entstanden Klagen über die Ansprüche der Tagelöhner, die sich die Präfekten zu eigen machten. Im

18. Jahrhundert zeigte der Trend bei den Löhnen auf dem Land nach unten, ab 1797 kehrt er sich um. Nun darf aber nicht vergessen werden, daß die Lohnempfänger die Hauptgruppe des ländlichen Frankreich bildeten. Nur weil deren Situation sich verbesserte, vermittelte die ländliche Welt ein Bild des Wohlstands. Sicher muß man zwar Regionen und Verhältnisse voneinander unterscheiden (der Lohn eines Winzers darf nicht mit dem einer Gänsemagd verglichen werden), aber das Leben auf dem Lande gestaltete sich im Kaiserreich insgesamt weniger hart. Peuchet beobachtete 1805 in seinen *»Statistiques élémentaires de la France«* (»Elementare Statistik Frankreichs«), daß mehr Brot und mehr Fleisch konsumiert wurden: »Der Landmann, der nur die grobe Nahrung kannte und ein ungesundes Getränk, hat heute Fleisch, Brot, guten Cidre und Bier.« Auch Zucker und Kaffee waren nun auf dem Lande bekannt, und der gleiche Fortschritt fand sich bei Mobiliar und Kleidung. Die traditionellen Feste erlangten ihre frühere Bedeutung wieder; die Jahrmärkte nahmen den ersten Platz in den Almanachen und Kalendern ein: kurz, alles wies auf die Rückkehr zur Ordnung nach den Wirren der Revolution hin. Dieser Wohlstand, der gewichtige Ungleichheiten verschleierte, die später spürbar wurden, stand am Ursprung der Popularität Napoleons auf dem Lande.

DIE ARBEITER

Diese Popularität ließ sich auch beim städtischen Proletariat feststellen. Das einfache Volk der Städte, Handwerker, Arbeiter, Tagelöhner, Diener, einst die Speerspitze der großen revolutionären Tage, hatte sich ohne Schwierigkeiten dem Kaiserreich angeschlossen.

Dabei waren die Arbeiter einer strengen Überwachung unterworfen. Das Gesetz vom 22. Germinal des Jahres XI legte ihnen die Führung eines Arbeitsbuches auf, das bei der Einstellung dem Arbeitgeber übergeben und von diesem bei Beendigung des Arbeitsverhältnisses wieder ausgehändigt wurde. Dieses Arbeitsbuch, das schon im Ancien régime existierte, brachte den Arbeiter in die Abhängigkeit des Meisters, doch zielte die Maßnahme vor allem darauf, die Abwerbung durch ein konkurrierendes Unternehmen in Zeiten des Arbeitskräftemangels zu vermeiden. Oft setzte sich der Arbeitgeber jedoch darüber hinweg, und als die Polizei ihre eigenen Arbeitsvermittlungsbüros einrichten wollte, erntete sie nur Mißerfolg. Der gleiche Fehlschlag ergab sich, als man die Dienerschaft zwingen wollte, ein Arbeitsbuch zu führen. Die Arbeitgeber selber gaben ein schlechtes Beispiel.

Der Gesellenverband blieb untersagt, weil das Strafgesetzbuch mit den Artikeln 291 und 292 jede Vereinigung von mehr als zwanzig Personen verbot. Selbst wenn er mit Duldung der Polizei illegal wiedererstand, wurden Streiks unverzüglich unterdrückt. Da sie normalerweise auf eine Baustelle oder höchstens auf einige Betriebe begrenzt blieben und nicht länger als acht Tage dauerten, brachten sie das Regime nicht in Gefahr. So wurden etwa die für die Krönung in Notre-Dame 1804 vorgesehenen Arbeiten unterbrochen, da die Arbeiter eine Lohnerhöhung forderten. Im Jahre 1805 protestierten die Arbeiter des Louvre gegen die Ausweitung ihrer täglichen Arbeitszeit. Lohnerhöhung und Verkürzung der Arbeitszeit waren die am häufigsten formulierten Forderungen. Der spektakulärste Streik betraf 1810 die Baustelle des Triumphbogens und erforderte das Eingreifen der Polizei. Aber zu keinem Zeitpunkt entstand eine wirklich soziale Agitation.

Denn auch die Lage der Arbeiterschaft verbesserte sich beträchtlich. In der Stadt begünstigte der Mangel an Arbeitskräften den Anstieg der Löhne, ein Anstieg, der je nach Gegend (in Paris stärker als in der Provinz), Jahreszeit (der Sommer war für Arbeiten im Freien günstiger) und Branche (der Textilbereich wurde im Vergleich zum Baugewerbe benachteiligt) unterschiedlich war. Ein Arbeiter in Paris verdiente pro Tag drei bis vier Francs, also weniger als 900 Francs im Jahr (zum Vergleich: ein Staatsrat verdiente 25 000 Francs), doch der Preis für vier Pfund Brot bewegte sich in der Nähe von 14 Sols (0,70 Franc); ein Liter Wein kostete 0,50 bis 1 Franc und ein Pfund Fleisch zwischen 0,35 und 0,55 Franc. Von 1802 bis 1817 lag die durchschnittliche Lohnsteigerung bei 20 Prozent. Auf der einen Seite stiegen die Gehälter beim Dienstpersonal um 52 Prozent, während andererseits die Löhne der Spinner und Weber konstant blieben oder sogar einen leichten Rückgang aufwiesen.

Die Kaiserzeit war eine Epoche der Vollbeschäftigung, mit Ausnahme der beiden Depressionen von 1805 (ausgelöst durch den Zusammenbruch der »Vereinigten Kaufleute«, der die Bank von Frankreich mitriß) und von 1811. Beide Krisen wurden, soweit es die Arbeitslosigkeit betraf, rasch überwunden. Zudem ermutigte das Regime die Schaffung von Unterstützungskassen. So wurden im Departement Ourthe auf Initiative des Präfekten Baron de Micoud die Kohlengruben per Dekret mit einer Fürsorgekasse ausgestattet. Sie finanzierte sich aus einem Abzug von zwei Prozent auf die Löhne der Arbeiter und einer Summe, welche die Eigentümer der Betriebe auf der Basis von 0,5 Prozent der Lohnsumme bezahlten. Man sah mildtätige Gesellschaften wiederentstehen wie die »Gesellschaft des Mütterhilfswerks« (Société de Charité maternelle), die im Jahre 1810 »eine Art Staatsinstitution« wurde und vom Kaiser 500000 Francs erhielt, oder auch die »Philanthropische Gesellschaft«, deren Seele vor allem Delessert und La Rochefoucauld-Liancourt waren.

Die Frage der täglichen Existenz war mit einem Mal weniger drückend. Wenn auch die Wohnungen bescheiden blieben, so stellte man doch eine Verbesserung der Ernährung fest; der Fleischverzehr nahm dabei einen wachsenden Anteil ein, während der Konsum von Fisch auf Grund der Schwierigkeiten in der Fischerei zurückging. Die sonntägliche Kleidung wurde ausgesuchter. Die Freude am Luxus erreichte alle Klassen. »In der Stadt unterscheidet man heute kaum noch die Tochter des einfachen Handwerkers von der Tochter des Kaufmanns oder des wohlhabendsten Grundbesitzers«, stellte der Präfekt des Departements Nord, Dieudonné, fest, und Bossi, Präfekt im Departement Ain, schrieb: »Die Arbeiterinnen, die die ganze Woche für 75 Centimes am Tag einschließlich Essen arbeiten, geben jetzt fast ihren ganzen Lohn für Modeartikel aus.« Kneipen und Ausflugslokale wurden am Sonntag gut besucht.

Dennoch blieb die Lage der Arbeiterschaft prekär. Die Zahl der Bettler blieb im Kaiserreich hoch, so daß ein Dekret vom 5. Juli 1808 die Schaffung von 150 Bettlerasylen beschloß. Doch dies alles wurde von dem militärischen Ruhm überdeckt. Der kontrollierte Brotpreis in Paris, die Vollbeschäftigung (auch wenn sie nur einer künstlichen Ursache, nämlich dem Krieg, zu verdanken war), die Verbesserungen der Lebensbedingungen mit Ausnahme der Wohnung, all dies hinterließ bei den Arbeitern trotz der Wehrpflicht – die im übrigen in den Städten weniger hart als auf dem Lande war – die Erinnerung an das Kaiserreich als einem goldenen Zeitalter. Ihre Erben sollten sich im Jahre 1848 daran erinnern.

DER EMPIRE-STIL

Die neue Gesellschaft spiegelte sich im Geistesleben und in den Künsten wider, und der vorherrschende Empire-Stil reflektierte die Rückkehr zu Ordnung und Autorität.

Das »Institut de France« wurde umorganisiert, und die Sektion für französische Sprache und Literatur, Erbin der Französischen Akademie, fand ihre frühere Bedeutung und ihre Rolle als Lenkerin des Schöngeistigen wieder. Sie nahm gemäß einer Tradition, die das 19. Jahrhundert bis in unsere Tage überdauerte, auch Politiker wie Sieyès, Maret oder Cambacérès auf neben Schriftstellern klassischer Richtung wie den Dichtern Legouvé und Lebrun-Pindare, den Komödiendichtern Collin d'Harleville und Picard, dessen »Petite Ville« (»Die kleine Stadt«) einen riesigen Erfolg verzeichnete, sowie Alexandre Duval, Andrieux und Étienne. Das tragische Fach vertraten Ducis, der Shakespeare einführte, und Raynouard, den sein Werk »Templiers« (»Die Tempelritter«) 1805 berühmt machte. In der Abteilung für Geschichte waren Lemontey, Lacretelle und Michaud, ein Spezialist für die Geschichte der Kreuzzüge, vertreten. Nicht zu vergessen ein Überlebender aus dem 18. Jahrhundert, Bernardin de Saint-Pierre, der Autor von »Paul et Virginie«. Aber beherrscht wurde die Akademie von den »Ideologen« wie Volney, Garat, Destutt de Tracy und Naigeon. Die Wahlen reflektierten die Auseinandersetzungen zwischen rivalisierenden Salons wie dem von Maret und Regnault de Saint-Jean-d'Angély, doch blieb der Konformismus die Regel. Chateaubriand, dessen Ruhm als bester Schriftsteller der Epoche auf dem »Génie du Christianisme« (»Der Geist des Christentums«) (1802) und »Les Martyrs« beruhte, wurde im Jahre 1811 gewählt. Seine Antrittsrede konnte er jedoch nicht vortragen, da sie als zu kritisch gegenüber der Revolution eingestuft wurde.

Die Literatur wurde gefördert, doch gingen die Auszeichnungen an diejenigen Schriftsteller, welche die literarischen Regeln sowie die soziale und politische Ordnung respektierten. Die letzten Freigeister, die »die guten Sitten« beleidigten, wurden wie de Sade verfolgt, der sein Leben in Charenton beendete, oder wie Rétif de la Bretonne aus dem »Institut« ausgeschlossen. Casanova starb 1798, Nerciat 1800, Laclos 1803. Ebenso wurden die Vorromantiker an den Rand gedrängt. Trotz des Erscheinens von »Obermann« im Jahre 1804 blieb Sénancour im Hintergrund; Nodier kam wegen seiner Satire »*La Napoléone*« mit der Polizei des Konsulats in Berührung und verkümmerte in einer armseligen Stellung als Bibliothekar; niemand ahnte zu dieser Zeit, daß der junge Henri Beyle, Auditor beim Staatsrat, einmal unter dem Namen Stendhal bekannt werden würde. Mißtrauen herrschte auch gegen die esoterische Strömung: Saint-Martin, »der unbekannte Philosoph«, starb 1803. Fabré-Pelaprat zog sich einigen Ärger zu, als er seine Forschungen über die Templer fortsetzte. »*Les vers dorés de Pythagore*« (»Die goldenen Verse des Pythagoras«) von Fabre d'Olivet riefen nur Gleichgültigkeit hervor; Ballanche blieb trotz seiner Freundschaft mit Madame Récamier im Dunkeln.

Die Symbolgestalt des Schriftstellers aber, der durch seinen Nonkonformismus für Unruhe sorgte, war Madame de Staël, die Tochter Jacques Neckers. Daß eine Frau sich in die Politik einmischte, lief den Tendenzen der Zeit entgegen. Ihre feministischen Romane »*Delphine*«, dann »*Corinne*« widersprachen den Prinzipien der bürgerlichen Gesellschaft, in der die Frau ihrem Ehemann untergeordnet blieb. In der Literatur wollte sie sich von den alten Vorbildern lösen und richtete von Coppet aus ihre Blicke nach Deutschland, dem Land Goethes, aber auch dem von Novalis und Jean Paul. Napoleon verzieh ihr nicht, daß sie die Überlegenheit der deutschen Gedankenwelt behauptete. Der Skandal, den sie 1810 durch das Erscheinen ihres Buches »*De l'Allemagne*« (»Über Deutschland«) hervorrief, zwang sie ins Exil.

Trotz dieses rauhen Tons gegenüber allem Schöngeistigen überraschte die Fülle der Bücher. Man las viel, vor allem aber die »gotischen« Romane von Ducray-Duminil oder Pigault-Lebrun, die ihre Vorbilder bei Walpole, Lewis oder Anne Radcliffe suchten. Im Theater applaudierte das Publikum den Melodramen von Pixérécourt, und man begeisterte sich für die Versemacher des »*Almanach des Muses*«, insbesondere Piis.

Dieselbe Begeisterung schlug den darstellenden Künsten entgegen. Nicht nur nahm die Zahl der großen Privatsammlungen zu, wie die von Fesch, eines Onkels des Kaisers, oder die von Lucien Bonaparte, von Soult, der später Spanien ausplünderte, sondern es strömten auch große Besucherscharen in das Louvre-Museum, inzwischen Napoleon-Museum, das von Vivant Denon um Bilder und Skulpturen aus den eroberten Ländern bereichert wurde, wie auch in den Salon, in dem die neueren Werke ausgestellt wurden. So zählte man 30000 Besucher bei einer Ausstellung von Gemälden aus Italien.

In dieser Zeit triumphierte in der Malerei der Neoklassizismus, und
ein Mann beherrschte ihn, Jacques-Louis David. Er war erster Maler des
Kaisers, Senator, Offizier der Ehrenlegion und Mitglied des Instituts. Er
stellte die großen Augenblicke der Epoche dar: »Bonaparte am Sankt
Bernhard«, »Die Verteilung der Adler«, »Die Krönung« (die in Wirklichkeit die Krönung Joséphines war), doch blieb er der wachsame Hüter der
neoklassischen Ästhetik (»Amor und Phaeton«, »Homer und Kalliope«,
»Leonidas bei den Thermopylen«). Unter seinen Schülern wechselte auch
Jean-Antoine Gros zwischen zeitgenössischen Themen (»Die Pestkran-
ken von Jaffa« 1804, »Eylau« 1807) und der Antike (»Sappho in Leukate«
1801); François Gérard malte »Belisar« oder »Psyche« und Porträts der
kaiserlichen Familie. Anne-Louis Girodet-Trioson entwarf »Ossian oder
die Apotheose der französischen Helden, die für das Vaterland gefallen
sind« oder »Das Begräbnis Atalas«. Eine Sonderstellung nahmen Davids
Rivalen Jean-Auguste Ingres, der in seinem Klassizismus sinnlicher war,
und Pierre-Paul Prud'hon ein, den der Präfekt des Departements Seine,
sein Landsmann Frochot, bei den Aufträgen der Stadt Paris unterstützte
und der an die Stelle der heroischen Spannung Davids einen einfacheren
und freundlicheren alexandrinischen Stil stellte. Erwähnt sei auch Boilly,
der Maler der Alltagswelt, der die Gemälde »Die Postkutsche« (1804),
»Der Auszug der Rekruten« (1807) oder auch »Die Lektüre des Bulletins
der Großen Armee« (1808) schuf, und nicht zu vergessen die Anhänger
der Minnesängergotik, die von Joséphine unterstützt wurden, wie der
sinnenfreudige Jean-Baptiste Mallet oder Alexandre-Évariste Fragonard,
Sohn des großen Fragonard.

Mit Théodore Géricault begann bereits die Romantik. Sein »Reiter-
porträt eines Jägeroffiziers zu Pferde« aus dem Jahre 1812 und »Der
verwundete Kürassier« von 1814 hinterließen durch ihre dramatische
Dichte einen überwältigenden Eindruck. Eher am Rande der zeitgenössischen Malerei standen Broc mit »Der Tod des Hyazinth«, dem wirren
Porträt eines Epheben, und Vafflard, dessen »Young und seine Tochter«
die morbiden Beschwörungen der »Night thougts« des englischen Dich-
ters wiedergab.

Der Klassizismus triumphierte auch in der Skulptur. Antonio Canova,
der bevorzugte Bildhauer der kaiserlichen Familie, schuf nach seinem
berühmten Erstlingswerk »Amor und Psyche« Porträts von Pauline als
Venus und Napoleon, den er nackt wie den Apoll von Belvedere dar-

stellte. Auf dem Gebiet der Architektur triumphierten ebenfalls Ordnung und Klassizismus, so Gondouin mit der Medizinischen Hochschule, Jean-François Chalgrin mit dem Triumphbogen, Vignon mit der Madeleine-Kirche, Brongniart, Peyre und vor allem Fontaine, der Partner von Percier. Ihnen vertraute Napoleon nach dem Triumphbogen des Carrousel die Gestaltung der Verbindung zwischen Louvre und Tuilerien an, die ständig aufgeschoben wurde, und auf den Höhen von Chaillot das Palais des Königs von Rom, das letztlich gar nicht gebaut wurde.

Die Musik blieb ebenfalls klassisch. Trotz der Neuerungen Webers, Ludwig van Beethovens und Franz Schuberts in Deutschland wandte sich die Vorliebe des Kaisers den Italienern zu, zu Paisiello, der die Musik für die Krönung komponierte, Gaspare Spontini, in dessen »La Vestale« (»Die Vestalin«) die römischen Legionen defilierten, oder Luigi Cherubini, der berufen wurde, sich um die Musik im Kaiserhause zu kümmern, sich aber mit Napoleon so schlecht verstand, daß er schließlich Ferdinando Paer die Stelle des kaiserlichen Hofmusikmeisters überließ. Doch auch die Franzosen kamen in der Person Jean-François Lesueurs zu Ehren, dessen »Les Bardes« (»Die Barden«) in der großen Tradition Ossians im Juli 1804 in der Oper triumphierten. Im Jahre 1807 folgte vom gleichen Komponisten »Le Triomphe de Trajan« (»Der Triumph des Trajan«), dessen Inszenierung die Zeitgenossen beeindruckte. Erwähnen sollte man auch den Einakter François-Adrien Boieldieus »Le Calife de Bagdad« (»Der Kalif von Bagdad«) aus dem Jahre 1800 und »Ma tante Aurore« (»Meine Tante Aurore«, 1803) sowie die Werke Grétrys und Dalayracs, denen eines Tages wohl Gerechtigkeit widerfahren wird.

Das Erste Kaiserreich war also keinesfalls, wie die Aufzählung all dieser Namen ergibt, eine Periode geistiger Finsternis, vor allem wenn man auch noch aus dem Bereich der Mathematik Gelehrte wie Monge, Lagrange (»De la résolution des équations numériques«) im Jahre 1808 und »La Mécanique analytique« (»Die analytische Mechanik«, 1811) und Laplace nennt, die Chemiker Berthollet, Fourcroy und Gay-Lussac, in den Naturwissenschaften Lamarck, Cuvier und Geoffroy Saint-Hilaire sowie die Mediziner Corvisart, Pinel, der das Los der Geisteskranken milderte, sowie Dupuytren und Laennec, die 1815 die Methoden des Abhorchens bei Brustkrankheiten verbesserten. Und nicht zu vergessen die Reise Alexander von Humboldts nach Südamerika.

Doch der *Empire-Stil* blieb vor allem architektonisches Dekor, wo sich die Themen wiederholten, ein massiver, etwas steifer Möbelstil, bei dem Mahagoni dominierte und dessen Motive in ziselierter Bronze und verschiedenen Vergoldungen aus dem Ägyptischen, Griechisch-Römischen oder dem Etruskischen abgeleitet sind: Möbel von Jacob-Desmalter, aber auch Vasen aus Sèvres, Leuchter von Thomire, Feuchère oder Gallé, Uhren von Bréguet und Leroy, Geschirr und Kunsttischlerei von Odiot und Biennais, vergoldetes Silber von Auguste... Der Salon der Jahreszeiten im Palais von Eugène de Beauharnais in der Rue de Lille, die Bibliothek des Ersten Konsuls in Malmaison oder die Projekte von Percier und Fontaine, die im *»Journal des monuments de Paris«* gesammelt sind, vermitteln eine reizvolle Vorstellung des Empire, während Ledoux im Jahre 1806 unverstanden starb, nachdem er zwei Jahre zuvor seine Abhandlung *»L'Architecture considérée sous le rapport de l'art, des moeurs et de la législation«* (»Die Architektur im Verhältnis zur Kunst, den Sitten und der Gesetzgebung betrachtet«) veröffentlicht hatte.

Tatsächlich trug alles die Handschrift eines Mannes, dessen Initiale »N« und seine bevorzugten Symbole Adler und Biene die Lehnen der Sessel wie die Bucheinbände schmückten. Die Kunst stand im Dienst des Kaisers. Napoleon knüpfte an die Tradition Ludwigs XIV. an; der Adler ersetzte dabei die Sonne. Seit 1808 spiegelte die künstlerische Entfaltung die politische Entwicklung wider: Die Wohlfahrtsdiktatur machte der vierten Dynastie Platz.

KAPITEL X

Die Wende von 1808

Im Jahre 1804 erschien das kaiserliche Regime angesichts der inneren (der Verschwörung des Jahres XII) und der äußeren Gefahren (Wiederaufnahme des Krieges) wie eine Verewigung der Wohlfahrtsdiktatur. Es handelte sich nach wie vor um eine Wohlfahrtsdiktatur; sie sollte aber im Falle eines Unglücks abgesichert werden. Es ging darum, ein Machtvakuum zu vermeiden, als dessen Folge die Restauration der Bourbonen wieder in den Bereich des politisch Möglichen rückte. Im übrigen war die offizielle Hymne »*Veillons au salut de l'Empire*« in dieser Hinsicht eindeutig:

> »Wachen wir über das Heil des Kaiserreiches,
> Wachen wir über die Erhaltung unserer Rechte.
> Wenn sich der Despotismus verschwört,
> Verschwören wir uns zum Sturz der Könige.«

Ihre Botschaft war klar: »Lieber den Tod als die Sklaverei!«

Der Begriff »Republik« wurde auf den Münzen bis 1808 beibehalten, und der Revolutionskalender galt bis 1806. Napoleon erschien weiterhin als Hort der revolutionären Errungenschaften. Allerdings wandelte Napoleon seine Diktatur auf Lebenszeit sukzessive in eine erbliche Monarchie um. Er erlag der alten Versuchung des Retters, dem die Entschlußkraft fehlt, nach Erfüllung seiner Mission auf die Macht zu verzichten, und der sich lieber in seiner Macht verewigen will.

Napoleon bemühte sich, dem Kaiserreich eine echt monarchische und nicht mehr diktatorische Form zu geben. Die Entwicklung, im Krönungszeremoniell bereits enthalten, vollzog sich in Etappen. Die Wende lag im Jahre 1808. Damals wurden ein neuer Adel geschaffen und die republikanischen Formen aufgegeben. In dieses Jahr fiel auch die spanische Frage, bei deren »Lösung« man sich auf den Präzedenzfall Ludwigs XIV. berief.

1810 heiratete Napoleon die österreichische Prinzessin Marie Louise und trat in die Familie der Habsburger ein. Seit diesem Zeitpunkt konnte man ihn durchaus als angeheirateten Neffen Ludwigs XVI. betrachten. In einer Note an Cambacérès vom 14. Juni 1810 verwendete Napoleon das seit 1789 geschmähte Wort »Privilegien«.

Die Propaganda spiegelte diese Entwicklung wider. Bis 1808 legte man den Akzent auf den Menschen, den unbesiegbaren General, den Staatschef mit den außergewöhnlichen Fähigkeiten, den Helden voller Einfachheit mit kleinem Hut und grauem Rock; von da ab betonte man den dynastischen Charakter. So führte man in den Gymnasien eine Untersuchung durch, um zu erfahren, ob dort über »die Verdienste der vierten Dynastie« gut unterrichtet würde. Die Geburt des Königs von Rom im März 1811 verstärkte diese Entwicklung der Diktatur in Richtung einer Monarchie.

DIE STÄRKUNG DER KAISERLICHEN AUTORITÄT

Im Jahre 1808 erschien der einst zerbrechlich wirkende General der Italienarmee schon längst als ein kleiner, fast rundlicher Mann mit wachsfarbenem Teint und kurzen Haaren. Er trat selbstsicher auf, verachtete die anderen und duldete keine Kritik mehr. Die Flamme, die den Adlerblick des genialen Strategen im ersten Italienfeldzug, des Ersten Konsuls bei der Neuorganisation Frankreichs oder des Siegers von Austerlitz belebte, schien erloschen. Jean-Antoine Gros zeichnete den Kaiser, wie er in seiner Loge mit aufgedunsenen Zügen und ein wenig schlaff dahindämmerte. Seine Arbeitskraft blieb jedoch ungebrochen.

In seinen »Memoiren« beschreibt uns Fain, der perfekte Sekretär Napoleons, den Arbeitstag des Kaisers in den Tuilerien. Er wurde um 7 Uhr geweckt, ließ sich die Zeitungen vorlesen und ging die Polizeiberichte durch. Um 8 Uhr befand er sich in seinem Arbeitskabinett, wo er seinen Sekretären die Post diktierte. Um 9 Uhr begann ein kleines Zeremoniell, dem um 10 Uhr ein Mittagessen folgte, das nur wenige Minuten dauerte. Dann kehrte er in das Kabinett zurück, um Akten, Aufstellungen und Etats zu studieren. Um 13 Uhr wohnte er den Sitzungen des Ministerrates oder des Staatsrates bei. Es folgten das Abendessen um 19 Uhr, die

Pause für Lektüre oder Konversation und das Ende des Arbeitstages. Der Kaiser ging um Mitternacht zu Bett, wachte aber manchmal um 3 Uhr auf, um über die schwierigsten Geschäfte nachzudenken; in diesem Fall nahm er ein heißes Bad und ging um 5 Uhr wieder zu Bett. Auf Feldzügen verfolgte er weiterhin die inneren Angelegenheiten und diktierte im Wagen oder in seinem Zelt, um keine Zeit zu verlieren.

Fürwahr eine erdrückende Arbeit, denn alles ging von Napoleon aus und alles landete bei ihm. Seine Korrespondenz mit Cambacérès ist sehr erhellend. Hatte dieser von sich aus in Abwesenheit des Kaisers eine harmlose Maßnahme bezüglich der Organisation der Oper getroffen, so wurde er alsbald am 7. Mai 1807 wieder zur Ordnung gerufen und entschuldigte sich: »Der Brief Eurer Majestät macht mir auf genaue Weise deren Intentionen kund, die ich pünktlich befolgen werde. Ich wäre betrübt, wenn Ihre Majestät glauben könnte, ich hätte mir erlaubt, die Kompetenzen auszudehnen, die sie mir anzuvertrauen geruht hat. Ein solches Ansinnen würde mir niemals in den Sinn kommen: Es stünde der Ordnung meiner Pflichten entgegen.« So muß man von nun an mit dem Kaiser sprechen. Starke Persönlichkeiten wurden dadurch verdrängt: als erster Innenminister Chaptal im Jahre 1804, danach Talleyrand 1807 und 1810 Joseph Fouché. An ihre Stelle traten schlichte Befehlsempfänger: Crétet und sein Nachfolger Montalivet im Innenministerium, Champignet im Ministerium für Auswärtige Beziehungen und Savary als Chef der Polizei. Die wichtigsten Ministerien wurden halbiert: Vom Innenministerium wurde 1811 die Verwaltung der Manufakturen und des Handels abgetrennt und Collin de Sussy anvertraut. Verwaltungsräte, bestehend aus einigen Technikern, und private Gremien erhielten den Vorrang vor dem Ministerrat. Auf jeden Fall entschied der Kaiser allein.

Die Kammern verloren jegliche Macht als Gegengewicht. Das Tribunat wurde 1807 abgeschafft; die Sitzungen der Gesetzgebenden Versammlung wurden eingeschränkt, und die Neuwahl ihrer Mitglieder erfolgte in völliger Gleichgültigkeit, so daß die leeren Plätze in den Wählerkollegien nicht einmal mehr aufgefüllt wurden. Von Ehren überhäuft, dämmerte der Senat dahin. Der Staatsrat hatte seine Bedeutung im Bereich der Gesetzgebung verloren.

Die Richterschaft wurde im Jahre 1807 gesäubert und die Justizverwaltung am 20. April 1810 neu organisiert. Schwurgerichte ersetzten die Strafkammern; die Geschworenen wurden aus einer Liste von sechzig

Personen ausgewählt, die der Präfekt vorlegte; die Berufungsgerichte
nahmen die Bezeichnung »kaiserliche Gerichte« an.

Die Abberufungen von Präfekten mehrten sich. Deren Beurteilung
bemaß sich nach der Ergiebigkeit des Wehrpflichtaufkommens und »der
guten Gesinnung« ihres Departements. Die von Fouché umorganisierte
Polizei erreichte nach 1804 eine gefürchtete Schlagkraft. Frankreich wurde zu diesem Zweck in drei Bezirke eingeteilt, die man Staatsräten anver-
traute: Réal, Pelet de la Lozère und für Paris der Polizeipräfekt Dubois.
Eine Abteilung der Sicherheitspolizei leitete der finstere Desmarest, dessen Memoiren unter dem Titel »*Quinze ans de haute police*« (»Fünfzehn
Jahre Polizeiführung«) später Sainte-Beuve entzückten. Mit der Einführung einer »moralischen und persönlichen Statistik«, wie man sie ver-
schämt nannte, die in Wirklichkeit eine Erfassung der Vermögen und
Ansichten war, drang die Polizei in das Privatleben der Notabeln ein.

Die Zentralisierung lastete immer schwerer auf dem Land. Stendhal,
der die napoleonische Verwaltung als Auditor im Staatsrat kannte, gab
dafür ein frappierendes Beispiel: Ein Bauer beantragt die Überlassung
eines bescheidenen, öden und unbebauten Geländes, um dort eine kleine
Hütte zu bauen. 1. Der Bauer muß seinen Antrag beim Bürgermeister
einreichen. 2. Der Bürgermeister muß an den Unterpräfekten schreiben,
um vom Präfekten die Erlaubnis für die Einberufung des Gemeinderates
zu erhalten. 3. Der Präfekt muß antworten, um diese Erlaubnis zu gewähren. 4. Der Gemeinderat tagt und bestimmt Experten, um die Einschätzung durchzuführen. 5. Die Begutachtung muß stattfinden und ein Proto-
koll darüber aufgestellt werden. 6. Der Bericht geht an den Gemeinderat,
und dieser muß eine Entschließung treffen, die an den Unterpräfekten
und von diesem an den Präfekten geschickt wird. 7. Der Präfekt muß den
Antrag, die beigefügten Dokumente und einen eigenen Bericht an das
Innenministerium senden. 8. Der Innenminister legt das Ganze dem Kaiser vor und gibt eine begründete Stellungnahme dazu ab. 9. Der Kaiser
unterzeichnet mit der Formel: »an den Staatsrat, Abteilung Inneres, wei-
tergeleitet«. 10. Der Präsident dieser Abteilung muß einen Berichterstatter ernennen. 11. Der Berichterstatter erläutert der Abteilung die Angelegenheit, und diese muß zustimmen. 12. Die Angelegenheit muß auf die
Tagesordnung des Staatsrates gebracht werden. 13. Sie muß aufgerufen,
vorgetragen und beschlossen, dann an das Staatssekretariat zurückge-
schickt werden, das sie dem Minister zurückgibt, der sie an den Präfekten

schickt, der sie an den Unterpräfekten weiterleitet und schließlich an den Bürgermeister, der den armen Bauern rufen läßt und ihm dieses kleine Grundstück gegen eine jährliche Gebühr von 35 Centimes überläßt. Und Stendhal fügt hinzu:»Dies ist das nagende Laster der Verwaltung eines Despoten, der ein Genie ist.«

Obwohl die öffentlichen Finanzen der Überprüfung durch die Inspektoren der Staatskasse und einen 1807 gebildeten Rechnungshof unterworfen sind, richtete Napoleon im Jahre 1805 eine sogenannte »außerordentliche« Armeekasse ein, die von niemand kontrolliert wurde. Danach schuf er durch einen Senatsbeschluß vom 30. Januar 1810 die »außerordentliche Domäne«, wohin Erträge der Kriegskontributionen, Beschlagnahmen und Kapitaltransaktionen seiner Verwaltung flossen. Über diese »außerordentliche Domäne« verfügte der Kaiser nur allein mittels Dekreten. Der Krieg subventionierte so den Krieg. Aus der »außerordentlichen Domäne« belohnte der Kaiser auch erwiesene Dienste, blähte mit ihren Mitteln den Haushalt auf, kontrollierte den Geldumlauf und subventionierte damit manchmal auch die Industrie.

Napoleon ernannte nicht nur alle Beamten, erließ Gesetze nach seinem Belieben, verfügte über die Kriegsbeute nach eigenem Gutdünken, sondern kümmerte sich auch persönlich um die Ausbildung der Führungskräfte seines Reiches. »Es wird keine festen politischen Staatsverhältnisse geben«, behauptete er im Jahre 1805, »wenn es keinen Lehrkörper mit festen Prinzipien gibt. Solange man nicht von Kindheit an beibringt, ob man republikanisch oder monarchistisch, katholisch oder unreligiös zu sein hat, wird der Staat keine Nation bilden; er wird auf unsicheren und vagen Grundlagen beruhen; ständig wird er Unruhen und Veränderungen ausgesetzt sein.«

Durch das Gesetz vom 11. Floréal des Jahres X (1. Mai 1802) war der Volksschulunterricht in die Kompetenz der Gemeinden übertragen worden. Der kaiserliche Katechismus, der die Unterordnung unter den Kaiser lehrte, genügte weithin, um die Gesinnungen auf die richtige Linie zu bringen. Die »Mémoires d'un compagnon« (»Memoiren eines Gesellen«) von Agricol Perdiguier stellten den Volksschullehrern ein ehrenhaftes Zeugnis aus: Sie brachten Lesen, Schreiben und Rechnen unter undankbaren Verhältnissen und gegen den Widerstand allgemeiner Gleichgültigkeit bei. Anders lagen die Dinge bei der Oberschule. Sie hatte den Auftrag, Offiziere und Beamte heranzubilden.

Dabei erhob sich die Frage, ob man zu den Kollegien des Ancien régime zurückkehren oder die Zentralschulen von 1795 beibehalten sollte. Das Gesetz vom Floréal des Jahres X richtete Gymnasien auf der Basis einer Schule pro Bezirk des Berufungsgerichtes ein. Der Unterricht, der auf Latein und Mathematik gründete, vollzog sich vollständig nach militärischen Regeln: Uniform, Einteilung in Trupps, Marschieren nach dem Rhythmus der Trommel. Darin lag die Hauptursache ihres Scheiterns. Ohne Mittel und in Konkurrenz zu den religiösen Lehrinstituten konnten sie sich nur langsam entwickeln. Im Jahre 1808 zählte man erst 35 der 45 vorgesehenen Schulen.

Der Erfolg der religiösen Institute veranlaßte daraufhin Napoleon, das Monopol des Staates einzuführen. Das Gesetz vom 10. Mai 1806 schuf unter der Bezeichnung »kaiserliche Universität« eine »Körperschaft, die den ausschließlichen Auftrag für öffentlichen Unterricht und Erziehung im gesamten Kaiserreich hat«. Sie bestimmte über die Verleihung wissenschaftlicher Grade; die privaten Institute wurden unter ihre Aufsicht gestellt. Ihre endgültige Organisation erhielt die Universität durch das Dekret vom 17. März 1808. An ihrer Spitze stand ein Großmeister, der von einem Rat und Generalinspektoren unterstützt wurde. Die Genehmigung des Großmeisters war für jeden Lehrer erforderlich, der unterrichten wollte, und für jedes Institut, das eröffnet werden sollte. Frankreich wurde unter der Leitung von Rektoren in Akademien eingeteilt, denen ebenfalls ein Rat und Inspektoren zur Seite standen. Der Unterricht erfolgte in drei Stufen: in der Primarstufe, die vom Staat fast völlig vernachlässigt wurde, in der Sekundarstufe mit den Gymnasien, deren Lehrer zuerst den im Jahre 1808 wiedereingeführten Wettbewerb der Agrégation erfolgreich passieren mußten, und im Hochschulbereich mit den Fakultäten für Geistes- und Naturwissenschaften, Recht, Medizin und Theologie. Außerhalb der Universität blieben das Collège de France, das Naturkundemuseum und die Polytechnische Hochschule, die allerdings mehr und mehr militarisiert wurde.

Dieses Monopol stellte die Kirche in Frage, die ihre Lehrinstitute als sogenannte »Kleine Seminare« entwickelte; sie übten eine starke Anziehungskraft auf Adlige und Bürgerliche aus. Im Gegenzug stellte das kaiserliche Dekret vom 15. November 1811 die »Kleinen Seminare« unter die Aufsicht der Universität. Daraufhin durchsetzte die Kirche mit dem Einverständnis von Fontanes, der Fourcroy – obwohl Urheber des Gesetzes – als Großmeister vorgezogen worden war, das Unterrichtswesen mit katholischen Lehrkräften: Man fand Bonald im Rat der Universität, unter den Generalinspektoren Joubert und unter den Aufsichtsorganen der Akademie Paris Frayssinous. Auf diese Weise scheiterte der Versuch Napoleons, das Schulwesen zu beherrschen. Im Jahre 1813 zählte man mehr als 30000 Schüler an den privaten Gymnasien.

GELENKTE KULTUR

Die Errichtung der kaiserlichen Universität hatte mit dem Bildungswesen von Diktaturen unserer Tage einen Punkt gemeinsam: Sie zielte auf die Indoktrination der Gesinnung. Die Künste wurden in den Dienst der kaiserlichen Propaganda gestellt; so erhielten die Maler per Erlaß vom 3. März 1806 folgende Themen: »Der Kaiser bei der Ansprache an das 2. Armeekorps auf der Lechbrücke in Augsburg«; »Die gefangene österreichische Armee, wie sie Ulm verläßt und vor Ihrer Majestät in dem Augenblick vorbeizieht, als diese mit den besiegten Generälen spricht«; »Begegnung zwischen Kaiser Napoleon und Kaiser Franz II. in Mähren«... »Die Bilder sind in den Maßen von 3,50 Meter Höhe auf 4 oder 5 Meter Breite auszuführen.« Weder die Musik noch das Theater können sich diesem Despotismus entziehen. Ein kaiserliches Dekret löste im Jahre 1807 alle Pariser Theater auf bis auf acht: die vier offiziellen Bühnen (Oper, Comédie Française, Komische Oper und Odeon, damals Theater der Kaiserin) und vier zweitrangige Theater, deren Repertoire von Amts wegen auf ein bestimmtes Genre begrenzt wurde.

Die Presse war schon am 17. Januar 1800 von Restriktionsmaßnahmen getroffen worden: 59 von 72 Zeitungen durften nicht mehr erscheinen. Im Oktober 1811 wurde die Zahl der Pariser Zeitungen auf vier begrenzt und ihre Redakteure vom Polizeiminister ernannt. Auch das Buchwesen blieb nicht verschont. Die Polizei stellte die Druck- und Vertriebsgenehmigungen aus; am 5. Februar 1810 wurde eine Generaldirektion für Druck und Buchwesen eingerichtet. Von nun an mußten sich die Buchdrucker, deren Zahl eingeschränkt wurde, eidlich verpflichten, »nichts zu drucken, was den Pflichten gegenüber dem Herrscher und dem Staatsinteresse entgegenstand«. Nie war die Zensur so streng wie in der Kaiserzeit.

Diese intensive Propaganda zusammen mit der Stärkung der kaiserlichen Autorität beunruhigte und reizte schließlich die Notabeln. Überall griff der Staat ein, in den Unterricht wie in das Privatleben. Der Retter wandelte sich in einen Despoten.

DIE ENTSTEHUNG DES KAISERLICHEN ADELS

Nach der Freiheit sah sich das Prinzip der Gleichheit angegriffen. So bestand der erste schwerwiegende Fehler Napoleons in der Schaffung eines kaiserlichen Adels. Die Widerstände, auf die er schon bei der Anregung der Ehrenlegion gestoßen war, hatten die Befürchtungen aufgezeigt, die die Einführung eines als aristokratisch beurteilten Standes wecken konnte. Doch in Kohorten organisiert, fiel die Ehrenlegion einer finanziellen Krise zum Opfer. Man mußte auf die Gründung einer Körperschaft verzichten, die dank ihres Grundbesitzes über einen tiefgreifenden Einfluß verfügt hätte. Die Ehrenlegion war nur noch die individuelle Belohnung für militärische oder zivile Dienste, die selten verweigert wurde.

Die Bildung eines Hofstaates in den Tuilerien, die Schaffung von Hofämtern und die Wiedereinführung einer Etikette hatten einige Republikaner die Stirn runzeln lassen, doch die Empfänge nutzten den Geschäften, und Napoleon hatte an die Notwendigkeit einer gewissen Prachtentfaltung erinnert, um seine Autorität nach außen zu festigen.

Die Vorbehalte blieben. Die Wiedereinführung der monarchischen Formen machte indessen die Bildung eines Adels unausweichlich. Bereits das Dekret vom 30. März 1806 hatte den Mitgliedern der kaiserlichen Familie den Prinzentitel zuerkannt. Zwei Jahre zögerte Napoleon noch. Das Dekret vom 1. März 1808 führte die früheren Adelsbezeichnungen mit Ausnahme der Titel »Vicomte« und »Marquis« wieder ein. Doch berücksichtigte die Hierarchie der Titel von nun an die geleisteten Dienste und die Funktionen. Die hohen Würdenträger des Kaiserreichs trugen den Titel »Prinz« und »Hoheit«, die Minister, Senatoren, Staatsräte auf Lebenszeit, die Präsidenten der Gesetzgebenden Körperschaft und die Erzbischöfe den eines »Grafen«; die Präsidenten der Wählerkollegien, die ersten Präsidenten des Kassationsgerichtshofes und des Rechnungshofes,

die Bischöfe und die Bürgermeister der sogenannten »Guten Städte«
erhielten den Titel »Baron«.

Das Adelsprädikat zog keinerlei steuerliche oder gerichtliche Privilegien nach sich. Wenn die Titel den Namen eines Landes oder einer Stadt
beinhalteten, so lag dieser außerhalb des französischen Staatsgebietes. So
erhielt Marschall Lefebvre, der am 10. September 1808 zum Herzog von
Danzig erhoben wurde, kein Gut, das in Danzig selbst lag; es ging nur
darum, die Erinnerung an die Einnahme der Stadt zu ehren, also eine Art
cognomen im römischen Stil. Die Titel belohnten Einzelpersonen, doch
konnten sie im Falle der Bildung eines Majorats übertragen werden.
Dieses Majorat mußte ein Kapital an Grundvermögen oder Staatspapieren
aufweisen, das unauflöslich mit dem Titel verknüpft und mit ihm über-
tragbar war. Obwohl für alle Bevölkerungsgruppen grundsätzlich offen,
rekrutierte sich der kaiserliche Adel vor allem aus dem Militär (59 Prozent) und den Beamten (22 Prozent); danach folgten die Grundbesitzer
als Inhaber öffentlicher Ämter (17 Prozent). Der Anteil von Handel,
Industrie und freien Berufen war dagegen minimal.

Um die legitimatorischen Grundlagen der neuen Adelskaste zu sichern, wollte Napoleon sie mit der früheren Aristokratie verschmelzen.
Er hatte schon lange vor der Proklamation des Kaiserreichs Mitglieder des
niederen Adels wie die Familie Rémusat an sich gezogen. Seit 1808 und
vor allem nach seiner Heirat mit Marie Louise häuften sich die zustim-
menden Erklärungen des alten Adels. Man fand im »Gotha« des Kaiserreiches 23 Prozent illustre alte Namen: Noailles, Montmorency, Turenne,
Clermont-Tonnerre, Montesquiou, u. a. Sie fühlten sich von Ämtern und
Geld zweifellos am meisten angezogen. Die wachsende Präsenz von
Adligen des Ancien régime in den Vorzimmern der Tuilerien, in den
Präfekturen (Cossé-Brissac, La Tour du Pin, Breteuil, Pasquier, der 1811
Dubois in der Polizeipräfektur ablöst), in den Ministerien (Molé, Monta-
livet), in den Generalstäben und im Staatsrat (Broglie) beunruhigte all-
mählich die Notabeln und mehr noch die Bauern, die jetzt, wo die
Adelstitel wieder eingeführt wurden, die Wiederherstellung der früheren
Feudalrechte befürchteten. Napoleon hatte gehofft, auf dem Umweg über
den kaiserlichen Adel die beiden Frankreich miteinander auszusöhnen:
Der alte Adel – vor allem seine Nachgeborenen – diente dem Kaiser nur
halbherzig und war bereit, den Usurpator zu verleugnen, wann immer
sich die Gelegenheit bot. Umgekehrt verlor die Diktatur in den Augen

derer, die versorgt waren, und in der bäuerlichen Welt ihre Existenzbe-
rechtigung als Bollwerk der revolutionären Errungenschaften. Die geplante Verschmelzung war also ein Mißerfolg. Im Jahre 1812 erkannte
Napoleon gegenüber Caulaincourt an, daß diesbezüglich seine Erwartungen nicht erfüllt worden seien.

DER KRIEG IN SPANIEN

Der zweite Irrtum Napoleons bestand darin, sich auf den Krieg in Spanien
einzulassen. Bis 1808 hatte sich Frankreich wie eine von Europa belagerte
Zitadelle verhalten. Abgesehen vom Jahre 1792 hatte es niemals die Initiative bei den Auseinandersetzungen ergriffen. Sogar die Theorie von den
natürlichen Grenzen konnte in einem defensiven Sinne interpretiert werden. Mit dem spanischen Abenteuer zog Napoleon die Nation in einen
Eroberungskrieg hinein, der durch nichts gerechtfertigt war.

Warum Spanien? Seit 1788 regierte dort ein schwacher König, Karl IV.,
ein Bourbone, der die tatsächliche Macht dem Liebhaber der Königin,
Premierminister Manuel de Godoy, überlassen hatte. Spanien hatte sich
an der ersten Koalition gegen Frankreich beteiligt, sich aber 1795 aus ihr
zurückgezogen, und seither hatte Godoy sein Land auf den Weg der
Annäherung an seinen Nachbarn festgelegt. Er erhoffte sich davon in
einem Land, das durch den lange währenden Bruch mit den Kolonien in
Amerika ruiniert war, einen finanziellen Aufschwung und einen Anstieg
der Wirtschaft. Tatsächlich aber erlaubten die Ansprüche Bonapartes
keine Rückkehr zur Prosperität. Nach Trafalgar erwog Godoy, sich der
neuen Koalition gegen Frankreich anzuschließen, doch verstand er es, den
Fehler der Bourbonen in Neapel zu vermeiden. Napoleon wußte wohl um
die Winkelzüge dieses seltsamen Verbündeten, aber er brauchte ihn, um
Portugal für den englischen Handel zu sperren. Durch den Vertrag von
Fontainebleau wurde im Oktober 1807 die Aufteilung Portugals beschlossen: Godoy bekam den Süden des Landes als eigenes Fürstentum, der
Norden fiel an die Königin von Etrurien (als Entschädigung für ihre
italienischen Besitzungen, die Napoleon annektieren wollte), die Mitte
des Landes mit der Hauptstadt hatte sich Napoleon vorbehalten. Junot,
der die Iberische Halbinsel an der Spitze von 25 000 Mann durchquerte,

bemächtigte sich Lissabons, das sich kampflos ergab, während die königliche Familie nach Brasilien flüchtete.

Für Napoleon war die Versuchung groß, die Operation in Spanien zu wiederholen. Wer trieb ihn dazu an? Talleyrand, getrieben von seinem Haß auf die Bourbonen und ein Opfer der Wahnvorstellung von den spanischen Reichtümern? Murat, der von einem Königreich träumte? Tatsächlich aber traf Napoleon die Entscheidung allein. Der Präzedenzfall Ludwigs XIV., der einen Bourbonen auf dem spanischen Thron erzwungen hatte, schmeichelte seiner Eitelkeit. Doch gebot auch die Logik der Kontinentalsperre, die spanischen Häfen zu sperren.

Die Gelegenheit für eine Intervention lieferte der Konflikt zwischen Karl IV. und seinem Sohn Ferdinand. Dieser war verhaftet worden, weil er eine Verschwörung zum Sturze Godoys betrieben hatte. Doch führte die Revolte von Aranjuez vom 17. März 1808 zum Sturz des Günstlings und zur Abdankung des Königs. Da der König über die Gewalttätigkeiten gegen seine Person protestiert hatte, berief Napoleon unter dem trügerischen Vorwand, den Konflikt zwischen Vater und Sohn schlichten zu wollen, die ganze Familie und Godoy nach Bayonne. Aus der Königsfamilie kamen keine Einwände, doch die öffentliche Meinung war über diese Einmischung eines ausländischen Herrschers in die nationalen Angelegenheiten Spaniens schockiert. Am 2. Mai 1808, als der jüngste Sohn Karls IV. nach Bayonne aufbrechen wollte, brach ein Aufstand aus, der von Murat hart niedergeschlagen wurde, der *Dos de mayo* und der *Tres de mayo*. Goya hat diese Erhebung in seinen Gemälden unsterblich gemacht, das heißt den Aufstand von Madrid am 2. und die furchtbare Reaktion Murats am 3. Mai.

Die Nachricht hätte Napoleon zu mehr Vorsicht veranlassen sollen. Er hingegen benutzte sie, um auf die Bourbonen Druck auszuüben und Ferdinand zu zwingen, die Krone seinem Vater zurückzugeben, der seinerseits zugunsten Napoleons abdankte. Der Kaiser übergab die Krone am 6. Juni seinem Bruder Joseph, nachdem er sie vergeblich Louis angeboten hatte. Joseph verließ Neapel, das an Murat überging wie bei einem Wechsel in den französischen Präfekturen. Eine Junta aus Notabeln versammelte sich vom 15. Juni bis 7. Juli in Bayonne, um eine Verfassung nach französischem Modell auszuarbeiten. Napoleon hoffte, den Dynastiewechsel mit Hilfe liberaler Reformen durchzuziehen, wie sie seit langem von den sogenannten *Afrancesados* (»Französlingen«) gefordert wurden, das heißt von Spaniern, die sich von den neuen Ideen aus Frankreich hatten verführen lassen. Aber das hieß, den argwöhnischen Charakter der Bewohner eines Landes außer acht zu lassen, das überdies der Kirche und dem Adel noch weitgehend unterworfen war und in dem sich die aufgeklärten Schichten in der Minderheit befanden. Die Geistlichkeit und die Großgrundbesitzer stellten die Führungskräfte einer patriotischen Bewegung, welche die spanische Nation gegen Napoleon aufhetzte. Der Kaiser hatte die Bedeutung einer solchen Reaktion unterschätzt. Weder nahm er die in Cádiz tagende nationale Junta ernst noch die Anfänge des Guerillakriegs. Joseph konnte deshalb erst am 20. Juli 1808, nach dem Sieg Bessières' bei Medina de Rioseco, in Madrid einziehen. Zwei Tage später kapitulierten die Truppen des Generals Dupont auf offenem Feld bei Bailén in Andalusien, nachdem sie von den aufständischen Spaniern umzingelt worden waren. Diese Niederlage löste einen beträchtlichen Widerhall aus, der in keinem Verhältnis zu ihrer wahren Bedeutung stand; aber Joseph mußte Madrid verlassen. Der Ruf der Unbesiegbarkeit der französischen Armee wurde ein weiteres Mal angeschlagen, als Junot eine englische Landung in Portugal nicht verhindern konnte und sich gezwungen sah, am 30. August 1808 das Abkommen von Cintra zu unterzeichnen.

Angesichts dieser Wende der Ereignisse war Napoleon gezwungen, auf der Halbinsel einzugreifen. Frankreich sah sich somit in einen neuen Krieg verwickelt, der keinerlei nationalem Bedürfnis entsprach, und dies zu einem Zeitpunkt, in dem die Dinge in Deutschland in Bewegung gerieten und hier die Gefahr einer zweiten Front entstand.

Um in Spanien die Hände frei zu haben, mußte Napoleon also den Zaren bitten, Österreich in Schach zu halten, dessen bedeutsame militärischen Vorbereitungen er wohl kannte, während er die Spanier niederwerfen würde. Aus dieser Konstellation folgte die Konferenz von Erfurt vom 27. September bis zum 14. Oktober. Napoleon hatte Talleyrand, der am 9. August 1807 aus dem aktiven Dienst geschieden war, gebeten, an den Verhandlungen teilzunehmen, da er glaubte, damit seine Chancen zu verbessern, Alexander zu überzeugen. Der frühere Minister fiel Napoleon in den Rücken, als er dem Zaren erklärte, die Franzosen lehnten Eroberungskriege ab und wünschten sich an die natürlichen Grenzen einschließlich der Pyrenäen zu halten. Das hieß, die Interessen der Notabeln zu verteidigen. Damit erwies er auch Österreich einen Dienst, und die

Habsburger wußten sich erkenntlich zu zeigen. Der Zar entzog sich den
Bitten Napoleons um so mehr, als der Kaiser sich weigerte, ihm Konstantinopel zu überlassen. Sicher, der Artikel 10 der am 12. Oktober unterzeichneten Vereinbarung sah vor, daß »im Falle, daß Österreich in einen
Krieg gegen Frankreich eintreten sollte, der Kaiser von Rußland sich
verpflichtete, sich gegen Österreich zu erklären und mit Frankreich gemeinsame Sache zu machen«, doch ließ Alexander die Art seines Engage-
ments in der Schwebe. Napoleon sah sich also gezwungen, den spanischen
Abszeß schnell aufzustechen, um im Frühjahr Österreich in Schranken
halten zu können.

Der Spanienfeldzug dauerte von November 1808 bis Anfang Januar
1809. Der Engpaß von Somosierra wurde am 30. November bezwungen,
und Madrid fiel am 4. Dezember. Während Joseph wieder in seiner
Hauptstadt eingesetzt wurde, stürzte sich Napoleon auf die Verfolgung
der Engländer unter Moore, die zur Verstärkung der Aufständischen
gekommen waren. Schlechtes Wetter, Informationsmangel und ungenü-
gende Koordination der Operationen ermöglichten den Engländern das
Entkommen. Napoleon überließ Soult am 3. Januar 1809 das Kommando,
da er sich entschlossen hatte, nach Frankreich zurückzukehren. Schlechte
Nachrichten aus Österreich und die Nachricht von einer Intrige Talleyrands und Fouchés zugunsten Murats hatten ihn zu diesem plötzlichen
Aufbruch gezwungen. Doch verließ Napoleon ohne Bedauern einen
Kriegsschauplatz, auf dem er sich nicht wohlfühlte. Glänzend im Blitz-
krieg, blieb er machtlos gegenüber der Guerilla. Mit Konflikten zwischen
Herrschern groß geworden, verstand er nichts von Volkserhebungen. Er
beherrschte die herkömmliche Kriegführung und machte nun Bekannt-
schaft mit dem Abnutzungskrieg – für Frankreich ein wahrer Abgrund,
weil er Menschen und Geld verschlang. Zudem rettete der Spanienkrieg
England, dem er völlig unerwartet den Markt der spanischen Kolonien in
Amerika öffnete, die sich der Erhebung gegen Joseph angeschlossen
hatten.

DER FELDZUG VON 1809

Die Erhebung in Spanien weckte in ganz Europa starke nationalistische Strömungen. Österreich, das auf das Gären des deutschen Patriotismus achtete, sah den Augenblick der Rache für Austerlitz gekommen. Da die Streitkräfte Napoleons in Spanien gebunden waren, schien die Gelegenheit günstig, sich auf Bayern zu stürzen. Am 9. April überschritten die Österreicher ohne Kriegserklärung bei Braunau den Inn und drangen in das Königreich ein. Am 17. April stand Napoleon bei Donauwörth. Er entwickelte alsbald den Plan, die feindlichen Kolonnen anzugreifen. Die Operation bestand darin, die österreichischen Truppen mit Davout frontal im Zaum zu halten und Masséna in ihren Rücken zu schicken, um sie von Landshut abzuschneiden. Erzherzog Karl verlor am 21. April bei Landshut 10000 Mann, 30 Geschütze und 3000 Wagen, entging aber der Falle, die ihm Napoleon gestellt hatte.

Der Kaiser schrieb am 22. April an Davout: »Meine Bewegung Richtung Landsberg und die Vorhut, die schon auf halbem Weg zum Inn ist, müssen den Feind zum Rückzug bestimmen, der wahrscheinlich noch standhält, um seine Artillerie zu evakuieren. Wenn es anders laufen und der Feind noch den ganzen Tag standhalten sollte, und wenn Sie glauben, die gegenwärtige oder irgendeine andere Ausgangslage halten zu können und Ihnen eine Ablenkung mit 25000 Mann über Eggmühl günstige Positionen liefern könnte, um sich der hinter dem Feind stehenden Artillerie zu bemächtigen, werden Sie dies von mir verlangen können.« Tatsächlich spielte sich der Ausgang des Bayernfeldzugs am 22. April bei Eggmühl ab. Geschlagen entkam Karl über Regensburg und zog sich nach Böhmen zurück.

Entgegen den Erwartungen Wiens schlossen sich weder Bayern noch Württemberg und nicht einmal Sachsen Österreich an. Napoleon hingegen gelang es nicht, die Hauptstreitmacht seines Gegners mit einem Schlag wie 1805 zu vernichten. Am 10. Mai stand er vor der österreichischen Hauptstadt, die am 13. Mai kapitulierte. Der Erzherzog auf der anderen Seite der Donau versuchte, seine Armeen neu zu organisieren. Um ihn möglichst schnell zu vernichten, mußte Napoleon den Fluß überschreiten. Da er den Übergang nur in der Nähe Wiens durchführen konnte, wählte er die Insel Lobau im Osten der Hauptstadt. Der Übergang begann in der Nacht vom 20. auf den 21. Mai. Zur Mittagszeit besetzte Masséna mit 30 000 Mann Aspern und Eßling. Aber das Hochwasser der Donau riß einen Teil der Brücke über den großen Flußarm weg, weil ihre Verankerung schadhaft war: Der Übergang der Armee wurde damit unterbrochen. Darauf griff Karl mit 90 000 Soldaten an. Die Brücke wurde am 22. Mai wieder repariert, und so hatte Napoleon nun 60 000 Mann auf dem linken Ufer stehen. Ein erneuter Bruch der Brücke stellte seine Offensive jedoch in Frage; es fehlte an Munition, und die feindlichen Attacken auf Aspern/Eßling nahmen an Heftigkeit zu. Lannes wurde tödlich verwundet, und man mußte über die Donau zurück. Eine französische Niederlage? Nein, aber ein erfolgloser Versuch Napoleons: Der Kaiser mußte neue Möglichkeiten für einen Übergang vorbereiten und die Ankunft der Italienarmee unter dem Oberbefehl von Prinz Eugène und Macdonald abwarten, welche den Erzherzog Johann bei Raab überrannt hatte. Außerdem wartete der Kaiser auf die Verstärkungen aus Dalmatien, die General Marmont führte. Nach einigen Ablenkungsmanövern konzentrierte Napoleon seine Streitkräfte am 4. Juli auf der Insel Lobau. Einen Tag später befand sich die Armee mit Masséna, Oudinot, Bernadotte, Davout und Montbrun an der Spitze nahezu vollständig auf dem linken Ufer, während die Garde und die Italienarmee als Reserve bereitstanden.

Die entscheidende Schlacht fand am 6. Juli bei Wagram statt. Während Davout den linken Flügel des Erzherzogs angriff und ihn nach Neusiedel zurückwarf, ließ Napoleon das Zentrum der Österreicher mit einer großen Batterie bombardieren und setzte Masséna auf den rechten Flügel des Gegners an.

Am 11. Juli errangen die französischen Truppen einen weiteren Sieg bei Znaim. Der Erzherzog verlangte einen Waffenstillstand, und der Friede von Wien beendete die vierte Koalition. Die Verluste Österreichs wogen schwer. Es mußte Kärnten, Krain und einen großen Teil Kroatiens mit Triest an Frankreich abtreten. Bayern erhielt als Entschädigung Salzburg, und das Großherzogtum Warschau bereicherte sich um Krakau und Lublin. Ferner hatte Österreich eine Kriegsentschädigung von 75 Millionen zu zahlen.

Wollte Napoleon noch weitergehen und das Habsburgerreich zerstückeln? Das Wiener Kabinett zögerte nicht, dem »Minotaurus« eine junge Prinzessin zu opfern. Da er entschlossen war, sich von Joséphine, die ihm keine Kinder schenken konnte, zu trennen – die Scheidung wurde am 6. Dezember 1809 ausgesprochen und die kirchliche Heirat am 12. Januar 1810 annulliert –, hatte Napoleon um die Hand der letzten Schwester des Zaren angehalten. Da Alexander seine Antwort hinausgezögert hatte, bat Napoleon auf den Rat Talleyrands hin, der wie einst Choiseul Anhänger einer Achse Paris–Wien war, um die Hand einer österreichischen Prinzessin. Am 7. Januar 1810 stimmte Kaiser Franz I. einer Heirat seiner Tochter Marie Louise mit Napoleon zu, die am 1. April gefeiert wurde. Für Napoleon bedeutete dies einen Augenblick tiefer Bewegung, da er damit in die Familie der Könige aufrückte. Wurde er damit nicht der Schwiegersohn des Kaisers von Österreich und der angeheiratete Neffe Ludwigs XVI.? In Napoleons Augen sollte diese Heirat Europa zwingen, seine Legitimität anzuerkennen, und die Royalisten in Frankreich entwaffnen: Die IV. Dynastie war gegründet.

Mit der Geburt eines Sohnes, des Königs von Rom, am 20. März 1811 konnte sich Napoleon auf dem Gipfel seiner Macht wähnen.

DER ANFANG VOM ENDE

Tatsächlich war das Kaiserreich bereits zum Scheitern verurteilt. In Spanien war nichts entschieden, wo bedeutende englische Verstärkungen unter dem Oberbefehl von Wellesley, dem künftigen Herzog von Wellington, landeten. Auch wenn im Juli 1809 ihr Versuch gescheitert war, durch eine Landung bei Walcheren Antwerpen zu nehmen, so behielten die Engländer doch dank ihrer Seeherrschaft die Initiative. Sie konnten zu jedem beliebigen Zeitpunkt und an jedem beliebigen Ort zuschlagen. Sie mußten allenfalls mit einer Verhärtung der Kontinentalsperre infolge der Übernahme von Triest in das Kaiserreich und mit den Enttäuschungen rechnen, die nach und nach aus ihrem Handel mit dem spanischen Amerika erwuchsen, das sich allzuoft als zahlungsunfähig erwies.

Selbst wenn die Kontinentalsperre der britischen Wirtschaft harte Schläge zufügte, so zwang sie doch Napoleon zu einer permanenten Annexionspolitik. Da es der Papst abgelehnt hatte, seine Häfen für den englischen Handel zu sperren, sah sich der Kaiser am 21. Januar 1808 zur Order an General Miollis gezwungen, den Kirchenstaat zu besetzen; am 16. Mai 1809 mußte er seine Annexion beschließen. Der Papst reagierte mit der Exkommunikation des Kaisers. Der Polizeigeneral Radet, der die Wut des Kaisers etwas vorschnell interpretierte, drang in den Quirinal ein und bemächtigte sich des Papstes sowie seines wichtigsten Beraters, des Kardinals Pacca. Pius VII. wurde nach Savona überführt und in dieser Stadt bis 1811 gefangengehalten.

Die Nachricht löste in Europa mehr Überraschung als Erregung aus. Trotz der Bemühungen einiger junger Leute mit tiefsitzenden religiösen und royalistischen Überzeugungen, die auf Betreiben von Ferdinand de Bertier, dem Sohn des im Juli 1789 ermordeten Intendanten, den Geheimbund der *Chevaliers de la foi* (Glaubensritter) zur Verbreitung der Exkommunikationsbulle gründeten, blieb die öffentliche Meinung zumindest in Frankreich bis 1811 gleichgültig. Die gallikanischen Regungen saßen noch tief. Doch der Gegenschlag des Papstes, die Verweigerung der kirchlichen Investitur für die Bischöfe, sollte sich langfristig als schreckliche Waffe erweisen und zur Lähmung des kirchlichen Lebens in den Diözesen führen. In Italien gingen die Katholiken auf Distanz. In Deutschland, ob katholisch oder evangelisch, gärte es. Das Königreich Westfalen, das Jérôme im Auftrag Napoleons regierte, wäre beinahe durch die Umtriebe Ferdinand Schills und des Herzogs von Braunschweig hinweggefegt worden, die den französischen Eindringling vertreiben wollten. Umfangreiche Truppen mußten aufgeboten werden, um dem von Andreas Hofer angeführten Tiroler Aufstand ein Ende zu setzen. Angesichts einer starken nationalen Strömung blieb der Friede von Wien unsicher. Infolgedessen mußte man bald die Polizei verstärken: Lagarde in Florenz, Norvins, der künftige Historiker Napoleons, in Rom...

Kurz, alles war so recht geeignet, um wachsende Unruhe unter den Notabeln zu erzeugen. Wohin führte Napoleon Frankreich? Sollte man sich nicht an die natürlichen Grenzen halten? Als die Engländer sich 1809 in Walcheren festsetzten, hatte Fouché, vorübergehend Innenminister, auf eigene Faust die Nationalgarden der nördlichen Departements mobilisiert. Im Vergleich zu dem zaghaften Cambacérès und dem unfähigen Kriegsminister Clarke hatte er bewiesen, daß er das Zeug zu einem Staatsmann besaß. Napoleon war nicht unersetzbar.

KAPITEL XI

Das Ende des Kaiserreichs

In dem Augenblick, als das Kaiserreich mit der Geburt des Königs von Rom seinen Höhepunkt erreichte, wendeten sich die Notabeln und ein weiter Teil der öffentlichen Meinung von Napoleon ab. Die Fortsetzung eines Krieges, der nun nicht mehr defensiv war, sondern auf Eroberungen abzielte und damit die Errungenschaften der Revolution zu gefährden drohte, sowie der immer stärker monarchische Charakter, den das Regime angenommen hatte, waren die Hefe dieses Überdrusses in der öffentlichen Meinung. Diese Abwendung wäre indessen ohne direkte Folgen geblieben, wenn der Kaiser angesichts eines gegen ihn verbündeten Europa nicht gespürt hätte, wie ihm der Sieg entglitt. Die Wohlfahrtsdiktatur verlor ihre einzige Rechtfertigung, den Erfolg.

DIE WIRTSCHAFTSKRISE

Die Kontinentalsperre wurde für Europa immer unerträglicher. Um sein Zollsystem zu verstärken, war Napoleon zu einer Annexionspolitik gezwungen, die Beunruhigung und Verärgerung hervorrief. Ancona, die päpstlichen Legationen, Parma, Piacenza, die Toscana und der Kirchenstaat waren in das Kaiserreich integriert worden. Desgleichen wurde Holland, das Napoleon Louis anvertraut hatte, nach einem langen Zwist zwischen dem Kaiser und seinem Bruder am 9. Juli 1810 einverleibt. Napoleon hatte Louis Unfähigkeit vorgeworfen, weil er den Schmuggel in seinem Königreich nicht unterbinden konnte. »Diese Annexion«, erklärte Außenminister Champagny, »vervollständigt das Reich Eurer Majestät und den Ausbau seines militärischen, politischen und wirtschaftlichen

Systems; es ist ein erster notwendiger Schritt zur Wiederherstellung seiner Marine, schließlich ist es der spürbarste Schlag, den Eure Majestät gegen England führen kann.« Der Senatsbeschluß, der Holland Frankreich angliederte, schuf dreizehn neue Departements, von Bouches-de-la-Meuse (Den Haag) bis Zuidersee (Amsterdam). Er schloß auch einen Teil des Großherzogtums Berg mit ein, die Besitzungen der beiden fürstlichen Linien Salm sowie das Herzogtum Oldenburg. Hinzu kamen die Hansestädte Hamburg, Bremen und Lübeck. Im November 1810 wurden das Tessin und das Wallis besetzt. Das Dekret vom 26. Januar 1812 schuf in Katalonien vier neue Departements, wodurch die Zahl der Departements im Großen Kaiserreich auf 134 erhöht wurde. Am 7. März 1813 wurden die Departements Montserrat und Bouches-de-l'Ebre zusammengelegt sowie die von Ter und Sègre.

Zur Beunruhigung der Könige von Napoleons Gnaden, denen er nun drohte, ihr Königreich wegzunehmen (Murat in Neapel, Jérôme in Westfalen) trat nun die Verwirrung ganz Europas, einschließlich des Zaren. Sein Schwager mußte mitansehen, wie ihm das Herzogtum Oldenburg entzogen wurde. Wie weit würde Napoleon noch gehen?

Die wirtschaftliche Hegemonie Frankreichs verstärkte die Unzufriedenheit in Europa. Am 20. Juni 1808 war zwischen Frankreich und dem Königreich Italien ein Handelsvertrag unterzeichnet worden, der die Rohseide des Königreichs der Lyoner Industrie vorbehielt und insbesondere die Schweiz und Bayern ausschloß. Die Ausfuhr von Seide aus Piemont war gleichfalls nur noch mit dem Bestimmungsort Lyon möglich. Die Rohstoffe Europas sollten vorrangig den französischen Manufakturen zukommen, die wiederum den europäischen Markt erobern sollten, wobei ihnen der Ausschluß Englands zu Hilfe kam. Dabei wurden ihnen sämtliche Handelserleichterungen gewährt. Hatte das Warschauer Dekret vom 12. Januar 1807 dem Großherzogtum Berg Erleichterungen eingeräumt, um Kattun und Wirkwaren im Königreich Italien zu verkaufen, so wurde diese Erlaubnis auf schlichten Antrag der französischen Fabrikanten am 6. Dezember wieder annulliert.

Doch schien Napoleon in dem Moment die Grenzen seiner Möglichkeiten zu überschreiten, als er zugunsten der französischen Kaufleute und Landwirte ein System von Handelslizenzen einführte, das es diesen erlaubte, Getreide, Wein und Schnaps nach England auszuführen. Das Dekret vom 3. Juli 1810 behielt diese Erlaubnis ausschließlich französischen Schiffen vor. Es gestattete die Ausfuhr »sämtlicher Waren aus französischen Fabriken und Produkten des französischen Bodens, deren Ausfuhr nicht verboten war«. Das Dekret vom 25. Mai 1810 entschied, daß die Lizenzen den Zufluß sämtlicher für das Land erforderlichen Produkte ermöglichen sollten; deren eventuelle Verteilung auf dem Kontinent war dem französischen Handel gegen eine Vermittlungsgebühr vorbehalten. Schließlich fixierte der Erlaß von Trianon vom 5. August, der durch das Dekret von Fontainebleau am 19. Oktober noch verschärft wurde, die Gebühren, die man für Kolonialwaren zu zahlen hatte. Es handelte sich um enorme Gebühren, deren Ertrag in die Kassen des Staates floß. Um jeglichen Schmuggel zu verhindern, leitete man drastische Maßnahmen ein. Öffentliche Verbrennungen verbotener Waren am 17., 20., 23. und 27. November in Frankfurt erregten großes Aufsehen. Deutschland, das sehr unter den Entbehrungen zu leiden hatte, war tief schockiert: Zucker und Kaffee wurden noch rarer und teurer. Unter anderem daraus entstand die dumpfe Unzufriedenheit in den Städten des Rheinbunds.

Auf das neue Zollsystem folgte die Wirtschaftskrise von 1810, die die Strukturen des Bankwesens im Kaiserreich erschüttern sollte. Die Spekulation mit Kolonialwaren hatte das Börsenspiel mit Assignaten abgelöst, doch führte dieses Spekulationsspiel – dessen Gefahren Mollien in seiner Korrespondenz mit Napoleon aufzeigte – zu einer Kette spektakulärer Zusammenbrüche an den bedeutenden Bankplätzen Frankreichs, Deutschlands und Italiens.

Anfang 1811 erlebte die Industrie ebenfalls einen gründlichen Schock. Der gesamte Textilsektor war davon betroffen: die Seide in Lyon, die Baumwolle in Rouen und die Wolle in Nordfrankreich. Die Depression verschonte weder die Metallindustrie, noch die Chemie noch die Luxusgüter. In Paris fanden sich 20 000 von 50 000 Arbeitern ohne Arbeit. Napoleon nahm zu den gängigen Notbehelfen Zuflucht: Anleihen an Fabrikanten, Aufträge des Hofes, öffentlich finanzierter Tiefbau. Zu Beginn des Sommers schien sich die Lage zu bessern, als plötzlich eine Reihe von Unwettern niedergingen. Sie vernichteten einen Teil der Ernten. Mit einem Mal erwachte wieder die Angst vor der Hungersnot, was die Spekulation auf eine Hausse und die Verteuerung des Getreides begünstigte, wie der Innenminister eingestehen mußte. Anfang September 1811 lag der durchschnittliche Getreidepreis im Departement Orne um

23 Francs pro Hektoliter Weizen; Ende Dezember war er bei 29 Francs
und im Januar 1812 bei 33 Francs angelangt. Der Unterpräfekt von Les
Andelys (Eure) meldete im März ernsthafte Zwischenfälle; dort hatten
Demonstranten eine Preissenkung von 3 Francs pro Sack Getreide durchgesetzt. Anderswo war ein Transport von Notleidenden geplündert worden. Es kam so weit, daß im Departement Seine und den angrenzenden
Departements ein Preislimit für einen Hektoliter Getreide festgesetzt
wurde. Deshalb glaubten sich die Pariser in die schlimmsten Augenblicke
der Schreckenszeit zurückversetzt. Dennoch kam es in der Hauptstadt,
wo die Versorgung nahezu gesichert war, nicht zu Unruhen, doch in Caen
brachen sie am 3. März 1812 aus. Arbeiter wurden erschossen, um die
Ruhe wiederherzustellen. Die Hungersnot löste also die Arbeitslosigkeit
ab, doch ließ die Unruhe Ende 1812 nach, als die Ernte sich als ausreichend erwies.

Das Ansehen des Kaisers litt in diesen beiden Jahren der Depression.
Obwohl die ländliche Welt und die Arbeiter ihm trotz allem ergeben
blieben, gerieten die Notabeln angesichts der Häufung von Wirren (Plünderung von Transporten, Brandstiftung auf Bauernhöfen, bedrohliche
Bettlerbanden wie in den Zeiten der »Großen Furcht«) doch in Unruhe,
selbst wenn diese letztlich rasch unterdrückt wurden. Der Sturz des
Kaiserreiches aber resultierte aus den militärischen Niederlagen.

DIE KATASTROPHE IN RUSSLAND

Im Umfeld von Wirtschaftskrieg und erwachendem Nationalismus bahnte sich ein Bruch zwischen Frankreich und Rußland an. Die Versprechungen von Tilsit waren nicht eingehalten worden. Nach wie vor wartete der
Zar auf die Aufteilung der Türkei und mußte mitansehen, wie auf seiner
westlichen Flanke das Großherzogtum Warschau verstärkt wurde. Mit
der Annexion des Herzogtums Oldenburg und danach der Hansestädte
sicherte sich Napoleon auf Kosten Rußlands die Kontrolle über die
Ostsee. Die Kontinentalsperre ruinierte seine wirtschaftlichen Interessen:
Die Exporte von Getreide, Hanf und Holz in Richtung England mußten
eingestellt werden ohne Aussicht auf irgendeinen Ersatz. Rußland fehlte
es außerdem in bedrohlichem Maß an Fertigprodukten, die es zuvor aus

England importiert hatte, zumal die französische Industrie nicht in der Lage war, ihre britische Rivalin zu ersetzen. Schlimmer noch, Frankreich führte nach Moskau und Sankt Petersburg in großen Mengen Branntwein, Parfüm, Porzellan und Schmuck aus, was ein Ungleichgewicht in der russischen Handelsbilanz hervorrief. Der Hof von Sankt Petersburg, seit der Revolution frankreichfeindlich eingestellt, ging sogar soweit, Komplotte gegen das Leben des Zaren zu schmieden. So mußte dieser aus politischen wie wirtschaftlichen Gründen mit Frankreich brechen.

Die Enttäuschung Napoleons war nicht geringer. Das Bündnis mit Rußland von 1809 hatte wenig Wirksamkeit bewiesen, da es Napoleon zwang, auf zwei Fronten zu kämpfen. Seine Selbstachtung hatte die Kälte nicht vergessen, mit der sein Eheprojekt mit einer der Schwestern Alexanders aufgenommen worden war.

Gedrängt durch einen drohenden Zusammenbruch des Rubels aufgrund des Defizits in der russischen Handelsbilanz schlug der Zar mit dem Ukas vom 31. Dezember 1810 gegen die französischen Luxusprodukte zu. Dadurch zeichnete sich die Möglichkeit eines Wirtschaftskrieges ab, was den Rückzug Rußlands aus dem Kontinentalsystem erahnen ließ. Der Konflikt schien unvermeidlich. Bereits 1811 hatte Alexander seine Truppen zusammengezogen, was auf einen Kriegsbeginn hindeutete, doch hatte er letztlich unter dem Druck einiger seiner Berater auf seinen Plan verzichtet, die ihm eine eher defensive als offensive Taktik empfahlen. Obwohl gewarnt, hatte Napoleon die Bedrohung nicht unmittelbar ernst genommen, mußte sich nun aber vom Gegenteil überzeugen lassen. Er selber bevorzugte die Offensive und begann Ende 1811, den Angriff gegen Rußland vorzubereiten. Er glaubte an einen schnellen Krieg und bekannte: »Die Barbarenvölker sind abergläubisch und haben schlichte Ideen. Ein gewaltiger Schlag, der gegen das Herz des Reiches, gegen das Große Moskau, das Heilige Moskau geführt wird, liefert mir mit einem Mal diese blinde und kraftlose Masse.« Er dachte sogar, einige siegreiche Operationen in Polen könnten ausreichen, um den Zaren zu entmutigen.

Außer seiner eigenen Armee verfügte Napoleon über die Kontingente der Vasallenstaaten, so daß er trotz des Spanienkrieges 600000 Mann zusammenbringen und 400000 auf den Kriegsschauplatz führen konnte. Doch wie wollte man in einem riesigen Land mit wenig Straßen und Hilfsquellen so viele Menschen ausrüsten, ernähren und bewegen? Napoleon teilte die 400 000 Mann auf. Die Hauptarmee von 250 000 Mann, überwiegend Franzosen, gliederte sich in drei Korps unter dem Oberbefehl von Davout, Oudinot und Ney, die wiederum durch zwei Kavalleriekorps unter dem Kommando Murats verstärkt wurden. Dazu kamen zwei Hilfsarmeen, die aus ausländischen Truppen gebildet wurden. Die eine mit 80 000 Mann – Italiener und Bayern – erhielt Eugène und wurde von Dessoles unterstützt, die andere mit 70 000 Mann – Westfalen, Sachsen, Polen – wurde Jérôme übergeben, den General Marchand beriet.

Um die Versorgungsprobleme in einem Land zu lösen, wo man, wie Napoleon am 26. Mai 1812 an Davout schrieb, »nichts von dem Land zu erwarten hat, alles mit sich führen muß«, rechnete er mit dem Einsatz rollender oder fester Magazine und mehr noch mit einem Netz verschiedener Wasserwege. Er plante für zwanzig Tage Lebensmittel ein (Mehl, Zwieback, Reis, Gemüse und Branntwein), ferner das Fleisch, das von Herden und den Ochsen, die die Gespanne zogen, geliefert wurde. Diese Zeitspanne schien ihm ausreichend, um die russischen Streitkräfte zu besiegen. Wo sollte man gegen Rußland losschlagen? Dafür boten sich zwei Möglichkeiten. Nördlich des Pripjet bestand das Gebiet bis Slonim aus einem riesigen Sumpfwald; im Süden hingegen ließ sich Moskau über Kiew und relativ wohlhabende Gegenden erreichen. Leider verfügte er im Süden als rückwärtige Basis nur über Österreich, einen wenig sicheren Verbündeten, während er im Norden mit dem Großherzogtum Warschau rechnen konnte. Außerdem ließ sich seine Offensive auf dem nördlichen Kriegsschauplatz im Gebiet des russischen Polen und in Richtung Wilna entwickeln, wobei er mit einem begeisterten Empfang durch die Einwohner rechnete. Von Wilna aus würde er Sankt Petersburg und Moskau in gleicher Weise bedrohen. Die Wahl war also nicht zweifelhaft.

Um Wilna zu erreichen, bevor die Russen reagieren konnten, bemühte sich Napoleon, sie in dem Glauben zu lassen, er werde die Südroute nehmen. Sobald seine Versorgung in Wilna gesichert war, konnte er auf der rechten Flanke der Russen Stellung beziehen, die damit in einer Falle gefangen waren, die aus den Sümpfen des Pripjet und der Narew gebildet wurde. Jérôme übernahm das Ablenkungsmanöver. Zwischen dem 24. und 25. Juni überschritt der Kaiser den Njemen. Die Entfernung von Kowno nach Wilna betrug 100 Kilometer. Die Kavallerie Murats könnte sie am 27. Juni erreichen, doch konnte Napoleon Kowno erst verlassen, wenn er von Eugène abgelöst wurde, der mit zwei Tagen Verspätung ankam. So entkamen die Russen. Napoleon konnte nun nicht mehr auf seine Lieblingswaffe, die Schnelligkeit, zählen. Regen, Nachzügler, Probleme, die sich aus der Schwerfälligkeit der Gespanne ergaben, hielten ihn auf, und die extremen Temperaturen ließen die Pferde zu Tausenden krepieren.

Nachdem er die Russen in Wilna nicht umfassen konnte, inszenierte Napoleon bei Witebsk ein neues Manöver. Um die Russen zu vertreiben, die sich in Drissa verschanzt hatten, überschritt er die Düna zwischen Witebsk und Drissa und drohte so, nach Sankt Petersburg zu marschieren. Das zwang den Feind, Drissa entweder zu räumen, um seine Hauptstadt zu decken, oder aus Drissa herauszukommen und Murat entgegenzutreten, den der Kaiser vor Druja zurückgelassen hatte. Napoleons Idee war es, die Verbindungen des Gegners zu bedrohen, um ihn zu vertreiben und ihn zu einer Flankenbewegung zu zwingen, die ihn verwundbar machen würde. Doch der Feind entkam erneut. Am 29. Juli schrieb er an den Herzog von Bassano: »Wir sind gestern in Witebsk einmarschiert. Der Feind bläst auf allen Seiten zum Rückzug. Ich habe mich bis nach Suray begeben, um ihn zu verfolgen, doch da er sich aufgeteilt hat, um verschiedenen Wegen zu folgen, ist es nicht möglich, ihn zu erreichen.«

Napoleon entwarf daraufhin bei Smolensk eine dritte Operation. Auch sie scheiterte, was er so erklärte: »Der Marsch des Prinzen von Eggmühl auf Minsk, Borissow und Mohilew trennte die Armee von Barclay de Tolly von der Armee Bagrations, was ersteren zwang, nach Witebsk und von da nach Smolensk zu marschieren, um sich mit Bagration zu vereinen. Nachdem dieser Zusammenschluß vollzogen war, marschierte er mit 180000 Mann wieder zurück nach Witebsk, um der französischen Armee eine Schlacht zu liefern, doch der Kaiser (Napoleon spricht von sich in der dritten Person) führte daraufhin dieses schöne Manöver durch, das dem von Landshut im Jahre 1809 entsprach: Er fand Deckung durch den Wald von Bieski, umging den linken Flügel der russischen Armee, überschritt den Borysthenes und wandte sich auf Smolensk zu, wo er vierundzwanzig Stunden vor der russischen Armee ankam, die in aller Eile umkehrte. Eine russische Division von 15000 Mann, die sich zufällig dort befand, hatte das Glück, diese Stadt einen Tag lang zu verteidigen, was Barclay de Tolly die Zeit verschaffte, um am nächsten Tag einzutreffen. Wenn die französische Armee Smolensk überrascht hätte,

hätte sie dort den Borysthenes überschritten und die aufgelöste und nicht
vereinigte russische Armee von hinten angegriffen.«

In Smolensk blieb Napoleon bis zum 25. August; danach nahm er die
Verfolgung der Russen wieder auf, die zwar häufig anhielten, als ob sie in
den Kampf eintreten wollten, sich dann aber alsbald wieder zurückzogen.
Lange ließ sich diese Strategie nicht mehr durchhalten, ohne Moskau, die
heilige Stadt, ohne Widerstand auszuliefern. Alexander gab dem Druck
der öffentlichen Meinung nach und ersetzte Barclay durch Kutusow, der
gegen seine Vorstellungen die Niederlage von Austerlitz hatte einstecken
müssen. Der neue Oberbefehlshaber beschloß, Napoleon bei dem befe-
stigten Ort Borodino zu stoppen. Der Kaiser verfügte nur noch über
127000 Mann und 580 Geschütze, die Russen über 120000 Mann. Die
Idee eines Umgehungsmanövers, wie sie Davout vorschlug, fand kein
Gehör. Napoleon wählte lieber den frontalen Zusammenstoß. Über diese
Schlacht bei Borodino, die in Frankreich unter dem Namen »Schlacht an
der Moskwa« bekannter ist, hat Tolstoi, nicht ganz unparteiisch übrigens,
in »Krieg und Frieden« alles gesagt.

Für manche Strategen bestand der Irrtum Napoleons darin, daß er
nicht die 18000 Mann der Garde einsetzte, um die russische Front einzu-
drücken. »Achthundert Meilen von Frankreich entfernt kann man nicht
seine letzte Reserve riskieren«, bekannte er später seinen Generälen. Der
Sieg war auf seiner Seite, aber es war ein Pyrrhussieg. Er verfügte nur noch
über kaum 100000 Mann. Die übrigen waren desertiert, verwundet oder
im Garnisonsdienst eingesetzt.

Nach einigen Tagen der Erholung zog Napoleon am 14. September in
Moskau ein. Doch die Franzosen besetzten eine vom Feuer verwüstete
Stadt, und Alexander entzog sich entgegen den Erwartungen des Kaisers
jeglicher Verhandlung. Wegen der allzu großen Entfernung von seiner
Hauptstadt (eine Stafette brauchte vierzehn Tage, um die Verbindung
Moskau–Paris herzustellen) entschloß sich Napoleon, Moskau am
19. Oktober zu verlassen, zumal er keine Begegnung mit Alexander erreichen konnte: »Bei den Franzosen soll man sich wie bei den Frauen keine
allzu langen Abwesenheiten erlauben.« Er beabsichtigte, über Kaluga
zurückzukehren, eine reiche und nicht verwüstete Gegend. Doch Kutusow stoppte ihn bei Malo Jaroslawez und warf ihn auf die Straße nach
Smolensk zurück. Diese Schlacht hatte für die Zukunft der französischen
Armee entscheidende Bedeutung, weil sie nun gezwungen war, den schon

sehr stark ausgeplünderten Hinweg wieder einzuschlagen. Aber das wußte noch niemand. »Das Wetter ist schön, es erinnert an die schönen Herbsttage von Fontainebleau«, schrieb der Kaiser am 31. Oktober. Am 9. November setzte plötzlich starker Schneefall und schneidende Kälte ein. Zwischen Smolensk, wo sich die Versorgungsmöglichkeiten als unzureichend erwiesen, und Wilna löste sich der geordnete Verband auf. Die napoleonische Armee verwandelte sich in eine Horde von Männern, die, in Decken und Lumpen eingehüllt, sich im Schnee dahinschleppten, sich aller überflüssigen Dinge entledigten, darunter auch Kanonen und Wagen, und die letzten Pferde der Kavallerie oder Gespanne verzehrten, ständig von stürmischen Attacken der Kosaken und Partisanen heimgesucht.

Am 16. November fand die Schlacht von Krasnoje statt: Um den Preis schwerer Verluste gelang es den Resten der Großen Armee, die russischen Linien zu durchstoßen. Der Übergang über die Beresina konnte nur dank der Brückenbauer des Generals Eblé am 26. November gemeistert werden. Doch Hunger und Kälte setzten ihre Verwüstungen fort. Der Rückzug geriet mehr und mehr zur Katastrophe, die das *29. Bulletin,* das in Frankreich erst am 17. Dezember bekannt wurde, einer entsetzten Öffentlichkeit enthüllte. Schon am 5. Dezember hatte Napoleon die Armee verlassen und den Oberbefehl Murat übergeben. Er kehrte nicht im einfachen Schlitten nach Frankreich zurück, wie es die zeitgenössischen Stiche glauben machen wollten, sondern, was wahrscheinlicher ist, in einem gedeckten Wagen. Über diese Reise hat uns Caulaincourt einen detaillierten Bericht hinterlassen. Am 10. Dezember machte Napoleon in Warschau Station, wo ihn der französische Vertreter, der frühere Abbé de Pradt, jetzt Erzbischof von Mecheln, kaum unterstützte. Am 12. Dezember hielt er sich in Posen auf, einen Tag später in Dresden; am 14. Dezember kam er in Leipzig an und am 16. in Frankfurt. Danach folgten der Rhein und Frankreich, wo der Schlamm das Eis ablöste. Am 18. Dezember schließlich erreichte der Kaiser die Tuilerien.

DIE AFFÄRE MALET

Als Napoleon seine Armee verließ, um in aller Eile nach Paris zurückzukehren, geschah das nicht aus Feigheit, sondern aus Notwendigkeit. Seit siebzehn Tagen hatte er keine Nachrichten mehr aus Paris erhalten, bis er endlich in Molodetschna 19 Stafetten antraf, die ihn mit Neuigkeiten aus der Hauptstadt erwarteten. In Paris aber herrschte gleichfalls Ungewißheit.

In der Nacht vom 22. auf den 23. Oktober entwich General Malet aus der Klinik Dubuisson, wo er interniert war, und begab sich in Begleitung zweier Komparsen zur Kaserne Popincourt. Dort verkündete er dem Kommandant Soulier den Tod des Kaisers, das Ende der Kriegsoperationen und die Bildung einer provisorischen Regierung. Alles, was Souliers Männer sich merken sollten, war die Solderhöhung und das Ende des Krieges. Sie befreiten die Generäle Lahorie, den ehemaligen Generalstabschef Moreaus, und Guidal; sie waren wegen einer Verschwörung inhaftiert worden, die eine englische Landung in Südfrankreich plante. Polizeiminister Savary und Polizeipräfekt Pasquier wurden verhaftet. Der Präfekt des Departement Seine, Frochot, widersetzte sich nicht, als im Rathaus ein Saal für den Empfang der neuen Regierung vorbereitet wurde. An den König von Rom dachte niemand. Das Komplott scheiterte jedoch, weil sich Hullin, der Kommandeur der Militärabteilung, widersetzte, obwohl eine Kugel seinen Kiefer zerschmetterte, und der energische Doucet Malet gefangensetzte. Malet, Guidal und Lahorie sowie mehreren Komplizen wurde am 28. Oktober der Prozeß gemacht, sie wurden einen Tag später erschossen.

Der Verschwörung haftete ein Hauch von Extravaganz an. Dennoch hätte sie infolge der Untätigkeit der Polizeichefs, die sich ohne großen Widerstand festnehmen ließen, beinahe zum Erfolg geführt. Wer verbarg sich hinter Malet? Talleyrand und Fouché? Das ist wenig wahrscheinlich. In Wirklichkeit handelte es sich um ein Komplott, das auf einer Annäherung von Royalisten, den »Glaubensrittern«, deren wichtigste Anführer sich mit Malet in der Klinik Dubuisson befunden hatten, und einigen unverbesserlichen Republikanern wie Malet basierte. Das bewies die Zusammensetzung der von Abbé Lafon vermittelten provisorischen Regierung, welche die Verschwörer einsetzen wollten. Sie enthielt die Namen

Malets und La Fayettes einerseits und Montmorencys und Noailles' andererseits.

Man mag über die Tragfähigkeit dieser Verschwörung diskutieren; fest steht allerdings, daß sie die Schwäche des kaiserlichen Regimes aufdeckte. Napoleon hatte geglaubt, mit der Geburt des Königs von Rom eine Dynastie zu gründen. Doch in den Augen der Beamten, der Soldaten und der Notabeln blieb er der Diktator mit dem Auftrag, die Errungenschaften der Revolution zu verteidigen. Niemand sah in ihm – trotz seiner Heirat mit Marie Louise, die ihn zum Neffen Ludwigs XVI. machte – den Erben der Könige von Frankreich. Auch wenn die Verschwörung Malets erstickt wurde, kündigte sie mehr noch als die Katastrophe in Rußland den Zusammenbruch des napoleonischen Traumes an.

DER VERLUST DEUTSCHLANDS

Napoleon machte sich nach seiner Rückkehr sofort ans Werk, denn er hatte eine Reihe schlechter Nachrichten zu bewältigen: Der preußische General Yorck, dessen Korps zur französischen Armee gehörte, schloß mit den Russen am 31. Dezember 1812 die Konvention von Tauroggen. Ostpreußen erhob sich gegen die französische Herrschaft, und diese Bewegung erfaßte auch Schlesien und Brandenburg. Von den Studenten gedrängt, welche die Universitäten verließen, um sich zu den Waffen zu melden, schloß König Friedrich Wilhelm von Preußen am 28. Februar 1813 ein Bündnis mit dem Zaren und setzte damit den »Befreiungskrieg« in Gang, den so bedeutende Schriftsteller wie Arndt, Körner und Rückert bejubelten.

Der Plan des Feldzugs von 1813 war sehr einfach. Der Kaiser beabsichtigte, bei Wittenberg wieder die Elbe zu überschreiten und auf Berlin zu marschieren. Er wollte die russisch-preußischen Verbündeten zwischen Elbe und Saale abwehren und den Krieg im Schutze der festen Plätze Torgau, Wittenberg, Magdeburg und Hamburg zwischen Elbe und Oder führen, um danach die Festungen an der Weichsel, Danzig, Thorn und Modlin, zu entsetzen. Auf diese Weise gedachte er die gegnerische Koalition zu destabilisieren und die deutschen Fürsten im Bündnis mit Frankreich zu halten. Am 11. März 1813, also noch vor der Eröffnung des

Feldzugs, drückte er sich in einem Brief an Eugène de Beauharnais so aus:
»Nachdem ich alles unternommen habe, um die Annahme entstehen zu
lassen, daß ich mich nach Dresden und nach Schlesien wenden will, wird
es meine Absicht sein, mit 300000 Mann in Gewaltmärschen nach Stettin
zu gelangen und den Heereszug bis Danzig fortzusetzen, das man in
vierzehn Tagen erreichen kann; und am zwanzigsten Tage der Marschbe-
wegung, nachdem die Armee die Elbe überschritten hat, könnte man diese
Stadt freibekommen und wäre Herr von Marienburg und allen Weichsel-
brücken.«

Napoleon hatte den Oberbefehl über die Rußlandarmee Murat überlassen. Besorgt über die Lage in seinen Staaten, hatte ihn dieser fast auf der
Stelle an Eugène weitergereicht. Der Vizekönig von Italien verzichtete
darauf, sich an der Oder zu halten. Konnte er es überhaupt? Gouvion
Saint-Cyr vertrat diese Ansicht. Eugène versuchte nicht einmal, in Berlin
zu bleiben, was ihm Napoleon vorhielt. Auf Befehl des Kaisers blieb er
schließlich an der Elbe stehen. Preußen hatte sich Rußland angeschlossen,
und Bernadotte, nunmehr Thronerbe von Schweden, handelte als Gegenleistung für Norwegen die Intervention seines neuen Vaterlandes auf
russischer Seite aus. Die Lage war also schwierig. Durch die vorgezogene
Aushebung des Wehrpflichtigenjahrgangs 1813 und durch die Einberufung der guten Losnummern aus früheren Jahrgängen gelang es Napoleon, wieder eine Armee von 200000 Mann aufzustellen. Ihr schwacher
Punkt war die Kavallerie, denn weder Rekruten noch Pferde hatte man
ausreichend lange ausbilden können.

Mitte April konnte Napoleon mit der Elbarmee des Prinzen Eugène,
also 60000 Mann, und der Mainarmee unter Ney, Marmont, Oudinot und
Bertrand rechnen, die sich mit 140000 Mann gerade gesammelt hatte. Ihm
gegenüber stellten die Alliierten eine 50000 Mann starke russische Armee
unter dem Oberbefehl von Wittgensteins auf, die auf Berlin zumarschier-
te, sowie eine preußisch-russische Armee mit 50000 Mann, die General-
feldmarschall Blücher in Schlesien kommandierte. Zwischen diesen beiden Armeen stand ein Reservekorps von 30000 Mann. Bernadotte schickte sich an, in Stralsund eine Streitmacht von 30000 Mann zu landen.

Am 2. Mai wurde Wittgenstein bei Lützen geschlagen, doch mangels
Kavallerie vermochte Napoleon seinen Sieg nicht zu nutzen. Schlimmer
noch, er kannte die Bewegungen des Feindes nicht. Hatte er sich auf Berlin
zurückgezogen? Hatte er Dresden erreicht? Hatte er sich getrennt, damit

die Preußen Berlin und die Russen Breslau erreichten? In dieser verwirrenden Situation entwarf er ein Manöver, das Russen und Preußen trennen und ihm die Gelegenheit liefern sollte, sie getrennt zu überfallen. Während er mit seiner Hauptstreitmacht den Feind auf dessen natürlicher Rückzugslinie nach Dresden verfolgte, marschierte Ney auf Berlin zu. Am 14. Mai erfuhr Napoleon, wenn auch noch unbestimmt, daß sich die Alliierten nicht getrennt hatten, sondern ihn bei Bautzen erwarteten. Ihm blieb nun also die Zeit, seine sämtlichen Truppen zusammenzuziehen, um gegen die Verbündeten eine Schlacht zu eröffnen, von der er die Entscheidung erwartete. Während Macdonald, Marmont, Oudinot und Bertrand Bautzen zustrebten, rief Napoleon Marschall Ney zurück. Der Plan des Kaisers sah vor, den Feind durch einen Frontalangriff mit der Hauptstreitmacht festzuhalten und abzunutzen, während die Armee Neys dessen rechte Flanke umgehen und im Rücken des Gegners als Amboß fungieren sollte, auf dem Napoleon den Feind zerschlagen wollte. Die Kämpfe fanden am 20. und 21. Mai statt, ohne allerdings den von Napoleon gewünschten Durchbruch zu erzielen. Der Fehler lag bei Ney, der sich in eine unnötige Aktion hineinziehen ließ, anstatt geradewegs auf Hochkirch zuzumarschieren, und somit dem Feind, der noch Rückzugsgefechte lieferte, ohne wirklich besiegt zu sein, das Entkommen ermöglichte. Im Verlaufe dieser Kämpfe fiel Duroc bei Reichenbach.

Aber die Demoralisierung erfaßte die Reihen der Alliierten, die zweimal besiegt und auf rein defensive Positionen zurückgeworfen wurden. Österreich hielt den Augenblick eines Waffenstillstands für gekommen. Napoleon wußte wohl, daß dieser Waffenstillstand den Alliierten erlaubte, neue Verstärkungen heranzuschaffen und Wien die Zeit lassen würde, in den Kampf einzutreten. Doch die Zeit arbeitete auch für ihn. An Clarke schrieb er: »Dieser Waffenstillstand hält den Lauf meiner Siege auf. Ich habe mich aus zwei Gründen dazu entschlossen: mein Mangel an Kavallerie, der mich daran hindert, in großem Stile zuzuschlagen, sowie die feindliche Position Österreichs...«

Österreich befand sich in der Position des Schiedsrichters. Es fürchtete das Preußen Friedrich Wilhelms und verachtete das Frankreich Napoleons. Was würde die Oberhand behalten, die Furcht oder die Verachtung? Metternich gab Frankreich seine Bedingungen für eine Rückkehr zum Frieden bekannt: Sie betrafen nur Deutschland und stellten die natürlichen Grenzen Frankreichs in keiner Weise in Frage. Die Notabeln hätten

sie akzeptiert, nicht aber Napoleon. Seine Begegnung mit Metternich am
26. Juni in Dresden verlief stürmisch: »Meine Herrschaft wird mich nicht
um den Tag überleben, an dem ich aufgehört habe, stark und folglich
gefürchtet zu sein.« Metternich machte daraufhin eine Rechnung auf: Die
Waage neigte sich zugunsten der Alliierten; die spanische Halbinsel, wo
sich Napoleon in einen kostspieligen Krieg verwickelt hatte, war offensichtlich für ihn verloren. Am 27. Juni 1813 schloß Österreich mit Rußland und England die Vereinbarung von Reichenbach. Der Prager Kongreß, auf dem die Kriegsparteien über das Ende der Feindseligkeiten
diskutieren sollten, geriet dadurch zur Farce. Am 11. August 1813 trat
Österreich in den Krieg gegen Frankreich ein.

Die Verbündeten verfügten über drei Armeen: die Nordarmee mit
100000 Mann unter dem Oberbefehl Bernadottes in Berlin; die Schlesienarmee mit 110000 Mann unter dem Kommando Blüchers in Schweidnitz;
und schließlich die österreichisch-russische Armee in Böhmen, die
230000 Soldaten unter dem Oberkommando Schwarzenbergs zählte.
Überdies marschierte Bennigsen mit 60000 Russen heran, und ein öster-
reichisches Korps mit 30000 Mann bewegte sich auf den Inn zu. Ihnen
gegenüber stellte Napoleon 300000 Soldaten auf. Sein Plan bestand wie
immer in der Offensive.

In der Schlacht bei Dresden, in der Moreau fiel, errang der Kaiser
seinen ersten Erfolg, aber Vandamme wurde bei Kulm besiegt, Macdonald
an der Katzbach, Oudinot bei Groß-Beeren und Ney bei Dennewitz.
Man hat oft gesagt, daß der Parteiwechsel des aus der Schweiz stammenden Generals Jomini, eines perfekten Strategen, bei dieser Niederlage eine
entscheidende Rolle gespielt habe. Tatsächlich aber erklärten die zahlenmäßige Überlegenheit der Alliierten und das Zögern der Marschälle diese
Rückschläge.

Der entscheidende Kampf spielte sich vom 16. bis 19. Oktober bei
Leipzig in der sogenannten »Völkerschlacht« ab. In diesem Treffen standen den 320000 Soldaten der Verbündeten 160000 Soldaten Napoleons
gegenüber. Am 18. Oktober schien sich der Kampf, der um 10 Uhr eingesetzt hatte, zum Vorteil der Franzosen zu wenden, als die Sachsen zum
Feind übergingen, was Napoleon zum Rückzug zwang. Infolge eines
Mißverständnisses zwischen dem Chef der Pioniertruppen und dem Generalstab stand allerdings nur eine einzige Brücke zur Verfügung. Der
Übergang der Truppen vollzog sich in größter Unordnung. Der verfrühte

Abbruch der Brücke verwandelte den Rückzug in ein Desaster: 20 000 Mann fielen auf dem rechten Ufer dem Feind in die Hände. Beim Rückzug in Richtung Rhein fegten die Reste der napoleonischen Armee am 29. Oktober bei Hanau die Bayern hinweg, die ebenfalls zur Koalition übergelaufen waren. In Mainz besaß Napoleon nur noch 70 000 Soldaten, die auch noch der Typhus dezimierte. Nicht nur war ganz Deutschland – außer einigen Festungen – verloren, sondern auch die Rheingrenze selber schien bedroht. Bei dieser neuerlichen Katastrophe wog die Verantwortung der kaiserlichen Statthalter schwer. »Das Ärgerliche ist«, schrieb Napoleon am 22. August an Maret, »wie wenig Vertrauen die Generäle in sich selber haben. Überall, wo ich nicht bin, erscheinen ihnen die Streitkräfte des Gegners beträchtlich.« Und später fügte er hinzu: »Die hohen Generäle wollten nicht mehr; das Feuer erlosch; es war, als hätten sie Marschälle Ludwigs XV. sein wollen.«

DER ZUSAMMENBRUCH DES GROSSEN KAISERREICHS

Nachdem Deutschland verloren war, fielen auch die Schweiz und Holland rasch ab. Die Schweiz erklärte sich für neutral, und Holland erhob sich, wie es Polizeidirektor Devilliers du Terrage vorausgesehen hatte, als General Molitor vor den herannahenden alliierten Truppen Amsterdam am 15. November 1813 verlassen mußte, um sich auf dem linken Ufer der Yssel niederzulassen. Der Abfall Hollands zog bald darauf den Belgiens nach sich.

Auch das Königreich Italien wurde durch die österreichische Invasion bedroht. Die Demoralisierung der Einwohner ließ sich nicht mehr bestreiten: Der wirtschaftliche Ruin sowie die beträchtlichen Menschenverluste – 27 000 Personen verschwanden in Rußland und 25 000 in Deutschland – hatten sie zermürbt. Eugène de Beauharnais versuchte, den französischen Widerstand zu organisieren, mußte aber einer neuen Gefahr aus dem Süden entgegentreten. Die Österreicher hatten Kontakt mit Murat in Neapel aufgenommen, der Napoleon im Stich ließ und im Namen der italienischen Unabhängigkeit und Einheit Truppen nach Norden schickte – fürwahr ein geschickter Schachzug, um seinen Thron zu retten und den französischen Einfluß auf der Halbinsel zu wahren. Für Eugène, der

zwischen zwei Feuer geraten war, schien die Lage unhaltbar. Am 17. April
1814 gab er den Kampf auf. Schon am 3. Februar 1814 hatte der österreichische Oberkommandierende Bellegarde die Wiedereinsetzung der
vor der französischen Herrschaft bestehenden Regierungen verkündet.
Der Papst, den Napoleon am 21. Januar freigelassen hatte, ergriff wieder
Besitz von seinem Staat. Murat, der sich wieder nach Neapel zurückziehen mußte, war sich nun seines Königreichs nicht mehr sicher: Auch
Italien war für Napoleon verloren.

In Spanien, wo die französischen Verluste immer drückender wurden
und Napoleon zur Aushebung neuer Truppen zwangen, hatte Wellington
eine breite Offensive gestartet. Er zerschlug die Streitkräfte Marmonts bei
Salamanca im Laufe des Sommers 1812 und drang in Madrid ein, von wo
er sich aber angesichts der drohenden Vereinigung von Clauzel im Norden, Soult im Süden und Suchet in Valencia sogleich wieder zurückzog.
Seine erneute Offensive im Jahre 1813 zwang die Franzosen, sich hinter
den Ebro zurückzuziehen. Am 21. Juni 1813 überraschte Wellington Joseph Bonaparte bei Vitoria, bemächtigte sich seiner Kanonen und seines
Trosses und zwang ihn, sich auf die Grenze zurückzuziehen. Lediglich
Suchet vermochte sich in Katalonien zu halten. Vergebens versuchte
Soult, der zum Generalstatthalter Napoleons ernannt worden war, eine
Gegenoffensive; er wurde bei Pamplona gestoppt. Am 8. Oktober 1813
überschritt Wellington den Fluß Bidassoa. Napoleon ließ Ferdinand VII.
frei – Spanien war verloren.

DIE ÖFFENTLICHE MEINUNG IN FRANKREICH

Die Niederlagen verstärkten die allgemeine Unruhe und Unzufriedenheit
in Frankreich. Solange der Krieg erfolgreich verlaufen war und der französischen Industrie weite Märkte eröffnet hatte, auf denen sie durch die
Kontinentalsperre vor der englischen Konkurrenz geschützt war, solange
der Kurs der Staatspapiere unaufhörlich gestiegen war und Frankreich
nicht mehr von inneren Unruhen erschüttert wurde, solange hatten die
Notabeln die napoleonische Diktatur akzeptiert. Als aber die Krise im
Jahre 1810/1811 einsetzte, zeichnete sich eine neue Entwicklung ab. In
Marseille, wo die Geschäftswelt nach dem Bruch des Friedens von

Amiens 1,2 Millionen Francs für den Bau eines Kriegsschiffes gespendet hatte und die Akademie Napoleon zu ihrem Protektor proklamiert hatte, wo der Klerus auf Napoleons Linie einschwenkte und die Royalisten den Salon des Präfekten Thibaudeau besuchten, war die Begeisterung nach und nach der Enttäuschung gewichen. Der Hafen litt unter dem Spanienkrieg und der Kontinentalsperre; die handstreichartigen Aktionen der Engländer an den Küsten der Provence schufen ein Klima der Unsicherheit. Im Jahre 1811 drohte eine Hungersnot; das Verbot von ausländischer Soda, die für die Seifenindustrie erforderlich war, begünstigte die Arbeitslosigkeit, und die Bevölkerung nahm ab. Das Bürgertum in Marseille fing an, von einer Rückkehr zur Monarchie zu träumen. In Bordeaux traf die Lähmung des Hafens trotz eines Systems von Handelslizenzen alle gesellschaftlichen Gruppen hart und ganz besonders die Bourgeoisie, die sich mehr und mehr der royalistischen Sache verschrieb. Sogar in den Städten, die von der Prosperität der ersten Dekade des Regimes am meisten profitiert hatten, entwickelte sich ein Gefühl der Erschöpfung, das durch die Krise verschlimmert wurde. Der Flußhafen von Straßburg, der zum Hauptumschlagplatz zwischen den Ländern im Norden und Südosten Europas geworden war, sah sich durch das Dekret vom 5. August 1810 hart getroffen, das die Einfuhrgebühren auf Kolonialwaren heraufsetzte. Lyon, das der Kaiser stets begünstigt hatte, kam nur mit Mühe über die Depression von 1810/1811 hinweg. In Paris zeichnete sich bei den Staatsrenten eine Baisse ab.

Der Krieg wurde nun unerträglich. Louis Blanc schrieb später: »Der Sturz Napoleons lag in den Entwicklungsgesetzen der Bourgeoisie. Kann eine Nation gleichzeitig im Kern industriell und im Kern kriegerisch veranlagt sein? Entweder hätte Napoleon auf seine militärische Rolle in der Welt verzichten oder aber entschieden mit der bürgerlichen und industriellen Tradition brechen müssen.«

Die Sehnsucht nach Frieden griff nun auch in den einfacheren Schichten um sich. Bauern und Arbeiter mußten nicht nur die Wiedereinführung der alten Steuern auf Getränke und Salz, der Verbrauchssteuern *(droits réunis)* über sich ergehen lassen, sondern auch das ganze Gewicht der Wehrpflicht tragen. Diese war bis 1808 maßvoll gewesen, da sie auf dem Losverfahren, das die »guten« Nummern verschonte, und auf der Ersatzgestellung basierte. Doch der Krieg in Spanien zwang den Kaiser zur Heraufsetzung seiner Forderungen. Im April 1809 verlangte er vom Senat

30 000 neue Männer im Vorgriff auf den fälligen Jahrgang von 1810 und die nachträgliche Einberufung der Wehrpflichtigenjahrgänge von 1806 bis 1809. Zwischen 1810 und 1811 verzichtete man auf solche Maßnahmen weitgehend; im Jahr 1812 aber zog man die Einberufung dem freiwilligen Wehrdienst wieder vor. Im Januar 1813, als sämtliche Wehrpflichtigen einberufen waren, verlangte man noch 350 000 zusätzliche Männer aus den Jahrgängen 1809, 1810, 1811 und 1812. Im April 1813 wurden weitere 180 000 Mann angefordert; am 24. August 1813 berief die Verwaltung noch einmal 30 000 Mann im Vorgriff auf die Kontingente von 1814 oder nachträglich aus den Jahrgängen von 1812 und 1813 ein. Im Oktober fand eine neue Aushebung von 160 000 Soldaten statt, eine weitere wurde im November 1813 beschlossen. Die bis 1808 erträgliche Last der Wehrpflicht wurde nun untragbar. Die Einberufungen guter Nummern und die Aufforderungen früherer Jahrgänge, deren Männer geglaubt hatten, dem Wehrdienst zu entgehen, erzeugten ein Klima der Unsicherheit und dies um so mehr, als der Krieg jetzt nicht mehr »frisch und fröhlich« geführt wurde. Ein Wehrpflichtiger galt auf dem Land als ein toter Mann, wenn er eine schlechte Nummer gezogen hatte. So entstand der Mythos des Menschenfressers Napoleon, der sein Quantum an Menschenfleisch forderte.

Verwirrung breitete sich auch in der Kirche aus. Die Besetzung Roms und die Gefangennahme des Papstes schufen ein deutliches Unbehagen. Die Kriegstheologie mancher Bischöfe, die ihre Beispiele aus der Bibel schöpften, machte auf seiten der Geistlichen in zahlreichen Dörfern diskreten Aufrufen zur Desertion oder Flucht Platz. Die Bulle Pius' VII., die Napoleon exkommunizierte, wurde durch die Bemühungen von Geheimbünden wie den »Glaubensrittern« heimlich verbreitet. Die Weigerung des gefangenen Papstes, den Bischöfen die kirchliche Investitur zu erteilen, zog eine Lähmung des religiösen Lebens in den Diözesen nach sich. »Wenn der Kaiser noch zehn Jahre lebt, wird es keine Religion mehr geben«, munkelte man allgemein. Das Konzil von 1811 zeigte einen unerwarteten Widerstand der Bischöfe. In ihren Reihen verblaßte der Gallikanismus, mit dem Napoleon bei seinem Kampf gegen Pius VII. rechnete, zugunsten des Ultramontanismus. Die Verhandlungen mit Pius VII., der zur Ausarbeitung eines neuen Konkordats von Savona nach Fontainebleau gebracht wurde, erwiesen sich als langwierig und unfruchtbar.

Im Senat wuchs die Opposition: Bei der Abstimmung über die Aushebungen stieg sie von sechs auf 18 Stimmen. »Sagen Sie ein Wort zu den zaghaften Senatoren«, schrieb Napoleon am 2. November 1813 an Cambacérès. Um die Vorbehalte der ehemaligen Brumairianer zu entwaffnen, unterbreitete der Kaiser dem Senat die Friedensvorschläge, die von den Alliierten vorgelegt wurden: Gegen eine Anerkennung der natürlichen Grenzen verlangten die Koalitionsmächte von Frankreich die Aufgabe Deutschlands, Italiens und Spaniens. Der Senat benannte sechs Kommissare: Lacépède, Fontanes, Talleyrand, Saint-Marsan, Barbé-Marbois und Beurnonville. Am 27. nahm die Kammer den von der Sonderkommission verfaßten Entwurf einer Denkschrift an, der mit der Empfehlung schloß: »Majestät, erringen Sie durch eine letzte Anstrengung, die Ihrer und der Franzosen würdig ist, den Frieden, und Ihre so viele Male siegreiche Hand möge ihre Waffen sinken lassen, nachdem sie die Ruhe für die Welt unterzeichnet hat.«

In der Gesetzgebenden Körperschaft wurde die Sitzungsperiode am 19. November eröffnet. Napoleon verlangte von den Abgeordneten ihre Ansicht zu dem jüngsten Angebot der Alliierten. Die Kommission umfaßte Lainé, Raynouard, Maine de Biran, Gallois und Flaujergue, alle fest entschlossen, »den Ruf des Volkes nach Frieden und seine Seufzer gegen die Unterdrückung zu Gehör zu bringen«. Wie bei den Senatoren, schloß Berichterstatter Lainé mit einem Friedensappell: »Wir wollen nichts verschleiern; unsere Leiden sind auf ihrem Höhepunkt. Das Vaterland ist an allen Punkten seiner Grenzen bedroht; wir erfahren eine Not, wie sie in der Geschichte des Staates ohne Beispiel ist. Der Handel ist vernichtet, die Industrie am Erlöschen. Was sind die Gründe für dieses unsägliche Elend? Eine drückende Verwaltung, das Übermaß der Abgaben, der beklagenswerte Stil, der bei der Einziehung der Gebühren geübt wird, und das noch grausamere Verfahren, das bei der Rekrutierung der Armeen praktiziert wird.« Am 1. Januar 1814 brachte die Gesetzgebende Körperschaft dem Kaiser ihre Huldigung dar und mußte eine heftige Schmährede einstekken: »Sie sind nicht die Vertreter der Nation, sondern Abgeordnete der Departements. Die Aufwiegler dieses Augenblicks haben versucht, mich in den Augen Frankreichs zu besudeln, aber ich bin von vier Millionen Franzosen gewählt worden, den Thron zu besteigen. Zu einem Zeitpunkt, in dem Hüningen bombardiert und Belfort angegriffen wird, darf man sich doch nicht über die Staatsverfassung und Machtmißbrauch beklagen.«

Um die Stimmung in der Öffentlichkeit zu beleben, beschloß der kriegswillige Kaiser, Staatsräte und Senatoren als außerordentliche Kommissare in die Departements zu entsenden. Nahezu überall fanden sie apathische Einwohner vor. Sie selber hatten im allgemeinen schon ein höheres Lebensalter erreicht, wenn sie nicht gar, wie Sémonville, zum Verrat bereit waren: Der patriotische Schwung war, außer in den grenznahen Gebieten, vorbei.

DIE INVASION

Die alliierten Streitkräfte begannen nun in drei Kolonnen in Frankreich einzudringen. Die Nordarmee mit 20000 Mann unter Bülow, mit 50000 Mann unter Wintzingerode und dem Rest unter Bernadotte; die Schlesienarmee kam auf 30000 Soldaten mit Blücher als Oberbefehlshaber; und die böhmische Armee, die zahlenmäßig bedeutendste mit 180000 Mann unter dem Oberbefehl Schwarzenbergs. Der Plan der Koalitionspartner bestand darin, Frankreich aus drei Richtungen anzugreifen: Die Nordarmee sollte über Belgien ziehen, die Schlesische den Rhein zwischen Koblenz und Mannheim überschreiten und die Böhmenarmee über die Schweiz, den Jura und das Plateau von Langres eingreifen. Da die Nordarmee es kaum eilig hatte, weil sich Bernadotte gerne als Nachfolger Napoleons gesehen hätte und deshalb kein französisches Blut vergießen wollte, mußte der Kaiser zuerst die Armeen Blüchers und Schwarzenbergs aufhalten.

Um seine zahlenmäßige Unterlegenheit auszugleichen, griff er wieder auf die Manöver seines ersten Italienfeldzugs zurück: »Wenn ich mich mit geringeren Streitkräften in Gegenwart einer großen Armee befand, formierte ich eilig meine Armee und stieß wie der Blitz auf einen ihrer Flügel und warf ihn zurück. Ich nützte die Verwirrung aus, die dieser Stil stets in die feindlichen Reihen trug, um einen anderen Teil anzugreifen, und zwar immer mit meiner gesamten Streitmacht. So schlug ich sie im Detail, und der Sieg, der sich daraus ergab, war immer der Triumph der größeren über die kleinere Zahl.« Getreu diesem Motto stoppte er die Schlesienarmee am 29. Januar 1814 bei Brienne und am 1. Februar bei La Rothière, operierte dann in Richtung Troyes gegen die Böhmenarmee, besiegte die schlesische Armee noch einmal bei Champaubert, am 11. Februar bei Montmirail, am

12. bei Château-Thierry, am 14. Februar bei Vauchamps und schlug dann die Böhmenarmee am 18. Februar bei Montereau: Damit war der feindliche Ansturm erst einmal aufgehalten! Aber er mußte die nachlassenden Energien aufpeitschen. In einem aufrüttelnden Brief kanzelte er den untätigen Augereau ab: »Seien Sie der erste vor den Kugeln. Es kann keine Rede sein, so wie in den letzten Zeiten zu handeln. Wir müssen uns wieder unserer Stiefel und unserer Entschlossenheit von 1793 entsinnen! Wenn die Franzosen Ihren Helmbusch in den vordersten Reihen sehen, wenn sie sehen, wie Sie sich als erster den Kugeln aussetzen, dann können Sie mit ihnen machen, was Sie wollen.«

Die Alliierten schienen demoralisiert, doch der Zar flößte ihnen neuen Mut ein und verstärkte ihr Bündnis am 1. März 1814 durch den Vertrag von Chaumont: Preußen, Österreich, Rußland und England verpflichteten sich, keinen Separatfrieden abzuschließen und bis zur Niederlage Napoleons 150000 Soldaten unter Waffen zu halten.

Eine neue Offensive des Feindes begann. Napoleon siegte am 7. März bei Craonne über die Schlesienarmee, dann am 9. März bei Laon. Am 13. März überraschte und vernichtete er eine Abteilung, die von einem französischen Emigranten, Saint-Priest, befehligt wurde. Gegen die Böhmenarmee ging er in der Gegend von Méry-sur-Seine vor und zwang Schwarzenberg zum Rückzug. Danach entwarf der Kaiser einen kühnen Plan: Um die Alliierten von Paris abzulenken, marschierte er auf Saint-Dizier zu und drohte so, die Versorgungslinien der Koalition abzuschneiden. Der Generalstab der Böhmenarmee schien entschlossen, die Gefechtslinie bei Chaumont aufzugeben, um sich bei Châlons mit der Schlesienarmee zu vereinen und ihren Nachschub aus den Niederlanden über die Linie Reims–Mons heranzuschaffen. Doch von den Alliierten abgefangene Briefe enthüllten die Existenz einer starken royalistischen Partei in der Hauptstadt. Auf den Rat von Pozzo di Borgo hin ließ Alexander die Fortsetzung des Marsches auf Paris beschließen, dessen Versorgungsmöglichkeiten den alliierten Streitkräften ausreichten und dessen Besetzung einen entscheidenden psychologischen Vorteil bedeuten würde. Am 29. März erreichten die Koalitionstruppen die Hauptstadt, die der Regentschaftsrat unter dem Vorsitz Josephs zuvor verlassen hatte. Nur die beiden Präfekten blieben zurück sowie Talleyrand, der sich von dem Regentschaftsrat in Blois distanzieren und in Paris sein intrigantes Genie entfalten konnte. Die Stadt kapitulierte am 30. März 1814. Lyon fiel am

21. März, und seit dem 12. März hatte Bordeaux die weiße Fahne gehißt, während Toulouse zu den Royalisten überging.

Während die Alliierten am 31. März in Paris einmarschierten, bearbeitete Talleyrand den Senat im Sinne einer monarchischen Restauration. Vitrolles vertrat bereits die Sache der Bourbonen beim Zaren, doch wurden Talleyrand und er vom Generalrat des Departements Seine noch überholt. Auf Betreiben eines seiner Mitglieder, des Advokaten Bellart, beschloß der Rat am 1. April eine Proklamation, mit der »er förmlich jeglichen Gehorsam gegenüber Napoleon Bonaparte aufkündigt, den glühendsten Wunsch ausdrückt, daß die monarchische Regierung in der Person Ludwigs XVIII. und seiner legitimen Nachfolger wiederhergestellt werden möge«. Am gleichen Tag ließ Talleyrand durch den Senat die Bildung einer provisorischen Regierung beschließen, die sich unter seinem Vorsitz aus zwei Vertretern Ludwigs XVIII., Dalberg und Abbé de Montesquiou, sowie zwei Parteigängern Talleyrands, Jaucourt und Beurnonville, zusammensetzte. Am 3. April 1814 schließlich verkündete der Senat die Absetzung des Kaisers, »der schuldig ist, seinen Eid verletzt und die Rechte der Völker beeinträchtigt zu haben, als er entgegen den Verfassungsgesetzen Männer aushob und Steuern auferlegte«.

Nach dem Scheitern seiner Operationen war Napoleon in Gewaltmärschen in Richtung Paris umgekehrt. Am 30. März überließ er in Troyes Marschall Berthier den Oberbefehl über die Armee, um sie nach Fontainebleau zu führen, und brach mit einer Eskorte nach der Hauptstadt auf. Doch es war zu spät. Am nächsten Tag erfuhr er in der Poststation »La Cour de France« in Juvisy von der Übergabe der Stadt Paris. Dennoch war in seinen Augen noch nichts endgültig entschieden. Er konzentrierte seine Truppen (etwa 60000 Mann) um Fontainebleau und wählte Orléans als Operationszentrum. Doch der Strom schlechter Nachrichten riß nicht ab. Die Marschälle Ney, Berthier und Lefebvre bedrängten nun den Kaiser, zugunsten des Königs von Rom abzudanken. Am 4. April fügte er sich schließlich, und Caulaincourt, Ney und Macdonald begaben sich nach Paris, um mit dem Zaren zu verhandeln. Alexander war aus Angst vor einer Wiederaufnahme der Kämpfe bereit, eine Regentschaft zugunsten des Königs von Rom zu akzeptieren, als ihn die Nachricht vom Abfall des Marmont unterstellten Korps von General Souham erreichte: Die Armee stand also nicht mehr einmütig hinter dem Kaiser! Alexander verlangte nun die bedingungslose Abdankung und garantierte Napoleon allenfalls

die Souveränität über die Insel Elba. Die Abdankung erfolgte am 6. April
1814. Der Vertrag von Fontainebleau sicherte Napoleon die Souveränität
über die Insel Elba und eine Pension von zwei Millionen, die ihm jährlich
von der französischen Regierung ausbezahlt werden sollte. Am 20. April
nahm der Kaiser im Schloßhof von Fontainebleau einen ergreifenden
Abschied von der kaiserlichen Garde und brach nach Elba auf.

Am 6. April hatte der Senat »aus freien Stücken« und »mit dem Willen
der Nation« Louis-Stanislas-Xavier de Bourbon zum König der Franzosen ausgerufen und zugleich einen Verfassungstext angenommen, der die
Einführung einer liberalen Monarchie vorsah. Man kehrte wieder zum
Jahre 1792 zurück.

KAPITEL XII

Die Krisen von 1814/1815

Nach vierzehn Jahren diktatorischer Macht trat Napoleon in den politischen Hintergrund, und das Königtum kehrte zurück. Doch war dies nicht gleichbedeutend mit der Rückgewinnung der inneren Stabilität. Drei Wechsel des politischen Systems innerhalb von drei Jahren und zwei Invasionen auf das französische Territorium forderten ihren politischen Tribut. Was aber vielleicht noch schwerer wog: Die Teilung Frankreichs in zwei Lager schien endgültig.

DIE ÖFFENTLICHE STIMMUNG IM JAHRE 1814

Im Jahre 1814 war die französische Bevölkerung vom Kaiserreich völlig desillusioniert.

Die Bauernschaft, die die Mehrheit der Bevölkerung bildete, mußte im Norden, Osten und Süden mitansehen, wie ihre Höfe durch die Invasoren geplündert und in Brand gesteckt wurden. Der Krieg, der bereits in den vorausgegangenen Jahren wegen der allzu häufigen Einberufungen und des Blutzolls an Arbeitskräften sowie der Requisitionen unerträglich war, erschien nun in seiner zerstörerischen Realität. Und mit diesem Krieg war der Name Napoleons verknüpft.

Darüber hinaus verzieh man dem Kaiser auch nicht die Wiedereinführung der indirekten Steuern in der Form von Verbrauchssteuern *(droits réunis)* im Jahre 1804, der Salzsteuer im Jahre 1806 und des staatlichen Tabakmonopols im Jahre 1810. Nicht nur in den besetzten Gebieten blutete das Land aus. Die schlechte Ernte von 1811, die nachfolgenden Wirren, die Angst vor Räuberbanden taten ein übriges. Die Erschöpfung auf dem Lande und in den Städten war gleich tief. Vom Rentier, der den Zusammenbruch seiner mit fünf Prozent verzinslichen Wertpapiere des Staates mitansehen mußte, bis zum Arbeiter, der durch den Verlust der ausländischen und sogar der innerfranzösischen Absatzmärkte zur Arbeitslosigkeit verurteilt war, stieß man überall auf die gleiche Kriegsmüdigkeit. Mit Ausnahme des Ostens und des Nordens war der patriotische Schwung von 1793 dahin. Ein stumpfes, zerschlagenes, demoralisiertes Land empfing die Nachricht von der Abdankung des Kaisers. Die Erleichterung war fast allgemein.

Schon kursierten die ersten Pamphlete. Bereits im Jahre 1813 hatte Béranger die Tugenden des kleinen gutmütigen Königs von Yvetot besungen. Nun entstand die Legende vom Menschenfresser Napoleon. Man riß sich infame Flugschriften aus den Händen: *»Le Néron corse«* (»Der korsische Nero«), *»Buonaparte démasqué«* (»Der entlarvte Buonaparte«), *»L'Anti-Napoléon«* (»Anti-Napoleon«), *»Les nuits de Fontainebleau«* (»Die Nächte von Fontainebleau«), die durch ihre Maßlosigkeit oder durch ihre Pseudoenthüllungen über das Privatleben des abgesetzten Herrschers verführten. Chateaubriand zeichnete von seinem früheren Herrscher in *»De Buonaparte et des Bourbons«* (»Über Buonaparte und die Bourbonen«) ein Porträt, das zwischen Scapin und Moloch schwankt.

Paris, die von Napoleon reichlich bedachte Stadt, verhielt sich wie der kaiserliche Adel. Eine feige Erleichterung ergriff ihre Einwohner, die den Brand ihrer Stadt befürchtet hatten. Und in der Armee brummelten die Marschälle nach dem Beispiel Lefebvres: »Glaubt er, wenn wir Titel, Stadthäuser und Ländereien haben, daß wir uns dann noch für ihn töten lassen? Das ist auch sein Fehler, er hat uns den Bettelsack zu früh vom Rücken genommen.«

Mit einem Mal erschien die Wiederherstellung der Monarchie wie das Versprechen einer Rückkehr zum Frieden, für Gleichgewicht und für Ordnung. Dies war für die Monarchisten der Augenblick, um zu handeln. Sie stellten nämlich fest, daß ihre Anhängerschaft viel zahlreicher war, als sie gehofft hatten. An Anschlußbewegungen fehlt es ebenfalls nicht. Vor allem der Süden, von Bordeaux bis Toulouse, äußerte sich offen zugunsten des Königs, während der Norden und der Osten sich bedeckt hielten. Hier hatten die Ausschreitungen der ausländischen Truppen tiefsitzende Vorbehalte geweckt, während Wellington seinen Soldaten in Aquitanien eine strenge Disziplin verordnete und so die Themen der royalistischen Propaganda, einschließlich eines Befreiungskrieges, begünstigte. Auch wenn diese Royalisten mit ihrer Agitation nicht die Erhebungen von früher wiederbeleben konnten, so wollten sie doch die Rückkehr zum Ancien régime und die Bestrafung der Männer der Revolution. Viele hatten unter der Schreckenszeit gelitten; andere waren emigriert und der Sache des Königs treu geblieben, nun kehrten sie im Gefolge Ludwigs XVIII. zurück und entdeckten ein Land, das ihnen inzwischen fremd geworden war. Ihr Rachedurst entsprach der Aufrichtigkeit ihrer Überzeugungen. »Die für einige erzwungene Emigration wurde für alle legitim«, schrieb Bonald. »Der Boden ist nicht das Vaterland des zivilisierten Menschen; er ist es nicht einmal für den Wilden, der sich stets in seinem Vaterland glaubt, wenn er die Gebeine seiner Brüder mit sich führt. Der Boden ist nur die Heimat des Tieres. Der zivilisierte Mensch sieht das Vaterland nur in den Gesetzen, die die Gesellschaft lenken, in der Ordnung, die dort herrscht, in den Gewalten, die ihn regieren, in der Religion, zu der man sich dort bekennt, und für ihn ist sein Land nicht immer sein Vaterland.« Die Treue zum König hatte bei ihnen Vorrang vor der Treue zum Land. Aus der Revolution zogen sie keine Lehre außer der, die ihnen – wenn sie ihn gelesen haben – Joseph de Maistre vorgeschlagen hatte. Dieser einflußreiche Verfechter des konservativen und monarchischen Staatsgedankens behauptete nämlich in seinen *»Considérations sur la France«* (»Betrachtungen über Frankreich«), daß der Umsturz von 1789 von Gott zum Zwecke der Züchtigung beschlossen worden war: »An Stelle dessen, was dieser große Herrscher [Ludwig XVI.] hätte tun können, was hat er getan? Er hat einer gräßlichen Sekte erlaubt, alle Prinzipien zu untergraben, seine Untertanen zu vergiften, die wiederum Europa vergiftet haben, und vollständig und ungestraft die religiöse Souveränität und die politische Religion zu zerstören.« Die Strafe war schrecklich, denn sie stürzte den Thron. Aber endlich sollte die Verzeihung in Form der Restauration kommen. Merkwürdigerweise hatte de Maistre im Jahre 1796 dazu einen Bericht verfaßt, der mit den Ereignissen des Jahres 1814 übereinstimmte, woraus sich das Prestige der *Considérations* und der Lehre von der göttlichen Vorsehung ergab. Für die Leser de Maistres folgte daraus auch die Ablehnung jeglicher neuer Zugeständnisse, um eine neue göttliche Strafe zu vermeiden.

War aber die Rückkehr zum Ancien régime im Jahre 1814 möglich?

Nein, nicht in dem Maße, daß sie die Wiederherstellung der Feudalrechte, der Zehnten und der Frondienste bewirkt hätte oder gar die Rückgabe der Nationalgüter. Ebensowenig hätte sie ein absurdes und ungerechtes Steuersystem oder die ehemaligen Privilegien und wirtschaftlichen Zwänge wieder eingeführt. Konnte der Dritte Stand überdies auf die Errungenschaften der Revolution, von denen er profitiert hatte, wieder verzichten? Sicher nicht. Napoleon konnte man aufgeben, aber nicht die Prinzipien des Jahres 1789.

So fand man im Jahre 1814 in einem Frankreich, das nach zweiundzwanzig Kriegsjahren erschöpft war, die beiden gegensätzlichen Blöcke wieder, die Privilegierten des Ancien régime und die großen und kleinen Gewinner der Revolution: kurz – die beiden Frankreich.

DIE ERSTE RESTAURATION

Alles hing nun vom König ab. Als der Marquis de Maisonfort Ludwig XVIII. seine bevorstehende Wiedereinsetzung verkündete, gebrauchte er die unglückliche Wendung: »Majestät, Sie sind König von Frankreich!« – »Habe ich jemals aufgehört, es zu sein?« antwortete der Monarch. Eine solche Bemerkung erhellt die Haltung Ludwigs XVIII.: Er wurde wieder eingesetzt, nicht inthronisiert. Bei seiner Ankunft auf französischem Boden am 24. April 1814 bekräftigte er: »Nach zwanzig Jahren der Abwesenheit gibt mir der Himmel meine Kinder wieder.«

Am 29. April 1814 residierte er in Compiègne, wo er die Marschälle, die Vertreter der Gesetzgebenden Körperschaft und Talleyrand empfing. Letzterer hatte offenbar ein wenig unvorsichtig den Königsmacher gespielt und sich dafür die Bemerkung Ludwigs XVIII. zugezogen: »Mein Herr, es freut mich, Sie wiederzusehen. Es ist viel geschehen, seit wir uns verlassen haben. Sie sehen, wir sind die geschickteren gewesen. Wenn Sie es wären, würden Sie zu mir sagen: ›Setzen wir uns und plaudern wir‹; und nun sage ich Ihnen: ›Setzen Sie sich und plaudern wir.‹«

Übrig blieb noch der Senat, der am 2. Mai mit einer Delegation nach Saint-Ouen kam, um seinen Verfassungsentwurf zu unterbreiten. Alle Errungenschaften der Revolution sollten erhalten und die etablierten Amtsträger, bei den Senatoren angefangen, in ihrer Funktion verbleiben.

Auf diesen Entwurf erwiderte der König mit der »Erklärung von Saint-Ouen«:

»Ludwig, von Gottes Gnaden König von Frankreich und von Navarra, entbietet seinen Gruß all denen, die dieses Schreiben sehen werden. Durch die Liebe unseres Volkes auf den Thron unserer Väter zurückgerufen, erleuchtet durch die Unglücksschläge der Nation, die zu regieren wir bestimmt sind...« Diese Präambel behielt eine bewußt anachronistische Form bei, um deutlich daran zu erinnern, daß der Herrscher Monarch von göttlichem Recht war. Ein Satz genügte, um den Verfassungsentwurf des Senats beiseitezuschieben, der »das Gepräge der Überstürzung trägt«. Doch erkannte Ludwig XVIII. die Notwendigkeit einer »liberalen« Verfassung an und leistete dafür entsprechende Garantien: »Das repräsentative Regierungssystem wird beibehalten werden, so wie es heute besteht, geteilt in zwei Körperschaften... Die Steuer soll frei bewilligt werden, die öffentliche und individuelle Freiheit gesichert, die Pressefreiheit respektiert und die Freiheit der Religionsausübung garantiert werden. Besitz und Eigentum sollen unverletzlich und heilig sein; der Verkauf der Nationalgüter ist unwiderruflich. Die Richter bleiben unabsetzbar und die richterliche Gewalt unabhängig. Die Staatsschuld bleibt garantiert; die Pensionen, Ränge, militärische Ehren werden ebenso beibehalten wie der alte und der neue Adel. Die Ehrenlegion wird fortgeführt. Jeder Franzose soll Zugang zu den zivilen und militärischen Ämtern haben. Schließlich soll niemand wegen seiner Ansichten und Abstimmungen behelligt werden können.«

Eine weise Position. Ludwig XVIII. lenkte zwar nicht ein bei seiner Legitimität aus göttlichem Recht, aber er berücksichtigte die inzwischen in Frankreich erfolgten Veränderungen. Dadurch wurde die Versöhnung der beiden Frankreich möglich.

Der Einzug des Herrschers in Paris wurde schon häufig beschrieben, ebenso wie die Zeremonie in Notre-Dame. Der berühmte Bericht Chateaubriands, der die weinenden alten Haudegen beschreibt, die ihre Waffen vor dem gichtkranken König präsentieren mußten, ist zweifellos übertrieben. Der Empfang war herzlich, man entdeckte die Wandelbarkeit der Menge.

Nachdem die Tränen getrocknet waren, hieß es, sich an die Arbeit zu begeben. Die provisorische Regierung machte dem Ministerium vom 13. Mai Platz. Dambray erhielt das Justizministerium, Abbé de Montesquiou das Innenministerium, Baron Louis das Finanzministerium, Malouet das Marineressort und Beugnot die Polizeiverwaltung, eine geschickte Mischung mit einem einzigen Mißton: Dupont, der Verlierer von Bailén, erhielt das Kriegsministerium. Talleyrand schließlich behielt das Außenministerium. Aber sein Einfluß wurde rasch geschwächt durch die Notwendigkeit, nach Wien aufzubrechen, wo er Frankreich auf dem Kongreß der Sieger über Napoleon vertreten sollte.

Die Erklärung von Saint-Ouen hatte angekündigt, daß der König in Zusammenarbeit mit dem Senat und der Gesetzgebenden Körperschaft eine Verfassung ausarbeiten werde. Ludwig XVIII. bestimmte neun Senatoren (darunter Boissy d'Anglas, Barbé-Marbois und Fontanes), neun Abgeordnete und drei Kommissare, die mit seiner Vertretung beauftragt waren (Montesquiou, Beugnot und Ferrand). Die Kommission erarbeitete einen Entwurf, der die Versöhnung zwischen der Monarchie und dem Volk der Franzosen gewährleisten sollte. Die lebhaftesten Diskussionen betrafen die Unantastbarkeit des Verkaufs der Nationalgüter und die Kultfreiheit.

Am 28. Mai beendete der König die Arbeiten der Kommissare, und der endgültige Text wurde am 4. Juni 1814 verkündet. Es war nicht mehr von »Verfassung« die Rede, sondern von einer »Verfassungsurkunde« *(Charte constitutionnelle)*, die der König erließ. »Obwohl die gesamte Autorität in Frankreich in der Person des Königs lag, haben Wir in Erwägung gezogen, daß seine Vorgänger nicht zögerten, ihre Ausübung den unterschiedlichen Zeiten entsprechend abzuändern... Wir mußten also nach dem Beispiel Unserer königlichen Vorgänger die Wirkungen der ständig wachsenden Fortschritte der Aufklärung abschätzen ebenso wie die neuen Beziehungen, die diese Fortschritte in die Gesellschaft einführten, sowie die Richtung, durch die die Meinungen seit einem halben Jahrhundert geprägt wurden: Wir haben erkannt, daß der Wunsch Unserer Untertanen nach einer Verfassungsurkunde Ausdruck eines echten Bedürfnisses war, doch haben Wir, als Wir diesem Wunsch nachgaben, alle Vorsichtsmaßnahmen getroffen, damit diese Urkunde Unserer und des Volkes, das zu lenken Wir stolz sind, würdig sei.«

Die ersten Artikel unter dem Titel »Öffentliches Recht der Franzosen« bekräftigten die wesentlichen Errungenschaften der Revolution: Gleichheit, Freiheit, Verkauf der Nationalgüter und sogar die Nachsicht für das Verhalten bei Abstimmungen in der Zeit vor der Restauration.

Diese Bestimmung diente zur Beruhigung der »Königsmörder« unter den Konventsabgeordneten. Die *Charte* gewährte dem König außer der Exekutivgewalt das Recht, die Abgeordnetenkammer aufzulösen und eine unbestimmte Anzahl von Pairs nach seiner Wahl zu bestimmen. Die gesetzgebende Gewalt wurde zwei Kammern anvertraut, einmal der Versammlung der Pairs, die auf Lebenszeit gewählt wurden oder ihre Würde geerbt hatten und vom König ernannt wurden, und zum anderen der Abgeordnetenkammer, die von den Wählerkollegien des Jahres X (1802) für fünf Jahre gewählt wurde, wobei nur die Reichen, die mindestens 300 Francs direkte Steuern bezahlten, an der Abstimmung teilnehmen konnten. Um wählbar zu sein, mußte man mindestens 1000 Francs direkte Steuern bezahlen und vierzig Jahre alt sein. Die Minister waren dem König verantwortlich, doch konnten sie aus der Abgeordneten- oder der Pairskammer stammen, eine Maßnahme, die die Einführung des parlamentarischen Systems begünstigen sollte. Die Kammern beschlossen den Haushalt. In der Folge hat man dazu bemerkt: »Trotz der bewußt archaischen Formen war die *Charte* von 1814 viel liberaler als die Verfassungen der Jahre VIII, X oder XII; sie war auch in vernünftiger Weise praktikabler als die von 1791.«

Die Mäßigung bei der Säuberung, die mit dem Regimewechsel einherging, bestätigte den Willen zur Versöhnung. Die Präambel der *Charte* ließ dies erkennen: »Der unserem Herzen teuerste Wunsch ist der, daß alle Franzosen als Brüder leben und daß niemals irgendeine bittere Erinnerung die Sicherheit trübe, die auf die feierliche Urkunde folgen soll, die Wir ihnen gewähren.«

Eine »angemessene« Säuberung war dennoch notwendig. Zwar wurde die Mehrzahl der Präfekten – wie Bourgeois de Jessaint im Departement Marne, Barante im Departement Loire-Inférieure und Chabrol in Paris – beibehalten, aber es gab auch Entlassungen aus dem Amt, die von den Royalisten in gewissen Departements verlangt wurden. Dies war der Fall bei Jean de Bry, Präfekt im Departement Doubs und ehemaliger »Königsmörder« im Konvent, der trotz seiner Hinwendung zu Ludwig XVIII. am 3. Mai 1814 durch eine starke Persönlichkeit des Departements, den Grafen de Scey, der überdies aktiver Royalist war, abgelöst wurde. Zudem brachte man ihm die Nachricht schonend bei. »Sie dürfen die Ernennung des Herrn Grafen de Scey nicht als ein Zeichen der Entmutigung ansehen.« Aber wie hätte Ludwig XVIII. einen Mann als Repräsentanten der

Regierung beibehalten können, der für den Tod seines Bruders gestimmt hatte?

Die Polizei rief bei den Bourbonen ungute Erinnerungen hervor. Man schaffte das Polizeiministerium und die Polizeipräfektur ab und ersetzte sie durch eine Polizei-Generaldirektion, welche die Mehrzahl der Angestellten übernahm, nicht aber die am meisten kompromittierten Elemente. Genauso erging es dem Staatsrat, der doch eine eher napoleonische Institution war. Die *Charte* blieb in diesem Punkt stumm. Der Erlaß vom 29. Juni 1814 schuf einen neuen Rat, dessen Mitglieder am 5. Juli ernannt wurden. Auf diese Weise konnte man die glühendsten Bonapartisten ausschalten (Réal, Boulay de la Meurthe, Regnault de Saint-Jean-d'Angély), ohne sie entlassen zu müssen.

Konnte man im Kassationsgerichtshof Merlin de Douai, einen ehemaligen »Königsmörder« aus dem Konvent, als Staatsanwalt des Königs beibehalten? Er wurde ebenso ausgeschlossen wie seine beiden Stellvertreter Pons und Thuriot, die auch für den Tod Ludwigs XVI. gestimmt hatten. Es wurden aber gegen sie keine weiteren Maßnahmen ergriffen. Insgesamt überwog die Mäßigung. Daran erinnerte der Kanzler Dambray: »Wenn uns vorgeschrieben ist, streng zu sein bei Fehlern im Verhalten, so ist uns befohlen, nachsichtig zu sein bei Meinungsirrtümern. Selbst der Eifer, mit dem man vielleicht der gestürzten Regierung gedient hat, darf uns kein Vorurteil einer Untreue gegen die väterliche Regierung, die die Vorsehung uns wiedergegeben hat, einflößen.« Es gab weder Sondergerichte noch Verbannungen. Diese Mäßigung kam gut an. Anglès hielt in einem Polizeibericht vom 7. Juli 1814 fest: »Die Ernennung von ehemaligen Räten der letzten Regierung in den Staatsrat wird allgemein gerade von denen, die das größte Mißtrauen hegten, als eine Garantie angesehen.«

Die früheren Brumairianer hatten sich der Idee einer konstitutionellen Monarchie angenähert, während der König seinerseits die Errungenschaften der Revolution garantierte. Eine Versöhnung der beiden Frankreich, welche die Extremisten jedes Lagers ausschaltete, bahnte sich an. Man konnte an das Ende der Unruhen glauben, an ein von neuem geeintes Land. Durch die Rückkehr Napoleons wurde jedoch alles wieder in Frage gestellt.

DIE RÜCKKEHR NAPOLEONS

Das Kaiserreich schien durch seine unaufhörlichen Kriege diskreditiert, die Revolution dagegen durch ihre Exzesse während der Schreckenszeit. Warum sollte man nicht eine konstitutionelle Monarchie akzeptieren? Die Einigung schien um die Person Ludwigs XVIII. möglich, aber nur unter der Voraussetzung, daß seine Anhänger die Sache des Königs nicht durch Ausschreitungen in Frage stellten. Dies war jedoch nicht der Fall. Weit davon entfernt, das Mißtrauen zu beruhigen und die Feindseligkeit, die ihnen entgegenschlug, zu dämpfen, auch nicht bereit, jegliches Triumphgeschrei oder Rühren in alten Wunden zu vermeiden, verhielten sich die Royalisten, nachdem das erste Überraschungsmoment vorüber war, mit erstaunlicher Ungeschicklichkeit.

Nur am Rande erwähnt sei der erste Frieden von Paris, der am 30. Mai 1814 unterzeichnet wurde und Frankreich auf seine Grenzen von 1792 reduzierte. Gerettet wurden nur Savoyen, Avignon und die Grafschaft Montbéliard. Die Antillen, der Senegal und die indischen Kontore wurden an Frankreich zurückgegeben. Die Regierung verzichtete auf das gesamte Kriegsmaterial, das in 53 Festungen in Deutschland, Italien und Belgien aufgehäuft war. Auf diese Weise wurden 43 Schiffe, die in Antwerpen versammelt waren, und 12 000 Geschütze den Alliierten ausgeliefert. Über das Schicksal des Großen Kaiserreichs sollte ein Kongreß entscheiden, der zwei Monate später in Wien beginnen sollte.

Warum nur überließ man dem Feind so viele Festungen, deren Übergabe man sich hätte teuer bezahlen lassen können? Die Abtretung, die Talleyrand vorbereitet hatte, wurde vom Grafen von Artois unterzeichnet. Der öffentliche Argwohn witterte hierin einen Dank an die Alliierten. Von da an erschien Napoleon wieder in der Rolle des Verteidigers des überfallenen Frankreich gegenüber einem König, der »in den Packwagen des Auslands zurückgebracht worden war«. Man vergaß oder vernachlässigte den Prestigeerfolg, den Talleyrand errungen hatte: Frankreich sollte auf dem Kongreß präsent sein, der seine Sieger versammelte. Es sollte dort sogar eine Schiedsrichterposition einnehmen. Außerdem hatte es seine Kolonien zurückerhalten.

Nachdem der Frieden wiederhergestellt war, versetzte man 22 000 überflüssig gewordene napoleonische Offiziere in den Ruhestand oder auf halben Sold. Unglücklicherweise stellte man statt ihrer zahlreiche Emigranten wieder ein, die der Armee des Ancien régime angehört hatten. Bei ihrer Beförderung wurden die Dienste in der Armee von Condé oder bei den alliierten Truppen berücksichtigt. Zwischen April 1814 und März 1815 sollen auf diese Weise 600 Generäle ernannt worden sein. Die Maßnahme war ohne jeden Zweifel gerechtfertigt – mußte man nicht die Getreuen belohnen? –, aber sie hätte diskreter erfolgen sollen. Die Wiederherstellung der früheren Korps erschien wie eine Provokation. Raufereien und Duelle häuften sich zwischen ehemaligen Emigranten und Offizieren auf halbem Sold. »Die Militärs sind stets von einem schlechten Geist erfüllt«, schrieb Anglès am 28. Januar 1815.

Der Antiklerikalismus wurde angesichts der Häufung von Sühnezeremonien wieder wach. Kaufleute, die ihren Laden am Sonntag nicht entsprechend dem Erlaß vom 7. Juni 1814 schließen wollten, sahen sich behördlichen Pressionen ausgesetzt. Im Languedoc brachen Konflikte zwischen Katholiken und Protestanten aus. Die Priester, die in der Revolution den Eid geleistet hatten, wurden Opfer von Verfolgungen: So mußte Le Coz in Besançon seinen Rücktritt einreichen. Schließlich führte die Weigerung des Priesters von Saint-Roch, die kirchliche Totenfeier für Mademoiselle Raucourt, eine berühmte Schauspielerin, zu zelebrieren, am 17. Januar 1815 zu Szenen des Aufruhrs.

Ein weiteres Motiv der Beunruhigung: Die Erwerber von Nationalgütern sahen sich Drohungen von seiten der früheren Besitzer ausgesetzt. Hatte man nicht soeben den Emigranten die Nationalgüter, die noch nicht an Privatleute verkauft worden waren, zurückgegeben? Sollte der Konflikt zwischen den beiden Frankreich durch jenen Streit wieder aufleben, der alte und neue Eigentümer trennte? In Rennes brach ein Aufruhr aus, als in der Stadt ein früherer Anführer der Chouans, de Boisguy, erschien, der für seine Ausschreitungen bekannt war. Der Bürgermeister von Saint-Malo schrieb: »Die ins Unendliche gehende Aufteilung der Besitztümer im Gefolge der Revolution macht nahezu die Gesamtheit der bretonischen Nation an der Aufrechterhaltung von deren Prinzipien interessiert. In keinem anderen Teil Frankreichs ist der Bauer derartig seinem Besitz verbunden, so geringfügig er auch sein mag; hat er diesen Besitz erst einmal erworben, so ist er bereit, ihn um den Preis seines Blutes zu verteidigen.« Die Idee einer Entschädigung, deren Kosten die Erwerber von Nationalgütern zu tragen hätten, wurde in der Kammer durch Ferrand ins Gespräch gebracht und entfesselte die Leidenschaften. Tuault de La Bouverie verlangte sogar, daß ein öffentliches Fest den Tag ihrer eventuellen Rückgabe als »Glück der Nation« feiern sollte.

Mit dem Herannahen des 21. Januar 1815, dem Jahrestag der Hinrichtung Ludwigs XVI., stieg die Spannung. »Frühere Revolutionäre, sogar Männer, die von der Mehrzahl ihrer Wahnideen geheilt waren, und gewichtige Beamte sind erschienen, um mir ihre Besorgnis auszudrücken«, notierte ein Polizeiangehöriger. »Vor allem die ›Abstimmenden‹ (die Königsmörder) empfinden Schreckensängste, die ein Zeichen für ihre Gewissensbisse sind. Die einen erhielten anonyme Briefe, die anderen angebliche Enthüllungen, die die Angst aufbauschte. Die meisten glauben an einen Handstreich, an gräßliche Racheprojekte. Einige fragen sich, ob sie Paris verlassen sollen, andere träumen, man werde sie zu Hause abholen, um sie zu zwingen, an Totenmessen teilzunehmen, und im Falle einer Weigerung werde man sie auf den öffentlichen Plätzen zum Opfer darbringen... Doch«, fügte der Bericht hinzu, »allein schon die Gegenwart des Königs scheint für diese erschreckten Leute eine Garantie zu sein.« Die Zeremonie spielte sich in Saint-Denis in absoluter Ruhe, doch ohne Begeisterung des Volkes ab. »Das Volk von Paris ist noch nicht ausreichend genug zu den religiösen Gewohnheiten zurückgekehrt, als daß es politisch sinnvoll wäre, diese Arten von Zeremonien sehr zu vermehren, die schließlich auf eine Art Kälte und Gleichgültigkeit stoßen würden, wenn das Interesse der Neugier befriedigt worden wäre«, las man in einem Polizeibericht.

Die Unzufriedenheit entstand auch aus den Alltagsschwierigkeiten. Der Graf von Artois hatte bei seiner Ankunft in Frankreich die Abschaffung der Verbrauchssteuern (droits réunis) versprochen, doch es erwies sich als schwierig, dem Staat eine Einnahme von 86 Millionen zu nehmen. Man behielt sie also bei, was zu Unruhen führte. Vor allem machte sich überall eine streitlustige Gesinnung breit. Der Grund dafür war einfach: Von der kaiserlichen Zensur befreit, kam die Presse frei zu Wort. Zum ersten Mal wurde im Parlament und in der öffentlichen Meinung das Budget des Staates diskutiert. Eine Flut von Broschüren, welche die Regierung kritisierten, ergoß sich über Frankreich. Die öffentliche Stimmung verschlechterte sich permanent. Das »Mémoire au Roi« (»Denkschrift für den König«) von Carnot, das die Klagen der ehemaligen Revolutionäre zusammenfaßte, erregte Aufsehen: »Wenn Sie bei Hof mit

Auszeichnung auftreten wollen, hüten Sie sich zu sagen, daß Sie einer von diesen 25 Millionen Bürgern sind, die ihr Vaterland mit einigem Mut gegen die Invasion der Feinde verteidigt haben, denn man wird Ihnen antworten, daß diese angeblichen Bürger ebenso Aufständische sind, wie diese angeblichen Feinde stets Freunde waren. Sagen Sie, daß Sie das Glück gehabt haben, Chouan zu sein oder aus der Vendée zu kommen, Überläufer, Kosake oder Engländer zu sein, oder schließlich, da Sie in Frankreich geblieben sind, daß Sie bei den kurzlebigen Regierungen, die der Restauration vorausgegangen sind, nur deswegen Ämter beantragt haben, um diese Regierungen desto besser verraten und sie zum Scheitern bringen zu können.«

All diese Nachrichten gelangten auf die Insel Elba, wo Napoleon seinen Groll pflegte und dabei eine erstaunliche Aktivität beim Bau von Straßen und der Urbarmachung verlassener Ländereien entwickelte. Als einstiger Beherrscher Europas kam es ihn hart an, über eine Insel von 85 Kilometer Umfang zu regieren, die aus etwa fünfzehn Dörfern bestand.

Hinter der Fassade Elbas verbargen sich geheime Aktivitäten, die der französischen Polizei entgingen. Sie wartete mit ihren Spionen in Livorno und hielt jeden Diener Napoleons bei seiner Rückkehr auf den Kontinent fest. »Befragt über das, was er auf der Insel Elba gesehen und beobachtet hat, hat Herr Joseph Dorville de Mollant, ehemaliger Angestellter der Pferdeställe Bonapartes, geantwortet, die Gesundheit Bonapartes sei sehr gut, nur neige er zu übermäßiger Dickleibigkeit; er schreibe wenig und sei von morgens bis abends mit Hausbauten und der Eröffnung von Wegen beschäftigt; die Gewohnheit zu reiten habe er nahezu aufgegeben, er gehe zu Fuß oder nehme die Kutsche. Er hat hinzugefügt, daß Napoleon zwei oder drei Mal in der Woche Salon halte; die wichtigsten Einwohner der Insel und ihre Gattinnen bildeten zusammen mit seinen vier Kammerherren und weiteren Beamten diesen Kreis, der sich bei großen Anlässen auf 25 bis 30 Personen ausdehne. Was die Truppen anlangte, so bestanden sie aus 500 bis 600 Mann der Garde, Infanterie wie Kavallerie, und einem Regiment, das aus zwei Bataillonen, einem korsischen und einem italienischen, gebildet war, doch konnten diese Bataillone noch nicht vervollständigt werden. Schließlich hat der besagte Dorville erklärt, er habe innerhalb der Insel in keiner Weise von einer Hoffnung auf eine Rückkehr nach

Frankreich sprechen hören, vielmehr habe Bonaparte, als man ihn darauf ansprach, geantwortet, dies widerspräche dem gesunden Menschenverstand.«

Solcher Art waren die Auskünfte, die nach Paris gelangten. Obwohl Napoleon große Befriedigung demonstrierte, über diesen Operettenstaat zu regieren, lauschte er doch in Richtung Frankreich. Geheimagenten wie Dumoulin, Sohn eines Handschuhmachers aus Grenoble, oder Bartolucci standen in Kontakt mit ihm. Man beobachtete in Portoferraio, dem Haupthafen der Insel, einen regen Seeverkehr: Händler, Besucher und Spione aller Art. Die Anhänger Napoleons schickten ihm Sendboten wie Fleury de Chaboulon (der später ein interessantes Zeugnis hinterließ), die alle den Auftrag hatten, ihn über die öffentliche Stimmung in Frankreich zu unterrichten.

Aufmerksam und klarsichtig entdeckte Napoleon rasch die Ursachen der Unzufriedenheit, die allein die Franzosen von der Monarchie lösen konnten. Noch aber arbeitete die Zeit nicht für ihn. Denn zwischen Frankreich und den Bourbonen gab es keine unlösbaren Fragen. Man mußte also die Gelegenheit ergreifen, bevor sich eine Gewöhnung breitmachte. Weitere Gründe trieben Napoleon an: Lord Castlereagh und Talleyrand erwogen in Wien die Notwendigkeit, den Kaiser durch eine Deportation auf die Azoren oder nach Sankt Helena noch weiter von Europa zu entfernen. Außerdem gab es noch zwei zusätzliche Motive der Beunruhigung: die nicht erfolgte Auszahlung der zwei Millionen seiner Zivilliste durch Ludwig XVIII. und die Weigerung des Kaisers von Österreich, Marie Louise und ihrem Sohn die Reise nach Elba zu gestatten. Vielleicht war dies das entscheidende Element.

Die Entscheidung fiel im Herbst 1814. Die ersten Maßnahmen wurden noch im Dezember 1814 getroffen, doch eine Reihe widriger Umstände verzögerten das Projekt. Napoleon konnte nur auf den Überraschungseffekt bauen. Am 26. Februar 1815 bestieg er bei Sonnenuntergang die *Inconstant*. Am 1. März landete er mit 900 Grenadieren im Golf von Juan. Wie erklärte sich dieser leichte Erfolg? Hatte ihm England, als es ihn so glatt nach Frankreich kommen ließ, nicht eine Falle gestellt? Warum verkündete er, nach seiner Ankunft auf französischem Boden, das Bündnis mit Österreich und die Rückkehr des Königs von Rom? War dies ein schlichter Propagandaeffekt, oder besaß er Zusicherungen aus Wien, während Metternich seine Flucht benutzte, um die Koalition der Sieger über Napoleon wieder zusammenzuschweißen, die vor der Auflösung stand? Die Falle, wenn es denn eine war, besaß ihre Risiken.

Erneut hatte eine Krise Frankreich getroffen. Die Öffnung des Landes für den englischen Handel, die eine noch schwache Industrie hinwegfegte, der Übergang vom Krieg zum Frieden, der die Schließung der Rüstungsfabriken und der Arsenale nach sich zog, und schließlich die Besetzung eines Teiles des Staatsgebiets – all das hatte die Wirtschaft hart geprüft. Die Rückkehr des Rohrzuckers ruinierte den Rübenanbau; der erneute Verkauf des Kaffees beschleunigte die Talfahrt der Zichorie, und die Baumwollverarbeitung brach angesichts der britischen Konkurrenz zusammen. Im Herbst und Winter 1814/1815 häuften sich die Konkurse, und die Arbeitslosigkeit setzte ausgehungerte und unzufriedene Arbeiter auf die Straße.

Gerade im ländlichen Milieu erreichte die Verzweiflung ihren Höhepunkt. »Der Stand der Unzufriedenheit auf dem Lande, dessen Bewohner wegen der Strenge verzweifelt sind, die man beim Einzug der Steuern anwendet«, notierte das letzte Bulletin der Polizei-Generaldirektion vom 6. März 1815, »beweist mehr und mehr, daß die Regierung äußerst vorsichtig vorgehen und der öffentlichen Meinung entgegenkommen muß.« Doch die Bemühungen der Regierung kehrten sich gegen sie selbst. Sie hatte ein Gesetz eingebracht, das Exporterleichterungen vorsah, indem es die Ausfuhr von Getreide freigab. Ob nur schlecht interpretiert oder Opfer einer gehässigen Propaganda, die dem Volk einredete, die Staatsgewalt wolle es aushungern – kurz, das Gesetz führte anläßlich der Verladung von Korn nach England zu Unruhen in den Häfen Nord- und Westfrankreichs.

Ein Gefühl der Verzweiflung, das nicht immer gerechtfertigt war, erschütterte das Vertrauen eines Teils der Nation gegen die Bourbonen. Die Übergriffe der Ultras, obwohl man sie nicht übertreiben sollte, waren für die dumpfe Unruhe verantwortlich, die auf dem Lande herrschte. Der König hatte in der *Charte* die Zusicherung gegeben, es werde an keiner Errungenschaft der Revolution gerührt, sei es die Vernichtung des Feudalwesens oder der Verkauf der Nationalgüter. Er besaß offenbar das Format, seinen hitzigsten Parteigängern zu widerstehen.

Die Rückkehr Napoleons stellte alles in Frage. Die Proklamation des Kaisers vom 1. März 1815 schuf sofort wieder oppositionelle Gräben zwischen den beiden Frankreich. Napoleon griff in ihr die Komplizen der alliierten Mächte, die Emigranten von Koblenz und Hartwell, an: »Diese Leute, die wir fünfundzwanzig Jahre lang haben durch ganz Europa streifen sehen, um uns Feinde zu schaffen, die ihr Leben damit verbracht haben, in den Rängen ausländischer Armeen gegen uns zu kämpfen und unser schönes Frankreich zu verfluchen, wollen nun den Anspruch erheben, unsere Adler zu befehlen und zu zügeln; sie, die niemals deren Blicke aushalten konnten? Werden wir dulden müssen, daß sie die Frucht unserer ruhmreichen Taten erben, daß sie sich unserer Ehre und unserer Güter bemächtigen; daß sie unseren Ruhm beschmutzen...?« Und er forderte die Armee zur Erhebung auf: »Reißt diese Farben ab, die die Nation geächtet hat und die fünfundzwanzig Jahre lang allen Feinden Frankreichs als Verbindung dienten. Pflanzt die dreifarbige Kokarde auf; Ihr habt sie in unseren großen Tagen getragen!«

Als die Nachricht von der Landung Napoleons in den Tuilerien ankam, herrschte Bestürzung. Der stets klarsichtige Kriegsminister Soult gab einen Tagesbefehl aus: »Soldaten! Dieser Mann, der vor kurzem vor den Augen Europas eine usurpierte Macht niederlegte, von der er einen so fatalen Gebrauch gemacht hatte, hat den französischen Boden betreten, den er nicht mehr wiedersehen sollte. Was will er? Den Bürgerkrieg.« Der Bürgerkrieg brach in allen Gegenden aus, die Napoleon durchzog. Der Kaiser ist zurückgekehrt, sagte man, um Frankreich von der Dreistigkeit des Adels, den Ansprüchen der Priester und der Schande des ausländischen Joches zu befreien.

Bereits am 2. März 1815 versuchten ehemalige Anhänger der Schreckenszeit, den Kaiser nach Grasse zu ziehen, »um dort die Bevölkerung aufzuwiegeln«. Aber Napoleon hatte keine Zeit zu verlieren. Er mußte möglichst schnell über Castellane und Digne die Stadt Grenoble erreichen, da er das Rhônetal meiden mußte, das als royalistisches Gebiet galt. Alles hing von der Armee ab. Würde sie dem König die Treue halten oder würde sie schwanken? Die entscheidende Begegnung fand in Laffrey bei Vizille statt. Mit seinem ausgeprägten Sinn für Inszenierungen trat Napoleon allein vor ein Bataillon des 5. Linienregiments und öffnete seinen grauen Rock: »Ist jemand da, der seinen Kaiser töten will?«, und die völlig überrumpelten Soldaten liefen zu ihm über. Napoleon fuhr fort: »Fragt Eure Väter, befragt all diese Bewohner, die aus der Umgebung hierherkommen; Ihr werdet aus ihrem eigenen Munde die wirkliche Lage der Dinge erfahren. Sie sind von der Rückkehr des Zehnten, der Privilegien und der Feudalrechte bedroht und von all den Mißbräuchen, von denen Eure Erfolge sie befreit hatten.«

Beim Einzug in Grenoble schlossen sich zweitausend Bauern den Soldaten Napoleons an. Am 8. März bekräftigte er in der Stadt seine Absicht, »die Franzosen vor der Leibeigenschaft, der Hörigkeit und dem Feudalregime zu bewahren.« Am 11. März schaffte er in Lyon die weiße Kokarde ab und führte die dreifarbige Fahne wieder ein. Er beschlagnahmte die Güter der Bourbonen und annullierte die Ernennungen in der Armee und in der Ehrenlegion. Er löste die Pairskammer auf, »die zum Teil mit Personen besetzt ist, welche die Waffen gegen Frankreich erhoben haben und die ein Interesse an der Wiederherstellung der Feudalrechte und an der Rücknahme der Verkäufe von Nationalgütern haben.« Demgegenüber griffen die aus Notabeln zusammengesetzten Generalräte, die der König für ebendiesen 11. März einberufen hatte, die in der Person Napoleons verkörperte Rückkehr zu Krieg und Knechtschaft an. Als Sprecher dieser Notabeln schrieb Benjamin Constant: »Auf der Seite des Königs ist die verfassungsmäßige Freiheit, die Sicherheit, der Friede; auf der Seite Napoleons stehen Knechtschaft, Anarchie und Krieg. Wir genießen unter Ludwig XVIII. ein repräsentatives Regierungssystem; wir regieren uns selbst. Unter Bonaparte würden wir ein Mameluckenregiment erleiden; allein sein Schwert würde uns regieren.«

Aber diese Rede drang nicht bis in die ländliche Bevölkerung im Gebiet von Lyon und in Burgund. In Villefranche, in Mâcon, in Chalon-sur-Saône, in Auxerre bejubelten die Bauern Napoleon und riefen: »Nieder mit der Priestermütze! Nieder mit den Bourbonen! Keine Verbrauchssteuern mehr!« Ney, der entsandt wurde, um Napoleon zu stoppen, warf sich am 18. März in Auxerre in seine Arme. Der Kaiser hatte gewonnen.

Und wieder trug die Bewegung der Revolution Napoleon bis nach Paris. Am Abend des 20. März schlief er in den Tuilerien, die Ludwig XVIII. kurz zuvor verlassen hatte.

DIE HUNDERT TAGE

Die Rückkehr Napoleons beunruhigte die Notabeln. Sie bedeutete die Wiederaufnahme des Krieges und provozierte außerdem ein beunruhigendes revolutionäres Fieber. Auf dem Land sang man den Refrain des Bauern Grégoire:

> Wenn Napoleon auf den Thron
> Nicht bald zurückgekehrt wäre,
> Hätte unsere dicke Baronin
> Dich bald sehr unverschämt behandelt.
> »Schuft«, hätte diese Dame zu dir gesagt,
> »Gib mir dieses Feld zurück, diese Wiese da!
> Im Namen des Königs, ich verlange sie zurück
> Für meinen Sohn, den emigrierten Baron.«
> Bald hätte man wieder aufleben sehen
> Die Feudalrechte der Herren;
> Man hätte uns vielleicht aufgehängt
> Wegen Tauben und Kaninchen.

In Paris stimmten die Arbeiter die *Marseillaise* an und verpflichteten sich bald darauf in Bataillonen föderierter Schützen, um das bedrohte Vaterland zu verteidigen.

Die föderative Bewegung setzte sich zum Ziel, die in der Revolution errungenen Rechte zu verteidigen: In Napoleon sah sie weniger den Kaiser der Franzosen als die Verkörperung der Revolution und des Vaterlandes. Im Westen – in Nantes, Rennes, Vannes – nahm die Bewegung um den 20. April ihren Aufschwung. In Rennes wurde eine bretonische Konföderation begründet. Im Osten feiern die Föderierten der Departements Haut-Rhin und Bas-Rhin am 6. Juni ein nationales Fest. Am 7. Mai gründete Bürgermeister Jars von Lyon die Rhône-Föderation, deren Programm darin bestand, »alle ihre Mittel der Verbreitung der liberalen Prinzipien zu widmen... alle gegen die Freiheit, unsere Verfassungen und den Kaiser geschmiedeten Komplotte aufzudecken, schließlich sich gegenseitig Unterstützung und Schutz je nach Fall und Ereignissen zu gewähren«. Grenoble, Toulouse, Albi, Rodez, Béziers, Nîmes riefen ebenfalls Föderationen ins Leben. Die Bewegung ging über die Anschlußbewegung an Napoleon hinaus, da sie ihre Bindung an die Revolution bekräftigte.

Der Zug vom 14. Mai 1815 vereinte die Föderierten der Pariser Vorstadt Saint-Antoine, denen Trikoloren vorausgetragen wurden, und ihre Genossen aus der Vorstadt Saint-Marceau unter den Rufen »Nieder mit den Royalisten! Nieder mit den Priestern!« vor den Tuilerien und versetzte die wohlhabenden Klassen in Schrecken.

Napoleon distanzierte sich rasch von dieser Bewegung, die sich seiner Kontrolle entzog; er fürchtete, von ihr überholt zu werden, und wollte obendrein die Notabeln schonen. Obwohl er als Retter der Revolution auftrat, beharrte Napoleon in dem Glauben, eine Dynastie begründet zu haben und ein Herrscher wie alle anderen zu sein. Die neu aufflammende Agitation im Volk störte ihn nunmehr, nachdem sie ihm bei der Rückeroberung der Macht zunächst nützlich gewesen war. Sie stellte seine Friedensbemühungen und die Zukunft der Vierten Dynastie in Frage. Er bildete eine Regierung, in der viele nur widerstrebend ein Amt übernahmen. Cambacérès erhielt die Justiz, Gaudin die Finanzen, Mollien das Schatzamt, Decrès die Marine, Maret das Staatssekretariat, Davout das Kriegswesen, Caulaincourt das Außenministerium und Fouché die Polizei; es gab also keine Überraschungen. Doch war die Präsenz Carnots im Innenministerium ein Zugeständnis an die Revolution und die Erinnerung an den Wohlfahrtsausschuß, zumal Carnot kurze Zeit darauf eine rigorose Säuberung bei den Präfekten und Verwaltungsbeamten (lediglich Bourgeois de Jessaint im Departement Marne überlebte sie) durchführte, um die Kräfte wiederzubeleben. Diese politische Säuberung beließ nur sichere Leute im Amt; sie wollte jeden neuen Verrat verhindern, da er als Ursache für den Sturz des Kaisertums im Jahre 1814 ausgegeben wurde. Alle Beamten, die bei der Restauration Ludwigs XVIII. eine aktive Rolle gespielt hatten oder die danach ernannt wurden, sahen sich aus ihren Ämtern verdrängt. Auch die Richterschaft blieb davon nicht verschont. Der Staatsrat nahm seine verlorenen Mitglieder wieder auf. Kurz, man entließ und verbannte. Pasquier wurde aufgefordert, Paris zu verlassen. So brachten die Hundert Tage die erste große Säuberung der Verwaltung in der französischen Geschichte.

Der Napoleon von 1815 hatte nur noch wenig mit jenem Bonaparte von Toulon gemein, wie Carnot tatsächlich glaubte oder wenigstens zu glauben vorgab. Der junge Autor des »*Souper de Beaucaire*«, der Artillerieoffizier des 13. Vendemiaire, der Inspirator des 18. Fructidor, der Offizier, der sich der Revolution verpflichtete, fühlte jetzt in sich die Seele eines Monarchen und die Interessen eines Besitzenden: Er war nicht ohne Folgen der angeheiratete Neffe Ludwigs XVI. geworden! Von daher erklärt sich seine verächtliche Reaktion: »Ich will nicht der König des Bauernaufstandes sein!« Das war ein fataler Irrtum, denn er trennte ihn von der Unterstützung der Volksmassen. Das Kaiserreich würde nicht demokratisch, es würde liberal sein. Der Kaiser wollte sich auf die Notabeln stützen, das heißt auf das Bürgertum, das aus der Revolution hervorgegangen war.

Bereits am 10. März in Lyon hatte Napoleon eine Verfassung versprochen, aber er konnte schlecht die des Jahres XII wiedereinführen, »die einen ärgerlichen Kontrast zur *Charte* gebildet hätte«. Eine Verfassungskommission sprach sich für einen Text im Geist des Liberalismus aus, dessen Redaktion im einzelnen Benjamin Constant übernahm. Napoleon überzeugte ihn mit dem Argument: »Zwölf Jahre lang hat die Nation Ruhe vor jeder politischen Agitation gehabt, und seit einem Jahr ruht sie sich vom Kriege aus. Diese doppelte Ruhe hat ihr ein Bedürfnis nach Aktivität verliehen. Der Geschmack für Verfassungen, Debatten, Ansprachen scheint wiedergekehrt; indessen will diese nur die Minderheit, täuschen Sie sich nicht. Das Volk oder, wenn Sie lieber wollen, die Menge will nur mich. Ich bin nicht, wie man gesagt hat, der Kaiser der Soldaten, sondern jener der Plebejer, der Bauern von Frankreich... Sie betrachten mich als ihren Retter gegen die Adligen. Ich brauche nur ein Zeichen zu geben oder vielmehr die Augen abzuwenden, und schon werden die Adligen in allen Provinzen umgebracht, aber ich will nicht der König eines Bauernaufstandes sein. Wenn es möglich ist, mit einer Verfassung zu regieren – um so besser. Sehen Sie zu, was Ihnen möglich scheint; bringen Sie mir Ihre Ideen: öffentliche Diskussionen, freie Wahlen, verantwortliche Minister, die Pressefreiheit... Ich möchte dies alles. Ich werde alt. Mit fünfundvierzig Jahren ist man nicht mehr, was man mit dreißig war. Die Ruhe eines konstitutionellen Königs kann durchaus zu mir passen; sie wird noch sicherer meinem Sohn passen.«

Das Regierungssystem, das die »Zusatzakte zu den Verfassungen des Kaiserreichs« vorsah, hatte letzten Endes die gleiche Funktionsweise wie das der *Charte*, aus der manche Artikel fast wörtlich schöpften. Der Kaiser hatte die Exekutivgewalt; die gesetzgebende Gewalt lag bei zwei

Kammern, den Pairs, die vom Kaiser bestimmt wurden, und den Abgeordneten, die ein Kollegium gewählt hatte, das auf etwa 100 000 Wähler
beschränkt war. Die Enttäuschung im Volk, wo man die Verkündung des
allgemeinen Wahlrechts erwartet hatte, war groß. Zu bonapartistisch für
die Liberalen, war die Zusatzakte in den Augen der ehemaligen Revolutionäre nicht demokratisch genug. Sie wurde einem Plebiszit unterworfen, bei dem die Fülle der Stimmenthaltungen erstaunte. Nach den Zahlen
Frédéric Bluches waren es 1 550 000 Ja-Stimmen gegen 5 700 Nein-
Stimmen.

Im Verlaufe einer Zeremonie auf dem Marsfeld, das jetzt in »Maifeld«
umgetauft worden war, wurde die Zusatzakte am 1. Juni proklamiert.
Diese kühle und steife Zeremonie bereitete allen Illusionen ein Ende. Die
revolutionäre Begeisterung war gesunken, die Bourgeoisie blieb mißtrauisch. Napoleon konnte sich nur auf die Armee, auf einige Arbeiter in den
Städten sowie auf die Bauern in Ostfrankreich stützen. Dagegen mußte er
mit der Feindseligkeit des Südens und des Westens sowie jener Teile im
Norden rechnen, die unter der Wirtschaftskrise stöhnten.

Zu den Wahlen zur Abgeordnetenkammer bemühten sich von 69 000
für die Kollegien in Departements und Arrondissements eingeschriebenen Wählern kaum 33 000 Personen. Gewählt wurden die Kandidaten
Fouchés, wie Roy, Lanjuinais, Barère, Manuel, Garnier de Saintes sowie
La Fayette, die alle den liberalen Ideen sehr nahe standen.

Überall häuften sich die royalistischen Aufrufe. Die Bürgermeister auf
den Dörfern verlangsamten die Mobilisierung der Nationalgarden, wenn
sie nicht gar, wie in der Normandie, offen zum Ungehorsam ermutigten.
Die Priester mischten sich in der Franche-Comté wie in der Gegend um
Lyon ein. Der Westen schließlich erhob sich. Am 3. Mai 1815 holte in
Châtillon-sur-Sèvre eine Bande an einem Markttag unter den Rufen »Es
lebe der König!« die Trikolore vom Kirchturm herunter und zerfetzte sie.
Die Revolte erfaßte die benachbarten Dörfer und fand ihre alten Anführer
wieder, Autichamp, Suzannet und die beiden Brüder von La Rochejaquelein, die von der englischen Flotte eiligst versorgt wurden. Napoleon
mußte die Aufständischen mit 20 000 Mann unter dem Oberbefehl La-
marques im Zaum halten, 20 000 Mann, die im Augenblick des Feldzugs in
Belgien bitter fehlten.

WATERLOO

Napoleon hatte sich verpflichtet, den Vertrag von Paris zu respektieren, doch stieß er auf die Ablehnung durch die verbündeten Herrscher. Ob absichtlich oder nicht, das Datum für seine Rückkehr hatte er gut gewählt. Die Sieger hatten sich über der sächsischen Frage zerstritten. Auf der einen Seite standen Rußland und Preußen, auf der anderen Österreich und England, denen sich Talleyrand angeschlossen hatte. Erstere wollten eine Zerstückelung des sächsischen Königreichs zugunsten Preußens, die anderen widersetzten sich dieser Absicht. Man steuerte auf einen Krieg zu. Die Nachricht von der Rückkehr Napoleons bewirkte ein Zusammenrücken der beiden Lager.

Hatte er sich getäuscht? Darf man seinen späteren Worten auf Sankt Helena Glauben schenken? »Überlegen wir uns ein wenig die Ängste der Könige und der Völker mir gegenüber. Welcher Art konnten die Befürchtungen der Könige sein? Fürchteten sie immer noch meinen Ehrgeiz, meine Eroberungen, meine Universalmonarchie? Doch meine Macht und meine Kräfte waren nicht mehr dieselben, und schließlich hatte ich nur zu meiner eigenen Verteidigung gesiegt und erobert; dies ist eine Wahrheit, die die Zeit jeden Tag deutlicher herausarbeiten wird. Niemals hörte Europa auf, Frankreich, seine Prinzipien und mich zu bekriegen; wir mußten niederkämpfen, wenn wir nicht niedergekämpft werden wollten. Die Koalition existierte immer, öffentlich oder im geheimen, eingestanden oder verleugnet; sie bestand dauernd. Es lag allein an den Alliierten, uns den Frieden zu geben; denn wir, wir waren erschöpft, und die Franzosen schreckten zurück, neue Eroberungen einzugehen«, und er fügte noch diese Bemerkung hinzu: »Welche Schicksalhaftigkeit, daß man es nicht bei meiner Rückkehr aus Elba bewenden ließ! Daß nicht ein jeder eingesehen hat, daß ich für das Gleichgewicht und die Ruhe in Europa der geeignetste und notwendigste Mann war! Ich war ein neuer Mensch geworden... Ehrlich, ich wäre der Monarch der Verfassung und des Friedens gewesen, so wie ich der der Diktatur und der großen Unternehmungen gewesen war.«

In der Tat, bereits am 13. März wurde Napoleon von den europäischen Mächten als »Feind und Störer der Ruhe in der Welt« geächtet. Alle Strategen, von Clausewitz bis Jomini, trafen zusammen, um die Chancen

Napoleons zu vereiteln. Seine einzige Hoffnung bestand darin, seine Gegner durch Schnelligkeit zu packen. Eine englische Armee unter dem Oberbefehl Wellingtons und eine preußische unter Blücher befanden sich bereits in Belgien. Es kam also darauf an, sie vor der Ankunft der Österreicher und Russen zu vernichten. Napoleons Plan sah so aus, sich zwischen die beiden Armeen zu werfen, bevor sie sich vereinigt hatten, und sie getrennt zu vernichten.

Der Feldzug dauerte ganze vier Tage. Am 15. Juni 1815 überschritt der Kaiser die Sambre bei Charleroi. Dabei desertierte der Graf von Bourmont und verständigte die preußischen Vorposten. Seinen rechten Flügel mit Grouchy stellte Napoleon Blücher entgegen, gegen Wellington Marschall Ney und den linken Flügel der Franzosen. In der Mitte verstärkte er selber abwechselnd jeden seiner Flügel.

Am 16. Juni kam es zum Zusammenstoß mit den Preußen bei Ligny. Blücher wurde besiegt, aber nicht vernichtet. Er hielt sich daraufhin ziemlich nahe an die Engländer, um diese unterstützen zu können. Napoleon überließ es Grouchy, Blücher zu verfolgen, und eilte zur Verstärkung Neys, der den Kampf mit den Engländern aufgenommen hatte. Die Begegnung fand am 18. Juni statt. Die Schlacht entwickelte sich erst um Mittag. Diese Verzögerung ermöglichte es den Preußen, nachdem sie Grouchy entkommen waren, in dem Moment auf dem Schlachtfeld einzugreifen, als die Sturmangriffe Neys an den englischen Karrees zerbrachen.

Ein letzter Angriff der Garde scheiterte ebenfalls. Bestürzung erfaßte die französischen Reihen. Unter den Rufen »Verrat!« lösten sich die Truppen auf, verfolgt von den Preußen. Die wilde Flucht riß Napoleon mit, der am 20. Juni, um 11 Uhr abends, im Élysée-Palast ankam. Grouchy, der Blücher nicht hatte aufhalten können, kam zumindest das Verdienst zu, sein Korps in guter Ordnung zurückgeführt zu haben.

»Der Kaiser wird eine oder zwei Schlachten gewinnen; die dritte wird er verlieren«, vertraute Fouché Pasquier an, der den Spruch in seinen Memoiren festgehalten hat. Während Napoleon am Boden zerstört war, handelte der Polizeiminister rasch. Die Abgeordnetenkammer, die er gut in der Hand hatte, forderte den Kaiser durch Jay, dann durch La Fayette zur Abdankung auf. Lucien riet seinem Bruder, die Kammer aufzulösen. Das Volk bejubelte ihn vor dem Elysée. Noch war nicht alles verloren! Doch Napoleon besaß keinerlei Hilfsmittel mehr. Am 22. Juni 1815 unterzeichnete er am Nachmittag die Abdankungsurkunde zugunsten seines

Sohnes. Da sich dieser jedoch nicht in Frankreich aufhielt, bestimmten die beiden Kammern eine provisorische Regierung aus fünf Mitgliedern: Fouché als Regierungschef, Carnot, Caulaincourt, General Grenier und Quinette, ein ehemaliges Mitglied des Konvents, das für die Hinrichtung Ludwigs XVI. gestimmt hatte.

Napoleon hätte sich nach seiner Abdankung zum Wohlfahrtsdiktator proklamieren können. Diesen Plan hatte er vor Maret entwickelt.»Der Feind wird in Frankreich eindringen. Um das Vaterland zu retten, muß ich mit einer großen Machtfülle ausgestattet sein, mit einer provisorischen Diktatur. Im Interesse des Vaterlandes könnte ich diese Macht an mich reißen, doch wäre es nützlich und nationaler, wenn sie mir von den Kammern übergeben würde.« Genau das aber wollte Fouché nicht. Er war vielmehr entschlossen, Ludwig XVIII. wieder einzusetzen, und überzeugte Napoleon, sich am 25. Juni aus der Hauptstadt zu entfernen. Der abgesetzte Kaiser zog sich nach Malmaison zurück und brach dann am 29. Juni nach Rochefort auf, während Davout sich bemühte, den Vormarsch der Alliierten aufzuhalten.

Als Herr der Regierung beschloß Fouché am 3. Juli die Kapitulation. Der König hatte soeben seinen Hof nach Saint-Denis verlegt und kannte bereits die Intentionen des Herzogs von Otranto. Dieser verhandelte mit Talleyrand und Wellington über die Rückkehr Ludwigs XVIII. Am Abend des 6. Juli stellte Talleyrand Fouché dem König vor,»das Laster auf den Arm des Verbrechens gestützt«, wie Chateaubriand in den *Mémoires d'Outre-Tombe* später formulieren sollte, und er fügte hinzu:»Der getreue Königsmörder auf Knien legte die Hände, die den Kopf Ludwigs XVI. hatten rollen lassen, in die Hände des Bruders des Märtyrerkönigs; der abtrünnige Bischof war der Bürge des Eides.« Zweifellos schriftstellerische Freiheit, doch das Bild ist geblieben.

Dieses Mal schien die Versöhnung der beiden Frankreich trotz des Geschickes der beiden Minister unmöglich. Die Rückkehr Napoleons hatte den irreparablen Bruch herbeigeführt. Für Ludwig XVIII. wurde es schwierig, die nach Rache dürstenden Ultras zurückzuhalten. Als der Präfekt des Departements Seine, Chabrol, im Juli den König bei seinem Einzug in Paris empfing, gebrauchte er die Formel:»Majestät, hundert Tage sind seit dem Augenblick verflossen, in dem E. M. eine Hauptstadt in Tränen verließ.« Hundert Tage, die schwer auf dem Fortgang der Ereignisse lasten sollten.

DER WEISSE TERROR

Die Vereinbarung vom 3. Juli 1815, die Paris den Alliierten auslieferte, sah vor, daß Behörden, Personen und Eigentum respektiert würden. In Wirklichkeit aber überfluteten 1 236 000 Soldaten Frankreich: 46 Departements wurden vollständig, 15 teilweise besetzt, also zwei Drittel des Landes. »Es schien«, schrieb Pasquier in seinen Memoiren, »als ob ganz Europa danach dürstete, den französischen Boden mit Füßen zu treten. Selbst wenn inzwischen die Entfaltung so vieler Streitkräfte völlig unnötig geworden war, so hielt man es dennoch für sinnvoll, der französischen Nation das Schauspiel einer unwiderstehlichen Macht zu demonstrieren, unter der sich zu beugen man ihr befohlen hatte. Alles, was von der Grenze bis zu den Ufern des Rheins ein Gewehr trug, alles, was nicht für den Schutz der Staaten und der Festungen unumgänglich war, schien sich auf dem Territorium Frankreichs ein Stelldichein gegeben zu haben.«

Am 9. Juli setzte Ludwig XVIII. eine Requisitionskommission ein, die aus dem Staatsrat Corvetto, dem Baron de La Bouillerie als ehemaligem Schatzmeister der Außerordentlichen Domäne, aus Portal und Dudon, dem ehemaligen Generalintendanten der Spanienarmee, gebildet wurde. Zunächst ging es darum, die Ansprüche der Alliierten einzugrenzen; inzwischen ist diese Leistung der Zweiten Restauration allerdings in Vergessenheit geraten. Außerdem mußte man die Zerstückelung des Königreichs verhindern, wie sie insbesondere von den Preußen und Österreichern gefordert wurde; sie hatten ein Auge auf das Elsaß, Lothringen und Flandern geworfen. Im Namen des europäischen Gleichgewichts verhinderte England, unterstützt von Rußland, die Verstümmelung Frankreichs. Der zweite Pariser Vertrag, der am 20. November 1815 unterzeichnet wurde, nahm dem Königreich die Städte Philippeville und Marienburg, die an die Niederlande gingen; Saarlouis und Saarbrücken erhielt Preußen, und Österreich bekam Landau. Im Südosten fiel Savoyen an Sardinien zurück.

Um jeglicher royalistischen Reaktion im Innern vorzubeugen, hatte Ludwig XVIII. eine neue Regierung gebildet, die Talleyrand leitete. Fouché erhielt die Polizei, der Baron Louis, ein ehemaliger Priester und Komplize Talleyrands, das Finanzministerium, der ehemalige Polizeipräfekt Napoleons, Pasquier, die Justiz, Gouvion Saint-Cyr das Kriegswesen und Jaucourt das Marineministerium. Diese Zusammensetzung beruhigte das bisherige Personal in Politik und Verwaltung, entsprach aber in nichts den Erwartungen der Royalisten.

Im August fanden Wahlen nach dem Zensussystem statt. Die Zahl der Abgeordneten wurde erhöht und das Alter für die Wählbarkeit gesenkt. Die Präfekten konnten den Wählerkollegien eigene Kandidaten als Mitglieder hinzufügen. Man erwartete eine liberale Mehrheit. Das Kabinett Talleyrand–Fouché schien die Situation im Griff zu haben, aber es wurde von der Organisation der »Glaubensritter« überspielt. Die Gruppierung war vor allem in Südfrankreich gut organisiert und verbreitete Losungen gegen die Regierungskandidaten, die beschuldigt wurden, nicht die wahren Kandidaten des Königs zu sein. Die Flut des Ultra-Royalismus war auch der Ausdruck des Wählerwillens, mit den Personen aufzuräumen, die sich in den vergangenen Regierungen allzu sehr kompromittiert hatten. Auch durch zahlreiche Stimmenthaltungen von Liberalen begünstigt, wurden mit ganz wenigen Ausnahmen nur orthodoxe Royalisten gewählt. »Das ist eine unvergleichliche Kammer«, rief Ludwig XVIII., für den es dadurch noch schwieriger wurde, die Rachegelüste seiner Anhänger zurückzudrängen.

Eine Proskriptionsliste der Heerführer, die sich Napoleon angeschlossen hatten, wurde aufgestellt: Sie enthielt die Namen von achtzehn Marschällen und Generälen, darunter Ney, La Bédoyère, die beiden Lallemand, Drouet d'Erlon, Mouton-Duvernet, Grouchy, Clauzel, Cambronne, Drouot, Savary. Diejenigen, die vor Militärgerichte gestellt wurden, kamen zum größten Teil glimpflich davon. Ney wollte von der Pairskammer gerichtet werden. Er behauptete, die Angst vor einem Bürgerkrieg habe ihn dazu getrieben, sich Napoleon anzuschließen. Er wurde zum Tode verurteilt und am 7. Dezember 1815 erschossen. Zwei weitere Delinquenten von Rang folgten ihm: La Bédoyère und Mouton-Duvernet.

Dabei handelte es sich jeweils um legale Verurteilungen. In Südfrankreich dagegen wütete der sogenannte »Weiße Terror«. In Nîmes, Uzès und Marseille kam es zu Massakern. In Avignon wurde Brune ermordet und seine Leiche in die Rhône geworfen; in Toulouse töteten »*Verdets*« (royalistische Banden mit der grünen Kokarde des Grafen von Artois) den ehemaligen Finanzminister des Direktoriums, Ramel de Nogaret. In Bordeaux wurden die Brüder Faucher, beide Generäle und Sympathisanten der Republikaner, zum Tode verurteilt und hingerichtet. Protestanten, Mamelucken und ehemalige Jakobiner bezahlten ihre Religion, ihre Hautfarbe oder ihre manchmal schon seit langem aufgegebenen politischen Überzeugungen mit dem Leben. Es ist unmöglich, die Zahl der Opfer anzugeben, doch scheint ihre Zahl nach neueren Forschungen übertrieben. Hinzu kam, daß über die Verwaltung eine neue Säuberung hereinbrach. Im Juli 1815 wurden 38 Präfekten, 115 Unterpräfekten und 31 Generalsekretäre entlassen. Unter den Präfekten behielt allein Bourgeois de Jessaint sein Amt im Departement Marne. Die Säuberung erfaßte auch das Personal der Präfekturen. Chabrol, Präfekt des Departements Seine, bemerkte in seinen Memoiren: »Ich machte die größten Anstrengungen, um meine Bediensteten sowie die unbezahlten Beamten (die Überzähligen) zu behalten, die sich durch die Hundert Tage nicht allzusehr kompromittiert hatten.« Eine Säuberung solchen Ausmaßes wiederholte sich erst in den Jahren 1830, 1875 und 1944. Da die »Königsmörder« geächtet wurden, mußte sich auch Fouché zurückziehen. Er wurde am 15. September 1815 als Gesandter nach Dresden und danach ins Exil geschickt. Er starb 1820 in Triest.

Napoleon hatte sich den Engländern ergeben, als er am 15. Juli 1815 auf der Höhe der Insel Aix an Bord der *Bellerophon* ging. Von dort erreichte das Schiff Plymouth. Der besiegte Kaiser hatte auf die Großmut des Gegners gesetzt; er wurde grausam enttäuscht. Am 7. August entführte ihn die *Northumberland* in Richtung der Insel Sankt Helena, wo er am 5. Mai 1821 starb.

Seine Rückkehr von Elba hatte sich als Unheil erwiesen. »Die Katastrophe vom 20. März«, erklärte der Abgeordnete der Ultras, Salaberry, in der Abgeordnetenkammer, »hat eine Grenzlinie zwischen den guten und den schlechten Bürgern gezogen.« Sie trennte die beiden Frankreich von neuem und schied Rechte von Linken. Die Last der Vergangenheit mit ihrem alten Haß, ihren blutigen Zusammenstößen und ideologischen Kämpfen gewann nun die Oberhand. Frémilly schrieb in seinen »Erinnerungen«: »Nirgends existierte Vertrauen, doch überall herrschten Parteigeist und Kampfeslust.«

KAPITEL XIII

Ultras und Liberale

Nach 1815 organisierte sich das politische Leben um den König und die beiden Kammern. Beim König lag die Exekutivgewalt und die Gesetzesinitiative, bei den beiden Kammern – den Pairs im Palais Luxembourg und den Abgeordneten im Palais Bourbon – die Abstimmung über die Gesetzesentwürfe und das Budget. Das letzte Wort hatte der König; er konnte nach Bedarf Pairs ernennen, um deren Mehrheit zu ändern, und die Abgeordnetenkammer auflösen, indem er sie wieder an ihre Wähler zurückverwies – etwa 90 000 Wähler, die den Voraussetzungen des Zensuswahlrechts entsprachen, das heißt 300 Francs direkte Steuern bezahlten.

Drei Probleme beherrschten diese Zeit: die Verantwortlichkeit der Minister, der Wahlmodus und die Pressefreiheit. Sie sollten letztendlich den Sturz Karls X. herbeiführen. Die *Charte* bestimmte zwar, daß der König seine Minister auswählte, aber sie präzisierte nicht im einzelnen, ob ihre politische Ansicht zwangsläufig der der Mehrheit in den Kammern entsprechen mußte. Und wenn sie von ihrer Verantwortlichkeit sprach, dann nur im strafrechtlichen Sinne. Dennoch versuchten sowohl Pairs wie Abgeordnete ein Kontrollrecht über die Minister auszuüben, um das Repräsentativsystem entgegen dem Wunsch des Königs in ein parlamentarisches System zu verwandeln. Die *Charte* legte auch den Wahlmodus nicht fest. Es sind lediglich die Zensus- und Altersbedingungen angegeben. Die Abgeordnetenkammer wurde jährlich zu je einem Fünftel erneuert – vom Wahlverfahren konnte aber die Zusammensetzung des Parlaments abhängen. Schließlich wurde in der *Charte* die Pressefreiheit proklamiert, aber sie überließ späteren Gesetzen die Aufgabe, deren Mißbräuche einzugrenzen. Nun aber erhielten die Zeitungen eine Bedeutung, die entsprechend der Heftigkeit der politischen Auseinandersetzungen rasch zunahm, um so mehr als es sich damals eher um eine Meinungs- als um eine Informationspresse handelte. Das Problem der Zensur entfesselte also die politischen Leidenschaften.

Angesichts dieser drei Probleme spaltete sich das politische Frankreich in zwei Lager; denn den meisten Bürgern blieb diese Art der Auseinandersetzung fremd: die Ultra-Royalisten auf der einen und die Liberalen auf der anderen Seite. Die Ultras waren Anhänger einer Verstärkung der königlichen Autorität, die Liberalen verteidigten die Rechte des Parlaments. Der Zusammenstoß geriet so heftig, daß er schließlich in die Kraftprobe von 1830 mündete.

DIE ULTRAS

Nachdem Fouché aus der Regierung verdrängt war, begriff Talleyrand angesichts der »Unvergleichlichen Kammer«, daß auch seine Tage gezählt waren. Er nahm die Forderungen der Alliierten zum Anlaß und reichte am 19. September 1815 offiziell seinen Rücktritt ein. Am 24. wurde eine Regierung Richelieu gebildet. Sie umfaßte entschiedene Royalisten, die sich aber mit dem kaiserlichen Regime eingelassen hatten: für die Justiz Barbé-Marbois, ein ehemaliger Minister Napoleons und erster Präsident des Rechnungshofes; für die Finanzen Corvetto, der ebenfalls aus der napoleonischen Verwaltung kam; für das Kriegswesen Clarke, Herzog von Feltre von Napoleons Gnaden, dessen Minister er war; im Innenministerium Vaublanc, der im Kaiserreich das Departement Mosel als Präfekt verwaltet hatte; für die allgemeine Polizei schließlich Elie Decazes, einst dem Hause der Kaisermutter zugeordnet. Lediglich der alte Vicomte Dubouchage, der das Marineministerium erhielt, hatte sich unter dem »Usurpator« abseits gehalten. Armand Emmanuel du Plessis endlich, Herzog von Richelieu, war der Enkel des Marschalls. Geboren 1767, war er nach Rußland emigriert und hatte auf Bitten des Zaren die Verwaltung der Region von Odessa übernommen. Alexander setzte ihn bei Ludwig XVIII. durch: »Seien Sie das aufrichtige Band zwischen den beiden Ländern. Ich verlange dies im Namen des Wohles von Frankreich.«

Die Spaltung zwischen diesen Gemäßigten und der »Unvergleichlichen Kammer« mit ihrer Ultra-Mehrheit ließ nicht lange auf sich warten. Die Ultras bildeten als erste eine Partei, denn die Abgeordneten pflegten

sich bei einem der Ihren, Piet, zu versammeln. Chateaubriand hat diese
Versammlungen beschrieben. »Wir kamen äußerst spät an und setzten uns
im Kreis in einem Salon, der von einer qualmenden Lampe erleuchtet war;
in diesem gesetzgeberischen Nebel sprachen wir über das vorgeschlagene
Gesetz, über den einzubringenden Antrag, über den Kameraden, der im
Sekretariat, in der Quästur oder in den verschiedenen Kommissionen
unterzubringen war...« Ein und dieselbe Ideologie vereinte sie: Sie forderten die Abschaffung der *Charte* und des Konkordats von 1801, die
Wiedererrichtung des Großgrundbesitzes und der Dezentralisierung in
der Verwaltung, die Abschaffung der Scheidung und verschärfte Strafen
für die früheren Revolutionäre. Sie waren für die weiße Fahne und gegen
die Trikolore, für die katholische Religion gegen die »Philosophie« und
für Privilegien statt des *Code civil.* Ihr Theoretiker war Bonald, 1815
Abgeordneter, 1823 Pair von Frankreich. Er verurteilte den Individualis-
mus und wünschte die Rückkehr zur Tradition. In seinen Augen gebot
sich das Bündnis von Thron und Altar zwangsläufig, denn es floß aus der
Natur der Dinge, das heißt der natürlichen Ordnung. Und er verkündete:
»Die Revolution hat mit der Erklärung der Menschenrechte begonnen; sie
wird mit der Erklärung der Rechte Gottes enden.« Die Zeitungen der
Ultras hießen »*La Gazette de France*«, »*La Quotidienne*« von Michaud,
dem Historiker der Kreuzzüge, »*Le Journal des Débats*« der Brüder
Bertin (27000 Exemplare), »*Le Drapeau blanc*«, die 1819 Martainville
gegründet hatte, und vor allem »*Le Conservateur*« von Chateaubriand,
der von Oktober 1818 bis März 1820 erschien. Sie verfügten auch über ein
periodisches Sammelwerk, »*La Correspondance politique et administra-
tive*«, herausgegeben von Fiévée. Ihre Blicke richteten sich auf den Pavillon de Marsan, den Teil des Louvre, in dem der Graf von Artois lebte. Die
Vorstadt Saint-Germain war ihre Bastion, und ihre »Truppen« kamen aus
den Pfarrhäusern und den Adelssitzen in der Provinz. Manche organisierten sich in Geheimgesellschaften, so den »*Chevaliers de la foi*« (»Glaubensritter«), die Ferdinand de Bertier im Kaiserreich nach dem Muster der
Freimaurerei ins Leben gerufen hatte. Diese »Ritter« sicherten den
Triumph der Ultras bei den Wahlen von 1815. Unter ihnen ragten Joseph
Villèle hervor, ein Graf aus Toulouse, dessen finanzieller Sachverstand
seinen kurzfristigen Anschluß an das Kaiserreich vergessen ließ, Corbière, ein Anwalt aus Rennes, und La Bourdonnaye, der 1815 wegen
seiner Forderung nach »Ketten, Henkern, Leibesstrafen« berühmt wurde.

Eine Sonderstellung nahm Chateaubriand ein: »Frankreich will alle Freiheiten, alle Institutionen, die die Zeit, die Veränderung der Sitten, der Fortschritt der Aufklärung mit sich gebracht haben, aber nur zusammen mit all dem, was aus der früheren Monarchie nicht untergegangen ist, mit den ewigen Prinzipien der Gerechtigkeit und der Moral. Frankreich will die politischen und materiellen Interessen, die die Zeit gebracht und die die *Charte* verankert hat, aber es will weder die Prinzipien noch die Männer, die unser Unglück verursacht haben.«

Reaktion und Ächtung, so lautete das Programm der »Unvergleichlichen Kammer«. Am 29. Oktober hob ein Gesetz über allgemeine Sicherheit die persönliche Freiheit provisorisch auf; ein Gesetz gegen aufrührerische Aufrufe und Schriften wurde am 9. November beschlossen. Am 27. Dezember 1815 folgte die Errichtung von Sondergerichten, die sogenannten Prevotalgerichte. Um diese Maßnahmen zu verstehen, sei an verschiedene Verschwörungen in dieser Zeit erinnert, wie die von Didier in Grenoble am 4. Mai 1816 und die Verschwörung der Patrioten in Paris, deren Ziel es war, die Tuilerien in die Luft zu sprengen. Im religiösen Bereich häuften sich die Vorschläge zugunsten des Klerus: der Plan einer Rückerstattung des Kirchenvermögens durch eine Schenkung nicht widerrufbarer Renten, am 23. Januar 1816 Angriffe gegen das Universitätsmonopol, Abschaffung der Scheidung.

Der Konflikt mit der Regierung schien unausweichlich. Baron de Vitrolles veröffentlichte 1816 »*Du ministère dans le gouvernement représentatif*« (»Über die Regierung im repräsentativen System«): »Die öffentliche Meinung ist souverän, und die Regierung muß notwendigerweise aus den Männern gebildet werden, die die Kammern bestimmen würden, wenn sie dazu berufen wären, sie direkt auszuwählen.« Er verlangte also die Ersetzung des Repräsentativsystems durch das parlamentarische System. Ebenso forderte im September 1816 Chateaubriand in »*De la monarchie selon la Charte*« (»Über die Monarchie nach der Charte«) die Verantwortlichkeit der Minister gegenüber den Kammern. Die Ultras erschienen so als die Verteidiger der Freiheiten. In der Abgeordnetenkammer zogen sie das Recht auf Gesetzesänderungen an sich und forderten das Recht der Gesetzesinitiative. Villèle verlangte außerdem, daß der napoleonische Zentralismus durch eine weitgehende lokale Autonomie abgelöst werde. Immer ging es um die Freiheiten, auch wenn sie eine Rückkehr in die Vergangenheit bedeuteten.

Im Jahr 1816 gerieten die Regierung Richelieu und die »Unvergleichliche Kammer« in einen ernsthaften Konflikt. Die erste Schlacht betraf das Wahlgesetz. Der von Vaublanc eingebrachte Entwurf behielt die jährliche Erneuerung der Abgeordnetenkammer zu jeweils einem Fünftel bei, während die Kammer ihrerseits eine komplette Erneuerung nach fünf Jahren anstrebte. Er sah Versammlungen in Kantonen und Departements vor, die auf die Mittelklassen beschränkt bleiben sollten, während die Ultras, die über eine gewichtige bäuerliche Anhängerschaft verfügten, ein erweitertes Wahlrecht wünschten: letztlich erschienen sie in einem vorteilhafteren Licht als die Regierung.

Bei den Budgetberatungen verschärfte sich die Krise. Um die aus der Vergangenheit geerbte Schuld zu liquidieren, schlug Finanzminister Corvetto vor, den Gläubigern dreijährige Schatzanweisungen anzubieten, die durch den Verkauf der Staatswälder abgesichert werden sollten. Doch die Kammer weigerte sich, die Schulden der Republik und des Kaiserreichs anzuerkennen, und wies das Projekt zurück. Die Sitzungsperiode schloß am 29. April in einer stürmischen Atmosphäre. Bei der Rückkehr in ihre Departements wurden die Abgeordneten der Ultras begeistert gefeiert. Doch Ludwig XVIII. war über diese Eingriffe der Kammer empört. Gestützt von der Meinung der ausländischen Botschafter, legte ihm Elie Decazes daraufhin ihre Auflösung nahe und schlug Neuwahlen vor, die in Ermangelung eines präzisen Gesetzes nach dem alten Wahlsystem abgehalten werden sollten. Am 5. September 1816 wurde die »Unvergleichliche Kammer« an das Votum ihrer Wähler verwiesen. Doch hatten die Ultras inzwischen genügend Zeit, um die Regeln des parlamentarischen Spiels zu ändern: Das Recht auf Gesetzesänderung und die Kontrolle der Regierungsmaßnahmen gerieten zum politischen Brauch. Man bewegte sich nach und nach auf das parlamentarische System zu.

DIE KONSTITUTIONELLE PARTEI

Die Wahlkampagne nach der Auflösung der »Unvergleichlichen Kammer« war besonders lebhaft. Im Innenministerium hatte Lainé Vaublanc abgelöst, der als zu freundlich gegenüber den Ultras galt, doch die Leitung der Operationen übernahm Decazes, Chef des Ministeriums für allgemeine Polizei. Er wies die Polizeikommissare, die mit der Vertretung der wenig sicheren Präfekten beauftragt waren, an, für Kandidaten stimmen zu lassen, die »in die neue Kammer die Prinzipien der Mäßigung einbringen, die für die Regierung und ihre Politik die Regel sind, die keiner Partei, keiner Geheimgesellschaft angehören, die keinerlei Hintergedanken haben und die die *Charte* offen respektieren.« Das hieß, die Grundlagen für eine konstitutionelle Partei zu legen; das bedeutete aber auch den Versuch, zwischen den beiden Frankreich eine andere Politik zu entwickeln, die von gemäßigten Männern gestützt wurde.

Die Wahlen fanden am 25. September und am 4. Oktober 1816 statt. Die Anhänger der Regierung trugen den Sieg im Norden und Osten, die Ultras im Süden davon. Im Westen und in Zentralfrankreich hielten sich beide Lager die Waage. Zahlreiche Führer der Ultras wurden geschlagen wie Vitrolles, Hyde de Neuville, Michaud. Die Liberalen hatten sich ihrer Stimme enthalten oder die Regierungskandidaten unterstützt. Letztlich zählte man 110 bis 130 Anhänger der Regierung und 80 bis 90 Ultras. Die Gemäßigten hatten die Mehrheit.

Doch erst im Laufe der Zeit bildeten sie die sogenannte »konstitutionelle Partei«. Zu ihr zählten Anhänger der Regierung und ein Teil der früheren kaiserlichen Beamtenschaft, darunter Männer wie Pasquier, Barante, Molé. Anfänglich verfügten sie über keine eigenen Zeitungen, abgesehen vom »*Moniteur*« und dem »*Journal général de la France*« von Royer-Collard. Im Jahre 1818 erschien der »*Publiciste*« von neuem. Man bevorzugte die Broschüren. So wies Villemain in »*Le Roi, la Charte et la Monarchie*« den falschen Parlamentarismus der Ultras zurück, den er als pure Taktik bezeichnete, während Guizot in »*Du gouvernement représentatif et du ministère actuel de la France*« (»Über das repräsentative System und die gegenwärtige Regierung in Frankreich«) königsfreundliche Ideen verteidigte. In Fragen wie der Gesetzesinitiative und der Ministerverantwortlichkeit ließ die konstitutionelle Partei dem König den Vortritt, dem Bollwerk gegen alle gewalttätigen Ausschreitungen.

Die Gemäßigten betrieben eine Politik, die der Bourgeoisie entgegenkam. Ihr erster Erfolg war die Abstimmung über das nach Lainé benannte Wahlgesetz, das am 8. Februar 1817 verkündet wurde. Es behielt die Rotation je eines Fünftels der Abgeordneten jährlich bei, setzte die Schwelle der Wählbarkeit auf vierzig Jahre und 1000 Francs Steuerzahlungen fest; das aktive Wahlrecht lag bei dreißig Jahren und einem jährlichen

Steueraufkommen von 300 Francs. Die Wahl erfolgte direkt im Wähler-kollegium des Departements. Damit bekam das Bürgertum einen Vorteil gegenüber der ländlichen Aristokratie.

Einen weiteren Sieg der Regierung stellte die Liquidierung aller Staats-schulden gegen die Ausgabe von Rentenpapieren mit einer durchschnitt-lichen Verzinsung von fünf Prozent dar. Schließlich ließ im folgenden Jahr Kriegsminister Gouvion Saint-Cyr ein Militärgesetz beschließen, das mehr oder weniger bis 1868 in Kraft blieb: Niemand konnte Offizier werden, wenn er nicht zwei Jahre als Unteroffizier gedient hatte oder nach einem Abschlußwettbewerb aus einer Militärschule kam. Damit hatten die Adligen das Privileg der höheren militärischen Ränge verloren. Ferner wurde die Losziehung beibehalten, jedoch mit der Möglichkeit der Er-satzgestellung, was es den jungen Bürgerlichen ermöglichte, einen langen Wehrdienst zu umgehen.

Die Ultras liefen dagegen Sturm. Auf Initiative des Papstes, der die Abschaffung der Organischen Artikel verlangte, wurden Verhandlungen aufgenommen, um ein neues Konkordat auszuarbeiten. Am 25. August 1816 wurde eine Vereinbarung unterzeichnet, die das Konkordat von 1516 wiederherstellte, eine Schenkung für die Kirche Frankreichs vorsah und die Organischen Artikel abschaffte. Doch die konstitutionelle Partei, die jeglichen Ultramontanismus, auch den gemäßigten, ablehnte, wies das Projekt zurück. Ein neuer Vorstoß erfolgte im Jahre 1818. Der Graf von Artois verlangte von seinem Bruder die Entlassung Richelieus, doch ohne Erfolg. Eine sogenannte »Verschwörung vom Rande des Wassers« (der Tuilerien), die Ludwig XVIII. zur Abdankung zwingen sollte, reizte den Monarchen vollends. Andererseits hatte Richelieu sich für die Befreiung des Landes eingesetzt, das nach wie vor von den alliierten Truppen besetzt war. Vitrolles ließ jedoch den Besatzungsmächten eine geheime Note über die Gefahren eines vorgezogenen Abzugs ihrer Truppen zukommen, und der König mußte daraufhin Sanktionen ergreifen. Richelieu erreichte am 9. Oktober 1818 in Aachen die vollständige Räumung Frankreichs gegen die Zahlung der letzten Rate der Kriegsentschädigung, nämlich 265 Mil-lionen Francs. Die Bankiers Baring (London) und Hope (Amsterdam) deckten die französischen Anleihen, die zur Bezahlung dieser Summe aufgenommen wurden.

Ein weiteres Mal waren die Ultras gescheitert. Doch traten innerhalb der konstitutionellen Partei Risse auf: Die »Doktrinäre« hatten sich bei den Verhandlungen über das Konkordat von den Regierungsanhängern getrennt; sie hatten sich auch den Presseprozessen widersetzt. Von nun an bildeten sie den linken Flügel der konstitutionellen Partei. Zu ihnen gehörten Royer-Collard, Camille Jordan, Abgeordneter aus Lyon, Guizot, Barante, der Graf von Serre, der den Vorsitz in der Kammer führte, und der Herzog von Broglie, der bei den Pairs für den Freispruch Neys gestimmt hatte. Sie veröffentlichten zwischen Juli 1817 und Dezember 1818 die *Archives philosophiques, politiques et littéraires.* In ihnen entwikkelte Royer-Collard seine Hauptthemen: Ursprung aller Gewalten ist weder das Volk noch der König, es ist die *Charte.* Das Ideal ist weder das allgemeine Wahlrecht noch die absolute Monarchie, sondern »die konstituierte Souveränität«. Guizots Denken findet sich in seinen Broschüren *»Du gouvernement de la France depuis la Restauration et du ministère actuel«* (»Über das politische System Frankreichs seit der Restauration und über die jetzige Regierung«), die er 1820 schrieb, und *»Des moyens de gouvernement et d'opposition dans l'état actuel de la France«* (»Über die Mittel von Regierung und Opposition im gegenwärtigen Zustand Frankreichs«), die er 1821 veröffentlichte. Er bestreitet darin die Souveränität des Volkes wie die des Königs. Denn sie, die in der absoluten Monarchie einer Person oder im aristokratischen Regime einer Gruppe von Menschen zugedacht ist, mündet unvermeidlich in den Despotismus. Die Souveränität gehört allein der Vernunft; folglich gehört sie niemand, weil die Anwendung von Gerechtigkeit und Vernunft nicht zur menschlichen und damit notwendigerweise unvollkommenen Natur gehört. Die politische Organisation wird also die Entfaltung der Vernunft ermöglichen müssen. Letztendlich erscheint das Repräsentativsystem aus dieser Perspektive als das beste System – oder das geringste Übel. Im Gegensatz zu Bonald rechtfertigten Royer-Collard und Guizot die *Charte* insoweit, als sie eine begrenzte Monarchie, direkt in der Mitte zwischen Revolution und Ancien régime, einführte.

Die »Doktrinäre«, die den neuen Ideen offener gegenüberstanden und innerhalb des Kabinetts auf Decazes zählen konnten, stellten sich Richelieu entgegen, der, was man nicht vergessen sollte, ein ehemaliger Emigrant war und der seine Politik nach der Wahl von mehreren »Unabhängigen«, das heißt Männern der Linken wie La Fayette, bei der Teilerneuerung der Kammer 1818 eher nach rechts orientieren wollte. Die Regierung zerbrach am 21. Dezember 1818, als Richelieu eine Neugestaltung des

Wahlgesetzes ins Auge faßte und sich Decazes und Gouvion Saint-Cyr dem widersetzten. Die Frage war nun: Sollte sich das Kabinett nach rechts orientieren oder weiterhin einen mittleren Kurs steuern? Der rechte Regierungsflügel behielt die Oberhand: Ludwig XVIII. konnte Richelieu nicht verdrängen, der gerade das Land befreit hatte. Er beauftragte ihn zu Verhandlungen mit den Ultras, doch verlangten Villèle und Corbière das Ausscheiden von Decazes, dem Initiator für die Auflösung der »Unvergleichlichen Kammer«. Ludwig XVIII. stand indessen im Bann einer fast senilen Zuneigung für seinen Minister. Der ehemalige Polizeipräfekt, der Fouché als Chef der allgemeinen Polizei nachfolgte, verstand es, sich bei Ludwig XVIII. einzuschmeicheln, indem er ihn mit Tratsch und kleinen Geheimnissen amüsierte, die der Geheimdienst aufgedeckt hatte. Der König konnte nicht mehr ohne den Mann auskommen, den er seinen »teuren Sohn« nannte und im Januar 1816 zum Grafen erhoben hatte. Er weigerte sich, sich von ihm zu trennen. Dies sollte also ein »konstitutionelles« Kabinett sein. Da Decazes jedoch zum Amt des Ministerpräsidenten zu jung war (er wurde 1780 geboren), berief der König General Dessolles, der die Nationalgarde befehligte. Decazes erhielt dafür das Innen- und das Polizeiministerium, der Graf von Serre die Leitung des Justizwesens. Das Finanzministerium fiel wieder an Baron Louis, Gouvion Saint-Cyr behielt das Kriegsministerium und Portal löste Molé im Marineministerium ab.

Obwohl ihm feste Vorstellungen noch abgingen (»Durch Notbehelfe kommt er ohne Prinzipien aus«, wie man sagte), sah sich Decazes gezwungen, eher nach links zu agieren. Er beauftragte Guizot, der am 6. Januar 1819 zum Generaldirektor für die Verwaltung der Departements und Gemeinden ernannt worden war, mit einem umfassenden Revirement aller Präfekten: 23 Präfekten – Ultras – wurden versetzt oder entlassen, desgleichen 30 Unterpräfekten. Aus dem Staatsrat wurden neun Ultras entfernt, und auch in der Armee wehte ein neuer Wind. Aber auch die Bourgeoisie erhielt Zugeständnisse in wirtschaftlicher Hinsicht: Schaffung eines Rates für Handel und Manufakturen, Bildung von Landwirtschaftskomitees in den Departements und ein ausgeglichener Staatshaushalt. Das Innenministerium initiierte ein *»Journal des maires«* (»Zeitschrift für die Bürgermeister«), das den Gemeinden die Gesetze, Erlasse und offiziellen Anweisungen übermittelte. Die Verbesserung des Gefängniswesens und die Gründung von Heimen für Findelkinder zeugten von

philanthropischen Bemühungen. Aber das große Vorhaben der Regierung
bestand darin, der Presse ihre Freiheit wiederzugeben. Der Graf von Serre
übernahm diese Aufgabe und erklärte: »Die Pressefreiheit ist die Freiheit
der Meinungen und die Veröffentlichung dieser Meinungen. Welche Art
eine Meinung auch sei, sie wird nicht dadurch kriminell, daß sie publik
wird.« Ein erstes Gesetz definierte Verbrechen und Vergehen im Bereich
der Presse: Anstiftung zum Verbrechen, moralische Anstößigkeit, Maje-
stätsbeleidigung, Diffamierung. Ein zweites sah die Verweisung von Pres-
sedelikten an die Geschworenengerichte vor. Ein drittes Gesetz erlaubte
die Gründung einer Zeitung mit der einzigen Auflage, daß der Name des
Besitzers und des Herausgebers in einer Erklärung zusammen mit der
Einzahlung einer ziemlich hohen Kaution mitgeteilt wurde. Diese drei
Gesetze lösten heftige Debatten in der Kammer aus.

Decazes wollte noch weitergehen und nahm eine große Verwaltungs-
reform in Angriff, hinter der die »Doktrinäre« standen. Die Bevölkerung
sollte die tatsächliche Kontrolle über die Finanzen von Departement und
Gemeinden besitzen, die damit der Verwaltungsaufsicht entzogen wären.
Die örtlichen Räte sollten künftig auf der Basis eines sehr niedrigen
Zensus gewählt und nicht mehr ernannt werden. Schließlich sollten die
Strafgesetzgebung und das System der Geschworenengerichte überprüft
und dem englichen Modell angenähert werden.

Decazes strebte also eine komplette Reform der Institutionen an. Er
wollte das von Napoleon ererbte autoritäre System durch mehr Freiheit
ersetzen. Doch sofort beschuldigten ihn die Ultras, auf diese Weise das
Spiel der früheren Revolutionäre zu spielen.

DIE LIBERALEN

Die Linke war vom »Weißen Terror« hinweggefegt worden. In der »Unvergleichlichen Kammer« hatte lediglich Voyer d'Argenson fortschrittliche Ideen vertreten. Bei den Wahlen von 1816 waren die Liberalen zugunsten der konstitutionellen Partei im Hintergrund geblieben. Angesichts
des neuen Wahlgesetzes und der Beschwichtigung der früheren Leidenschaften stellten sie bei den Wahlen von 1817 Kandidaten auf. In Paris
wurden Laffitte, Casimir Perier und Delessert gewählt; in Évreux erreich-

ten Dupont de l'Eure und Bignon das Wahlziel und in Dijon Chauvelin. Insgesamt zählte die Kammer 25 Unabhängige. Sie versammelten sich mit Bankiers, Schriftstellern und Journalisten bei La Fayette, Benjamin Constant oder Casimir Perier. Ein Leitungsausschuß wurde gebildet, der Korrespondenzen mit der Provinz unterhielt, Artikel in den Zeitungen unterbrachte und die neuen Wahlen vorbereitete. Dank dieser Aktion erreichte die Linke bedeutsame Fortschritte bei der Teilerneuerung im Oktober 1818. Gewählt wurden La Fayette und Manuel, ein ehemaliger Abgeordneter während der Hundert Tage, davor ein Günstling Fouchés. Die Abgeordneten bildeten nun eine parlamentarische Gruppe, die den Namen »Vereinigung Laffitte« erhielt.

Diese »unabhängigen« Abgeordneten waren ursprünglich keine Revolutionäre. Man fand unter ihnen einige Generäle wie Thiard oder Foy, die im Kaiserreich wegen ihrer republikanischen Ideen einen schweren Stand hatten, vor allem aber Bankiers, Geschäftsleute und Manufakturbesitzer. Sie wohnten vorzugsweise in der Chaussee d'Antin, die als Sitz wohlhabender Bürger künftig gleichsam symbolisch in Opposition zur Vorstadt Saint-Germain geriet, dem Wohnviertel der Aristokraten. Die Ideen der Aristokraten wurden in zahlreichen Broschüren und in Zeitungen von meist nur kurzer Lebensdauer verbreitet (im Jahre 1818 waren es 56): Der *»Indépendant«* von Jay, der wiederholt verboten wurde und unter diversen Namen als *»Le Constitutionnel«* oder *»Le Journal du Commerce«* wiedererschien, war das bekannteste Organ neben *»Le Censeur«* von Dunoyer und *»Le Mercure«*, aus dem 1818 die *»Minerve«* von Benjamin Constant wurde. Denn Constant war die Seele dieser liberalen Strömung, die weder das Kaiserreich noch die Reaktion von 1815 erstikken konnte.

Eine Zusammenfassung einiger seiner früheren Broschüren erschien 1818 unter dem Titel *»Cours de politique constitutionnelle«.* Es handelte sich um ein Lehrbuch der Verfassungspolitik, das die Prinzipien der Volkssouveränität und der individuellen Freiheit wieder aufleben ließ. Constant war der einzige politische Denker seiner Zeit, der klar darstellen konnte, daß im parlamentarischen System die Regierung notwendigerweise aus der Parlamentsmehrheit heraus gebildet werden muß.

Doch das Programm, auf das sich die Unabhängigen in erster Linie bezogen, war die *»Déclaration des droits des Français et des principes fondamentaux de leur constitution«* (»Erklärung der Rechte der Franzo-

sen und der Grundprinzipien ihrer Verfassung«), welche die Kammer der
Hundert Tage vor der Rückkehr Ludwigs XVIII. beschloß. Als Verteidiger der Freiheiten (und hauptsächlich der Pressefreiheit) stießen die »Unabhängigen« auf ein wachsendes Echo im Lande, um so mehr als sich die
Haltung ihrer Partei weder aufwieglerisch gab noch gegen die Dynastie
gerichtet war. Liberal sein beinhaltete auch den Respekt vor dem politischen Gegner. Der Zustrom bonapartistischer Elemente gegen Ende des
Jahres 1818 trug jedoch nach und nach zur Radikalisierung der Bewegung
bei: Die Polemik geriet heftig und sogar beleidigend, wie sich an den
Pamphleten Couriers und den Liedern von Béranger ablesen ließ. Sie
betonten eindeutig antibourbonische Positionen, die Rehabilitierung des
napoleonischen Heldenmythos über die *»Bibliothèque historique«*, den
Appell an die Massen und die Bildung von Geheimgesellschaften wie der
Union oder der Loge der *Amis de la Vérité* (Freunde der Wahrheit). Der
Liberalismus erhielt eine antidynastische Tendenz und neigte zur Erhe-
bung. Die Rechte bekam es daraufhin mit der Angst zu tun, und selbst die
Gemäßigten wurden bei den Wahlen von 1819 schließlich unruhig, als die
Linke 35 Sitze errang. Geradezu sensationell wirkte die Wahl des ehemali-
gen Konventsabgeordneten Grégoire in Grenoble, der über den Tod
Ludwigs XVI. wegen Abwesenheit nicht mit abgestimmt, sich aber der
Verurteilung des Monarchen schriftlich mit der Erklärung angeschlossen
hatte: »Was die Monster in der Ordnung der Natur sind, das sind die
Könige in der politischen Ordnung.«

Am 20. November 1819 übernahm Decazes die Ministerpräsidentschaft und versetzte damit der Rechten einen Schlag. Dessolles, Gouvion
Saint-Cyr und Louis zogen sich zurück und wurden durch Angehörige
der rechten Mitte, Pasquier, Roy und Latour-Maubourg, abgelöst. Ein
neues Wahlgesetz war in Vorbereitung. Doch in der Nacht vom 13. auf
den 14. Februar 1820 wurde der Herzog von Berry, ein Sohn des Grafen
von Artois, auf den Stufen der Oper von einem Sattlereiarbeiter namens
Louvel ermordet, der auf diese Weise die Dynastie auslöschen wollte.
Tatsächlich aber war die Herzogin von Berry bereits schwanger und
brachte später den Herzog von Bordeaux zur Welt, »das Kind des Wunders«. Decazes wurde für den Mord verantwortlich gemacht und erschien
in der royalistischen Presse als »der unheilvolle Mann, der den revolutionären Tiger gewärmt, genährt und liebkost hat«. »Ja, Herr Decazes«,
ereiferte sich Martainville in *»Le Drapeau blanc«* (»Die weiße Fahne«),

»Sie haben den Herzog von Berry getötet.« Chateaubriand urteilte über ihn noch härter: »Mit dem Fuß ist er im Blut ausgeglitten.«

Nach dem Mord mußte Decazes zurücktreten, und sein Abgang am 20. Februar entwickelte sich zur Katastrophe. Hätte sein Experiment dank einer eindeutig liberalen Politik die Elemente der Linken für die Königsherrschaft gewinnen können? Sein letztendlicher Mißerfolg, der durch die Verhärtung der Opposition und die heftige Reaktion der Ultras herbeigeführt wurde, erlaubte keine Versöhnung im Zeichen des monarchischen Prinzips.

DIE RÜCKKEHR DER ULTRAS

Das Attentat Louvels eröffnete eine neue Periode politischer Gewalttätigkeit. Der alternde Ludwig XVIII., der unter dem Einfluß von Madame du Cayla stand, hatte Decazes geopfert. Richelieu, nicht gerade begeistert, wurde erneut Premierminister. Villèle und Corbière veranlaßten die Ultras, ihn zu unterstützen; in Wirklichkeit wurde er ihr Gefangener. 1818 wollte er sich gemäßigt geben und ohne die Linke gegen die Rechte regieren; 1820 vermochte er ebensowenig gegen die Linke ohne die Rechte zu regieren.

Am 31. März 1820 wurde die Zensur wiedereingeführt. Es verschwanden die »*Minerve*« und die »*Bibliothèque historique*«. Ein neues Wahlgesetz, benannt nach der doppelten Abstimmung, wurde eingebracht. Es sah zwei Wählerkollegien vor: Das Arrondissement wählte 250 Abgeordnete, und das Kollegium im Departement, das sich aus den am höchsten besteuerten Wählern zusammensetzte, bestimmte 172 Vertreter. Die Reichsten stimmten also zweimal ab. Die Debatten verliefen stürmisch. Auf der einen Seite entwickelte Salaberry pathetisch die Argumente der Ultras. Von der anderen Seite ließ sich La Fayette drohend mit der Bemerkung vernehmen, wenn der König nicht ein liberales Regime begünstigen wolle, werde die Linke andere Mittel suchen, um es durchzusetzen.

Der Ton der Opposition wurde heftig und unverschämt. Ironisch erklärte Paul-Louis Carier, der in einer schlichten Ansprache das Projekt bekämpfte, über eine nationale Subskription das Schloßgut Chambord zu kaufen und dem Herzog von Bordeaux, »dem Kind des Wunders«, anzubieten: »Zwölftausend Morgen eingezäuntes Land, das der Park von Chambord umfaßt, das ist ein hübsches Geschenk für jemand, der es anzubauen versteht. Aber was glauben Sie, will ausgerechnet er damit anfangen?«

Die Agitation erfaßte das Land. Die Opposition behauptete, es bliebe ihr keine andere Lösung als die Gewalt, um ihre Freiheiten zu verteidigen. Dies war die Zeit der Geheimbünde und der Militärrevolten. Das erste Komplott ging vom *Bazar français* aus, einem Café in der Rue Cadet in Paris, das den Verschwörern als Versammlungsort diente. Auf halben Sold gesetzte Offiziere wie die Obersten Caron, Fabvrier und Ordener, die sich von den Militärerhebungen in Cádiz inspirieren ließen, bereiteten in Verbindung mit Studenten eine Erhebung vor, die gleichzeitig in Paris, Amiens, Épinal, Colmar und Lyon ausbrechen sollte. Nachdem die Bewegung verraten worden war, ergriff Marmont Maßnahmen, die die Verschwörer entmutigten. Der verhinderte Aufstand hatte letztlich zur Folge, daß er den Triumph der Rechten bei den Wahlen von 1820 sicherte und den Eintritt von Villèle und Corbière in das Kabinett Richelieu begünstigte.

Die Anführer des Komplotts fanden sich in einer weitaus gefährlicheren revolutionären Organisation wieder, der Carbonaria. Diese Gesellschaft, die das Regime erzittern ließ, war unter der Regentschaft Murats in Neapel entstanden. Zwei Studenten, Joubert und Dugied, hatten ihr Prinzip in Frankreich eingeführt. Die Carbonaria war in »Ventas« von zwanzig Männern organisiert, »den guten Vettern«, die pyramidenförmig bis zur obersten »Venta« gruppiert waren, wobei die Abschottung die Regel war. Die ersten Anhänger waren schwärmerische Studenten, die die Unterdrückten gegen die Tyrannen verteidigen wollten. Da es an Führungspersönlichkeiten fehlte, interessierte man La Fayette, Voyer d'Argenson, den Industriellen Koechlin, Manuel und Oberst Fabvrier für die Carbonaria. Man bemühte sich darum, weitere »Ventas« in der Provinz zu gründen: Buchez betreute mit Erfolg den Osten und Dugied die Bretagne. Schwierig gestaltete sich die Niederlassung im Norden und im Südwesten; Marseille wurde allzu scharf überwacht. Abgesehen von Burgund hatte die Carbonaria in Mittelfrankreich wenig zu erwarten. Die Präfekten vermerkten ihre Existenz in etwa dreißig Departements. Der Gesellschaft traten Ärzte bei, Advokaten, Professoren (Cousin, Jouffroy, Dubois, Augustin Thierry), Geschäftsleute, Industrielle (Dollfus) und pensionierte Generäle oder Unteroffiziere im aktiven Dienst. Nach offiziellen Quellen soll sie insgesamt 40000 Personen umfaßt haben – eine Zahl, die übertrieben erscheint. Jeder Carbonaro hatte ein Gewehr und 50 Patronen zu Hause aufzubewahren und auf das vereinbarte Zeichen loszumarschieren.

Worin bestand das Programm der Carbonaria? Zum einen in dem Respekt vor der Volkssouveränität, die von den Bourbonen verhöhnt wurde. »Weder kann noch will die Vereinigung das Recht beanspruchen, Frankreich irgendeine Regierungsform aufzuzwingen«, verkündeten ihre Statuten. Man wünschte die Monarchie zu stürzen und eine Verfassunggebende Nationalversammlung einzuberufen, die dem Lande die Regierungsform geben würde, die es wünschte. Die Taktik bestand darin, im Westen, Osten und im Süden Regimenter aufzuwiegeln, die sich der strategischen Punkte bemächtigen sollten. Ein erster Versuch in Saumur Ende 1821 fiel ins Wasser. Ein zweiter Handstreich im Februar 1822, ebenfalls in Saumur, unter dem Kommando von General Berton scheiterte nach der Einnahme von Thouars. In La Rochelle versuchten Unteroffiziere konspirative Ideen in das 45. Linienregiment zu tragen, gingen dabei jedoch unvorsichtig zu Werke. So wurde ein Aufstandsplan in Verbindung mit dem Versuch Bertons aufgedeckt. In Colmar tappte der Oberstleutnant Caron in eine Falle, die ihm die Polizei gestellt hatte. Diese unkoordinierten und von Hitzköpfen geleiteten Bewegungen waren kaum gefährlich; dennoch wurden sie scharf unterdrückt: Berton und Caron wurden erschossen. Vier Unteroffiziere des Komplotts von La Rochelle, Raoulx, Bories, Pommier und Goubin, wurden nach einem Prozeß in Paris auf der Place de Grève hingerichtet. Ihr mutiges Sterben bewegte die öffentliche Meinung.

Sicher, der Mißerfolg der Komplotte führte zur Auflösung der Carbonaria und befreite die liberale Bewegung von ihren bonapartistischen Elementen, die sie auf die gefährlich schiefe Ebene der militärischen Staatsstreiche zogen; die parlamentarische Aktivität dominierte wieder über die Tendenz zu revolutionärer Gewalt. Doch wurde die Unterdrückung als übermäßig empfunden. Die Legende nahm sich der Unteroffiziere an, und die Lithographie verbreitete das Bild von jungen, mutig für ihr Ideal in den Tod gegangenen Männern. Ihre Hinrichtung schadete dem Regime.

In einem solchen Klima war die gemäßigte Haltung Richelieus zum Mißerfolg verurteilt. Auf der Linken wurde er von den Liberalen angegriffen, die ihm vorwarfen, Österreich gegen die Revolutionen in Europa zu unterstützen, auf der Rechten sah er sich von den heftigsten Ultras, den *Pointus* (den »Maßlosen«, Männern wie La Bourdonnaye und Castelbajac) angegangen, die bedauerten, daß nach den diversen Komplotten eine Anklageerhebung gegen La Fayette zurückgewiesen worden war. Diese *Pointus* setzten im Juli 1821 den Abgang von Villèle und Corbières aus der Regierung durch. Wieso hätten sie nicht bei den Wahlen von Oktober 1821 in ihrer Politik bestärkt werden sollen, als ein Fünftel der Abgeordnetenkammer erneuert wurde? Die Rechte gewann zwölf Sitze zu Lasten der Anhänger Richelieus hinzu.

Die Angriffe setzten bei der Eröffnung der Parlamentsperiode mit einer Adresse an den König wieder ein, in der die Außenpolitik Richelieus getadelt wurde. Richelieu erwog einen Augenblick lang die Auflösung der Kammer, erhielt aber nicht die Unterstützung Ludwigs XVIII., der dem politischen Spiel zunehmend gleichgültig zusah. Am 13. Dezember 1821 reichte Richelieu seinen Rücktritt ein. Er starb fünf Monate später, am 17. Mai 1822.

VILLÈLE

Zwischen 1822 und 1828 beherrschte die starke Persönlichkeit Villèles das politische Leben Frankreichs. Dieser Marineoffizier aus niederem Adel, 1773 in Toulouse geboren, hatte sich im Juli 1789 nach Santo Domingo und Indien eingeschifft und sich dann, 1796, auf der Insel Bourbon (La Réunion) niedergelassen. Die Revolution lernte er also nicht kennen, und die Veränderungen, die sie mit sich brachte, schätzte er später stets sehr negativ ein. Nach seiner Rückkehr nach Toulouse im Jahre 1807 betrieb er ein Gut in Morville, nahm aber im Kaiserreich eine Stelle als Generalrat an. Die Gründe seiner Parteinahme waren mit denen Bonalds vergleichbar: die Gegenrevolution von innen her vorzubereiten. Tatsächlich lebte er in der Erinnerung an das Ancien régime. Als Anhänger der absoluten Monarchie veröffentlichte er 1814 eine kleine Broschüre gegen die geplante *Charte*. Während der Hundert-Tage-Herrschaft Napoleons setzte ihn der Herzog von Angoulême als Bürgermeister von Toulouse ein, in welcher Funktion er von der Zweiten Restauration bestätigt wurde. Danach wurde er in die »Unvergleichliche Kammer« gewählt. Sein Sachverstand bei der Haushaltsdebatte machte Eindruck, und er erwies sich als ausgezeichneter Taktiker im parlamentarischen Feld. Doch war er durch seine schmächtige Erscheinung und seine mangelnde Rednergabe äußerlich benachteiligt.

Obwohl er den Auftrag erhalten hatte, die Regierung zu bilden, wurde er erst am 7. September 1822 Ministerpräsident. Er begnügte sich zunächst mit dem Finanzwesen, während Corbière das Innen-, Peyronnet das Justiz- und der Herzog von Montmorency das Außenministerium übernahmen; Victor, Herzog von Belluno, erhielt das Kriegsministerium. Die Regierung konnte mit der Unterstützung durch die Partei der Ultras rechnen, die bei jeder Rotation eines Fünftels der Abgeordnetenkammer dank des Gesetzes über die doppelte Stimmabgabe verstärkt wurde. Auf diese Weise gelang es im November 1822 als Folge des Schreckens, den die Komplotte der Carbonaria verursacht hatten, die führenden Männer der Linken zu schlagen. Ein Erlaß vom 23. Dezember 1823 schuf 27 neue Pairs, die aus der äußersten Rechten ausgewählt wurden, unter ihnen Bonald. Der Weg für Villèle war also nahezu frei. Bereits 1822 widerrief er die Pressefreiheit, ließ gewisse Schulen schließen und suspendierte die Vorlesungen der »Doktrinäre« Guizot und Royer-Collard, die viele Studenten anzogen. Am 1. Juni 1822 wurde Monsignore Frayssinous zum Großmeister der Universität ernannt.

Im folgenden Jahr griff die Regierung in die Spanienfrage ein. Ferdinand VII., der nach dem Sturz des Kaiserreichs wieder eingesetzt worden war, sah sich rasch mit einer Bewegung liberaler Offiziere konfrontiert, die ihm die erneute Einführung der Verfassung von 1812 aufzwangen. Heimlich flehte der Monarch Europa um Hilfe an. Villèle widerstrebte eine Intervention sowohl aus finanziellen Gründen wie auch aus Mißtrauen gegenüber der Armee, doch wünschte Montmorency ein Eingreifen, weil er die Freimaurer und Voltairianer haßte. Nach seinem Abgang im Dezember 1822 griff sein Nachfolger Chateaubriand die Idee in einer politischen Perspektive erneut auf: Das Prestige der Bourbonen sollte durch einen siegreichen Krieg wiederhergestellt werden. Am 28. Januar 1823, das heißt am Ende des Kongresses von Verona, wurde eine militärische Expedition unter dem Oberbefehl des Herzogs von Angoulême beschlossen. Der Finanzmakler Ouvrard sicherte die Versorgung der Truppen. Es wurde ein »militärischer Spaziergang«. Der Herzog von Angoulême zog vor Cádiz, wo Ferdinand von den Cortes festgehalten wurde, und belagerte es. Die Einnahme des Forts Trocadero am 31. August führte zum Fall der Stadt und befreite den Herrscher. Man empfand Belustigung über Chateaubriand, der »seinen Spanienkrieg« als »das große Ereignis seines Lebens« pries. So schrieb er in den *»Mémoires d'Outre-Tombe«:* »Mit einem Schritt über die spanischen Länder hinwegschreiten, Erfolg haben, wo Bonaparte gescheitert war, auf ebendiesem Boden triumphieren, auf dem die Waffen des fantastischen Mannes Rückschläge erlitten hatten, in sechs Monaten bewerkstelligen, was er in sieben Jahren nicht zustandebringen konnte, das war ein wahres Wunder!« In seinem Ehrgeiz für Frankreich träumte Chateaubriand jedoch von einer großen Außenpolitik. Er brach mit England, gewann die Wertschätzung des Zaren und hoffte so, mit der Auflösung der Heiligen Allianz das linke Rheinufer wieder in Besitz zu nehmen und die Liberalen für die Sache des Königs zu gewinnen.

Hat diese Politik das Wahlergebnis vom 25. Februar 1824 beeinflußt, oder war dafür eher die Desorganisation der Linken seit 1822 verantwortlich? In der Tat hatte die Regierung, die den spanischen Erfolg auszubeuten versuchte, die Kammer am 24. Dezember 1823 aufgelöst. Bei den Wählerkollegien im Arrondissement waren von 258 Gewählten 141 »Regierungsanhänger« und 17 Liberale. Bei den Kollegien im Departement zählte man 170 Ultras und zwei Liberale. In Paris brachte die Opposition nur Casimir Perier, Benjamin Constant und General Foy durch. Geschlagen wurden dagegen La Fayette, Manuel – der sich in der Kammer dem Spanienkrieg heftig widersetzt hatte –, Louis, Delessert, Laffitte... In dieser neuen Kammer, der Ludwig XVIII. den Beinamen »die wiedergefundene Kammer« gab, verzeichnete man 264 Beamte, die bereit waren, den Anweisungen der Regierung zu gehorchen. Die Rechte beherrschte die Kammer. »Damit haben wir ein Repräsentativsystem, das von einer widernatürlichen Opposition gereinigt ist«, las man in *»La Quotidienne«.*

Um jetzt ausreichend Zeit vor sich zu haben, brachte die Regierung am 5. April 1824 einen Entwurf ein, der die jährliche Erneuerung eines Fünftels der Kammer durch eine vollständige Neuwahl der Kammer ersetzte und die Dauer der Legislaturperiode auf sieben Jahre festsetzte. Das Gesetz wurde am 9. Juni 1824 beschlossen und verkündet. Das fünfprozentige Rentenpapier stieg rasch an und überschritt bald die 100-Francs-Marke, ein Beweis für die finanzielle Euphorie.

Mit dem Tode Ludwigs XVIII. am 16. September 1824 verschwand das letzte Hindernis, mit dem die Ultras noch rechnen mußten. Der Graf von Artois, der seinem Bruder unter dem Namen Karl X. nachfolgte, galt als Chef und geistiger Führer der Rechten. Der neue König, eine große, schlanke und elegante Gestalt, verstand zu gefallen und wollte gefallen. Doch aus der Emigration hatte er nichts gelernt. Lediglich der Tod seiner Mätresse, Madame de Polastron, im Jahre 1804 hatte in ihm einen Wandel von freundlicher Frivolität zu glühender Religiosität bewirkt. Mittelmäßige Intelligenz, verbunden jedoch mit Charakterqualitäten, Unverständnis für die durch die Revolution verursachten Veränderungen verbunden mit dem Bemühen, sein Bestes zu geben, ließen Karl X. als eine widersprüchliche, in ihren Überzeugungen jedoch feste Persönlichkeit erscheinen. Wiederholt gab er seiner Ablehnung des parlamentarischen Systems Ausdruck: »Lieber Holz sägen als nach der Art eines Königs von England regieren.« Dies beweist, daß die Haltung der Ultras im Jahre 1815, als sie bei Ludwig XVIII. die Verantwortlichkeit der Regierung vor den Kammern forderten, pure Taktik war. Nun also hatte die Rechte einen König nach ihrem Geschmack. Von jeglicher parlamentarischen Opposition und dank Villèles vorsichtiger Finanzverwaltung von jeglicher finanziellen Sorge befreit, konnte sie endlich das soziale und religiöse Programm der Ultras verwirklichen. »Das Werk der Royalisten ist nicht beendet; es beginnt«, schrieb der Redakteur der Zeitung »La Quotidienne«.

DIE REAKTION

Die Krönung Karls X. am 29. Mai 1825 nach dem alten Ritus in der Kathedrale von Reims gab die Richtung an. Der Klerus nahm seinen Platz wieder ein, den er im Ancien régime innehatte, und zwar so, daß die Liberalen das Vordringen der »Priesterpartei« beklagten. Erneut wurde ab 1822 das Unterrichtswesen in großem Umfang den Geistlichen geöffnet. Monsignore Frayssinous, jetzt Großmeister der Universität, brachte in der Schulverwaltung zahlreiche Mitglieder des Klerus unter: Von 32 Direktoren der königlichen Kollegien waren 22 Priester; unter den 309

Rektoren der kommunalen Schulen zählte man 144 Priester. Ein Drittel aller Lehrer kam aus der Geistlichkeit. Ein Erlaß vom 8. April 1824 bestimmte, daß die Lehrerlaubnis nun auch durch den Bischof und nicht mehr allein vom Rektor erteilt werden könne.

Die Ultras wünschten auch wieder die Einsetzung der Ordensgeistlichkeit und die Einführung des religiösen Prinzips in das Gesetz. Gegen den Willen Villèles beschloß das Kabinett am 21. November 1824, einem Vorschlag Karls X. folgend, zwei Gesetzentwürfe einzubringen: Einer gab der Regierung das Recht, durch Erlaß die religiösen Kongregationen wieder zu eröffnen, der andere führte die Verurteilung der Gotteslästerung – insbesondere die Schändung geweiher Hostien – in die Strafgesetzgebung ein. Die beiden Vorlagen zogen in beiden Kammern besonders heftige Auseinandersetzungen nach sich, vor allem das Gesetz über die Gotteslästerung, das den weltlichen Charakter des Rechts in Frage stellte. »Die reale Präsenz wird zu einer gesetzlichen Wahrheit«, formulierte Royer-Collard ironisch.

Nicht weniger lebhaft verliefen die Diskussionen, als das Problem der Entschädigung der früheren Eigentümer von Nationalgütern angeschnitten wurde, ein Plan, der unter dem Namen »die Milliarde der Emigranten« bekannt wurde. Es ging darum, die auf den Gütern lastende Hypothek zu tilgen, die während der Schreckenszeit beschlagnahmt worden waren und deren Verkauf von den Emigranten auch nach ihrer Rückkehr angefochten wurde. Ein auf 988 Millionen festgelegter Gesamtbetrag ermöglichte die Entschädigung durch Übergabe von dreiprozentigen Rentenpapieren. Der Entwurf hätte die Leidenschaften besänftigen müssen, doch verwandelte sich die Diskussion auf der Linken in einen Prozeß gegen die Emigration, während man auf der Rechten der Revolution den Prozeß machte.

Im sozialpolitischen Bereich gingen die Wogen der Polemik mit dem Gesetzentwurf über das Erstgeburtsrecht hoch. Das Erbrecht, das von der Revolution und dem Kaiserreich übernommen worden war, begünstigte die fortschreitende Zerstückelung der Besitztümer. Ein Entwurf wurde ausgearbeitet, in dessen Präambel die Absicht zum Ausdruck kam, in Frankreich die Aristokratie wieder einzuführen und das Gleichheitsprinzip in Frage zu stellen: »Das Grundeigentum begünstigt die Monarchie; das bewegliche Eigentum neigt, ohne daß dies bewußt wäre, zur Demokratie. Daß die gesetzliche Erbfolgeregel in den Republiken die Gleichheit ist, versteht sich. In den Monarchien aber ist nichts gewisser, als daß es die Ungleichheit sein muß.« Die Vorlage betraf Grundstückswerte, deren Besteuerung über 300 Francs lag. Molé, Pasquier und der Herzog von Broglie bekämpften sie mit Erfolg in der Pairskammer. »Dieses Gesetz«, rief ein Redner, »ist kein Gesetz, sondern ein Manifest gegen den gegenwärtigen Zustand der Gesellschaft; dies ist nur ein Anfang, das Vorspiel zu zwanzig anderen Gesetzen, die, wenn Eure Weisheit keine Ordnung hineinbringt, über uns hereinbrechen werden und der französischen Nation weder den Frieden noch die Ruhe belassen werden, wie sie die letzten vierzig Jahre uns ermöglicht haben.« Auf die Nachricht von der Ablehnung des Hauptartikels hin war Paris am 7. April 1826 hell erleuchtet. Dies war der erste Mißerfolg Villèles.

Die Regierung machte die Presse dafür verantwortlich. Peyronnet verfaßte einen Entwurf, in dessen Begründung er behauptete: »Die Presse ist heutzutage in das letzte Stadium der zügellosesten Freizügigkeit gelangt, und es ist erforderlich, dem ein Ende zu bereiten.« Als Peyronnet diesen Entwurf im »Moniteur« verteidigte, formulierte er einen unglücklichen Satz: »Das eingebrachte Gesetz will ein Gesetz der Gerechtigkeit und der Liebe sein.« Dieser Name blieb ihm. Es verlangte die Einreichung von Broschüren und Büchern im Innenministerium vor ihrer Verbreitung, eine erhöhte Stempelgebühr und die erweiterte Verantwortlichkeit des Herausgebers und des Druckers: Ein Schrei der Empörung erhob sich. Chateaubriand sprach von einem »Vandalengesetz«, Royer-Collard von einem »barbarischen Gesetz«. Selbst die Académie française protestierte in ihrer Sitzung vom 16. Januar 1827 mit 18 Stimmen bei 27 Anwesenden. Ein weiteres Mal brachte die Pairskammer den Entwurf zum Scheitern, und erneut jubelte Paris. Woher kamen die Opponenten? Auf der äußersten Rechten mußte Villèle mit der Partei der »Abtrünnigen« rechnen, das heißt mit den Freunden Chateaubriands. Er war tief darüber verbittert, daß man ihn am 6. Juni 1824 im Grunde genommen aus dem Außenministerium vertrieben hatte. Auch die »Maßlosen« stimmten mit der Linken gegen den Entwurf. Weiter entstand auf der Rechten im religiösen Bereich eine gallikanische Opposition. Ihr Anführer, Graf von Montlosier, griff die Jesuiten an, deren Ausweisung er verlangte, und attackierte die Kongregation, eine mildtätige Vereinigung, die er mit den »Glaubensrittern« vermengte. Sein *Mémoire à consulter sur un système politique et religieux tendant à renverser la religion, la société et le trône*«

(»Abhandlung über ein politisches und religiöses System, das dazu neigt, die Religion, die Gesellschaft und den Thron zu stürzen«) erregte 1826 großes Aufsehen.

Obwohl in der Abgeordnetenkammer in der Minderheit, dehnten die Liberalen ihren Einfluß im Lande unaufhörlich aus. Sicherlich nährte sich der Liberalismus weiterhin aus alten Haßreaktionen gegenüber Klerus und Aristokratie, aber er verführte durch die Verteidigung der Freiheiten auch die nach 1789 geborene Generation, die dem Ökonomen Dupin zufolge von diesem Zeitpunkt an zwei Drittel der Bevölkerung umfaßte. Der Generationswechsel hatte sich beim politischen Personal auf Grund der Wahlbedingungen mit Verspätung durchgesetzt. Daraus ergab sich diese Diskrepanz zwischen dem Handeln der Ultras und der politischen Landschaft. Im Jahre 1823 stellte die nach 1789 geborene Generation 26 Millionen Einwohner und nur 46 000 Wähler, während die Generation, die das Ancien régime noch gekannt hatte, 4 500 000 Einwohner und 53 000 Wähler zählte. Im Jahre 1827 neigte die Mehrheit zur anderen Seite: 60 000 Wählern der neuen Generation standen 40 000 Wähler gegenüber, die der älteren Generation angehörten. In der Politik wie in der Literatur kamen neue Ideen auf. 1815 jagte die Erinnerung an die Ausschreitungen der Revolution noch Angst ein, im Jahre 1827 dagegen nicht mehr. Die Tendenz der Zeit ging zu den Liberalen anstatt zu den Theoretikern der Rechten. Maistre und Bonald hatten ein hohes Alter erreicht, Guizot hingegen war 1787 geboren, Villemain 1790 und Cousin 1792. Die Romantik, die in ihren Anfängen legitimistisch eingestellt war, geriet nach und nach in ein liberales Fahrwasser und verherrlichte das napoleonische Epos. In Ermangelung ihr nahestehender Presseorgane (abgesehen vom »Constitutionnel« und dem »Courrier français«) und von Abgeordneten in der Kammer äußerte sich diese neue liberale Generation in heftigen Demonstrationen anläßlich der Beisetzung des Generals Foy im November 1825 oder Manuels im August 1827. Im Jahre 1824 erschien »Le Globe«. Er wurde von einem entlassenen Professor, Dubois, und einem Druckereiarbeiter, Leroux, begründet und gab die neuen Bestrebungen durch Artikel von Jouffroy, Rémusat oder Sainte-Beuve wieder. Im Umkreis des »Globe« formierte sich die künftige politische Elite der Julimonarchie.

Die Wirtschafts- und Finanzkrise von 1827 trug zur Verstärkung der Unzufriedenheit bei. Zur Finanzkrise im Gefolge des Londoner Bankkrachs vom November 1825 trat eine Agrarkrise nach schlechten Ernten; sie bewirkte einen spektakulären Preisanstieg für den Hektoliter Weizen von 15 Francs im Jahre 1824 auf 18 Francs im Jahre 1826. Im Jahr 1827 hatte die Krise alle Wirtschaftsbereiche erfaßt.

Am 29. April nahm der König die Parade der Nationalgarde ab. Dabei wurden Rufe »Nieder mit den Jesuiten! Nieder mit den Ministern!« laut. Der König schenkte dem keine Beachtung, aber zwei Legionen, die am Finanzministerium entlangmarschierten, verhöhnten Villèle. Wütend erreichte dieser von Karl X. die Auflösung der Nationalgarde. Die Garden gingen nach Hause, jedoch mit ihren Waffen. Unausweichlich brachen Unruhen im Quartier Latin aus, und Polizeidirektor Franchet d'Esperey schickte bestürzte Berichte an Villèle. Daraufhin wurde die Zensur wieder eingeführt, aber Villèle wollte noch weitergehen. Trotz aller Warnungen der pessimistischen Präfekten ließ er den König drei Erlasse unterzeichnen: Auflösung der Kammer, Abschaffung der Zensur (die während des Wahlkampfs nicht aufrechterhalten werden konnte) und Ernennung von 88 neuen Pairs, um die Mehrheit in deren Kammer zu verändern. Damit wollte Villèle die Opposition einschüchtern. Tatsächlich bewirkte er aber nur damit, sie gegen sich aufzubringen, und sie griff die Herausforderung auf. Chateaubriand gründete die »Gesellschaft der Freunde der Pressefreiheit«, die Richter, Bankiers, Schriftsteller und Politiker versammelte; der Herzog von Orléans schrieb sich mit 10 000 Francs ein. Wirkungsvoller wurde die Organisation »*Aide-toi, le ciel t'aidera*« (»Hilf dir, und der Himmel wird dir helfen«) von Guizot. Sie verfolgte ein doppeltes Ziel: die Verbindung zwischen Paris und der Provinz herzustellen und Ratschläge für die Vorbereitung der Wahlkampagne zu geben, etwa durch die Gründung von Komitees, Veröffentlichung von praktischen Broschüren wie dem »*Formulaire électoral*« (»Wählerformular«) und der Überprüfung der Wählerlisten. Auf ihnen erschienen mehr als 20 000 neue Namen, die aus Betrug oder Nachlässigkeit zuvor weggelassen worden waren.

Villèle setzte nun seine Hoffnung auf eine Überraschungsaktion. Die Auflösung der Kammer erfolgte am 5. November, und die Neuwahlen wurden auf den 17. November angesetzt. Doch innerhalb von zwölf Tagen entstanden die Komitees, und die Führungskräfte der beiden oppositionellen Gruppen auf der Rechten wie auf der Linken taten sich zusammen, um eine gemeinsame Kampagne zu starten. Die Liberalen behielten sich Paris vor, die Provinz wurde aufgeteilt. Die Ergebnisse übertrafen die

Erwartungen der Liberalen, die 180 Sitze errangen, während die Rechts-opposition auf 75 Sitze kam. Die Regierungsanhänger erreichten 180 Sitze. Villèle versuchte sich zu halten, doch seine Bemühungen scheiter-ten. Er wollte Polignac nicht, den Karl X. ihm aufzwingen wollte, und umgekehrt lehnte der König den Eintritt Chateaubriands in das Kabinett ab, obwohl diese Ernennung der Regierung die »Maßlosen« zugeführt hätte. Im Januar 1828 mußte Villèle zurücktreten.

DAS EXPERIMENT MARTIGNAC

Karl X. bequemte sich nun dazu, eine Regierung der rechten Mitte zu bilden. Sie wurde von einem Anwalt aus Bordeaux, Martignac, geleitet, der sich selbst das Innenministerium vorbehielt. Die Zusammensetzung des Kabinetts war wenig homogen. Ins Außenministerium kam der ziem-lich farblose Graf von La Ferronays, die Marine übernahm der Graf von Chabrol de Crouzol, den Handel ebenfalls ein Graf, Saint-Cricq. Roy, ein Großbürger, der in der Revolution reich geworden und in der Restaura-tion geadelt worden war, erhielt das Finanzministerium; Portalis, der Sohn des Ministers unter Napoleon, wurde Justizminister. Chateaubriand erhielt die Botschaft in Rom.

Nach den Vorstellungen Karls X. handelte es sich um ein Übergangs-kabinett, bis die Situation für Polignac reif würde. Für die Öffentlichkeit lief es auf ein konstitutionelles Experiment hinaus, das auf dem Respekt vor der *Charte* begründet war. Martignac verpflichtete sich den Liberalen: Er ließ die Vorlesungen von Guizot und Cousin wieder zu, lockerte mit dem »Gesetz Portalis« das Presseregime, begrenzte die Zahl der Schüler in den »kleinen Seminaren« auf 20000 und ließ mehrere Jesuitenkollegien schließen. Die Polizei wurde personell umgestaltet. Die Direktion für die allgemeine Polizei unter Franchet d'Esperey, der den »Glaubensrittern« angehörte, war kritisiert worden: Nun verschwand sie einfach. In der Polizeipräfektur machte Delavau, ein Mann der Ultras, einem königlichen Staatsanwalt beim Gericht der ersten Instanz namens Belleyme Platz, der die ersten Polizisten in Uniform einführte, die berühmten Stadtser-geanten.

Doch die Mehrheit blieb in sich uneins, und Martignac stürzte über die

Verwaltungsreform. Nach den Ultras stellten nun auch die Liberalen die napoleonische Zentralisation in Frage. Entsprechend ihrer Auffassung sollten die Bürger an den lokalen Angelegenheiten Anteil nehmen. Aber Karl X. hatte wenig Interesse, das Wahlprinzip in das politische Leben von Gemeinde und Departement einzuführen. Die Vorschläge Martignacs, denen sich der König nur mit halbem Herzen anschloß, erschienen den Liberalen nicht ausreichend: Präfekten, Unterpräfekten und Bürgermeister sollten weiterhin von der Regierung ernannt werden. Lediglich für die Bürgerverordneten auf der Ebene der Gemeinden und Departements war die Wahl vorgesehen und auch diese nur nach einem komplexen System, das darin gipfelte, das Recht auf Wahl und Wählbarkeit einer Minderheit von Notabeln vorzubehalten. Da es niemand zufriedenstellte, war das Projekt zum Scheitern verurteilt und die Regierung mit ihm. Eine Umbildung im Mai 1829, auf Grund derer Portalis ins Außenministerium wechselte und Bourdeau von der linken Mitte ins Justizministerium eintrat, zeigte keine Wirkung. Am 8. August wurde Martignac abgelöst.

Ein weiteres Mal scheiterte ein – sehr bescheidener – Versuch, die Dynastie und die liberalen Ideen miteinander in Einklang zu bringen. Entgegen den Hoffnungen Martignacs bildete sich keine Mehrheit der Mitte heraus. Frankreich blieb zweigeteilt. Doch nach der Entlassung Martignacs gab der König seine Schiedsrichterposition auf und schlug sich eindeutig auf die Seite der Ultras. »Wir tun, was wir können«, bekannte Martignac. »Aber was wir können, besteht darin, die Monarchie bis an den Fuß der Treppe zurückzuführen, während man sie sonst aus dem Fenster stürzen würde.« Die Kraftprobe kam gefährlich näher.

IN RICHTUNG REVOLUTION

Ohne sich um die Mehrheit in der Abgeordnetenkammer zu kümmern, berief der König einen Jugendfreund, den Prinzen von Polignac, an die Spitze des Kabinetts. Er war der Sohn einer früheren Vertrauten Marie Antoinettes, ein Emigrant, der 1804 in die Verschwörung Cadoudals verwickelt und im Kaiserreich in Haft gehalten worden war. Er gebärdete sich noch extremer als die Ultras; er besaß zwar Qualitäten, hatte aber auch einen Fehler, seine Halsstarrigkeit, die ihn schließlich scheitern ließ.

La Bourdonnaye wurde sein Innenminister, während Bourmont das Kriegsministerium übernahm. Die Linke verstand es, die Unpopularität der neuen Minister auszuschlachten. »Koblenz, Waterloo, 1815 ... Preßt, drückt diese Regierung aus, heraus tropfen doch nur Erniedrigungen, Unglück und Gefahren«, schrieb der Redakteur des »*Journal des débats*«. La Bourdonnaye warf man die Exzesse des »Weißen Terrors« vor, Bourmont seine Fahnenflucht am Vorabend des Feldzugs in Belgien und Polignac die Emigration. Hinzu kam, daß man über zwei seiner Günstlinge eine Rückkehr Villèles wahrzunehmen glaubte, nämlich Montbel für das Erziehungswesen und Chabrol de Crouzol für die Finanzen. Noch nie hatte ein Kabinett einen derart deutlichen Rechtsruck vollzogen. Der Konflikt mit der Abgeordnetenkammer war unvermeidlich. Alsbald häuften sich die Rücktritte: Belleyme verließ die Polizeipräfektur, Chateaubriand verzichtete auf seinen Botschafterposten in Rom.

Die Opposition geriet wieder in ein antidynastisches Fahrwasser. Auf ihrer Linken bildete sich eine republikanische Partei. Einige junge Leute gründeten im Sommer 1829 zwei Zeitungen, »*La Tribune des départements*«, die Armand Marrast aufnahm, und »*La jeune France*«. Ihr Programm blieb wirr. »Unter Republikanismus«, las man in »*La jeune France*«, »verstehe ich diesen Durst nach Gleichheit und Gerechtigkeit, diese allgemeine Verachtung, die man für soziale Unterschiede empfindet, die sich nicht vom persönlichen Verdienst herleiten, dieses Bedürfnis nach Kontrolle aller Handlungen der Staatsgewalt, schließlich dieses Bewußtsein für die Würde des Menschen und des Bürgers, der ihn der Willkür entgegentreten und gegen die Idee des Despotismus sich auflehnen läßt.« Nach und nach gewann die Bewegung an Substanz; vor allem Studenten, darunter ein Neffe Dantons, Journalisten und einige Arbeiter strömten ihr zu.

Auf dem rechten Flügel innerhalb dieser Opposition erschien eine orleanistische Partei. Da Karl X. sich weigerte, als konstitutioneller Herrscher in Übereinstimmung mit der *Charte* zu regieren, warum sollte man ihn nicht durch den Herzog von Orléans ersetzen? Im Januar 1828 hatte Cauchois-Lemaire einen offenen Brief an den Herzog von Orléans gerichtet und ihn darin aufgefordert, die Führung der Opposition gegen die Bourbonen zu übernehmen. Dieser verfrühte Schritt wurde von den

Liberalen mißbilligt, doch die Idee bahnte sich ihren Weg. Zwischen dem Herzog und der liberalen Partei existierten zahlreiche Verbindungen: Hatte er nicht Laffitte als Bankier und den Anwalt Dupin als juristischen Berater? Talleyrand und Baron Louis begannen, zu seinen Gunsten zu intrigieren. In den Salons der Opposition erinnerte man an den englischen Präzedenzfall von 1688, der »die Personen ausgewechselt hatte, ohne die Institutionen zu verändern«. Um die orleanistische Idee in die öffentliche Diskussion zu bringen, gründeten drei junge Journalisten, Armand Carrel, Thiers und Mignet, mit Unterstützung Talleyrands ein neues Blatt, »Le National«. Ihre Taktik bestand darin, »die Bourbonen in die *Charte* einzuschließen«, um sie zum Staatsstreich zu treiben. »Ich werde ihnen alle Türen verschließen, so daß sie aus dem Fenster werden springen müssen«, sagte Adolphe Thiers. »*Le National*« machte sich für das parlamentarische System nach englischem Muster stark, für die enge Abhängigkeit der Regierung von den Kammern und für einen König, der außerhalb der politischen Auseinandersetzungen steht: »Der König herrscht, aber er regiert nicht.«

Der Konflikt brach bei der Eröffnung der Parlamentsperiode im März 1830 aus. Auf die Thronrede vor der Deputiertenkammer erwiderten 221 Abgeordnete mit einer Entschließung: »Die *Charte* hat aus dem ständigen Zusammenwirken der politischen Ideen Ihrer Regierung mit den Wünschen Ihres Volkes die unverzichtbare Bedingung für den regelmäßigen Gang der öffentlichen Angelegenheiten gemacht. Majestät, unsere Loyalität, unsere Ergebenheit zwingen uns, Ihnen zu sagen, daß dieses Zusammenwirken nicht existiert.« Die Adresse wies dem König die Rolle des Schiedsrichters zwischen der Regierung und der Kammer zu und ließ ihm die Möglichkeit, die Minister zu entlassen. Karl X. lehnte dies ab. In der nachfolgenden Kabinettssitzung schlug Montbel vor, die Kammer zu vertagen und sie dann aufzulösen. Alle übrigen Minister vertraten dieselbe Ansicht außer Guéron-Ranville. Er warf ein, daß die sofortige Auflösung der Kammer den König in einen Konflikt stürzen werde; es sei vielmehr erforderlich, die Abgeordneten mit ihren Verantwortlichkeiten zu konfrontieren, insbesondere bei der Haushaltsabstimmung, bevor man ihre Auflösung ausspreche. Doch man hörte nicht auf ihn. Durch Erlaß vom 16. Mai wurde die Abgeordnetenkammer aufgelöst, und man schrieb Wahlen für den 23. Juni und 3. Juli aus.

In den Tuilerien herrschte Optimismus. Nach den Berichten der Präfekten sollte die Regierung eine Mehrheit von 30 bis 40 Sitzen erreichen. Seit dem Sommer 1829 hatte sich die wirtschaftliche Lage gebessert. Man baute auf die Aktivität des Klerus und mehr noch auf die Strafexpedition gegen den Dei von Algier, dem man die Schuld an der Mißhandlung französischer Kaufleute und der Beleidigung des französischen Konsuls gab. Hatte nicht auch der Krieg in Spanien die Wahl der »Wiedergefundenen Kammer« begünstigt? Die Expedition war eher ein Prestigeunternehmen als eine koloniale Eroberung. Von 1815 bis 1821 hatte Baron Portal sowohl an der Spitze der Kolonialverwaltung wie auch als Marineminister eine aktive Politik betrieben: Wiedereinführung des »Exklusivhandels«, worunter die Ausdehnung des Handels des Mutterlandes zu Lasten der Siedler zu verstehen war, die Ausbeutung des Senegal durch Schmaltz, die Anerkennung neuer Niederlassungen auf Madagaskar durch Sylvain Roux, die Reise René Cailliés nach Boundou (Senegal) im Jahre 1818... Doch die weitgespannten Perspektiven Portals hatte Villèle gestutzt, der die Kolonialpolitik schlicht unter dem Aspekt der Wirtschaftspolitik betrachtete.

Mit Polignac kehrte wieder mehr Kühnheit ein. Um die Beleidigung zu rächen, die dem französischen Konsul am 30. April 1827 durch den Dei von Algier zugefügt worden war, begann man mit einer – wenig wirksamen – Blockade des Hafens unter der Führung Martignacs. Doch die Situation verschlechterte sich, und Karl X. entwarf in seiner Thronrede vom 3. März 1830 die Idee einer Expedition. Sie zielte darauf, die Versklavung der Untertanen des Dei und die Piraterie, die Ursache für die Unsicherheit im Mittelmeer, zu beseitigen. Am 14. Juni landeten die Streitkräfte Bourmonts (37000 Mann und eine Flotte von 453 Schiffen) am Strand von Sidi-Ferruch. Algier fiel am 4. Juli. Der Dei kapitulierte am 5. Juli, gefolgt von den Beis von Titteri und Oran. Die Prestigeoperation war geglückt. Jetzt hieß es, daraus in Frankreich Gewinn zu schlagen.

Der König hatte das politische Schlachtfeld persönlich betreten. Am 14. Juni erklärte er: »Die Natur der Regierung wäre verändert, wenn schuldhafte Verletzungen meine Vorrechte schwächten. Erfüllt Eure Pflichten; ich werde die meinen zu erfüllen wissen.« Die Wähler blieben gegenüber diesem Aufruf wie gegenüber der Expedition nach Algier gleichgültig, deren Konsequenzen sie schlecht ermessen konnten. Die Opposition, die gut organisiert und in dieser Art von Auseinandersetzung bewandert war, kannte nur eine Losung: die 221 Volksvertreter wiederzuwählen, ob sie von der Rechten oder von der Linken kamen. Sie zog mit 274 Abgeordneten ein, während die Anhänger Polignacs auf 143 kamen. Aber die Wähler hatten sich gegen die Regierung ausgesprochen, nicht gegen den König, trotz dessen unvorsichtigem Engagement. Ein Kompromiß schien vielleicht möglich. Niemand sprach von Revolution, selbst wenn bei einigen die Lust dazu aufkam. Das Volk schien wenig geneigt, sich zu erheben. Abordnungen aus der Bevölkerung defilierten voller Respekt für den König in den Tuilerien. Der Redner der Köhler scheute sich nicht zu erklären: »Jeder ist Herr in seinem Haus, seien Sie auch der Herr in Ihrem Königreich.« Alles hing nun von Karl X. ab.

KAPITEL XIV

Die Revolution von 1830

Sollte sich Karl X. dem durch gesetzliche Wahl vertretenen Land beugen? Er hätte damit den parlamentarischen Charakter der Monarchie anerkannt – für die Liberalen das wichtigste Zugeständnis, das jedoch die Ultras nicht akzeptieren konnten. Eine Monarchie sollte es sein, aber keine konstitutionelle Monarchie. Die Lagebeurteilung, die der König vor seinen Ministern entwickelte, sah so aus: »Der Geist der Revolution besteht ganz und gar in den Männern der Linken fort; indem sie die Regierung angreifen, haben sie es auf die Monarchie abgesehen, wollen sie das monarchische System stürzen. Ich habe in diesem Punkt leider mehr Erfahrung als Sie, meine Herren, die nicht das Alter haben, um noch die Revolution gesehen zu haben. Ich erinnere mich an das, was damals geschah: Der erste Rückzieher, den mein unglücklicher Bruder tat, war das Signal für seinen Untergang... Sie geben vor, nur gegen Sie anzugehen, sie sagen zu mir: ›Entlassen Sie Ihre Minister, und wir werden uns verstehen.‹ Ich werde Sie aber nicht entlassen, erstens weil ich Sie, meine Herren, schätze und Ihnen mein ganzes Vertrauen schenke, aber auch weil sie, wenn ich dieses Mal ihren Forderungen nachgeben würde, uns schließlich behandeln würden, wie sie meinen Bruder behandelt haben.«

DIE ERLASSE UND DIE ERHEBUNG

Die Berater Karls X. vertraten die Ansicht, daß ein Zugriff auf Artikel 14 der *Charte*, der bestimmte, daß der König »die für die Ausführung der Gesetze und die Sicherheit des Staates erforderlichen Maßnahmen und Verordnungen verfügt«, gerechtfertigt sei.

Polignac und Peyronnet bereiteten die Texte vor. Die erste Verordnung führte die vorherige Genehmigung für Zeitungsbeiträge wieder ein, da man der Presse eine Mitschuld an der Wahlniederlage der Ultras vorhielt. »Sie ist lediglich ein Instrument der Unordnung und des Aufruhrs«, sagte man in den Tuilerien. Ein zweiter Erlaß verkündete die Auflösung der Kammer, die sich noch gar nicht konstituiert hatte. Als Motiv wurden Manöver und Pressionen angeführt, die die Wahlen verfälscht hätten. Die dritte Verordnung veränderte das Wahlgesetz. Da die Geschäftswelt nicht regierungskonform gewählt hatte, sah sie sich vom Wahlrecht ausgeschlossen: Die Gewerbesteuer sollte nicht mehr in die Berechnung des Zensus einfließen, so daß künftig allein die grundbesitzende Aristokratie das politische Stimmrecht besessen hätte. Die Zahl der Abgeordneten wurde auf 258 Personen verringert. Die letzte Verordnung legte das Datum der Neuwahlen fest.

Dies bedeutete die Kraftprobe mit der Opposition. Die Wirtschaftskonjunktur ließ dies zu. Polizeipräfekt Mangin stellte fest, daß in großem Stil Arbeitskräfte eingestellt wurden und die Löhne spürbar anzogen, so daß also von seiten der Arbeiter nichts zu befürchten war. Die Versorgung der Hauptstadt gab zu keiner Beunruhigung Anlaß. Nach der Adresse der 221 (vgl. S. 341) hatte die Auflösung der Kammer keinerlei Unruhe hervorgerufen. Warum sollten sich die Dinge bei den Erlassen anders entwickeln, die letztendlich nur das gesetzlich vertretene Land interessierten?

Die zwölftausend Soldaten, die innerhalb von Paris stationiert waren, mußten für die Aufrechterhaltung der Ordnung ausreichen. Mangin machte deutlich, daß keinerlei Aufstand zu befürchten war. Der König ging nach Rambouillet zur Jagd, bevor er seinen Palast in Saint-Cloud wieder aufsuchte.

Diese Sorglosigkeit unterschätzte die Reaktionen der Opposition. Sofort nach dem Bekanntwerden der Erlasse hatte Thiers auf ihren ungesetzlichen Charakter hingewiesen. Ausschließlich Gesetze, nicht aber Erlasse konnten den Status der Presse und die Wahlbedingungen zur Kammer regeln. Handwerker und Geschäftsinhaber empfanden den Ausschluß der Gewerbesteuer als Beleidigung. Die Drucker, die Elite unter den Arbeitern, empörten sich über die Wiedereinführung der Zensur. Geschürt wurde das Feuer von den Bonapartisten und den Republikanern, die vom Sturz der Monarchie träumten.

Die Verordnungen wurden am 26. Juli 1830 gleichzeitig mit einem

Erlaß des Polizeipräfekten veröffentlicht, der die Publikation von Zeitungen ohne vorherige Genehmigung ihrer Artikel durch das Innenministerium untersagte. Trotzdem erschienen am folgenden Tag, dem 27. Juli, *»Le National«, »Le Temps«* und *»Le Globe«* ohne die erforderliche Genehmigung. Sie veröffentlichten einen feierlichen Protest ihrer Redakteure gegen die Verordnungen. Unverzüglich gab der Polizeipräfekt Befehl, die Druckerpressen der drei Blätter zu beschlagnahmen; darüber hinaus ergingen Haftbefehle gegen die Unterzeichner des Protestes. In der Druckerei des *»Temps«* kam es zu Zwischenfällen, und die Agitation erfaßte die Straße. Zahlreiche Handwerker hatten ihre Läden geschlossen, und die untätigen Arbeiter zogen, zum Losschlagen bereit, durch die Straßen. Es bildeten sich Ansammlungen. Dann erfuhr man, daß Marmont mit dem Oberkommando über die Pariser Garnison beauftragt worden war. Der Name des Herzogs von Ragusa war seit 1814 zum geflügelten Wort geworden: für *trahir (verraten)* sagte man *raguser*. Seine Ernennung mußte als Provokation wirken.

Zwei Barrikaden wurden in der Nähe des Palais Royal errichtet, doch Marmont bemühte sich, die strategischen Punkte der Hauptstadt zu besetzen; diese Operation lief nicht ohne einigen Widerstand ab. Ein Aufständischer wurde getötet. Während die Minister der Ultras beschlossen, über Paris den Belagerungszustand zu verhängen, hielt eine Gruppe republikanischer Wähler, im allgemeinen ehemalige Carbonari, den Zeitpunkt einer Erhebung für gekommen. Mit einem Mal verschärfte sich die Lage.

Am Mittwoch, dem 28. Juli, bemächtigte sich eine buntgemischte Menge aus Studenten, Arbeitern, ehemaligen Soldaten und Nationalgarden, die, wie schon erwähnt, ihre Waffen behalten hatten, verschiedener Waffendepots und errichtete Barrikaden. Schnell waren Rathaus und Notre-Dame von den Aufständischen besetzt. Marmont wurde unruhig und alarmierte den König: »Dies ist kein Aufruhr mehr, das ist eine Revolution. Es ist dringend erforderlich, daß Eure Majestät Maßnahmen zur Befriedung ergreife.« Als er keine Antwort erhielt, sah sich Marmont zur Gegenoffensive gezwungen. Sie bestand darin, daß er die großen Verkehrsadern räumen ließ, wobei er es allerdings vermied, auf die Aufständischen schießen zu lassen.

Die Aufgabe war schwierig: Es herrschte drückende Hitze, die zerstörten Barrikaden wurden alsbald wieder errichtet, und die in die Häuser geflüchteten Aufrührer schossen auf die Soldaten und bombardierten sie mit allen möglichen Geschossen. Insgesamt verloren die Regierungstruppen 2500 Mann an Toten, Verwundeten oder Deserteuren ... Die Gemäßigten, Perier und Laffitte, wurden bei Marmont vorstellig. Der König möge seine Erlasse zurückziehen und seine Minister entlassen, im Gegenzug dazu wollten sie sich für die Wiederherstellung der früheren Ordnung stark machen. Polignac lehnte ab, und Marmont mußte sich auf den Louvre zurückziehen.

Am nächsten Tag gingen die Aufständischen zum Angriff über. Nach einem Überraschungsangriff fiel der Louvre, während die Truppen Marmonts flohen und sich auflösten. Als Talleyrand sie unter den Fenstern seines Stadtpalastes in der Rue Saint-Florentin auf ihrer Flucht vorübereilen sah, soll er auf seine Uhr geschaut haben. »Um zwölf Uhr fünf hat der ältere Zweig der Bourbonen aufgehört zu regieren.« In der Tat befand sich die Hauptstadt in den Händen der Aufständischen.

Doch das Lager der Sieger war bei weitem nicht einheitlich. Während die liberalen Abgeordneten eine städtische Kommission bildeten, die sich aus Laffitte, Casimir Perier, Schonen, Audry de Puyraveau und General Mouton zusammensetzte, und während La Fayette von ebendieser Kommission den Oberbefehl über die Nationalgarde – wie übrigens auch 1789 – erhielt, ertönten in den Straßen solche Rufe wie »Es lebe der Kaiser!« bis hin zu »Es lebe die Republik!« Tatsächlich dachten einige an die Einsetzung Napoleons II. – eine im übrigen unrealistische Perspektive, da der Herzog von Reichstadt ja in Schönbrunn festgehalten wurde. Andere, und ihre Zahl war größer, behaupteten, daß die monarchische Lösung im Bankrott geendet habe und man zum Jahre 1792 zurückkehren müsse. La Fayette selber träumte davon, ein französischer Washington zu werden. Verwirrend war außerdem die Feststellung, daß nicht die Vorstadt Saint-Antoine das Gros der Arbeiter-Bataillone gestellt hatte, sondern die Stadtviertel im Zentrum von Paris. Dort drängte sich ein Proletariat von Neuankömmlingen, deren politische Absichten unklar blieben. Handelte es sich bei ihnen um einen Ausbruch aus dem Elend, der ja immer schwierig zu kontrollieren war?

In Saint-Cloud dachte der König nach wie vor, es sei noch nichts verloren. Schlimmstenfalls erwog man eine Abdankung zugunsten des Herzogs von Bordeaux, des »Kindes des Wunders«, währenddessen ein Regentschaftsrat gebildet würde, in den auch La Fayette eintreten sollte. Thiers favorisierte eine andere Lösung. Er schlug als neuen König den

Herzog von Orléans vor, eine Lösung, die den Vorteil bot, eine Regierung in monarchischer Form beizubehalten, während sie zugleich diejenigen beruhigte, die nostalgisch an 1789 dachten. Die Proklamation, die Thiers vorbereitete, war sehr geschickt abgefaßt: »Karl X. kann nicht mehr nach Paris zurückkehren, er hat das Blut des Volkes fließen lassen. Die Republik würde uns schrecklichen Spaltungen aussetzen, sie würde uns mit Europa überwerfen. Der Herzog von Orléans ist ein Fürst, der der Sache der Revolution ergeben ist. Der Herzog von Orléans hat niemals gegen uns gekämpft. Der Herzog von Orléans war (1792) in Jemappes dabei. Der Herzog von Orléans hat die Farben der Trikolore im Feuer getragen, der Herzog von Orléans kann sie als einziger noch tragen; wir wollen keinen anderen. Der Herzog von Orléans hat Stellung bezogen; er akzeptiert die *Charte*, wie wir sie stets gewollt und verstanden haben. Er wird seine Krone vom französischen Volk erhalten.« Es fehlte nur noch seine Zustimmung.

DIE KONFISZIERTE REVOLUTION

Auf eine Erhebung von Republikanern mit der Unterstützung von Studenten, ehemaligen Soldaten und von Arbeitern aus den ärmsten Stadtvierteln in Paris wurde also eine orleanistische Intrige gepfropft. Am Ende des Vormittags am 30. Juli 1830 begab sich Thiers im Auftrag Laffittes nach Neuilly, wo der Herzog von Orléans wie immer im Sommer residierte. Dieser hatte sich in den kleinen Pavillon von Le Raincy zurückgezogen, um kompromittierenden Kontakten aus dem Wege zu gehen. Daher traf Thiers nur die Herzogin und die Schwester des Herzogs, Madame Adélaïde, an. Er nahm ihre Zustimmung mit. Man mußte schnell handeln und die republikanischen Ideen überholen, die »den Vorteil hatten, sich allen Bestrebungen zu öffnen und keine Hoffnung zurückzuweisen«, schrieb Bérard in seinen Erinnerungen. 92 Abgeordnete, die im Palais Bourbon versammelt waren, beschlossen, dem Herzog von Orléans die Generalstatthalterschaft des Königreichs anzutragen. Mortemart, den Karl X. soeben an Stelle Polignacs zum Ministerpräsidenten ernannt hatte, brachte als sein Abgesandter zwar Konzessionen mit, kam aber gegen den Lärm nicht an. »Ich erklärte ihm«, schrieb Bérard, »daß es jetzt nicht mehr darum gehe, wie er noch zu glauben schien, zu wissen, wer König sein werde, Karl X. oder der Herzog von Orléans, sondern vielmehr zu wissen, wer die Zustimmung des Volkes haben werde, der Herzog von Orléans oder die Republik.« Während Mortemart auf Protestgeschrei stieß und die Republikaner La Fayette aufforderten, die Einführung einer Volksbefragung über die Regierungsform beschließen zu lassen, intensivierte die städtische Kommission, die sich in eine provisorische Regierung verwandelt hatte, die Kontakte mit dem Herzog von Orléans, der ins Palais Royal zurückgekehrt war.

Die Entscheidung fiel am 31. Juli. Der Herzog von Orléans, der in der Uniform der Nationalgarde ins Rathaus gekommen war, erschien auf dem Balkon, wo ihn La Fayette, in eine Trikolore gehüllt, umarmte. Die Menge klatschte Beifall. Vielleicht applaudierte sie La Fayette, vielleicht aber auch der Trikolore; die Organisatoren dieser Umarmung schlossen jedenfalls daraus, daß der Herzog von Orléans gemeint sei. Somit sah sich dieser durch Akklamation in sein Amt gesetzt, während sich die Nachricht verbreitete, daß Karl X. nach Rambouillet geflüchtet sei. Eines war sicher: Die Republikaner sahen sich ausgespielt. »Wir waren nicht stark genug«, bekannte später Cavaignac, einer ihrer führenden Köpfe.

Am folgenden Tag legte die provisorische Regierung ihre Funktionen in die Hände des Herzogs von Orléans. Dieser bestimmte die Minister und berief die Kammern für den 3. August ein. Karl X. ernannte hingegen den Herzog von Orléans zum Generalstatthalter, um die Monarchie zu retten. Danach dankte er zugunsten seines Enkels, des Herzogs von Bordeaux, ab und vertraute die Regentschaft dem Generalstatthalter an. Für den Herzog von Orléans ergab sich somit eine verwirrende Situation; er entzog sich ihr, indem er sich hinter der Autorität der Kammern verschanzte, die allein über die Folgen aus der Abdankung Karls X. zu befinden hatten: »Ich erhalte meine Macht nur durch die Volksvertreter«, erklärte der Herzog von Orléans, »und ich kann keine andere Investitur akzeptieren.«

Es kam nun darauf an, Karl X. möglichst schnell zu vertreiben. Eine Gruppe von Demonstranten machte sich auf den Weg nach Rambouillet, wo sich die königliche Familie aufhielt. Weit davon entfernt, Widerstand zu organisieren, flüchtete der König mit seiner Familie zunächst nach Maintenon und dann nach Cherbourg, in Richtung England. Der Weg war frei für den Herzog von Orléans. Im Glauben, daß der Thron vakant sei, schoben die im Juli gewählten Abgeordneten Heinrich V. beiseite und proklamierten am 7. August 1830 Louis-Philippe I. zum König der Franzosen von Gottes Gnaden und durch den Willen der Nation.

VOM SINN EINER REVOLUTION

Im Konflikt mit den Ultras blieben die Liberalen Sieger. Doch um welchen Preis! Natürlich trug Karl X. wegen seiner Uneinsichtigkeit einen großen Teil der Verantwortung. Aber hätte der Herzog von Orléans, nachdem die Erlasse annulliert und Polignac entlassen war, nicht dafür sorgen müssen, daß Heinrich V. akzeptiert würde, und die Regentschaft übernehmen müssen? Zu keinem Zeitpunkt schien er dies ins Auge gefaßt zu haben. Ging er davon aus, daß diese Lösung nicht praktikabel war, oder setzte er auf die eigene Karte? Auf jeden Fall beging er einen schweren Fehler: Der Begriff der Legitimität verschwand. Der neue König bezog seine Macht weder aus dem Geblütsrecht noch aus der Volkssouveränität. Die Julimonarchie entstand schlicht aus den Intrigen einiger Männer wie Thiers, Laffitte und Casimir Perier, die, auch wenn sie sich auf das nationale Interesse beriefen, nur für ihre eigenen Interessen arbeiteten. Der Dynastiewechsel unterschied sich von einer Palastrevolution im orientalischen Stil nur durch das Eingreifen des Volkes. Tatsächlich wurde das monarchische Prinzip in Frankreich mit den Julitagen zu Grabe getragen.

In ihren unmittelbaren Auswirkungen bedeutet die Revolution von 1830 den Sieg der Trikolore über die weiße Fahne, das heißt der Bourgeoisie Voltaires über den klerikalen Adel. Seither wurde das Erbe der Revolution nicht wieder in Frage gestellt. Karl X. war in Reims nach einem Ritus aus der Vergangenheit gekrönt worden, den die Kirche durchgesetzt hatte; Louis-Philippe schwor in einem Saal des Palais Bourbon in Gegenwart von etwa 200 Notabeln, hauptsächlich Bankiers, Industriellen oder Juristen, die *Charte* zu achten. Die Verfassungsurkunde von 1815 wurde überarbeitet, der Zensus gelockert: Es genügten 200 Francs, um Wähler zu sein, 500 Francs, um wählbar zu sein. Da der Katholizismus nur noch die Religion der Mehrheit der Franzosen war, verschwand die Krönung, was die Trennung des religiösen vom politischen Bereich zumindest in den Grundsätzen verankerte.

Die Revolution von 1830 war eine Pariser Revolution. Ein Bürger von Paris namens Bazin schrieb am 10. August an einen Freund: »Nachdem unsere Revolution vollbracht war, haben wir sie mit der Post in die Departements geschickt; sie brauchten uns nur noch den Eingang zu bestätigen.« Nur im Westen Frankreichs gab es einigen – allerdings weitgehend folgenlosen – Widerstand. In der Gegend von Nîmes lebten alte Streitigkeiten zwischen Katholiken und Protestanten wieder auf, doch das war auch schon fast alles.

Paris war erwacht. Doch wer in Paris hatte die Revolution zustande gebracht? Zwei Quellen ermöglichen uns eine Antwort auf diese Frage. Die erste gibt die Zahl der Toten und Verwundeten an, nämlich 2860, und ihren Stand. Man stellte fest, daß gerade die Berufe, bei denen die saisonalen Zuwanderer am zahlreichsten waren (mit Ausnahme der Drucker), das Gros der Volksverbände gestellt hatten. Dies bestätigt auch die andere Quelle über »die Träger der Juli-Medaille«, die aber weniger überzeugungskräftig ist, da sie Widerständler der letzten Stunde ausweist, die besonders begierig nach Posten und Ehrungen waren. Viele Arbeiter dagegen, die auf den Barrikaden mitgekämpft hatten, verzichteten wegen der bürokratischen Formalitäten auf ihre Medaille. Diejenigen, die man in den Listen findet, gehörten nur selten dem alten Pariser Handwerkermilieu an. Es handelte sich um viele Saisonarbeiter ohne revolutionäre Tradition oder Vergangenheit, die weder die Angst noch die Enttäuschung ihrer Vorfahren abhielten; sie bildeten eine Masse, die von Studenten und politischen Drahtziehern leicht mitgerissen werden konnte. Nicht das Paris der aufständischen Commune von 1792 entstand 1830 wieder; ein anderes, revolutionäres Paris wurde geboren. Sicher, man riß auch in den alten Vorstädten das Straßenpflaster auf, doch das Gros der Aufrührer kam aus dem Zentrum von Paris. So erklärt sich auch der Irrtum der Polizei. Da ihr Blick durch alte revolutionäre Milieus verstellt war, vernachlässigte sie die Saisonarbeiter, die durch die Politik der großen baulichen Umgestaltungen Chabrols, des Präfekten des Departements Seine, nach Paris gelockt worden waren.

Politische Intrigen und die explosionsartige Befreiung aus dem Elend, all dies wirkte nach den Julitagen ineinander, die »Die drei Glorreichen« genannt wurden. Man betrachte das berühmte Bild von Delacroix »La

Liberté guidant le peuple ou la Barricade« (»Die Freiheit führt das Volk oder die Barrikade«). Wie 1789 errichtete der Dritte Stand dem Absolutismus gegenüber eine Mauer der Einigkeit. Victor Hugo faßte dies in die Worte:

> »Die in Ehrfurcht für das Vaterland gestorben sind,
> Haben ein Recht, daß die Menge an ihren Sarg trete und bete (...).
> Vor ihnen vergeht jeglicher Ruhm und zerfällt;
> Und, wie eine Mutter es vermag,
> Wiegt die Stimme eines ganzen Volkes sie in ihrem Grab.«

Ein ganzes Volk also vereinigte sich im Sieg. In ähnlich lyrischer Weise bekannte Michelet, daß sein Werk »im Aufleuchten des Juli« entstanden sei: »Ein großes Licht tat sich auf, und ich erblickte Frankreich.«

Das waren Vorstellungen von Künstlern. Im Triumph zeigte der Liberalismus jedoch sein wahres Gesicht. Indem er das Eingreifen des Staates in dem Augenblick ablehnte, als die industrielle Revolution eine schreckliche Verschärfung des Pauperismus herbeiführte, begünstigte er unfreiwillig das Aufkommen einer neuen Opposition, der Arbeiterbewegung. Der Triumph der Bourgeoisie lag zeitgleich mit der Entstehung des Sozialismus. Die Kluft aber brach sofort auf. Im Namen der Freiheit und öffentlichen Ordnung zerstreute man mit sehr harten Maßnahmen die ersten Volkserhebungen. Die Liberalen vergaßen rasch ihre Verbündeten vom Juli, und das Blut der Arbeiter floß unter der Regierung Louis-Philippes weit mehr als zur Zeit Karls X. In der Auseinandersetzung zwischen Linken und Rechten sahen sich die Liberalen mehr und mehr auf die Seite der Rechten gedrängt, nachdem sie zunächst die Hoffnungen der Linken verkörpert hatten.

KAPITEL XV

Die Straße und das Parlament

Selten war ein Regime so bedroht wie die Julimonarchie in ihrer Anfangs-
zeit. Zwischen 1830 und 1835 hörte die Agitation der Straße nicht auf:
Aufmärsche, Streiks, Barrikaden und Kundgebungen verschiedener Art
wechselten einander vor dem Hintergrund von Wirtschaftskrise und
Kriegsagitation in Europa ununterbrochen ab. Denn den Regierungsantritt Louis-Philippes begleitete eine wiedererstandene Kraft, die seit 1795
in Vergessenheit geraten war: »das Volk«.

Der Staatsstreich vom Brumaire ebenso wie die Veränderungen von
1815 waren noch ohne die Intervention des Volkes über die Bühne gegangen. Zweimal hatte Napoleon abgedankt, das erstemal unter dem Druck
der Marschälle, das zweitemal im Gefolge der Intrigen Fouchés, das heißt
aufgrund von Palastrevolutionen, bei denen das Volk keinerlei Rolle
gespielt hatte. Die militärischen Niederlagen in den Jahren 1814 und 1815
hatten den Gang der Ereignisse lediglich beschleunigt. »Das Volk hat in
drei Tagen alles vollbracht; es ist Sieger«, schrieb in schönem lyrischem
Schwung der Redakteur des »National« am 30. Juli. Jedoch »verdient die
heilige Revolution, die soeben vollzogen worden ist, den Namen Revolution nicht; nichts Grundsätzliches hat sich in der derzeitigen Organisation
geändert«, kritisierte der Anhänger Saint-Simons Enfantin im »Organisa-
teur« vom 15. August. Die Bourgeoisie stahl dem Volk seinen Sieg; nicht
nur ergab sich keinerlei soziale Verbesserung aus den »Drei glorreichen
Tagen«, sondern der große patriotische Schwung selbst wurde von ihr
vereinnahmt. Unter den Juli-Kämpfern befanden sich zahlreiche Personen, die den Bourbonen nicht ganz ungerechtfertigt die Verträge von 1815
vorwarfen, die Frankreich verstümmelt hatten. »Wir wußten gar nichts
von diesem Humus an dunkler patriotischer Leidenschaft«, schrieb Rémusat, »die ein guter Teil der Bevölkerung gegen die Bourbonen hegte.«

Nur wollte Louis-Philippe, da er seine Zukunft in der internationalen Politik noch nicht genau einschätzen konnte, vor allem den Frieden, und der Weg dorthin führte über die Einhaltung der Verträge. Schließlich besaß Louis-Philippe in der Politik keine andere Legitimation als die seiner Erhebung. Was die Straße jedoch geschaffen hatte, das konnte sie auch wieder aufheben, dachten alle diejenigen, die der Regierungsantritt Louis-Philippes in ihren Hoffnungen betrogen hatte: Bonapartisten und Republikaner, von den Anhängern Karls X. ganz zu schweigen.

LOUIS-PHILIPPE

Beide, das Regime und die Persönlichkeit Louis-Philippes, steckten voller Widersprüche. Der Sohn des Herzogs von Orléans, der als einer der vermögendsten Männer seiner Zeit galt, wurde von Madame de Genlis spartanisch erzogen. Nach dem Vorbild seines Vaters, der im Konvent saß und dort für den Tod Ludwigs XVI. gestimmt hatte, kämpfte er als Jakobiner bei Valmy und Jemappes im Generalstab von Dumouriez, vielleicht weil ihm Danton damals Versprechungen gemacht hatte. Als Dumouriez im April 1793 nach einem Versuch, seine Armee gegen den Konvent zu führen, desertiert war, folgte er ihm nach. Doch anstatt, wie unter Emigranten üblich, gegen sein Land zu dienen, flüchtete er sich unter falschem Namen in die Schweiz, wo er seinen Lebensunterhalt mit Mathematikstunden verdiente. Danach reiste er nach Schweden und in die Vereinigten Staaten, wo er sich drei Jahre aufhielt; schließlich ließ er sich 1799 in Sizilien nieder. Die Aussöhnung mit den Bourbonen der älteren Linie, die ihm einen Königsmörder als Vater nicht verziehen, erfolgte ein Jahr später. 1809 heiratete er Marie-Amélie, Tochter des Königs von Neapel. Nach seiner Rückkehr im Jahre 1814 zog er während der Hundert Tage nicht nach Gent, sondern wahrte gegenüber Ludwig XVIII. lieber Distanz. Hatte er sich damals einige Hoffnungen gemacht, die durch die Intrigen Fouchés genährt wurden? Zwischen 1815 und 1830 befaßte er sich jedenfalls damit, das Vermögen der Familie Orléans wiederherzustellen. Er war der größte Grundbesitzer Frankreichs; er verfügte über Ländereien in allen Gegenden des Königreichs und über eine Fülle von Agenten, die ihn über die öffentliche Stimmung unterrichteten und sich bei Bedarf auch an die Spitze einer Volksbewegung stellen konnten. Er hofierte die liberale Opposition. Die Unterbringung seiner Söhne im Collège Henri IV. konnte der Pariser Bourgeoisie nur schmeicheln. Als Privatmann sparsam, bescheiden und gutmütig, hütete sich Louis-Philippe, seine Persönlichkeit nach 1830 zu verändern. Er lief weiterhin mit dem Regenschirm unter dem Arm durch die Straßen, schüttelte Passanten die Hand und antwortete auf ihre Hochrufe. In den Tuilerien bildete er mit seiner Frau ein zärtlich vereintes Paar, das die einfachen Freuden des Familienlebens schätzte.

Aber hinter dieser Fassade verbarg sich ein autoritärer Charakter, ein geschickter Intrigant, ein Herrscher mit dem Stolz auf seine Rasse. Tocqueville entwarf später ein grimmiges Porträt von ihm: »Obwohl der Prinz aus der edelsten Rasse Europas hervorgegangen war, obwohl er im Grunde seiner Seele deren ganzen erblichen Stolz barg, besaß er indessen die meisten Eigenschaften und Fehler, die insbesondere den unteren Rängen der Gesellschaft zu eigen sind. Er war ordentlich in seinem Verhalten, schlicht in seinen Gewohnheiten, maßvoll in seinem Geschmack, menschlich, ohne sensibel, gierig und weich zu sein; er besaß keine verzehrenden Leidenschaften, keine ruinösen Schwächen, keine eklatanten Laster; er hatte nur eine einzige königliche Tugend, den Mut. Er war aufgeklärt, feingesinnt, geschmeidig und hartnäckig, nur auf das Nützliche ausgerichtet und von einer so tiefen Verachtung für die Wahrheit erfüllt und von einem so großen Unglauben an die Tugend, daß seine aufgeklärte Gesinnung dadurch verdunkelt wurde. An der Spitze einer Aristokratie hätte er vielleicht einen glücklichen Einfluß auf diese ausgeübt. Als Haupt der Bourgeoisie stieß er diese auf die natürliche schiefe Ebene, der zu folgen sie nur allzu geneigt war. Sie verbanden ihre Laster zu einer Familie, und diese Vereinigung, die zunächst die Stärke des einen ausmachte, vollendete die Demoralisierung des anderen und richtete sie schließlich beide zugrunde.«

Man sollte sich vom Mythos des Bürgerkönigs nicht täuschen lassen. Auch wenn Louis-Philippe in seiner Kleidung und seinem Lebensstil bürgerlich war, so wollte er im politischen Bereich doch als König regieren. Wie Napoleon, der zum Wohlfahrtsdiktator eingesetzt worden war, sehr schnell das öffentliche Wohl zugunsten der Diktatur verdrängt hatte, so vergaß Louis-Philippe, auch wenn er die Interessen der Bourgeoisie förderte, nicht, daß er der König war. Dies bedeutete eine weitere Zwiespältigkeit: Welcher Art war nun – genaugenommen – der Vertrag zwischen dem Herrscher und den Notabeln?

Thibaudet hat den Orleanismus ausgezeichnet definiert: »Das ist keine Partei, es ist eine Geisteshaltung.« In der Umgebung des Königs fanden sich die Doktrinäre der Restauration wieder, die nach wie vor von sich selbst eingenommen, systematisch und erhaben waren. Sie standen dem Protestantismus näher als dem Katholizismus, sie hüteten sich aber, in einen Antiklerikalismus zu verfallen, den man rasch Typen wie Flauberts Homais in der Provinz zuschob, sie, die die Intervention des Staates in der Wirtschaft ablehnten und zum größten Teil ohne Gespür für die Ausdehnung des Pauperismus blieben.

In der Politik vertraten sie allerdings unterschiedliche Positionen. Zwei Tendenzen standen einander gegenüber: Für den *Widerstand,* der die früheren Doktrinäre sammelte, bedeuteten die Ereignisse von 1830 »den Schlußpunkt einer historischen Entwicklung, die im Aufstieg der Mittelklasse endet«, was Guizot mit der Formel zusammenfaßte: »Hat die Julirevolution mehr gewollt als die *Charte?* Niemand, soweit ich weiß, könnte es wagen, dies zu behaupten.« So sprach die Regierung des *juste milieu* gemäß Dupin, die die Interessen der Bourgeoisie gegenüber Aristokratie und Volk verteidigte. Dagegen erblickte die *Bewegung* der Liberalen in der Revolution von 1830 nur einen Ausgangspunkt in Richtung einer größeren Demokratisierung der Institutionen mit Erweiterung der Freiheiten und allmählicher Senkung des Wahlzensus. Diese Gruppierung setzte sich aus Ladenbesitzern und kleinen Grundbesitzern zusammen; sie wünschte »eine demokratische Monarchie«. Der Gegensatz zwischen *Widerstand* und *Bewegung* schlug sich auch im Bereich der Außenpolitik nieder: Die Bourgeoisie der Unternehmer trat für den Frieden ein. Die *Bewegung* war bereit, zugunsten der unterdrückten Völker zu intervenieren, die sich nahezu überall gegen die Heilige Allianz erhoben.

DIE »BEWEGUNG«

Zunächst hatte Louis-Philippe alle Führungskräfte der orleanistischen Partei im Kabinett Dupont de l'Eure versammelt. Aber aus Bestürzung über die Unruhen hatten sich die Gemäßigten im Oktober zurückgezogen. Louis-Philippe vertrat nun die Ansicht, ein homogenes Kabinett arbeite wirksamer. Die Partei der Bewegung schien ihm wegen der Popularität ihrer Anführer zur Abwendung der Krise geeigneter. Zugleich war dies ein Mittel, sie in der Auseinandersetzung mit den Schwierigkeiten abzunützen. Am 2. November 1830 berief er Laffitte zum Ministerpräsidenten.

Dieser hatte sogleich mehreren Unruhen entgegenzutreten. Am 15. Dezember wurde der Prozeß gegen die Minister Karls X. eröffnet. Das Volk verlangte den Tod Polignacs und Peyronnets, um das Blut vom Juli zu sühnen. Die Richter sprachen sich für lebenslängliche Haft aus – ein schöner Anlaß für einen Aufruhr. Am 25. Dezember reichte La Fayette, von den Ereignissen überholt, seinen Rücktritt als Kommandant der Nationalgarde ein; er starb vier Jahre später. Im Februar 1831 brachen neue Wirren aus. Die Legitimisten – so bezeichneten sich die Anhänger Karls X. selbst – ließen in Saint-Germain-l'Auxerrois zum Gedächtnis des Herzogs von Berry einen Gottesdienst abhalten und organisierten eine Kollekte für die Familien der Schweizer in der Königsgarde, die im Juli umgekommen waren. Diese Geste wurde als Provokation aufgefaßt, und die Demonstranten verwüsteten das Gebäude des Erzbischofs von Paris. Es handelte sich um eine antireligiöse Kundgebung, die die Nationalgarde zu billigen schien, da sie nicht eingriff. Die wirtschaftlichen Schwierigkeiten lieferten dem Aufruhr den notwendigen Zulauf. Das Bauwesen, die Textilbranche und die Metallverarbeitung waren von der Krise im Kreditwesen hart getroffen. Die Bildung von Diskontkassen in Paris und in der Provinz hatte nur eine begrenzte Verbesserung bewirkt. Die Arbeitslosigkeit blieb hoch, während der Getreidepreis weiterhin anstieg und man die Löhne nach unten drückte.

Das Volk murrte: Die Revolution hatte nur die Verschlimmerung der Umstände bewirkt. Streiks, Aktionen der Maschinenstürmer, Plünderungen von Bäckereien häuften sich in Paris wie in der Provinz. Der Rentenkurs fiel ständig. Zu diesen Unruhen traten Demonstrationen zugunsten der Erhebungen in Polen und Italien hinzu. Laffitte trat für eine Intervention Frankreichs ein, doch der König wollte davon nichts wissen und trennte sich am 12. März 1831 von seinem Ministerpräsidenten. Die *Bewegung* wurde zugunsten des *Widerstandes* verdrängt, der die Macht bis 1848 behielt und sich mit dem Orleanismus identifizierte.

DER »WIDERSTAND«

Am 13. März bildete Casimir Perier seine Regierung. Die Stunde der Rückkehr zur Ordnung hatte geschlagen. Nunmehr war Schluß mit den Verbrüderungen von Arbeitern und Bürgern innerhalb der Clubs; vorbei auch die Zeit, als die Nationalgarde beim Vorbeimarsch von Volkszügen die Waffen präsentierte. Mit Perier triumphierte die harte Gangart.

Dieser vierundfünfzigjährige Großbankier und Großindustrielle aus der Dauphiné unterschied sich von Laffitte durch seine unerschöpfliche Energie. Sein Programm bestand aus einer einzigen Formel: »Nur eines ist erforderlich, nämlich daß Frankreich regiert wird.« Er gebrauchte keine Sondermaßnahmen wie schwache Regierungen, sondern »die ganze *Charte*, nichts als die *Charte*.« Mit ihm herrschte der König, aber er regierte nicht. Auch wenn er Louis-Philippe aufforderte, sich in den Tuilerien niederzulassen, um das Prestige der Julimonarchie zu festigen, so hielt er den König doch von den Entscheidungen fern.

Aber auch der harte Stil vermochte sich manchmal eine gewisse Geschmeidigkeit zuzulegen. Mehrere Gesetze, die schon unter Laffitte vorbereitet waren und die Popularität des Regimes bei der Bourgeoisie stärken sollten, wurden beschlossen. Das Gesetz vom 21. März 1831 sah vor, die Gemeinderäte von den Notabeln der Gemeinde wählen zu lassen, eine Idee, die man bereits unter Martignac erwogen hatte, obwohl die Bürgermeister weiterhin vom König ernannt wurden. Am 22. März öffnete die Nationalgarde, »die gebildet wurde, um das konstitutionelle Königtum zu verteidigen«, allen Franzosen zwischen 20 und 60 Jahren den Zugang, doch nur für Personen, die Steuern bezahlen und sich auf eigene Kosten ausrüsten konnten. Das neue Wahlgesetz vom 19. April 1831 legte fest, daß 200 Francs als Steuerzensus genügten, um Wähler zu sein, und 500 Francs, um wählbar zu sein; die Ausweitung der Wählerschaft schloß jedenfalls Kleinbürger und Handwerker aus. Die Abgeordneten wurden für fünf Jahre gewählt. Schließlich war die Pairswürde seit 29. Dezember 1831 nicht mehr erblich, eine Maßnahme, die die Gegner der Aristokratie zufriedenstellen sollte: Der König ernannte künftig Pairs in unbegrenzter Zahl, konnte sie aber nur unter gewissen Notabeln auswählen.

Nachdem er sich so die Unterstützung der Bourgeoisie gesichert hatte, ohne im Grundsätzlichen – der *Charte* – nachzugeben, konnte Perier an die Zerschlagung der verschiedenen Oppositionsgruppen gehen. Obwohl er von den Legitimisten wenig zu befürchten hatte, die in der Vorstadt Saint-Germain und in den Schlössern und Pfarrhäusern der Provinz in spöttischem Schmollen verharrten und sich von öffentlichen Ämtern fernhielten, ließ Perier sie durch die Polizei überwachen. Er schloß das Trappistenkloster La Meilleraye und lehnte den Wiederaufbau des erzbischöflichen Palais in Paris ab.

Gefährlicher erschien die republikanische Partei, die sich zu diesem Zeitpunkt in vollem Aufschwung befand und die das allgemeine Wahlrecht und die Ausbreitung der Volksbildung predigte. Perier vermehrte die Prozesse gegen die Presse: Allein 52 Anklagen gegen »La Tribune« von Armand Marrast in weniger als einem Jahr. Tatsächlich drang die Propaganda der Republikaner mehr und mehr in das Arbeitermilieu ein.

Im Jahr 1831 flammte ein Aufstand der Seidenarbeiter in Lyon auf; dabei handelte es sich jedoch um eine Revolte aufgrund von Armut und Elend und nicht um eine politische Erhebung. Seit 1826 sanken wegen der englischen Konkurrenz die Löhne in der Lyoner Seidenindustrie unaufhörlich. Wie wollte man mit 90 Centimes am Tag bei 15 Stunden Arbeit leben? Die Arbeiter verlangten eine Festlegung der Tarife. Der Präfekt schaltete sich ein, um eine Vereinbarung zwischen Seidenfabrikanten und Arbeitern zustande zu bringen; doch angesichts der Bedenken einiger Unternehmer brach am 20. November ein Proteststreik aus, der in eine Erhebung mündete. Im Viertel Croix-Rousse waren viele Barrikaden errichtet, auf denen die schwarze Fahne mit der Devise »Leben mit Arbeit oder sterben im Kampf« wehte. In kurzer Zeit machten sich die Arbeiter zu Herren von Lyon.

Überzeugt, daß der Staat in den wirtschaftlichen und sozialen Bereich nicht einzugreifen habe, desavouierte Perier den Präfekten, indem er ihn der Verletzung der Vertragsfreiheit beschuldigte, und schickte die Armee nach Lyon. Soult bemächtigte sich ohne Schwierigkeiten der Stadt und entwaffnete die Arbeiter. Der Tarif vom 25. Oktober wurde aufgehoben. Als erster Arbeiteraufstand in der französischen Geschichte hinterließ die Revolte von Lyon einen großen Eindruck. Einer Erhebung ohne politisches Losungswort war es offenbar gelungen, sich einer der größten Städte Frankreichs zu bemächtigen.

Das Auftreten der Cholera, die ab März 1832 fast tausend Personen täglich in Paris hinwegraffte, lenkte die Bourgeoisie vom Gang der Geschäfte ab. Ihr härtestes Bollwerk, Perier, wurde am 16. Mai von der Epidemie hinweggerafft; er war ein Opfer seiner Überarbeitung.

Vor allem auf dem Feld der Außenpolitik erwies sich seine Bilanz als positiv. Das Problem der Unabhängigkeit Belgiens, das sich im August 1830 gegen die holländische Herrschaft erhoben hatte, endete für Frankreich vorteilhaft. Am 5. Februar 1831 war der Herzog von Nemours, ein Sohn Louis-Philippes, zum König der Belgier gewählt worden, aber die Engländer konnten diese Wahl nicht akzeptieren, da sich ihre Außenpolitik auf die Neutralisierung Belgiens gründete. Bereits im September 1830 hatte Louis-Philippe Talleyrand nach London geschickt, um die britische Regierung zu beruhigen; an Stelle seines Sohnes ließ er den Deutschen Leopold von Sachsen-Coburg-Gotha wählen, den Marschall Gérard, der Befreier Antwerpens, gegen die Holländer unterstützt hatte. Indem er sich außenpolitisch an London orientierte, durchbrach Louis-Philippe die Isolierung Frankreichs und schuf die Grundlagen der *Entente cordiale* zwischen Frankreich und England. Mit seiner Förderung der belgischen Unabhängigkeit befriedigte er die liberalen Forderungen; auch wenn sein Sohn nicht König der Belgier wurde, so heiratete doch seine Tochter Louise den neuen König Leopold I.

In Italien hatte die Erhebung der Romagna sowie von Parma und Modena gegen die Herrschaft des Papstes und der Fürsten im März 1831 zu einer österreichischen Intervention geführt, gegen die Perier protestierte. Eine neue Intervention Wiens in Bologna vom 28. Januar 1832 veranlaßte ihn dazu, ein Geschwader an die Adria zu schicken und am 23. Februar Ancona zu besetzen. Perier erwiderte Metternich, der sich auf das öffentliche Recht berief: »Das europäische Völkerrecht verteidige ich.« Bis 1838 blieben die Franzosen in Ancona. In Portugal, wo Franzosen verhaftet und behelligt worden waren, wurde Admiral Roussin im Juli 1831 beauftragt, die Einfahrt in den Tejo zu erzwingen. So setzte sich die Julimonarchie in Europa durch.

DIE KONSOLIDIERUNG

Zweifellos drückte Casimir Perier dem Juliregime seinen Stempel auf. Doch blieben die Gefahren im Innern groß, wie sich am 5. und 6. Juni 1832 zeigte, als das Begräbnis des Generals Lamarque von den Republikanern mit Unterstützung von Studenten, Arbeitern und politischen Flüchtlingen in eine regelrechte Erhebung umfunktioniert wurde, die von 25 000 Soldaten und der Nationalgarde niedergeschlagen werden mußte. Gegen die letzten Aufständischen, die sich in das Kloster Saint-Merry geflüchtet hatten, mußte man sogar Kanonen einsetzen. Die Nationalgarde zeigte ihren festen Willen zur Aufrechterhaltung der Ordnung. Die Tochter eines bedeutenden Geschäftsmanns in der Rue Saint-Martin schrieb an ihren Bruder, der in Rouen wohnte: »Sobald die Trommel zum Sammeln geschlagen hatte, haben wir das Geschäft geschlossen. Papa hat sich umgezogen, um sein Bataillon an der Place des Petits-Pères aufzusuchen. Er hat Mama und mich umarmt und gesagt: ›Man muß mit diesem Gesindel aufräumen!‹ Niemals habe ich ihn so wütend gesehen. Während des vorgestrigen Tages waren wir zu Tode beunruhigt, wir wagten nicht auszugehen. Wir hörten die Kanone, die die Fensterscheiben erschütterte. Nachbarn brachten uns die Neuigkeiten; wir aßen nicht mehr ... Schließlich kam Papa zurück, ganz bleich und voller Staub. Wir sind ihm um den Hals gefallen. Er konnte nicht sprechen.« Der Zeitpunkt war von den Aufständischen perfekt gewählt worden. Noch nie war der Brotpreis in Paris so hoch gewesen wie im Frühjahr 1832, und die Cholera-Epidemie hatte eine deutliche Ungleichheit vor dem Tode enthüllt, da die Krankheit vor allem die seit vielen Jahren unterernährten einfacheren Schichten traf. Es gärte vor allem in der Vorstadt Saint-Antoine, und man sah, wie zahlreiche Arbeiter im Juni 1832 das Bündnis mit den republikanischen Bürgern erneuerten.

Zwei Ereignisse sollten jedoch die Dynastie des Hauses Orléans stärken. Im April landete in Frankreich die Herzogin von Berry, Witwe des unglücklichen, von Louvel erdolchten Prinzen und Mutter des »Kindes des Wunders«, des Herzogs von Bordeaux, der erst nach dem Tode seines Vaters zur Welt kam. Sie wollte den Westen Frankreichs zum Aufstand führen, scheiterte aber bei ihrem Versuch einer Rückeroberung, da die Bauern ihre Teilnahme verweigerten. Während ihrer Internierung in

Blaye brachte sie ein Mädchen zur Welt und wurde gezwungen, eine geheime Heirat mit dem neapolitanischen Grafen Lucchesi-Pali einzugestehen. Der Kriegszug der Prinzessin ging in Lächerlichkeit unter, und die Sache der Legitimisten erholte sich nicht mehr davon. Außerdem traf die Nachricht vom Tod des Herzogs von Reichstadt in Wien am 22. Juli 1832 ein. Der Sohn Napoleons starb ohne Nachkommen, ein schrecklicher Schlag für die Bonapartisten, die ihren Thronanwärter verloren hatten.

Am 11. Oktober 1832 bildete Louis-Philippe »die Regierung aller Talente«, die die großen Gestalten des Orleanismus versammelte. Soult stand bis Juli 1834 einer Regierung vor, in der der Herzog von Broglie das Außenministerium, Thiers das Innenministerium und Guizot das öffentliche Unterrichtswesen leiteten: »Casimir Perier in dreifacher Gestalt«, sagte Louis-Philippe. Diesem Triumvirat verdankte die Julimonarchie ihre Konsolidierung. Diese Regierung ließ einige Gesetze beschließen, die das Leben der Franzosen veränderten, zugleich aber die Interessen der Bourgeoisie zumindest vorläufig befriedigten.

Das »Gesetz Soult« von 1832 verkürzte den Wehrdienst von acht auf sieben Jahre. Man orientierte sich in Richtung einer Berufsarmee, die in der Lage war, die Eroberung Algeriens zu sichern, wo sich Frankreich seit Juni 1830 engagiert hatte. Das Gesetz über die Departements vom 25. Juni 1833 bestätigte die Bestimmungen des Gemeindegesetzes vom 21. März 1831. Wie die Gemeinderäte wurden künftig auch die Generalräte nach dem Zensuswahlrecht gewählt und nicht mehr ernannt. Das gesamte örtliche Leben ging somit in die Kontrolle der Notabeln über. Thiers ließ auch ein Gesetz über die Enteignung aus Gründen des öffentlichen Wohls beschließen, was die Ausdehnung des Straßennetzes und in der Folge die Einrichtung der Eisenbahnlinien begünstigte. Doch sei auch festgehalten, daß Guizot durch das Gesetz vom 28. Juni 1833 die Errichtung von Elementarschulen in jeder Gemeinde als Aufgabe des Staates festhalten ließ. Allerdings war dieser Unterricht weder kostenlos (außer für die Bedürftigen) noch obligatorisch, was die Bedeutung des Gesetzes doch erheblich schmälerte.

Es hätte aber noch mehr solcher Gesetze bedurft, um die republikanische Opposition zu entwaffnen, die in der aufgewühlten Arbeiterschaft die Fußtruppen fand, die ihr bis dahin gefehlt hatten. Die »Gesellschaft für die Menschen- und Bürgerrechte«, die wegen ihres Zulaufs in Paris und zugleich in der Provinz (vor allem im Osten und Süden) wichtigste

Organisation der Republikaner, hatte sehr wohl die Notwendigkeit begriffen, ihrem politischen Programm eine soziale Reform hinzuzufügen, zu der die Emanzipation der Arbeiterklasse und die Kontrolle des Kreditwesens durch den Staat gehörten. Zeigte nicht der Mißerfolg von 1832 die Notwendigkeit auf, dem Volk entgegenzukommen, die Streiks zu unterstützen und den Arbeitern bei ihren Kämpfen zu helfen? Mehr soziale Gerechtigkeit und sogar eine Infragestellung des Eigentumsrechtes, das waren die Programmpunkte eines Blanqui oder Barbès. Trotzdem gerieten einige Republikaner wie Armand Carrel über dieses wachsende Interesse für die unteren Klassen in Unruhe. Die Politik sollte in ihren Augen vor der sozialen Komponente den Vorrang haben: allgemeines Wahlrecht und progressive Steuer ja, aber darüber hinaus nichts. Ihre Hauptsorge blieb die Revision der Verträge von 1815 und die Ablösung der Monarchie durch eine konservative Republik; dagegen schätzten sie die Attacken gegen das Eigentum kaum. Hieraus ergaben sich Meinungsverschiedenheiten, die das republikanische Lager schwächten.

Um dessen Propaganda einzuschränken, hatte die Regierung Ausnahmegesetze beschließen lassen, das eine von Ende Januar 1834 gegen die öffentlichen Ausrufer, die seither einer im voraus einzuholenden, stets widerruflichen Genehmigung unterworfen waren; das andere vom 10. April gegen die Vereinigungen, die in Sektionen von weniger als 20 Personen aufgeteilt waren, was direkt gegen die »Gesellschaft der Menschenrechte« zielte. Es handelte sich um eine Provokation, und die Kraftprobe war unvermeidlich. In Paris ergriff Thiers die Initiative, indem er fast 150 Mitglieder der Gesellschaft verhaften ließ. In Lyon traf das Gesetz die Hilfsgesellschaft der Werkmeister *(mutuellistes)*. Die Protestdemonstration gegen das Gesetzesprojekt verwandelte sich am 9. April in einen Aufruhr. Die Regierung rief nach Truppen: 13000 Soldaten ertränkten die Erhebung zwischen dem 10. und 12. April in einem Blutbad. Paris folgte nach, doch ließ Bugeaud angesichts der Vielzahl der Aufständischen in den Vierteln Temple und Marais 40000 Mann anrücken, die am 13. und 14. April die Erhebung unerbittlich niederschlugen. So wurden, als Schüsse aus einem Haus in der Rue Transnonain fielen, alle seine Bewohner umgebracht, eine Schreckensszene, die der Maler und Zeichner Honoré Daumier verewigt hat.

Die Erhebungen von Lyon und Paris wurden von der Regierung gegen die Republikaner ausgeschlachtet, deren innere Spaltung der Prozeß ge-

gen die Hauptverantwortlichen wie Cavaignac und Marrast vor der Pairskammer unterstrich. Die Angst vor den »Güterteilern« erfaßte das flache
Land. »Trotz der Prahlereien der Republikaner und der Drohungen, die
sie noch gegen die Regierung zu verlauten wagen, ist ihre Partei«, wie der
Polizeipräfekt Gisquet am 16. April notierte, »für längere Zeit bis zur
Kraftlosigkeit herabgesunken, doch die Verzweiflung und der Fanatismus
von einigen dieser schändlichen Liebhaber einer blutrünstigen Freiheit
können sie zu Racheakten, zu isolierten Verbrechen treiben...«

Das Attentat von Fieschi am 28. Juli 1835 gegen den König – bei einer
Militärparade mähte eine Höllenmaschine aus 25 Gewehrläufen zahlreiche Opfer nieder, darunter Marschall Mortier – brachte die öffentliche
Meinung endgültig gegen die Republikaner auf. Thiers nutzte die Gelegenheit, um die sogenannten »Septembergesetze« durchzusetzen: »Beleidigung des Königs« und Angriffe gegen »das Prinzip oder die Form der
Regierung« wurden von nun an mit Gefängnis sowie mit schweren Geld-
bußen bestraft. Der Begriff »republikanisch« wurde geächtet.

DER PARLAMENTARISMUS

Dieses Mal schien das Regime sattelfest. Befreit von den Sorgen der Straße
konnten sich die politischen Führer den Spielereien des Parlamentarismus
hingeben. In der Kammer spalteten sich die Abgeordneten in mehrere
Parteien. Die rechte Mitte mit Guizot als führendem Kopf erklärte, »der
Thron ist kein leerer Sessel«. Dagegen faßte die linke Mitte, die Thiers
leitete, ihre Position in der berühmten Formel zusammen: »Der König
herrscht, aber regiert nicht.« Die dritte Partei mit Dupin ließ die Waagschale bald auf die eine, bald auf die andere Seite sinken. Auf der Rechten
saßen einige Legitimisten, darunter der große Anwalt Berryer; auf der
Linken traf man die früheren Anhänger der Bewegung um Odilon Barrot,
einen Anwalt aus den Cevennen, der die Dezentralisierung im Innern
befürwortete und einen gemäßigten Nationalismus nach außen predigte.
Auf der äußersten Linken schließlich hielten sich noch einige Republikaner, nunmehr Radikale, darunter Louis-Antoine Garnier-Pagès und
Dominique-François Arago.

Die Presse spiegelte diese verschiedenen Strömungen wider. Die konservativen Meinungen hatten als Sprachrohr das »*Journal des débats*« und »*La Presse*«, die im Jahre 1836 von Émile de Girardin gegründet worden war. »*Le Constitutionnel*«, dann ab 1836 »*Le Siècle*« unterstützten Adolphe Thiers. »*La Tribune*« erschien nicht mehr, doch erhielten die Radikalen in der Zeitung »*Le National*« ihr Sprachrohr wieder.

Der König fand sein Vergnügen darin, seine Minister in die Fallstricke des parlamentarischen Lebens zu treiben. Roederer faßte in einer Broschüre von 1834 die Ideen Louis-Philippes zusammen: »Verwalten ist das Handeln der Minister. Regieren ist das Handeln des Königs mit einem oder mehreren seiner Minister.« Der Herrscher hatte in schlechter Erinnerung, wie er unter Perier beiseite geschoben worden war.

Im April 1834 stützte er sich auf Dupin, um sich des Herzogs von Broglie zu entledigen, des unnachgiebigsten unter den Erben Casimir Periers. Doch die nachfolgenden Kabinette (Gérard zwischen Juli und November 1834; Bassano vom 10. bis 18. November; Mortier von November 1834 bis März 1835) existierten nur vorübergehend. Der Herzog wurde am 12. März 1835 erneut berufen. In seiner Regierung verwaltete Thiers das Innenministerium und Guizot das Unterrichtswesen; Humann erhielt das Finanzministerium.

Durch Intrigen gelang es dem König jedoch, Thiers aus dem Triumvirat herauszulösen; am 22. Februar 1836 vertraute er ihm die Ministerpräsidentschaft an. Verdankte er nicht seinen Thron diesem unermüdlichen Anwalt, Journalisten und Historiker (er hatte 1827 eine »Geschichte der französischen Revolution« abgeschlossen) aus Marseille, der mit der Feder ebenso leicht umzugehen verstand wie mit dem Wort, der zu allem fähig war, um ans Ziel zu gelangen, und dem man wegen seiner geringen Körpergröße den Beinamen »Mirabeau-Mouche« (»Fliege Mirabeau«) verliehen hatte?

Ohne Programm und Mehrheit konnte sich Thiers mit einem Kabinett, das Montalivet für Inneres, den Grafen d'Argout für die Finanzen und Sauzet im Justizministerium umfaßte, zwischen Februar und September 1836 halten. Doch er scheiterte an der Außenpolitik. Er hatte eine Annäherung an Wien in Form einer Heirat zwischen dem Herzog von Orléans und einer Großherzogin gewünscht. Ziel der Operation war es, die Heiratssperre zu durchbrechen, welche die europäischen Höfe gegen die Söhne Louis-Philippes errichtet hatten. Metternich stellte sich taub. In seiner Enttäuschung entdeckte Thiers seine liberalen Eigenschaften in

Spanien wieder, wo er Louis-Philippe dazu brachte, zugunsten der Regentin Christina zu intervenieren. Doch der König stimmte nur der Entsendung der Fremdenlegion zu und trennte sich von seinem allzu umtriebigen Minister.

Am 6. September 1836 wurde Molé Ministerpräsident. Sein Rückgrat war biegsamer. Er entstammte dem Amtsadel und hatte sämtliche Regime seit Beginn des Jahrhunderts ohne Schaden durchlaufen. Er war bereit, die faktische Leitung der Geschäfte dem König zu überlassen, und genoß die Unterstützung Guizots, der seiner Regierung beitrat. Louis-Napoléon Bonaparte, Sohn der Königin Hortense und Neffe Napoleons über seinen Vater Louis, den ehemaligen König von Holland, war nach dem Tod des Herzogs von Reichstadt als Anwärter auf den Kaiserthron aufgetreten. Sein Versuch eines Staatsstreichs wurde ohne Mühe am 30. Oktober 1836 in Straßburg vereitelt. Geschickt wurde die Affäre unterdrückt, indem man den unglücklichen Verschwörer gewaltsam nach Amerika einschiffte. Doch Molé erreichte keine Verständigung mit Guizot, der im April 1837 ausschied. Eine neue Regierung Molé, die aus zweitrangigen Personen und »Kreaturen des Schlosses« bestand (lediglich Montalivet im Innenministerium und Salvandy für die öffentliche Bildung ragten heraus), wurde von einer Mehrheit von Abgeordneten gestützt, die zugleich Beamte oder begierig auf königliche Gunstbeweise waren. Diese Mehrheit ging aus den Wahlen vom November 1837 gestärkt hervor. In die Zeit der zweiten Regierung Molé fielen die »glücklichen Ereignisse«: die Heirat des Herzogs von Orléans mit einer deutschen Prinzessin, Helene von Mecklenburg, dank der Intervention des Berliner Hofes; günstige Wirtschaftskonjunktur; Befriedung der politischen Leidenschaften im Gefolge des Amnestiegesetzes vom 8. Mai 1837 und Restaurierung des Schlosses in Versailles.

Diese Euphorie hielt nicht an. Es bildete sich eine parlamentarische Koalition zwischen Guizot, Thiers und Barrot. Hinter dem großen Anspruch von Duvergier de Hauranne nach »Ersetzung der persönlichen Regierung durch eine parlamentarische Regierung« verbarg sich in Wirklichkeit ein Streit um Personen. Am 2. Februar 1839 löste Louis-Philippe die Kammer auf; doch die Wahlen brachten der Koalition 240 Sitze gegenüber 200 Abgeordneten der Regierungsanhänger ein. Molé trat zurück.

DIE KRISE VON 1839–1840

Der König war unzufrieden und ließ sich mit der Bildung einer neuen Regierung Zeit. Manche Republikaner hielten den Zeitpunkt einer Erhebung für gekommen. Die Wirtschaftskonjunktur entwickelte sich im Gefolge schlechter Ernten und nach einer Bankenkrise wieder schlechter, die mit dem amerikanischen Bankrott von 1837 verknüpft war. Preissteigerungen für Brot und Arbeitslosigkeit sorgten bei den Republikanern für den notwendigen Zulauf. Am 12. Mai 1839 versuchte die Geheimgesellschaft der »Jahreszeiten« nach einem Aufruf von Barbès und Blanqui, die Stadtviertel Saint-Denis und Saint-Martin aufzuwiegeln. Doch die 600 bis 700 Aufständischen wurden rasch vom Militär auseinandergetrieben. Am gleichen Abend noch bildete der König eine Regierung Soult ohne herausragende Persönlichkeiten. »Marschall, das Wasser trübt sich, man muß Minister angeln«, soll der Monarch nach den Worten Victor Hugos zu dem alten Soldaten gesagt haben. Die Regierung hatte zehn Monate Bestand und stürzte über eine Dotation für einen der Söhne Louis-Philippes. Am 1. März 1840 kehrte Thiers wieder an die Macht zurück. Das Herumspielen an der parlamentarischen Waagschale ging weiter, aber die Gefahren häuften sich.

In Ermangelung eines Programms versuchte Adolphe Thiers dem Nationalgefühl zu schmeicheln, indem er mit England die Rückführung der sterblichen Überreste Napoleons aushandelte. Gleichzeitig bedeutete dies eine Buchhändleraktion, da der Staatsmann zu dieser Zeit seine *»Geschichte des Konsulats und des Kaiserreiches«* (21 Bände) schrieb. Doch war die Aktion nicht ungefährlich; sie rief wieder einmal Louis-Napoléon Bonaparte auf den Plan, der die Hoffnung nicht aufgab, an die Macht zu gelangen. Am 6. August 1840 unternahm er einen zweiten Versuch, als er mit einigen Getreuen in Boulogne landete. Das Unternehmen versandete in Lächerlichkeit und Gleichgültigkeit, was beweist, daß man die napoleonische Legende sehr wohl vom Bonapartismus zu trennen wußte. Thiers ließ den Prinzen vor die Pairskammer bringen, die ihn zu lebenslänglicher Haft in Fort Ham verurteilte, aus dem ihm 1846 die Flucht gelang.

Die soziale Agitation hörte nicht auf. Am 17. August 1840 bildete sich in Paris eine Koalition der Arbeiter in den Schneidereibetrieben gegen die

Überstunden, die sie als Stücklohnarbeiter zu ihrem Nachteil leisteten. Am 25. August erfaßte die Bewegung die Schreiner, die am 26. durch Paris zogen, doch ohne politische Parolen. Am 1. September reichte der Streik von den Hutmachern bis zu den Kunsttischlern, am 7. sah man die ersten Barrikaden. Aber mangels geeigneter Anführer brach der Aufstand bald zusammen. Thiers hatte die Straße im Griff.

Allerdings sah er sich mit einer weitreichenden Bewegung zugunsten einer Wahlreform konfrontiert. Die Zeitung »*Le National*« hatte eine Petition verbreitet; in Paris und in zahlreichen Provinzstädten wurden Bankette veranstaltet. Dabei forderten die Redner das Wahlrecht für alle Nationalgarden. Das Kleinbürgertum griff die Themen auf, die kurz zuvor von der *Bewegung* entwickelt worden waren. Ohne zu bedenken, daß der Graben zwischen dem nach Gesetz und Verfassung vertretenen Land und der tatsächlichen politischen Landschaft sich immer mehr verbreitete, ließ Thiers, der ganz in seinen parlamentarischen Manövern gefangen war, eine eventuelle Veränderung des Wahlrechts zurückweisen.

Um die Aufmerksamkeit von den inneren Problemen abzuwenden, nahm er nach außen eine kriegerische Haltung an. Die Orientkrise lieferte ihm dafür den Vorwand. Die Rivalität zwischen dem Pascha von Ägypten, Mehemed Ali, und dem Sultan von Konstantinopel, Mahmoud II., hatte 1832 einen ersten Alarm ausgelöst. Mehemed Ali hatte seinen Sohn Ibrahim zur Eroberung Syriens gedrängt, das ihm nach seiner Ansicht als Preis für seine Intervention gegen die abendländischen Mächte bei Navarino im griechischen Unabhängigkeitskrieg zufallen sollte. Bestürzt hatte der Sultan die Russen zu Hilfe gerufen, woraus sich die französischen Proteste und die Besorgnis Englands ergaben. Durch die Vereinbarung von Kütahya vom 8. April 1833 erhielt Mehemed Ali Syrien als Leibrente. Sultan Mahmoud drängte auf Revanche und warf 1839 seine Armee gegen die verlorene Provinz. Die Türken wurden jedoch am 24. Juni bei Nezib geschlagen, und kurz darauf starb Mahmoud. Wer würde ihm in Konstantinopel nachfolgen – die Russen oder Mehemed Ali?

England und Rußland verständigten sich, um das Osmanische Reich unter die kollektive Aufsicht Europas zu stellen. Thiers wollte Mehemed Ali jedoch zur Rückgabe Syriens zwingen, weil er seine Popularität festigen wollte. Er hielt es deshalb für geschickt, eine direkte Vereinbarung zwischen Konstantinopel und Kairo herbeizuführen, um so die europäische Vermittlung gegenstandslos zu machen. Aber der englische Minister

Palmerston deckte den Schachzug auf und erwiderte mit dem Londoner Vertrag vom 15. Juli 1840: England, Rußland, Österreich und Preußen richteten ein Ultimatum an Mehemed Ali, und der englische Admiral Napier begann mit der Blockade Alexandrias.

Dies war eine Provokation gegenüber Frankreich, eine Neuauflage der Koalitionen gegen das revolutionäre und kaiserliche Frankreich und bedeutete eine Wiederinkraftsetzung des Vertrages von Chaumont. Thiers nahm die Herausforderung an; er verstärkte die Befestigung von Paris und begann mit der Mobilmachung. Die öffentliche Meinung fing Feuer. »Europa sieht sehr schwach gegen uns aus... Wir werden mit ihm das schreckliche Spiel der Revolutionen spielen«, schrieb »Le Temps«. Dichter und Journalisten forderten das linke Rheinufer zurück, das der Wiener Kongreß Frankreich genommen hatte. Ein patriotisches Fieber ergriff das Land. In Wirklichkeit aber bluffte Thiers. Er rechnete mit Siegen Mehemed Alis im Orient, doch dessen militärische Lage verschlechterte sich rasch. Das Spiel wurde für Frankreich gefährlich, da es diplomatisch isoliert war. In weiser Überlegung entließ Louis-Philippe Thiers am 20. Oktober 1840 und ersetzte ihn durch Guizot im Außenministerium. Mehemed Ali mußte Syrien aufgeben, behielt dafür aber Ägypten.

Die öffentliche Meinung tröstete sich mit der Zeremonie anläßlich der Rückkehr der Gebeine Napoleons am 15. Dezember 1840. Victor Hugo war zugegen und notierte in »Choses vues«: »Der feierliche Zug war schön, aber zu ausschließlich militärisch, was für Bonaparte ausreichte, aber nicht für Napoleon. Alle Körperschaften des Staates hätten dort vertreten sein müssen, zumindest mit Abordnungen. Im übrigen war die Gleichgültigkeit der Regierung äußerst groß. Sie hatte es eilig, damit fertig zu werden. Thiers wäre diese Zeremonie sicher besser gelungen.«

Louis-Philippe hingegen fand in Guizot einen Minister so recht nach seinem Herzen. Marschall Soult leitete seine dritte Regierung, doch die tatsächliche Leitung der Geschäfte lag bei dem früheren Doktrinär, der erst 1847 Ministerpräsident wurde. Zum ersten Mal war ein homogenes Kabinett gebildet, das ein präzises Programm praktizierte: Frieden nach außen, Immobilismus im Innern. Zum ersten Mal auch, abgesehen von den Kabinetten Molé, konnte eine Regierung mit der vollständigen und vorbehaltlosen Unterstützung des Herrschers rechnen.

Doch wie war es möglich, daß Louis-Philippe die Gefahr nicht erkannte? Indem er seine königliche Autorität entgegen dem Wunsch eines

Perier oder eines Thiers in die parlamentarischen Auseinandersetzungen einbrachte, die Befugnisse des Ministerpräsidenten auf ein Minimum reduzierte und die Wahl von beamteten Abgeordneten in die Kammer begünstigte, geriet er in die Gefahr – nach dem Beispiel Karls X. im Jahre 1830 –, nur noch als Parteichef zu erscheinen, anstatt als oberster Schiedsrichter zu amtieren.

KAPITEL XVI

Bauern, Bürger und Arbeiter

Zwischen 1815 und 1848 blieb Frankreich ein dicht bevölkertes Land, dessen Bevölkerungsanstieg sich aber im Rhythmus des vorangegangenen Jahrhunderts vollzog und langsamer als in den Nachbarstaaten verlief. Die Auswirkungen der napoleonischen Kriege verwischten sich rasch: Mit Ausnahme der Jahre 1814 und 1815 war Frankreich von den Kämpfen selbst verschont geblieben – daher gab es keine Zivilverluste –, und das System der Wehrpflicht, das durch die Befreiung der verheirateten Männer die Heiratsfreudigkeit förderte, wirkte sich auf die Geburtenentwicklung aus. Abgesehen von den Gebietsverlusten, die Frankreich von 130 auf 86 Departements reduzierten, gab es am Ende des Kaiserreichs keinen demographischen Einbruch.

Frankreich blieb ein im wesentlichen ländliches Gebiet mit wenigen Großstädten, dafür aber vielen Landstädten, wo sich das städtische Leben nur wenig vom Landleben unterschied und von diesem getragen wurde. Die industrielle Entwicklung berührte es kaum. Von 1821 bis 1831 wuchs das Land trotz der Wirtschaftskrise von 1829 und der Hungersnot von 1817 von 30,46 auf 32,57 Millionen Einwohner an. Dieses Wachstum erklärte sich aus dem Geburtenüberschuß auf dem Lande dank der Prosperität, die auf die sozialen Errungenschaften der Revolution, die Fortschritte in der Agrartechnik und auf die Steuererleichterungen unter der Restauration zurückzuführen war. Die Entwicklung verlief allerdings nach Regionen unterschiedlich: Der Westen mit seiner Nähe zu Paris nahm nur langsam zu, während die Gegend um Marseille dank des auflebenden Mittelmeerhandels und der Großraum Lyon trotz der Schwierigkeiten in der Seidenindustrie einen spürbaren Fortschritt aufwiesen.

Die städtische Konzentration war noch auf wenige Orte begrenzt: Paris mit 713 000 Einwohnern führte mit weitem Abstand vor Marseille

(116000) und Lyon (115000). Weit dahinter lagen Bordeaux (90000), Rouen (87000), Nantes (74000), Lille (55000), Straßburg (50000) und Toulouse (50000).

Trotz der napoleonischen Kriege blieb diese Bevölkerung im Durchschnitt so jung wie am Vorabend der Revolution. Im Jahre 1826 lag das Lebensalter von 67 Prozent der Bevölkerung unter vierzig Jahren. Doch ein weiteres Mal entstand ein Gefühl der Blockierung: Abgesehen von den Zensusbedingungen war das passive Wahlalter auf vierzig Jahre festgelegt, was die Beteiligung der kopfstärksten Jahrgänge von einer Teilnahme am politischen Leben ausschloß. Man registrierte auch bei der Einstellung von Beamten und bei Beförderungen im zivilen wie militärischen Bereich eine Sperre. Zwischen den Zählungen von 1831 und 1846 wuchs die Bevölkerung um drei Millionen von 32,6 auf 35,4 Millionen Einwohner. Der Geburtenüberschuß auf dem Lande schlug sich in den Binnenwanderungen der Landbevölkerung in Richtung der Städte während der glänzenden Jahre der Julimonarchie zwischen 1836 und 1846 nieder. Man sollte sich jedoch davor hüten, den Umfang dieser Wanderungen zu überschätzen. Paris (eine Million Einwohner) mit seinem enormen Zuwachs von 36 Prozent blieb die Ausnahme; sie ließ sich nur durch den Zustrom von Provinzbewohnern erklären, die durch Tätigkeiten in der Verwaltung, der Industrie, als Hauspersonal oder auch durch punktuelle Maßnahmen wie den Bau der Befestigungen 1840 angezogen wurden. Ansonsten blieben die Ortsveränderungen im Landesinnern begrenzt. Man verließ nur ungern sein Dorf. In der Tat blieb der Anstoß durch die industrielle Entwicklung im Gegensatz zu England eher beschränkt. Unbestritten blieb in Fällen wie den Textilzentren im Norden, im Departement Seine-Inférieure oder der Lyoner Gegend die Industrie der Auslöser des städtischen Wachstums. Aber Toulouse inmitten einer überwiegend agrarischen Umgebung wuchs stärker als Lille (86 Prozent gegen 38 Prozent). Frankreich lebte abgeschottet in Landstädten und Dörfern, die auf sich selbst konzentriert waren. Die Ära der Kanäle und der Kutschen, der Flußschiffer und der Posthalter war noch nicht vorüber. Die Departementstraßen befanden sich in schlechtem Zustand, und Gemeindewege existierten gar nicht.

Bis 1848 behielt Frankreich, wenn man von der Demographie ausgeht, also ein ähnliches Aussehen wie im 18. Jahrhundert: ein Gleichgewicht zwischen Stadt und Land, die enge Verschränkung zwischen ländlicher

Industrie und Landwirtschaft, gleichbleibende Binnenwanderungsströme. Erst nach 1850 vollzog sich unter dem Einfluß der revolutionären Entwicklung im Transportwesen der Bruch: zum einen der Fall der Geburtenrate und die allmähliche Auflösung jener jahrhundertealten Wirtschaftsform, die das Leben auf dem Lande durch die Sicherung von Heimarbeit im Winter aufrechterhalten hatte, zum anderen die Abwanderung vom Lande und die starke Urbanisierung.

DAS LÄNDLICHE LEBEN ZWISCHEN 1815 UND 1848

Unter der konstitutionellen Monarchie blieb Frankreich ein im wesentlichen agrarisch strukturiertes Land. Dennoch hatte die Literatur für die ländliche Welt nur Verachtung übrig. Balzac zeichnete von den Bauern ein bis zur Karikatur verzerrtes Bild, und George Sand pflegte einen bukolischen Stil, der von der Realität weit entfernt war. Selbst die Berichte der Präfekten brachten den Problemen des flachen Landes nur mäßiges Interesse entgegen. Immobilismus und konservative Gesinnung charakterisierten das Leben auf dem Lande.

Immobilismus herrschte insoweit, als die Fortschritte in der Landwirtschaft sich auf agrartechnische Experimente beschränkten. So richtete Mathieu Dombasle beispielsweise in Roville (Departement Meurthe) einen Musterhof ein; Bella gründete den landwirtschaftlichen Betrieb von Grignon. Mist zur Düngung, künstliche Futtermittel und Nutzung des Brachlandes waren die notwendigen Voraussetzungen für eine Verbesserung. Diese erwies sich aber aufgrund von zu kurzfristigen Pachtverträgen und der mäßigen Qualität des Viehs als unmöglich. Schließlich fehlte das Kapital, um die ersten aus Schottland kommenden Dreschmaschinen zu kaufen. Auch die Gewohnheit ließ keine weiteren Fortschritte zu; so bevorzugte man weiterhin die Sichel statt der Sense. Die Agrarrevolution hatte noch nicht stattgefunden, wie der Umfang des Brachlandes bewies, das ein Viertel der für den Anbau geeigneten Flächen ausmachte. Zur Zeit der Restauration konzentrierten sich die Bemühungen vor allem auf die Wälder (Einrichtung einer Forstschule in Nancy 1824, Schaffung des Forstgesetzbuches 1827), doch führten diese Bemühungen nur zu einer Häufung der Forstdelikte und trugen schließlich im Gegenzug zur Unpopularität der Regierung bei. Bemühungen um eine Verbesserung in der Viehzucht, so begrenzt sie waren, führten aber dank La Fayette, der das Merinoschaf einführte, doch zu einigen Ergebnissen. Diese Rasse eroberte den Osten des Pariser Beckens. Die ersten Shorthornrinder aus Durham wurden 1824 eingeführt. Alles in allem brachte man der Landwirtschaft aber nicht mehr die gleiche Begeisterung wie im 18. Jahrhundert entgegen.

Die Regierung mußte allerdings anläßlich der Hungersnot von 1816/ 1817 reagieren. Aufgrund einer sehr schlechten Ernte stieg der Getreidepreis von 22 Francs im Januar 1816 auf 34 Francs im Dezember 1816 und sogar auf 46 Francs im Mai 1817. Die Furcht vor Aufkäufen provozierte Unruhen in der Champagne und im Gebiet von Orléans, in der Brie und in der Bretagne. Ein Erlaß vom 7. August 1816 befreite Getreide und Mehl von sämtlichen Einfuhrabgaben. Im November wurden sogar Einfuhrprämien eingeführt, und im Jahre 1818 war die Krise überwunden. Im folgenden Jahr kam es zu einem politischen Kurswechsel. Um den Forderungen der Großgrundbesitzer Genüge zu tun, schuf das Gesetz vom 16. Juli die bewegliche Zollskala für Getreide. Das Land wurde in drei Regionen eingeteilt. Bei Preisen von 23, 21 und 19 Francs wurde eine Zollgebühr von einem Franc bei Einfuhr unter französischer Flagge und von 2 Francs unter ausländischer Flagge erhoben. Jedesmal, wenn die Preise um einen Franc sanken, stiegen die Zollgebühren um den gleichen Betrag bis zum Höchstbetrag von 4,5 Francs. Darüber hinaus war die Einfuhr untersagt. Das Gesetz vom 4. Juli 1821 verschärfte dieses System: vier Wirtschaftsregionen wurden gebildet; man erhob Zölle von 3,25 Francs, wenn ein ausländischer Importeur Getreide ins Land brachte; die Preise wurden gestaffelt, sie betrugen 26, 24, 22 und 20 Francs, und jenseits einer Preissenkung von 2 Francs herrschte absolutes Einfuhrverbot. Trotz dieser Maßnahmen – zwischen 1821 und 1830 wurde die Einfuhr vollständig untersagt – lag der Getreidepreis durchschnittlich um 5 Francs niedriger als in der Periode von 1810 bis 1813. Hieraus entstanden gewisse Spannungen in der ländlichen Welt, die aus dem Anstieg der Pachtpreise und aus dem im Verhältnis zu dieser Preissenkung langsameren Anstieg der Löhne herrührten.

Diese Schwierigkeiten bestanden unter der Julimonarchie fort, zumindest bis 1840. Die Erträge blieben niedrig. Die Statistik von 1841 bemerkte, daß der Produktionsüberschuß über den Verbrauch nur zwei Millio-

nen Hektoliter betrug. Daraus folgte, daß ein »geringes Defizit bei der
Ernte stark und rasch die Getreidepreise berührt und plausible oder
scheinbare Gründe liefert, um die Preise anzuheben, ohne daß es indessen
im geringsten eine Grundlage für eine Furcht vor Hungersnot gäbe«. Die
Last der Traditionen wog schwer. Als die Abgeordnetenkammer 1836 und
1838 einen Gesetzesentwurf vorbereitete, wonach die Allmendweide und
das Triftrecht aufgehoben werden sollten, wurde sie von einer Flut von
Protesten aus den Departements überschwemmt. Die Schutzgesetzgebung blieb deshalb erhalten.

Nach 1840 wurden die Fortschritte spürbarer. Zum einen entwickelten legitimistische Großgrundbesitzer, die sich auf ihre Ländereien zurückgezogen hatten, Bemühungen, diese ertragreich zu verwerten, so der
Marquis de Forbin-Janson, der seine Domäne Villelaure im Tal der Durance umgestaltete; tatsächlich begannen ihre Bemühungen mit der Zeit
Früchte zu tragen. Andererseits verbesserte der Staat über Maßnahmen
des Ministeriums für Handel und Landwirtschaft, aber auch über den
1831 geschaffenen Generalrat für Landwirtschaft das Niveau der landwirtschaftlichen Techniken. Die Präfekten wurden aufgefordert, die Zahl
agrarischer Wettbewerbe zu steigern. Außerdem befaßte man sich mit der
Verwertung und Verpachtung der Gemeingüter.

Der Anteil des Brachlands ging in spektakulärer Weise zurück: im
Departement Mayenne zwischen 1841 und 1851 um nahezu 70 000 Hek-
tar. Gleichzeitig stieg der Ertrag in fast ganz Frankreich an:

	Anbauflächen in Hektar	Ernten (in Hektolitern)	Ertrag pro Hektar
1831–1841	5 353 000	68 Millionen	12,72
1842–1851	5 846 000	81 Millionen	13,86

Der Viehbestand nahm um fast ein Drittel zu. Der Überschuß an Mist
ermöglichte eine bessere Düngung. Auch die Weinproduktion wuchs:
36 Millionen Hektoliter im Jahr 1840, 50 Millionen im Jahr 1848. Die
Pflüge, die Dombasle und Grangé entwickelt hatten, wurden in Nordfrankreich in steigendem Maße verwendet. Eine Landwirtschaft moder-
neren Zuschnitts kam auf, die die Polykultur von Lebensmitteln durch
vermarktungsfähige Produkte ersetzte: Seidenraupenzucht in den Departements Drôme und Ardèche, Krappfärberei in der Grafschaft Venaissin,

Zuckerrüben im Norden, Gemüseanbau in der Küstenzone der Bretagne,
dessen Erzeugnisse nach England exportiert wurden. Die Diversifikation
der Anbaumöglichkeiten, die Fortschritte bei der Steigerung der Erträge
und der Produktion waren bemerkenswert; sie berührten aber nur gewisse Regionen. Unbestreitbar war das blühende Wachstum der großen
Ebenen im Norden und Osten mit ihren offenen Feldern, auf denen
Getreide angebaut wurde. In der Brie, der Beauce, der Picardie, der
Champagne oder in Lothringen sicherte der Ernteüberschuß den Großbauern beträchtliche Gewinne, die eine Modernisierung ihrer Betriebe
ermöglichten. Doch wie war es anderswo darum bestellt? Im Zentralmassiv und in den Ebenen südlich der Loire lebten weiterhin Gemeinschaften
kleiner Grundbesitzer in geschlossener Wirtschaftsform, das heißt Pächter oder Tagelöhner, die zumeist keinerlei Bildung besaßen und außerhalb
ihres Dorfes nur Salz oder am Vorabend einer Hochzeit einige Bänder
kauften. Desgleichen versteckten sich in den Heckenlandschaften des
Westens viele kleine Anwesen, isolierte Pachthöfe und Landflecken, die
aus einer Kirche, einem Rathaus und vier bis fünf Häusern bestanden.
Zusätzliche Einkünfte versprachen die Spitzenwirkereien aus Alençon
oder die Tuchwaren des Anjou und in der Bretagne. Das Mittelmeerufer
lebte im Rhythmus der Wanderschäfer und der Trockenheit, während die
Dörfer an den Hängen ihre Einwohner weiterhin vor der Unsicherheit der
Küste schützten. Korsika blieb abseits, bis es schließlich von Prosper
Mérimée entdeckt wurde.

Letztlich erfuhr Frankreich nur eine ungleiche Entwicklung, die von
den im allgemeinen isolierten und auf sich selbst bezogenen Regionen
abhing. Das »Gesetz Thiers« über die Gemeindewege, das 1836 beschlossen wurde, brach die geschlossene Welt der Dörfer nicht auf. Die Migra-
tionsbewegungen verliefen im wesentlichen von den Berggebieten des
Zentralmassivs nach der Küstenzone des Languedoc, in die Gegend von
Bordeaux und vor allem in Richtung Paris und Lyon. Der Maurer aus dem
Departement Creuse und der Wasserträger aus der Auvergne gehörten
mit der Zeit zur Pariser Landschaft. Im Jahre 1836 stellte d'Angeville fest,
daß »die Überlastung der Industriezonen mit Bettlern aus einem Wande-
rungsphänomen von den ländlichen Zonen her entsteht«. Die Zahl der
Maurer auf Wanderschaft stieg im Departement Creuse von 6000 im Jahre
1789 auf 13000 im Jahr 1814 und auf 34000 Personen im Jahre 1848 an.

Das flache Land vermittelte den Zeitgenossen den Eindruck der Übervölkerung. Die Kopfzahl der ländlichen Bevölkerung stieg von 5,5 Millionen kurz vor der Revolution auf 7 Millionen gegen 1840 an. Sie teilte sich folgendermaßen auf:

Selbständige Grundbesitzer	37,5 Prozent
Pächter	17 Prozent
Halbpächter	7 Prozent
Tagelöhner	30,5 Prozent
Knechte	13,8 Prozent

Das flache Land war eine Welt im Abseits. Äußere Einflüsse drangen nur über die saisonalen Wanderungen oder den Militärdienst ein. Die Freiheit der Sitten war groß; die Kinder aus kurzen Liebschaften, zum Beispiel Mouche aus den »*Paysans*« (»Die Bauern«) von Balzac, repräsentierten die Randfiguren einer Welt, die bewußt ihre Außenseiter hatte: »Mama ist vor Kummer gestorben, da sie Papa nicht wiedergesehen hat, der 1812 zu den Soldaten gegangen ist, ohne sie mit Papieren geheiratet zu haben.« Und da Montcornet aus ihm einen Soldaten machen will, fügt er hinzu: »Ich bin nicht registriert; ich brauche kein Los zu ziehen. Meine arme Mutter hat mich, da sie ein unverheiratetes Mädchen war, auf dem Feld zur Welt gebracht.«

Zum Immobilismus trat der Konservativismus. Wenn die Präfekten der ländlichen Welt wenig Interesse entgegenbrachten, dann auch deshalb, weil die Bauern, die in schlechten Verhältnissen hausten, sich karg ernährten und unter dem Joch gleichförmiger Arbeiten lebten, kein Aufsehen erregten. Die »Große Furcht« von 1789 schien in weite Ferne gerückt, trotz verwüsteter Wälder, Plünderung von Ernten, Wildfrevel und Übergriffen gegen Jagdhüter, Vergehen also, die den Alltag der Gendarmen ausmachten.

Die Hauptsorge des Bauern war, Ersparnisse zu bilden, um das Stückchen Land zu kaufen, das seinen kleinen Betrieb abrunden sollte. Die Lohnerhöhungen für die Tagelöhner zur Zeit der Julimonarchie und die Zerstückelung der großen adligen Domänen, die oft aus den finanziellen Schwierigkeiten der Aristokratie entstanden, begünstigten diese Kaufwut. Die Folgen hat Balzac in »*Le Curé de Tours*« (»Der Pfarrer von Tours«) angeprangert: Der Abschnitt »*Des successions*« (»Über die Erbfolge«) im *Code Civil* sei ein zerstörerischer Virus. Der Bauer rückte nichts heraus, was er einmal erobert habe. »Wenn dieses Ungeheuer einmal ein Stück Land in seinem stets offenen Maul verschlungen hat, unterteilt er es, solange es drei Furchen hat.« Und in »*Les Paysans*« (»Die Bauern«) beschwor er »diesen unermüdlichen Wühler, diesen Nager, der den Boden zerstückelt und zerteilt«. In der Tat stellt man einen jähen Anstieg bei der Zahl der Grundsteuerpflichtigen fest. Doch von 11 Millionen Bauern zahlten 8,5 Millionen keine 20 Francs Steuern und mehr als 5 Millionen weniger als 5 Francs. Diese Aneignung des Bodens in Form kleiner Grundstücke bewirkte nicht nur eine Lähmung des Fortschrittes in der Landwirtschaft, sondern sie führte auch zur Verschuldung des Bauern. Hypothekendarlehen oder schlichte Schuldscheine lieferten den Bauern dem Wucherer, dem Notar, dem Advokaten aus. Als die schönen Jahre des Bauerntums 1845 zu Ende gingen, brach der Haß gegen den Geldverleiher aus der Stadt auf. Zum gleichen Zeitpunkt entdeckten Knechte und Tagelöhner die Bedrohung, die für sie die Fortschritte bei den Landmaschinen darstellten. Vor 1845 aber respektierte der Bauer den Notabel, vor allem den, der es schon früher war; er empfand Mißtrauen gegenüber dem Geistlichen, er verabscheute den Fiskus und die Wehrpflicht und fürchtete die Republikaner, die er in einen Topf mit den »Aufteilern« warf. Trotz der Wohn- und Ernährungsbedingungen, die im Ancien régime kaum schlechter waren, und trotz ihrer Spaltungen stellte sich die Bauernschaft vor allem als eine konservative Kraft dar. Zudem war sie allzu abhängig vom Großgrundbesitzer und vom Manufakturinhaber, der auf dem Lande die Aufträge an Handwerker vergab, deren Bezahlung die unumgängliche Ergänzung der Einkünfte bot.

DER NIEDERGANG DER ARISTOKRATIE

Bis 1830 spielte die Auseinandersetzung zwischen der Bourgeoisie und dem Adel die Hauptrolle in der französischen Innenpolitik: In den Augen der Beobachter fand hier der Klassenkampf statt; sie stand für den unbeendeten Konflikt zwischen altem und neuem Regime.

Für die eine Seite stand die Vorstadt Saint-Germain, wo der alte Adel im Winter Salon hielt, im Sommer zogen sich seine Angehörigen auf ihre Schlösser oder Landsitze in der Provinz zurück. Die andere Seite repräsentierte die Chaussée d'Antin, das Quartier der Finanzwelt und der

Unternehmerbourgeoisie mit seinem auffälligeren, aber neueren Luxus. Diesen Kampf schildert Balzac vollendet in »*Les Paysans*«: Vergeblich hatte Montcornet, General im Kaiserreich, eine adlige Erbin geheiratet; in der Restaurationszeit blieb er doch der Sohn eines Möbelhändlers. »Die Vorstadt Saint-Germain seiner Frau konnte die Vorstadt Saint-Antoine des Vaters nicht auslöschen.« Unter der Restauration sahen sich der alte Adel, dessen Titel wiederbelebt wurden, und der Adel der Kaiserzeit, der beibehalten wurde – wobei sich diese beiden Adelskategorien trotz einiger Verbindungen wie der der Tochter Mortiers mit dem Marquis de Rumigny gegenseitig ignorierten –, durch eine dritte Adelskaste verstärkt, die der König auf Grund der *Charte* nach Belieben schaffen konnte. Er nutzte das übrigens recht großzügig aus. Er ernannte 17 Herzöge, 80 Marquis, 83 Grafen, 62 Vicomtes und 215 Barone.

Der Adel nahm damit nicht nur in der Pairskammer einen überragenden Platz ein, wo sich Senatoren des Kaiserreichs und Mitglieder der früheren Aristokratie mischten, sondern auch in der Abgeordnetenkammer, wo der Anteil der Adligen 60 Prozent überstieg. Es gab keine bürgerlichen Minister, und alle Botschafter waren adlig. Von 81 Kirchenfürsten gehörten im Jahr 1829 nur 21 nicht der Aristokratie an. Zu diesem Zeitpunkt trugen 45 von 86 Präfekten ein Adelsprädikat. Das gleiche Übergewicht herrschte in den Generalräten: Unter den 24 Räten im Departement Haute-Garonne befanden sich 15 Adlige. Jeder Jahrgang der höheren Militärschule rekrutierte sich zu 50 Prozent aus Aristokraten.

Die Restauration konnte aber nicht die Auswirkungen der Erbteilungen verhindern, die der *Code Civil* vorsah. Das Erstgeburtsrecht wurde abgelehnt. Das System der Majorate, das man von Napoleon übernommen hatte, scheiterte. Aufgrund der allzu kostspieligen Voraussetzungen zählte man 1826 nur 307 Majorate. Der Erlaß vom 19. August 1815, der die Erblichkeit der Pairswürde schuf, hatte festgelegt, daß in den Familien, auf die diese Würde fallen sollte, die Errichtung von Majoraten erforderlich sei. Ein Erlaß vom 25. April 1817 hatte genau die Vermögenswerte aufgeführt, die als Grundlage für ein Majorat zu dienen hatten: 30000 Francs Nettoeinkünfte für einen Herzog, 10000 Francs für einen Baron. Diese Zahlen waren zu hoch, und 1819 wie 1827 wurden Pairs ernannt, die vom Majorat befreit waren. Insgesamt gab es nur 78 Majorate, die mit der Pairswürde verknüpft waren. Vergeblich hatte Karl X. durch die Verordnung vom 10. Februar 1824 entschieden, daß die Erblichkeit des Adelstitels nur denen gewährt würde, die sich zur Errichtung eines Majorats bereit fänden. Gleichzeitig verringerte er die Steuerlast; dennoch gab es nur 228 Majorate außerhalb der Pairswürde.

Das Jahr 1830 ersetzte den Adel als herrschende Klasse durch die Bourgeoisie; ersterer spaltete sich in mehrere Gruppen auf. Manche Adligen blieben Karl X. treu; die Opportunisten wie Pasquier, Molé, Broglie hingegen verfolgten ihre politische Karriere. Die Legitimisten, die sich auf ihre Güter zurückgezogen hatten, verschmähten öffentliche Ämter und zeigten ihre Unzufriedenheit gegenüber der Julimonarchie. Deshalb verschwanden sie aus den Kammern, den Botschaften, den Präfekturen und zogen sich auf gewisse Salons zurück oder den 1833 gegründeten Jockey-Club. Henri Doudan hat uns in seinen Briefen eine interessante Beschreibung des Lebens hinterlassen, das die Schloßherren zurückgezogen auf ihren Gütern führten: »Man lebt in einer großen Ruhe; heute abend haben wir die Lektüre von ›Colomba‹ abgeschlossen und haben uns nun ›Les Puritains d'Écosse‹ (›Die schottischen Puritaner‹) vorgenommen. Sie können also sicher sein, nicht fehlzugehen, wenn Sie sich täglich um halb neun Uhr abends im Salon des Erdgeschosses einfinden, wo alle Erwachsenen um das Feuer sitzend den Abenteuern von Henri Morton lauschen. Albert liest vor, Louise liegt in einen großen roten Sessel hingestreckt. Mademoiselle Pomaret arbeitet mit pausenloser Aktivität an einer riesigen Stickerei; die junge Prinzessin in der Ecke des rechten Kamins befestigt eichelförmige Stahlknöpfe an einer Tasche aus Seide und Gold, die für ihren Vater bestimmt ist.« Gibt es eine bessere Illustration für die verblassende Bedeutung des alten Adels?

Dennoch behielt er in zahlreichen Regionen einen gewichtigen Einfluß: im Westen, in der Provence oder am Rande des Zentralmassivs. Die Einführung des allgemeinen Wahlrechts verschaffte ihm, so paradox und seltsam dies auch klingen mag, wieder eine vorrangige Rolle in der Politik.

Es sei daran erinnert, daß unter der Julimonarchie die Erblichkeit der Pairswürde abgeschafft wurde. Die Titel selber waren von nun an nicht mehr geschützt, nachdem der Artikel 259 des Strafgesetzbuches abgeschafft worden war, der die rechtswidrige Führung von Titeln bestrafte. Im Jahre 1835 wurde jegliche Neubildung von Majoraten untersagt. Der soziale Niedergang des Adels schien unaufhaltsam.

DIE KIRCHE

Im Jahre 1815 begann für die Kirche eine Epoche der Erneuerung. Das Budget für die Ausübung der Religion stieg von 12 auf 33 Millionen an, und die privaten Stiftungen häuften sich. Die Zahl der Priesterweihen wuchs ebenfalls rasch: 715 im Jahre 1814 und 2350 im Jahre 1829. Vielleicht klangen den neuen Priestern die Worte Julien Sorels in den Ohren: »Als Bonaparte von sich reden machte, hatte Frankreich Angst, besetzt zu werden; der militärische Ruhm war notwendig und zeitgemäß. Heute sieht man vierzigjährige Priester mit hunderttausend Francs Einkommen, das heißt, dreimal soviel wie die berühmten Divisionsgenerale Napoleons... Priester muß man sein.« Über die »*Chevaliers de la foi*« (»Glaubensritter«), die auf den Bänken der Ultras saßen, verfügte die Kirche in der Abgeordnetenkammer über eine machtvolle Position. Sie beherrschte die Universitäten auf den verschiedenen Ebenen, und sie regierte ohne Einschränkung auf dem Lande. Der Mystizismus entstand neu. Im Februar 1818 kam Jean-Marie Vianney nach Ars.

Natürlich erschienen auf diesem Bild der triumphierenden Kirche auch Schatten. Die Ausübung der Religion blieb schwach: In den Kollegien waren es nur sieben bis acht Prozent. Auch wenn man auf dem flachen Lande das religiöse Brauchtum respektierte (Taufe, Erstkommunion, kirchliche Heirat), so nahm man im Erwachsenenalter doch kaum mehr an einer Messe teil. Eine Bestätigung gibt uns Paul-Louis Courier: »Wir gehen sonntags zur Messe in der Pfarrkirche, um unsere Freunde und unsere Schuldner zu treffen. Wir gehen hin; wie viele aber kommen zurück, ohne die Messe gehört zu haben, brechen auf, wenn sie ihre Geschäfte abgeschlossen haben, ohne die Kirche betreten zu haben? Der Pfarrer von Azai forderte letzte Ostern vier Männer an, um den Baldachin zu tragen, nachdem sie an der Hl. Kommunion teilgenommen hatten. Er konnte im Dorf niemand finden; man mußte sich deshalb an Männer von außerhalb wenden, so selten und gering ist bei uns die Frömmigkeit.«

Die innere Mission erhielt den Auftrag, die Bastionen der Entchristianisierung zu stürmen. Das geschah unter spektakulären Kundgebungen der Frömmigkeit, war aber auch von religiöser Intoleranz begleitet. Der Tanz, scheinbare Ursache der Verderbnis der jungen Leute, wurde häufig untersagt. So erklärte sich die berühmte »*Pétition pour des villageois qu'on*

empêche de danser« (»Petition für Dorfbewohner, die man am Tanzen
hindert«) von Paul-Louis Courier oder der Angriff auf die Jesuiten bei
Pierre-Jean de Béranger:

> »Schwarze Männer, woher kommt ihr?
> Wir kommen von unten aus der Erde,
> Halb Füchse, halb Wölfe,
> Unsere Regel ist ein Geheimnis.«

In seiner *»Pétition aux deux chambres«* (»Petition an die beiden Kammern«) beschreibt Paul-Louis Courier den Bauern François Fouquet, der
»auf dem Weg zur Großen Mühle den Pfarrer traf, der einen Toten zum
Friedhof von Luynes geleitete. Der Weg war schmal; der Pfarrer, der
Fouquet auf seinem Pferd daherkommen sah, rief diesem zu, er möge
anhalten; der hält aber nicht an. Er möge seinen Hut ziehen; der behält ihn
aber auf. Er zieht vorbei; er setzt das Pferd in Trab. Er bespritzt den
Pfarrer in seinem Chorhemd. Dies war noch nicht alles. Manche sagen,
daß er im Vorbeireiten fluchte und sagte, daß er sich über den Pfarrer und
seinen Toten lustig machte. Nun höre aber, was dann geschah. Drei Tage
später erscheinen vier Gendarmen bei Fouquet, ergreifen ihn und führen
ihn gefesselt, geknebelt, barfuß, in Handschellen und als Gipfel der
Schande zwischen zwei Dieben der Landstraße in die Gefängnisse von
Langeais.«

So entwickelte sich neben dem Bemühen der Kirche um Rückgewinnung des Landvolks ein volkstümlicher Antiklerikalismus. Ihr großer
Fehler zur Zeit der Restauration bestand zweifellos in der allzu engen
Verbindung mit der Dynastie der Bourbonen. Die Revolution von 1830
nahm deshalb eine antireligiöse Wende.

Die Julimonarchie bekundete eine tiefe Gleichgültigkeit in religiösen
Dingen. Befreit vom Gepränge der weltlichen Gewalt, gewann der Klerus
dadurch an geistiger Tiefe. Im Umkreis des *»L'Avenir«* (»Die Zukunft«),
der Zeitung von Lamennais, entstand ein liberaler Katholizismus, der
über die römische Liturgie diskutierte. Die Verbreitung von Büchern der
Kirchenväter und anderen theologischen Werken erfolgte durch den Ver-
lag Migne. Eine nüchtern strenge Zeitschrift wie *»L'Université catholique«*, die seit 1836 erschien, erreichte bis zu 1500 Abonnenten. Außerdem
war die Kirche, die sich aus ihren offiziellen Bindungen befreit hatte, auch
wenn sie nach wie vor vom Staat bezahlt wurde, besser imstande, die

sozialen Probleme zu begreifen, die im Gefolge der industriellen Revolution entstanden. Von der Kanzel von Notre-Dame herab rief Lacordaire: »Jeder hat das Recht auf die Früchte aus seinem eigenen Besitz nur nach Maßgabe seiner legitimen Bedürfnisse. Jeder andere Gebrauch ist ein egoistischer und verruchter Gebrauch, ein Gebrauch aus Wollust, Geiz und Stolz; ein Laster, das von Gott verworfen wurde und das er zweifellos nicht wuchern und rechtfertigen wollte, indem er das Eigentum schuf.« Buchez sammelte um die Zeitung »*L'Atelier*« (»Die Werkstatt«) einen Kern von katholischen Arbeitern. Die mildtätigen Organisationen wie die der Schwester Rosalie und des Abbé Ledreuille fanden Nachahmer. Der Sturz der Julimonarchie verschonte eine Kirche, die sich mitten in ihrer geistlichen Erneuerung befand. Trotz des Verlustes ihrer Güter und ihrer Privilegien, aber auch ihrem beamteten Status zum Trotz, und trotz der Attacken, denen sie weiterhin ausgesetzt war, stellte sich die Kirche Frankreichs, die zwar beeinträchtigt, aber nicht besiegt war, als eine soziale und geistige Kraft dar, mit der man noch zu rechnen hatte.

DER TRIUMPH DER BOURGEOISIE

Parallel zum Niedergang des Adels und zur Schwächung des Klerus, der beiden ersten Stände im Ancien régime, erlebte die Bourgeoisie als reichste und aktivste Gruppe des Dritten Standes einen nachhaltigen Aufschwung. »Was ist die Bourgeoisie?« fragte Henri Monnier, der in den »*Mémoires de Joseph Prudhomme*« Sieyès parodierte: »Alles.« – »Was will sie?« – »Ich weiß es nicht.« In der Tat war sie die große Nutznießerin der Revolution. Sie verband ihre wirtschaftliche Vormachtstellung mit sozialem und politischem Vorrang. Gegen die Angriffe eines Villeneuve-Bargemont, der vom »neuen Feudalwesen« sprach, oder eines Alexis de Tocqueville, der »die Autokratie der Manufakturbesitzer« angriff, versuchten François Guizot und Augustin Thierry die Rechtfertigung für den Aufstieg der Bourgeoisie in der Vergangenheit zu finden. Ihr Antagonismus zur Aristokratie verblaßte nach 1830 immer mehr, und seit 1848 zeichnete sich im Bereich der Eheschließungen sogar eine Annäherung ab. Dieses Phänomen stellte Émile Augier in »*Le gendre de Monsieur Poirier*« (»Der Schwiegersohn von Herrn Poirier«) voller Zufriedenheit fest. Die Plutokratie trat an die Stelle der Aristokratie: »Seit die Dampfmaschine die Königin der Welt ist, ist ein Titel eine Absurdität«, behauptete eine der Personen aus Stendhals *»Armance«*. Doch bildete die Bourgeoisie keine homogene Gruppe: Es gab große, mittlere und Kleinbürger. Zwischen den verschiedenen Gruppierungen der bürgerlichen Welt tat sich ein Graben auf.

Schon 1817 hatte die Finanzwelt auf ihre Bedeutung hingewiesen, als der Makler Ouvrard bei der Plazierung der Anleihe als Vermittler diente. An der Börse stieg die Zahl der notierten Werte von sieben im Jahre 1816 auf 38 im Jahre 1830. In Paris blieb die Spekulation aber noch zurückhaltend und engagierte sich außer im Immobilienmarkt kaum, und hier insbesondere im Haus- und Grundgeschäft auf dem rechten Ufer der Seine. Dieses Engagement ging mit dem Debakel von 1826 zu Ende. Die tatsächlichen Veränderungen fanden im Bereich der öffentlichen Finanzen statt: Von 1819 ab wurden ein Etat für Einnahmen und ein Etat für Ausgaben beschlossen. Im Jahre 1827 wurde der Haushalt in Abschnitte nach Ministerien eingeteilt, und Haushaltsüberschreitungen konnten ohne Abstimmung über zusätzliche Kredite nicht vollzogen werden. Das also war »die Budgetwahrheit«, die Baron Louis angekündigt hatte.

Tatsächlich aber setzte der Aufschwung des Finanzwesens mit der Julimonarchie ein. Aber selbst zu dieser Epoche war die ängstliche Zurückhaltung gegenüber Unternehmen, die keine offizielle Garantie besaßen, noch nicht abgebaut. Das Kapital wurde hauptsächlich im Bauwesen, in Versicherungen und dem Eisenbahnbau eingesetzt. Hier vollzog sich die Neuerung. Die Eisenbahn hatte mit kleinen Strecken im Bergbau begonnen, die von Andrézieux nach Roanne und von Saint-Étienne nach Lyon führten. Trotz der Begeisterung der Saint-Simonisten blieben Mißtrauen und Unglauben gegen das neue Transportmittel weit verbreitet: die Feindseligkeit der Fuhrleute und Posthalter, die sich in ihren Interessen beeinträchtigt sahen, die Angst der Bauern, die Lokomotiven könnten ihre Ernte in Brand stecken, oder sie könnten enteignet werden, um den Bau der Schienenstrecke zu ermöglichen, kritische Äußerungen von Ärzten, die wegen der Geschwindigkeit Katarrh oder Sehstörungen prognostizierten. Die Entgleisung des Zuges Paris – Versailles, die den Seefahrer Dumont d'Urville das Leben kostete, kühlte die Begeisterung ab.

Dennoch ließen zwei saint-simonistische Bankiers, die Gebrüder Pereire, ab 1837 eine Linie von Paris nach Saint-Germain bauen; im Jahre 1846 machten sie sich an die Strecke Paris – Rennes. Ein anderer Anhänger Saint-Simons namens Talabot begann 1843 mit dem Bau der Strecke Marseille – Lyon; danach betrieb er den Ausbau der Strecke Paris – Lyon – Mittelmeer. Rothschild engagierte sich 1845 bei der Gesellschaft der Nordbahn. Sehr schnell entzündete sich die Debatte um Privatgesellschaften oder Staatsbahnen. Das Gesetz von 1842 fand einen Kompromiß: Sieben große Linien wurden an Aktiengesellschaften abgetreten; sie genossen ein Monopol und erhielten für eine Pachtdauer von 99 Jahren Subventionen, indem der Staat die Infrastruktur der Schienenwege und der Depots unterhielt. Dennoch sollte man die Bedeutung der Eisenbahn nicht überschätzen: Im Jahr 1848 wurden lediglich 1900 Kilometer Schienenwege betrieben.

Frankreich litt nach wie vor unter der ungenügenden Organisation des Kreditwesens. Die Bank von Frankreich verweigerte eine Senkung des Diskontsatzes und stimmte 1840 nur zögernd der Einrichtung von Filialen in den großen Provinzstädten zu. Die Lösung konnte darin bestehen, das Interesse eines breiten Publikums zu wecken, das den Unternehmen die fehlenden Betriebsmittel vorstrecken würde. In diesem Sinne schuf Laffitte, dessen Bank in der Krise von 1828 – 1832 zusammengebrochen war, 1837 eine neue Institution, die *Caisse générale du commerce et de l'industrie* (Allgemeine Handels- und Industriekasse), die in großem Stil Diskont- und Kommanditgeschäfte in der Industrie tätigte. Er fand mehrere Nachahmer, deren Unvorsichtigkeit jedoch in den Bankkrach von 1847 münden sollte. Das Mißtrauen gegenüber den Aktiengesellschaften wurde dadurch nur noch mehr verstärkt.

Die Revolution von 1830 öffnete den Banken die Wege zur Macht. Laffitte, dann Casimir Perier übernahmen die Regierungsgeschäfte. Alle Beobachter bestätigten den gesellschaftlichen Vorrang der Bankiers in der Julimonarchie. In seinen »Klassenkämpfen in Frankreich« hielt Karl Marx fest: »Die Finanzaristokratie, welche unter der Julimonarchie herrschte, hatte ihre Hochkirche in der Bank.« In *»Les Juifs rois de l'époque«* (»Die Juden als Könige der Epoche«) griff Toussenel das Quasimonopol an, das die Rothschilds bei den Staatsanleihen besaßen. Auch Balzac schilderte die Bankiers mit scharfem Blick. Er ließ in seinem Werk den Baron de Nucingen auftreten, den Sohn eines elsässischen Juden, der kurz vor der Revolution bei der Bank Aldrigger in Straßburg seine Ausbildung erhalten hatte. Nach zwei Liquidationen und dem Frieden von 1815 hatte Nucingen begriffen, daß »das Geld nur eine Macht ist, wenn es in unverhältnismäßig großen Summen vorhanden ist. Insgeheim beneidete er die Brüder Rothschild. Er besaß fünf Millionen, wollte aber zehn! Bei zehn Millionen konnte er einen Gewinn von dreißig daraus machen, bei fünf hätte er nur fünfzehn erreicht. So entschloß er sich also, eine dritte Liquidation durchzuführen! Dieser große Mann dachte nunmehr daran, seine Gläubiger mit fiktiven Werten auszuzahlen und deren Geld zu behalten. Konkret stellt sich ein Konzept dieser Art nicht in einer solch mathematischen Ausdrucksweise dar. Eine derartige Liquidation besteht darin, für ein Goldstück großen Kindern eine kleine Pastete zu geben, die wie die kleinen Kinder von früher die Pastete dem Goldstück vorziehen, ohne zu wissen, daß sie mit dem Goldstück zweihundert Pasteten haben können.« Und eine der Personen Balzacs kommentierte den Vorgang: »Die Affäre kann einem seltsam erscheinen; doch in großem Stil ist es hohe Finanzkunst. Es gibt willkürliche Akte, die von Person zu Person als kriminell gelten, die jedoch ohne Folgen bleiben, wenn sie auf irgendeine beliebige Menge ausgedehnt werden, so wie ein Tropfen Blausäure in einem Eimer Wasser wieder harmlos wird. Sie töten einen Menschen, und Sie werden guillotiniert! Aber auf Grund irgendeiner Staatsidee können Sie fünfhundert Menschen töten, das politische Verbrechen wird respektiert. Nehmen Sie fünfhundert Francs aus meinem Schreibtisch, und Sie wandern ins Zuchthaus. Doch mit dem Anreiz auf einen neuen Gewinn, den man tausend Börsenspekulanten geschickt in den Rachen wirft, zwingen Sie sie, die Papiere von ich weiß nicht welcher bankrotten Republik oder Monarchie zu kaufen, die nur ausgegeben wurden, um die Zinsen ebendieser Papiere zu bezahlen: Niemand kann sich dabei beklagen. Das sind die Prinzipien des goldenen Zeitalters, in dem wir leben!«

Zu den Banken gesellten sich die Manufakturbetreiber, Hüttenbesitzer und verschiedene Fabrikanten. Erinnern wir uns an Stendhals Porträt von Monsieur de Rênal, der dank der Gewinne aus seiner Nagelfabrik Bürgermeister von Verrières in der Franche-Comté geworden war. Die Strukturveränderungen in den Unternehmen beschleunigten sich mit der Restauration; die Wirtschaftsgeographie veränderte sich: Niedergang der Tuchindustrie im Westen und Schwierigkeiten für die Textilverarbeitung des Languedoc; dagegen Aufstieg der Zentren von Roubaix und Mülhausen. Eine neue Figur erschien mit der Julimonarchie, der Ingenieur. Er kam aus der Polytechnischen Hochschule, aus der 1829 gegründeten zentralen Hochschule für Künste und Manufakturen (Arts et Manufactures) oder aus der Hochschule für Künste und Handwerk (Arts et Métiers), die seit 1830 bestand. Julien Sorel verblaßte hinter Lucien Leuwen, denn er hatte seine Ausbildung im Seminar erfahren, während Lucien Leuwen aus der Polytechnischen Hochschule kam. Gewiß, Lucien ging zur Armee, aber er hätte sich auch der Industrie zuwenden können.

Einige Erfindungen veränderten die Technik: Seguin konstruierte 1829 den Röhrenkessel für Lokomotiven; Kuhlmann verbesserte die Düngerfabrikation. Arago entdeckte den Elektromagneten, was den Einstieg in die elektrische Telegraphie bedeuten sollte. Chevreul erfand die Stearinkerze und veränderte die Seifenindustrie. Niepce und Daguerre entwickelten die Photographie; die Biologie bildete sich mit Lamarck heraus. Die Geologie, entscheidend für den Bergbau, erhielt neue wichtige Impulse von Brongniart und Élie de Beaumont und nahm ihren Aufschwung; und schließlich entwickelte sich die organische Chemie aufgrund der Entdeckungen Dumas'. Die Naturwissenschaft war nicht mehr die schlichte Spekulation uneigennütziger Forscher, sie orientierte sich in Richtung praktischer Anwendungen: Die Vorherrschaft der Maschine begann.

Die spektakulärsten Fortschritte erfolgten während der Julimonarchie unter der doppelten Auswirkung der Mechanisierung der Produktion und der industriellen Konzentration. Bei der Mechanisierung der Fabrikation war eine allgemeine Verbreitung maschineller Abläufe in der Baumwoll- und Wollspinnerei zu beobachten, aber auch ein beharrlicher Rückstand in der Weberei und nur geringfügige Verbesserungen in herkömmlichen Industriezweigen wie in der Leinen- oder Hanfverarbeitung. Dagegen stieg die Zahl der Kokshochöfen von 41 auf 107. Der Dampfhammer taucht erstmals 1841 auf, die Werkzeugmaschine 1844. Thimonier erfand die Nähmaschine, und die Druckmaschine ersetzte die Handpresse. Die Zahl der Dampfmaschinen stieg ständig an:

	Zahl	Stärke (Dampf-Pferdestärken)
1820	65	1 000
Ende 1830	625	10 000
1840	2591	30 000
1847	4853	61 630

Die industrielle Konzentration kündigte Adolphe Blanqui in seinem kleinen Buch »*Les Classes ouvrières en France pendant l'année 1848*« (»Die Arbeiterklassen in Frankreich im Jahre 1848«) an: »Täglich sehen wir, wie kleine Werkstätten, die aufgesplitterte Arbeit, die häuslichen Berufe verschwinden. Die Industrie organisiert sich in riesigen Fabriken, die Kasernen oder Klöstern ähneln, mit eindrucksvollem Material ausgestattet sind und von Motoren mit einer unendlichen Stärke bedient werden. Zu Hunderten, manchmal zu Tausenden drängen sich die Arbeiter in diesen strengen Laboratorien, wo ihre Arbeit, die den Befehlen der Maschine unterworfen ist, wie diese allen Wechselfällen ausgesetzt ist, die sich aus den Veränderungen von Angebot und Nachfrage ergeben.« Allerdings dachte Blanqui eher an England. Für Frankreich blieb festzuhalten, daß die Familie de Wendel um das Jahr 1847 vier Kokshochöfen in Moyeuvre und Hayange, sechs Walzwerke und sieben Fabriken für Produktveredelung besaßen. Im Jahre 1845 vereinte die Bergbaugesellschaft der Loire 105 Betriebe, die bis dahin im Becken von Saint-Étienne zerstreut lagen. Die chemische Industrie konzentrierte sich in Paris und Marseille, doch blieb der Großbetrieb die Ausnahme. Die Luxusindustrie folgte weiterhin den Organisationsformen des Handwerks, und die Erfindung der Nähmaschine verhalf der Heimarbeit zu neuem Aufschwung.

Die französische Statistik erlaubte die Abschätzung der Bedeutung der industriellen Produktion. Für 63 Departements gab sie im Jahre 1847 einen Betrag von 3648 Millionen Francs an, und Moreau de Jonnès errechnete für ganz Frankreich einen Wert von 4 Milliarden. Die Produktion der Metallindustrie stieg hinsichtlich Eisen und Gußeisen von 221 000 Tonnen im Jahre 1818 auf 591 000 Tonnen im Jahre 1847. Die Förderung von Eisenerz verdoppelte sich: im Jahr 1831 741 000 Tonnen, im Jahre 1847 1658 000 Tonnen. Die Kohlegruben förderten 5 153 000 Tonnen Kohle. Die Produktion von Wollstoffen wurde auf 473 Millionen Francs bewertet; die Gesamtproduktion bei Baumwolle erreichte 334 Millionen, bei Stoffen 351 Millionen Francs; ähnlich hoch auch die Zahlen bei Leinen und Flachs. Die Jury der Ausstellung von 1844 erklärte: »Es gibt kein Land, wo in den letzten Jahren die wahren Fortschritte glänzender gewesen wären.« Und sie verwies damit auf die segensreichen Auswirkungen der Dampfmaschine.

Der Flaschenhals, der die Wirtschaft am meisten beengte, war das sehr protektionistische Zollsystem. Auf diesem Feld waren die Industriebereiche gespalten. Die Hüttenbesitzer und die Baumwollspinner in Nordfrankreich und in der Normandie traten, unterstützt von den Landwirten, für hohe Zollgebühren ein: »Unsere ganze Existenz beruht auf der Prohibition«, behauptete ein Industrieller aus Saint-Quentin. Dagegen wollten die Seidenfabrikanten aus Lyon mit Unterstützung von Nationalökonomen wie Chevalier und Bastiat und den Großhändlern und Weinproduzenten aus Bordeaux beweisen, daß sie im Protektionismus die Ursache für den Rückstand der französischen Industrie erblickten. Im Jahre 1832 brachte Graf d'Argout ein liberales Gesetz über den Getreidehandel ein. Er stieß in der Kammer, wo Grundbesitzer und große Manufakturbetreiber einen Block bildeten, auf Ablehnung; ebenso scheiterte 1834 Duchâtel. Zwei Jahre später gelang es Passy, die Importzölle für Wollstoffe und mit Kohle produziertes Eisen abzumildern; aber dennoch blieben die Zölle im allgemeinen hoch. Vergebens verbreitete Bastiat seine »*Pétition des marchands de chandelles contre la concurrence du soleil*« (»Petition der Kerzenhändler gegen die Konkurrenz der Sonne«). Die Debatte über die Zuckerfrage enthüllte die gegensätzlichen Standpunkte noch einmal mit aller Deutlichkeit. Die Pflanzer auf den Antillen wehrten sich gegen die Tatsache, daß für Rohrzucker eine Einfuhrgebühr erhoben wurde, der der Rübenzucker nicht unterlag. Schließlich besteuerte man den Rübenzucker und senkte die Importsteuer auf Rohrzucker geringfügig, um das Gleichgewicht wiederherzustellen; allerdings dachte dabei niemand an die Interessen der Verbraucher. Unter dieser Schutzgesetzgebung litt natürlich besonders der Großhandel, so daß die Atlantikküste ihre frühere Bedeutung trotz der Wiederherstellung des Antillenhandels nicht wiederfand. Marseille dagegen erlebte dank der französischen Niederlassungen in Algerien und ihrer belebenden Wirkung auf die Mittelmeerhäfen einen intensiven Aufschwung. Obwohl die Cholera Ende 1834 und Anfang 1835 in der Stadt wütete – also zwei Jahre nach Paris –, dehnte sich Marseille unaufhörlich aus, so daß man die Quais erweitern und nach

	Einfuhren	Ausfuhren
1825	404 Mio. Francs	544 Mio. Francs
1830	489 Mio. Francs	453 Mio. Francs
1836	564 Mio. Francs	629 Mio. Francs
1840	747 Mio. Francs	695 Mio. Francs
1847	956 Mio. Francs	720 Mio. Francs

Norden ausholen mußte. Im Jahre 1835 liefen in Marseille trotz der Cholera 3360 Schiffe ein; 1845 waren es bereits 4153. Dieses Anwachsen illustrierte den Anstieg des Außenhandels.

Der wachsende Binnenhandel zeigt, daß es dem Einzelhandel gut ging. Seine Welt wurde von Balzac in »*La Maison du chat qui pelote*« (»Das Haus zur ballspielenden Katze«) und in »*César Birotteau*« beschrieben; nicht zu vergessen auch »*Jérôme Paturot*« von Louis Reybaud. Daß der Ladenbesitzer in den Rang einer literarischen Figur aufstieg, beweist seine soziale Bedeutung, und die Zahlen bestätigen sie: Die Zahl der Gewerbescheine stieg von 1163000 im Jahre 1830 auf 1443000 im Jahre 1847.

Der Kleinhandel breitete sich in den Landstädten und Dörfern entsprechend dem Anwachsen des Konsums und mit der Verbesserung des Straßennetzes dank der Dampfwalze und der Verbreitung des Makadams aus. Inzwischen zählte man 35000 Kilometer Nationalstraßen und 60000 Kilometer Departementsstraßen. Mehrere tausend Kilometer Zugangswege wurden auf Kosten der Gemeinden, aber mit staatlichen Subventionen aufgrund des Gesetzes über die Gemeindewege von 1836 angelegt. Die Kanalgebühren bewirkten im Jahre 1832 Einkünfte in Höhe von 3734000 Francs. Die Post beförderte jährlich im Durchschnitt 125 Millionen Briefe.

Im Binnenhandel zeichneten sich ebenfalls Veränderungen ab: Große Kaufhäuser mit neuen Artikeln wie »Le Bonhomme Richard« oder »La Belle Fermière« kündeten die Konzentration des Handels an. Mit den Jahrmärkten ging es bergab, während der Handelsreisende, den Balzac in den Zügen des berühmten Gaudissart unsterblich gemacht hat, in ganz Frankreich unterwegs ist und seine Warenmuster vorlegt. Seine Konkurrenz hingegen warb um ihre Kundschaft per Annonce in »*La Presse*«. Infolge dieser Entwicklungen mußte das Handelsgesetzbuch im Jahre 1838 überarbeitet werden.

Dennoch blieb die Hierarchie des Handels unverändert und wurde im Gesetz von 1844 über die Gewerbescheine amtlich bestätigt. An der Spitze standen der Großhandel, der Zwischen- und der Luxushandel. Danach folgte, vom Großhandel durch die Dimensionen ihres Unternehmens getrennt, die Aristokratie der Einzelhändler (Stoffhändler, Schmuckwaren, Parfümerien, etc.). Nach ihnen kamen die Metzger, die Kaffee- und Getränkehändler; danach die Weinhändler, die Kolonialwarenhändler, die Bäcker und die Hutmacher. Am Ende der Skala und nach dem »volkstümlichen Geschäft« fand sich der Kleinkrämer und der Zwischenhändler. Lukrative Gewerbe wie Metzgereien oder Konditoreien wiesen oft Umsätze von mehr als 60000 Francs aus.

DIE RENTIERS

Zu dieser Welt des Handels und der Geschäfte zählte auch der Rentier, eine Gestalt, die während der Revolution verschwand, die aber das Kaiserreich wieder zum Leben erweckte. Unter der konstitutionellen Monarchie fand er den Wohlstand wieder, den er durch die Assignaten verloren hatte. Denn die Tendenz der Bodenrente zeigte nach oben. Man legte sein Geld im Bau von Immobilien an. Trotz der Fluktuation bei den Mietpreisen erwies sich diese Investition als gewinnbringend. In Paris erfaßte die Wertsteigerung letztendlich alle Häuser, gleichgültig ob neu oder alt. In manchen Straßen der Hauptstadt betrug die Wachstumsrate der Einkommen aus Grundvermögen sogar mehr als 100 Prozent. Eine Untersuchung des Milieus der Pariser Hausbesitzer zeigt, daß viele unter ihnen allein von ihren Mieteinkünften leben konnten. Der Anstieg der Mieten brachte den Hausbesitzern einen schlechten Ruf ein. Daumier zeichnete sie mit den Zügen des *»Monsieur Vautour«* (»Herr Geier«), den der getreue Hausmeister Pipelet unterstützte. Auch die Nutznießer von Staatspapieren fanden ihre ganze Bedeutung wieder, nachdem sie in der Revolution ruiniert worden waren. Im Jahre 1830 gab es 130000 Inhaber von Rentenwerten. Unter ihnen nahm der Anteil der Provinzbewohner seit dem Gesetz von 1819 ständig zu, das in jedem Departement ein Großes Kassenbuch einführte. Die Rentenwerte waren im wesentlichen Namenspapiere, denn die 1831 eingeführten Papiere, die auf den Inhaber lauteten, fanden keinen Anklang. Dagegen zählte man gegen 1840 rund 260 Werte, die an der Börse notiert wurden.

Die Julimonarchie versicherte diesen Rentier, »den neuen König von Frankreich«, ihrer vollen Wertschätzung, da ohne dessen Geld der Gang der Geschäfte undenkbar war. In der Literatur war man ihm weniger zugetan. Bei Robert Macaire, der ihn verspottete, hieß er Monsieur Gogo. Balzac zeichnete in *»Les Français peints par euxmêmes«* (»Selbstbildnis der Franzosen«) ein Bild des Rentiers: »Der Rentier wird zwischen fünf und sechs Fuß hoch, seine Bewegungen sind im allgemeinen langsam, doch die Natur in ihrer Aufmerksamkeit für die Erhaltung schwächlicher Arten hat ihn mit Pferdebussen ausgestattet, mit deren Hilfe sich die meisten Rentiers von einem Punkt der Pariser Sphäre zum anderen fortbewegen, außerhalb derer sie aber nicht vorkommen.« Weiter schrieb er über die Lebensgewohnheiten eines Rentiers: »Morgens steht der Rentier zu jeder Jahreszeit zur gleichen Stunde auf; er barbiert sich, kleidet sich an und speist zu Mittag. Zwischen Mittag- und Abendessen geht er seinen Beschäftigungen nach. Lachen Sie nicht! Hier beginnt diese herrliche und poetische Existenz, die den Leuten unbekannt bleibt, die sich über diese arglosen Wesen lustig machen. Der Rentier gleicht einem Goldschläger, er walzt Nichtigkeiten aus, er dehnt sie, verwandelt sie in riesige Ereignisse.« Unter diesem Menschenschlag unterschied Balzac zwölf Varianten; die Bandbreite reichte von der naiven Sorte eines *chapolardé* (»Spickhut«) bis zum Diskontnehmer, einer Kategorie, die ganz versessen auf ihre Rechte war. Der Traum eines jeden Franzosen war damals, Rentier zu sein. Dieses Leben begehrte vor allem der kleine Sparer, der seine Ersparnisse auf die Sparkasse brachte, da er keine anderen Anlagemöglichkeiten kannte und ihm keine bedeutenden Mittel zur Verfügung standen.

DER ÖFFENTLICHE DIENST

Die Lage der freien Berufe verbesserte sich zwar ständig, aber nicht die Situation im öffentlichen Dienst. Die goldenen Zeiten des Kaiserreichs, die Balzac in »*Les Employés*« (»Die Staatsdiener«) nostalgisch beschreibt, schienen vorüber. Der Aufstieg des parlamentarischen Systems bedingte diese Krise wenigstens teilweise. Um die Mehrheit im Parlament zu vergrößern, erweiterte man die Zahl der Minister und trug damit zu einer Aufblähung der Beschäftigtenzahlen bei (bereits unter der Julimonarchie zählte man, die Geistlichkeit eingeschlossen, 250000 Beamte); dadurch wurde das Ansehen der Verwaltung abgewertet. Schwerwiegender aber war, daß sie den Nimbus des Geheimnisvollen verlor, der sie in der Kaiserzeit umgeben hatte. Ihre Rechnungslegung wurde öffentlich. So konnte es dem Minister passieren, daß man ihn im Parlament über seine

Tätigkeit befragte. Auf diese Weise sah sich die Verwaltung der öffentlichen Kritik ausgesetzt.

Andererseits neigte sie dazu, sich zu politisieren. Es war möglich, Verwaltungstätigkeiten und einen Sitz im Parlament zu kumulieren. Unter 34 Direktoren in den Ministerien der Julimonarchie zählte man elf Abgeordnete und zwei Pairs von Frankreich. Manche erhielten nach ihrer Wahl ins Parlament den Rang eines Direktors; andere wurden gewählt, weil sie hohe Beamte waren. Eine rasche Karriere in der Verwaltung war der Lohn für die Fügsamkeit auf den Bänken der Kammer, zur großen Enttäuschung der Beamten, die sich ausschließlich auf ihre Laufbahn konzentriert hatten. Ein anderer Aspekt der Politisierung bestand im Druck der Abgeordneten auf die Verwaltung in Form der sogenannten »Empfehlung«. Damit verfälschte die Intervention der politischen Macht die normale Entwicklung von Beamtenlaufbahnen und führte zu einer Unterwerfung der Verwaltung unter die politische Gewalt. Die Verwaltung bekam infolgedessen auch die Auswirkungen politischer Veränderungen zu spüren. Die Säuberung wurde zur Regel: Richter, Präfekten und Polizisten waren ihre Hauptopfer. Diese Säuberungen folgten nach Revolutionen, aber auch nach schlichten Regierungswechseln. Als Richelieu durch Villèle abgelöst wurde, »stürzten« 41 Präfekten und 118 Unterpräfekten sowie 43 Generalsekretäre. Bei der Rückkehr der Liberalen mit Martignac verschwanden 19 Präfekten, 30 Unterpräfekten und 18 Generalsekretäre. Doch Polignac brachte die Ultras wieder an die Macht: 12 Präfekten und 13 Generalsekretäre wurden abberufen. Bei jedem Wechsel der Mehrheit breitete sich die Angst in den Ministerien aus. Ein Zeitgenosse, Ymbert, bemerkte in seinem 1826 veröffentlichten Werk *»Mœurs administratives«* (»Verwaltungssitten«): »Es wird nur 40 Opfer geben, aber 600 Beamte fürchten den tödlichen Federstrich und haben sich bereits auf den Feldzug begeben, um Schutz und Schirm zu finden. In den folgenden acht Tagen erhält der Minister 600 Briefe von Herzögen, Gräfinnen, Pairs de France, von Abgeordneten, Generälen, Mitgliedern der Akademien, die ihn bitten, einen Neffen, einen Vetter zu verschonen...« Boshaft gab Ymbert die notwendigen Hinweise, um der Säuberung zu entgehen: »Der Beamte, der im Amt bleiben will, muß es sich zur unveränderlichen Regel machen, möglichst wenig zu schreiben, Einwände zu vermeiden, Rundschreiben passiv auszuführen und sehr exakt die Lageberichte einzuschicken.« Diese Arbeitshaltung war allerdings kaum geeignet, in den Ministerien Initiativgeist zu entwickeln, wie Gaboriau später in seinen »*Gens de bureau*« (»Büromenschen«) unterstrich.

Zu den weiteren Gründen für den Niedergang des Prestiges im öffentlichen Dienst zählte die der Lächerlichkeit preisgegebene sitzende und allzu geregelte Lebensweise in einer Zeit, in der sich die Romantik entfaltete und sich die napoleonische Legende bildete. Man denke an die Beschreibung der körperlichen Verfassung eines Bürokraten im »*Manuel des employés*« (»Handbuch der Staatsdiener«) von 1829: »Die Verdauung wird mühsam und unvollständig; Schleim und Blähungen nehmen zu. Die Ausscheidungen sind unregelmäßig; Symptome stellen sich ein, die als Vorboten der Hypochondrie gelten. Das Gedächtnis läßt nach, die Ideen bleiben weg. Der Beamte empfindet Hitzewellen im Kopf, Herzklopfen, eine allgemeine Niedergeschlagenheit. Melancholie überkommt ihn, das Blut strömt in die allgemeinen Organe; von daher stammen die Kopfschmerzen und oft sogar ein Zustand, der der Verblödung nahe ist. Die gewöhnlich gekrümmte Haltung des Körpers kann der Brust schaden. Die selten erneuerte Luft in den Büros, die Hitze der Öfen und Kamine zusammen mit den Windstößen, die durch das ständige Auf und Zu der Türen hervorgerufen werden, führen auch zahlreiche Krankheitsfälle herbei und machen alle Beamten bleich, kränklich, mager, verdrießlich, indem sie sie allen Ängsten einer zerbrechlichen Gesundheit und eines geschwächten Magens ausliefern.«

Der letzte Grund für das schlechte Image des öffentlichen Dienstes lag in der ungenügenden Bezahlung. Die Gehaltssenkungen im Vergleich zur napoleonischen Epoche lagen bei 15 bis 20 Prozent. Nach 1830 wurde das Mindestgehalt auf 1500 Francs angehoben; doch die großen Gehälter wurden reduziert (ein Generalstaatsanwalt fiel von 15000 auf 12000 Francs zurück). Im Jahre 1845 kam es zur Neuanpassung der Bezüge, aber viele stagnierten weiterhin. Diese Mittelmäßigkeit zu einem Zeitpunkt, wo in der mittleren Bourgeoisie der Geschmack am Luxus entstand, zog lebhafte Klagen nach sich. Vivien, ein ehemaliger Anwalt und in den Anfängen der Julimonarchie Polizeipräfekt, wechselte 1831 in den Staatsrat und betrieb zugleich eine große politische Karriere und eine prächtige Verwaltungslaufbahn. In der »*Revue des Deux Mondes*« verbreitete er 1845 einen Alarmruf, in dem er an die Pflichten der Beamten erinnerte, aber auch deren Rechte betonte: sichere Anstellung, Schutz des Amtsträgers vor den Folgen der Verwaltungsakte und ausreichende Bezüge.

»Der öffentliche Dienst muß entlohnt werden; dies muß das Prinzip einer Gesellschaft sein, die alle Privilegien vernichtet hat. In den Staaten, in denen gewisse Klassen durch Geburtsrecht, gestützt auf das Grundeigentum, regieren, können solche Funktionen unentgeltlich ausgeübt werden. Die Belohnung findet sich im Einfluß, der mit der Macht verknüpft ist, in den Ehrungen, die die Macht verleiht, in der Autorität, die sie mitgibt.« In Frankreich war dem nicht so: »In den Staaten, in denen die Macht dem jeweils dafür Würdigsten verliehen wird, gleich welcher Herkunft er auch sein mag oder wie glücklich auch seine persönlichen Verhältnisse gestaltet sein mögen, muß die Gehaltsregel Vorrang haben.« Dieser Artikel fand großes Echo; er unterstrich die Notwendigkeit eines Statuts für den öffentlichen Dienst, vor dessen Einführung sich Napoleon wohlweislich gehütet hatte, das nun aber im parlamentarischen System unumgänglich wurde. Die Kammer wurde 1844 mit dem Entwurf eines allgemeinen Statuts befaßt, das die beiden Probleme der Einstellung und der Beförderung von Beamten lösen sollte, die schon 1842 Tocqueville als die Hauptmängel der Verwaltung angegriffen hatte. Doch wurde der Vorschlag mit der Mehrheit von einer Stimme abgelehnt.

Die Beamtenschaft lebte weiterhin ohne Garantien und entbehrte des Prestiges, das ihr das Kaiserreich verliehen hatte. Davon ausgenommen blieben nur die großen Körperschaften (Staatsrat, Rechnungshof, Brücken- und Straßenbau), die auch weiterhin von der Bourgeoisie zur Versorgung ihrer Kinder gesucht waren.

DAS BÜRGERTUM AUF DEM LANDE

In einer Typologie der französischen Gesellschaft darf man die wachsende Bedeutung einer ganzen Kategorie von Notabeln nicht vergessen, die vom Land stammten und sich in den kleinen Städten niederließen. Die konstitutionelle Monarchie bestätigte ihren sozialen Aufstieg, der während der Revolution eingeleitet wurde. Grandet, ein Küfermeister, der kurz vor der Revolution die Tochter eines reichen Holzhändlers geheiratet und es verstanden hatte, mit der Mitgift »für ein Stückchen Brot« Nationalgüter zu erwerben und sich durch Weinlieferungen an die republikanische Armee zu bereichern, lebte zur Zeit des Konsulats als Bürgermeister in

Saumur. Die Restauration ermöglichte es ihm, sein Vermögen durch
wucherische Kapitalanlagen und Spekulationen auf die Staatsrente noch
zu vermehren, so daß er bei seinem Tode im Jahre 1827 ein Vermögen von
etwa 17 Millionen Francs hinterließ. Eine solche Persönlichkeit hat Balzac
nicht erfunden, sondern sie war repräsentativ für die ländlichen Notabeln.
Eine weitere Figur Balzacs charakterisierte in besonderem Maße diese
neue ländliche Bourgeoisie: Minoret. Durch den Verkauf von Nationalgütern hatte dieser Minoret 30000 Livres an Einkünften aus Wiesen,
Äckern und Wäldern verdient. Er kaufte ein Gasthaus, das er dann
weiterverkaufte, um in Nemours eine Poststation einzurichten, die ihn
200000 Francs kostete: »Die Post von Nemours verlangt eine große Zahl
von Pferden, sie reicht in Richtung Paris bis Fontainebleau und bedient
darüber hinaus die Straßen von Montargis und Montereau; nach allen
Seiten reicht die Station weithin, und die Sandbänke auf der Straße nach
Montargis berechtigen zu diesem geheimnisvollen dritten Pferd, das stets
bezahlt werden muß, das man aber niemals zu sehen bekommt. Ein Mann
mit dem Format eines Minoret, reich wie Minoret und an der Spitze einer
solchen Station konnte sich also ohne Widerspruch Herr von Nemours
nennen lassen.« Diese Provinznotabeln spielten zusammen mit den Notaren eine führende Rolle im politischen Leben der Kleinstädte. Das allgemeine Wahlrecht stellte ihren Einfluß nicht in Frage, selbst wenn sie ihn
mit dem Adel teilen mußten, der über die Stimmen zahlreicher Pächter,
Halbpächter und Tagelöhner verfügte, die in der Abhängigkeit vom
Schloß verblieben.

DAS BÜRGERLICHE LEBEN

Seit 1830 war also das Bürgertum nach dem Adel die tonangebende
Schicht in der Gesellschaft, obwohl es vom Spott nicht verschont blieb.
Ingres charakterisierte es in seinem Porträt von Bertin dem Älteren:
stumpfe Stirn, schwerer Blick, massiger Gang und grobe Hände, die auf
breiten Schenkeln liegen. Und Baudelaire, der seinen *Salon de 1846* den
Bürgern widmete, schrieb: »Ihr seid die Mehrheit – an Zahl und Intelli-
genz –, also seid Ihr die Macht. In Euren Händen liegt die Regierung des
Gemeinwesens, und das ist richtig so, denn Ihr seid die Macht. Aber Ihr

müßt fähig sein, die Schönheit zu spüren; denn da keiner von Euch heute ohne Macht auskommen kann, hat auch keiner das Recht, ohne Poesie auszukommen.« Damit wurde die Spaltung zwischen dem Künstler und dem Bürger proklamiert. Der Bürger geriet in den Ruf geistiger Stumpfheit, den Schönheiten der Kunst verschlossen, geistlos und alltäglich.

Man gefiel sich in Attacken auf einen mittelmäßigen und verengten Lebensstil, was gar nicht immer den Tatsachen entsprach. Sicher, der Ladenbesitzer begnügte sich oft mit einem mehr oder weniger geräumigen Hinterraum, und der Angestellte lebte beengt. Doch andere Schichten innerhalb der Bourgeoisie lebten in geräumigen und gut durchdachten Wohnungen. Sie alle verfügten über einen Salon mit dem unvermeidlichen Klavier (möglichst von Érard), ein Eßzimmer und ein Schlafzimmer. Neben dem lebensnotwendigen Mobiliar enthielten sie Schreibtische, Kommoden und Sofas, was das Bemühen um Komfort verriet. Die Dekoration bestand aus Vasen, Pokalen und Sturzuhren; die Wände waren tapeziert.

Die Ehe war die Grundlage der bürgerlichen Gesellschaft. Die Ehelosigkeit, die den Künstlern vorbehalten war, stellte man auch bei den Angestellten und manchen Mitgliedern der freien Berufe fest; ihr Renommee war allerdings schlecht, wie sich in den Romanen Balzacs feststellen läßt. Unter einer bürgerlichen Ehe hatte man eine Ehe zu verstehen, die mehr auf Vernunft als auf Zuneigung, mehr auf der Vereinbarung zwischen den beiden Familien als auf der Liebe zwischen zwei jungen Leuten gründete, sofern sie nicht vom Willen zum sozialen Aufstieg lebte. »Wer heiratet heute?« fragte Balzac. »Kaufleute im Interesse ihres Kapitals; Bauern, um den Pflug zu zweit zu ziehen, oder weil sie sich Arbeitskräfte verschaffen, wenn sie viele Kinder hervorbringen; Geldwechsler oder Notare, die gezwungen sind, ihre Belastungen abzuzahlen; unglückliche Könige, die unglückliche Dynastien fortsetzen.« Das große Ereignis bei der Eheschließung war der Ehevertrag. Die Zahl derartiger Eheschließungen belief sich zur Zeit der Julimonarchie auf 60 Prozent. Es ging darum, durch die Ehe seine Nachkommenschaft zu sichern. Allerdings wünschte sich der Bürger im Gegensatz zum Adligen oder zum Arbeiter nicht zu viele Kinder: Der einzige Sohn war das Ideal, doch verlangte das Sicherheitsdenken einen zweiten Abkömmling für den Fall des vorzeitigen Ablebens des ersten. Eine Übersicht nach Berufen beweist diesen Willen zur Geburtenkontrolle (in Prozent):

Beruf	keine Kinder	1 Kind	2 Kinder	3–4 Kinder	mehr als 4 Kinder
Grundbesitzer	10,6	27,5	26,2	31,9	3,7
Geschäftsleute	4,9	16,7	33,3	29,4	15,7
Freie Berufe	14,6	21,9	29,3	29,3	4,9
Beamte	16,3	20,9	27,9	30,2	4,6

Die Sitten waren schlicht und das Essen einfach, doch gehörte es zum guten Ton, wenigstens einen Hausangestellten zu haben. Allerdings vertiefte sich der Graben zwischen dem Diener und seinem Arbeitgeber. Die Ära der Dienstmädchen Molières schien vorüber, selbst wenn die »Dienerin und Mätresse« nach den Aussagen der Literatur in jener Zeit sehr häufig war. Die Aussteuer der Braut wurde geschont – auch hier dieses ständige Bemühen um Sparsamkeit. Die Hausherrin mußte ein Haus zu führen verstehen. Geiz? Das nicht, aber dieser Sparwille unterschied den Bürger vom Arbeiter und erklärte seinen sozialen Aufstieg. Auch die Vergnügungen des Klein- und mittleren Bürgertums blieben bescheiden: Man begnügte sich mit dem Sonntagsspaziergang. Der Theaterbesuch war die Ausnahme, zumindest für die gesamte Familie. Die Wohlhabenderen huldigten dem »Landleben« in den Sommerhäusern des Departements Seine, wohin man in der schöneren Jahreszeit reiste.

Quer durch die mehr scheinbare als tatsächliche Unterschiedlichkeit der Lebensstile existierte ein bürgerlicher Geist, der aus einem Sinn für Maß und Ausgewogenheit bestand. Dem Geld galt neben der Beachtung der Schicklichkeit die Hauptsorge; die Sorge um die Freiheit rangierte erst danach. Der Bürger galt nicht als kühn, aber er kämpfte in den Reihen der Nationalgarde für die Verteidigung des Eigentums. Bei den Männern war ein gewisser Voltairianismus gern gesehen, doch der Frau kam ehrbare Frömmigkeit zu. Sparen schien das Losungswort, aber nur sparen, um das Gesparte zu investieren. Denn ebendiese Bourgeoisie schuf die Grundlagen des industriellen Frankreich.

DIE ARMEE

Die Armee bildete eine Welt für sich. Nach der Rückkehr zum Frieden verlor sie ihren Glanz. So stellte Julien Sorel fest, daß »militärische Verdienste nicht mehr in Mode sind«. In »*Le Major Cravachon*« verspottete Labiche 1844 die geistige Abstumpfung der Offiziere. Das Waffenhandwerk bot im Frieden keinerlei Perspektiven, wie Lucien Leuwen gut beobachtet hatte: »Ich werde Krieg nur gegen die Zigarren führen; ich werde Café-Stammgast in der traurigen Garnison einer schlecht gepflasterten Kleinstadt werden. Zu meinen abendlichen Vergnügungen werden Billardpartien und Bierflaschen zählen. Allerhöchstens werde ich wie Pyrrhus durch einen Nachttopf, den eine zahnlose Alte aus dem Fenster eines fünften Stockwerks geschleudert hat, den Tod finden! Was für ein Ruhm!«

Der Aufstieg geschah langsam, und der Sold war mäßig. Lediglich Algerien bot einige Möglichkeiten, sich auszuzeichnen. Einige Namen tauchten dort wieder auf, Rovigo, Marschall Clauzel, Bugeaud als Überlebende der Zeit des Kaiserreichs.

Insgesamt gesehen verspürte der Bürger keine Berufung zum Militär. Der Soldat galt als »unproduktiv«; immerhin erschien er nach 1830 als Bollwerk der Ordnung und weckte in dieser Hinsicht Interesse. Das »Gesetz Soult« von 1832 stellte die Wehrpflicht als Hauptform der Rekrutierung wieder her. Es setzte das Jahreskontingent auf 80000 Mann fest und behielt zugleich das Losverfahren bei. Die Dauer des Wehrdienstes wurde auf sieben Jahre festgelegt. Die Soldaten, die ihre Zeit abgeleistet hatten, konnten eine Weiterverpflichtung von zwei bis fünf Jahren unterschreiben und bekamen dafür einen Sold. Aus Flüchtlingen bildete man 1831 eine Fremdenlegion, die nach Algerien geschickt wurde. Bei der Bewaffnung ließen sich nur geringe Fortschritte feststellen: Immerhin wurde 1840 die gesamte französische Armee mit dem Kapselgewehr (oder Perkussionsgewehr) ausgestattet. Einige Einheiten erhielten sogar Karabiner mit gezogenem Lauf. Für die Zündung der Kanone ersetzte man den früheren Feuerhaken durch die brennende Zündschnur. Das System von 1827 behielt als Feldgeschütze nur zwei Kanonen, Kaliber 12 und Kaliber 8, und zwei Haubitzen bei.

Welchen Wert repräsentierte diese Armee, die auf dem Papier mit

500000 Soldaten beziffert wurde und die teilweise in Algerien stand? Das
ließ sich schwer sagen, doch wie es schien, zählte Frankreich nach wie vor
zu den führenden Militärmächten des Kontinents.

DIE ENTSTEHUNG DER ARBEITERKLASSE

Nach dem Aufstand in Lyon im Dezember 1831 rief der Redakteur des
»Journal des débats«: »Die Erhebung von Lyon hat ein schwerwiegendes
Geheimnis enthüllt, das des Kampfes zwischen der besitzenden Klasse
und der nichtbesitzenden. Die Barbaren, die die Gesellschaft bedrohen,
leben nicht im Kaukasus oder in den tartarischen Steppen; sie finden sich
in den Vorstädten unserer Fabrikstädte. Es geht weder um Republik oder
Monarchie, sondern um das Wohl der Gesellschaft!« Plötzlich wurde der
Bourgeoisie bewußt, daß mit der Industrialisierung Frankreichs ein neues
Problem entstanden war: das Arbeiterproblem. Diese Erkenntnis verwandelte sich in Panik, als 1840 ein seriöser Beamter namens Frégier mit
seiner Schrift *»Des classes dangereuses de la population dans les grandes
villes et des moyens de les rendre meilleures«* (»Über die gefährlichen
Klassen der Bevölkerung und die Mittel, diese zu verbessern«) ein Alarm-
signal setzte. Er beschrieb darin eine kriminelle Klasse, die sich in Paris
gebildet hatte und die Sicherheit von Personen und Eigentum bedrohte.
Balzac schätzte damals die Welt der Zuchthäuser und Gefängnisse auf
60000 Personen; 63000 Gefangene behauptete Frégier. Horace Raisson
schätzte die Zahl in seiner *»Histoire de la police«* (»Geschichte der Polizei«) dagegen nur auf 30000. Der Polizeipräfekt Gisquet wiederum weigerte sich überhaupt, eine Zahl anzugeben. Diese Armee des Verbrechens
beschrieb Eugène Sue in seinem packenden Buch *»Mystères de Paris«*
(»Geheimnisse von Paris«), das 1842 mit ungeheuer großem Erfolg veröffentlicht wurde. Bereits die Memoiren Vidocqs, eines Zuchthäuslers, der
Polizist geworden war, hatten am Ende der Restauration die Aufmerksamkeit auf die Welt der »Gaunerkneipen« und der »Messerstecher«
gelenkt. Die Memoiren von Lacenaire, dessen Verbrechen Frankreich
erschreckten und faszinierten, setzten 1836 das Thema fort. Damals entstand die Begriffsverwirrung zwischen »werktätige Klassen« und »gefährliche Klassen«. Der wachsende Zustrom von Arbeitskräften, den die

Polizei nicht kontrollieren konnte, führte in Paris und in den großen
Städten zu einer wachsenden Verelendung und mündete in die Kriminali-
tät. Angst machte sich breit.

Das Kaiserreich hatte das Problem verschleiert. Die Fortschritte in der
Industrie vollzogen sich trotz des protektionistischen Systems und trotz
der Öffnung Europas für die französischen Manufakturprodukte langsam. Die Vollbeschäftigung war mit Ausnahme von Krisenzeiten nahezu
gesichert, und insgesamt waren die Löhne schließlich – mit Ausnahme des
Textilbereiches – schneller gestiegen als die Lebenshaltungskosten. In den
einzelnen Branchen blieb die Zersplitterung die Regel, die Heimarbeit
dominierte, und eine Konzentration existierte lediglich im Bergbau,
den großen Hüttenwerken, in der Baumwollverarbeitung und in der
Chemie.

Im Jahre 1814 kippte die Konjunktur um, die Arbeitslosigkeit verschlimmerte sich unter dem doppelten Druck der englischen Konkurrenz
und der Entwicklungen in der Mechanisierung. Sie ermöglichte es, den
Facharbeiter durch einen einfachen und viel weniger kostspieligen Hilfs-
arbeiter zu ersetzen. Auch auf Frauen- und Kinderarbeit griff man zurück. Die Löhne brachen ein, und die Lebensbedingungen verschlimmerten sich, während der Arbeiter weiterhin aufgrund einer aus der napoleonischen Epoche stammenden Gesetzgebung schutzlos blieb, die Streiks
und Koalitionen mit Gefängnis bestrafte und ihm das Führen eines Arbeitsbuches aufzwang, das die wechselnden Arbeitgeber abzeichnen
mußten. Der Arbeitsrhythmus wurde schärfer, und in den Werkstätten
tauchten Kontrolluhren auf. Wenn auch die Dampfmaschine die saisonale
Arbeitslosigkeit verringerte, so beseitigte sie auch die toten Zeiten. Allerdings darf man die zahlenmäßige Bedeutung der Arbeiterschaft auch nicht
überschätzen. Von 10000 Personen lebten kaum 1500 von der Industrie.
Das Großunternehmen blieb, wie wir gesehen haben, nach wie vor die
Ausnahme. Man zählte 1,5 Millionen Arbeitgeber, die weniger als drei
Arbeiter beschäftigten.

Die Aktionsmöglichkeiten dieser Arbeiter waren begrenzt; noch hatte
der Gesellenverband, wenn auch nur im Untergrund wirkend, seine Bedeutung nicht verloren. Beweise dafür finden sich in den gewalttätigen
Auseinandersetzungen zwischen den verschiedenen »Bünden« oder in
den Wirren, die die Ankunft fremder Arbeiter in einer Stadt oder einem
Departement hervorrief. Der Gesellenverband wurde von der Polizei stets

geduldet, da sie ihn leicht mit Spitzeln durchsetzen konnte, und letzten Endes bildete er das geringere Übel. »Ich halte es für an der Zeit«, schrieb der Präfekt des Departements Gironde, »ernsthaft die zu ergreifenden Maßnahmen zu prüfen, und zwar nicht um eine Vereinigung aufzulösen, die der Revolution widerstanden hat, sondern um sie in Regeln zu zwingen und diejenigen, die sie bilden, im Zaum zu halten.« Es existierten übrigens neben den Gesellenverbänden Hilfsgesellschaften auf Gegenseitigkeit, die ebenfalls geduldet wurden. Ursprünglich umfaßten sie im wesentlichen Facharbeiter. Im Jahre 1791 war eine »Gesellschaft der Eisenträger in den Häfen von Paris« entstanden, danach im Jahre 1796 die »Humanitäre Kasse« der Markthallenträger. Die Geldmittel durften ausschließlich nur für Alte, Kranke und Verunglückte verwendet werden, da man befürchtete, daß sich eine Unterstützung der Arbeitslosen in eine Hilfe für Streikende verwandeln könnte.

Während der Restauration vermochten die unteren Schichten nichts ohne die Unterstützung der Bourgeoisie, wie ein Polizeibericht unterstrich: »Der Pöbel hat gelernt, Angst zu haben, und es herrscht auf den Quais mehr Zurückhaltung als in den Salons.« Vor 1825 rührten sich die Arbeiter kaum. Doch die aus England kommende Krise erschütterte auch Frankreich. Sie ließ die Industriepreise sinken; die Unternehmer reduzierten die Gestehungskosten, indem sie die Löhne zusammenstrichen und die Mechanisierung ausweiteten. Dadurch sank das Arbeitereinkommen um etwa 10 Prozent; Arbeitslosigkeit machte sich breit. In Lyon standen im Frühjahr 1826 11 000 Webstühle still. In Paris schätzte man die Zahl der Arbeitslosen im Bauwesen auf 3000 Personen. Parallel dazu zog eine mangelhafte Kartoffelernte einen starken Anstieg der Getreidepreise nach sich: Sie schnellten zwischen 1825 und 1828 um 40 Prozent nach oben. Arbeitslosigkeit und drohende Hungersnot schürten die Unruhe im Arbeitermilieu. Maschinenstürmerei und Streiks erschütterten nun ganz Frankreich. In Rouen wurde ein Gendarm bei einer Unruhe unter den Spinnereiarbeitern getötet. Die Wirren breiteten sich Anfang 1829 angesichts der ständigen Preissteigerungen für Korn allgemein aus. Agitation auf den Märkten, illegale Beschlagnahmen und Übergriffe auf Transporte folgten. Große Landgüter wurden in Brand gesteckt. Der Umfang der Unruhen von 1827 erklärte die Niederlage Villèles bei den Wahlen. Die Bourgeoisie verzieh ihm nur widerstrebend, daß er nichts gegen das sich ausbreitende Unbehagen unternahm. Doch da sie selbst allzusehr in das politische Spiel verwickelt war, konnte sie nicht das Gewicht dieses Unbehagens ermessen, das vor allem sozialer Natur war.

Die Julirevolution hob die Dinge ins Bewußtsein, doch vollzog sich die Erkenntnis auf Seiten der Bourgeoisie in geradezu euphorischer Weise. »*Le National*« sprach vom »mächtigen und erhabenen« Volk. Bürger und Arbeiter begegneten einander in Versammlungen und Clubs. Man pries die Unterstützung durch das Volk, die die Revolution ermöglicht hatte. Von Victor Hugo bis George Sand bemächtigte sich die Literatur des »Mannes aus dem Volk«. Sehr schnell kehrte die Ernüchterung ein. Auch bei den Arbeitern folgte die Desillusionierung rasch.

Die Revolte richtete sich zuerst gegen die Maschinen. Am 29. Juli und den folgenden Tagen zerschlugen die Pariser Drucker die mechanischen Druckpressen. Die Bewegung erreichte die Provinz. In Le Havre kam es zu schweren Ausschreitungen von Ludditen; 500 Arbeiter zerschlugen in Bordeaux ihre Maschinen. Eine weitere Ursache für die Agitation bildete die Arbeitslosigkeit. Am 15. September 1830 marschierten 500 Sattler durch die Straßen von Paris und begaben sich zur Polizeipräfektur, wo sie die Entlassung der ausländischen Arbeiter forderten. Die dritte Forderung enthielt die Verkürzung des Arbeitstages. Die Schlosser von Paris und die Spinnereiarbeiter aus Rouen demonstrierten für weniger Arbeitszeit. In Rouen verwandelte sich der Zug in einen Aufruhr. Dabei ging es vor allem um eine Lohnerhöhung. In Lyon nahm die Forderung, wie erwähnt, eine tragische Wendung.

In der Tat stieß die Arbeiterbewegung auf das Unverständnis der Behörden. Diese behaupteten weiterhin, daß im Juli 1830 die Freiheit triumphiert habe und die Freiheit der Arbeit ein Aspekt dieser Freiheit sei. Der Staat, so erklärten sie, dürfe weder bei der Festsetzung der Löhne noch bei der Verringerung der Arbeitsstunden eingreifen, sondern lediglich im Falle eines Streiks, um die Freiheit der Arbeit wiederherzustellen, die von den Demonstranten beeinträchtigt würde. Die Freiheit kehrte sich gegen die Arbeiter.

Die Ideen der Bourgeoisie sind bei Dunoyer dargelegt, der 1845 »*De la liberté du travail*« (»Über die Freiheit der Arbeit«) veröffentlichte. Er leugnete das Anwachsen des Elends und vertrat vielmehr die Ansicht, daß, wie es doch offensichtlich sei, Fortschritte im materiellen Wohlstand nicht nur den wohlhabenden Klassen, sondern auch der Mehrheit zugute kämen. »Sicher, das Elend besteht, aber es ist wie die unvermeidbare und

notwendige Ungleichheit... Es ist gut«, fügte er hinzu, »daß es in der
Gesellschaft minderwertige Verhältnisse gibt, in die abzugleiten diejenigen Familien riskieren, die sich schlecht verhalten. Das Elend ist die
furchtbare Hölle. Es wird vielleicht nur dem Elend und den heilsamen
Schrecken, die es begleiten, gegeben sein, uns zur Erkenntnis und zur
Ausübung der Tugenden zu führen, die für den Fortschritt unserer Gattung am notwendigsten sind. Das Elend bietet für alle die unter den
weniger glücklichen Klassen, die gesund geblieben sind, ein heilsames
Schauspiel; es ist geschaffen, um sie mit einem heilsamen Schrecken zu
erfüllen; es mahnt sie an die schwierigen Tugenden, derer sie bedürfen, um
ihre Lage zu verbessern.« Die Tugenden waren Enthaltsamkeit und Sparsamkeit. Umgekehrt durfte der Staat nicht zugunsten der Armen eingreifen. »Ist aus der Tatsache, daß jeder lebende Mensch das Recht hat zu
leben, zu folgern, daß die anderen verpflichtet sind, ihn zu ernähren?«
fragte der Autor. Die Theorien Dunoyers stellten eine soziale Verantwortlichkeit der Bourgeoisie also in Abrede. Dennoch war die Bourgeoisie
bereit, der Arbeiterklasse Möglichkeiten des sozialen Aufstiegs zuzubilli-
gen. Am 28. Juni 1833 ließ Guizot ein Gesetz über den Volksschulunterricht beschließen. Es diente dazu, die Entwicklung von Schulen in den
Gemeinden zu fördern. Doch der Volksschullehrer, überdies schlecht
bezahlt, stand in der Abhängigkeit des Gemeinderates, das heißt der
Notabeln. Zudem hatte das »Gesetz Guizot« nur begrenzte Auswirkungen, da es, wie wir gesehen haben, den Schulbesuch weder kostenlos noch
obligatorisch machte. Im Departement Cher faßten Grundbesitzer,
»Freunde von Ordnung und Frieden«, eine in der Bourgeoisie ziemlich
weit verbreitete Stimmung zusammen, als sie von vornherein wissen
ließen, »daß sie nicht ohne Beunruhigung die Verbreitung der elementaren Bildung mitansähen, vor allem in Zeiten, in denen es nur so von
Zeitungen wimmelte.«

Das Gesetz von 1841, das die Arbeit von Kindern unter acht Jahren
verbot und den Arbeitstag eines Heranwachsenden unter zwölf Jahren auf
acht Stunden begrenzte, wurde kaum beachtet, da es keine Fabrikinspek-
tionen gab. Perier verkündete von der Rednertribüne der Abgeordnetenkammer: »Die Arbeiter müssen wohl zur Kenntnis nehmen, daß es für sie
keine anderen Heilmittel als Geduld und Fügung gibt.« Diese Weigerung
der herrschenden Klassen, eine soziale Gesetzgebung auszuarbeiten, beruhte auf dem Dogma der Nichtintervention des Staates und trug zur

Verschärfung des Pauperismus bei. Als »die härteste Aristokratie, die je auf Erden erschien«, so charakterisierte Tocqueville diese Industriekapitäne und Geschäftemacher, die sich groß aufspielten, aber gegenüber der Ausbreitung des Elends gleichgültig blieben. Die härteste Aristokratie, denn die vorausgehende war in ihren Sitten durch das Gebot der christlichen Mildtätigkeit gemäßigt. Diese Tugend war diesen voltairianischen Liberalen fremd, die berauscht vom eigenen Aufstieg ohne jedes Mitgefühl lebten und glaubten, alles werde durch das einfache Spiel der natürlichen Kräfte zur Ordnung zurückkehren.

Jedoch das Gegenteil trat ein. Der Durchschnittslohn eines Arbeiters belief sich auf nur 2 Francs täglich für einen Mann, 15 bis 20 Sous für eine Frau, 10 bis 12 Sous für ein Kind, wobei der Arbeitstag meistens länger als 15 Stunden dauerte und das Brot 0,20 Franc pro Kilo, das Fleisch 0,30 Franc pro Pfund, ein Anzug 80 Francs und ein Paar Schuhe 5 bis 10 Francs kosteten. »Nur am Zahltag oder am Tag danach«, wie Villermé in seinem *»Tableau de l'état physique et moral des ouvriers employés dans les manufactures de coton, de laine et de soie«* (»Überblick über die körperliche und moralische Verfassung der Arbeiter in den Baumwoll-, Woll- oder Seidenfabriken«) 1840 bemerkt, »essen die Arbeiter Fleisch oder trinken sie Wein, das heißt, zweimal im Monat. Man scheint in Frankreich nicht ausreichend zu wissen, wie notwendig Fleisch für die Arbeiter ist.« Der gleiche Autor hat die ergreifende Beschreibung einer Arbeiterwohnung hinterlassen: »Die Ärmsten bewohnen Keller und Speicher. Diese Keller haben keine Verbindung mit dem Innern der Häuser. Sie öffnen sich zur Straße oder zum Hof, und man steigt über eine Treppe hinunter, die sehr oft zugleich deren Tür und Fenster ist. Sie sind aus Stein oder Backstein gemauert, haben ein Gewölbe, sind gepflastert oder gefliest, und alle haben sie einen Kamin, was beweist, daß sie gebaut wurden, um als Wohnraum zu dienen... In diesen dunklen und tristen Behausungen ißt, schläft und arbeitet sogar eine große Zahl von Arbeitern. Das Tageslicht kommt für sie eine Stunde später als für die anderen und die Nacht eine Stunde früher.«

Die Beschreibung des Proletariats in Nantes bei Guépin ist nicht weniger bedrückend: »Wenn Sie wissen wollen, wie der Arbeiter wohnt, gehen Sie in die Rue des Fumiers (Straße der Misthaufen), die fast ausschließlich von dieser Klasse bewohnt wird. Ziehen Sie den Kopf ein, wenn Sie in eine dieser Kloaken eintreten, die sich zur Straße hin öffnen und unter deren Niveau liegen. Man muß einmal in diese Flure hinuntergestiegen sein, in denen die Luft feucht und kalt wie in einem Keller ist; man muß einmal gespürt haben, wie einem der Fuß auf dem unsauberen Boden ausrutscht, und man muß einmal Angst bekommen haben, in diesen Schlamm zu fallen, um sich eine Vorstellung von dem peinlichen Gefühl zu machen, das man empfindet, wenn man bei diesen elenden Arbeitern eintritt. Auf jeder Seite des Gangs, folglich also über dem Boden, trifft man auf ein großes, dunkles und eisiges Zimmer, dessen Mauern eine schmutzige Nässe ausschwitzen. Die Luft erhält es durch eine Art halbrundes Fenster, das zwei Fuß an seiner größten Öffnung mißt. Treten Sie ein, falls die stinkende Luft, die man darin atmet, Sie nicht zurückschrekken läßt. Passen Sie auf, denn der unebene Boden hat weder Pflaster noch Fliesen, oder zumindest sind die Fliesen von einer so dicken Schicht aus Unrat bedeckt, daß man sie nirgends erkennen kann. Ein Strohsack, eine Decke aus ausgefransten Lumpen, die selten gewaschen wird, weil sie die einzige ist; manchmal Leintücher, manchmal ein Kopfkissen, das ist der Inhalt des Bettes. Schränke braucht man in diesen Häusern nicht. Oft vervollständigt ein Webstuhl oder ein Spinnrad die Möblierung.« Und dabei handelte es sich noch um die bevorzugtesten Leute, nämlich diejenigen, die Arbeit hatten. Der Arbeiter mußte mit einer ständigen Unsicherheit rechnen. Die Arbeitslosigkeit, hervorgerufen durch eine Wirtschaftskrise oder eine neue Maschine, die Krankheit, ein unvermeidlicher Begleiter der Entbehrungen und des Alkoholismus, konnten den Arbeiter jederzeit zu Boden werfen. Was sollte aus ihm werden, da er keine Ersparnisse besaß? »Über das Stück Brot hinaus, das ihn und seine Familie ernähren soll, über die Flasche Wein hinaus, die ihm für einen Augenblick das Bewußtsein für seine Leiden nehmen soll, trachtet er nach nichts, erhofft er nichts. Leben heißt für ihn nicht sterben.«

Wenn es auch noch keine einheitliche und zusammenhängende Welt der Arbeit gab, so entstand im Lauf der Zeit doch ein Klassenbewußtsein. Die »Drei glorreichen Tage«, die Ereignisse von 1831 hatten dem Arbeiter geholfen, seine Kraft zu messen. Diese konnte sich nur in der Solidarität festigen. Damals entstanden nationale Vereinigungen nach dem Beispiel der Gesellschaft der Buchdrucker. Flora Tristan träumte von einer Arbeiterunion, die sämtliche Lohnempfänger Frankreichs einbeziehen würde und dank eines Mitgliedsbeitrags von 2 Francs mit beträchtlichen finanziellen Mitteln ausgestattet wäre. Auch Zeitungen entstanden: 1839 »*La*

Ruche populaire, journal des ouvriers rédigé et publié par eux-mêmes« (»Der Bienenstock des Volkes, von den Arbeitern selbst verfaßte und veröffentlichte Zeitung«) und im folgenden Jahr *»L'Atelier, organe des intérêts moraux et matériels des ouvriers«* (»Die Werkstatt, Organ der moralischen und materiellen Interessen der Arbeiter«), ein Blatt, das Corbon redigierte. In seinem *»Livre du compagnonnage«* (»Buch vom Gesellenverband«) forderte Agricol Perdiguier die Arbeiter auf, ihren Streitigkeiten ein Ende zu setzen.

KONFLIKTE

Diese neue Mentalität äußerte sich in einer größeren Kampfbereitschaft. Der Wirtschaftsaufschwung der Jahre 1832/1833 verlockte die Arbeiter dazu, in diesen Zeiten der Nachfrage nach Arbeitskräften Druck auf die Arbeitgeber auszuüben. Die Bewegung erfaßte vor allem die qualifiziertesten Berufe von den Porzellanmachern in Limoges bis zu den Pariser Schneidern. »Heute«, schrieb ein Schneiderarbeiter in *»La Tribune«* vom 17. September 1832, »wo die Cholera, das Elend, die Junikämpfe und die Stadtsergeanten die Zahl der Arbeiter beträchtlich vermindert haben und wo die Arbeit drängt, haben wir es für günstig erachtet, Repressalien anzuwenden.«

Exemplarisch ist in dieser Hinsicht die Bewegung der Pariser Schneider Ende 1833. Ihr Ziel ist die Verkürzung des Arbeitstages um eine Stunde sowie Lohnerhöhungen. Koordiniert wurde der Kampf von der »Philanthropischen Gesellschaft der Schneider von Paris«, die 1831 gegründet wurde und die Streikenden materiell unterstützte. In seinen *»Réflexions d'un ouvrier tailleur«* (»Betrachtungen eines Schneiderarbeiters«) erläuterte Yvelines Grignon, zugleich Mitglied der »Gesellschaft der Menschenrechte«, das Anliegen der Bewegung: »Bis eine Volksregierung durch ein besseres Steuersystem und durch eine weise Arbeitsorganisation die extreme Armut auf Kosten des extremen Überflusses entlastet, wollen wir uns zusammenschließen, um die Bande der Brüderlichkeit zu verstärken, um den Bedürftigsten Hilfen zu gewähren, um endlich selber das Maximum an Arbeitszeit und das Minimum an Tageslohn festzusetzen, das heißt, uns zu verpflichten, nur noch während der Zeit und zu den Preisen zu arbeiten, die von uns selbst bestimmt wurden. Wir rufen unsere Brüder in den anderen Körperschaften im Staat auf, unserem Beispiel zu folgen; dann wird der Meister das Gesetz des Arbeiters sehr wohl akzeptieren müssen.« Als Gegenmaßnahme der Regierung auf diesen Aufruf wurden etwa dreißig Mitglieder der »Philanthropischen Gesellschaft« verhaftet. Der Streik weitete sich aus, doch am 15. November 1833 griff die Armee ein. Es folgten harte Verurteilungen. Grignon mußte fünf Jahre im Gefängnis büßen.

Erinnern wir uns an das Echo der Erhebung in Lyon vom April 1834. Im Jahre 1840 erlebte man eine neue Erhebung zugunsten einer Verkürzung des Arbeitstages auf zehn Stunden. An der Spitze des Kampfes standen die Bauarbeiter. Im Jahre 1844 brach in den Kohlegruben der Loire ein besonders heftiger Streik aus, der Emile Zola 1885 zu seinem berühmten Roman *»Germinal«* inspiriert haben soll. In Rive-de-Gier intervenierte die Armee und schoß auf die Demonstranten. Im Jahre 1845 stellten die Zimmerleute in der Hauptstadt die Arbeit ein. Handelsminister Duchâtel ersetzte sie durch Soldaten.

So wurde allmählich ein Kampfgeist deutlich, ohne daß man bereits von einem wirklichen »Klassenbewußtsein« sprechen könnte. Denn bei einer Gesamtbeschäftigtenzahl von 5 bis 6 Millionen in der Industrie überstieg das Fabrikproletariat kaum eine Million. Im übrigen bildeten nicht diese Arbeiter die Speerspitze der Bewegung, sondern die Handwerker, die Facharbeiter, Schneider, Tischler oder Buchdrucker, die durch die Auseinandersetzungen der Gesellenverbände geformt worden waren. Sie waren oft gebildet und in der Lage, über ihre Situation nachzudenken. Was die große Masse der Arbeiter anbelangte, die ihre Zeit zwischen der Feldbestellung und einer kleinen Heimarbeit im Textilsektor aufteilten, so verspürten sie keinerlei Solidarität mit den Lyoner Seidenarbeitern oder den Schneidern in Paris.

DIE SOZIALEN THEORIEN

Die Idee der Ausbeutung des Menschen durch den Menschen entstand nicht bei den Arbeitern. Sie stammte vielmehr von hochherzigen Menschen, denen das Arbeitermilieu fremd war, die aber angesichts der negati-

ven Auswirkungen der freien Konkurrenz und der Ausdehnung des
Pauperismus von einer Umgestaltung der Gesellschaft träumten. Die
Restauration und mehr noch die Julimonarchie waren von der Entfaltung
sozialistischer Lehren gekennzeichnet, die aus dem Drama der industriellen Umwandlung Frankreichs entstanden. Sie schlugen neue Organisationsformen von Arbeit und Produktion auf gerechteren Grundlagen
vor.

Der Vorläufer war Jean-Charles Simonde de Sismondi, ein Genfer
Protestant, der sich gegen die liberalen Ideen Jean-Baptiste Says und
David Ricardos auflehnte, nachdem er im England von 1817 festgestellt
hatte, daß »die Produktion zunahm, während Nutzen und Genuß daraus
abnahmen«. Die kapitalistische Konzentration führte seiner Behauptung
zufolge zur Ausbeutung des Arbeiters. »Man könnte fast sagen«, schrieb
er, »die moderne Gesellschaft lebe auf Kosten des Proletariers von dem
Anteil, den sie ihm von seinem Arbeitsquantum vorenthält.« Tatsächlich
blieb Sismondi bei seinen Lösungsvorschlägen noch sehr zurückhaltend
und wagte nicht, am sakrosankten Eigentumsrecht zu rühren. Bei dem
Frühsozialisten Claude-Henri Saint-Simon änderte sich der Ton. Dieser
ehemalige Graf, dessen Familie in der Revolution ruiniert worden war,
zögerte nicht, mit Nationalgütern zu spekulieren und die Kurse der
Polytechnischen Hochschule zu besuchen; während der Herrschaft der
»Hundert Tage« machte Carnot ihn zum Bibliothekar im Arsenal. Von
1817 an veröffentlichte er verschiedene Broschüren, die bei so unterschiedlichen Leuten wie Casimir Perier und Pierre-Jean de Béranger, La
Fayette und La Rochefoucauld-Liancourt auf Beachtung stießen. Er wollte die Gesamtheit der exakten Wissenschaften in einer Enzyklopädie
kodifizieren, die einmal die Grundlagen einer positiven Sozialwissen-
schaft bilden sollte – sein Sekretär Auguste Comte griff später Idee und
Begriff wieder auf. Den Liberalismus wollte er durch den Industrialismus
ersetzen. Die Macht sollte der Partei der Arbeiter und Produzenten
zukommen. Im Jahre 1819 brachte ihm die folgende »Parabel« ein Jahr
Gefängnis ein: »Nehmen wir einmal an, Frankreich verliere seine 50
führenden Physiker, seine 50 führenden Chemiker, seine 50 führenden
Mathematiker, seine 50 führenden Dichter, seine 50 führenden Ingenieu-
re, seine 50 führenden Architekten, seine 50 führenden Ärzte, seine 50
führenden Seefahrer, seine 50 führenden Bankiers, seine 200 führenden
Geschäftsleute, seine 600 führenden Landwirte, die Nation würde zum

Körper ohne Seele... Nehmen wir einmal an, Frankreich hätte das Unglück, am gleichen Tag den Herrn Bruder des Königs zu verlieren, es verlöre zugleich alle Großoffiziere der Krone, alle Minister, alle seine Marschälle, seine Kardinäle, seine Bischöfe, alle Präfekten, alle Richter und die 10 000 reichsten Grundbesitzer... Dieser Unfall würde die Franzosen sicher bedrücken, aber dieser Verlust von 30 000 Individuen, die als die wichtigsten im Staate gelten, würde ihnen nur in gefühlsmäßiger Hinsicht Kummer bereiten, denn für den Staat würde sich daraus kein Schaden ergeben.«

Nach der organischen Epoche, gemeint ist das Mittelalter, und der kritischen Epoche – dem 18. Jahrhundert – sagte Saint-Simon den Aufstieg einer neuen organischen Epoche voraus, die auf der Arbeit und dem Ende der Ausbeutung des Menschen durch den Menschen begründet wäre. Das Gesellschaftssystem würde auf diesem Prinzip beruhen: »Jedem nach seinen Fähigkeiten, jeder Befähigung nach ihren Werken.« Die Macht, die auf drei Kammern aufgeteilt ist, würde Gelehrten und Künstlern gehören. Obwohl Saint-Simon den industriellen Gewinn und das bewegliche Kapital aussparte, sah er eine tiefe Umwandlung des Eigentumsrechts beim Grundeigentum vor, indem er die Wertsteigerung in Frage stellte, die in einem Land im Laufe der Bewirtschaftung durch einen Pächter geschaffen wird. Vor allem war er der erste, der eine Art organisierter Wirtschaft ins Auge faßte und damit die künftigen Planwirtschaften ankündigte. Wie es das Motto seiner *»Opinions«* ausdrückt, »liegt das Goldene Zeitalter, das eine blinde Tradition bislang in die Vergangenheit verlegt hat, noch vor uns.« Bei seinem Tode im Mai 1825 vermachte er seinen Schülern die Botschaft: »Die Zukunft gehört uns.« Damit sah er richtig. Über Kurse und Zeitungen wurden seine Ideen von seinen Schülern verbreitet, durch Saint-Armand Bazard, der in die Komplotte der Carbonaria verwickelt war, und Barthélemy Enfantin, einen Absolventen der Polytechnischen Hochschule. »Die Welt durch die Industrie und die Eisenbahn regenerieren«, so lautete die Botschaft Saint-Simons.

Ein weiterer Frühsozialist war Charles Fourier, ein einsamer Träumer, der ein obskures Leben in Besançon, Marseille, Lyon und Paris führte. »Ein Apfel hatte Newton zur Entdeckung der allgemeinen Anziehungskraft geführt, ein Apfel läßt Fourier die Untaten des Handels entdecken: Verzehnfacht sich nicht sein Preis von Besançon bis Paris, so daß er den Zwischenhändlern mehr als dem Erzeuger einbringt?« Von da stammte die Idee, die Zwischenhändler abzuschaffen und eine harmonische Vereinigung von Produzenten und Konsumenten zu schaffen. Ebenso verurteilte Fourier das Manufakturwesen, das nur auf Grund der Verarmung des Arbeiters blühte. In seiner neuen Gesellschaft würde jede Person nach ihrem Geschmack und ihren Neigungen arbeiten können. Fourier stellte sie sich in der Organisationsform der »Phalanstères« vor, das heißt in einer Gartenstadt würden sich 810 Männer und 810 Frauen, die sich aufgrund gegenseitiger Sympathien zusammengefunden hätten, den Arbeiten ihrer Wahl hingeben. So würde man nach Fourier zu einer universellen Harmonie gelangen – eine allzu optimistische Sicht. Dennoch enthielt die »Phalanstère« im Keim die Idee der Konsumgenossenschaften.

Die Theorien der Frühsozialisten weckten nur Lächeln, und die Karikatur, insbesondere Louis Reybaud mit seinem *Jérôme Paturot*, schonte sie nicht. Dennoch entwickelte sich während der Julimonarchie mit den Bankiers Emile Péreire und Talabot ein ausgeprägter Saint-Simonismus im Geschäftsleben; und dies parallel zu den exzentrischen Formen eines Barthélemy Enfantin, der in Ménilmontant eine Sekte begründet hatte, wo etwa vierzig Jünger in einem Gewand, das auf dem Rücken zugeknöpft wurde, um an die Notwendigkeit der Hilfe eines Bruders zu erinnern, einen Garten bebauten und Hymnen von Félicien David sangen. Der Fourierismus wiederum verzweigte sich in eine politische Richtung mit Victor Considérant, der nach dem Tod des Gründers im Jahre 1837 das Haupt der Schule wurde und sich zum Generalrat des Departements Seine wählen ließ, und in eine antisemitische Richtung als Reaktion gegen die Großbanken, die von Toussenel in seiner berühmten Broschüre *Les Juifs rois de l'époque* (»Die Juden als Könige der Epoche«) beschuldigt wurden, sich in der Hand der Juden zu befinden.

Die soziale Frage, die mit der Revolution von 1830 lautstark gestellt war, und die daraus folgende Arbeiteragitation führten zu einer Blüte neuer Theorien, die eine oft hellsichtige Analyse der Aneignung von Produktionsmitteln mit einer humanitären Romantik voller Naivität vermischten. Der Fächer war weit gespannt und reichte von den Bemühungen um Versöhnung zwischen Katholizismus und Sozialismus bei Philippe-Joseph Buchez bis zum Ikarustraum Étienne Cabets, der sich einen allmächtigen Staat vorstellte, in dem das Privateigentum abgeschafft und eine gleichmäßige Aufteilung der Güter garantiert war; vom Babeufschen Gedankengut eines Filippo Michele Buonarotti, der der »Verschwörung der Gleichen« entkommen war, bis zum Idealismus eines Pierre Leroux, der George Sand stark beeindruckte. Er reichte bis hin zu Félicité Lamennais, der seit 1834 mit der Kirche gebrochen hatte und 1837 in *»Le Livre du Peuple«* (»Das Buch des Volkes«) eine soziale, auf dem Evangelium gegründete Demokratie predigt: »Wenn es mehreren am Notwendigen mangelt, hat der Mensch die göttliche Ordnung verwirrt.« Man bewegte sich von der christlichen Philanthropie eines Ozanam, dem Gründer der »Gesellschaft Saint-Vincent de Paul« (1833) bis hin zur *»Extinction du paupérisme«* (»Auslöschung der Verelendung«), die sich Louis-Napoléon Bonaparte 1844 in seinem Gefängnis in Ham ausdachte: »Als wahrhafter Saturn des Arbeiters«, schrieb Louis-Napoléon, »verschlingt die Industrie ihre Kinder und lebt nur von deren Tod, denn sie funktioniert ohne regulierendes Element, wechselt Zug um Zug von der Überproduktion zur Unterproduktion, reißt in Zeiten fieberhafter Aktivität die Menschen vom Lande mit und wirft sie in Perioden der Arbeitslosigkeit wieder zurück.« Und der fürstliche Prätendent rief aus: »Man soll bald verkünden können: Der Triumph des Christentums vernichtete die Sklaverei, der Triumph der französischen Revolution zerstörte die Hörigkeit, der Triumph der demokratischen Ideen vernichtete den Pauperismus.« Eine Randfigur war Pierre-Joseph Proudhon, 1809 wie Fourier in Besançon geboren, Sohn eines armen Böttchers und einer Dienstmagd, der seine Bildung als Autodidakt erwarb und 1840 durch seine Broschüre *»Qu'estce que la propriété?«* (»Was ist das Eigentum?«) bekannt wurde. Seine Antwort lautete: »Es ist Diebstahl«. Im Jahre 1846 präzisiert er in seiner *»Philosophie de la misère ou contradictions économiques«* (»Philosophie des Elends oder ökonomische Widersprüche«) sein eindeutig anarchistisches und individualistisches Denken, das durch die handwerkliche und ländliche Vergangenheit des Autors geprägt worden war.

Die größte Aufmerksamkeit gebührte dem Staatssozialismus von Louis Blanc, dem es als einzigem gelang, eine wirkliche Leserschaft zu erreichen. *»L'organisation du travail«* (»Die Organisation der Arbeit«), die 1840 erschien, hatte einen enormen Erfolg. Dieser republikanische Historiker, Verfasser einer *»Histoire de dix ans: 1830–1840«* (»Geschichte der zehn Jahre von 1830 bis 1840«) und einer *»Histoire de la Révolution française«* (»Geschichte der französischen Revolution«), die 1847 begonnen wurde, war nicht nur ein angesehener Schriftsteller, sondern im Gegensatz zu seinen Vorgängern auch ein realistischer Geist. Er ging von

der Feststellung aus, daß die Konkurrenz ein Übel sei, ein »Ausrottungs-
system« für das Volk und »Ursache des Ruins für die Bourgeoisie«. Sie
ende bei einem billigen Preis, aber »dieser billige Preis ist nur eine provisorische und scheinheilige Wohltat«. Er diene nur dazu, die Rivalen auszuschalten: Sind diese außer Gefecht gesetzt, steigen die Preise wieder, so
daß »die Konkurrenz zum Monopol führt«. Dieses Konkurrenzstreben
verschulde Krisen und Zusammenbrüche. Das Großunternehmen ver-
nichte die Mittelklasse in der Stadt, und es zerstöre den landwirtschaftlichen Betrieb. Im internationalen Bereich rufe es schließlich den Krieg
hervor. So erklärte sich Louis Blanc zufolge die Rivalität zwischen England und Frankreich. Um dem abzuhelfen, müsse man die Arbeit organisieren, indem man dank der staatlichen Intervention die Konkurrenz
abschaffe. Von diesem Staat würde man die Anfangsfinanzierung der
Sozialwerkstätten verlangen, das sind Arbeiterproduktionsgenossen-
schaften, die von den Arbeitern selbst geleitet würden, die sich die Gewinne teilen. Die Sozialwerkstatt würde nach Louis Blanc nicht auf den
industriellen Bereich beschränkt bleiben, sondern sich auch auf die Landwirtschaft erstrecken. Es ging ihm nicht darum, ein utopisches Ikarien zu
schaffen, sondern die Wirtschaftsgesellschaft von innen her zu reformie-
ren. Zwischen 1840 und 1848 erschienen fünf Auflagen des Buches...
Doch rasch nahm die soziale Frage eine internationale Dimension an. Karl
Marx, der 1845 aus Paris ausgewiesen wurde, von dort nach Brüssel und
dann nach London flüchtete, veröffentlichte im Januar 1848 das kommu-
nistische Manifest: »Proletarier aller Länder, vereinigt Euch!«
    So hatte die französische Bourgeoisie den Adel zwar besiegt, aber
doch nur, um nach 1830 festzustellen, daß sie sich auf einen neuen Kampf
eingelassen hatte.

KAPITEL XVII

Die Romantik

Die Revolution der Romantik verlief zeitgleich mit der politischen Revolution von 1830. Sie erhob die Forderung nach Freiheit in der Kunst, deckte aber deswegen nicht den politischen Gegensatz zwischen der Rechten und Linken ab, der in den Bereich der Kunst und der Literatur umgesetzt wurde. Es gab Ultrakatholiken in den Reihen der Romantik und Liberale unter den Verfechtern der klassischen Regeln. Die Romantik bedeutete den Kampf einer Minderheit, die ihre Stärke aus ihrer Jugend und ihrem Genie bezog, gegen eine Mehrheit, die in Routine und Schläfrigkeit gealtert war.

EINFLÜSSE

Ursprünglich bezog sich das Wort »romantisch« offenbar vor allem auf den Schauerroman, den verwunschene Schlösser, gräßliche Gespenster und zarte Mädchen bevölkerten, die sich in dunklen Gewölben verirren. Die Mode kam aus England: »*The castle of Otranto*« (»Schloß Otranto«) von Walpole (1764), »*The mysteries of Udolpho*« (»Udolphos Geheimnisse«) von Ann Radcliffe (1794), »*Ambrosio or the Monk*« (»Der Mönch«) von Lewis (1795) und »*Melmoth the wanderer*« von Maturin galten als Hauptwerke einer Gattung, der Arlincourt den Boden in Frankreich bereitete. Gekennzeichnet war sie durch die Gewalt der Leidenschaften und die Maßlosigkeit der Situationen. In »Der Mönch« erfährt Ambrosio, der Prior der Kapuziner in Madrid, aus dem Munde des Teufels: »Diese Antonia, die du vergewaltigt hast, ist deine Schwester. Diese Elvira, die du ermordet hast, hat dich zur Welt gebracht! Zittere, infamer Heuchler!

Muttermörder in Menschengestalt! Blutschänderischer Verführer!« Die
starken Emotionen, die diese alptraumartigen Stimmungen herausarbeite-
ten und denen die deutschen Nebelschwaden unter dem Einfluß von
Hoffmanns Erzählungen ein Übermaß an Schrecken hinzufügten, weckten im Publikum eine bis dahin nicht gekannte Begeisterung. Die Salons
der Vorstadt Saint-Germain waren ebenso gerührt wie die Portierslogen.
Stendhal verspottete sie zwar als »Romane für Kammerfrauen«, doch alle
Klassen der Gesellschaft verschlangen sie.

Die Bezeichnung »romantisch« charakterisierte auch einen Seelenzu-
stand, der aus lyrischer Überspanntheit und nostalgischer Träumerei auf
einem Untergrund aus Nebeln und Unwettern bestand. Auch dieser
Einfluß kam aus der englischen Literatur: Der »Ossian« MacPhersons
hatte die Generation Bonapartes geprägt, doch konnte in Deutschland
Goethes »Werther« dagegen halten und in Frankreich der »René« Cha-
teaubriands. Goethes »Werther« erschien 1774 und wurde 1787 überarbeitet. Diese Geschichte, die mit dem Selbstmord Werthers endet, der
Opfer seiner unerfüllbaren Liebe zu Charlotte wird, ließ Ströme von
Tränen fließen. »René« wurde 1802 innerhalb des »Génie du christianisme« (»Geist des Christentums«) veröffentlicht. Er blieb nicht unbeachtet:
Verachtung für die Gesellschaft, Leere des Wissens, Selbstmordversuch,
Geschmack an Stürmen: »Ich habe ›René‹ gelesen, und ich schauderte ...
Ich habe mich völlig darin wiedererkannt«, notierte Sainte-Beuve mit
sechzehn Jahren. Von der nebelhaften Traurigkeit ging man zur Revolte
über. Der Held in Reinkultur, »der faszinierende Gott«, war ein Engländer, Lord Byron, der mit der Gesellschaft seiner Zeit gebrochen hatte. Er
galt als zynisch und stolz, Eigenschaften, die ihn dämonisch erscheinen
ließen, wenn er die Nächte der jungen Leute heimsuchte. Mit einem Mal
stieg die Poesie vom Parnaß hernieder, um die Saiten der Lyra durch die
Fibern des menschlichen Herzens zu ersetzen. Die Mythologie erschien
fad, und die mühsamen Nachahmungen Vergils oder Pindars, die Delille
und Lebrun so teuer waren, machten Seelenzuständen Platz, die in unre-
gelmäßige Verse gesetzt waren.

Die Lust an Veränderung begünstigte das Exotische. Spanien zog
Théophile Gautier und Prosper Mérimée an, der Orient Victor Hugo und
Eugène Delacroix, bis dann der Reisebericht Gérard Nervals erschien.
Nordamerika wiederum, das von Wilden bevölkert war, erregte die Phan-
tasie der Leser von Fenimore Cooper, die schon den »Natchez« Chateau-

briands kannten. Reiste man nicht in die Ferne, so reiste man in die Vergangenheit. Der historische Roman erlebte eine außergewöhnliche Welle dank Walter Scott, der in »*Ivanhoe*« das England von Richard Löwenherz und in »*Quentin Durward*« das Frankreich König Ludwigs XI. wieder aufleben ließ, den seine Gefährten Tristan l'Hermite und Olivier le Daim begleiteten; in dieser literarischen Gattung glänzte später auch Alexandre Dumas.

Aus diesen unterschiedlichen Werken ging weniger eine Doktrin als eine Art des Fühlens hervor, weniger ein Ideal als eine Reaktion, weniger eine Überlegung als ein Ergießen, weniger eine Schule als eine Schwärmerei des Individuums.

Tatsächlich hatte die Schlacht um die Romantik vor allem mit einem Generationenkonflikt zu tun. Auf der einen Seite standen heranreifende Bürger, vernunftbetonte Vertreter einer parlamentarisch verfaßten Nation, die von der klassischen Kultur geformt wurden, Plutarch, Corneille und Voltaire lasen und sich am Ende zweier Jahrzehnte der Wirren und Kriege nach Ordnung und Frieden sehnten. Auf der anderen Seite standen »die Kinder des Jahrhunderts«, die mit den Bulletins der Großen Armee großgezogen wurden, die man ihnen in den Gymnasien kommentierte. Diese »Kinder« entdeckten im Jahre 1823 in dem »*Mémorial de Sainte-Hélène*« (»Tagebuch von Sankt Helena«) das kaiserliche Epos wieder für sich und stellten fest, daß sich der Horizont geschlossen, das Leben sich verengt hatte und die Epoche der wilden Ritte quer durch Europa und der schwindelerregenden sozialen Karriere im Stile eines Murat beendet war. Die einen dämmerten in der Verzweiflung dahin. Dazu bemerkte Alfred de Musset in der »*Confession d'un enfant du siècle*« (»Bekenntnis eines Kinds seiner Zeit«): »Während der Kriege der Kaiserzeit hatten die unruhigen Mütter eine brennende und nervöse Generation zur Welt gebracht. Damals setzte sich auf einer Welt in Ruinen eine besorgte Jugend fest. All diese Kinder waren Tropfen eines brennenden Blutes, das die Erde überschwemmt hatte; sie waren inmitten des Krieges geboren. In dem Wort Freiheit lag für sie etwas, was ihr Herz wie eine ferne und schreckliche Erinnerung und zugleich wie eine teure Hoffnung, noch ferner allerdings, schlagen ließ... Durch die Herrscher der Welt zur Ruhe verurteilt, Pedanten aller Art sowie dem Müßiggang und der Langeweile ausgeliefert, spürten all diese Gladiatoren im Grunde ihrer Seele ein unerträgliches Elend.« Und Alfred de Vigny schrieb in »*Servitude et grandeur mili-*

taires« (»Fron und Größe der Soldaten«): »Ich gehörte zu dieser Generation, die mit dem Jahrhundert geboren wurde, die vom Kaiser mit Bulletins großgezogen wurde und vor den Augen stets ein blankes Schwert hatte und es gerade in dem Augenblick ergreifen wollte, als Frankreich es in die Scheide der Bourbonen zurücksteckte.« Andere griffen die Herausforderung der neuen Gesellschaft auf, wie etwa Julien Sorel bei Stendhal oder Balzacs Rastignac. Um nach oben zu gelangen, beugten sie sich mehr oder weniger unter die Spielregeln der Gesellschaft. Manche flüchteten sich schließlich in die Nonkonformität der Kleidung oder in einen bizarren literarischen Stil – »Verrückte« und »Langhaarige« im Stile eines Pétrus Borel, die ihre Verachtung für den Krämer und den Rentier pflegten und vor Hunger in den Speichern krepierten.

DIE SCHLACHT

Im Jahr 1820 erschienen Übersetzungen der Werke Shakespeares, Schillers und Byrons sowie die ersten »*Méditations*« von Lamartine. Obwohl ihrer Form nach klassisch, kündigten sie in ihren lyrischen Akzenten bereits einen neuen Ton an. Im Jahre 1822 veröffentlichten Vigny seine »*Poèmes*« und Victor Hugo seine »*Odes*«. Der eine wie der andere waren Neuerer, und sie fanden sich im literarischen Kreis um die Zeitschrift »*La Muse française*« mit Charles Nodier wieder. Diese erste Romantik blieb noch katholisch und königstreu: Hugo, Lamartine und Vigny gehörten der *Société des bonnes lettres* an, die als Filiale der Kongregation galt. Im übrigen folgte Vigny wie der Maler Géricault 1815 Ludwig XVIII. auf dem Weg nach Gent. Und Hugo, der Dichter von Quiberon, beweinte in Versen den Tod des Herzogs von Berry, oder er pries die Geburt des Herzogs von Bordeaux:

> »O Freude! O Triumph! O Mysterium!
> Es ist geboren, das glorreiche Kind,
> Der Engel, den der Erde versprach
> Ein Märtyrer, der zum Himmel aufbrach!
> Die verschleierte Zukunft enthüllt sich.
> Heil der neuen Flamme,
> Die die alte Fackel wiederbelebt.«

Er vergaß auch nicht Moreau, den verräterischen General Napoleons, der 1813 in den Reihen der Alliierten starb:

>»Du schuldest dem Tempel deine Statue
>Und deinen Sarg dem Pantheon.«

Doch im folgenden Jahr publizierte Stendhal *»Racine et Shakespeare«*, ein erstes romantisches Manifest mit eindeutig liberaler Tendenz: »Der Romantizismus ist die Kunst, den Völkern die literarischen Werke zu präsentieren, die beim gegenwärtigen Zustand ihrer Gewohnheiten und Glaubensrichtungen in der Lage sind, ihnen das größtmögliche Vergnügen zu verschaffen.« In der Ausgabe von 1825 legte er sich mit der *Académie française* und den staatlichen Körperschaften an. Während Charles Nodier in seinem Salon im Arsenal Vigny, Hugo, Musset, Louis Boulanger, Chênedollé und den Tierbildhauer Barye um sich sammelte, die sämtlich die katholisch-royalistische Richtung vertraten, trafen sich im Umkreis der Zeitung *»Le Globe«* Liberale wie Benjamin Constant, Sainte-Beuve, Victor Cousin oder Vitet. In beiden Lagern forderte man die Freiheit in der Kunst, griff die Regeln an, die »die Literatur unterdrücken«, und beanspruchte die Wahrheit durch »die Vermischung des Komischen und des Tragischen«.

Ihnen gegenüber waren die Vertreter der klassischen Richtung ebenfalls gespalten. Die Akademie stand rechts. Sie verspottete die Romantiker als »Schriftsteller, die vorgeben, sich von den Regeln des Aufbaus und Stils zu befreien«. Auch die Liberalen um den *»Constitutionnel«* sahen in der Romantik gleichfalls voller Mißtrauen »eine ausländische Invasion, einen Angriff der Heiligen Allianz gegen den nationalen Geschmack«. Pierre-Jean de Béranger mokierte sich über »die Wolken, die Sturzbäche und die Gewitter«, welche die romantischen Schriften schmückten. Jouy, der geistvolle Eremit aus der Chaussée d'Antin, wetteiferte mit ihm im Spott und meinte im Sinne ihrer Gegner: »Die Romantik, das ist schon keine Lächerlichkeit mehr, das ist eine Krankheit.«

Nach dem Regierungsantritt Karls X. triumphierte im Lager der Romantiker die liberale Richtung. Hugo entfernte sich nach und nach vom autoritären Legitimismus und entdeckte, daß auch er Sohn eines kaiserlichen Generals war. Er entwickelte sich mehr und mehr zur Leitfigur der Romantik und zog einen Teil der Romantiker auf seine Seite. Im Jahre 1827 setzte die Schlacht mit dem Vorwort zu *»Cromwell«*, einem nicht spielbaren Stück Victor Hugos, erneut ein. Darin verkündet er, daß auf das Zeitalter des Lyrismus und des Epos nun die Epoche des Dramas gefolgt sei, des Kampfes zwischen Körper und Seele, zwischen Erde und Himmel. Das Drama müsse das Groteske mit dem Erhabenen vermischen, um auf die Wahrheit zu stoßen, und sein Stil müsse von den alten Zwängen befreit werden.

Im Bereich der Malerei und des Theaters lieferte man sich die spektakulärsten Kämpfe. In der Malerei kam ein Sturm der Revolte gegen die Diktatur Davids und seiner Schüler auf. Eine Ablehnung edler Themen im antiken Stil zeigte sich bei Boulanger, den Brüdern Johannot, Devéria und all den Pinseladepten, die sich gotisch und modern gaben und verlangten, daß die Inspiration ihre Themen ebenso aus der gegenwärtigen Aktualität wie aus Dante oder Shakespeare schöpfen solle. Die Landschaft wurde bunter und manchmal gespenstischer. Die Historienmalerei triumphierte mit Ary Scheffer und insbesondere Paul Delaroche, dessen Gemälde »Die Söhne Eduards IV.« die gefühlvollen Seelen anrührte. Man müßte auch den »Mazeppa« von Boulanger aus dem Jahre 1827 und aus dem gleichen Jahr »Die Geburt Heinrichs IV.« von Eugène Devéria erwähnen.

Im Salon von 1824 erkannte man die Spaltung: auf der einen Seite das nüchterne und kühle »Gelübde Ludwigs XIII.«, gemalt von Ingres, der in das *Institut de France* gewählt und dann zum Professor an der *École des Beaux-Arts* ernannt wurde. Dieser erklärte: »Die Zeichnung ist die Redlichkeit in der Kunst; die Farbe fügt der Malerei Verzierungen hinzu, aber sie ist doch nur ihre Hofdame. Ein Gegenstand, der gut gezeichnet ist, ist immer ziemlich gut gemalt.« Ingres, »das ist die Linie Raffaels in durchgesehener, verbesserter und vermehrter Form«, sagten seine Gegner; und andere fügten hinzu, um seine Ideen zu parodieren: »Es gibt als Grau nur das Grau, und Ingres ist sein Prophet.« Auf der anderen Seite standen »Das Gemetzel von Chios« voller Lärm und Wut. Der Maler des Bildes, Eugène Delacroix, 1798 geboren, war angeblich der Sohn eines Ministers im Direktorium; er fühlte 1813 anläßlich eines Besuches im Louvre seine Berufung. Nach einer Ausbildung im Atelier Guérins debütierte er 1822 mit »Dante und Vergil«, einem Bild, das ihn unter dem Einfluß des Gemäldes von Géricault, »Floß der Medusa«, (1819) zeigte. Man fand darin bereits jenen unheilbaren Schmerz, nach einem Ausdruck Baudelaires, der aus dem Gegensatz von Rot und Grün entsteht, aber auch einen Protest gegen die Verlassenheit der griechischen Aufständischen. Mit dem

»Gemetzel von Chios« setzte sich Delacroix allerdings nicht vorbehaltlos an die Spitze der Bewegung. »Wenn man unter meiner Romantik die freie Äußerung meiner persönlichen Eindrücke versteht, meine Distanz zu den in den Schulen nachgeahmten Figuren und meine Abscheu vor den romantischen Rezepten, dann muß ich gestehen, daß ich ein Romantiker bin.« Im Jahre 1827 entstand »Der Tod des Sardanapal«, ein Kunstwerk, das gegen den Geschmack der Zeit verstieß. Adolphe Thiers, wie Talleyrand ein Bewunderer des jungen Malers, sprach gleichwohl von »der Vorstellungskraft der Zeichnung«. »Wir lebten«, wie Paul Mantz erzählte, »zur Zeit der letzten Vertreter der Schule Davids, den Priestern eines aufgehobenen Kultes, die aus vielerlei Gründen nichts mehr schufen und deren kalte Erinnerungen uns bis ins Mark erstarren ließen. Diese Maler hatten vielleicht Talent, eine Art graphischer Sauberkeit, die aus einigen von ihnen ehrenwerte Schönschreiblehrer machte. Man errät unseren Überdruß und unser Angewidertsein. Die Personen, die sie in Szene setzten, wirkten auf uns wie Puppen. Nun kam Delacroix, und er zeigte uns Menschen.«

Im Jahr 1824 starb Géricault, der die Entwicklung in Gang gebracht hatte. In seinen letzten Bildern, nach dem außergewöhnlichen *»Derby d'Epsom«* von 1822, nahmen die Pferde bei ihm einen wesentlichen Platz ein. Er starb übrigens an den Folgen eines Reitunfalls und konnte nur einen geringen Teil seiner Pläne realisieren.

Auch in der Musik kam es zu Auseinandersetzungen um die Romantik. Während Rossini nach seinem »Wilhelm Tell« 1829 verblaßte, öffnete der »Freischütz« Carl Maria von Webers eine neue Bahn: Das Phantastische des Librettos verband sich mit musikalischen Neuerungen wie der thematischen Einheit, die durch die Ouvertüre des Werkes bestimmt wurde. Auch hier setzte sich in der Person von Hector Berlioz, der 1803 geboren wurde, eine Führungsgestalt durch. Im Jahre 1825 gelang es ihm, eine Messe eigener Komposition in der Kirche Saint-Roch aufzuführen, zu der er 150 Musiker versammelte. Boieldieu wiederum erhielt entscheidende Impulse für sein Werk »Die weiße Dame« (1825) von Walter Scott.

Doch die entscheidende Schlacht wurde im Theater geschlagen, denn die Ereignisse auf der Bühne berührten das breite Publikum am meisten. Prosper Mérimée hatte es mit den Stücken aus seinem *»Théâtre de Clara Gazul«* schockiert, das einer vermeintlichen Schauspielerin zugeschrieben wurde. Im Jahre 1829 bearbeitet Vigny Shakespeares »Othello«. Im gleichen Jahr ließ Alexandre Dumas »Heinrich III. und sein Hof« aufführen, ein Prosadrama, in dem ein eifersüchtiger Ehemann die Hand seiner Gemahlin mit seinem Eisenhandschuh zermalmt. Victor Hugo beendete sein Stück *»Marion Delorme«*, das die Zensur zurückwies. Er schrieb daraufhin innerhalb einer Woche *»Hernani«*, das die Zensur dieses Mal passieren ließ: »Es ist gut, wenn das Publikum sieht, bis zu welchem Punkt der Verirrung der menschliche Geist gehen kann, wenn er von jeglicher Regel befreit ist.« So spielte sich am 25. Februar 1830 die berühmteste Auseinandersetzung in der Literaturgeschichte ab. Über sie ist schon manches Mal berichtet worden: »Malereleven und junge Literaten, in elf Abteilungen, besetzen Parterre und Galerien, die Augen auf die auffallende Weste von Théophile Gautier gerichtet wie die Soldaten Heinrichs IV. auf seinen weißen Federbusch. Im Orchester und in den Logen die akademischen und die klassischen Schädel, die Pariser Elite. An der Wende eines jeden Verses entzündet sich eine Kundgebung. Applaus erwidert auf Pfiffe; man tauscht Verwünschungen, Beleidigungen, Schläge aus; doch die Romantiker bleiben im Vorteil. Die drei Einheiten sind pulverisiert, der klassische Pomp hinweggefegt, die Gattungen vermischt, die Sprache ungeordnet, das war der Sieg der Freiheit in der Kunst, Vorspiel zu den ›Drei Glorreichen Tagen‹.« Victor Hugo schrieb darüber:

>»Ich ließ einen revolutionären Wind wehen.
>Ich setzte dem alten Wörterbuch eine rote Mütze auf.
>Schluß mit dem Wort ›Senator‹! Schluß mit dem Wort ›Bürgerlicher‹!
>Ich bewirkte einen Sturm im Tintenfaß.«

Auf *»Hernani«* von Victor Hugo antwortete die »Symphonie Fantastique« von Berlioz und ein Jahr später die »Freiheit auf den Barrikaden« von Eugène Delacroix. Die Romantiker hatten gewonnen, und Alphonse de Lamartine wurde in die *Académie française* gewählt.

DIE ROMANTIK UNTER LOUIS-PHILIPPE

Entgegen der allegorischen Darstellung von Delacroix erlebte die Julimonarchie den Triumph des Spießbürgers Monsieur Prudhomme, einer
Figur, die sich Henry Monnier ausgedacht hatte. Man sprach später von
einem »Stil Louis-Philippe« und meinte damit Kunst in erster Linie für die
mittleren Klassen, angepaßt und ehrbar. Was lasen die Bürger? Die heite-
ren Romane von Paul de Kock und die Feuilletons ihrer Lieblingszeitung.
Das konservative »*Journal des débats*« erlebte 1843 dank der »Geheimnisse von Paris« von Eugène Sue einen Anstieg seiner Auflage. Was beklat-
schten die Bürger? Die Lustspiele von Scribe und den »Ludwig XI.« von
Casimir Delavigne. Was hörten die Bürger in der Oper? Die »Hugenot-
ten« von Giacomo Meyerbeer im Jahre 1836 oder 1830 »Fra Diavolo« von
Daniel-François Auber. Jacques-Fromental Lévy, gen. Halévy, triumphierte 1835 mit »*La Juive*« (»Die Jüdin«). Sie waren in den »Postillon von
Lonjumeau« vernarrt, den der charmante Adolphe Adam 1846 komponierte.

Hofmaler war Horace Vernet, der den König und seine Söhne ebenso
wie die Einnahme der Smala (Zelthofstaat) von Abd-el-Kader verewigt.
Beim Mobiliar dominierte die Nachahmung: Gotik oder Renaissance,
André-Charles Boulle oder Empire. Künstlerische Bronze und Tapete
gehörten zum Dekor; die Goldschmiedekunst von Froment-Meurice und
das Silbergeschirr von Ruolz mußten in den guten Häusern vertreten sein.
Die Architektur richtete ihr Interesse auf Häuser mit guter Rendite und
Nutzbauten. Visconti blieb mit seinem Entwurf für das Grabmal Napole-
ons der Klassik verpflichtet; Labrouste hingegen betrat architektonisches
Neuland, als er die Eisenarmierung für den Bau der Bibliothek Sainte-
Geneviève verwendete. Der neugotische Stil feierte bei der Errichtung
der Kirchen Sainte-Clotilde in Paris und Saint-Nicolas in Nantes
Triumphe.

In diesem Kontext entfaltete sich die Romantik. Die öffentliche Weihe
erfuhr sie mit Lamartine, der 1833 zum Abgeordneten gewählt wurde, mit
Victor Hugo, den Louis-Philippe 1845 zum Pair de France ernannte, und
mit Alfred de Vigny, der 1841 in die *Académie française* aufgenommen
wurde. Delacroix erhielt den Auftrag, die Abgeordnetenkammer und den
Palais Luxembourg auszuschmücken. François Rude gestaltete die »*Mar-*

seillaise« des Triumphbogens an der Place de l'Étoile und David d'Angers bearbeitete seine *»Médaillons«.*

Die Bewegung der Romantik spaltete sich in zwei Richtungen. Die Theorie des *l'art pour l'art* wurde von Théophile Gautier in seinem Roman *»Mademoiselle de Maupin«* entwickelt. Demgegenüber zeigt Vigny 1835 in *»Chatterton«* den Dichter, der vom bürgerlichen Materialismus erdrückt wird. Lamartine kam 1836 mit *»Jocelyn«* und 1838 mit *»La Chute d'un Ange«* (»Der Sturz eines Engels«) heraus, während er sich zugleich als gewählter Vertreter von Bergues seit 1833 in der Politik engagierte. Vom häuslichen Kummer verdüstert, vermehrte Victor Hugo die Zahl seiner Gedichtsammlungen – *»Les chants du crépuscule«* (»Gesänge in der Abenddämmerung«) 1835, *»Les voix intérieures«* (»Innere Stimmen«) 1837, *»Les Rayons et les sombres«* (»Strahlen und Schatten«) 1840 – und suchte später in der Politik eine Ablenkung vom Schmerz über den Tod seiner ältesten Tochter, die 1843 ertrank. Jules Michelet schließlich, gleichermaßen Historiker wie Dichter, schrieb 1847 *»Le peuple«* (»Das Volk«). Mit Stendhal – *»Le Rouge et le Noir«* (»Rot und Schwarz«) 1831, *»La Chartreuse de Parme«* (»Die Kartause von Parma«) 1839 – und Balzac – der Zyklus der *»Comédie humaine«,* darunter *»Eugène Grandet«* 1833, *»Le Père Goriot«* (»Vater Goriot«) 1834, *»César Birotteau«* 1837, *»Le Curé de village«* (»Der Dorfpfarrer«) 1839, *»Les Paysans«* (»Die Bauern«) 1844, *»Le cousin Pons«* 1847 – bot der Roman der bürgerlichen Gesellschaft ihr wahrheitsgetreues Spiegelbild. In *»Lucien Leuwen«* griff Stendhal die Macht des Geldes an. Die Macht kaufte die Gewissen, und die Bankiers waren ihm zufolge die wahren Herren des Landes: »Eine Regierung kann nicht die Börse auflösen, aber die Börse kann eine Regierung auflösen.« Honoré Balzac ließ sich vom Fall Vidocq, der vom Zuchthäusler zum Polizeichef aufgestiegen war und dessen Memoiren den zeitlichen Ablauf absteckten, inspirieren, um seine Figur des Vautrin zu entwerfen und die Korruption der Polizei ans Licht zu bringen. Honoré Daumier ging in seiner Wut noch weiter: Seine Lithographien waren mindestens ebensosehr auch Pamphlete gegen das Juliregime.

Festzuhalten bleibt schließlich der Triumph der Historie als Kunst und als Wissenschaft: als Wissenschaft durch die Gründung der *École des chartes* (Archivschule) 1821 und die Schaffung des *Comité des travaux historiques* 1834 durch Guizot und durch das *»Mémoire sur l'écriture hiératique«* von Champollion 1821, dem 1824 *»Le Système hiérogly-*

phique« folgte. Auch die Entdeckung der Ruinen von Ninive durch den französischen Konsul in Mossul Charles Botta im Jahre 1845 und die Edition des Zarathustra zugeschriebenen *»Vendidad Sade«* 1829 durch Bournouf bestätigten ihren Durchbruch als Wissenschaft. Doch auch im Bereich der Kunst erlebte sie mit Augustin Thierry und Jules Michelet und nicht zu vergessen mit der *»Histoire des Girondins«* (»Geschichte der Girondisten«) von Lamartine (1847) einen außergewöhnlichen Erfolg.

Seit 1840 verlor die Bewegung jedoch zunehmend an Kraft. Schon Musset, der 1834 *»Lorenzaccio«* und zwischen 1835 und 1837 *»Les Nuits«* (»Die Nächte«) geschrieben hatte, löste sich aus der Patenschaft Victor Hugos. Er verurteilte den neuen Geist der Romantik, der darin bestand, die soziale und politische Mission des Schriftstellers zu preisen: »Es ist ein trauriges Handwerk, der Menge zu folgen.« Er zog es vor, den Kampf aufzugeben: »Veteran, ich setze mich auf meine geplatzte Trommel.« »Mit dem ›Tod des Sardanapal‹ schlug die Todesstunde der Romantik bei Delacroix«, hat man gesagt. Das Tagebuch des Malers enthielt seit 1847 eine permamente Herabsetzung der Bewegung. Er zog es vor, andere Wege zu erforschen. Seine Reise nach Marokko und Algerien enthüllte ihm 1832 und 1833 das Weiß des Lichts und der Gewandfalten, nicht den weißen Gips der Akademien. »Der Klassizismus von Delacroix, der aus der Lektüre, aber auch aus der Musik, vor allem Mozarts, schöpft, wärmt sich bis in seine letzten Arbeiten an der Exotik des Mittelmeers.«

Auf der Bühne gewann der Klassizismus wieder die Oberhand. Als dunkle und nervöse Schönheit löste die Figur der Rachel im Herzen des Publikums Marie Dorval und Frédérick Lemaître ab. Sie belebte von neuem die Heldinnen der klassischen Tragödie. Während Ronsard mit *»Lucrèce«* für die Rückkehr zu den Regeln der Einheit von Zeit, Ort und Handlung Beifall erhielt, scheiterte Hugo 1843 mit seinem *»Burgraves«* (»Die Burggrafen«), einem düsteren mittelalterlichen Drama, das an den Ufern des Rheins spielte; es wurde gründlich ausgepfiffen. Eine Karikatur zeigte den enttäuschten Dichter, wie er einen Kometen am Himmel betrachtete, mit der Bildunterschrift: »Hugo, der nach dem blauen Himmelsgewölbe äugt, fragt ganz leise den Herrgott, warum die Gestirne Schweife haben, während die Burggrafen keine haben.« Ein ähnlicher Mißerfolg auch in der Musik. Nach seiner Rückkehr aus Rom lernte Berlioz, dessen Ehe mit der englischen Schauspielerin Harriet Smithson unglücklich verlief, die Pfiffe zuerst 1838 mit »*Benvenuto Cellini*« in der Oper, dann 1846 mit »*La Damnation de Faust*« (»Fausts Verdammnis«) in der *Opéra comique* kennen. Der Komponist wurde von der Musikkritik abgelehnt.

Nisard zog in seiner »*Histoire de la littérature française*« eine Bilanz und rühmte das siebzehnte Jahrhundert im Gegensatz zum neunzehnten, das sich seiner Mitte näherte. In seinen Augen hatte das Jahrhundert Ludwigs XIV. eine größere Bedeutung. Die Romantiker äußerten sich nicht dazu. Vigny hüllte sich in das erhabene Schweigen eines sterbenden Wolfes:

»Seufzen, Weinen, Beten ist gleichfalls feige.
Wirke energisch deine lange und schwere Aufgabe
Auf dem Wege, wohin das Schicksal dich wollte rufen.
Danach dann, wie ich, leide und stirb, ohne zu sprechen.«

Alexandre Dumas, von der Kritik verachtet, von den Gläubigern und den »Negern« verfolgt, setzte dennoch zwischen 1844 und 1847 den wunderbaren Zyklus der »Drei Musketiere« fort, der schließlich im »Vicomte von Bragelonne« mit dem Tod von Athos, Porthos und d'Artagnan endete, während allein Aramis, Symbol der Kirche, seine getreuen Gefährten überlebte. Balzac, von der Arbeit erschöpft, starb im Jahre 1850. Musset schleppte sich nach seinem Bruch mit George Sand in vorzeitigem Zerfall dahin. Die romantische Bewegung erlosch. Schon 1839 schrieb Lamartine in den »*Recueillements*« (»Andachten«) an Guillemardet: »Bruder, es ist nicht mehr die Zeit, wo ich meine Seele klagen und seufzen hörte wie ein schwaches Weib.« Es ist vorbei mit den verwirrten Rufen der Leidenschaft. »Auf das Schlachtfeld fällt ein großes Schweigen, das kaum durch das leichte Knarren der Türen der Akademie gestört wird, die sich einigen Meistern öffnet.« Doch sie blieben für Stendhal (der sich darüber lustig machte), für Balzac, für Dumas und für Théophile Gautier hartnäckig verschlossen.

KAPITEL XVIII

Die Revolution von 1848

Der Polizeibericht vom 24. Dezember 1847 vermerkte: »Paris ist sehr ruhig, aber es herrscht nur eine geringe Handelsaktivität.« Nichts ließ vorausahnen, daß die Monarchie zwei Monate später der Republik ihren Platz geräumt haben würde.

FRANÇOIS GUIZOT

Nach zehn Jahren ständiger parlamentarischer Auseinandersetzungen erlebte Frankreich von 1840 bis 1848 eine außergewöhnliche politische Stabilität. Über Nicolas Soult lenkte Außenminister Guizot die Regierung, und über Guizot regierte der König. Abgesehen von einigen Ministerwechseln und dem Abgang des alten Marschalls (Soult) im September 1847 blieb die gleiche Mannschaft im Amt, die aus der rechten Mitte stammte: Duchâtel (Innenministerium), Humann (Finanzen) und Villemain (Öffentliche Bildung).

Trotz eines mühsamen und ungewissen Erfolges bei den Wahlen im Juli 1842 sah sich das Kabinett Soult-Guizot durch zwei Ereignisse gestärkt. Das erste betraf den Umschwung der Wirtschaftskonjunktur, die sich in den letzten Monaten des Jahres 1840 eindeutig verbesserte und eine spürbare Verringerung der Streikbewegungen bewirkte, während das wachsende Interesse der führenden Klassen für die neuen Gewinnmöglichkeiten sie von ihren politischen Spielen ablenkte. Das zweite Ereignis war der Tod des Herzogs von Orléans, des Thronerben, durch einen Unfall am 13. Juli 1842. Er starb als liberaler und sehr populärer Prinz. Da sein Sohn damals erst vier Jahre alt war, mußte man für den Fall eines

Ablebens von Louis-Philippe eine Regentschaft ins Auge fassen, wofür der konservative Herzog von Nemours ausersehen wurde.

Das einzige Problem, das die Kammern zwischen 1842 und 1846 wirklich bewegte, war die Unterrichtsfreiheit, welche die *Charte* von 1830 versprochen hatte. Die Katholiken verlangten die Ausdehnung des liberalen Regimes auf das höhere Schulwesen, wie es das »Gesetz Guizot« 1833 den Volksschulen gewährt hatte. Für die Kirche war dies die Gelegenheit, die Kinder der Bourgeoisie für sich zu gewinnen, die die Gymnasien bevölkerten und welche die Universität ihr entzog. Natürlich hatte die Regierung in der Sorge, den Klerus zu schonen, gewichtige Eingriffe in das staatliche Unterrichtsmonopol geduldet. Im Jahre 1836 hatte Guizot sogar einen Entwurf eingebracht, der viele katholische Forderungen berücksichtigte, doch ohne Erfolg; Villemain hatte in den Jahren 1841 und 1844 damit auch nicht mehr Glück. Die dem Katholizismus nahestehende Zeitung »*L'Univers*« von Louis Veuillot, einem Arbeitersohn, der sich zum Journalisten und Pamphletschreiber entwickelt hatte, griff das Monopol heftig an; eine katholische Partei bildete sich um die Person des Grafen Montalembert. Dieser gehörte zu den belebenden Gestalten der liberalen Strömung innerhalb der Kirche; mit Lacordaire arbeitete er an der Zeitung »*L'Avenir*« (»Die Zukunft«) von Lamennais mit, die der Devise »Gott und die Freiheit« folgte. Als Papst Gregor XVI. Lamennais im August 1832 in der Enzyklika »*Mirari vos*« verurteilte, verließ ihn der Graf, doch wirkte sein Einfluß in ihm nach. Die Kammern indessen, die eine entschlossene Bourgeoisie im Geiste Voltaires beherrschte, lehnten jeglichen Eingriff in das Staatsmonopol ab. Im Jahre 1843 griffen Michelet und Quinet von ihrer Lehrkanzel im *Collège de France* den Einfluß der Jesuiten an. Eugène Sue brachte in »*Le Juif errant*« (»Der ewige Jude«) den Zyniker und Jesuiten Rodin auf die Bühne.

Graf Montalembert, der ein Komitee für die Verteidigung der Religionsfreiheit gegründet hatte und zahlreiche Petitionen in Umlauf setzte, verlagerte 1846 die Auseinandersetzung auf die Ebene der Wahlen: 146 Abgeordnete, die sein Manifest unterzeichnet hatten, wurden aufgestellt. Doch die Wahlen vom August 1846 wurden vor allem zum Triumph Guizots. Die neue Kammer zählte 291 Regierungsanhänger gegenüber 168 Abgeordneten aus verschiedenen Lagern der Opposition. Während der Julimonarchie hatte keine Regierung über eine derartige Mehrheit verfügt.

François Guizot, ein starrer Doktrinär, von sich selbst eingenommen und überzeugt, stets Recht zu haben, ließ sich durch nichts erschüttern. Immobilismus charakterisierte seine Politik: Er lehnte jegliche Reform ab und verurteilte »die Sucht nach Neuerung«, die er seinen Gegnern vorwarf. Von der Mittelschicht gestützt, mußte die Regierung nach einer dem König, den Ministern und der Parlamentsmehrheit gemeinsamen Grundvorstellung handeln. Um sich dieser Mehrheit zu versichern, bediente sich der strenge Guizot auch der Bestechung. Er ließ Orden verleihen, Beamte befördern und Konzessionen verschiedener Art erteilen. Das geschah in einer Weise, daß Tocqueville, um die Beziehungen zwischen der Regierung und der Abgeordnetenkammer zu charakterisieren, nicht zögerte, von einem »Industriebetrieb« zu sprechen. Auf diese Weise gelang es Guizot, jeden Reformversuch zu unterbinden. »Was hat man seit sieben Jahren getan?« fragte 1847 ein Abgeordneter: »Nichts, nichts, nichts!«

DIE AUSSENPOLITIK

Die Julimonarchie hatte von der Restauration das Problem Algier geerbt. Das Parlament war in dieser Frage gespalten. Die Liberalen lehnten die Eroberung ab, und einer ihrer Redner rief von der Tribüne aus: »Die Expedition nach Algier geschah nicht mit der Zustimmung Frankreichs, sie ist von einer Regierung geplant worden, die zweifellos auf deren Erfolg spekulierte, um strafbare Absichten zu verwirklichen.« Graf Montalembert hingegen verkündete eine andere Ansicht: »Ich betrachte diesen Besitz als so bedeutungsvoll für die Interessen Frankreichs, daß der Minister, der den Befehl zu seiner Räumung unterzeichnen sollte, es in meinen Augen verdienen würde, wegen Hochverrats gegenüber dem Staat vor diese Schranke gestellt zu werden...« Die öffentliche Meinung befürwortete damals eine Räumung, doch der König erkannte ebenso wie Casimir Perier in dieser Eroberung die Gelegenheit zu einer Prestigepolitik, ohne damit einen Konflikt mit England zu riskieren, sofern man sich an die Küste hielt. Doch die Schaffung von Eingeborenentruppen wie den Spahis und von Freiwilligenverbänden wie den Zuaven, den Afrikajägern und der Fremdenlegion sowie die Einrichtung von arabischen Büros mit Offizieren, die auf die Probleme des Landes spezialisiert waren, bestärkten die Armee in ihrem Interesse für Algerien. Dennoch hätte man sich wahrscheinlich auf eine eingegrenzte Besetzung beschränkt, wenn nicht die Aktionen eines jungen Eingeborenenführers, Abd-el-Kader, Frankreich gezwungen hätten, im Landesinnern einzugreifen. Zwar predigten die Instruktionen der Regierung ständig Mäßigung: »Das Ziel, das Frankreich anstrebt, ist nicht die absolute Herrschaft. Was Frankreich vor allem im Auge hat, ist seine Festsetzung am Meer, die Sicherheit seines Handels und die Vergrößerung seines Einflusses im Mittelmeer. Frankreich hat vor allem ein Interesse daran, Herrin des Küstenbereichs zu sein. Der Rest sollte den Eingeborenen überlassen bleiben.«

Doch die Niederlage von La Macta, wo die Truppen Abd-el-Kaders General Trézel am 28. Juni 1835 überraschten, machte eine Strafexpedition gegen Constantine erforderlich, das nach einem ersten Mißerfolg Clauzels schließlich im Oktober 1837 fiel. Bugeaud, ein ehemaliger Halbsold-Offizier von 1815, der in der Zeit der Restauration ein kleines Gut bewirtschaftet hatte, bevor er sich der Julimonarchie anschloß und 1834 die Republikaner zusammenschoß, wurde 1840 Generalgouverneur. Da er das Vertrauen Guizots genoß und auf mehr als 100000 Mann zählen konnte, nahm er die totale Eroberung des Landes mit Hilfe leichter mobiler Kolonnen und seine Bewirtschaftung durch Militärkolonien von Bauernsoldaten nach römischem Vorbild in Angriff.

Allerdings mußte er erst den Widerstand Abd-el-Kaders brechen. Ein Vorstoß des Herzogs von Aumale, Sohn Louis-Philippes, im Mai 1843 ermöglichte die Einnahme der Smala (Zelthofstaat). Der bisherige Anführer flüchtete nach Marokko und veranlaßte den Sultan, in den Krieg gegen Frankreich einzutreten. Doch Bugeaud schlug die Marokkaner im Wadi Isly am 14. August 1844. Unter dem Druck der Engländer willigte Guizot, der keinen neuen Krieg im Mittelmeer wollte, in Verhandlungen mit dem Sultan ein. Von den Marokkanern im Stich gelassen, führte Abd-el-Kader weiterhin einen mörderischen Kleinkrieg. So vernichtete er am 7. September 1845 eine Jägerkolonne bei Sidi-Brahim. General Lamoricière trieb ihn jedoch in die Enge, und er ergab sich am 23. Dezember 1847. Bereits einige Monate zuvor hatte Bugeaud Algerien verlassen, nachdem er Guizot von der Notwendigkeit einer vollständigen Besetzung des Landes nicht überzeugen konnte.

Guizot wollte den Frieden um jeden Preis und fürchtete die Folgen einer französischen Expansion in Nordafrika. Er hatte 1840 den ägyptischen Konflikt aus der Welt geschafft und hatte, begünstigt vom Sturz Palmerstons, mit dessen Nachfolger Lord Aberdeen einen Modus vivendi vereinbart, der mit dem Namen *Entente cordiale* bezeichnet wurde. Die Vereinbarung war einseitig, was zu zahlreichen Reibereien führte: zum Beispiel die Affäre um das Kontrollrecht, das sich die Engländer unter dem Vorwand anmaßten, gegen den Sklavenhandel zu kämpfen; die Ausweisung des englischen Missionars Pritchard aus Tahiti durch Admiral Dupetit-Thouars im Jahre 1844 und die Entschuldigung Guizots, der zur großen Empörung der öffentlichen Meinung, die nicht sehen wollte, daß Tahiti endgültig bei Frankreich blieb, eine Entschädigung anbot. Es gab schließlich das Problem der spanischen Thronfolge, wo am Ende zur großen Verärgerung Palmerstons, der 1846 wieder ans Ruder gekommen war, die Infantin den Herzog von Montpensier, einen Sohn Louis-Philippes, heiratete.

Die Bilanz der Außenpolitik Guizots war also keineswegs negativ. Doch sein Realismus zwang ihn oft zu Konzessionen gegenüber England und lieferte so der Opposition die Mittel, den Chauvinismus in der öffentlichen Meinung anzuheizen. Denn die Revolution von 1830 war ebensosehr und mehr noch eine nationale als eine liberale Revolution gewesen. Louis Blanc warf in seiner *»Histoire de dix ans: 1830–1840«* (»Geschichte der zehn Jahre von 1830 bis 1840«) Louis-Philippe vor, Belgien aufgegeben und darauf verzichtet zu haben, das linke Rheinufer zurückzugewinnen. Von Louis-Philippe, der in den Revolutionsarmeen gedient hatte, erwartete man in der Tat die Revision der Verträge von 1815. Die Rückkehr der Gebeine Napoleons und der Aufschwung der Napoleonlegende steigerten diesen Nationalismus noch zusätzlich. Die Flüchtlinge aus Italien, Polen und Deutschland, die in den Salons der Madame d'Agoult oder der Prinzessin Belgiojoso, in den Freimaurerlogen oder in den Redaktionsräumen der linken Zeitungen aufgenommen wurden, veranlaßten Frankreich, im Namen der Prinzipien von 1789 zugunsten der Befreiung der Völker in Europa und in der Welt zu intervenieren. Diese Idee entwickelte auch Michelet, der erklärte, Frankreich sei das Flaggschiff der Humanität, und Quinet, der seinem Land »den Ruhm« zuwies, »das Ideal der europäischen Völker zu werden«. Jedoch nicht allein Louis-Philippe schien einen kühlen Kopf zu behalten. Ihm war zwar bewußt, daß Frankreich, dessen Armee teilweise in Algerien gebunden war, nicht einer erneuten europäischen Koalition entgegentreten konnte, aber von dem Moment an, in dem die Agitation in Europa erneut einsetzte, schloß sich Guizot – zumindest dem Anschein nach – den Positionen Metternichs an. Und so konnte Lamartine mit großem rhetorischen Effekt die Widersprüche eines Regimes herausheben, das im Innern von einer liberalen Revolution getragen wurde und ebendiese nach außen bekämpfte: »Frankreich ist ghibellinisch in Rom, kirchlich in Bern, österreichisch in Piemont, russisch in Krakau, französisch nirgends, gegenrevolutionär überall.«

DIE SPALTUNG ZWISCHEN NATION UND POLITISCHEM REGIME

Die kritischen Äußerungen, die Guizots Außenpolitik hervorrief, stellten nur einen Teilaspekt des Grabens dar, der das orleanistische Regime vom Lande trennte. Im Jahre 1847 umfaßte die gesetzliche Wählerschaft bei einer Bevölkerung von 35 Millionen 248 000 Wähler, das heißt sieben Wähler auf 1000 Personen. In Paris lag der Anteil etwas höher: 15 726 Wähler bei 1 Million Einwohner. Wer wählte? Im wesentlichen Grundbesitzer, die 80 Prozent der Wählerkollegien ausmachten, und nur 15 Prozent Unternehmer und Kaufleute und 5 Prozent Beamte, Anwälte und Ärzte. Wer wurde gewählt? Die Zahl der Wählbaren betrug 25 000 Personen, das heißt, auf zehn Wähler kam eine Person mit passivem Wahlrecht. Die Zahl der Bewerber unter diesen 25 000 Wählbaren betrug nur 4000 mit einer erdrückenden Mehrheit von Beamten und Vertretern der freien Berufe. Die Grundbesitzer waren in der Kammer mit nie mehr als einem Viertel der Abgeordneten vertreten. Das politische Leben war somit auf eine Minderheit begrenzt.

Die gleiche Situation bestand bei den Lesern der Presse. Die Zeitungen hatten einen stolzen Preis trotz der Bemühungen Émile de Girardins, der 1836 »*La Presse*« auf den Markt brachte. Ihr Abonnement war dank der Anzeigenerlöse relativ billig, ein Verfahren, das auch »*Le Siècle*« aufgriff. Tatsächlich blieb die Zahl der Zeitungsabonnenten in Frankreich unter 200 000 Personen. Wenn dies auch einen spürbaren Fortschritt darstellte (1830 waren es nur 70 000 Abonnenten), so bleibt doch festzuhalten, daß – selbst wenn man die Zahl durch Einbeziehung der Leser in Cafés und den

Lesekabinetten verdoppeln muß – der größte Teil der öffentlichen Meinung von der politischen Debatte nichts mitbekam.

Die Macht des Regimes beruhte im wesentlichen auf der Nationalgarde, die 1831 für das gesamte Königreich und 1837 für Paris neu organisiert wurde. Sie stand jedem Franzosen zwischen 20 und 60 Jahren offen, der eine Steuer zahlte, und ihre Aufgabe war es, die Institutionen zu verteidigen und für die Aufrechterhaltung der Ordnung zu sorgen. Sie konnte zu jedem Zeitpunkt von den Bürgermeistern und Präfekten angefordert werden. Die Garden mußten ihre Uniform und ihre Ausrüstung selbst bezahlen. Daraus ergab sich der Ausschluß der Minderbemittelten und das Übergewicht der Bourgeoisie. Die Subalternoffiziere wurden direkt von den Nationalgarden gewählt, die höheren Offiziere von der Regierung auf Vorschlag der Subaltern- und der Unteroffiziere ernannt. Obwohl sich die Nationalgarde fast ausschließlich aus Bürgern rekrutierte, war ihre Zusammensetzung doch breiter als die der politischen Welt des Bourgeois und ihre geistige Haltung offener für aufrührerische Gedanken.

Die Basis der Monarchie war also schmal, selbst wenn sie das parlamentarische Spiel mitspielte und sich auf die liberalen Prinzipien berief. Daher wurde ab 1839 eine Erweiterung der Wählerschaft gefordert, die allen Nationalgarden das Wahlrecht verschaffen sollte oder zumindest allen Mitgliedern der zweiten Liste. Ihr Zweck bestand darin, die Geschworenengerichte zu bilden und die Notabeln zu erfassen, die nicht die 200 Francs Steuern zahlten, die für einen Wähler Voraussetzung waren. Die Vorlage wurde 1842 von Guizot zurückgewiesen. Nach ihrer Wahlniederlage im Jahre 1846 begriff die Opposition, daß sie die Macht nur über eine Änderung des Wahlgesetzes würde erobern können. Duvergier de Hauranne schlug daher 1847 eine Senkung des Zensus auf 100 Francs vor und empfahl, die »Kapazitäten« hinzuzufügen (gemeint waren die Inhaber eines Diploms), was 200000 zusätzliche Wähler ergeben hätte. Zur gleichen Zeit schlug Charles de Rémusat vor, im parlamentarischen Leben moralische Richtlinien einzuführen, indem man die Beförderung von Beamten verbot, die zugleich Abgeordnete waren. Beide Vorschläge wies Guizot mit der Bemerkung zurück: »Verschaffen Sie sich die Mehrheit, und Sie werden die Reformen durchführen, die Sie wollen.«

Verschärft wurde das politische Unbehagen durch die Haltung des Königs, der sich immer autoritärer gebärdete und sich Veränderungen zunehmend verschloß. In seiner Umgebung wurden die Liberalen, seine Söhne Aumale und Joinville und seine Schwiegertochter, die Herzogin von Orléans, zugunsten des Herzogs von Nemours verdrängt, der als konservativ galt. Letzterem gegenüber beklagte sich Joinville am 7. November 1847: »Es gibt keine Minister mehr, ihre Verantwortlichkeit ist gleich null; alles gelangt bis zum König hinauf. Der König ist in einem Alter angelangt, wo man keine Bemerkungen mehr akzeptiert. Er ist es gewohnt zu regieren, und er liebt es zu zeigen, daß er es ist, der regiert.« Louis-Philippe indessen überzog sein Selbstvertrauen und verlor so seinen früheren Scharfblick. Dem preußischen Botschafter Radowitz gegenüber bekannte er am 1. Januar 1848: »Zwei Dinge werden künftig in Frankreich unmöglich sein: die Revolution und der Krieg.«

Dieses bereits verkalkte Regime brachte 1847 jedoch eine Reihe von Skandalen in Mißkredit. Es wurde bekannt, daß ein Pair von Frankreich namens Teste in der Zeit, als er das Ministerium für öffentliche Bauten leitete, einem anderen Pair und ehemaligen Minister, dem General Cubières, die Konzession für eine Salzmine verkauft hatte. Dabei handelte es sich um ein typisches Beispiel jener Korruption, die bei einigen Privilegierten aus der Gier nach Reichtümern entstanden war. Victor Hugo beschrieb den Prozeß vor der Pairskammer in *»Choses vues«*. Ebenso bekamen die Pairs durch das Verbrechen des Herzogs von Choiseul-Praslin einigen Schmutz ab, als dieser seine Frau ermordete und sich danach selbst vergiftete. Tocqueville macht sich in seinen »Erinnerungen« zum Ankläger: »Die damalige Regierung hatte gegen ihr Ende hin die Allüren eines Industriebetriebes angenommen, bei dem alle Operationen im Hinblick auf den Gewinn durchgeführt werden, den die Gesellschafter daraus ziehen können.« Allgemein herrscht der Eindruck politischer Unmoral vor, für die man die Regierung und sogar das Regime verantwortlich machte. Doch Louis-Philippe stellte sich taub.

DIE WIRTSCHAFTSKRISE

Die politische Krise entwickelte sich nach und nach vor dem Hintergrund einer Wirtschaftskrise. Sie bestand 1847 aus den gleichen Elementen wie 1788. Alles begann mit der Agrarkrise im Laufe des Sommers 1846. Die

Ernte von 1845 hatte mäßige Erträge erbracht, so daß es keine Vorräte gab. Die Ernte von 1846 indessen, die sich zunächst vielversprechend angelassen hatte, fiel einer außergewöhnlichen Trockenperiode zum Opfer. Nach der Ernte fehlten 20 Millionen Hektoliter Getreide. Dadurch stieg der Preis des Hektoliters, der 1845 bei 17 Francs lag, plötzlich auf 39 Francs und dann auf 43 Francs an. Zwei Kilo Brot kosteten 70 Centimes. Es gab kein Ersatzlebensmittel, denn die Kartoffelernte war ebenfalls um 2 Millionen Tonnen unter dem Jahresdurchschnitt geblieben. Trotz Einfuhren von ausländischem Getreide konnte man die Angst vor der Hungersnot und die üblichen Unruhen nicht vermeiden. Die Folgen waren Plünderung der Märkte in den Städten und Bauernunruhen auf dem Land, vor allem im Westen und in Zentralfrankreich. Die Ernte von 1847 brachte ausgezeichnete Erträge, und die Preise sanken, doch die Ersparnisse der kleinen Leute – Arbeiter, die für ihr Brot mehr bezahlen mußten, und Kleinbauern, denen der vermarktbare Überschuß fehlte – waren dahingeschmolzen.

Zu den Auswirkungen der Agrarkrise trat eine Krise des Kreditwesens als logische Folge der Euphorie der Jahre 1842–1846, die zum Phänomen der Überinvestitionen geführt hatte. Am 31. Dezember 1847 drückte sämtliche in diesem Zeitraum gegründeten Gesellschaften allein eine Last von 2 Milliarden aufgenommener Mittel. Auf die Eisenbahnen entfielen davon 690 Millionen. Doch die Eigenmittel der Gesellschaften dienten dazu, die Zinsen für das investierte Kapital zu bezahlen. Die Unternehmen sahen sich deshalb rasch in Geldnot, als die englischen Kapitalien aus Frankreich abgezogen und nach England transferiert wurden, wo eine vergleichbare Krise wütete. Den Banken wurden ihre verfügbaren Mittel entzogen. Die *Caisse générale* mußte innerhalb weniger Wochen 83 Millionen Francs für Handelswechsel auszahlen, während ihre Geldeingänge sich auf nur 79 Millionen beliefen. Das Bankhaus Ganneron, ein anderes Diskontinstitut, mußte 33 Millionen in Scheinen bei 24 Millionen an Eingängen ausbezahlen. Bei den Sparkassen übertrafen die Auszahlungen die Geldeingänge um 30 Millionen.

Banken, Diskontinstitute und Sparkassen wandten sich an die Bank von Frankreich, deren Kassenbestand von 200 auf 59 Millionen sank. Diese Summe reichte nicht mehr aus, um die Deckung des Geldumlaufs und die Rediskontoperationen abzusichern. Sie mußte auf Anleihen im Ausland sowie verschiedene Behelfsmaßnahmen zurückgreifen. Im März

1847 stieg ihr Kassenbestand wieder auf 110 Millionen an. Doch der Staatsschatz geriet ebenfalls in Schwierigkeiten. Das Haushaltsdefizit belief sich im Jahre 1846 auf 45 Millionen, 1847 sogar auf 109 Millionen. Um es aufzufangen, schritt die Regierung zur Ausgabe von Schatzanweisungen mit einem Zinssatz von 5 Prozent. Um die Emission im Falle von Anträgen auf Auszahlung zu sichern, ließ das Kabinett durch die Kammern eine Anleihe von 350 Millionen in ewigen Rentenwerten zu 3 Prozent beschließen; untergebracht wurde die Anleihe durch das Haus Rothschild. Um den Preis eines Anwachsens der schwebenden Schuld und eines Sinkens des fünfprozentigen Rentenpapiers an der Börse war es der Regierung gelungen, das Schlimmste zu verhüten.

Doch konnte sie die Krise in der Industrie nicht verhindern, die eine Folge der finanziellen Flaute war. Alles hatte 1846 mit einer Senkung der Großhandelspreise begonnen: Die Steinkohle, die 10 Francs pro Zentner kostete, ließ sich nur noch für 8 Francs absetzen; der Zentner Gußstahl fiel von 25 auf 13 Francs. Mit einemmal wies die Produktion einen spürbaren Rückgang auf, fast um ein Fünftel in den Steinkohlegruben. Die Folge davon war, daß die Arbeitslosigkeit 20 Prozent des Personals erfaßte. Bei der Baumwolle war der Produktionsrückgang spektakulär, vor allem in der Normandie und in der Champagne; hier überschritt die Arbeitslosigkeit 35 Prozent. In den Metallbetrieben, die für die Eisenbahnen arbeiteten, waren sie nicht weniger gravierend. Zahlreiche kleine Eisenhütten der Champagne und der Franche-Comté mußten endgültig schließen. Und auch in Lyon befand sich die Seide wieder einmal in der Krise.

Die Lage in der Industrie mündete unweigerlich in eine soziale Krise. Die Agitation setzte in Reims, in Rouen und in Armentières ein. In der Hauptstadt hielt sie sich in Grenzen, was vielleicht das Mißtrauen der Regierung einschläferte. Rechnet man dazu noch die Aktion der Partei Montalemberts zugunsten der Freiheit des höheren Schulwesens hinzu, eine Aktion, die den Bruch zwischen der Regierung und den Katholiken verdeutlicht, so läßt sich feststellen, daß man in diesem Jahr 1847 erneut in eine Periode der Wirren eintrat, die ähnliche Züge wie das Jahr 1830 trug; doch weder der König noch Guizot, noch gar die parlamentarische Mehrheit waren sich dessen bewußt. Die Rede, die Flaubert Deslauriers in der »*Éducation sentimentale*« (»Erziehung des Herzens«) in den Mund legt – »Diese guten Leute, die da ruhig schlafen, das ist komisch! Ein neues 89 zieht herauf! Man hat genug von Verfassungen, Verfassungsurkunden,

Spitzfindigkeiten, Lügen...« –, hätte von Tocqueville sein können, der sie auch tatsächlich in diesem Sinn hielt. Selten hatte ein Beobachter so viel Klarsicht bewiesen. Als Abgeordneter des Departements Manche ergriff Tocqueville am 29. Januar 1848 in der Kammer das Wort: »Man sagt, es bestehe keinerlei Gefahr, weil keine Unruhe herrscht; man sagt, die Revolutionen seien fern von uns, da es keine materielle Unordnung an der Oberfläche der Gesellschaft gibt. Meine Herren, erlauben Sie mir, Ihnen zu sagen, daß ich glaube, Sie täuschen sich. Zweifellos liegt die Unordnung nicht in den Taten, aber sie ist tief in die Gemüter eingedrungen. Betrachten Sie, was innerhalb dieser Arbeiterklassen vor sich geht, die heute, ich erkenne es an, ruhig sind. Es ist wahr, daß sie nicht von den politischen Leidenschaften im eigentlichen Sinne im gleichen Maße erschüttert werden, wie sie einstmals erschüttert worden sind. Aber sehen Sie nicht, daß ihre Leidenschaften aus der politischen in die soziale Dimension übergegangen sind? Sehen Sie nicht, daß sich in ihrer Mitte Meinungen, Ideen verbreiten, die nicht nur soweit gehen, dieses Gesetz, jenes Ministerium, diese Regierung sogar zu stürzen, sondern die Gesellschaft insgesamt und sie in den Grundlagen, auf denen sie heute beruht, zu erschüttern?«

DIE POLITISCHE KRISE

Die soziale Agitation belebte die Opposition von neuem. Diese wurde sich mehr und mehr bewußt, daß sie nur über eine Änderung des Wahlgesetzes an die Macht kommen konnte. Sie startete eine neue Kampagne, in deren Verlauf sie sich bemühte, die öffentliche Meinung durch eine Serie von Banketten – insgesamt 70 zwischen Juli und Dezember 1847 – zu mobilisieren. In Mâcon verkündete Lamartine »die Revolution der Verachtung«; in Lille pries Ledru-Rollin das allgemeine Wahlrecht. Doch endete diese Kampagne mit einem Mißerfolg, der die Divergenzen zwischen Radikalen und Anhängern der Dynastie hervortreten ließ, denn es wurde sehr schnell deutlich, daß in dieser Bewegung die Republikaner die führende Rolle einnahmen. Überdies blieb die Provinz ruhig.

In Paris griff man die Kampagne Anfang 1848 wieder auf, doch ahnte niemand, daß dieser »Aufstand der Gabeln« den Sturz des Regimes bewirken würde. Ein Bankett war von der Nationalgarde des XII. Arrondissements für den 19. Januar 1848 angekündigt und von der Polizeipräfektur verboten worden, doch wollten die Veranstalter sich darüber hinwegsetzen. Das Bankett wurde nach Verlesung der Adresse an die Abgeordnetenkammer aufgeschoben. Die Opponenten hatten sich einige Illusionen über ihre Möglichkeiten zum Sturz Guizots gemacht, denn dieser behielt im Augenblick der Abstimmung problemlos die Oberhand. Das Bankett wurde schließlich auf den 22. Februar festgelegt. Auf Grund der Anwesenheit der Nationalgarde, die die Abgeordneten zum Bankett geleiten sollte, vertrat die Regierung die Ansicht, es bestehe eine Verletzung der Statuten, nach denen die Garde seit 1831 organisiert war; ihrer Sache sicher, sprach sie erneut das Verbot des Banketts aus. Die Organisatoren beugten sich, doch die Studenten setzten die Demonstration fort.

Polizeipräfekt Delessert war beunruhigt. In seinem Bericht vom 17. Februar schätzte er die Pariser Bevölkerung als »ziemlich aufgewühlt« ein. Am 20. präzisierte er: »Viele Arbeiter haben die Absicht, sich am Dienstag der Versammlung anzuschließen, die sich auf dem Platz vor der Madeleine-Kirche einfinden wird, um sich zu den Champs-Élysées zu begeben.« Die Berichte der Geheimagenten hingegen behaupteten, die Gesellschaften blieben »stumm und unbeweglich«. Doch Delessert traf seine Vorbereitungen: Die Kommissare der Vorstadt Saint-Antoine, der Bezirke Quinze-Vingts und Arsenal wurden angewiesen, die Place de la Bastille zu überwachen; die für die Hochschule für Medizin und die Sorbonne verantwortlichen Beamten hatten die Studentenansammlungen zu verhindern und im Falle von Zuwiderhandlungen die Truppen zu alarmieren. Der Kommissar an der Place Vendôme erhielt den Auftrag, das Außenministerium zu schützen, die übrigen sollten die Demonstrationsplätze überwachen. Doch was vermag ein Präfekt auszurichten, der nur über Kommissare verfügt, über Polizeibeamte, Stadtsergeanten und die städtische Garde, insgesamt 3244 Mann?

Am Morgen des 22. Februar schien ein heftiger Regen die Demonstranten zu entmutigen; dennoch bildeten gegen 11 Uhr Studenten einen Zug, der vom Panthéon aus zur Madeleine marschierte. Arbeiter, die gegen das Regime erbittert waren, das sie für ihr Elend verantwortlich machten, schlossen sich dem Marsch an. Zusammenstöße mit der städtischen Garde gab es bei der Abgeordnetenkammer. Eilig wurden Barrikaden errichtet und Waffengeschäfte geplündert; es gab einige Krawalle in der Nähe der Straße Saint-Martin, doch nichts Ernstliches. Die Vorstadt Saint-Antoine blieb ruhig. Nachdem in der Nacht vom 22. auf den 23. die Ruhe wiederhergestellt war, kehrten die Ordnungskräfte, die man nach der Verkündung des Belagerungszustandes eingesetzt hatte, wieder in die Kasernen zurück. Delessert blieb in seinem Bericht an den König pessimistisch: »Wünschen wir, daß der morgige Tag ohne Wirren vorübergehen wird. Wir erwarten es indessen kaum.«

Am folgenden Tag, dem 23. Februar, wurden die militärischen Einheiten ab 8 Uhr erneut vor Ort eingesetzt. Die Linientruppen besetzten die strategischen Punkte, und man berief die Nationalgarde ein. Von ihrer Haltung sollte – im politischen Bereich – die Folge der Ereignisse abhängen. Die Sammlung erfolgte ohne Probleme in den westlichen Stadtvierteln von Paris, doch im Zentrum und in den östlichen Stadtteilen häuften sich Petitionen und Rufe wie »Es lebe die Reform!« und erfaßten auch die Nationalgarde. Damit löste sich die Nationalgarde aus ihrer Loyalität zu der Regierung. War dies eine Folge der Unzufriedenheit, die aus der Wirtschaftskrise entstanden war? War dies der traditionelle Überdruß in Frankreich gegenüber einer durch ihre Langlebigkeit verbrauchten Regierung? Es war vor allem die Verärgerung zahlreicher Nationalgarden, weil sie von den Wahlen ferngehalten wurden.

Diese Haltung der Gardisten hatte in einem Augenblick, in dem die Aufständischen sich eines breiten Sektors der Hauptstadt bemächtigten, der von der Rue Montmartre bis zur Rue du Temple reichte, und wo Barrikaden bereits die Straßen Saint-Martin, Montorgueil, de Cléry sperrten, bereits den Charakter einer Volksabstimmung. Guizot hatte das Vertrauen der Notabeln verloren. Die höheren Offiziere der Nationalgarde erschienen beim Generalstab, der damals seinen Sitz an der Place du Carrousel hatte, und bestätigten, sie könnten die Verantwortung für die Aufrechterhaltung der Ordnung nicht übernehmen, wenn die Regierung nicht »rasche und bedeutsame Zugeständnisse« mache. Um 2 Uhr nachmittags forderte der König Guizot und Duchâtel zum Rücktritt auf und bat Molé, eine neue Regierung zu bilden. Die Meldung vom Sturz Guizots sorgte, als sie in Paris umlief, zunächst für eine Besänftigung. Die Schießereien hörten auf; der Polizeipräfekt informierte alsbald den König darüber: »Morgen wird vielleicht nichts mehr von dieser Reformbewegung übrig sein, die so beunruhigende Ausmaße annahm.« Doch in den Abendstunden verhöhnte ein Zug aus der Vorstadt Saint-Antoine Guizot im

Außenministerium am Boulevard des Capucines. Die Truppe eröffnete das Feuer, es gab 52 Tote und 74 Verwundete. Die Menge glaubte, sie sei in einen Hinterhalt gelockt worden, und der eher zufällige Zusammenstoß am Boulevard des Capucines verwandelte sich in der Vorstellung des Volkes in ein bewußtes Massaker durch die Soldaten. Im Schein von Fackeln führte man die Leichen auf einem Wagen durch die Straßen, und die Sturmglocke rief zu den Waffen. Das Viertel Saint-Martin erhob sich, dann die Vorstadt Saint-Antoine und das Quartier Latin. Es gab keinen Plan, keine Organisation, und dennoch verwandelte sich der Aufruhr in eine Revolution.

Im Laufe des Abends hatte Molé wissen lassen, er verzichte darauf, die Regierung zu bilden. Thiers hingegen akzeptierte, stellte aber Bedingungen: Durchführung der Parlamentsreform und der Wahlreform sowie die Auflösung der Kammer. In der Nacht schickten Kommissare und Geheimagenten nach dem Eingeständnis Delesserts immer »erschreckendere« Berichte. Bugeaud wurde das Kommando über Paris übergeben – eine ungeschickte Maßnahme, denn für das Volk war er der verantwortliche Mann für das Massaker in der Rue Transnonain.

Am Morgen des 24. stießen die vom Generalstab eingesetzten Truppen auf zahlreiche Barrikaden. Alle Arrondissements mit Ausnahme des ersten hatten sich erhoben. Die Vertreter der Regierung, die die Bildung einer liberalen Regierung, Reformen und die Auflösung der Kammer verkündeten, stießen bei den Demonstranten nur auf Skepsis. Die Zugeständnisse waren zu lange hinausgezögert worden.

In den Tuilerien stellte man weiterhin Überlegungen an, als ob es sich nur um eine schlichte Parlamentskrise gehandelt hätte. Als man schließlich den Ernst der Lage zugeben mußte, folgte unmittelbar darauf der Zusammenbruch. Louis-Philippe versuchte die Truppen und die Nationalgarden der westlichen Stadtviertel anzufeuern, die sich um die Tuilerien gesammelt hatten, doch stieß er auch bei ihnen auf die Rufe: »Es lebe die Reform!« Die Idee der Abdankung drängte sich auf. Gealtert, ohne die Energie, die ihn am Anfang seiner Herrschaft bei den Erhebungen von 1832 oder 1834 belebt hatte, gelähmt von dem Gefühl, das er aus den Jahren 1789 und 1830 geerbt hatte, man könne nichts tun, wenn das Volk sich erhoben hat, und in der Sorge auch, kein Blut fließen zu lassen, verzichtete Louis-Philippe: »Ich lege diese Krone, die zu tragen die Stimme der Nation mich gerufen hat, zugunsten meines Enkels, des

Grafen von Paris, nieder. Möge ihm die große Aufgabe, die ihm heute
zufällt, gelingen.« Die Herzogin von Orléans, Mutter des Kindes, wurde
Regentin, während der König Richtung Saint-Cloud flüchtete. Von dort
aus erreichte er Honfleur und kurz darauf England.

IN RICHTUNG REPUBLIK

Am Ende des Vormittags war die Polizeipräfektur, die General de Saint-
Arnaud schlecht verteidigt hatte, gefallen, und wenig später das Rathaus.
Am Nachmittag besetzten mobile Kolonnen die Tuilerien. Von dort aus
wandten sich die Aufständischen der Abgeordnetenkammer zu.

In diesem Augenblick betrat die republikanische Partei die Bühne. Ihr
Programm am Abend des 23. Februars blieb gemäßigt. Ihr Anführer
Ledru-Rollin verlangte eine Generalamnestie und die Abschaffung des
Zensus. Louis Blanc fügte dem noch die Aufnahme des Volkes in die
Nationalgarde hinzu und das Verbot, Truppen einzusetzen, um Volksauf-
stände niederzuschlagen. In keiner Weise war die Krone in Frage gestellt.
Die republikanische Idee kam aus dem Volk, das wahrscheinlich von den
Führern der Geheimgesellschaften manipuliert worden war, Leuten wie
Caussidière und La Hodde. Die Abdankung Louis-Philippes machte
dank des dadurch geschaffenen Vakuums die Proklamation der Republik
möglich.

Die entscheidende Partie spielte sich in der Abgeordnetenkammer ab.
Die Herzogin von Orléans und ihr Sohn wurden von Dupin in den
Sitzungssaal geleitet; der Herzogin war bei ihrer Anfahrt von Demonstranten applaudiert worden, und sie wurde von den Abgeordneten herzlich empfangen. Noch war alles möglich. Die Sitzung begann mit einer
Rede Dupins, der geschickt die Regentschaft als vom Volke gewollt
darstellte. Doch Pierre Marie, der ihm nachfolgte, berief sich auf das
Gesetz von 1842, das die Regentschaft bereits dem Herzog von Nemours
übertragen hatte. Lediglich eine provisorische Regierung konnte nach
Marie die Unzufriedenheit des Volkes beenden. Schließlich erschien Odilon Barrot; er hatte Thiers als Ministerpräsident abgelöst. Seine Rede
geriet lang und weitschweifig, während die Dinge nach Eile verlangten. In
dem Augenblick, als ein legitimistischer Abgeordneter, La Rochejaque-

lein, ihm erwiderte, drängten Aufständische unter den Rufen »Keine Regentschaft! Keine Regierung! Die Republik!« in den Saal. »Die Mehrzahl dieser Neuankömmlinge gehörte den untersten Klassen an, mehrere waren bewaffnet«, notierte Tocqueville, der als guter Augenzeuge einen dramatischen Bericht über diese Invasion hinterlassen hat. Einzelne Abgeordnete machten sich aus dem Staub. An der Spitze der beiden Kolonnen von Eindringlingen befanden sich Offiziere der Nationalgarde mit Fahnen. »Die beiden Offiziere, die die Fahnen trugen und von denen der eine mit dem Aussehen eines Taugenichts Oberst Dumoulin war, steigen theatralischen Schrittes zur Rednertribüne«, wie Tocqueville weiter berichtet, »schwenken dort ihre Standarten und grölen hochaufgerichtet und mit großen melodramatischen Gesten irgendeinen revolutionären Sermon. Der Präsident erklärt die Sitzung für unterbrochen und will sich, dem Gebrauch gemäß, bedecken. Doch da er die Gabe hatte, inmitten der tragischsten Situationen das Lächerliche zu treffen, nimmt er in seiner Hast den Hut eines Sekretärs für den seinen und zieht ihn sich bis über die Augen.«

Nun bemächtigte sich Ledru-Rollin des Rednerpultes: »Ich verlange eine provisorische Regierung, die nicht von der Kammer, sondern vom Volk bestimmt ist, eine provisorische Regierung und die sofortige Einberufung eines Konvents, der die Rechte des Volkes regeln soll.« Danach ergriff Lamartine das Wort. Man hoffte, er werde zugunsten der Herzogin von Orléans sprechen, aber er entschied sich für die Lösung mit der provisorischen Regierung: »Erforderlich ist eine Regierung, die das Blutvergießen stoppt, die Franzosen versöhnen, den Bürgerkrieg vermeiden und die genügend Autorität auf das Volk ausüben kann, um der Vermittler zwischen dem Volk und der Macht zu werden; die schließlich das Land befragen kann, das selber sein Regime wählen wird.« Im gleichen Augenblick drängte ein neuer, noch heftigerer Strom von Aufständischen in den Saal. Präsident Sauzet ergriff zusammen mit dem Rest der konservativen Abgeordneten die Flucht. Der Herzogin von Orléans gelang es, durch eine kleine Tür zu entkommen und das Hôtel des Invalides zu erreichen. »Laßt uns den Platz der Gekauften einnehmen!« johlten die Neuankömmlinge.

Nachdem Dupont de l'Eure Sauzet als Sitzungspräsident abgelöst hatte, verlas Lamartine eine Liste, die die Leute vom »National« mitgebracht hatten. Sie enthielt die Namen der Mitglieder, die nach Meinung der Zeitung die provisorische Regierung bilden sollten. Per Akklamation von den Demonstranten gebilligt wurden die Namen Dupont de l'Eure, Arago, Lamartine, Ledru-Rollin, Garnier-Pagès, Marie und Crémieux. Die Beifallskundgebungen hatten Wahlfunktion. Dann begaben sich Demonstranten und neue Regierung zum Rathaus, dem einzigen Ort seit 1830, wo eine Regierung ihre Bestätigung durch das Volk erhalten konnte.

In Paris herrschte weiterhin Verwirrung, ein Beweis auch für den spontanen und anarchischen Charakter dieser Revolution, die sich so sehr von der im Jahr 1830 unterschied. Der Haß auf das Regime und nicht etwa eine präzise Forderung – beispielsweise die Republik als Staatsform – hatte die Demonstranten angetrieben. Die Plünderung der Tuilerien lieferte den besten Beweis dafür. Es gab keinerlei handlungsleitenden Rahmen; die republikanischen Führer vermittelten den Eindruck, daß sie der Bewegung nur folgten. Am Nachmittag dieses 24. Februar spielte jeder sein Spiel. Während in der Abgeordnetenkammer eine provisorische Regierung durch eine aufständische Menge die Akklamation erhielt, bemächtigte sich Étienne Arago, Bruder des Astronomen, zusammen mit anderen Aufständischen des Postgebäudes. In der Polizeipräfektur setzte sich Caussidière fest, ein ehemaliger Angestellter eines Seidenhauses in Saint-Étienne, der bei der Erhebung von Lyon im Jahr 1834 eine bedeutsame Rolle gespielt hatte. An der Spitze einer Privatarmee – den Montagnards, die sich aus ehemaligen politischen Häftlingen und arbeitslosen Arbeitern rekrutierte – verkörperte Caussidière eine Macht, mit der man rechnen mußte. Mit großem Geschick gab er an die Pariser eine Proklamation in Umlauf, wonach die politischen Häftlinge freigelassen werden sollten, während in den Gefängnissen »mit der besonders ehrenwerten Unterstützung durch die Nationalgarde die Häftlinge wegen Verbrechen und Delikten gegen die Personen und das Eigentum« weiterhin arretiert bleiben sollten, was zur Beruhigung der Bürger beitrug. Gleichzeitig empfahl Caussidière jedoch »dem Volk, auf keinen Fall seine Waffen, seine Stellungen oder seine revolutionäre Haltung aufzugeben«. Im Rathaus installierte Garnier-Pagès die Pariser Stadtverwaltung wieder, die seit der Revolution von 1789 verschwunden war. Damit entstand eine weitere Regierungsgewalt. Die Journalisten der Zeitung »*La Réforme*«, die fortschrittlichere Ideen entwickelten als die vom »*National*«, stellten schließlich ebenfalls eine Regierung auf die Beine, in der neben Louis Blanc und Armand Marrast ein Arbeiter, Albert, vertreten war.

Erst später, am Abend des 24. Februar, sah man etwas klarer. Die provisorische Regierung, die in der Abgeordnetenkammer proklamiert worden war, kam am späten Nachmittag ins Rathaus und wurde von Garnier-Pagès empfangen. Paris erkannte somit die Männer der neuen Regierung an. Doch gegen 8 Uhr abends verlangten die Leute von »*La Réforme*«, Louis Blanc, Flocon und Armand Marrast, ihre Aufnahme in die provisorische Regierung. Der Zusammenstoß wurde durch Garnier-Pagès vermieden: Man führte sie sowie den Arbeiter Albert als Sekretäre in die Regierung ein. Indessen strömten unaufhörlich weitere Aufständische in immer bedrohlicherer Form herbei. Die Regierung mußte zunächst an allen vier Ecken des Rathauses überreizte Aufständische durch Ansprachen beruhigen. Gegen Mitternacht wurde schließlich eine Proklamation angenommen: »Die provisorische Regierung will die Republik, vorbehaltlich der Bestätigung durch das Volk, das unverzüglich befragt werden wird.« In aller Eile kopierte man diesen Text, verteilte ihn unter die Menge und ließ ihn in die Druckerei des »*Moniteur*« bringen. »Dies war eine Zeit«, bemerkte Tocqueville, »in der alle Vorstellungen in den dicken Farben aufgetragen waren, die Lamartine soeben über seine ›Girondisten‹ ausgegossen hatte. In allen Gemütern waren die Männer der ersten Revolution lebendig, ihre Taten und ihre Worte in allen Gedächtnissen präsent. Alles, was ich an diesem Tage zu sehen bekam, trug das sichtbare Gepräge dieser Erinnerungen; mir schien es stets so, daß man mehr noch damit beschäftigt war, die Französische Revolution zu spielen, als sie fortzusetzen.«

Wie im Jahre 1792 geschah es allein durch den Willen des Volkes von Paris, daß Frankreich den Weg zur Republik betrat.

KAPITEL XIX

Das Scheitern der Republik

Innerhalb von vierundzwanzig Stunden hatte sich Frankreich unter Tumulten von der Monarchie gelöst und wandte sich der Republik zu. Ein weiteres Mal drückte Paris der Provinz seinen Willen auf. Aber im Gegensatz zu den früheren Revolutionen und mehr noch als 1830 bestimmte die Arbeiterfrage den Gang der Dinge. Sie verdrängte die Auseinandersetzung zwischen einer gemäßigten Mehrheit, die nur nach einer politischen Demokratie strebte und rasche Wahlen wünschte, um nach dem Sturz des Königtums die Rückkehr zur Legalität zu ermöglichen, und einer Minderheit, die eine demokratische *und* soziale Demokratie wollte und den Aufschub der Wahlen verlangte. Den Hintergrund bildete das Elend der Arbeitswelt, das durch das Fortbestehen der Wirtschaftskrise verschärft wurde. Auch in der Republik starb man noch an Hunger.

DIE ARBEITERFRAGE

Auf die Proklamation der Republik folgten zwei Monate eines romantischen Zwischenspiels. Niemand hat diese Atmosphäre besser wiedergegeben als Gustave Flaubert in der »*Éducation Sentimentale*«. Man erlebte eine außergewöhnliche Blütezeit oft nur kurzfristig erscheinender Zeitungen und ein Aufblühen von Klubs wie der *Société républicaine centrale* (Zentrale republikanische Gesellschaft) von Blanqui, den *Amis du Peuple* (Volksfreunde) von Raspail oder dem *Club de la Révolution* (Revolutionsklub) von Barbès. Dort wurden die großherzigsten oder utopischsten Ideen zusammengebraut, dort sprach man über Volksdiktatur und die Befreiung Europas und diskutierte die Fragen der sozialen Gerechtig-

keit und des universellen Friedens. Kleine und mittlere Bürger verbrüder-
ten sich mit den Arbeitern, und George Sand rief aus: »Oh Volk, du wirst
herrschen; herrsche brüderlich.« Man sang:

> »Hut ab vor der Mütze,
> Auf die Knie vor dem Arbeiter.«

Fischer stellte einen Arbeiter dar, der sein Brot mit einem Studenten vor
dem Hintergrund von Barrikaden teilte. Dieser Kult des Arbeiters wurde
dadurch noch gesteigert, daß man die erste Revolution, jene von 1792,
heraufbeschwor. Weil man nun in der Republik lebte, sah sich jeder
Volkstribun als Inkarnation Dantons oder Robespierres wie Ledru-Rollin
und Blanqui oder als Inkarnation der Girondisten, deren Ströme an
Beredsamkeit Lamartine wiederbelebte. Das Wort »Montagnard« erstand
wieder.

Marx machte sich in seinem Werk »Der achtzehnte Brumaire des
Louis Bonaparte« über diesen Rückfall in die Vergangenheit lustig: »Hegel bemerkt irgendwo, daß alle großen weltgeschichtlichen Tatsachen und
Prozesse sich sozusagen zweimal ereignen. Er hat vergessen hinzuzufügen: das eine Mal als Tragödie, das andere Mal als Farce. Caussidière für
Danton, Louis Blanc für Robespierre, die Montagne von 1848–1851 für
die Montagne von 1793–1795, der Neffe für den Onkel...«

Die ersten Regierungshandlungen spiegeln diese humanitären und
egalitären Bestrebungen wieder: Abschaffung der Todesstrafe für politische Delikte am 25. Februar; am 1. März Verkündung des allgemeinen
Wahlrechts; am 27. April die Abschaffung der Sklaverei; Pressefreiheit
und Abschaffung des Schuldgefängnisses. Am Abend des 25. April hatte
Lamartine mit großer lyrischer Bewegung die rote Fahne, Symbol des
Bürgerkriegs, zugunsten der Trikolore zurückweisen lassen, »die mit dem
Namen, dem Ruhm und der Freiheit des Vaterlandes um die Welt gegangen ist.«

Über diesem Enthusiasmus dürfen die doch hie und da auftretenden
gewalttätigen Ausschreitungen der Arbeiterschaft nicht vergessen werden, die der Februarrevolution folgten: Ausweisung ausländischer Arbeiter, Maschinenstürmerei, Proteste gegen die Arbeit der Klöster, die eine
Konkurrenz zur Heimarbeit schufen... Der Textilbereich, den die Einführung moderner Maschinen besonders hart traf, war die am meisten
erschütterte Branche. In der Champagne, im Norden, in der Normandie

und im Südosten heizte eine stellungslose Arbeiterschaft die Unruhen
weiter an.

Am 28. Februar war Louis Blanc, der innerhalb der provisorischen
Regierung die Forderungen der Arbeiter besonders engagiert vertrat, die
Schaffung der Luxembourg-Kommission gelungen, einer Art Arbeiter-
parlament, das man in der ehemaligen Pairskammer eingerichtet hatte. Sie
erreichte am 2. März bei der Regierung ein Dekret, das die Arbeitszeit um
eine Stunde herabsetzte. Sie diente auch als Schiedsrichter bei mehreren
Konflikten zwischen Arbeitgebern und Lohnempfängern. Diese Kommission setzte als neue Idee die Intervention der Behörden bei sozialen
Konflikten durch. Émile Ollivier ahmte dieses Beispiel nach und richtete
in Marseille eine beratende Arbeitskommission ein. Kommissionen dieser
Art formierten sich auch in Anzin und Le Creusot mit der Aufgabe, die
Lohn- und Arbeitszeitprobleme zu schlichten. Als weitere Folge regten
die Initiativen der Luxembourg-Kommission die Arbeiter dazu an, Be-
rufsgruppen zu bilden: Die Hutmacher, die Steinmetzen, die Heizer der
Gaswerke, die Gießer in Paris, die Bandmacher in Saint-Étienne und die
Drucker in Marseille organisierten Widerstands- und Hilfsgesellschaften
auf Gegenseitigkeit, die als Vorläufer der Gewerkschaften zu betrachten
sind.

Die lyrischen Reden und Verbrüderungskundgebungen zwischen
Bürgern und Arbeitern verdeckten jedoch eine besorgniserregende Wirt-
schaftslage. Das Kapital war geflüchtet; die Banken schlossen ihre Schal-
ter, die Wirtschaftstätigkeit der Unternehmen verlangsamte sich, oder sie
machten Bankrott. Im Kampf gegen die Arbeitslosigkeit wurden am
26. Februar Nationalwerkstätten eingerichtet, die beschäftigungslose Arbeiter für 2 Francs pro Tag einstellten: Auf diese Weise wollte man 10 000
Arbeiter beschäftigen. Dieses Vorhaben basierte auf den früheren wohltä-
tigen Werkstätten, doch waren die Nationalwerkstätten als dauerhafte
Staatsbetriebe gedacht. In Paris bestanden ihre hauptsächlichsten Aufgaben darin, die Boulevards frei zu machen, die noch von den Resten der
Barrikaden versperrt waren, die Schiffahrt auf der Oise zu verbessern und
die Eisenbahntrasse von Clamart vorzubereiten.

Am 3. März gab ein junger Ingenieur, Émile Thomas, Absolvent der
Zentralhochschule, den Werkstätten eine militärische Organisation. Die
Basis bildeten Rotten von zehn Männern, die ihren Anführer wählten.
Fünf Rotten bildeten eine Brigade, die gleichfalls einen Chef wählte. Vier

Brigaden bildeten eine Leutnantschaft, vier Leutnantschaften eine Kompanie und drei Kompanien einen Dienst. Bereits am 15. März hatten sie 14000 Arbeiter eingestellt.

Dennoch nahm man seit März in den Arbeitermilieus eine gewisse Apathie wahr. Die Begeisterung war rasch verflogen. Wenn man auch in der Bourgeoisie den Arbeiter noch grüßte und sich zu dem Motto bekannte: »Das Volk ist alles«, oder sich »Arbeiter Notar« oder »Arbeiter Schriftsteller« titulierte, die »echten« Arbeiter profitierten nicht von den Freiheiten und Vorteilen, die ihnen eine Position der Stärke verschaffte. Unter den 1423 Zeitungen, die in der Zweiten Republik gegründet wurden, ließen sich praktisch keine Arbeiterzeitungen mit Ausnahme des *»Réveil du peuple«* (»Das Volkserwachen«) und des *»Journal des travailleurs«* (»Arbeiterzeitung«) ausfindig machen. Die Klubs leerten sich rasch. Die absehbare Enthaltung der Arbeiter bei den kommenden Wahlen beunruhigte die fortschrittlichsten Republikaner. In einer Petition zugunsten eines Aufschubs der Volksbefragung bemerkten die Autoren, daß in Paris nur »eine sehr kleine Zahl von Arbeitern in die Wählerlisten eingetragen ist. Die Urnen würden also nur die Stimmen der Bourgeoisie sammeln. In den Städten würde die Arbeiterklasse, die durch lange Jahre der Bedrückung und des Elends in ihr Joch gezwungen worden ist, keinerlei Anteil an der Abstimmung nehmen, oder aber sie würde durch die Herren wie blindes Vieh hingeführt werden.«

Vor allem die Bauernschaft rührte sich kaum. 1847 hatte es zwar einige Bauernunruhen gegeben, wie in Buzençais (Berry), aber alles war schnell zusammengebrochen. Die große Masse wartete auf die Wahl des Präsidenten der Republik am 10. Dezember 1848, um ihrer Stimmung Ausdruck zu geben – und diese Stimmung tendierte nicht in Richtung der Republikaner. Karl Marx führte an einer berühmten Stelle in den »Klassenkämpfen in Frankreich 1848–1850« darüber Klage: »Die Landbevölkerung, über zwei Drittteile der französischen Gesamtbevölkerung, besteht größtenteils aus sogenannten freien *Grundeigentümern.* Die erste Generation, durch die Revolution von 1789 unentgeltlich von den Feudallasten befreit, hatte keinen Preis für die Erde gezahlt. Aber die folgenden Generationen zahlten unter der Gestalt des *Bodenpreises,* was ihre halbleibeigenen Vorfahren unter der Form der Rente, der Zehnten, der Frondienste usw. gezahlt hatten. Je mehr einerseits die Bevölkerung wuchs, je mehr andererseits die Teilung der Erde stieg – um so teurer wurde der

Preis der Parzelle, denn mit ihrer Kleinheit nahm der Umfang der Nachfrage für sie zu. In dem Verhältnis aber, worin der Preis stieg, den der Bauer für die Parzelle zahlte, sei es, daß er sie direkt kaufte oder daß er sie sich von seinen Miterben als Kapital anrechnen ließ, in demselben Verhältnisse stieg notwendig die *Verschuldung des Bauern*, das heißt die *Hypothek* ... So kam es, daß der französische Bauer unter der Form von *Zinsen* für die auf der Erde haftenden *Hypotheken*, unter der Form von Zinsen für *nicht verhypothezierte Vorschüsse des Wuchers*, nicht nur eine Grundrente, nicht nur den industriellen Profit, mit einem Wort nicht nur den *ganzen Reingewinn* an den Kapitalisten abtritt, sondern selbst *einen Teil des Arbeitslohnes*, daß er also auf die Stufe des *irischen Pächters* herabsank – und alles unter dem Vorwande, *Privateigentümer* zu sein.«

Doch gerade der Bauer war im Gegensatz zum Proletariat der Städte ein Grundbesitzer, den die Angst vor den »Teilern«, gemeint waren die Sozialisten, quälte. Überdies machte ihn seine Verschuldung für die Pressionen der Notabeln anfällig. Seine Unzufriedenheit gegenüber der Republik wuchs noch an, als Garnier-Pagès die direkte Steuer auf 45 Centimes pro Franc erhöhte. Die Steuer der 45 Centimes kam bei den Bauern schlecht an, denn sie waren konservativ.

Festzuhalten ist auch das Fehlen einer antireligiösen Reaktion im Gegensatz zu 1830. Die Arbeit eines Lamennais oder eines Montalembert trug ihre Früchte, die Kirche befand sich dieses Mal auf der richtigen Seite der Barrikade.

DIE POLITISCHEN PROBLEME

In den Auseinandersetzungen mit den wirtschaftlichen und finanziellen Schwierigkeiten rieb sich die provisorische Regierung nach und nach auf, da sie unfähig war, die Ordnung aufrechtzuerhalten, zumal sie nicht auf die Nationalgarde und auf Caussidière in der Polizeipräfektur zählen konnte. Darüber hinaus litt sie unter den Pressionen der Klubs und der Flüchtlinge, die sie zu einer Politik der Intervention in Deutschland und Italien verpflichten wollten; sie wurden ebenfalls von Revolutionen erschüttert, die die alten Dynastien zerbrechen ließen.

Es wurde dringend Zeit, zur Legalität zurückzukehren, indem man

Wahlen zu einer Verfassunggebenden Nationalversammlung organisierte, die Frankreich zu einem neuen Regierungssystem verhelfen sollten. Der Termin wurde auf den 9. April gelegt. Die Extremisten wollten die Regierung einschüchtern und das Datum der Wahlen verschieben. Dies war der Anlaß für die Demonstration vom 17. März, die von Blanqui geleitet wurde. Dieser Anhänger der permanenten Revolution, der außer einer an Rousseau orientierten Vorstellung einer direkten Regierung durch das Volk über keinerlei genau definiertes Programm verfügte, profitierte von einer Kundgebung der Fellmützen in der Nationalgarde. Sie protestierten am 16. März gegen die Auflösung ihrer Elitekompanien und organisierten am 17. März eine Gegenkundgebung. Doch akzeptierte die Regierung lediglich einen Aufschub der Wahlen vom 9. auf den 23. April. Immerhin ließ sich daraus der Schluß ableiten, daß die Macht der Straße gehörte.

Die revolutionäre Gefahr zeichnete sich immer mehr ab, je näher das Datum der Wahlen rückte. Louis Blanc vertrat die Ansicht, sein sozialistisches Programm könne sich nur realisieren lassen, wenn es mit Gewalt durchgesetzt werde. Am 15. April drohte das »*Bulletin de la République*«: »Wenn die Republikaner die soziale Revolution nicht zum Triumph führen werden, wird die Republik verloren sein.« Und es fügte hinzu: »Es gäbe dann nur einen Weg des Heils für das Volk, das schon einmal Barrikaden errichtet hat, und der hieße, daß es ein zweites Mal seinen Willen ausdrückt.«

Die Regierung – in ihrer Mehrheit gemäßigter – reagierte auf diese Worte hart und brutal und verwarf die Vorschläge Louis Blancs. Der konnte danach nur noch zur Tat schreiten. Die Regierung überholte ihn dabei: Als Blanc und Blanqui einen riesigen Demonstrationszug organisierten, um im Rathaus eine Petition zugunsten einer demokratischen Republik und für die Abschaffung der Ausbeutung des Menschen durch den Menschen einzureichen, wurde der Zug von der Nationalgarde geteilt und umzingelt, während sie dabei rief: »Nieder mit den Kommunisten!« Dieser Mißerfolg Louis Blancs hatte weitreichende Folgen. Die Kundgebung wurde als ein Angriff gegen die provisorische Regierung bewertet, die es für notwendig erachtete, ihre Reihen gegen die Luxembourg-Kommission fester zu schließen. Am 20. April ließ sie, begünstigt durch das Fest der Brüderlichkeit, Truppen nach Paris einmarschieren, nachdem sich die Armee ohne Schwierigkeiten dem neuen Regime angeschlossen hatte.

Drei Tage später fanden die Wahlen zur Verfassunggebenden Nationalversammlung statt. Sie wurden nach dem Listenverfahren mit den
Departements als Wahlbezirken durchgeführt. Die Wahl erfolgte am
Hauptort des Departements, wo Gemeinde für Gemeinde abstimmte,
wobei die Wähler in geschlossenem Zug erschienen, angeführt von Bürgermeister und Pfarrer. Der Anteil der Abstimmenden war mit 84 Prozent
ungewöhnlich hoch. Außer in Limoges und Rouen, in Nîmes und Nantes
gab es wenig Unruhen bei der Verkündung der Ergebnisse.

Diese Wahlen sicherten den Sieg der provisorischen Regierung und
der Partei des »National«, die zwei Drittel der Sitze errangen. Lamartine
wurde in zehn Departements mit enormen Mehrheiten gewählt. Bei insgesamt 900 Parlamentssitzen kam die royalistische Rechte nur auf etwa
200 Abgeordnete, darunter Legitimisten wie Berryer und Falloux, Katholiken wie Montalembert und Lacordaire und eine Handvoll Orleanisten
wie Barrot, Dufaure, Rémusat, Duvergier de Hauranne... Thiers wurde
erst im Juni bei einer Nachwahl gewählt. Auf der Linken kamen die
Sozialisten, wie befürchtet, nur auf etwa hundert Abgeordnete. Lediglich
Barbès wurde gewählt, dagegen erreichten weder Raspail noch Blanqui
eine ausreichende Stimmenzahl. In der Nationalversammlung dominierte
also trotz des allgemeinen Wahlrechts das Bürgertum: 450 Vertreter der
freien Berufe, 170 Grundbesitzer, 120 Kaufleute und Fabrikanten. Es gab
nur sechs Werkmeister und 18 Arbeiter.

So kehrte man endlich wieder zur Legalität zurück. Am 5. Mai 1848
wurde beschlossen, die Regierung solle einer »Kommission für die Exekutivgewalt« übertragen werden, die aus fünf von der Nationalversammlung gewählten Mitgliedern bestand: François Arago erhielt 725 Stimmen,
Garnier-Pagès 715, Marie 702, Lamartine 648 und Alexandre Ledru-
Rollin 458. Arago wurde Präsident der Kommission, die im Palais Luxembourg tagte. Kurz darauf, am 11. Mai, wurden die Minister bestimmt.
Crémieux erhielt das Justizministerium, Jules Bastide das Außenministerium, Hippolyte Carnot das öffentliche Bildungswesen, Ferdinand Flocon das Ministerium für Landwirtschaft und Handel, Duclerc die Finanzen, Trélat die öffentlichen Bauten und Charras vorübergehend das
Kriegsministerium: Sie alle waren gemäßigt und ohne großes Format.
Armand Marrast wurde Bürgermeister von Paris, und Marc Caussidière
behielt die Polizeipräfektur.

Gegen die Nationalversammlung und die neue Regierung organisierten die Verlierer vom April (Blanqui und die Agitatoren Sobrier und Huber) eine Kundgebung; als Vorwand diente das schlimme Schicksal Polens unter der russischen Knute. Am 15. Mai drang der Zug, der den Ordnungsdienst überrollte, in das Palais Bourbon ein. Obwohl selbst nicht Abgeordneter, stieg Blanqui auf die Rednertribüne, um dort das Elend der Arbeiter darzulegen, und Barbès forderte eine Steuer von einer Milliarde Francs auf die Reichen.

Bald wurde der Ton heftiger. Huber ergriff das Wort und erklärte selbstherrlich die Auflösung der Nationalversammlung: »Im Namen des Volkes, das durch seine Vertreter getäuscht wurde, wird die Nationalversammlung aufgelöst.« Unter den Beifallskundgebungen der Demonstranten wurde eine neue Regierung mit Louis Blanc, Barbès, Blanqui, Raspail, Albert, Sobrier, Huber, Pierre Leroux, Ledru-Rollin und Flocon gebildet. Die »Roten« hielten die Partie für gewonnen. Die Menge verließ die Nationalversammlung, die als aufgelöst angesehen wurde, und begab sich zum Rathaus, wo die neue Regierung ihre Bestätigung erhalten sollte. Barbès und Albert schritten an der Spitze des Zuges. Doch Lamartine reagierte mit Unterstützung Ledru-Rollins. Er sammelte Truppen und marschierte auf das Rathaus zu: Barbès und Albert wurden dort festgenommen, während die Nationalgarde die Situation wieder unter ihre Kontrolle bekam.

In der Nationalversammlung, die weiterhin tagte, erklärte Garnier-Pagès, »eine ehrbare Republik« zu wollen. Vom Rathaus zurückgekehrt, verkündete Lamartine den Sieg der legal eingesetzten Regierung: »Der Aufstand ist in seinem Keim erstickt worden. Die Männer, die aus dieser Kammer entkommen sind, um zum Rathaus zu ziehen, sind entwaffnet und verhaftet worden. Das ganze Volk hat sich erhoben, um der Nationalversammlung die Souveränität zurückzugeben, die ihr für einen Augenblick aus den Händen geglitten ist.« Das war nicht ganz falsch. Man weiß inzwischen, daß die Arbeiter, die sich zu der Kundgebung mitreißen ließen und in großer Zahl aus den Nationalwerkstätten kamen, im guten Glauben zugunsten Polens demonstrierten. Der Versuch eines Staatsstreichs war das Werk der revolutionären Klubs, die versuchten, für die Wahlen Revanche zu nehmen. Verhaftet und in der Folge vor das Obergericht von Bourges gestellt wurden Barbès, Blanqui, Raspail, Albert, Sobrier und andere. Louis Blanc flüchtete, ebenso Caussidière, der sich für einen Polizeipräfekt merkwürdig passiv verhalten hatte. General

Courtois, der für die Sicherheit im Palais Bourbon zuständig war, wurde abgesetzt. Am 16. Mai hob man die Luxembourg-Kommission auf und schloß mehrere Klubs. Am folgenden Tag erhielt General Cavaignac seine Ernennung zum Kriegsminister. Als Sohn eines Konventsabgeordneten verdankte er seinen Aufstieg der Erinnerung an seinen Bruder, den republikanischen Journalisten Godefroy Cavaignac.

»Die verrückte Affäre vom 15. Mai«, wie sie George Sand bezeichnete, wurde vor allem in der Provinz als Attentat gegen die nationale Souveränität empfunden. Es erschien so, als habe ein Teil der Pariser Bevölkerung ein weiteres Mal versucht, seinen Willen gegen den Wunsch der Nation durchzusetzen. Die Nationalversammlung selber löste sich von den sozialistischen Theorien, die im April noch so in Mode waren. Sie beschloß auch, das kostspielige Experiment der Nationalwerkstätten Louis Blancs zu beenden, der in den Gewaltstreich vom 15. Mai verwickelt war.

DIE JUNITAGE

Die Nationalwerkstätten hatten eine wachsende Zahl von Arbeitern angezogen. Man zählte am

15. März	14 000
31. März	28 500
15. April	64 870
30. April	99 400
15. Mai	113 000
31. Mai	116 000
15. Juni	117 000 Arbeiter.

Die Wirtschaftskrise war mit der Euphorie des Achtundvierziger-Festes noch immer nicht überwunden. Im Gegenteil, es soll sogar noch zu ihrer Verschärfung beigetragen haben. Man hatte zunächst nur mit 10 000 Arbeitern gerechnet. Nun aber drängte sich eine mehr oder weniger nutzlose Armee von 100 000 Arbeitssuchenden in der Hauptstadt. Eine parlamentarische Kommission legte ihre Schlußfolgerungen am 23. Juni vor. In ihren großen Zügen kannte man sie bereits: Es galt, die Werkstätten innerhalb von drei Tagen aufzulösen und zur alten Lösung der Hilfe für die Bedürftigen zurückzukehren. Man schlug den Arbeitern vor, sich in der Armee zu verpflichten oder die Region des Landes in Südwestfrankreich trockenzulegen. Am 22. Juni erklärte Pierre Thomas Marie, als er Delegierte der Arbeiter empfing, er sei zur Gewaltanwendung bereit, um sie in die Provinz zurückzubringen.

Anscheinend unterschätzte die Regierung die Reaktion der Arbeiter. Bereits am 22. Juni hatten Ansammlungen die Nervosität der Arbeiterschaft aufgezeigt. Am 23. Juni brach der Aufstand um die Mittagszeit los und dauerte bis zum 26. Juni 11 Uhr. Ein Zug, der von der Bastille ausging, marschierte die Boulevards entlang bis zur Porte Saint-Denis. Dort errichtete er eine Barrikade, nachdem er gestoppt worden war. Die Erhebung griff auf den Osten der Hauptstadt über; dabei wurden Rufe laut, wie »Brot oder Blei! Blei oder Arbeit!« Man schrie auch: »Es lebe die demokratische und soziale Republik!« Mit der Zeit rottete sich eine Menge zusammen, die auf 50000 Aufständische geschätzt wurde; ihnen fehlten allerdings die Anführer. Der Aufruhr schien spontan zu sein, an seinem Ursprung stand die Verzweiflung.

Die »Kommission für die Exekutivgewalt« beauftragte ihren Kriegsminister Cavaignac, die Erhebung niederzuschlagen. Er konnte auf einen Teil der Nationalgarde zählen, das heißt auf 23000 Soldaten und 12000 Mobilgarden, die unter dem Befehl von Bedeau und Lamoricière standen. Die Taktik Cavaignacs war einfach: Er wollte verhindern, daß sich seine Truppen in begrenzten Kämpfen ermüdeten und zerstreuten – ein Fehler, den Marmont im Juli 1830 begangen hatte. Statt dessen wollte er den Aufstand sich ausbreiten lassen, um ihn dann besser zerschlagen zu können. Der Vorteil dieser Taktik war, daß sie es Cavaignac erlaubte, Verstärkung durch Nationalgarden zu erhalten, die aus fast allen Departements gekommen waren. Nur das Departement Bouches-du-Rhône schickte niemand, weil in Marseille ein Aufruhr tobte.

Zu Beginn des Aufruhrs war in der Tat nichts entschieden. Tocqueville hält in seinen Erinnerungen fest: »Es war leicht festzustellen, daß man es mit der allgemeinsten Erhebung zu tun hatte, der bestbewaffneten und der wütendsten, die man jemals in Paris erlebt hatte. Die Nationalwerkstätten und mehrere revolutionäre Banden, die man gerade entlassen hatte, lieferten ihr bereits disziplingeübte und kriegstüchtige Soldaten sowie Anführer. Sie dehnte sich mit jedem Augenblick noch weiter aus, und es war schwer zu glauben, daß sie schließlich nicht siegreich sein könnte, wenn man sich daran erinnert, daß alle großen Erhebungen, die seit sechzig Jahren stattgefunden hatten, am Ende triumphiert hatten.« Es handelte sich um einen Klassen-, ja Sklavenkrieg, denn dieses Mal ging es um den Zusammenstoß zwischen der Bourgeoisie und der Arbeiterklasse. Ein neuer Konflikt, der die alte Rivalität Adel–Bürgertum abgelöst hatte, brach ans Tageslicht. »Dennoch triumphierten wir über diese so schreckliche Erhebung«, fügte Tocqueville hinzu. »Mehr noch, was sie schrecklich machte, war genau das, was uns rettete, und nie kann man dieses berühmte Wort des Prinzen Condé aus den Religionskriegen besser anwenden: ›Wir wären untergegangen, wenn wir nicht so nahe am Untergang gewesen wären.‹ Wenn die Revolte einen weniger radikalen Charakter und ein weniger furchterregendes Aussehen gehabt hätte, wären die meisten Bürger wahrscheinlich in ihren Häusern geblieben, Frankreich wäre uns nicht zu Hilfe geeilt, die Nationalversammlung selber hätte vielleicht nachgegeben. Doch die Erhebung war von solcher Natur, daß jegliches Einlenken mit ihr auf der Stelle unmöglich erschien und daß sie vom ersten Moment an keine andere Alternative ließ, als sie zu besiegen oder unterzugehen.«

Am 23. Juni wurde das Rathaus befreit; am 24. Juni wurden die Vorstädte Poissonnière und Saint-Denis sowie das Panthéon zurückerobert und einen Tag später die Vorstadt Saint-Marcel genommen. Im Gegensatz zu Monarchen wie Karl X. oder Louis-Philippe zögerte die Republik nicht, auf das Volk schießen zu lassen. Nach gräßlichen Straßenkämpfen und von der Überzahl erdrückt, mußten die Arbeiter am 26. Juni kapitulieren. Die Bilanz war schrecklich: auf der einen Seite 4000 getötete oder verwundete Aufständische, auf der anderen Seite sechs Generäle, darunter Bréa – der von den Aufständischen erschossen wurde –, und 1600 Mann getötet. Als der Erzbischof von Paris bei der Bastille zwischen die Fronten treten wollte, erhielt er eine Kugel in die Nieren. Ein Augenzeuge erzählte, wie der Sand durch das Blut in Schlamm verwandelt wurde: Das war der Bürgerkrieg in seiner ganzen Schrecklichkeit.

Dieser Aufstand reichte über das Problem der Nationalwerkstätten hinaus, denn unter den Aufständischen befanden sich nur etwa ein Sechstel der Arbeiter aus diesen Werkstätten. Der Aufruhr rekrutierte sich hauptsächlich unter den Arbeitern der Eisenbahn oder der Privatindustrie. Es war eine Meuterei aus dem Elend heraus (»Man sieht, daß Sie nie Hunger gehabt haben!« schleuderte ein Aufständischer François

Arago entgegen), aber auch aus der Enttäuschung über die Unfähigkeit
der Republik, die soziale Frage zu lösen. Dieses Mal wollte sich die
Arbeiterbevölkerung der Hauptstadt die Revolution nicht von anderen
entreißen lassen. 1830 gab es noch wenig Arbeiter, die über genaue politische oder soziale Vorstellungen verfügten. Nach den Februartagen von
1848 hatte sich das geändert. Zu viele Ehrungen waren damals der Welt
der Arbeit entgegengebracht worden. Martin Nadaud, ein Maurer, der aus
dem Departement Creuse nach Paris gekommen war, bemerkte:
»Diejenigen unter den Arbeitern, die nie einen Gedanken an ihre Freiheiten und ihre Rechte verschwendet hatten, zeigten plötzlich ein An-
spruchsdenken, das keine Maßnahme der provisorischen Regierung zufriedenstellen konnte.«

Die weitere Unterdrückung der Unruhen wurde General Cavaignac
anvertraut, der dafür weitgehende Vollmachten erhielt. Die Bilanz war
schrecklich: 11 000 Festnahmen und 4300 Deportationen nach Algerien.
Diese Strenge entsprach der Angst vor einer spontanen Erhebung, die den
gängigen Normen zu entgleiten drohte. Wie hieß es doch in der »*Éducation sentimentale*«: »Man rächte sich zugleich an den Zeitungen, den
Klubs, den Versammlungen, den Doktrinen, kurz an allem, was einen seit
drei Monaten aufbrachte; und, dem Siege zum Trotz, tat sich die Gleichheit triumphierend kund (wie zur Züchtigung ihrer Verteidiger und zur
Verspottung ihrer Gegner), eine Gleichheit von rohen Tieren, ein gleiches
Niveau blutiger Schändlichkeiten; denn der Fanatismus der Interessen
glich die Wahnvorstellungen der Bedürftigkeit aus, die Aristokratie bekam die gleichen Wutanfälle wie das Lumpenproletariat, und die Woll-
mütze zeigte sich nicht weniger gehässig als die rote Mütze. Die öffentliche Vernunft war verwirrt wie nach großen Naturkatastrophen. Leute
von Verstand blieben davon ihr ganzes Leben wie Idioten.« Die Nationalgarden, die auf den Ruf zu den Waffen nicht reagiert hatten, wurden
entwaffnet. Am 9. und 11. Juli wurden Dekrete gegen die Presse erlassen
und die Verwaltungen, darunter die Polizeipräfektur, gesäubert. Der Arbeitstag wurde von zehn auf elf Stunden verlängert.

Am 28. Juni gab Cavaignac seine Vollmachten der Nationalversammlung zurück. Die »Kommission für die Exekutivgewalt« wurde daraufhin
offiziell abgelöst, allerdings aus alter republikanischer Tradition des Miß-
trauens gegenüber der Diktatur auch nicht durch eine kollektive Regierung, sondern durch einen Ministerpräsidenten. Ihn setzten die Abgeord-

neten ein; er wählte seine Minister und war der Nationalversammlung verantwortlich. Dieses Amt erhielt General Louis-Eugène Cavaignac.

DIE VERFASSUNG

Die Nationalversammlung sollte Frankreich eine Verfassung geben. In ihren Anfängen spielte sich die Diskussion in größter Verwirrung ab. Ein Journalist hielt fest: »Die Beratungen der Nationalversammlung bieten weiterhin das seltsamste und, wie wir wohl zu sagen verpflichtet sind, das mühsamste Schauspiel. Man kann sich keine Vorstellung von der Konfusion machen, die heute in einer Debatte herrschte, bei der man indessen doch ein wenig Ordnung und Regelmäßigkeit hätte finden müssen. Im Namen des Himmels, man möge sich beeilen, eine Geschäftsordnung zu beschließen!«

Während Cavaignac eine homogene Regierung aus gemäßigten Republikanern bildete (Goudchaux für die Finanzen; Marie für das Justizwesen; der ehemalige Generalstaatsanwalt von Rouen, der im April eine Erhebung hart unterdrückt hatte, als Innenminister; im Kriegsministerium Lamoricière usw.), machten sich die Parlamentarier an die Arbeit. Zu den Vätern des Verfassungswerks zählten Cormenin, Armand Marrast, Odilon Barrot, Dupin und Alexis de Tocqueville. Die republikanische Staatsform wurde beibehalten, doch schwebte den Abgeordneten eine demokratische und keine soziale Republik vor. Die Begriffe Freiheit und Eigentum galten als wesentlich. Die Debatten wurden sorgfältig organisiert. Ein Abgeordneter machte die Bemerkung, man lehne im Verfassungstext jeglichen Eroberungskrieg ab: Sollte man unter diesen Bedingungen nicht Algerien seine Unabhängigkeit zurückgeben? Als Antwort erhielt er, daß Algerien seit langem französisch sei. Besonders lebhaft wurde die Debatte über das Recht auf Arbeit geführt. Tocqueville widersetzte sich diesem Recht mit der Behauptung, dies wäre »der Kommunismus«, eine »neue Form der Knechtschaft«. Victor Hugo schlug die Abschaffung der Todesstrafe vor. Man folgte ihm nur für den »politischen Bereich«. Die Änderungsanträge, die die Trennung von Kirche und Staat verlangten, wurden zurückgewiesen. Man diskutierte über die Wahl des Präsidenten der Republik durch eine allgemeine Volkswahl. Jules Grévy äußerte darüber Besorgnis, doch Lamartine (der gewählt zu werden hoffte) verließ sich auf die Vorsehung. Die alte Debatte über das Zweikammersystem setzte von neuem ein. Lamartine erinnerte daran, daß eine zweite Kammer ihre Daseinsberechtigung in England habe, wo ein Adel existierte, oder in den Vereinigten Staaten, einem Land des Föderalismus, nicht aber in Frankreich.

Der Verfassungstext vom 4. November 1848 schuf eine demokratische, einheitliche und unteilbare Republik, mit den Prinzipien von Freiheit, Gleichheit und Brüderlichkeit. Ihre Bürgerrechte betrafen unter anderem die Lehrfreiheit und die Freiheit der Arbeit sowie die Unverletzlichkeit des Eigentums, außer in Fällen des öffentlichen Nutzens. Die gesetzgebende Gewalt kam einer einzigen Kammer von 750 Abgeordneten zu, die für drei Jahre nach allgemeinem Wahlrecht gewählt wurden. Das Volk delegierte »die Exekutivgewalt an einen Bürger, der den Titel Präsident der Republik erhält«. Dieser wurde für vier Jahre durch allgemeine Volkswahl gewählt, war aber nicht erneut wählbar. Seine Minister bestimmte er ohne parlamentarische Kontrolle.

Die Gewaltentrennung war streng: Der Präsident konnte die Nationalversammlung nicht auflösen, diese konnte ihn nicht stürzen. Das Verfahren einer Verfassungsänderung schließlich machte es erforderlich, daß der geänderte Text von drei Vierteln der Abgeordneten nach drei aufeinanderfolgenden Beratungen beschlossen wurde, die im Abstand von je einem Monat abgehalten wurden. Wie sollte man angesichts dieser Verfassung nicht an ihre Vorläuferin im Jahre 1795 denken – die Logik des Staatsstreiches war in dem neuen Verfassungstext enthalten.

DIE PRÄSIDENTENWAHL

Die Anwendung der Verfassung setzte eine doppelte Wahl voraus, die des Präsidenten und die der Gesetzgebenden Nationalversammlung.

Die Sozialisten waren nach den Junitagen beiseite gedrängt worden, doch die gemäßigten Republikaner entdeckten eine andere Gefahr, Louis-Napoléon Bonaparte. Der Anwärter auf den kaiserlichen Thron hatte, nachdem er während der Regierung Louis-Philippes aus Ham entwichen war, in England Zuflucht gefunden. Bei den Teilwahlen vom Juni war er in den Departements Seine, Charente-Inférieure, Yonne und Korsika gewählt worden, ohne je kandidiert zu haben. Die Regierung hatte die Kammer aufgefordert, diese Wahl für ungültig zu erklären, doch hatte diese abgelehnt. Dennoch hatte der Prinz seinen Verzicht eingereicht, um sich im September in den gleichen Departements sowie im Departement Moselle wiederwählen zu lassen, und dies dank einer an Umfang ständig zunehmenden bonapartistischen Propaganda: Mit einemmal erschienen Zeitungen mit so bezeichnenden Titeln wie *»Le Petit Caporal«* (»Der kleine Korporal«) oder *»La Redingote grise«* (»Der graue Rock«) sowie Bilderbögen aus Épinal und andere Erinnerungen an die napoleonische Zeit. Diese Propaganda zielte vor allem auf das Volk, doch beeindruckte sie auch so unterschiedliche Männer wie Victor Hugo, Émile de Girardin oder Doktor Véron. Somit belastete das allgemeine Wahlrecht die Zukunft der Republik mit manchen unbekannten Faktoren.

Die Präsidentenwahl fand am 10. Dezember 1848 statt. Die Republikaner waren in drei Gruppen gespalten. Die Sozialisten hatten Raspail als Kandidaten auf den Schild gehoben, die Montagnards Ledru-Rollin und die Gemäßigten General Cavaignac, den Regierungschef. Raspail und Ledru-Rollin flößten Angst ein; Cavaignac war wegen der Niederschlagung der Junierhebung in der Arbeiterschaft verhaßt, die ihm den Beinamen »der Schlächter« gab. Lamartine dachte, er könnte die Rolle des Vermittlers spielen, doch seine Popularität war ruiniert. Demgegenüber profitierte Louis-Napoléon Bonaparte vom Wiederaufleben der kaiserlichen Legende, von der Sympathie der Arbeiter für seine fortschrittlichen Ideen und der Zustimmung der Bauern, die das Kaiserreich noch in gefühlvoller Erinnerung behielten. Er erhielt auch die Unterstützung von Konservativen wie Thiers, der behauptete: »Das ist ein Kretin, den man lenken wird«, da die Konservativen in Cavaignac einen unnachgiebigen Republikaner fürchteten.

Lamartine erhielt 18 000 Stimmen, Raspail 36 923, Ledru-Rollin 370 000, Cavaignac 1 448 000. Louis-Napoléon erreichte 5,5 Millionen Stimmen bei 7,5 Millionen abgegebenen Stimmen – ein erdrutschartiger Sieg! Nur in vier Departements verfehlte er die Mehrheit, nämlich im Departement Var, den Bouches-du-Rhône, in Morbihan und Finistère, die als royalistisch galten. Gerade in den »roten« Departements (Creuse, Isère, Haute-Vienne, Drôme) erreichte er seine besten Ergebnisse. »Seine Kandidatur datiert von Austerlitz«, meinte Victor Hugo dazu.

Cavaignac übergab am 20. Dezember 1848 seine Amtsgewalt dem Bürger Bonaparte, der den Eid auf die Verfassung leistete und sich im Élysée-Palast niederließ. Er verpflichtete sich alsbald die Monarchisten, deren Komitee in einem Büro der Rue de Poitiers untergebracht war, indem er den Orleanisten Odilon Barrot zum Regierungschef berief, der das Justizministerium übernahm. Drouyn de Lhuys erhielt das Außenministerium und Frédéric Falloux das öffentliche Erziehungswesen. General Changarnier bekam das Oberkommando über die Armee in Paris.

Die Wahlen zur Nationalversammlung fanden im Mai 1849 statt. Von 9936950 eingeschriebenen Wählern nahmen 6758650 an der Wahl teil. Die hohe Zahl der Enthaltungen (31,9 Prozent) zeigte den Überdruß der öffentlichen Meinung auf. Nur 75 gemäßigte Republikaner erreichten ihr Ziel (Lamartine wurde im Departement Saône-et-Loire geschlagen, kehrte aber dank einer Nachwahl in die Nationalversammlung zurück). Dies war der Sieg der Extreme. Man zählte 210 Montagnards um Ledru-Rollin, Victor Considérant, Pierre Leroux und Félix Pyat, vor allem aber 500 Monarchisten und Anhänger der Ordnung, Legitimisten wie Berryer, Orleanisten wie Thiers, Rémusat und Molé oder Katholiken wie Montalembert, Falloux und Dupanloup. Eine Stimme meinte zu dieser Wahl: »Das bürgerliche und bäuerliche Frankreich wandte sich dank des allgemeinen Wahlrechts wieder seinen traditionellen Notabeln zu.« Die »Burggrafen aus der Rue de Poitiers«, wie man den unverwüstlichen Thiers und seine Freunde nannte, hatten es verstanden, die durch die Erhebung vom Juni 1848 hervorgerufene Furcht auszunützen. Nicht nur das kleine und mittlere Bürgertum war in Schrecken versetzt worden, sondern auch die Bauern, selbst wenn sie nur ein bescheidenes Fleckchen Land besaßen, hatte die Angst vor den »Teilern« ergriffen, so daß sie den konservativen Kandidaten nachliefen. »Damals«, schrieb Flaubert, »erreichte das Eigentum im öffentlichen Ansehen das Niveau der Religion.«

Nach den Wahlen wurde die Regierung umgebildet. Jules Armand Dufaure erhielt das Innen- und Tocqueville das Außenministerium, was das royalistische Element verstärkte, um so mehr als sich die Nationalversammlung in der Person Dupins einen Präsidenten wählte, der aus der Julimonarchie kam.

DIE GESETZGEBENDE NATIONALVERSAMMLUNG

Beherrscht von der Partei der Ordnung, sah die Regierung ihr Programm vom monarchistischen Komitee der Rue de Poitiers vorgezeichnet: Im außenpolitischen Bereich sollte sie die weltliche Gewalt des Papstes wiederherstellen, der von der Römischen Republik bedroht wurde; im Innern sollte sie Religion, Familie und Eigentum verteidigen.

In Rom hatte die Revolution vom 15. November 1848 den Papst vertrieben, der sich nach Gaeta geflüchtet hatte. Da die Österreicher gegen die Republik marschierten, die in der Ewigen Stadt ausgerufen worden war, hatte Odilon Barrot ein Expeditionskorps ausgesandt, um Wien zuvorzukommen und die französische Vermittlung durchzusetzen. General Oudinot, der die 7000 Mann kommandierte, erhielt den Befehl, Rom anzugreifen; die Republik wurde zerschlagen. Ledru-Rollin protestierte und organisierte am 13. Juni 1849 eine Kundgebung, die sich in einen Aufruhr verwandelte. Doch das Volk, so vieler Erhebungen überdrüssig, folgte ihm nicht mehr. General Changarnier, Kommandeur der Armee in Paris, blieb Herr der Lage, während sich Ledru-Rollin nach London flüchtete und 34 Abgeordnete der Montagnards verfolgt wurden. Die Linksopposition sah sich ihres Führers beraubt. Pressefreiheit und Versammlungsrecht wurden eingeschränkt, das Gesetz vom 27. November 1849 erinnerte an das Verbot von Streiks.

Die konservative Mehrheit, die sich nun der Bedrohung durch die Straße ledig glaubte, ließ zur Aufrechterhaltung der Ordnung drei Gesetze beschließen. Durch das Gesetz vom 15. März 1850, genannt »Gesetz Falloux«, wurde die Unterrichtsfreiheit verkündet. Schon im Juli 1848 hatte Hippolyte Carnot versucht, die Gebührenfreiheit und die Schulpflicht in der Volksschule durchzusetzen, aber er hatte die Regierung verlassen müssen. Der Entwurf, den Falloux einbrachte, umfaßte vier Punkte. Die Universität verlor ihr Monopol und ihre Unabhängigkeit; sie wurde zur öffentlichen Dienstleistung, die zum Geschäftsbereich des Ministeriums für öffentliche Bildung gehörte. Diesem Ministerium assistierte ein höheres Ratskollegium, bestehend aus vier Bischöfen, einem Pastor, Mitgliedern des *Institut de France,* Staatsräten und Vertretern des freien Schulwesens. Jedem Akademiedirektor stand ein Beirat zur Seite, der personell ebenso breit gefächert war. Die Universität als Bildungsinstitution bestand zwar weiterhin, aber der Klerus verstärkte seine Kontrolle. Der zweite Punkt bestand darin, daß jedem Abiturienten die Freiheit eingeräumt wurde, einen Kursus im höheren Schulwesen einzurichten; jeder Laie mit einem Abschlußzeugnis und jeder Geistliche mit der Erlaubnis seines Bischofs konnte eine Volksschule gründen. Dagegen – und dies war einer der bezeichnendsten Punkte des Projektes von Falloux – wurde die Überwachung der Volksschullehrer verstärkt; sie verloren ihre Unabsetzbarkeit und sahen sich unter die Aufsicht der Notabeln gestellt. Mitglieder der Kongregationen konnten Volksschullehrer werden. Schließlich wurde der Erlaß von 1828 abgeschafft und den »Kleinen Seminaren« die Freiheit wiedergegeben. Die Vorlage Falloux wurde von seinem Nachfolger Parieu wieder aufgegriffen und am 15. März 1850 mit 399 gegen 237 Stimmen beschlossen. Binnen kurzer Zeit schossen kirchliche Gymnasien und von Nonnen geleitete Schulen wie Pilze aus dem Boden.

Im März und April 1850 zeigten die Republikaner durch ihre Erfolge bei Nachwahlen, daß sie ihren Einfluß wiedergefunden hatten. So wurde Eugène Sue, eine Art roter Dandy, am 28. April 1850 in Paris gewählt. Der Verfasser der *»Mystères de Paris«* drückte einen bedeutenden Geschäftsmann an die Wand, der im Juni in den Reihen der Ordnung gekämpft hatte. Die Wahl wirkte sensationell, die Börsenkurse fielen. Es galt zu reagieren, und so kam man, um einen neuen Schub der Linken aufzuhalten, auf das Wahlgesetz zurück. Das Gesetz vom 31. Mai 1850 veränderte dessen Regeln: Das Wahlrecht wurde den Steuerzahlern vorbehalten, die seit drei Jahren in ihrer Gemeinde eingeschrieben waren; diese Maßnahme schloß drei Millionen der neun Millionen Wähler der vorausgegangenen Wahlgänge von der Wahl aus: Tagelöhner, Gesellen auf ihrer Wanderschaft, Hauspersonal usw. Schließlich führte am 16. Juli 1850 ein Gesetz über die Presse die vorläufige Kaution und die Stempelgebühr wieder ein. Der ambulante Zeitungsverkauf bedurfte der Genehmigung durch die Präfekten. Es durften in den Zeitungen keine Artikel ohne Autorenangabe erscheinen. Die Aufsicht über die Theater wurde am 30. Juni ebenfalls verschärft; die Schauspielunternehmer aller Art brauchten eine Ermächtigung des Präfekten oder des Innenministers.

Innerhalb eines Jahres hatte also die Partei der Ordnung die Situation wieder in den Griff bekommen. Der Präsident der Republik ließ den Dingen zwar ihren Lauf, aber gelegentlich drangen seine wahren Intentionen doch durch. Wenn er auch vorgab, die Unterdrückung der Republikaner im Juni 1849 zu billigen, und dies mit Redewendungen tat, die die Nationalversammlung bestachen, wie: »Es ist Zeit, daß die Guten sich beruhigen und die Bösen zittern«, so veröffentlichte er andererseits einen Brief an den Oberst Edgar Ney, in dem er die französische Intervention in Rom verurteilte, »da sie die italienische Freiheit erstickt«. Doch konnte man annehmen, daß ihn hierbei seine Vergangenheit als Carbonaro – er hatte in seiner Jugend in Italien gekämpft – dazu verleitete.

In der Tat gab diese Republik ein merkwürdiges Bild ab: auf der einen Seite ihr Präsident, der danach trachtete, das Kaiserreich wiederherzustellen, und auf der anderen Seite die parlamentarische Mehrheit, die das Königtum wieder einführen wollte.

DER KONFLIKT ZWISCHEN DEM PRÄSIDENTEN UND DER NATIONALVERSAMMLUNG

Ende 1850 und im Verlaufe des Jahres 1851 verschlechterten sich die Beziehungen zwischen dem Präsidenten der Republik und der Gesetzgebenden Nationalversammlung. Dieser Konflikt erklärte sich mit dem Verblassen der republikanischen Partei. Die Wahl Eugène Sues war nur ein Strohfeuer. Sicher, das republikanische Bekenntnis war nicht tot, aber es war zum Schweigen gezwungen. Aus taktischen Gründen wartete man auf die Wahlen von 1852, die über die Neubesetzung des Präsidentenamtes und der Kammer entscheiden mußten. Ein sozialistisches Propagandakomitee bestand bereits; Perdiguier, Eugène Sue, Michel de Bourges und andere arbeiteten darin mit. Diese Taktik zielte darauf ab, Präsident und Nationalversammlung aufeinanderprallen zu lassen, die nun, da der gemeinsame Gegner fehlte, zum Konflikt verurteilt waren.

Außerdem füllte Louis-Napoléon, dem es zunächst an Erfahrung und Anhängern unter der politischen Administration gefehlt hatte, nach und nach die Reihen der bonapartistischen Partei auf. Allmählich formte sich die Gruppe um das Élysée. Am 31. Oktober 1849 verdrängte er, wozu ihm die Verfassung auch die Macht gab, die Royalisten aus der Regierung, um sie mit Angehörigen aus den eigenen Reihen zu besetzen: Eugène Rouher für die Justiz, Achille Fould für die Finanzen und d'Hautpoul im Kriegsministerium. Die Zahl seiner öffentlichen Ansprachen wuchs und mit ihnen das Echo. Am Ende der Ausstellung von 1849 wandte er sich am 11. November bei der Preisverteilung an die Industriellen:»Verwirklichen Sie zugunsten derer, die arbeiten, den philantrophischen Wunsch nach einem besseren Anteil an den Gewinnen und nach einer gesicherteren Zukunft. Festigen Sie Ihre Arbeiter in den guten Gefühlen und gesunden Lehren, und durch die Ausübung dieser Gerechtigkeit, die nach den Werken belohnt, befrieden Sie ihre Leiden, machen Sie ihre Lage besser, sagen Sie ihnen, daß die Staatsgewalt von zwei in gleicher Weise lebendigen Leidenschaften beseelt ist: von der Liebe zum Guten und dem Willen, Irrtum und Lüge zu bekämpfen.« Als er am 10. Dezember 1849 auf seine Wahl zu sprechen kam, erklärte er, seine Amtsgewalt verteidige »die Sache der werktätigen Klassen, die Sache der repräsentativen Regierung, die Sache der Größe und der Unabhängigkeit Frankreichs«. Im Juni 1850 verstärkte er bei Fabrikbesuchen in Saint-Quentin noch die am Volk orientierte Ausrichtung seiner Präsidentschaft und behauptete: »Jeder Tag beweist mir, daß meine aufrichtigsten, ergebensten Freunde nicht in den Palästen wohnen, sondern unter dem Strohdach; sie leben nicht unter den vergoldeten Decken, sie leben in den Werkstätten und auf dem Lande.« Und er empfand keine Hemmungen, zur großen Empörung von Odilon Barrot, einen Bauernknecht, der eine mutige Tat vollbracht hatte, mit der Ehrenlegion auszuzeichnen. Danach wurden seine Absichten präziser. Er erklärte, um die Anarchie zu vernichten, »verlange das beunruhigte Frankreich nach dem Willen des am 10. Dezember Gewählten, denn der Name Napoleon bedeutet für sich allein ein ganzes Programm: im Innern Ordnung, Autorität, Religion, Wohlergehen des Volkes; nach außen nationale Würde.«

Demgegenüber bereiteten die »Burggrafen der Rue de Poitiers« die Restauration vor. Da Louis-Philippe am 26. August 1850 verstorben war, schien die Versöhnung der beiden feindlichen Linien der Bourbonen möglich. Doch die Verhandlungen scheiterten: Die Orléans verlangten verfassungsmäßige Garantien, die zu geben der Graf von Chambord ablehnte. Mangels besserer Alternativen ging Thiers sogar soweit, die Kandidatur eines Prinzen aus dem Hause Orléans, Joinville, für die Präsidentschaft der Republik im Jahre 1852 ins Auge zu fassen.

Denn der Termin von 1852 lähmte alle; jeder hoffte auf ihn und fürchtete ihn zugleich. Doch die Republikaner lebten in Illusionen und die Royalisten in der Zerrüttung. Louis-Napoléon dagegen handelte. Während Verwaltung und Armee diskret gesäubert wurden, weitete Persigny, der starke Mann des Präsidenten, die napoleonische Propaganda aus und gründete eine Armee von Taugenichtsen, die »Gesellschaft des 10. Dezembers«, die bald die Straße beherrschte.

Während einer Reise in die Provinz verbreitete der Prinz-Präsident die Idee einer Verfassungsänderung, die seine Wiederwahl ermöglichen würde. Hatte nicht die *»Revue des Deux Mondes«* geschrieben, man müsse »verhindern, daß Frankreich mit dem Erlöschen der derzeitigen Amtszeit in das Chaos falle, das sich unter seinen Schritten öffne?« Achtzig Generalratskollegien stimmten Napoleons Vorschlägen zu. Als der Präsident im Oktober 1850 im Lager von Satory die Parade abnahm, hörte er beifällig die Kavallerie »Es lebe Napoleon!« rufen. Dagegen blieb die Infanterie auf Befehl von General Neumayer stumm, der Changarnier in seiner Eigenschaft als Kommandant des Militärbezirks Paris und der Nationalgarde und als überzeugter Legitimist unterstützte. Louis-Napoléon setzt sich darüber hinweg und entließ Neumayer. Der Konflikt brach erneut aus, als *»La Patrie«* vom 2. Januar 1851 Instruktionen veröffentlichte, die Changarnier an die Truppe erlassen hatte. In ihnen untersagte er ihr, einem Befehl zur Anforderung von Streitkräften zu gehorchen, der von einer zivilen Behörde stammte, sofern dieser Befehl nicht vom Kommandanten des Militärbezirks abgezeichnet worden sei.

Louis-Napoléon griff die Gelegenheit auf: Am 9. Januar wurde die Regierung umgebildet und General Changarnier abgesetzt. Baraguey d'Hilliers löste ihn an der Spitze des Militärbezirks ab und Perrot im Kommando über die Nationalgarde. Angesichts der Bedrohung ergriff Thiers das Wort in der Nationalversammlung: »Es gibt heute zwei Gewalten im Staat. Wenn die Nationalversammlung nachgibt, wird es nur noch eine geben. Die Regierungsform wird verändert werden. Sie wird ihre Bezeichnung irgendwann finden: Das Kaiserreich wird jedenfalls neu erstehen.« Er brachte einen Mißtrauensantrag gegen den Präsidenten auf die Tagesordnung.

Die Abstimmung über den Mißtrauensantrag am 18. Januar führte zum Rücktritt der Regierung. Sie wurde durch ein Kabinett von Fachleuten ersetzt. Doch schon am 10. April wurde eine Regierung Rouher-Fould gebildet mit François de Chasseloup-Laubat für die Marine, Randond für das Kriegswesen und Pierre Baroche im Außenministerium. Changarnier wurde nicht wieder in sein Kommando eingesetzt; der Präsident hatte einen Treffer erzielt.

Louis-Napoléon ergriff nun erneut die Initiative zugunsten der Verfassungsänderung. Eine Unterschriftenkampagne wurde gestartet. In einer großen Rede rief er am 1. Juni 1851 das Land zum Richter auf und griff die Bemühungen um eine monarchische Restauration und die drohende Anarchie an: »Frankreich will weder die Rückkehr zum Ancien régime, in welche Form es auch immer verkleidet wird, noch will es unheilvolle und unrealisierbare Utopien versuchen. Denn weil ich der natürlichste Gegner des einen wie des anderen bin, hat Frankreich sein Vertrauen in mich gelegt.« Das bedeutete die Wiederverwendung eines Slogans von Bonaparte aus der Frühzeit des Konsulats: »Weder rote Absätze noch rote Mützen.« Das hieß, ein weiteres Mal das Bild des Retters durchzusetzen. Die Argumentation war geschickt. Einerseits spielte Louis-Napoléon mit der Angstreaktion angesichts der beiden Gefahren der Restauration und der Anarchie; auf der anderen Seite nahm er sichtlich Abstand von der Nationalversammlung: »Seit drei Jahren hat man feststellen können, daß ich immer unterstützt worden bin, wenn es darum ging, die Unordnung mit Zwangsmitteln zu bekämpfen. Aber wenn ich Gutes tun wollte, den Bodenkredit begründen, Maßnahmen zur Verbesserung der Lage der Bevölkerung ergreifen, bin ich nur auf Untätigkeit gestoßen.« Auf der einen Seite beruhigte man die Notabeln, auf der anderen verführte man das Volk.

Diese Kampagne, die mit einem Aufruf zur Verfassungsrevision im Sinne einer Wiederwahl des Präsidenten am Ende seines Mandats schloß, begünstigte die Spaltung im Lager der Gemäßigten. Ein Änderungsvorschlag, der die Unterschrift von 233 Abgeordneten trug, wurde vom Herzog von Broglie in der Nationalversammlung eingebracht. Tocqueville wurde Berichterstatter; seine Anklage gegen die Mängel der Verfassung wurde im »Moniteur« vom 9. Juli veröffentlicht. Dennoch erhielt der Vorschlag der Verfassungsänderung am Ende nach lebhaften Debatten nur 446 Stimmen; es fehlten 100 Stimmen, da er eine Dreiviertelmehrheit benötigte.

Nachdem somit die Verfassungsänderung auf legalem Wege gescheitert war, erschien der Staatsstreich von nun an als die andere Lösung. Changarnier rief aus: »Auf diesen unheilvollen Weg könnte man weder ein Bataillon noch eine Kompanie, ja nicht einmal eine kleine Abteilung

Soldaten mitreißen; vielmehr würde man vor sich Anführer finden, denen zu gehorchen nur auf dem Wege der Pflicht und der Ehre unsere Soldaten gewohnt sind. Vertreter Frankreichs, beratet in Frieden!« Der gleiche Optimismus herrschte auf der Linken, wo Michel de Bourges meinte: »Sollte es eine Gefahr geben, beschützt uns ein unsichtbarer Wachtposten – das Volk.« Als die Quästoren der Parlamentsverwaltung für den Präsidenten der Nationalversammlung das Recht verlangten, Streitkräfte anzufordern, wurde die Vorlage zurückgewiesen. Hieraus resultierte der Pessimismus Tocquevilles in seinem Brief an Gobineau vom 7. Januar 1850.

DER STAATSSTREICH

Louis-Napoléon dachte sehr wohl an einen Staatsstreich. »In allen meinen Abenteuern«, hatte er notiert, »bin ich stets von einem Prinzip geleitet worden. Ich glaube, daß von Zeit zu Zeit Männer geboren werden, die ich als von der Vorsehung berufen bezeichne, in deren Hände die Schicksale ihrer Länder gelegt werden. Ich glaube, selbst einer dieser Männer zu sein. Sollte ich mich täuschen, ist es möglich, daß ich nutzlos ende. Wenn ich aber recht habe, wird mich die Vorsehung [auf diese Vorsehung hatte sich auch Lamartine berufen] in die Lage versetzen, meine Mission zu erfüllen.«

Am 26. Oktober 1851 wurde eine Regierung gebildet; dort schien der starke Mann General de Saint-Arnaud zu sein, der aus Algerien gekommen war. Als Innenminister trat am 2. Dezember als Nachfolger Thorignys der Graf von Morny, ein Halbbruder des Präsidenten, in das Kabinett ein; sein Porträt zeichnete Alphonse Daudet in »*Le Nabab*«. In der Polizeipräfektur wurde Carlier durch den skrupellosen und sehr selbstsicher auftretenden Präfekten des Departements Haute-Garonne, Maupas, abgelöst. An die Spitze der Garnison trat General Magnan, der seine Truppen fest in der Hand hatte. Zu dem Komplott zählten neben Persigny, dem Mann für alle Anlässe, Louis-Napoléons Kabinettschef Mocquard und sein Adjutant Major Fleury.

Am 4. November wandte sich der Präsident in der Eröffnungsrede vor der Nationalversammlung gegen die revolutionären Drohungen, die sich am Horizont des Jahres 1852 abzeichneten. Er verlangte die Berücksichti-

gung des Volkswillens und forderte die Aufhebung des Gesetzes vom
31. Mai 1850, das das allgemeine Wahlrecht einschränkte. Dies war ein
meisterlicher Schlag; er ermöglichte es ihm, die Republikaner als Anhänger des allgemeinen Wahlrechts von den Royalisten zu trennen und sich,
falls die Konservativen die Aufhebung des Gesetzes sowie die Anhörung
des Volkes ablehnten, als Vorkämpfer der Rechte der Nation darzustellen.
Im umgekehrten Fall wurde die Verfassungsänderung möglich, und
Louis-Napoléon hatte die größten Aussichten, wiedergewählt zu werden.
Die Aufhebung des Gesetzes wurde mit 355 gegen 348 Stimmen zurückgewiesen, eine schwache Mehrheit, die zeigte, daß der Präsident den
richtigen Punkt getroffen hatte. Dieses Mal waren die Würfel zugunsten
eines Staatsstreiches gefallen.

Im übrigen war alles schon bereit; der Staatsstreich sollte am 2. Dezember, dem Jahrestag der Krönung Napoleons I., stattfinden. Am Abend
des 1. Dezember gab der Präsident einen großen Ball im Élysée-Palast, um
das Mißtrauen einzuschläfern. Die Rollen, die jedem in der Nacht zuka-
men, waren schon verteilt. An allen Wänden von Paris wurden Dekrete
mit der Unterschrift des Präsidenten angeschlagen:
1. Die Nationalversammlung ist aufgelöst.
2. Das allgemeine Wahlrecht wird wieder eingeführt.
   Das Gesetz vom 31. Mai ist abgeschafft.
3. Der Belagerungszustand wird im gesamten Bereich des
   ersten Militärbezirks verkündet.

Diese Verfügungen wurden durch ein weiteres Dekret Louis-Napoléons vervollständigt: »In der Erwägung, daß die Souveränität in der
Gesamtheit der Bürger beruht, bestimmt der Präsident der Republik: Das
französische Volk wird feierlich für den 14. Dezember in seine Wahlkollegien einberufen, um den folgenden Volksentscheid anzunehmen oder zu
verwerfen: Das französische Volk will die Erhaltung der Autorität Louis-
Napoléons und überträgt ihm die erforderlichen Vollmachten, um eine
Verfassung auf den Grundlagen zu schaffen, die in seiner Erklärung vom
2. Dezember vorgeschlagen wurden.«

Den Dekreten waren in der Tat zwei Proklamationen vorausgegangen.
Die eine, die an das Volk gerichtet war, enthielt zusammen mit dem
Entwurf einer Verfassung, die sich von der des Jahres VIII inspirieren ließ,
eine Verurteilung der Nationalversammlung als »dem Herd der Komplotte«, sowie die Aufforderung zum Schiedsspruch durch das ganze Volk,

»den einzigen Souverän, den er in Frankreich anerkannte«. Die andere
Proklamation forderte die Armee auf, ihren Auftrag zu erfüllen. Zur
gleichen Zeit wurden die Quästoren der Nationalversammlung sowie
vierzehn Volksvertreter festgenommen, darunter Thiers, Cavaignac, Lamoricière und Changarnier.

In Paris gab es keinen Widerstand. Der Präsident nahm die Parade der
Truppen ohne Zwischenfälle ab, die auf den Champs-Élysées zusammengezogen worden waren. Odilon Barrot sammelte einige Abgeordnete um
sich, die die Absetzung des Präsidenten verkündeten, doch blieb dies ohne
Folgen. Nachdem Dupin, der Präsident der Kammer, ohne große Begeisterung einen Protest verlesen hatte, stellte er fest: »Wir haben das Recht,
diese Herren haben die Gewalt; es bleibt uns nur noch, uns zurückzuziehen.« Im Rathaus des X. Arrondissements, dessen Bürgermeister der
Royalist Augustin Cochin war, sammelten sich etwa 250 Abgeordnete der
Rechten. Sie wurden ohne Schwierigkeiten festgenommen und in Mazas
oder in Vincennes interniert.

Allerdings bildete sich in der Nacht vom 2. auf den 3. Dezember ein
republikanisches Komitee und versuchte, die Vorstadt Saint-Antoine aufzuwiegeln. Doch die Arbeiter rührten sich nicht. »Was!« sagten die Abgeordneten zu ihnen, »Ihr tut nichts? Worauf wartet ihr? Wollt ihr etwa das
Kaiserreich?« – »Nein, nein«, antworteten die meisten Arbeiter. »Doch
warum sollten wir uns schlagen? Man gibt uns das allgemeine Wahlrecht
zurück! Und überhaupt, was könnten wir schon tun? Man hat uns seit
Juni entwaffnet, es existiert kein einziges Gewehr mehr in der ganzen
Vorstadt.« Nur am Eingang zur Rue du Faubourg Saint-Antoine wurde
eine einzige symbolische Barrikade errichtet. Dabei kam der Abgeordnete
Baudin ums Leben. Die Bewegung schien sich in den Vierteln Saint-Denis
und Saint-Martin auszubreiten. Wie 1848 Cavaignac ließ Saint-Arnaud,
der mit der Niederschlagung beauftragt war, die Erhebung sich entwik-
keln, um sie danach besser vernichten zu können. Der Widerstand dauerte
nicht lange. Allerdings schoß am Nachmittag des 4. Dezember die Brigade
Canrobert auf dem Boulevard Bonne-Nouvelle in die Menge und ließ
zahlreiche Opfer zurück.

In der Provinz gab es nur sporadischen Widerstand in den Departements Yonne, Nièvre, Hérault, Basses-Alpes, Var und Drôme. Im Departement Nièvre wurde die Stadt Clamecy von Holzflößern besetzt. Doch
brachen diese Bewegungen, die von der Regierung als das Werk der

»Teiler« denunziert wurden, mangels geeigneter Führungskader rasch zusammen. Die Unterdrückung war streng. In Neuvy-sur-Loire kann man noch heute das Denkmal sehen, das diese Gemeinde den Opfern des Staatsstreichs errichtete. Es gab massenweise Verhaftungen – einem 1870 aufgefundenen Bericht zufolge 26 800 Personen; 32 Departements wurden in den Belagerungszustand versetzt, und die Präfekten erhielten Vollmacht, jeden Verdächtigen zu deportieren. Ein Rundschreiben Mornys an die Präfekten lautete: »Sehr geehrter Herr Präfekt, Sie haben soeben einige Tage der Prüfungen durchgemacht. Sie haben 1851 den sozialen Krieg ertragen, der 1852 ausbrechen sollte. Sie mußten ihn an seinem Charakter der Brandstiftung, Räuberei und Mordbrennerei erkennen. Wenn Sie über die Feinde der Gesellschaft triumphiert haben, so deswegen, weil sie rasch gefaßt worden sind und weil Sie dabei durch ehrenwerte Leute unterstützt wurden.« 66 Abgeordnete wurden im Januar 1852 »aus Gründen der allgemeinen Sicherheit« aus Frankreich ausgewiesen, darunter Victor Hugo. Im folgenden Monat wurden gemischte Kommissionen gebildet, denen der Präfekt, der Staatsanwalt und ein General angehörten und die die Häftlinge aburteilten; 9 581 Gefangene wurden nach Algerien deportiert.

Die Notabeln stürzten sich Louis-Napoléon in die Arme. Zu viele Wirren waren auf den Zusammenbruch der Julimonarchie gefolgt, und es herrschte eine Wirtschaftskrise. Was das Volk anlangte, so hatte es von der Republik viel erwartet und feststellen müssen, daß keinerlei Verbesserung seiner Lage erfolgt war. Auf dem Lande hatten die Berichte der Großen Armee die Phantasie wie Wiegenlieder bewegt, wie es Balzac in *»Le Médecin de campagne«* (»Der Landarzt«) so schön beschrieben hat. Die alten Soldaten hatten diese Berichte nach und nach in der Art von Jägerlatein angereichert, aber sie hatten eine ganze Generation geprägt, diejenige nämlich, die 1848 an die Urnen ging.

Mit einer Verzögerung von acht Tagen wurde das Plebiszit am 21. Dezember 1851 durchgeführt. Man zählte 7 349 000 Ja-Stimmen gegen 646 000 Nein-Stimmen. Die Republik siechte noch ein Jahr lang bis zur Wiederherstellung des Kaisertums am 2. Dezember 1852 dahin. Doch im Grunde war sie schon ein Jahr zuvor, an ebendiesem 2. Dezember 1851, gestorben.

In seinen Erinnerungen schreibt Tocqueville über die Februarrevolution 1848: »Ich ging im Geiste die Geschichte unserer letzten sechzig Jahre durch, und ich lächelte bitter, als ich die Illusionen wahrnahm, die man sich am Ende einer jeden Periode dieser langen Revolution gemacht hatte, die Theorien, aus denen diese Illusionen sich genährt hatten, die gelehrten Träumereien unserer Historiker und so viele geistreiche und falsche Systeme, mit deren Hilfe man versucht hatte, eine Gegenwart zu erklären, die man noch ungenau sah, und eine Zukunft vorauszusehen, die man überhaupt nicht sah.

Die konstitutionelle Monarchie war auf das Ancien régime gefolgt; die Republik auf die Monarchie; auf die Republik das Kaiserreich; auf das Kaiserreich die Restauration; dann war die Julimonarchie gekommen. Nach jeder dieser aufeinanderfolgenden Umgestaltungen hatte man gesagt, die Französische Revolution sei beendet, nachdem sie das, was man anmaßenderweise ihr Werk genannt hat, abgeschlossen hatte: Man hatte es so gesagt, und man hatte es geglaubt. Ach! Ich selber hatte es unter der Restauration erhofft und auch noch, nachdem die Regierung der Restauration gestürzt war; und nun beginnt die Französische Revolution erneut, denn es ist stets die gleiche. Je weiter wir voranschreiten, verflüchtigt und verdunkelt sich ihr Ende. Werden wir, wie uns andere Propheten versichern, die vielleicht ebenso nichtig sind wie ihre Vorgänger, zu einer vollständigeren und tieferen sozialen Umwandlung gelangen, als dies unsere Väter vorhergesehen und gewollt hatten und als wir selber dies voraussehen können? Oder müssen wir erst schlicht bei dieser zeitweiligen Anarchie enden, dieser chronischen und unheilbaren Krankheit, die den alten Völkern wohlbekannt war? Was mich betrifft, ich vermag es nicht zu sagen, ich weiß nicht, wann diese lange Reise zu Ende gehen wird; ich bin es müde, immer wieder täuschende Nebel für das Ufer zu halten, und ich frage mich oft, ob dieses feste Land, das wir seit so langer Zeit suchen, tatsächlich existiert oder ob es nicht vielmehr unser Schicksal ist, ewig auf dem Meer zu treiben.«

Die Revolution von 1789 begünstigte den Aufstieg einer neuen Gesellschaft. Alles spielte sich in der Nacht vom 4. August 1789 ab. Damals verschwanden die kleinliche Reglementierung der Berufskorporationen und der Archaismus eines ungerechten Steuersystems, beide behinderten gleichermaßen den wirtschaftlichen Aufschwung Frankreichs. Nach der Abschaffung der Ämterkäuflichkeit war der Weg frei für eine moderne Verwaltung. Selbst wenn die soziale Mobilität im Ancien régime größer war, als man geglaubt hatte – sie war allerdings durch die feudale Reaktion der letzten Jahre der absoluten Monarchie gelähmt worden–, so sah sie sich nun durch die Abschaffung der Privilegien beschleunigt. Die alte Aristokratie verblaßte zugunsten einer neuen Klasse von Fabrikanten, Bankiers, Juristen und Beamten, die man mit dem Begriff »Notabeln« bezeichnete. Innerhalb einer Nacht wechselte Frankreich seine Elite aus: Der Adlige verdankte seine Position seiner Geburt, die Notabeln setzten sich aufgrund ihres Reichtums durch. Zur gleichen Zeit wechselte der Grundbesitz in andere Hände über: Die Kirchengüter und teilweise die Liegenschaften der Adligen wurden von wohlhabenden Bauern und von Bürgern aufgekauft. Infolgedessen ging die ländliche Welt, die zudem von der Last des Feudalwesens befreit war, nach und nach vom revolutionären ins konservative Lager über. Die Fackel der Revolte wurde vom städtischen Proletariat aufgegriffen – im wesentlichen von dem in Paris–, bei dem man erst während der blutigen Tage im Juni 1848 entdeckte, daß es nicht mehr mit jenem, das die Bastille gestürmt hatte, identisch war und zugleich in einer unendlich schlimmeren Situation lebte. Die kleine Werkstatt, wo der Meister mit seinen Gesellen und Lehrlingen arbeitete, machte der unmenschlichen Fabrik Platz, wo nur noch die Anonymität herrschte.

Die Revolution von 1789 war auch politischer Natur. Die absolute Monarchie hatte dem dreifachen Ansturm von Amtsadel, aufgeklärter Bourgeoisie und revoltierenden Bauern nicht widerstehen können. Doch das Vakuum, das sie hinterließ, wurde nicht ausgefüllt. Frankreich trat in ein Zeitalter politischer Instabilität ein. Auch wenn das Bürgertum in seinem Triumph die Souveränität des Volkes proklamierte, so wollte es dieses doch von der Macht fernhalten. Indessen konnte es sich nicht auf das Recht, den Adel und die Geistlichkeit stützen, ohne die Gefahr einer Restauration der früheren Gesellschaft heraufzubeschwören. Der Staat, den es begründen wollte, war in einem Bündel von Widersprüchen gefangen: Er war Garant der Ordnung, er sollte aber auch die Freiheiten garantieren. Er durfte in keiner Weise die Wirtschaft belasten, um deren natürliche Gesetze nicht zu stören, kurz, er hatte sich jeglicher Intervention im sozialen Bereich zu enthalten. Der liberale Staat beruhte also auf zwei Prinzipien, dem Repräsentativsystem, das dem Volk die direkte Macht nahm, um sie einer Elite zu übertragen, und der Gewaltenteilung, die den Staat neutralisierte.

In den Jahren 1791, 1814 und 1830 erschien die konstitutionelle Monarchie als das beste Regierungssystem. Doch scheiterte diese Regierungsform in Frankreich dreimal, die in England so erfolgreich gewesen war. Der Fehler lag zunächst beim gewählten Herrscher: Weder Ludwig XVI. noch Karl X., noch Louis-Philippe waren bereit, das Spiel mitzuspielen. Doch die Ausschaltung des Volkes, dessen Souveränität man andererseits proklamierte, führte dazu, daß es sich in den Jahren 1792 und 1830 doch erhob und letztlich die konstitutionelle Monarchie scheitern ließ.

Um ihre Vorherrschaft zu retten, die sich auf das Eigentumsrecht und die Wirtschaftsfreiheit gründete, erfanden die Notabeln, jene siegreichen Bürger des Jahres 1789, die Wohlfahrtsdiktatur. Sie erschien ihnen als das einzige Mittel, um die Gefahren von rechts oder von links zu bannen. Doch die Diktatur erwies sich als nicht minder zerbrechlich. Das Kaiserreich war ein Kompromiß und keine Dynastie. Das hatte Napoleon vergessen und verlor deshalb seinen Thron.

Der liberale Tocqueville machte sich 1848 ernsthafte Gedanken über die Abfolge der Revolutionen, die er erlebt hatte. Doch warum waren all diese Revolutionen letztendlich gescheitert? Der Ultraroyalist Fiévée, der andere bedeutende politische Kopf in dieser ersten Hälfte des 19. Jahrhunderts, hatte darauf bereits geantwortet, und seine Antwort sollte lange Zeit aktuell bleiben: »Die Völker hängen weder an den Prinzipien ihrer Regierungen noch an den Personen, die sie regieren, und vorausgesetzt daß eine diesbezügliche Änderung nicht gegen die herrschenden Ideen verstößt und nicht die Gewohnheiten des Alltags zerstört, lassen sie die Dinge geschehen. Der große Wahn der Leute, die die Französische Revolution angeführt haben, besteht darin, daß sie alles auf einmal erneuern wollten und Verhaltensweisen, die sie selber in ihrem persönlichen Bereich beibehielten, wie kalkulierten Widerstand behandelten. Die Bücher hatten ihnen dermaßen den Kopf verdreht, daß sie glaubten, in uns verändern zu können, was bei sich zu ändern sie als unmöglich empfanden.«

1789

5. Mai	Eröffnung der Generalstände
17. Juni	Der Dritte Stand erklärt sich zur Nationalversammlung
20. Juni	Ballhausschwur
11. Juli	Entlassung Neckers
14. Juli	Erstürmung der Bastille
Ende Juli	Phänomen der »Großen Furcht«
4. August	Abschaffung des Feudalsystems und der Privilegien
26. August	Erklärung der Menschen- und Bürgerrechte
5. Oktober	Zug der Frauen von Paris nach Versailles
6. Oktober	Der König wird nach Paris gebracht
2. November	Nationalisierung der Kirchengüter

1790

13. Februar	Abschaffung der Ordensgelübde
17. Februar	Die Assignaten werden als Papiergeld deklariert
21. Mai	Paris wird in 48 Sektionen eingeteilt
19. Juni	Abschaffung des Adels
12. Juli	Verabschiedung der Zivilverfassung des Klerus
14. Juli	Föderationsfest
31. August	Niederwerfung der Militärrevolte von Nancy
27. November	Die Geistlichen müssen den Eid auf die Verfassung ablegen

1791

2. März	Das sogenannte »Gesetz Allarde« hebt die Berufskorporationen auf
10. März	Das päpstliche Breve »Quot aliquantum« verurteilt die Zivilverfassung des Klerus
2. April	Tod Mirabeaus
14. Juni	Das »Gesetz Le Chapelier« untersagt die Vereinigungen und Koalitionen der Arbeiter
20. Juni	Flucht des Königs
17. Juli	Petition auf dem Marsfeld; die Nationalgarde schießt auf die Demonstranten
27. August	Deklaration von Pillnitz
12. September	Avignon und die Grafschaft Venaissin werden französisch
30. September	Die *Constituante* löst sich auf
1. Oktober	Erste Sitzung der Legislative

1792

1. März	Tod Leopolds II., Nachfolger wird sein Sohn Franz II.
20. April	Frankreich erklärt dem »König von Ungarn und Böhmen« den Krieg
27. Mai	Die Legislative beschließt das erste von drei Dekreten, um der inneren und äußeren Situation zu begegnen
11. Juni	Veto des Königs gegen die Dekrete der Nationalversammlung
20. Juni	Das Volk dringt in die Tuilerien ein
25. Juli	Manifest des Herzogs von Braunschweig
10. August	Erstürmung der Tuilerien durch die Bevölkerung der Vorstädte und die Föderierten
14. August	Die Güter der Emigranten werden zum Kauf angeboten
23. August	Kapitulation von Longwy
2.–5. September	Massaker an Priestern, Aristokraten, diversen Verdächtigen und an Prostituierten in den Pariser Gefängnissen
20. September	Sieg bei Valmy; Einführung des zivilen Personenstandswesens und der Scheidung; Ende der Legislative
21. September	Erste Sitzung des Konvents
22. September	Das Jahr I der Republik beginnt

6. November	Dumouriez siegt bei Jemappes
27. November	Annexion Savoyens
10. Dezember	Beginn des Prozesses gegen Ludwig XVI.

1793

21. Januar	Hinrichtung Ludwigs XVI.
23. Februar	Aushebung von 300 000 Soldaten
11. März	Beginn des Krieges in der Vendée
16. März	Niederlage bei Neerwinden, Vorspiel zum Abfall von Dumouriez
6. April	Bildung des Wohlfahrtsausschusses
31. Mai	Erhebung von Paris gegen die girondistischen Abgeordneten
2. Juni	Eine neue Kundgebung gegen die Gironde endet mit der Verhaftung der führenden Girondisten. Einige Girondisten flüchten und zetteln Aufstände im Westen, Südwesten und Südosten Frankreichs an
9. Juni	Saumur fällt in die Hände der Aufständischen in der Vendée
24. Juni	Abschluß der Arbeiten an der Verfassung des Jahres I
10. Juli	Danton wird aus dem Wohlfahrtsausschuß ausgeschlossen
13. Juli	Ermordung Marats
17. Juli	Entschädigungslose Abschaffung der Feudalrechte
27. Juli	Robespierre wird Mitglied des Wohlfahrtsausschusses
4. August	Ratifizierung der Verfassung
24. August	Die »*levée en masse*«
27. August	Toulon fällt in die Hände der Engländer
6. September	Collot d'Herbois und Billaud-Varenne im Wohlfahrtsausschuß
9. September	Schaffung der Revolutionsarmee
11. September	Preisstopp für Getreide
17. September	Gesetz gegen »Verdächtige«
29. September	Allgemeines Maximum für Lebensmittel und Löhne
5. Oktober	Einführung des republikanischen Kalenders
16. Oktober	(*25. Vendémiaire des Jahres II*) Hinrichtung Marie Antoinettes
17. Oktober	(*26. Vendémiaire des Jahres II*) Niederlage der Aufständischen in der Vendée bei Cholet

4. Dezember	*(14. Frimaire des Jahres II)*
	Organisation der revolutionären Regierung
5. Dezember	*(15. Frimaire des Jahres II)*
	Der *»Vieux Cordelier«* erscheint zum ersten Mal
19. Dezember	*(29. Frimaire des Jahres II)*
	Rückeroberung Toulons durch Bonaparte

1794

4. Februar	*(16. Pluviôse des Jahres II)*
	Abschaffung der Sklaverei
26. Februar–3. März	*(8.–13. Ventôse des Jahres II)*
	Dekrete zur Umverteilung der Güter der »Verdächtigen«
24. März	*(4. Germinal des Jahres II)*
	Hinrichtung der Hebertisten
5. April	*(16. Germinal des Jahres II)*
	Hinrichtung der Anhänger Dantons
8. Juni	*(20. Prairial des Jahres II)*
	Fest des Höchsten Wesens
10. Juni	*(22. Prairial des Jahres II)*
	Gesetz gegen »Verdächtige«
26. Juni	*(8. Messidor des Jahres II)*
	Sieg bei Fleurus
27. Juli	*(9. Thermidor des Jahres II)*
	Sturz Robespierres
18. September	*(2. Ergänzungstag des Jahres II)*
	Trennung von Staat und Kirche
24. Dezember	*(4. Nivôse des Jahres III)*
	Aufhebung des Preisstopps

1795

22. Januar	*(3. Pluviôse des Jahres III)*
	Besetzung Hollands
1. April	*(12. Germinal des Jahres III)*
	Wegen Hungerunruhen dringen Demonstranten in den Konvent ein

5. April	(*16. Germinal des Jahres III*)
	Vertrag von Basel zwischen Frankreich und Preußen
16. Mai	(*27. Floréal des Jahres III*)
	Vertrag von Den Haag zwischen Frankreich und Holland
20.–23. Mai	(*1.–4. Prairial des Jahres III*)
	Erhebung der Pariser Vorstädte
8. Juni	(*20. Prairial des Jahres III*)
	Mutmaßlicher Tod Ludwigs XVII.
23. Juni	(*5. Messidor des Jahres III*)
	Landung der Royalisten bei Quiberon
24. Juni	(*6. Messidor des Jahres III*)
	Manifest Ludwigs XVIII. in Verona
22. Juli	(*4. Thermidor des Jahres III*)
	Vertrag von Basel zwischen Frankreich und Spanien
22. August	(*5. Fructidor des Jahres III*)
	Verabschiedung der neuen Verfassung
1. Oktober	(*9. Vendémiaire des Jahres IV*)
	Annexion Belgiens
5. Oktober	(*13. Vendémiaire des Jahres IV*)
	Barras und Bonaparte zerschlagen die royalistische Erhebung in Paris
21. Oktober	(*29. Vendémiaire des Jahres IV*)
	Wahlen zu den neuen Nationalversammlungen
26. Oktober	(*4. Brumaire des Jahres IV*)
	Der Konvent geht auseinander
31. Oktober	(*9. Brumaire des Jahres IV*)
	Wahl der Mitglieder des Direktoriums

1796

18. März	(*28. Ventôse des Jahres IV*)
	Ausgabe von Territorialmandaten als Ersatz für die Assignaten
12. April	(*23. Germinal des Jahres IV*)
	Sieg bei Montenotte
10. Mai	(*21. Floréal des Jahres IV*)
	Sieg bei Lodi; Verhaftung Babeufs

9. September	*(23. Fructidor des Jahres IV)*
	Affäre des Lagers Grenelle
17. November	*(27. Brumaire des Jahres V)*
	Sieg Bonapartes bei Arcole

1797

14. Januar	*(25. Nivôse des Jahres V)*
	Sieg Bonapartes bei Rivoli
2. Februar	*(14. Pluviôse des Jahres V)*
	Kapitulation von Mantua
4. Februar	*(16. Pluviôse des Jahres V)*
	Abschaffung der Territorialmandate
April	*(Germinal des Jahres V)*
	Wahlen zur Erneuerung des ausscheidenden Drittels
	der Kammern; royalistische Mehrheit
20. Mai	*(1. Prairial des Jahres V)*
	Barthélemy löst Letourneur im Direktorium ab
4. September	*(18. Fructidor des Jahres V)*
	Staatsstreich des Direktoriums gegen die Kammern
30. September	*(9. Vendémiaire des Jahres VI)*
	Bankrott von zwei Dritteln der Rentenwerte
17. Oktober	*(26. Vendémiaire des Jahres VI)*
	Frieden von Campo Formio

1798

Mai	*(Floréal des Jahres VI)*
	Erneuerung des ausscheidenden Drittels der Kammern;
	Mehrheit für die Jakobiner
11. Mai	*(22. Floréal des Jahres VI)*
	Die Kammern annullieren die Wahlen
19. Mai	*(30. Floréal des Jahres VI)*
	Bonapartes Zug nach Ägypten
21. Juli	*(3. Thermidor des Jahres VI)*
	Sieg bei den Pyramiden

1. August   *(14. Thermidor des Jahres VI)*
               Katastrophe von Abukir
15. Oktober   *(24. Vendémiaire des Jahres VII)*
               Erste nationale Industrieausstellung

1799

---

26. Januar   *(7. Pluviôse des Jahres VII)*
               Proklamation der Parthenopeischen Republik in Neapel
               durch Championnet
19. März   *(29. Ventôse des Jahres VII)*
               Belagerung der Stadt Akkon durch Bonaparte
April   *(Germinal des Jahres VII)*
               Erneuerung des ausscheidenden Drittels der Kammern;
               Mehrheit der Jakobiner
16. Mai   *(27. Floréal des Jahres VII)*
               Wahl von Sieyès ins Direktorium
18. Juni   *(30. Prairial des Jahres VII)*
               Staatsstreich der Kammern gegen das Direktorium
25. Juli   *(7. Thermidor des Jahres VII)*
               Sieg Bonapartes über die Türken bei Abukir
15. August   *(28. Thermidor des Jahres VII)*
               General Joubert wird bei Novi geschlagen und fällt
23. August   *(6. Fructidor des Jahres VII)*
               Bonaparte verläßt Ägypten
27. September *(5. Vendémiaire des Jahres VIII)*
               Sieg Massénas bei Zürich
 9. Oktober   *(17. Vendémiaire des Jahres VIII)*
               Rückkehr Bonapartes nach Frankreich
 9. November   *(18. Brumaire des Jahres VIII)*
               Verlegung der Kammern nach Saint-Cloud
10. November   *(19. Brumaire des Jahres VIII)*
               Staatsstreich Bonapartes
13. Dezember   *(22. Frimaire des Jahres VIII)*
               Die sogenannte Verfassung des Jahres VIII

1800

17. Februar	*(28. Pluviôse des Jahres VIII)*
	Das Amt des Präfekten wird eingeführt
3. März	*(12. Ventôse des Jahres VIII)*
	Schließung der Emigrantenliste
14. Juni	*(25. Prairial des Jahres VIII)*
	Sieg Napoleons bei Marengo
11. August	*(23. Thermidor des Jahres VIII)*
	Rentenwerte werden wieder in Bargeld ausgezahlt
1. Oktober	*(9. Vendémiaire des Jahres IX)*
	Vertrag von San Ildefonso mit Spanien; Louisiana fällt wieder an Frankreich zurück
3. Oktober	*(11. Vendémiaire des Jahres IX)*
	Vertrag von Mortefontaine mit den Vereinigten Staaten
3. Dezember	*(12. Frimaire des Jahres IX)*
	Sieg Moreaus bei Hohenlinden
24. Dezember	*(3. Nivôse des Jahres IX)*
	Attentat auf Bonaparte in der Rue Saint-Nicaise

1801

9. Februar	*(20. Pluviôse des Jahres IX)*
	Frieden von Lunéville
15. Juli	*(26. Messidor des Jahres IX)*
	Unterzeichnung des Konkordats
31. August	*(13. Fructidor des Jahres IX)*
	Kapitulation General Menous in Ägypten
8. Oktober	*(16. Vendémiaire des Jahres X)*
	Abschluß des französisch-russischen Vertrags

1802

25. Januar	*(5. Pluviôse des Jahres X)*
	Bonaparte wird zum Präsidenten der Cisalpinischen Republik gewählt

25. März	(*4. Germinal des Jahres X*)
	Frieden von Amiens
8. April	(*18. Germinal des Jahres X*)
	Die Organischen Artikel werden angenommen
14. April	(*24. Germinal des Jahres X*)
	Veröffentlichung von Chateaubriands »*Le Génie du Christianisme*«
19. Mai	(*29. Floréal des Jahres X*)
	Einführung der Ehrenlegion
20. Mai	(*30. Floréal des Jahres X*)
	Wiedereinführung der Sklaverei in den Kolonien
2. August	(*14. Thermidor des Jahres X*)
	Napoleon Bonaparte Konsul auf Lebenszeit

1803

19. Februar	(*30. Pluviôse des Jahres XI*)
	Bonaparte zum Vermittler der Helvetischen Konföderation gewählt
20. Mai	(*30. Floréal des Jahres XI*)
	Bruch des Friedens von Amiens

1804

14. Februar	(*24. Pluviôse des Jahres XII*)
	Bonaparte befiehlt die Verhaftung General Moreaus
15. März	(*24. Ventôse des Jahres XII*)
	Entführung des Herzogs von Enghien; er wird am 21. März hingerichtet
18. Mai	(*28. Floréal des Jahres XII*)
	Proklamation des Kaiserreichs
19. Mai	(*29. Floréal des Jahres XII*)
	Napoleon ernennt 18 kaiserliche Marschälle
2. Dezember	(*11. Frimaire des Jahres XIII*)
	Krönung Napoleons

1805

17. März	*(26. Ventôse des Jahres XIII)* Napoleon wird König von Italien
2. August	*(14. Thermidor des Jahres XIII)* Napoleon im Lager von Boulogne
25. August	*(7. Fructidor des Jahres XIII)* Die Große Armee schwenkt von Boulogne in Richtung Deutschland
20. September	*(3. Ergänzungstag des Jahres XIII)* Zusammenbruch der »Vereinigten Kaufleute«
19. Oktober	*(27. Vendémiaire des Jahres XIV)* Niederlage der Österreicher bei Ulm
21. Oktober	*(29. Vendémiaire des Jahres XIV)* Die französische Flotte wird bei Trafalgar vernichtet
2. Dezember	*(11. Frimaire des Jahres XIV)* Sieg Napoleons bei Austerlitz
26. Dezember	*(5. Nivôse des Jahres XIV)* Vertrag von Preßburg
31. Dezember	*(10. Nivôse des Jahres XIV)* Ende der offiziellen Verwendung des Revolutionskalenders

1806

19. Januar	Napoleon bietet Joseph das Königreich Neapel an
15. März	General Murat wird Großherzog von Berg
4. April	Veröffentlichung des kaiserlichen Katechismus
12. Juli	Napoleon wird Protektor des Rheinbundes
14. Oktober	Siege Napoleons bei Jena und Auerstedt
27. Oktober	Napoleon zieht in Berlin ein
21. November	Dekret von Berlin, das die »Kontinentalsperre« erläßt

1807

8. Februar	Schlacht von Preußisch-Eylau
27. April	Napoleon empfängt in Finckenstein eine persische Gesandtschaft

14. Juni	Entscheidender Sieg Napoleons bei Friedland
7. Juli	Unterzeichnung des Vertrags von Tilsit zwischen Frankreich und Rußland
22. Juli	Schaffung des Großherzogtums Warschau
3. September	Der *Code Civil* wird zum *Code Napoléon*
27. Oktober	Vereinbarung von Fontainebleau über die Aufteilung Portugals
30. November	General Junot zieht in Lissabon ein

1808

1. März	Senatsbeschluß zur Einsetzung des kaiserlichen Adels
7. März	Fontanes wird Großmeister der Universität
2. Mai	Erhebung gegen die Franzosen in Madrid
5. Mai	Abdankung der spanischen Bourbonen
4. Juni	Joseph wird von Napoleon zum König von Spanien bestimmt
22. Juli	Kapitulation Duponts bei Bailén
1. August	Murat wird König von Neapel
30. August	Junot kapituliert bei Cintra vor den Engländern
27. September	Begegnung von Erfurt zwischen Napoleon und dem Zaren
22. Oktober	Die Formel »*République française*« wird auf den Münzen durch »*Empire français*« abgelöst
4. Dezember	Napoleon erobert Madrid zurück

1809

23. Januar	Rückkehr Napoleons nach Paris
8. April	Die österreichische Armee dringt in Bayern ein
22. April	Sieg Napoleons bei Eggmühl
22. Mai	Schlacht bei Eßling
6. Juli	Sieg Napoleons bei Wagram
14. Oktober	Pius VII. wird in Rom festgenommen und nach Savona geschickt
14. Oktober	Vertrag von Wien zwischen Frankreich und Österreich
15. Dezember	Napoleon wird von Joséphine geschieden
17. Dezember	Das Strafgesetzbuch tritt in Kraft

1810

30. Januar	Einführung der »Außerordentlichen Domänenkasse«
5. Februar	Schaffung einer Direktion für das Buchwesen
2. April	Heirat von Napoleon und Marie Louise in Paris
19. April	Erhebung der spanischen Kolonien
3. Juni	Fouchés Entlassung als Polizeiminister
9. Juli	Angliederung Hollands an Frankreich
21. August	Bernadotte wird zum Kronprinzen von Schweden gewählt
11. Oktober	Mißerfolg Massénas bei Torres Vedras gegen Wellington
13. Dezember	Senatsbeschluß über die »einhundertdreißig Departements«

1811

20. Februar	Chateaubriand wird in die *Académie française* gewählt; Napoleon verhindert die Verlesung seiner Antrittsrede
20. März	Geburt des Königs von Rom

1812

26. Januar	Katalonien wird Frankreich eingegliedert
8. April	Napoleon schickt Alexander I. ein Ultimatum
24. Juni	Napoleon überschreitet den Njemen; Beginn des Rußlandfeldzugs
22. Juli	In Spanien schlägt der englische General Wellington Marmont bei Arapiles
7. September	Französischer Sieg an der Moskwa (Borodino)
14. September	Napoleon zieht in Moskau ein; am darauffolgenden Tag beginnt die Stadt zu brennen
19. Oktober	Napoleon verläßt Moskau
23. Oktober	Gescheiterter Staatsstreich Malets
24. Oktober	Die Niederlage bei Malo Jaroslawez zwingt Napoleon zum Rückzug auf der Strecke des Hinwegs
29. November	Übergang über die Beresina
5. Dezember	Napoleon verläßt die Armee und bricht nach Paris auf

1813

17. März	Preußen erklärt Frankreich den Krieg
2. Mai	Sieg Napoleons bei Lützen
20. Mai	Sieg Napoleons bei Bautzen
21. Juni	Wellington überrascht Joseph bei Vitoria; Spanien geht verloren
12. August	Österreich erklärt Frankreich den Krieg
16.–18. Oktober	Niederlage Napoleons bei Leipzig; Deutschland ist für Frankreich verloren

1814

26. Januar	Beginn des Feldzugs in Frankreich
30. März	Schlacht vor Paris; die Stadt kapituliert
31. März	Einzug der Alliierten in Paris
3. April	Napoleon wird abgesetzt
6. April	Bedingungslose Abdankung Napoleons
3. Mai	Ludwig XVIII. zieht in Paris ein
30. Mai	Vertrag von Paris
4. Juni	Veröffentlichung der *Charte*
1. November	Offizielle Eröffnung des Wiener Kongresses

1815

1. März	Napoleon verläßt die Insel Elba und landet im Golf von Juan
20. März	Napoleon in den Tuilerien
16. Juni	Schlacht bei Ligny
18. Juni	Schlacht bei Waterloo
22. Juni	Zweite Abdankung Napoleons
8. Juli	Rückkehr Ludwigs XVIII.
7. August	Napoleon unterwegs nach Sankt Helena
15. August	Wahl der »Unvergleichlichen Kammer« mit ultraroyalistischer Mehrheit
25. September	Richelieu löst Talleyrand an der Spitze der Regierung ab
20. November	Zweiter Vertrag von Paris
7. Dezember	Marschall Ney wird hingerichtet

1816

5. September	Auflösung der »Unvergleichlichen Kammer«

1817

8. Februar	Neues Wahlgesetz

1818

20. März	Militärgesetz Gouvion Saint-Cyrs
September	Kongreß von Aachen; Richelieu erreicht am 9. Oktober die Räumung des französischen Territoriums durch die Alliierten
21. Dezember	Rücktritt Richelieus; an seine Stelle tritt Élie Graf de Decazes

1819

20. November	Decazes, der bereits die Geschäfte leitet, wird Ministerpräsident

1820

13. Februar	Ermordung des Herzogs von Berry
21. Februar	Zweite Regierung Richelieu
29. September	Geburt des Herzogs von Bordeaux

1821

5. Mai	Tod Napoleons auf Sankt Helena
Oktober	Wahlen zur Kammer; Verstärkung der Ultraroyalisten
13. Dezember	Rücktritt Richelieus

1822

7. September	Graf von Villèle wird Ministerpräsident
21. September	Hinrichtung der vier Unteroffiziere von La Rochelle

1823

---

28. Januar	Beginn der Krieges in Spanien
31. August	Einnahme des Trocadero
24. Dezember	Auflösung der Kammer

1824

---

25. Februar	Die Wahlen bringen den Ultras die Mehrheit; es entsteht die »Wiedergefundene Kammer«
9. Juni	Neues Wahlgesetz
16. September	Tod Ludwigs XVIII.

1825

| 29. Mai | Krönung Karls X. |

1826

| 7. April | Ablehnung des Gesetzesentwurfs über das Erstgeburtsrecht |

1827

---

29. April	Auflösung der Nationalgarde
5. November	Auflösung der Kammer
17. November	Wahlen mit günstigem Ausgang für die Liberalen

1828

| 3. Januar | Villèle zieht sich zurück; Martignac löst ihn ab |

1829

| 8. August | Polignac gelangt an die Macht |

1830

7. Februar	Vorbereitungen für die Expedition gegen Algier
16. Mai	Auflösung der Kammer
14. Juni	Französische Landung in Sidi-Ferruch
5. Juli	Einnahme Algiers
25. Juli	Unterzeichnung der Erlasse
28./29./30. Juli	Die »Drei Glorreichen Tage«
2. August	Abdankung Karls X.
9. August	Der Herzog von Orléans nimmt die Krone als Louis-Philippe I. an
2. November	Laffitte wird Ministerpräsident

1831

14. Februar	Plünderung des erzbischöflichen Palais in Paris
13. März	Casimir Perier wird Ministerpräsident
20. November	Unruhen in Lyon

1832

23. Februar	Besetzung Anconas durch die französischen Truppen
22. März	Auftreten der Cholera in Paris
16. Mai	Tod Casimir Periers
5./6. Juni	Während der Beisetzung des Generals Lamarque kommt es zum Aufruhr
22. Juni	Tod des Herzogs von Reichstadt, des Sohnes Napoleons
11. Oktober	Die »Regierung aller Talente«
6. November	Endgültiges Scheitern der Herzogin von Berry
23. Dezember	Einnahme von Antwerpen

1833

28. Juni	»Gesetz Guizot« über den Volksschulunterricht

1834

9. April	Neue Unruhen in Lyon
13./14. April	Unruhen in Paris; das Massaker in der Rue Transnonain
20. Mai	Tod La Fayettes

1835

18. März	Regierung de Broglie
28. Juli	Mißlungenes Attentat von Fieschi gegen den König

1836

22. Februar	Thiers wird Ministerpräsident
24. Juli	Armand Carrel wird im Duell von Emile de Girardin getötet
6. September	Die Regierung Molé
30. Oktober	Putschversuch von Louis-Napoléon Bonaparte in Straßburg

1837

15. April	Zweites Kabinett Molé
27. Mai	Vertrag von Tafna mit Abd-el-Kader
30. Mai	Heirat des Herzogs von Orléans mit Prinzessin Helene von Mecklenburg-Schwerin
13. Oktober	Einnahme von Constantine

1838

17. Mai	Tod Talleyrands

1839

2. Februar	Auflösung der Kammer
8. März	Rücktritt Molés
12. Mai	Aufruhr in Paris; Bildung der Regierung Soult
31. Dezember	Niederlage Abd-el-Kaders

1840

1. März	Zweites Kabinett Thiers
6. August	Louis-Napoléon Bonaparte versucht einen Staatsstreich in Boulogne
15. Juli	Abkommen von London gegen Frankreich
20. Oktober	Sturz Thiers'; Guizot kehrt im dritten Kabinett Soult faktisch an die Macht zurück
15. Dezember	Überführung der sterblichen Überreste Napoleons in den Invalidendom

1841

1. Februar	Gesetz über die Befestigungen von Paris

1842

8. Mai	Eisenbahnkatastrophe auf der Linie von Saint-Germain
13. Juli	Tödlicher Unfall des Herzogs von Orléans

1843

16. Mai	Eroberung der Smala (Zelthofstaat) Abd-el-Kaders durch den Herzog von Aumale

1844

14. August	Sieg bei Isly in Algerien
12. September	Englandreise Louis-Philippes

1845

7. September	Gefecht bei Sidi-Brahim

1846

25. Mai	Louis-Napoléon entkommt aus dem Fort Ham
30. September	Unruhen in Paris
11. Oktober	Der Herzog von Montpensier heiratet die Infantin von Spanien

1847

8. Juli	Prozeß Teste-Cubière
9. Juli	Erstes Bankett für die Wahlrechtsreform
17. August	Ermordung der Herzogin von Praslin durch ihren Ehemann
23. Dezember	Abd-el-Kader ergibt sich
31. Dezember	Tod von Madame Adelaide, der Schwester des Königs

1848

29. Januar	Prophetische Rede Tocquevilles in der Kammer
22. Februar	Gewalttätige Kundgebungen in Paris
24. Februar	Triumph der Revolution; Flucht Louis-Philippes
26. Februar	Proklamation der Republik
1. März	Verkündigung des allgemeinen Wahlrechts
23. April	Wahlen zur Verfassunggebenden Nationalversammlung
27. April	Abschaffung der Sklaverei
15. Mai	Die aufständische Menge dringt in die National-versammlung ein
23.–26. Juni	Die Erhebung der Arbeiter wird von Cavaignac niedergeschlagen
4. November	Neue Verfassung
10. Dezember	Wahl Louis-Napoléons zum Präsidenten der Republik

1849

13. Mai	Wahl der Gesetzgebenden Nationalversammlung
13. Juni	Unruhen zugunsten der Römischen Republik
27. November	Erneuerung des gesetzlichen Streikverbots

1850

15. März	Gesetz Falloux über die Unterrichtsfreiheit
31. Mai	Das neue Wahlgesetz schließt 3 Millionen Wähler aus

1851

3. Januar	Abberufung des Generals Changarnier
19. Juli	Ablehnung der Verfassungsänderung
2. Dezember	Staatsstreich Louis-Napoléon Bonapartes
20. Dezember	Plebiszit

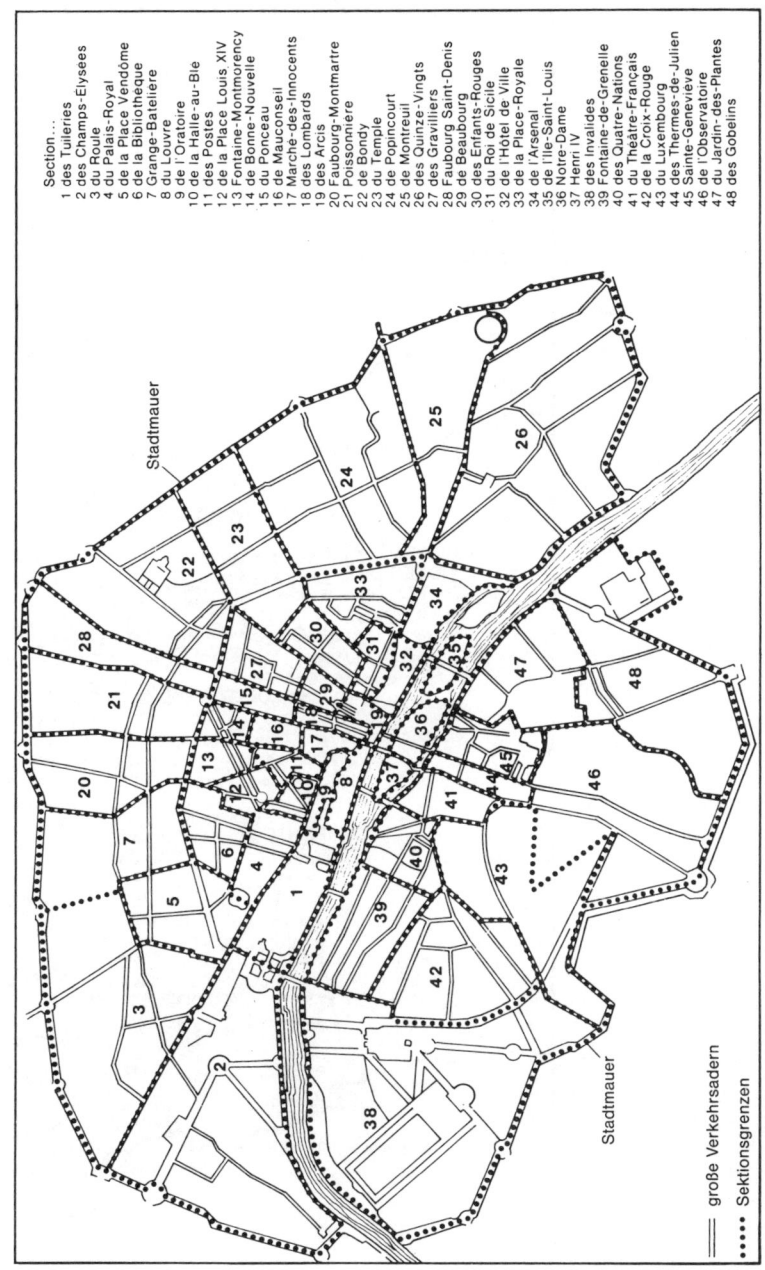

Section....
1 des Tuileries
2 des Champs-Elysees
3 du Roule
4 du Palais-Royal
5 de la Place Vendôme
6 de la Bibliotheque
7 Grange-Bateliere
8 du Louvre
9 de l'Oratoire
10 de la Halle-au-Ble
11 des Postes
12 de la Place Louis XIV
13 Fontaine-Montmorency
14 de Bonne-Nouvelle
15 du Ponceau
16 de Mauconseil
17 Marche-des-Innocents
18 des Lombards
19 des Arcis
20 Faubourg-Montmartre
21 Poissonniere
22 de Bondy
23 du Temple
24 de Popincourt
25 de Montreuil
26 des Quinze-Vingts
27 des Gravilliers
28 Faubourg Saint-Denis
29 de Beaubourg
30 des Enfants-Rouges
31 du Roi de Sicile
32 de l'Hôtel de Ville
33 de la Place-Royale
34 de l'Arsenal
35 de l'Ile-Saint-Louis
36 Notre-Dame
37 Henri IV
38 des Invalides
39 Fontaine-de-Grenelle
40 des Quatre-Nations
41 du Theatre-Français
42 de la Croix-Rouge
43 du Luxembourg
44 des Thermes-de-Julien
45 Sainte-Geneviève
46 de l'Observatoire
47 du Jardin-des-Plantes
48 des Gobelins

Stadtmauer

Stadtmauer

——— große Verkehrsadern
•••••• Sektionsgrenzen

Die Pariser Sektionen
(nach dem Almanach des Jahres III)

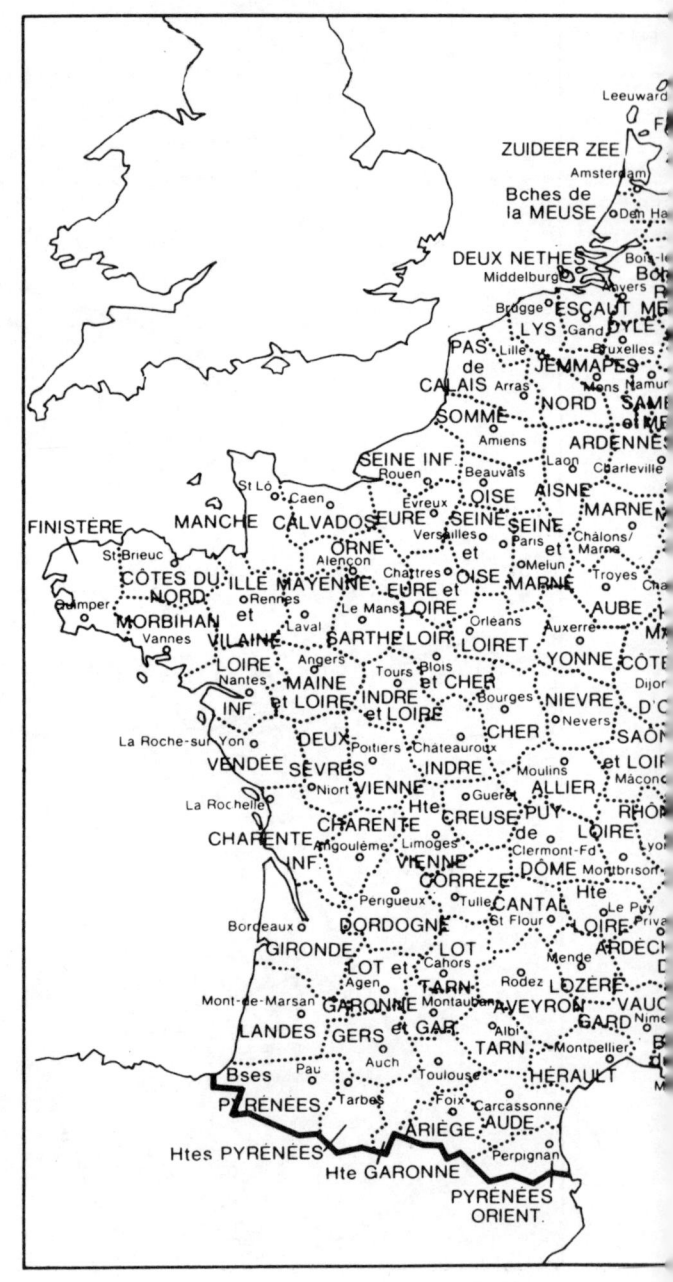

EMS ORIENT.
Bches
de l'ELBE
Hamburg
Aurich
Groningen
Bches du
Bremen
WESER
EMS
OCCID.
EMS
Osnabrück
Bches
de ISSEL
SUP.
Münster
SSEL
SUP.
LIPPE
Arnhem
u
ROER
Maastricht
Aachen
üttich
RHIN
Koblenz
URTHE
et MOSELLE
FORETS
Mainz
xembourg
Trier
MONT
SARRE
TONNERRE
MOSELLE
SE
Metz
BAS
r-le-MEURTHE
Nancy
RHIN
Straßburg
ac
Epinal
VOSGES
Colmar
NE
Hte
HAUT-
SAÔNE
RHIN
Vesoul
Besançon
DOUBS
Lons-le-Saunier
JURA
u
Genf
SIMPLON
Sion
IN
LEMAN
DOIRE
Chambery
SESIA
Ivrea
Vercelli
ERE
MONT
BLANC
MARENGO
Grenoble
Turin
Alessandria
TARO
alence
PÔ
Parma
Htes
ALPES
GENES
APENNINS
STURA
Genua
ME
Savona
Chiavari
Bses
Cuneo
MONTENOTTE
Florenz
SE
Digne
ARNO
 gnon
ALPES
Nizza
 s
ALPES
MÉDITERRANÉE
TRASIMENE
HÔNE
MAR.
Livorno
Siena
Spoleto
VAR
Pté de PIOMBINO
OMBRONE
ille
GOLO
Bastia
TIBRE
Ajaccio
Rom
LIAMONE

Frankreichs
Einteilung in
130 Departements
im Jahre 1811

Die Poststrecken gegen Ende des 18. Jahrhunderts
(nach einer Karte von Desouches aus dem Jahr V)

BIBLIOGRAPHISCHE HINWEISE

Die Zusammenstellung der deutschsprachigen Titel sowie der hier aufgeführten deutschen Übersetzungen französischer Werke besorgte Helmut Berding.

ÜBERGREIFENDE DARSTELLUNGEN 1789–1851

F. BERGERON, F. FURET, R. KOSELLECK, Das Zeitalter der europäischen Revolutionen 1780–1848, Frankfurt/M. 1969, zuletzt 1987 (Fischer Weltgeschichte Bd. 26)

F. BRAUDEL, E. LABROUSSE (Hrsg.), Wirtschaft und Gesellschaft in Frankreich im Zeitalter der Industrialisierung 1789–1880, Bd. 1, Frankfurt/M. 1986

W. BUSSMANN (Hrsg.), Handbuch der europäischen Geschichte, Bd. 5: Europa von der Französischen Revolution zu den nationalstaatlichen Bewegungen des 19. Jahrhunderts, Stuttgart 1981

C. M. CIPOLLA, K. BORCHARDT (Hrsg.), Europäische Wirtschaftsgeschichte, Bd. 4: Die Entwicklung der industriellen Gesellschaft, Stuttgart 1977

FR. DREYFUS, Le Temps des Révolutions, Paris 1968

M. ERBE, Geschichte Frankreichs von der Großen Revolution bis zur Dritten Republik 1789–1884, Stuttgart 1982

M. ERBE (Hrsg.), Vom Konsulat zum Empire libéral. Ausgewählte Texte zur französischen Verfassungsgeschichte 1799–1870, Darmstadt 1985

Histoire de la France contemporaine, hrsg. von LAVISSE, Bd. 1: PH. SAGNAC, La Révolution (1789–1792); Bd. 2: PARISET, La Révolution (1792–1799); Bd. 3: PARISET, Le Consulat et l'Empire; Bd. 4: S. CHARLÉTY, La Restauration; Bd. 5: S. CHARLÉTY, La Monarchie de Juillet; Bd. 6: CH. SEIGNOBOS, La Révolution de 1848 et le Second Empire

E. HOBSBAWM, Europäische Revolutionen 1789 bis 1848, Zürich 1962

W. MAGER, Frankreich vom Ancien Régime zur Moderne. Wirtschafts-, Gesellschafts- und politische Institutionengeschichte 1630–1830, Stuttgart 1980

Nouvelle Histoire de France contemporaine, Bd. 1: M. VOVELLE, La Chute de la monarchie; Bd. 2: M. BOULOISEAU, La République jacobine; Bd. 3: D. WORONOFF, La République bourgeoise; Bd. 4: L. BERGERON,

L'Épisode napoléonien, aspects intérieurs; Bd.5: LOVIE, PALLUEL, L'Épisode napoléonien, aspects extérieurs; Bd.6: JARDIN, TUDESQ, La France des notables: l'évolution générale; Bd.7: JARDIN, TUDESQ, La France des notables: la vie de la nation; Bd.8: M. AGULHON, 1848

    F. SIEBURG, Im Licht und Schatten der Freiheit. Frankreich 1789–1848. Bilder und Texte, 3.A. Stuttgart 1989

    P. STADLER, Geschichtsschreibung und historisches Denken in Frankreich, 1789–1871, Zürich 1958

    E. WEIS, Der Durchbruch des Bürgertums 1776–1847, Berlin 1982

    G. ZIEBURA, Frankreich 1789–1870. Entstehung einer bürgerlichen Gesellschaftsformation, Frankfurt/M. 1979

    G. ZIEBURA unter Mitwirkung von H.-G. HAUPT (Hrsg.), Wirtschaft und Gesellschaft in Frankreich seit 1789, Köln 1975

DIE REVOLUTION

1. QUELLEN

Quellen zur Geschichte des Rheinlandes im Zeitalter der Französischen Revolution 1780–1801, 4 Bde., hrsg. von J. Hansen, Bonn 1931–1938

Die Französische Revolution. Berichte und Deutungen deutscher Schriftsteller, hrsg. von H. GÜNTHER, Frankfurt/M. 1985

Die Französische Revolution. Eine Dokumentation, hrsg. von W. Grab, München 1973

Reden der Französischen Revolution, hrsg. von P. Fischer, München 1974

E. J. SIEYES, Was ist der Dritte Stand?, hrsg. von O. Dann, Essen 1988

Tocqueville und das Zeitalter der Revolution, hrsg. von I. Geiss, München 1982

2. DARSTELLUNGEN

J. BAINVILLE, Le 18 Brumaire, Paris 1925

P. BASTID, Sieyès et sa pensée, Paris 1939

H. BERDING (Hrsg.), Soziale Unruhen in Deutschland während der Französischen Revolution, Göttingen 1988

H. BERDING, E. FRANÇOIS, H.-P. ULLMANN (Hrsg.), Deutschland und Frankreich im Zeitalter der Französischen Revolution, Frankfurt/M. 1989

J.-P. BERTAUD, Alltagsleben während der Französischen Revolution, Freiburg 1988 (La Vie quotidienne au temps de la Révolution, Paris 1983)

J.-P. BERTAUD, Les Amis du roi, Paris 1984

F. BLUCHE, Danton, Stuttgart 1988 (Danton, Paris 1984)

H. BORTFELDT, Die unvergleichliche Revolution, Freiburg 1980

A. CASTELOT, Marie-Antoinette, Paris 1953

CASTRIES, DUC DE, La Vie quotidienne des émigrés, Paris 1966

G. CHAUSSINAND-NOGARET, Mirabeau, Stuttgart 1988 (Paris 1988)

J.-F. CHIAPPE, La Vendée en armes, 3 Bde., 1981–1983

A. COBBAN, Le Sens de la Révolution, Paris 1984

G. DE DIESBACH, Histoire de l'émigration, Paris 1984

J. DROZ, L'Allemagne et la Révolution française, Paris 1949

F. DUMONT, Die Mainzer Republik von 1792/93, Alzey 1982

K.-D. ERDMANN, Volkssouveränität und Kirche, Köln 1949

E. FEHRENBACH, Vom Ancien Régime zum Wiener Kongreß,
2. A. München 1986

A. FUGIER, La Révolution française et l'Empire; Bd. IV der Histoire des
relations internationales, hrsg. von P. RENOUVIN, Paris 1950

F. FURET, M. OZOUF, Kritisches Wörterbuch der Französischen Revolution,
Frankfurt/M. 1989 (Dictionnaire critique de la Révolution française, Paris 1988)

F. FURET, D. RICHET, Die französische Revolution, München 1980
(La Révolution française, Paris 1973)

P. GAXOTTE, Die französische Revolution. Mit einer Einführung von
H. DIWALD, 2. A. München 1975 (La Révolution française, von J. TULARD durch-
ges. Neuauflage, Paris 1975)

P. u. PTTE. GIRAULT DE COURSAC, Enquête sur le procès de Louis XVI,
Paris 1982

J. GODECHOT, La Contre-révolution, Paris 1984

J. GODECHOT, La Grande Nation, Paris 1983

J. GODECHOT, Les Institutions de la France sous la Révolution et l'Empire,
Paris 1968

J. GODECHOT, Le 14 juillet, Paris 1965

J. GODECHOT, Les Révolutions, 1770–1799, Paris 1965

J. GODECHOT, La Vie quotidienne sous le Directoire, Paris 1977

M. GÖHRING, Geschichte der Großen Revolution, Tübingen 1950–51

W. GRAB (Hrsg.), Die Debatte um die Französische Revolution,
München 1975

M. GREY, Hébert, Paris 1983

K. GRIEWANK, Die Französische Revolution 1789–1799, 4. A. Köln 1972

H. U. GUMBRECHT, R. REICHARDT, T. SCHLEICH (Hrsg.), Sozial-
geschichte der Aufklärung in Frankreich, 2 Teile, München 1981

E. VAN DEN HEUVEL, Grundprobleme der französischen Bauernschaft
1730–1794, München 1982

E. VAN DEN HEUVEL, Der Freiheitsbegriff der Französischen Revolution. Studien zur Revolutionsideologie, Göttingen 1988

E. HINRICHS u. a. (Hrsg.), Vom Ancien Régime zur Französischen Revolution. Forschungen und Perspektiven, Göttingen 1978

H. KESSLER, Terreur. Ideologie und Nomenklatur der revolutionären Gewaltanwendung in Frankreich von 1770 bis 1794, München 1973

R. KOSELLECK, R. REICHARDT (Hrsg.), Die Französische Revolution als Bruch des gesellschaftlichen Bewußtseins, München 1988

E. LABROUSSE, G. LEFEBVRE, A. SOBOUL u. a., Geburt der bürgerlichen Gesellschaft: 1789, hrsg. von I. A. HARTWIG, Frankfurt/M. 1979

G. LACOUR-GAYET, Talleyrand, 4 Bde., Paris 1928–1934

R. LACOUR-GAYET, Calonne, Paris 1963

A. LATREILLE, L'Église catholique et la Révolution, Bd. 1, Paris 1946

G. LEFEBVRE, La France sous le Directoire (1795–1799), neu hrsg. von J.-R. SURATTEAU, Paris 1978, 2. A. 1984

G. LEFEBVRE, La Grande Peur, Paris o. J.

G. LEFEBVRE, Les Paysans du Nord pendant la Révolution, 1959

G. LEFEBVRE, La Révolution française, Paris 1963

J. LEFLON, La Crise révolutionnaire, Bd. XX der Histoire de l'Église, hrsg. von FLICHE und MARTIN, 1951

L. MADELIN, Fouché. Der Mann, den selbst Napoleon fürchtete, München 1989 (Fouché, 2 vol., Paris 1923)

H. MAIER, E. SCHMITT (Hrsg.), Wie eine Revolution entsteht. Die Französische Revolution als Kommunikationsereignis, Paderborn 1988

W. MARKOV, Revolution im Zeugenstand. Frankreich 1789–1799. 2 Bde., Frankfurt/M. 1987

A. MATHIEZ, La Révolution française, 1960

C. MAZAURIC, Babeuf, Paris 1962

A. MEYNIER, Les Coups d'État du Directoire, 3 Bde., Paris 1928

J. MISTLER, Le 14 juillet, Paris 1963

R. MONNIER, Le Faubourg Saint-Antoine, Paris 1981

E. NAUJOKS, Die Französische Revolution und Europa, 1789–1799, Stuttgart 1969

A. OLLIVIER, Saint-Just, Paris 1954

W. OPPENHEIMER, Necker. Finanzminister am Vorabend der Französischen Revolution, Stuttgart 1989

M. OZOUF, La Fête révolutionnaire, Paris 1976

R. R. PALMER, Das Zeitalter der demokratischen Revolution. Eine vergleichende Geschichte Europas und Amerikas von 1760 bis zur Französischen Revolution, Frankfurt 1970

S. PETERSEN, Lebensmittelfrage und revolutionäre Politik in Paris 1792–1793. Studien zum Verhältnis von revolutionärer Bourgeoisie und Volksbewegung bei Herausbildung der Jakobinerdiktatur, München 1979

C. PETITFRÈRE, La Vendée et les Vendéens, Paris 1981

B. PLONGERON, Conscience religieuse et Révolution, Paris 1969

R. REICHARDT (Hrsg.), Ploetz – Die Französische Revolution, Würzburg 1988

R. REICHARDT, E. SCHMITT (Hrsg.), Handbuch politisch-sozialer Grundbegriffe in Frankreich 1680–1820, München 1985ff.

M. REINHARD, La Chute de la royauté, Paris 1969

M. REINHARD, Le Grand Carnot, 2 Bde., Paris 1950ff.

G. RUDÉ, Die Massen in der Französischen Revolution, München 1961

G. RUDÉ, Europa im Umbruch, München 1981

W. SCHMALE, Entchristianisierung, Revolution und Verfassung. Zur Mentalitätsgeschichte der Verfassung in Frankreich 1717–1794, Berlin 1988

E. SCHMITT, Einführung in die Geschichte der Französischen Revolution, München 1976

E. SCHMITT (Hrsg.), Die Französische Revolution. Anlässe und langfristige Ursachen, Darmstadt 1973

E. SCHMITT (Hrsg.), Die Französische Revolution, Köln 1976

E. SCHMITT, R. REICHARDT (Hrsg.), Die Französische Revolution – zufälliges oder notwendiges Ereignis?, 3 Teile, München 1983

E. SCHULIN, Die Französische Revolution, München 1988

W. SCHULZE, Der 14. Juli 1789. Biographie eines Tages, Stuttgart 1989

F. SIEBURG, Robespierre. Eine Biographie, Stuttgart 1987

A. SOBOUL, Die Französische Revolution. Ein Abriß ihrer Geschichte 1789–1799, Königstein 1988 (Précis d'histoire de la Révolution française, Paris 1982)

A. SOBOUL, Französische Revolution und Volksbewegung: die Sansculotten. Die Sektionen von Paris im Jahre II. Bearb. und hrsg. von W. Markov, Frankfurt/M. 1978 (Les Sans culottes parisiens en l'an II, 1958)

J.-R. SURATTEAU, La Révolution française. Certitudes et controverses, Paris 1973

A. DE TOCQUEVILLE, Der alte Staat und die Revolution, München 1959, 2.A. 1989 (L'Ancien Régime et la Révolution, Paris 1852)

J. TULARD, Nouvelle Histoire de Paris: la Révolution, Paris 1989

J. TULARD, FR. FAYARD, A. FIERRO, Histoire et dictionnaire de la Révolution, Paris 1987

J. VIDALENC, Les Émigrés français, Caen 1963

L. VILLAT, La Révolution et l'Empire, Bd. 1: Les Assemblées révolutionnaires, Paris 1947

J. VOSS (Hrsg.), Deutschland und die Französische Revolution, München 1983

M. VOVELLE, L'État de la France, Paris 1988

G. WALTER, Le 9 Thermidor, Paris 1972

H. WENDEL, Danton. Schillernde Gestalt der Französischen Revolution, München 1988

KONSULAT UND KAISERREICH

M. AGULHON, La Vie sociale en Provence intérieure au lendemain de la Révolution, Paris 1970

F. BENOÎT, L'Art français sous la Révolution et l'Empire, 1975

H. BERDING, Napoleonische Herrschafts- und Gesellschaftspolitik im Königreich Westfalen 1807–1813, Göttingen 1973

H. BERDING, H. P. ULLMANN (Hrsg.), Deutschland zwischen Revolution und Restauration, Düsseldorf 1981

L. BERGERON, Banquiers, négociants et manufacturiers parisiens du Directoire à l'Empire, Paris 1975

F. BLUCHE, Le Plébiscite des Cent Jours, Paris 1974

CAMON, La Guerre napoléonienne, 2 Bde., Paris 1903

A. CHABERT, Essai sur les mouvements des revenues et de l'activité économique en France de 1789 à 1820, Paris 1949

M. DUNAN, Napoléon et l'Allemagne. Le Système continental et les débuts du royaume de Bavière 1806–1810, 2.A. Paris 1948

E. FEHRENBACH, Traditionelle Gesellschaft und revolutionäres Recht. Die Einführung des Code Napoléon in den Rheinbundstaaten, 3.A. Göttingen 1983

A. FUGIER, Napoléon et l'Italie, Paris 1947

J. GODECHOT, L'Europe et l'Amérique à l'époque napoléonienne, Paris 1967 (grundlegend, umfangreiche Bibliographie)

W. VON GROOTE (Hrsg.), Napoleon und die Staatenwelt seiner Zeit, Freiburg 1969

LANZAC DE LABORIE, Paris sous Napoléon, 8 Bde., Paris 1905–1911

A. LATREILLE, L'Ère napoléonienne, Paris 1974

G. LEFEBVRE, Napoleon, Stuttgart 1989 (Paris 1977)

E. LE GALLO, Les Cent Jours, Paris 1924

L. MADELIN, Histoire du Consulat et de l'Empire, 16 Bde., Paris 1936–1954

A. S. MANFRED, Napoleon Bonaparte, Köln 1981

M. MARION, Histoire financière de la France depuis 1715, Bd.IV (1925, grundlegend)

W. MARKOV, Die Napoleon-Zeit. Geschichte und Kultur des Grand Empire, Stuttgart 1985

J. MISTLER, Napoléon et l'Empire, 2 Bde., Paris 1968

MORVAN, Le Soldat impérial, 2 Bde., Paris 1904 (wichtiges Werk)

H.-O. SIEBURG (Hrsg.), Napoleon und Europa, Köln 1971

A. SOBOUL, La Civilisation et la Révolution française: la France napoléonienne, Paris 1983

R. SZRAMKIEWICZ, Les Régents et censeurs de la Banque de France, Paris 1974

A. THIERS, Histoire du Consulat et de l'Empire, 21 Bde., Paris 1845–1874

G. THUILLIER, La monnaie en France au XIXe siècle, Paris 1983

TRANIÉ, CARMINIANI, Napoléon et la Russie, 1805–1807, Paris 1979; Napoléon et l'Autriche, Paris 1980; Napoléon et la campagne d'Espagne, Paris 1981; La campagne de Russie, Paris 1982 (hervorragend illustrierte Bände)

J. TULARD, Dictionnaire Napoléon, Paris 1988

J. TULARD, Le Grand Empire, Paris 1981

J. TULARD, Napoleon oder der Mythos des Retters. Eine Biographie, Berlin 1982 (Napoléon ou le mythe du sauveur, Paris 1977; grundlegend, umfangreiche Bibliographie)

J. TULARD, Napoléon et la noblesse d'Empire, Paris 1979

J. TULARD, Nouvelle Histoire de Paris: Le Consulat et l'Empire, Paris 1970

J. TULARD, La Vie des Français sous Napoléon, Paris 1978

L. VILLAT, La Révolution et l'Empire; Bd.2: Napoléon, Paris 1947 (grundlegend, umfangreiche Bibliographie)

DIE RESTAURATION

I. QUELLEN

H.-G. HAUPT (Hrsg.), Sozialökonomische und politische Voraussetzungen der Julirevolution 1830, Göttingen 1971

2. DARSTELLUNGEN

J. BARTHÉLEMY, L'introduction du régime parlementaire en France, Paris 1904

P. BASTID, Les institutions politiques de la monarchie parlementaire, 1814–1848, Paris 1954

G. DE BERTIER DE SAUVIGNY, Le Comte Ferdinand de Bertier et l'énigme de la Congrégation, Paris 1948

G. DE BERTIER DE SAUVIGNY, Metternich et la France après le Congrès de Vienne, 2 Bde., Paris 1968–1970

G. DE BERTIER DE SAUVIGNY, Nouvelle Histoire de Paris: la Restauration, Paris 1977

G. DE BERTIER DE SAUVIGNY, La Restauration, Paris 1963 (mit einer umfassenden Bibliographie, auf den neuesten Stand gebracht in: Bulletin de la Société d'Histoire moderne, 1984)

G. DE BERTIER DE SAUVIGNY, La Révolution de 1830 en France, Paris 1970

M. BRUGUIÈRE, La Première Restauration et son budget, Paris 1969

J. CABANIS, Charles X, Paris 1972

L. CHEVALIER, Classes laborieuses et classes dangereuses en France, Paris 1958

L. DUNHAM, La Révolution industrielle en France (1815–1848), 1953

B. GILLE, La Banque et le Crédit en France de 1811 à 1848, Paris 1959

L. GIRARD, La Garde nationale, Paris 1964

W. GISSELMANN, Die brumairianische Elite. Kontinuität und Wandel der französischen Führungsschicht zwischen Ancien Régime und Julimonarchie, Stuttgart 1977

K. HAMMER, Die französische Diplomatie der Restauration und Deutschland 1814–1830, Stuttgart 1963

H.-G. HAUPT, Nationalismus und Demokratie. Zur Geschichte der Bourgeoisie im Frankreich der Restauration, Frankfurt/M. 1974

M. KOSSOK (Hrsg.), Die französische Revolution von 1830 und Europa, Vaduz 1985

D. LANGEWIESCHE, Europa zwischen Restauration und Revolution 1815–1849, München 1985

PH. MANSEL, Louis XVIII, Paris 1982

M. MARQUET, Geschwister, Marschälle, Minister. Die Spitzen des napoleonischen Reiches im königlichen Frankreich, Wien 1983

F. PONTEIL, Les institutions de la France de 1814 à 1870, Paris 1966

CH.-H. POUTHAS, Histoire politique de la Restauration, Paris 1938

CH.-H. POUTHAS, La population française pendant la première moitié du XIXe siècle, Paris 1956

F. SIEBURG, Chateaubriand, Stuttgart 1986

R. VON THADDEN, Restauration und napoleonisches Erbe. Der Verwaltungszentralismus als politisches Problem in Frankreich (1814–1830), Wiesbaden 1972

J. TULARD, Paris et son administration, Paris 1976

J. VIDALENC, La Restauration, Paris 1966

DIE JULIMONARCHIE

E. BEAU DE LOMÉNIE, Les responsabilités des dynasties bourgeoises, Paris 1943

D. BRAUNSTEIN, Französische Kolonialpolitik 1830–1852, Wiesbaden 1983

CASTRIES, DUC DE, Louis-Philippe, Paris 1978

A. DANSETTE, Histoire religieuse de la France contemporaine, Bd. 1, Paris 1948

J.-B. DUROSELLE, Les débuts du catholicisme social (1820–1870), Paris 1951

P. GERBOD, La condition universitaire en France au XIX siècle, Paris 1968

A. JARDIN, Tocqueville, Paris 1984

E. LABROUSSE, Le Mouvement ouvrier et les idées sociales en France de 1815 à la fin du XIXe siècle, Paris 1948

P. LÉVÊQUE; Une société provinciale: la Bourgogne sous la monarchie de Juillet, Ed. Touzot 1984

J. LHOMME, La Grande Bourgeoisie au pouvoir, 1830–1880, Paris 1960

CH. MORAZÉ, La France bourgeoise, Paris 1946

P. ROSANVALLON, Le Moment Guizot, Paris 1985

P. VAN THIEGHEM, Le romantisme français, 1947

G. THUILLIER, Bureaucratie et bureaucrates en France (1840–1849), Paris 1980

A. TUDESQ, Les Grands Notables en France (1840–1849), Paris 1964

J. TULARD, La préfecture de police sous la Monarchie de Juillet, Paris 1964

J. VIDALENC, La société française de 1815 à 1848: le peuple des campagnes, Paris 1970

PH. VIGIER, La Monarchie de Juillet, Paris 1962

DIE ZWEITE REPUBLIK

P. BASTID, Doctrines et institutions politiques de la Seconde République, Paris 1945

H. BEST, Die Abgeordneten der Assemblée Nationale Constituante 1848/49. Sozialprofil und legislatives Verhalten, Köln 1983

F. BLUCHE, Le Bonapartisme, Paris 1980

A. DANSETTE, Deuxième République et Second Empire, Paris 1943

A. DANSETTE, Louis-Napoléon à la conquête du pouvoir, Paris 1961

L. GIRARD, La Deuxième République, Paris 1968

L. GIRARD, Les Libéraux français, Paris 1985

L. GIRARD, Nouvelle Histoire de Paris: la Deuxième République et le Second Empire, Paris 1981

S. RIALS, Le Légitimisme, Paris 1983

R. RIEMENSCHNEIDER, Dezentralisation und Regionalismus in Frankreich. Politische Bewegungen gegen den Verwaltungszentralismus im Umkreis der Februarrevolution 1848 und napoleonischer Restauration 1851, Bonn 1985

H. STEINERT, H. TREIBER, Die Revolution und ihre Theorien. Frankreich 1848: Marx, von Stein, Tocqueville im aktuellen Vergleich, Opladen 1975

H. STUKE, W. FORSTMANN (Hrsg.), Die europäischen Revolutionen von 1848, Königstein 1979

PH. VIGIER, La Seconde République, Paris 1967

PH. VIGIER, La Seconde République dans la région alpine. Étude politique et sociale, Paris 1963.

ABD-EL-KADER, arab. Emir 422, 429

ABERDEEN, George Gordon, 4. Graf von, engl. Premierminister 430

ADAM, Adolphe, Komponist 422

ADDINGTON, Henry, engl. Premierminister 201

ADÉLAÏDE, Madame, Schwester des Herzogs von Orléans 348

AGOULT, Marie de Flavigny, Comtesse d', franz. Schriftstellerin 430

AIGUILLON, Armand Vignerol-Duplessis-Richelieu, Herzog von, franz. Staatsmann 62

ALBERT, Alexandre-Martin, genannt »der Arbeiter«, 442f., 451

ALEMBERT, Jean Le Rond d', Schriftsteller, Philosoph u. Mathematiker 27, 29, 50, 168

ALEXANDER I., Kaiser von Rußland 201, 213, 215, 218, 260f., 264, 270, 273, 276, 286f., 316, 332

ALFIERI, Vittorio, Graf, ital. Dichter 92

ALVINCZY, Nicolas, Baron von, österr. General 149

AMAR, Jean-Baptiste, Abgeordneter 117, 122, 133

ANDRIEUX, François, Schriftsteller 202, 244

ANGERS, David d' 423

ANGOULÈME, Herzog von 331f.

ANTRAIGUES, Comte d', Konterrevolutionär 120, 147, 153, 165

ARAGO, Dominique-François, Astronom u. Physiker 364, 387, 442, 450, 454f.

ARAGO, Étienne, Politiker 442

ARÉNA, Joseph, Politiker 194

ARGENSON, Voyer, Marquis d' 39, 50, 324, 328

ARGOUT, Comte d', Finanzminister 365, 389

ARNDT, Ernst Moritz, dt. Schriftsteller 276

ARTOIS, Comte d', siehe Karl X.

AUBER, Daniel-François Esprit, Komponist 422

AUGEREAU, Pierre, Herzog von Castiglione, Marschall 212, 217, 286

AUGIER, Émile, Dramatiker 383

AUGUSTA VON BAYERN, Gemahlin von Eugène de Beauharnais 214

AUGUSTE, Goldschmied 248

AUMALE, Herzog von, Sohn Louis-Philippes 429, 433

AUTICHAMP, Charles d' 194, 308

BABEUF, François-Émile, genannt Gracchus, Revolutionär 146

BAGRATION, Peter, russ. General 272

BAILLEUL 202

BAILLY, Jean-Sylvain, Politiker u. Astronom 55, 57, 60, 78, 89, 122, 179

BALLANCHE, Pierre-Simon, Schriftsteller 245

BALZAC, Honoré de, Schriftsteller 174, 234, 373, 377, 379, 385 f., 390 ff., 396 f., 400, 417, 423, 425, 469

BARAGUAY D'HILLIERS, Achille, Marschall 464

BARANTE, Prosper de, Präfekt 295, 320, 322

BARBAROUX, Charles, Anwalt 107, 113

BARBÉ-MARBOIS, François, Marquis de 147, 203, 284, 294, 316

BARBÈS, Armand, Politiker 363, 367, 444, 450 f.

BARCLAY DE TOLLY, Michael Bogdanowitsch, Fürst, russ. General 272 f.

BARENTIN, Charles de, Justizminister 56, 58

BARÈRE, Bertrand de, Abgeordneter u. Anwalt 108, 113 f., 116, 118, 123, 134, 137, 139, 308

BARING, engl. Bankier 321

BARNAVE, Joseph, Anwalt 49, 55, 69 f., 78, 80 ff., 87, 89, 99, 102, 107, 113, 122, 126

BAROCHE, Pierre-Jules, Politiker 464

BARRAS, Paul, Vicomte de, Politiker 123, 133–136, 143 f., 147 f., 152, 160 f., 163

BARRILLON, Bankier 232

BARROT, Odilon, Politiker 364, 366, 440, 450, 456, 459 f., 463, 468

BARRUEL, Augustin, Abbé 27, 168

BARTHÉLEMY, François de, Staatsmann 147

BARTOLUCCI, Geheimagent 301

BARYE, Antoine-Louis, Tierbildhauer 418

BASIRE, Claude, Konventsabgeordneter 88, 129 f.

BASTIAT, Frédéric, Nationalökonom 389

BASTIDE, Jules, Politiker 450

BATZ, Baron de 120, 127, 129, 165

BAUDELAIRE, Charles, Dichter 396, 419

BAUDIN, Jean-Baptiste, Arzt u. Politiker 468

BAZIN, Bürger von Paris 351

BEAUHARNAIS, Alexandre, Vicomte de, General 178

BEAUHARNAIS, Eugène de, Vizekönig von Italien, Herzog von Leuchtenberg u. Fürst von Eichstätt 214, 222, 228, 248, 263, 271, 277, 280

BEAUHARNAIS, Hortense de, Königin von Holland 366

BEAUHARNAIS, Joséphine de, Gemahlin Napoleons I. 160, 163, 246, 263

BEAUJON, Nicolas, Finanzmann 32

BEAULIEU, Jean-Pierre de, österr. General 149

BEAUMARCHAIS, Pierre-Augustin Caron de, Bühnenschriftsteller 164

BEAUMONT, siehe Élie de Beaumont

BEDEAU, General 453

BEETHOVEN, Ludwig van, dt. Komponist 247

BEFFARA, Louis 194

BELGIOJOSO, Christine Trivulzio, Prinzessin 430
BELLART, Nicolas, Advokat 287
BELLEGARDE, österr. Kommandant 281
BELLEYME, Pierre de, Staatsanwalt 338, 340
BÉNÉZECH, Innenminister 144
BENNIGSEN, General 216, 279
BÉRANGER, Pierre-Jean de, Chansonnier 290, 326, 382, 409, 418
BÉRARD 348
BERGASSE, Nicolas, Journalist 78
BERLIOZ, Hector, Komponist 420f., 424
BERNADOTTE, Jean-Baptiste, Marschall, später als Karl XIV. Johann König von Schweden u. Norwegen 153, 160, 185, 195, 203, 212, 216, 222, 263, 277, 279, 285
BERNARDIN DE SAINT-PIERRE, Jacques-Henri, Schriftsteller 244
BERNIER, Étienne, Bischof von Orléans 196f.
BERRY, Herzog von, Sohn des Grafen von Artois 326f., 357, 417
BERRY, Herzogin von, Mutter des Herzogs von Bordeaux 326, 361
BERRYER, Antoine, Anwalt 364, 450, 459
BERTHIER, Louis-Alexandre, Prinz von Wagram u. Neuchâtel, Marschall von Frankreich 188, 287
BERTHOLLET, Claude-Louis, Comte, Chemiker 124, 155, 247
BERTIER DE SAUVIGNY, Ferdinand de 265, 317
BERTIER DE SAUVIGNY, Louis de, Pariser Intendant 60

BERTIN (Brüder), Publizisten 317, 396
BERTON, General 329
BERTRAND, Henri, Comte, General 212, 277f.
BERTRAND, Polizeibeamter 194
BERTRAND DU CALVADOS 152
BESSIÈRES, Jean-Baptiste, Herzog von Istrien, Marschall 212, 260
BEUGNOT, Comte, Polizeichef 294
BEURNONVILLE, Pierre de, Marschall 284, 287
BIENNAIS, Guillaume, Goldschmied 223, 248
BIGNON, Louis 325
BILLAUD-VARENNE, Jean-Nicolas, Konventsabgeordneter u. Anwalt 108f., 115–118, 128, 130, 133f., 137, 139
BLANC, Louis, Staatsmann 282, 412f., 430, 440, 442f., 445f., 449, 451f.
BLANQUI, Adolphe, Publizist u. Nationalökonom 388
BLANQUI, Louis-Auguste, Sozialist u. Revolutionär 363, 367, 444f., 449ff.
BLÜCHER, Gebhard Leberecht von, Fürst von Wahlstatt, preuß. Feldmarschall 277, 279, 285, 310
BOIELDIEU, François-Adrien, Komponist 247, 420
BOILLY, Louis-Léopold, Maler u. Lithograph 246
BOISGELIN, Msgr. de 75
BOISGY, Anführer der Chouans 298
BOISSY D'ANGLAS, François-Antoine, Comte de, Staatsmann 139ff., 294

BONALD, Louis de, Vicomte, polit. Schriftsteller 203, 255, 291, 317, 322, 330f., 336

BONAPARTE, siehe Napoleon I.

BONAPARTE, Jérôme, Bruder Napoleons I., König von Westfalen 218, 222, 265, 267, 271

BONAPARTE, Joseph, Bruder Napoleons I., König von Spanien 159, 201, 207f., 214, 222, 259ff., 281, 286

BONAPARTE, Louis, Bruder Napoleons I., König von Holland 207f., 214, 220, 222, 259, 266, 366

BONAPARTE, Louis-Napoléon, als Napoleon III. Kaiser von Frankreich 366f., 412, 457ff., 462, 464–467, 469

BONAPARTE, Lucien, Bruder Napoleons I., Fürst von Canino u. Musignano 159, 161, 188f., 203, 245, 310

BONCERF 29

BORDEAUX, Herzog von, siehe Heinrich V.

BOREL, Pétrus 417

BORIES, Unteroffizier u. Konspirateur 329

BOSSI, Präfekt 243

BOSSUET, Jacques-Bénigne, Geschichtsschreiber 22

BOTTA, Charles, Konsul in Mossul 424

BOUCHER, François, Maler 180

BOUCHESEICHE, Polizeibeamter 194

BOUDET, General 200

BOUILLÉ, François-Claude, Marquis de, General 31, 33, 80f., 90

BOULANGER, Louis, Maler 418f.

BOULAY DE LA MEURTHE, Antoine, Staatsmann 152, 296

BOURBOTTE, Pierre, Abgeordneter 140

BOURGEOIS DE JESSAINT, Präfekt 295, 306, 314

BOURGES, MICHEL DE 462, 466

BOURMONT, Louis, Comte de, Marschall 194, 310, 340

BOUVET DE LOZIER, Verschwörer 205

BRAUNSCHWEIG, Herzog von 99f., 103, 105f., 216, 265

BRÉA, General 454

BRÉGUET, Uhrmacher 223, 248

BRETEUIL, Louis-Auguste Le Tonnelier, Baron de, Diplomat 58, 257

BRISSOT, Jacques-Pierre, Journalist u. Konventsabgeordneter 79, 87, 95, 99, 107, 109ff., 113

BROC, Maler 246

BROGLIE, Victor-François, Herzog von, Marschall 58, 91

BROGLIE, Léonce-Victor, Herzog von, Minister 257, 322, 335, 362, 365, 380, 465

BRONGNIART, Alexandre, Mineraloge u. Geologe 387

BRONGNIART, Alexandre-Théodore, Architekt 247

BRUNE, Guillaume, Marschall 159, 178, 194f., 209, 313

BRY, Jean de, Präfekt 295

BUCHEZ, Philippe-Joseph 328, 383, 411

BUFFON, Georges-Louis Leclerc, Comte de, Naturforscher und Schriftsteller 25

BUGEAUD DE LA PICONNERIE, Thomas, Herzog von Isly, Marschall 363, 393, 429, 439

BÜLOW, Friedrich Wilhelm, Graf, preuß. General 285

BUONAROTTI, Filippo Michele, ital. Revolutionär 146, 411

BURKE, Edmund, engl. Politiker u. Schriftsteller 93

BUXHOWDEN, General 217

BUZOT, François, Staatsmann 78, 107, 113

BYRON, George Gordon Noel, Lord, engl. Dichter 415, 417

CABET, Étienne, Publizist 411

CADOUDAL, Georges, Revolutionär 194, 205f., 339

CAILLIÉ, René, Reisender 342

CALAS, Jean, Geschäftsmann 23

CALONNE, Charles-Alexandre de, Finanzminister 42, 46f., 63, 91

CAMBACÉRÈS, Jean-Jacques, Herzog von, Konsul, Justizminister 109, 136, 188, 203f., 244, 250f., 265, 284, 306

CAMBON, Joseph, Konvents-abgeordneter u. Geschäftsmann 108, 115, 133f., 139

CAMBRONNE, Pierre, General 313

CAMON 211, 216

CAMPMAS, Arzt 55

CANOVA, Antonio, ital. Bild-hauer 246

CANROBERT, Certain, Marschall 468

CAPELLO, Antonio, Gesandter Venedigs 59

CARBON, Angehöriger der Chouans 194

CARIER, Paul-Louis 327

CARLIER, Polizeipräfekt 466

CARNOT, Hippolyte, Ingenieur u. Politiker 450, 460

CARNOT, Lazare, Mathematiker u. Konventsabgeordneter 88, 108, 116, 124f., 133, 144, 147f., 207, 299, 306, 311, 409

CARON, Oberst 328f.

CARRA 123

CARREL, Armand, Publizist 341, 363

CARRIER, Jean-Baptiste, Konvents-abgeordneter 123, 137

CASANOVA, Giacomo Girolamo, Chevalier de Seingalt, ital. Abenteurer 244

CASTLEREAGH, Robert Stewart, Viscount, engl. Außen-minister 301

CATHELINEAU, Jacques, Fuhrmann 119

CAUCHOIS-LEMAIRE 340

CAULAINCOURT, Louis, Marquis de, Herzog von Vicenza, General 258, 274, 287, 306, 311

CAUSSIDIÈRE, Marc, Polizeipräfekt 440, 442, 445, 448, 450f.

CAVAIGNAC, Godefroy, Journalist 349, 364, 452

CAVAIGNAC, Jean-Baptiste, Konventsabgeordneter 209

CAVAIGNAC, Louis-Eugène, General u. Kriegsminister 452f., 455f., 458f., 468

CAYLA, Zoé Talon, Comtesse du, Geliebte Ludwigs XVIII. 327

CAZALÈS, Jacques de, Offizier 55

CAZE DE LA BOVE, Intendant 49

CERACCHI, röm. Bildhauer 194

CHABOT, François, Konventsabgeordneter 88, 108, 128 ff.

CHABROL, Präfekt 295, 311, 314,
351

CHABROL DE CROUZOL, Comte de,
Minister 338, 340

CHALGRIN, Jean-François,
Architekt 224, 247

CHALIER, Führer der Bergpartei in
Lyon 120, 123

CHAMPAGNY, Jean-Baptiste
Nompère, Comte de, Außen-
minister 251, 266

CHAMPIONNET, Jean-Antoine-
Étienne, General 158, 178

CHAMPOLLION, Jean-François,
Orientalist 156, 423

CHANGARNIER, Nicolas,
General 459 f., 464 f., 468

CHAPPE, Claude, Ingenieur u.
Physiker 181

CHAPTAL, Jean, Comte de
Chanteloup, Chemiker u.
Minister 188 f., 233, 240, 251

CHARETTE DE LA CONTRIE,
François-Athanase 119

CHARRAS, Jean-Baptiste-Adolphe,
Kriegsminister 450

CHARTRES, Herzog von 111

CHASSELOUP-LAUBAT, Justin-
Napoléon, Marquis de, Marineminister 464

CHATEAUBRIAND, François-René
de, franz. Schriftsteller 37, 166,
197, 203, 244, 290, 293, 311,
317 f., 327, 331 f., 335, 337 f., 340,
415 f.

CHAUDET, Antoine-Denis,
Bildhauer 224

CHAUDON, Herausgeber d.

Antiphilosophischen Wörter-
buchs 28

CHAUMETTE, Pierre-Gaspard,
Revolutionär u. Staatsanwalt 127 f.,
131

CHAUVELIN, Abgeordneter 325

CHÊNEDOLLÉ, Charles-Julien de,
Dichter 418

CHÉNIER, André, Dichter 132, 179

CHERUBINI, Luigi, ital.
Komponist 247

CHEVALIER, Michel, Nationalökonom 389

CHEVREUL, Eugène, Chemiker 387

CHOISEUL-PRASLIN, Herzog
von 231, 264, 433

CHRISTINA VON SPANIEN 366

CICERO, Marcus Tullius, röm.
Staatsmann 107

CLARKE, Henri-Jacques-Guillaume,
Herzog von Feltre, Marschall 216,
265, 278, 316

CLAUSEWITZ, Karl von, preuß.
General u. Militärschriftsteller 309

CLAUZEL, Marschall 281, 313, 399,
429

CLAVIÈRE, schweiz. Bankier 68, 72,
95, 101

CLERMONT-TONNERRE, Stanislas-
Marie-Adélaïde, Comte de 55

CLIQUOT DE BLERVACHE 39

CLOOTS, Anacharsis-Jean-Baptiste
du Val de Grâce, Comte de,
Konventsabgeordneter 129

COCHIN, Augustin 29, 468

COCHON DE LAPPARENT, Charles,
Minister 146

COIGNET, Offizier 237

COLLIN, Heinrich Josef von, österr.
Schriftsteller 223

COLLIN D'HARLEVILLE, Jean-
François, Schriftsteller 244

COLLIN DE SUSSY, Minister 251

COLLOT D'HERBOIS, Jean-Marie,
Konventsabgeordneter u.
Schauspieler 108, 116, 123, 130,
133 f., 137, 139

COLOMBIER-BATTEUR,
Geschäftsmann 172

COMTE, Auguste 409

CONDÉ, Louis-Joseph, Prinz
von 61, 454

CONDORCET, Antoine Caritat,
Marquis de, Mathematiker,
Philosoph u. Konvents-
abgeordneter 25, 87, 107, 113,
179, 181 f.

CONSALVI, Hercule, Kardinal 196f.

CONSIDÉRANT, Victor, Philosoph u.
Nationalökonom 411, 459

CONSTANT DE REBECQUE,
Benjamin, Politiker u. Schriftsteller 145, 184, 202, 304, 307, 325,
332, 418

CONTÉ, Nicolas-Jacques, Chemiker
u. Maschinenbauer 155, 181

CONTI, Louis-François, Prinz von
44

COOPER, James Fenimore,
nordamerik. Erzähler 415

CORBIÈRE, Anwalt 317, 323, 327 f.,
330 f.

CORBON, Journalist 407

CORDAY D'ARMONT, Charlotte de
120

CORMENIN 456

CORNEILLE, Pierre, Bühnen-
dichter 180, 416

CORNWALLIS, Charles, engl.
General 201

CORVETTO, Staatsrat 235, 312, 316,
319

CORVISART DES MARETS, Jean,
Baron, Arzt 247

COURIER DE MÉRÉ, Paul-Louis,
Schriftsteller 326, 381 f.

COURTOIS, General 451

COUSIN, Victor, Philosoph u.
Politiker 328, 336, 338, 418

COUTHON, Georges, Konventsabgeordneter 88, 116, 132, 134 f.

CRÉMIEUX, Adolphe, Advokat u.
Politiker 442, 450

CRÉTET, Emmanuel, Comte
Champmol, Innenminister 251

CRÉTOIS, Konvents-
abgeordneter 139

CUBIÈRES, General 433

CURÉE, Revolutionär 207

CUSTINE, Adam-Philippe, Comte
de, General 106, 111, 125

CUVIER, Georges, Comte de,
Naturforscher 181, 247

DAGUERRE, Jacques, Erfinder
387

DAILLY, Claude, Postmeister
von Paris 238

DALAYRAC, Nicolas, Komponist
247

DALBERG, Emmerich Joseph,
Herzog von, Diplomat 287

DAMBRAY, Justizminister 293, 296

DAMPIERRE, Auguste Picot,
Marquis de, General 81

DANDRÉ (André d'), Antoine 146,
195

DANICAN 143

DANTE ALIGHIERI, ital.
Dichter 419

DANTON, Georges-Jacques, Anwalt u. Mitglied des Exekutiv-ausschusses 51, 82, 89f., 100ff., 104, 106, 108f., 113, 116, 128, 130f., 135f., 140, 340, 354, 445
DARTHE, Augustin Alexandre 146
DAUDET, Alphonse, Erzähler 466
DAUMIER, Honoré, Maler u. Bildhauer 363, 391, 423
DAUNOU, Pierre-Claude-François, Historiker 140, 202
DAVID, Félicien, Komponist 411
DAVID, Jacques-Louis, Maler 57, 108, 114, 117, 132, 180, 208, 246, 419f.
DAVID D'ANGERS, Pierre-Jean, Bildhauer 422
DAVILLIER, Bankier 232
DAVOUT, Louis-Nicolas, Herzog von Auerstädt, Fürst von Eckmühl, franz. Marschall 212, 216f., 219, 262f., 271, 273, 306, 311
DECAEN, Generalkapitän der indischen Handelskontore 209
DECAZES, Élie, Herzog von, Staatsmann 316, 319, 322ff., 326f.
DECRÈS, Denis, Herzog von, Marine-minister 306
DEFFAND, Marie, Marquise du 23
DELACROIX, Charles, Minister 144, 157
DELACROIX, Eugène, Maler 351, 415, 419–422, 424
DELACROIX, Jean-François (Lacroix) 128, 130
DELAROCHE, Hippolyte de La Roche genannt Paul, Maler 419
DELAUNAY, Abgeordneter 129f.
DELAVAU, Polizeipräfekt 338

DELAVIGNE, Casimir, Dichter 422
DELBREL 175
DELESSERT, Benjamin, Baron, Philanthrop 243, 324, 332
DELESSERT, Polizeipräfekt 437, 439
DELILLE, Jacques, Dichter 415
DELMAS, Abgeordneter 116
DELPIERRE, Sprecher des Tribunats 189
DENON, Dominique-Vivant, Baron de 245
DESAIX DE VEYGOUX, Louis, General 200
DESGENETTES, Militärarzt 27
DESMAREST, Staatsrat 252
DESMOULINS, Camille, Anwalt u. Journalist 59, 79, 89, 108, 111, 128–131
DESSOLLES, General 271, 323, 326
DESTUTT DE TRACY, Antoine, Philosoph 244
DEVÉRIA, Achille u. Eugène (Brüder), Maler 419
DEVILLIERS DU TERRAGE, Polizei-direktor 280
DIDEROT, Denis, Schriftsteller 24, 26
DIDIER 318
DIETRICH, Frédéric, Baron de, Mineraloge 233
DIEUDONNÉ, Präfekt 243
DIHL-ET-GUERHARD 223
DJEZZAR, Ahmed 157
DOLLFUS, Industrieller 329
DORAY DE LONGRAIS, Schrift-steller 30
DORVAL, Marie, Schauspieler 424
DORVILLE DE MOLLANT, Joseph 300
DOUDAN, Henri 380

DREUX-BREZÉ, Henri-Evrard, Marquis de, Zeremonienmeister 57

DROUET, Jean-Baptiste, Politiker 80

DROUET D'ERLON, Jean-Baptiste, Marschall 313

DROUOT, Antoine, General 313

DROUYN DE LHUYS, Édouard, Diplomat 459

DUBOIS, Professor 328 f., 336

DUBOIS, Polizeipräfekt 194, 252, 257

DUBOIS-CRANCÉ, Edmond-Louis-Alexis, General u. Politiker 108

DUBOUCHAGE, Vicomte, Marineminister 316

DUCHÂTEL, Charles Marie, Comte de, Handelsminister 389, 408, 426, 438

DUCIS, Jean-François, Dichter 244

DUCLERC, Charles Théodore, Finanzminister 450

DUCLOS, eigentl. Pinot, Charles, königl. Historiograph u. Romanschriftsteller 29

DUCOS, Pierre Roger, Konventsabgeordneter 153, 161 f., 186, 188

DUCRAY-DUMINIL, François-Guillaume, Schriftsteller 245

DUDON, Generalintendant der Spanienarmee 312

DUFAURE, Jules-Armand, Politiker 450, 459

DUGIÈD, Student 328

DUGOMMIER, Jacques-François, General 125, 132

DUMAS, Alexandre, Schriftsteller 416, 421, 425

DUMAS, Jean-Baptiste, Chemiker 387

DUMAS, Vorsitzender des Revolutionstribunals 122, 134

DUMONT D'URVILLE, Jules, Seefahrer 384

DUMOULIN, Geheimagent 301

DUMOULIN, Oberst 441

DUMOURIEZ, Charles-François du Perrier, General u. Außenminister 95 ff., 105 f., 111, 154, 162 f., 354

DUNOYER, Publizist 325, 403 f.

DUPANLOUP, Msgr. 459

DUPETIT-THOUARS, Abel-Aubert, Admiral 430

DUPHOT, franz. General 158

DUPIN, André, Politiker 336, 341, 356, 364 f., 440, 456, 459, 468

DUPLAY, Schreinermeister 131

DUPONT, Pierre, General 260, 294

DUPONT DE L'EURE, Jacques-Charles, Politiker 325, 356, 441 f.

DUPONT DE NEMOURS, Pierre-Samuel, Nationalökonom 42, 55

DUPORT, ADRIEN, Politiker u. Parlamentsmitglied 47, 69, 82, 95

DUPUY, General 156

DUPUYTREN, Guillaume, Baron, Chirurg 247

DUQUESNOY, Adrien-Cyprien, Politiker u. Publizist 56, 140

DURAND DE MAILLANNE, Konventsabgeordneter 137

DURANTHON, Antoine, Justizminister 98

DUROY, Abgeordneter 140

DUVAL, Alexandre, Dramatiker 117, 244

DUVERGIER DE HAURANNE, Politiker 366, 432, 450

EBLÉ, Jean-Baptiste, General 274
ELBÉE, Maurice Gigot d',
   General 119
ÉLIE DE BEAUMONT, Geologe 387
ENFANTIN, Barthélemy 410f.
ENFANTIN, Prosper, Ingenieur 353
ENGHIEN, Louis-Antoine, Herzog
   von 206
ÉPRÉMESNIL, Jean-Jacques Duval d',
   Magistrat u. Politiker 47f.
ÉRARD, Sébastian,
   Instrumentenbauer 397
ÉTIENNE, franz. Schriftsteller 244

FABRE D'ÉGLANTINE, Philippe,
   Lustspieldichter u. Konvents-
   abgeordneter 108, 127–131
FABRE D'OLIVET, Antoine, Dichter
   u. Gelehrter 184, 245
FABRE-PELAPRAT 245
FABVRIER, General 328
FAIN, François, Baron, Historiker u.
   Sekretär Napoleons I. 250
FALLOUX, Frédéric, Comte de,
   Politiker 450, 459ff.
FAUCHER, César u. Constantin
   (Brüder), Generäle 313
FAUCHET, Bischof 107
FAVRAS, Thomas de Mahy, Marquis
   de 91
FELETZ, Journalist 203
FELLER, Jesuit, Herausgeber des
   »Philosophischen Katechismus«
   29
FÉNELON, François de Salignac
   de la Mothe, Theologe u. Schrift-
   steller 22
FÉRAUD, Abgeordneter 139
FERDINAND IV., König von
   Neapel 214

FERDINAND VII., König von
   Spanien 259, 281, 331f.
FERDINAND, Erzherzog 212
FERRAND, Kommissar 294, 298f.
FERSEN, Hans Axel von, Graf,
   schwed. Edelmann 80
FESCH, Joseph, Kardinal, Erzbischof
   von Lyon 245
FEUCHÈRE 248
FICHTE, Johann Gottlieb, dt.
   Philosoph 92
FIESCHI, kors. Verschwörer 364
FIÉVÉE, franz. Schriftsteller 173,
   203, 231, 317, 472
FLAUBERT, Gustave, Schriftsteller
   356, 435, 444, 459
FLAUJERGUE 284
FLESSELLES, Jacques de, Vorsteher
   der Kaufmannschaft in Paris 60
FLEURIOT-LESCOT, Bürgermeister
   von Paris 131, 134
FLEURY, Émile-Félix, Comte,
   General u. Diplomat 466
FLEURY DE CHABOULON 301
FLOCON, Ferdinand, Politiker
   450f.
FONTAINE, Pierre-François,
   Architekt 224, 247f.
FONTANES, Louis de 203, 254,
   284, 294
FORBIN-JANSON, Marquis de 375
FORSTER, Georg, Natur- u. Völker-
   kundler 92
FOUCHÉ, Joseph, Herzog von
   Otranto, Polizeiminister 108, 123,
   127, 133f., 153, 161, 167, 188, 190,
   194ff., 202f., 206f., 251f., 261,
   265, 275, 306, 308, 310–314, 316,
   323, 325, 353f.
FOULD, Achille, Politiker 462, 464

FOUQUIER-TINVILLE, Antoine-Quentin, öffentl. Ankläger des Revolutionstribunals 122, 137

FOURCROY, Antoine-François, Comte de, Chemiker 124, 181, 247, 254

FOURIER, Charles, Philosoph u. Soziologe 410 ff.

Fox, Charles, brit. Staatsmann 215

FOY, Maximilien-Sébastien, General 325, 332, 336

FRAGONARD, Alexandre-Évariste 246

FRAGONARD, Jean-Honoré, Maler u. Radierer 180, 246

FRANCHET D'ESPEREY, Polizeidirektor 337 f.

FRANZ II., dt. Kaiser, als Kaiser von Österreich Franz I. 213 f., 255, 264, 301

FRAYSSINOUS, Denis de Monsignore, Großmeister der Universität 255, 331, 333

FRIEDRICH II. der Große, König von Preußen 23, 96, 168

FRIEDRICH Wilhelm II., König von Preußen 92 f.

FRIEDRICH Wilhelm III., König von Preußen 215, 276, 278

FRÉMILLY 314

FRÉRON, Élie, Kritiker 28

FRÉRON, Louis-Marie-Stanislas, Konventsabgeordneter 123, 133, 137

FREY, Gebrüder 129 f.

FROCHOT, Präfekt 246, 275

FROMONT-MEURICE, Goldschmied 422

FROTTÉ 194

GABORIAU, Émile, Schriftsteller 394

GAIN 29

GALLÉ 248

GALLOIS 284

GANILH 202

GARAT, Joseph 244

GARNIER-PAGÈS, Louis-Antoine, Mitglied der provisorischen Regierung 364, 442 f., 448, 450 f.

GARNIER DE SAINTES, Abgeordneter 308

GAUDIN, Charles, Finanzmann 188, 191, 306

GAUTIER, Théophile, Schriftsteller 415, 421, 423, 425

GAY-LUSSAC, Joseph, Chemiker 247

GENLIS, Stéphanie-Félicité de, Erzieherin Louis-Philippes I. 354

GENSONNÉ, Armand, Konventsabgeordneter 88, 107

GEOFFROY SAINT-HILAIRE, Étienne, Naturforscher 155, 203

GÉRARD, Étienne-Maurice, Comte, Marschall 360, 365

GÉRARD, François, Baron, Maler 246

GÉRICAULT, Théodore, Maler 246, 417, 419 f.

GIRARDIN, Émile de, Journalist 365, 431, 458

GIRODET-TRIOSON, Anne-Louis, Maler 246

GISQUET, Polizeipräfekt 364, 400

GOBEL, Msgr., Titularbischof von Lydda 75 f., 128

GOBINEAU, Joseph-Arthur, Comte de, Schriftsteller u. Diplomat 466

GODOY, Manuel de G. Alvarez de
Faria Ríos Sánchez Zarzosa,
Herzog von Alcudia, span. Staats-
mann 258 f.
GOETHE, Johann Wolfgang von 92,
105, 245, 415
GOHIER, Louis-Jérôme,
Revolutionär 152, 160 f.
GONCOURT, Edmond u. Jules
(Brüder), Schriftsteller 173
GONDOUIN, franz. Baumeister 224,
247
GOSSEC, François-Joseph,
Komponist 180
GOUADET, Élie, Politiker 88, 107
GOUBIN, Konspirateur 329
GOUDCHAUX, Finanzminister 456
GOUJON, Abgeordneter 140
GOURNAY, Vincent de, National-
ökonom 24
GOUVION SAINT-CYR, Laurent,
Marschall 178, 277, 312, 321, 323,
326
GOYA Y LUCIENTES, Francisco de,
span. Maler 259
GRÉGOIRE, Henri, Priester u.
Konventsabgeordneter 57, 75,
108, 178, 197, 326
GREGOR XVI., Papst 427
GRENIER, General 311
GRÉTRY, André, Komponist 247
GRÉVY, Jules, Anwalt u.
Politiker 456
GRIGNON, Yvelines 407 f.
GROS, Jean-Antoine, Maler 217,
246, 250
GROUCHY, Emmanuel de,
Marschall 310, 313
GUÉNÉE, Abbé, Publizist 29
GUÉPIN, Publizist 405

GUÉRIN, Pierre, Maler 419
GUÉRNON DE RANVILLE, Martial,
Comte de, Minister Karls X. 341
GUIDAL, General 275
GUIZOT, François, Staatsmann u.
Geschichtsschreiber 320, 322 f.,
331, 336 ff., 356, 362, 364 ff., 369,
383, 404, 423, 426–432, 435, 437 f.
GUYTON-MORVEAU, Louis-
Bernard, Baron, Chemiker 116,
124
GUZMÁN, Alfonso Pérez de, span.
Feldherr 129 f.

HAINGUERLOT 173
HALÉVY, Jacques Fromental Lévy,
Komponist 422
HAMELIN, Madame 139
HANRIOT, François,
Revolutionär 112, 134 f.
HAUGWITZ, Christian Graf von,
preuß. Gesandter 215
HAUSSONVILLE, d' 165
HAUTPOULE, Alphonse Henri d',
Ministerpräsident u. Kriegs-
minister 462
HÉBERT, Jacques, Politiker 79, 89,
111 f., 121, 127, 129, 131, 135
HEGEL, Georg Wilhelm Friedrich,
dt. Philosoph 92, 445
HEINRICH IV. von Navarra, König
von Frankreich 19, 202, 421
HEINRICH V., Herzog von
Bordeaux 326, 328, 347, 349 f.,
361, 417
HELENE VON MECKLENBURG,
Herzogin von Orléans 366, 433,
440 f.
HELVÉTIUS, Claude-Adrien,
Philosoph 26

HENRY, Polizeibeamter 194

HÉRAULT DE SÉCHELLES, Marie-Jean, Präsident des Konvents 108, 112f., 116, 123, 130

HERMAN, Vorsitzender des Revolutionstribunals 122

HOCHE, Lazare, General 51, 124, 137, 154, 160, 178

HOFER, Andreas, österr. Freiheitskämpfer 265

HOHENLOHE, Friedrich Ludwig, Fürst zu H.-Ingelfingen, preuß. General 216

HOLBACH, Paul-Henri, Baron de, Philosoph 26

HOPE, Bankier 321

HOTTINGUER, Bankier 232

HOUCHARD, Jean-Nicolas, General 114, 125, 178

HUBER, Agitator 451

HUGO, Victor-Marie, Dichter 352, 367, 369, 403, 415, 417ff., 421–424, 433, 456, 458, 469

HUMANN, Finanzminister 365, 426

HUMBOLDT, Alexander Freiherr von, dt. Naturforscher 247

HYDE DE NEUVILLE, Jean-Guillaume, Politiker 195, 320

IBRAHIM, Sohn Mehemed Alis 368

INGRES, Jean-August-Dominique, Maler 246, 396, 419

ISNARD, Maximin, Konventsabgeordneter 107, 112

JABARTI 156

JACOB, Kunsttischler 223, 248

JACQUARD, Joseph-Marie, Maschinenbauer 225

JAGOT, Abgeordneter 117

JARS, Bürgermeister von Lyon 305

JAUBERT, Orientalist 155

JAUCOURT, Marineminister 96, 287, 313

JAVOGUES 123

JAY, Publizist 310, 325

JEAN-BON SAINT-ANDRÉ, André, Politiker 116

JEAN PAUL, eigentl. Jean Paul Friedrich Richter, dt. Schriftsteller 245

JOFFROY, Théodore, Philosoph 328, 336

JOHANN, Erzherzog 200, 263

JOHANNOT, Tony, Maler u. Radierer 419

JOINVILLE, François d'Orléans, Prinz von 433, 463

JOLY, Hector de, Justizminister 98

JOLY DE FLEURY, Jean-François, Finanzminister 45

JOMARD, Archäologe 155

JOMINI, Henri, Baron, schweiz. General u. Militärschriftsteller 279, 309

JORDAN, Abgeordneter 167, 322

JOSEPH II., dt. Kaiser 92

JOUBERT, Barthélemy, General 158, 160, 178

JOUBERT, Joseph, Moralist 255

JOUBERT, Student 328

JOURDAN, Jean-Baptiste, General 125, 132, 148, 175, 211

JOUY 418

JULIEN, Abgeordneter 129

JULLIEN, Geheimagent 117

JUNOT, Andoche, Herzog von Abrantès, General 258, 260

KANT, Immanuel, dt. Philosoph 92
KARL I., König von England 45
KARL IV., König von Spanien 201,
 258 f.
KARL X., Comte d'Artois, König von
 Frankreich 19, 60 f., 90 ff., 206,
 297, 299, 313 f., 317, 321, 326,
 333 f., 337–344, 346–350, 352, 354,
 357, 369, 379 f., 418, 454, 472
KARL, Erzherzog von
 Österreich 148, 158, 262 f.
KATHARINA II. die Große, Kaiserin
 von Rußland 92
KAUNITZ, Wenzel Anton, Graf von,
 österr. Staatsmann 93
KELLERMANN, François-
 Christophe, Herzog von Valmy,
 Marschall 105 f., 126
KLÉBER, Jean-Baptiste, General 125,
 159, 201
KLOPSTOCK, Friedrich Gottlieb, dt.
 Dichter 92
KOCK, Paul de, Schriftsteller 422
KOECHLIN, franz. Industrieller 328
KÖRNER, Theodor, dt. Dichter 276
KORSAKOW, russ. General 159
KRAY, österr. General 199
KUHLMANN, Charles-Frédéric,
 Chemiker 387
KUTUSOW, Golenitschew Michail,
 russ. General 213, 273

LA BARRE, Jean-François,
 Edelmann 23
LA BÉDOYÈRE, Charles de,
 General 313
LABICHE, Eugène, Dramatiker 399
LA BOURDONNAYE, François Régis,
 Comte de, Innenminister 317, 330,
 340

LABROUSTE, Henri, Architekt 422
LACENAIRE 400
LACÉPÈDE 284
LACLOS, Pierre-Ambroise-François
 Choderlos de, Offizier u. Schrift-
 steller 54, 244
LACORDAIRE, Jean-Baptiste-Henri,
 Dominikaner 383, 427, 450
LACOSTE, ÉLIE, Abgeordneter 117
LACRETELLE, Jean-Charles-
 Dominique, Geschichts-
 schreiber 244
LAËNNEC, René, Arzt 247
LA FAYETTE, Marie-Joseph de
 Motier, Marquis de, Staatsmann
 46, 53, 55, 60, 65 ff., 69 f., 78,
 81 f., 87, 89, 97 f., 100, 102 f., 154,
 162 f., 165, 204, 276, 308, 310,
 322, 325, 327 f., 330, 332, 347, 349,
 357, 374, 409
LAFFITTE, Jacques, Bankier 232, 324,
 332, 341, 347 f., 350, 357 f., 385
LAFON, Abbé 275
LAGARDE 265
LAGRANGE, Louis, Comte de, Astro-
 nom u. Mathematiker 181, 247
LAHARPE, Jean-François de,
 Kritiker 203
LA HODDE, Führer der Geheim-
 gesellschaften 440
LAHORIE, General 275
LAINÉ, Berichterstatter 284, 319 f.
LAJARD, Kriegsminister 98
LAKANAL, Joseph, Politiker 182
LALLEMAND (Brüder), Generäle 313
LAMARCK, Jean-Baptiste de Monet
 de, Naturforscher 247, 387
LAMARQUE, Maximilien, General u.
 Politiker 181, 308, 361
LAMARTINE, Alphonse de, Dichter

417, 421–425, 431, 441ff., 445,
450f., 457ff., 466

LAMBERT, Anne-Thérèse, Marquise
de 22

LAMENNAIS, Félicité de, Philosoph
382, 412, 427, 448

LAMETH, Charles de, Politiker
69, 82, 96, 165

LAMORICIÈRE, Louis de,
General 429, 453, 456, 468

LA MOTTE, Jeanne, Comtesse de 19

LAMOURETTE, Adrien, Prälat 77

LANCHÈRE, Barthélemy, Postmeister 238

LANGE, Mademoiselle, Schauspielerin 173

LANJUINAIS, Jean-Denis, Comte de,
Politiker 107, 136, 308

LANNES, Jean, Herzog von Montebello, Marschall 178, 195, 200,
212, 219, 263

LAPLACE, Pierre-Simon, Marquis de,
Mathematiker, Physiker u.
Astronom 181, 247

LA RÉVELLIÈRE-LÉPEAUX, Louis-
Marie, Politiker 140, 144, 147, 152

LA ROCHEFOUCAULD, François,
Herzog von 55

LA ROCHEFOUCAULD-LIAN-
COURT, François, Herzog von,
Politiker u. Philanthrop 53, 56,
243, 409

LA ROCHEJAQUELEIN, Henri de,
General 119, 125, 308

LA ROCHEJAQUELEIN, Abge-
ordneter 440f.

LA ROUËRIE, Marquis de 119

LAS CASES, Emmanuel, Comte de,
Sekretär Napoleons I., Geschichtsschreiber 155, 187f.

LATOUR-MAUBOURG, Marie-
Victor-Nicolas de Fay, Marquis de,
Kriegsminister 80, 326

LATUDE, Jean-Henri, Abenteurer 60

LAUNAY, Bernard-René, Marquis de
60

LAURAGUAIS, Louis-Félicité de
Brancas, Comte de 78

LAVOISIER, Antoine-Laurent de,
Chemiker 32, 132, 179

LAW, John, of Lauriston, engl.
Finanzier u. Abenteurer 72

LAYA, Schriftsteller 179

LEBAS, Abgeordneter 110, 117,
133f.

LEBON 123, 137

LEBRUN, Charles-François, Herzog
von Piacenza, Politiker 188, 204

LEBRUN-TONDU, Barthélemy Louis
Joseph, Mitglied des Exekutiv-
ausschusses 101, 106

LEBRUN-PINDARE, Ponce-Denis
Écouchard, Dichter 244, 415

LECARPENTIER, Konvents-
abgeordneter 125

LE CHAPELIER, Konvents-
abgeordneter 55, 81, 121f., 170

LECLERC, Charles, General 209

LECOINTRE, Konvents-
abgeordneter 137

LECOURBE, Claude, General 195

LECOUTEULX, Finanzmakler
173, 231

LE COZ, Bischof 197, 298

LE DAIM, Olivier Necker,
Barbier 416

LEDOUX, Claude-Nicolas,
Architekt 248

LEDREUILLE, Abbé 383

LEDRU-ROLLIN, Alexandre-

Auguste, Anwalt u. Politiker 436, 440ff., 445, 450f., 458ff.

LEFEBVRE, François-Joseph, Herzog von Danzig, Marschall 256, 287, 290

LEFÈBVRE DE BEAUVRAY 29

LEFÈVRE D'ORMESSON, Finanzminister 45, 231

LEGENDRE, Louis, Metzger u. Politiker 89, 128, 231

LEGOUVÉ, Ernest, Dichter 244

LEMAÎTRE, Frédérick, Schauspieler 424

LEMONTEY, Geschichtsschreiber 244

LENOIR-DUFRESNE, Joseph, Fabrikant 232f.

LEOPOLD I. von Sachsen-Coburg-Gotha, König von Belgien 360

LEOPOLD II., dt. Kaiser 91ff., 96

LE PELETIER, Félix 146

LE PELETIER DE SAINT-FARGEAU, Louis-Michel, Politiker 116, 180, 182

LEROUX, Druckereiarbeiter 336

LEROUX, Pierre, Philosoph u. Politiker 412, 451, 459

LEROY, Modeschöpfer 223, 248

LESAGE, Alain-René, Schriftsteller 32

LESUEUR, Jean-François, Komponist 223, 247

LETOURNEUR, Mitglied des Direktoriums 144, 147

LEWIS, Mathew Gregory, engl. Erzähler 245, 414

LIMON, Marquis de 99

LINDET, Robert, Politiker 88, 116, 153

LINGUET, Simon-Nicolas-Henri, Anwalt u. Publizist 29

LIVIUS, Titus, röm. Geschichtsschreiber 18

LOCKE, John, engl. Philosoph 17, 22

LOMÉNIE DE BRIENNE, Étienne de, Kardinal, Finanzminister, Erzbischof von Toulouse 48ff., 52, 63, 76

LOUIS, Joseph-Dominique, Baron, Finanzminister 312, 323, 326, 332, 341, 384

LOUIS VON BOURBON, Prinz, König von Etrurien 201

LOUIS-PHILIPPE I., der »Bürgerkönig«, König von Frankreich 60, 110, 337, 340, 348ff., 352–358, 360, 362, 365ff., 369, 422, 427, 429f., 439f., 454, 457, 463, 472

LOUISE VON ORLÉANS, Königin von Belgien 360

LOUVEL, Louis-Pierre, Sattler, Mörder des Herzogs von Berry 326f., 361

LOUVET DE COUVRAI, Jean-Baptiste, Schriftsteller u. Abgeordneter 107, 109, 113, 136, 140

LUCCHESI-PALI, neap. Graf 362

LUDWIG XI., König von Frankreich 416

LUDWIG XIV. der »Sonnenkönig«, König von Frankreich 21f., 47, 66, 248f., 259, 425

LUDWIG XV., König von Frankreich 21, 35, 37, 43, 48, 51, 95, 280

LUDWIG XVI., König von Frankreich 14, 19, 21, 26f., 30, 37, 41, 43–48, 50, 53, 56ff., 60f., 64ff., 68f., 75, 78–81, 85, 87–101, 103, 108–111,

144, 193, 250, 264, 276, 291, 296, 299, 307, 311, 326, 354, 472

LUDWIG XVII., König von Frankreich 142, 145

LUDWIG XVIII., Graf von Provence, König von Frankreich 19, 80, 90, 94, 145, 147, 160, 163, 194f., 206, 287f., 291–295, 297, 301, 304, 306, 311ff., 316, 319, 321, 323, 326f., 330, 332f., 354, 417

LUISE, Königin von Preußen 215

LUXEMBOURG, Herzog von 231

LUYNES, Herzog von 230f.

MABLY, Abbé, Philosoph u. Geschichtsschreiber 25, 30

MACDONALD, Alexandre, Marschall 263, 278f., 287

MACHIAVELLI, Niccolò, ital. Politiker u. Geschichtsschreiber 22

MACK, Karl, Baron von Leiberich, österr. General 212

MACKINTOSH, James, schott. Philosoph u. Historiker 92

MACPHERSON, James, schott. Schriftsteller 415

MAGNAN, Bernard-Pierre, Marschall 466

MAHMOUD II., Sultan von Konstantinopel 368

MAILLARD, Jean, Agitator 65, 104

MAINE DE BIRAN, François-Pierre, Philosoph 284

MAISONFORT, Marquis de 292

MAISTRE, Joseph de, Schriftsteller u. Philosoph 184, 198, 291, 336

MALESHERBES, Chrétien-Guillaume de Lamoignon de, Staatsmann 26, 110, 132

MALET, Claude-François de, General 275f.

MALLET, Bankier 232

MALLET, Jean-Baptiste, Maler 246

MALLET DU PAN, Jacques, schweiz. Publizist 53, 138

MANDAT, Jean-Antoine, Marquis de, Offizier 100

MANGIN, Polizeipräfekt 345

MANTZ, Paul 420

MANUEL, Jacques-Antoine, Politiker 308, 325, 328, 332, 336

MANUEL, Pierre-Louis, Politiker 100, 122

MARAT, Jean-Paul, Revolutionär, Publizist u. Arzt 79, 82, 89, 103f., 108f., 111f., 120f., 134

MARCEAU, François-Séverin, General 51, 124f., 160

MARCHAND, franz. General 271

MARÉCHAL, Sylvain, Schriftsteller 146, 179

MARET, Hugues, Herzog von Bassano, Staatsmann 79, 244, 280, 306, 311

MARIE, Pierre-Thomas, Politiker 440, 442, 450, 453, 456

MARIE-AMÉLIE, Gemahlin Louis-Philippes I. 354

MARIE ANTOINETTE, Königin von Frankreich 19, 45, 47, 65, 69, 77, 79f., 89ff., 97, 122, 339

MARIE-CAROLINE VON ÖSTERREICH, Königin von Neapel 214

MARIE-LOUISE, Kaiserin von Frankreich, Gemahlin Napoleons I. 250, 257, 264, 276, 301

MARIGNY, Abbé 154

MARMONT, Auguste de, Herzog von Ragusa, Marschall 212, 263, 277f., 281, 287, 328, 346f., 453

MARMONTEL, Jean-François, Schriftsteller 49

MARRAST, Armand, Publizist, Bürgermeister von Paris 340, 359, 364, 442f., 450, 456

MARTAINVILLE, Publizist 317, 326

MARTIGNAC, Jean-Baptiste Gay, Vicomte de, Ministerpräsident 338f., 342, 358, 393

MARTINIANA, Kardinal 196

MARX, Karl, dt. Philosoph, Begründer d. Marxismus 14, 385, 413, 445, 447

MASSÉNA, André, Herzog von Rivoli, Marschall 159, 199, 214, 262f.

MATHIEU DE DOMBASLE, Christophe-Joseph-Alexandre, Agronom 373, 375

MATURIN, Charles Robert, engl. Erzähler 414

MAUPAS, Polizeipräfekt 466

MAUPEOU, René-Nicolas de, Siegelbewahrer u. Kanzler von Frankreich 21, 44, 48

MAURY, Jean-Siffrein, Kardinal 55, 71, 78

MAZARIN, Jules, eigentl. Giulio Mazarini, Kardinal u. Staatsmann 47

MEDA, Polizist 135

MÉHÉE DE LA TOUCHE, Pamphletist 137

MEHEMED ALI, Pascha von Ägypten 368f.

MÉHUL, Étienne, Komponist 180

MÉLAS, Michel, Baron von, österr. General 199f.

MENOU, General 201

MERCIER, Louis-Sébastian, Schriftsteller 176, 231

MÉRIMÉE, Prosper, Schriftsteller 376, 415, 420

MERLIN DE DOUAI, Philippe-Auguste, Mitglied des Direktoriums 108, 144, 147, 152, 296

MERLIN DE THIONVILLE, Antoine-Christophe, Politiker 88, 135

MESLIER, Pfarrer 30

METTERNICH, Klemens Fürst von, österr. Staatsmann 278f., 301, 360, 365, 431

MEYERBEER, Giacomo, eigentl. Jakob Liebmann Meyer Beer, dt. Komponist 422

MICHAUD, Geschichtsschreiber 244, 317, 320, 352

MICHEL, Gebrüder 172

MICHELET, Jules, Geschichtsschreiber 60, 135, 423f., 427, 430

MICOUD, Baron de, Präfekt 243

MIGNET, Auguste, Geschichtsschreiber 341

MIOLLIS, Sextius Alexandre François, Graf von, General 220, 264

MIRABEAU, Honoré-Gabriel de Riqueti, Comte de, Revolutionär 20, 54f., 57f., 63, 68–72, 78, 81, 99, 102, 126

MIRABEAU-TONNEAU 91

MOCQUARD, Kabinettschef Louis-Napoléons 466

MOLÉ, Louis-Mathieu, Comte de, Staatsmann 235, 257, 320, 323, 335, 366, 369, 380, 438f., 459

MOLIÈRE, Jean-Baptiste Poquelin, Komödiendichter 398

MOLITOR, franz. General 280

MOLLIEN, François-Nicolas, Comte, Politiker 32, 191, 268, 306

MOMORO 129

MONGE, Gaspard, Mathematiker u. Marineminister 101, 124, 155, 181, 247

MONK, George, engl. General 160, 203

MONNIER, Henri, Schriftsteller u. Karikaturist 383, 422

MONTALEMBERT, Charles, Comte de, Politiker u. Publizist 427 f., 435, 448, 450, 459

MONTALIVET, Martha Camille Bachasson, Innenminister unter Louis-Philippe 365 f.

MONTALIVET, Jean-Pierre Bachasson, Comte de, Innenminister unter Napoleon I. 251, 257

MONTBEL, Guillaume, Comte de, Finanzminister 340 f.

MONTBRUN, Marschall 263

MONTESQUIEU, Charles de Secondat, Baron de, Schriftsteller 22, 48, 82

MONTESQUIOU, Abbé de 287, 293 f.

MONTESQUIOU, Marquis de 106

MONTGAILLARD, Schriftsteller 62, 165

MONTLOSIER, François-Dominique, Comte de, Politiker u. Schriftsteller 335

MONTMORENCY 231, 276, 331

MONTMORIN, Armand-Marc, Comte de, Außenminister 64, 95

MONTPENSIER, Herzog von, Sohn Louis-Philippes 430

MOREAU, Jean-Victor, General 148, 161, 199 f., 203, 205 f., 211, 275, 279, 418

MOREAU DE JONNÈS, Alexandre, Statistiker 388

MORELLY, Schriftsteller 30, 146

MORNET, Daniel, Schriftsteller 28

MORNY, Charles, Herzog von, Politiker 466, 469

MORTEMART, Ministerpräsident Karls X. 348 f.

MORTIER, Adolphe, Herzog von Treviso, Marschall 364 f., 379

MOULIN, General 153, 161

MOUNIER, Jean-Joseph, Politiker 55, 63, 65, 68, 79, 107, 113, 126

MOUTON, General 347

MOUTON-DUVERNET, Régis-Barthélemy, General 313

MOZART, Wolfgang Amadeus 424

MURAIRE 203

MURAT, Joachim, Marschall, König von Neapel 143, 162, 212, 214, 216 f., 219, 259, 261, 267, 271 f., 274, 277, 280 f., 328, 416

MUSSET, Alfred de, Schriftsteller 416, 418, 424 f.

NADAUD, Martin, Maurer 455

NAIGEON 244

NAPIER, Charles, engl. Admiral 369

NAPOLEON BONAPARTE, NAPOLEON I., Kaiser von Frankreich 14, 19, 27, 32, 51, 81, 124 f., 143, 147–150, 153–157, 159–163, 177 f., 180, 182, 185–188, 191, 193–220, 222 f., 225–228, 230–236, 239, 241, 245–251, 253–290, 292, 294, 296 f., 300–314,

316, 324, 330, 332, 338, 353, 355,
362, 366f., 369, 379, 381, 395, 415,
418, 422, 430, 465, 467, 472
NAPOLEON II., König von Rom,
Herzog von Reichstadt 250, 264,
266, 275f., 287, 301, 347, 362,
366
NARBONNE, unehelicher Sohn
Ludwigs XVI. 95
NAST 223
NECKER, Jacques, Staatsmann,
Finanzminister 34, 45, 50, 56–60,
64f., 69, 71ff., 245
NELSON, Horatio, Viscount, engl.
Admiral 156, 210f.
NEMNICH, dt. Reisender 225ff.
NEMOURS, Herzog von, Sohn
Louis-Philippes I. 360, 427,
433, 440
NERVAL, Gérard Labrunie, genannt
Gérard de, Schriftsteller 415
NEUFCHÂTEAU, François de,
Mitglied des Direktoriums 147,
151f., 179
NEUMAYER, General 464
NEY, Edgar, Oberst 462
NEY, Michel, Herzog v. Elchingen,
Marschall 212, 216f., 219, 271,
277ff., 287, 304, 310, 313, 322
NIEPCE, Nicéphore, Physiker
387
NISARD, Désiré, Kritiker 425
NOAILLES, Louis, Vicomte de 62
NOAILLES, franz. Familie 276
NODIER, Charles, Schriftsteller
244, 417f.
NORVINS, Historiker Napoleons
265
NOVALIS, Dichtername des Freiherrn
Friedrich von Hardenberg 245

OBERKAMPF, Christophe-Philippe,
Fabrikant u. Philanthrop 32, 233
ODIOT 248
OLLIVIER, Émile, Politiker 446
ORDENER, Michel, General 328
ORLÉANS, Ferdinand-Philippe,
Herzog von 365f., 426
ORLÉANS, Herzog von, siehe Louis-
Philippe
ORLÉANS, Philippe, Herzog von, ge-
nannt Philippe-Égalité 48, 52, 54,
58f., 62, 81, 108, 111, 122, 168, 354
ORLÉANS, Herzogin von, siehe
Helene von Mecklenburg
OUDINOT, Nicolas-Charles, Herzog
von Reggio, Marschall 263, 271,
277ff.
OUDINOT, Nicolas-Charles-Victor,
General 460
OUDOT, Goldschmied 223
OUVRARD, Gabriel-Julien, Finanz-
makler 173, 193, 231, 332, 384
OTRANTO, Herzog von 311

PACCA, Barthélemy, Kardinal 265
PACHE, Bürgermeister von Paris 131
PAËR, Ferdinando, ital. Komponist
247
PAISIELLO, Giovanni, ital.
Komponist 247
PALISSOT DE MONTENOY, Charles,
Schriftsteller 29
PALMERSTON, Henry Temple, Lord,
engl. Staatsmann 369, 430
PAOLI, Pascal, korsischer Patriot 120
PARIEU 461
PARIS, Graf von 439f.
PASQUIER, Étienne-Denis, Minister
235, 257, 275, 306, 310, 312, 320,
326, 335, 380

PASSY, Hippolyte-Philibert, Nationalökonom 389

PASTORET, Abgeordneter 88

PAUL I., Kaiser von Rußland 201

PAULÉE, Lieferant 173, 231

PAINE, Thomas, engl. Publizist 92

PELET DE LA LOZÈRE, Staatsrat 252

PELTIER, franz. Publizist 78

PERCIER, Charles, Architekt 224, 247f.

PERDIGUIER, Agricol, Publizist 182, 252, 407, 462

PÉREIRE, Jacob-Émile u. Isaac (Brüder), Bankiers 384f., 411

PERIER, Casimir, Bankier u. Politiker 324f., 332, 347, 350, 358–362, 365, 369, 385, 404, 409, 428

PERIER, Claude, Großindustrieller 32, 49, 223

PERRÉGAUX, Bankier 232

PERSIGNY, Victor Fialin, Herzog von, Politiker 464, 466

PÉTION DE VILLENEUVE, Jérôme, Politiker 55, 78, 80, 90

PEUCHET, Statistiker 176

PEYRE, Joseph, Architekt 247

PEYRONNET, Charles-Ignace, Comte de, Staatsmann 331, 335, 345, 357

PHÉLIPPEAUX, Antoine de, Offizier 157

PHILIPPEAUX 130

PICARD, Komödiendichter 223, 244

PICHEGRU, Charles, General 132, 147f., 154, 205f.

PIET, Abgeordneter 317

PIUS VI., Papst 75f., 149, 158, 168

PIUS VII., Papst 196f., 208, 264f., 281, 283, 321

PIGAULT-LEBRUN, eigentl. Charles

Pigault de l'Épiney, Schriftsteller 245

PINDAR, griech. Lyriker 415

PINEL, Philippe, Arzt 181, 247

PITT, William, engl. Staatsmann 181, 201, 215

PIXÉRÉCOURT, René-Charles-Guilbert de, Dramatiker 223, 245

PLUTARCH, griech. Philosoph u. Historiker 18, 107, 416

POLASTRON, Madame de, Geliebte Karls X. 333

POLIGNAC, Jules-Armand, Prinz von, Außenminister 206, 338ff., 342f., 345, 348, 350, 357, 393

POLVEREL, Konventskommissar 120

POMMIER, Konspirateur 329

POMPIGNAN, Jacques le Franc, Marquis de, Dichter 29

PORTAL, Baron, Marineminister 312, 323, 342

PORTALIS, Jean, Rechtsgelehrter 203, 228f.

PORTALIS, Joseph, Comte de, Justizminister 338

POUPART DE NEUFLIZE, Manufakturbesitzer 231

POZZO DI BORGO, Charles André, ital. Diplomat 286

PRADT, Abbé de, Erzbischof von Mecheln 274

PRÉVOST-PARADOL, Lucien-Anatole, Essayist u. Publizist 14, 183

PRIEUR DE LA CÔTE D'OR, Konventsabgeordneter 116

PRIEUR DE LA MARNE, Konventsabgeordneter 116

PRITCHARD, engl. Missionar 430

PROLI, österr. Verschwörer 129
PROUDHON, Pierre-Joseph,
Philosoph 412
PROVENCE, Comte de, siehe
Ludwig XVIII.
PROYART, Abbé 167
PRUD'HON, Pierre-Paul, Maler 246
PUISAYE, Joseph, Comte de 146
PUYRAVEAU, Andry de,
Abgeordneter 347
PUYSÉGUR, Armand-Marc-Jacques,
Feldmarschall 58
PYAT, Félix 459

QUESNAY, Charles, Nationalökonom 24f.
QUINET, Edgar, Schriftsteller 427,
430
QUINETTE, Konventsmitglied 311

RABAUD SAINT-ÉTIENNE, Jean-
Paul, Politiker u. evgl. Pfarrer 107
RACHEL, Élisa Félix, Tragödin 424
RADCLIFFE, Ann, engl. Erzählerin
245, 414
RADET, Polizeigeneral 265
RADOWITZ, Joseph Maria von,
preuß. General u. Botschafter 433
RAISSON, Horace 400
RAMEL, Jacques R. de Nogaret,
Finanzminister 144, 150f., 191,
313
RANDON, César-Alexandre,
Marschall 464
RAOULX, franz. Unteroffizier u.
Konspirateur 329
RASPAIL, François, Chemiker u.
Politiker 444, 450f., 458
RAUCOURT, Françoise,
Schauspielerin 298

RAYMOND, Chemiker 225
RAYNAL, Abbé Guillaume,
Historiker u. Philosoph 25, 154
RAYNOUARD, François, Schrift-
steller 244, 284
RÉAL, Pierre-François, Comte,
Polizeipräfekt 127, 161, 206, 252,
296
RÉCAMIER, Jeanne-Françoise
Bernard 245
RÉCAMIER, Finanzmakler 173, 191,
231
REGNAULT, Maler 180
REGNAULT DE SAINT-JEAN-
D'ANGÉLY, Michel, Comte de,
Kriegsminister 244, 296
RÉGNIER, Claude-Ambroise,
Herzog von Massa, Justiz-
minister 206, 234
REICHSTADT, Herzog von, siehe
Napoleon II.
RÉMUSAT, Familie 257
RÉMUSAT, Charles, Philosoph 336,
353, 432, 450, 459
RÉMUSAT, Claire de Vergennes,
Comtesse de 166
RÉTIF DE LA BRETONNE, Nicolas,
Schriftsteller 104, 168, 244
RETZ, Paul de Gondi, Kardinal,
Politiker u. Schriftsteller 22
REUBEL od. REWBELL, Jean-
François, Konventsabgeordneter,
Präsident des Direktoriums 144,
147, 152
REYBAUD, Louis, Schriftsteller
390, 411
RICARDO, David, engl. National-
ökonom 409
RICHARD, François, genannt Richard
Lenoir, Fabrikant 223, 232f.

RICHELIEU, Jean-Armand Duplessis de, Herzog von, Kardinal, Minister Ludwigs XIII. 21, 47

RICHELIEU, Armand du Plessis, Herzog von, Minister Ludwigs XVIII. 316, 319, 321 ff., 327 f., 330, 393

RIS, Clément de 195

RIVAROL, Antoine de, Schriftsteller u. Journalist 19, 33, 49, 60, 78, 88

RIVIÈRE 206

ROBESPIERRE, Maximilien de 23, 51, 54 f., 78, 87 f., 95, 108 ff., 115 ff., 123, 126, 128, 130–136, 139 f., 153, 160, 163 f., 171, 177, 180, 194, 445

ROBESPIERRE DER JÜNGERE 134, 160

ROCHEGUDE, ehem. Schiffskapitän 109

ROEDERER, Pierre-Louis, Comte, Minister 100 f., 161, 203, 234, 365

ROHAN, Édouard, Prinz von, Kardinal 19

ROLAND DE LA PLATIÈRE, Jean-Marie, Politiker 95, 101, 107, 113, 130

ROLAND, Manon Philipon, Gemahlin Roland de la Platières 33, 88

ROM, König von, siehe Napoleon II.

ROMME, Charles, Konventsabgeordneter 127, 139 f.

RONSIN, General der Revolutionsarmee 129

ROSALIE, Schwester 383

ROSSINI, Gioacchino, ital. Komponist 420

ROTHSCHILD, Amschel, Bankier 385

ROUCHER, Jean-Antoine, Dichter 179

ROUGET DE LISLE, Claude-Joseph, Verfasser und Komponist der Marseillaise 99, 180

ROUHER, Eugène, Staatsmann 462, 464

ROUSSEAU, Jean-Jacques, Schriftsteller 22 f., 26 f., 33, 107, 131, 146

ROUSSIN, Admiral 360

ROUX, Jacques, Priester 121 f., 126 f., 164

ROUX, Sylvain 342

ROVIGO, Herzog von, siehe Savary

ROY, Abgeordneter 308, 326, 338

ROYER-COLLARD, Pierre-Paul, Philosoph u. Politiker 320, 322, 331, 334 f.

ROYOU, Abbé, Journalist 78

RUCHEL, General 216

RÜCKERT, Friedrich, dt. Dichter 276

RUDE, François, Bildhauer 422

RUHL, Abgeordneter 117, 167

RUMIGNY, Marquis de 379

RUOLZ-MONTCHAL, Henri, Comte de, Wissenschaftler 422

SACHSEN-TESCHEN, Herzog von 106

SADE, Donatien-Alphonse-François, Marquis de, Schriftsteller 27, 60, 179, 244

SAINT-ARNAUD, Armand Leroy de, Marschall 440, 466, 468

SAINT-CRICQ, Comte de, Handelsminister unter Karl X. 338

SAINTE-BEUVE, Charles-Augustin, Schriftsteller 252, 336, 415, 418

SAINT-JUST, Louis de, Politiker 51, 108, 114 ff., 129, 131, 133 ff., 177

SAINT-MARSAN 284

SAINT-MARTIN, Louis-Claude, Schriftsteller u. Philosoph 245

SAINT-PRIEST, Vicomte de, Justizminister 64, 286

SAINT-SIMON, Claude-Henri, Comte de, Philosoph 353, 385, 409 f.

SALABERRY, Abgeordneter 314, 327

SALVANDY, Comte de, Minister f. öffentl. Bildung 366

SAND, George, Pseud. f. Amandine-Aurore-Lucie Baronne de Dudevant, Schriftstellerin 373, 403, 412, 425, 445, 452

SANTERRE, Antoine, Bierbrauer 89, 98, 100

SANTHONAX, Konventskommissar 120

SARRETTE, Bernard, Hauptmann der Nationalgarde 183

SAUZET, Justizminister 365, 441

SAVARY, René, Herzog von Rovigo, General 206, 251, 275, 313, 399

SAY, Jean-Baptiste, Nationalökonom 202, 409

SCEY, Comte de, Präfekt 295

SCHEFFER, Ary, Maler 419

SCHILL, Ferdinand von, preuß. Offizier 265

SCHILLER, Friedrich von 92, 417

SCHMALTZ 342

SCHUBERT, Franz, Komponist 247

SCHWARZENBERG, Karl Philipp, Fürst zu, österr. Feldmarschall 279, 285 f.

SCOTT, Walter, schott. Schriftsteller 416, 420

SCRIBE, Eugène, Dramatiker 422

SÉBASTIANI, Horace, Comte de, Marschall 209

SEDAINE, Michel-Jean, Dichter 180

SEGUIN, Marc, Ingenieur 387

SEILLIÈRE, Bankier 172

SÉNAC DE MEILHAN, Gabriel, Schriftsteller 166

SÉNANCOURT, Étienne Pivert de, Schriftsteller 244

SERRE, Comte de 322 ff.

SERVAN, Joseph, Brigadegeneral u. Kriegsminister 95, 101

SÈZE, Raymond de, Anwalt 110

SHAKESPEARE, William, engl. Dramatiker 244, 417, 419 f.

SHERIDAN, Richard Brinsley, engl. Dramatiker u. Erzähler 92

SIEYÈS, Emmanuel-Joseph, Abbé de 54 f., 57, 63, 78 f., 109, 136, 144, 152 f., 160 ff., 185–189, 203, 244, 383

SIMON, General 195

SIMONEAU, Bürgermeister von Étampes 94

SIMONS, Geldspekulant 173

SISMONDI, Jean-Charles-Léonard Simonde de, schweiz. Nationalökonom 409

SMITH, Sidney, engl. Admiral 157

SMITHSON, Harriet, engl. Schauspielerin 424

SOBRIER, Agitator 451

SOUBRANY, Pierre Amable, Konventsabgeordneter 139 f.

SOUHAM, General 287

SOULIER, Kommandant 275

SOULT, Nicolas, Herzog von Dalmatien, Marschall 212, 216 f., 219, 245, 261, 281, 303, 362, 367, 369, 399, 426

SPINA, Monsignore 196

SPONTINI, Gaspare, ital.
Komponist 223, 247
STAËL, Anne-Louise-Germaine,
Baronne de Staël-Holstein,
Schriftstellerin 145, 147, 245
STENDHAL, Pseud. f. Marie Henri
Beyle, Schriftsteller 183, 234, 245,
252 f., 384, 386, 415, 417 f., 423,
425
STOFFLET, Jagdhüter 119, 125
SUCHET, Louis, Herzog von
Albufera, Marschall 199, 281
SUE, Eugène, Schriftsteller 400, 422,
427, 461 f.
SULEAU, Publizist 78
SULKOWSKI, Adjutant Napoleons I.
156
SUWOROW, Alexander, russ.
General 159
SUZANNET 194, 308

TAINE, Hippolyte, Philosoph,
Geschichtsschreiber u. Kritiker
191
TALABOT, Bankier 385, 411
TALLEYRAND-PÉRIGORD, Charles-
Maurice, Herzog von, Fürst von
Benevent, Staatsmann 55, 67 f., 71,
75 f., 78, 96 f., 147, 154, 157, 161,
188, 195 f., 202, 210, 212 f., 251,
259 ff., 264, 275, 284, 286 f., 292,
294, 297, 301, 309, 311 ff., 316, 341,
347, 360, 420
TALLIEN, Jean-Lambert, Konvents-
mitglied 123, 133 f., 136 f.
TALLIEN, Thérésa de Cabarrus,
Marquise de Fontenay 139
TARBÉ, Finanzminister 95
TERNAUX, Guillaume, Baron,
Fabrikant u. Politiker 233

TERRAY, Abbé Joseph-Maria,
Finanzminister 43
TESTE, Pair von Frankreich 433
THÉOT, Cathérine 133
THIARD, General 325
THIBAUDEAU, Abgeordneter 140,
185, 203, 282
THIBAUDET, Albert, Kritiker
356
THIBON, Bankier 232
THIÉBAULT, Baron, General u.
Schriftsteller 60
THIERRY, Augustin, Geschichts-
schreiber 329, 383, 424
THIERS, Adolphe, Staatsmann u.
Historiker 341, 345, 347 f., 350,
362–370, 420, 439 f., 450, 458 f.,
463 f., 468
THIMONNIER, Barthélemy, Erfinder
d. Nähmaschine 387
THOMAS, Émile, Ingenieur 446
THOMIRE 248
THORIGNY, Guillaume, Innen-
minister 466
THOURET, Jacques, Staatsmann 67,
71, 85
THURIOT DE LA ROZIÈRE,
Jacques Alexis, Verschwörer 60,
126, 134, 296
TOCQUEVILLE, Alexis Clérel de,
Politiker u. Schriftsteller 14, 20,
51, 189, 383, 395, 405, 428, 433,
436, 441, 443, 453 f., 456, 459,
465 f., 470, 472
TOLSTOI, Leo Nikolajewitsch, Graf,
russ. Schriftsteller 273
TOPINO-LEBRUN, Maler 194
TOTT, Baron von 154
TOUSSAINT-LOUVERTURE, hait.
Politiker u. General 120

TOUSSENEL, Alphonse, Schriftsteller 385, 411

TREILHARD, Jean-Baptiste, Politiker 78, 116, 132, 234

TRÉLAT, Minister 450

TRÉZEL, Camille, General 429

TRISTAN L'HERMITE, Louis, Profoß 416

TRISTAN, Flora 406

TRONCHET, François, Rechtsgelehrter 78, 110

TUAULT DE LA BOUVERIE 299

TURGOT, Anne-Robert-Jacques, Baron de l'Aulne, Nationalökonom u. Finanzminister 25, 43, 45 ff., 63

VADIER, Abgeordneter 116, 133, 139

VAFFLARD, Maler 246

VANDAMME, Dominique-René, General 279

VANLERBERGHE, Finanzmakler 173, 193, 231

VARLET 121 f.

VAUBAN, Sébastien Le Prestre, Seigneur de, Marschall 43, 88

VAUBLANC, Vincent-Marie, Comte de, Politiker 316, 319

VERGIL, Publius Vergilius Maro, röm. Dichter 415

VERGNIAUD, Pierre-Victurnien, Konventsmitglied 88, 107, 110, 113

VERNET, Joseph, Maler 422

VEUILLOT, Louis, Journalist 427

VIANNEY, Jean-Baptiste-Marie, Priester von Ars 381

VICTOR, Perrin, Herzog von Belluno, Marschall 331

VIDOCQUE, Francois-Eugène, Abenteurer 400, 423

VIGNON, Architekt 247

VIGNY, Alfred de, Schriftsteller 416 ff., 420, 422 f., 425

VIKTOR AMADEUS III., König von Sardinien 96, 106, 149

VILLÈLE, Joseph, Comte de, Ministerpräsident 317 f., 323, 327 f., 330 f., 333 ff., 337 f., 340, 342, 393, 402

VILLEMAIN, Abel François, Bildungsminister 320, 336, 426 f.

VILLENEUVE, Pierre Charles de, Admiral 210 f.

VILLENEUVE-BARGEMONT 383

VILLERMÉ, Publizist 405

VINCENT 129

VIOMENIL, Marquis de 91

VISCONTI, Louis Tullius Joachim, Architekt 422

VITROLLES, Eugène, Baron de, Politiker 287, 318, 320 f.

VIVIEN, franz. Anwalt u. Polizeipräfekt 394

VOLNEY, Constantin, Comte de, Schriftsteller 55, 181, 244

VOLTAIRE, François-Marie Arouet, Schriftsteller 20, 22 f., 25, 27 f., 50, 96, 168, 179, 416, 427

VOULAND, Abgeordneter 117

WALPOLE, Horace, engl. Schriftsteller 245, 414

WATTEAU, Antoine, Maler 180

WEBER, Carl Maria von, dt. Komponist 247, 420

WELLINGTON, Arthur Wellesley,

Herzog von, engl. Feldherr u.
Staatsmann 264, 281, 290, 310f.
WENDEL, François de,
Industrieller 233, 388
WESTERMANN, François-Joseph,
General 123, 130
WINTZINGERODE, Ferdinand von,
russ. Feldmarschall u. Diplomat
285
WITTGENSTEIN, Ludwig, Fürst von,
russ. Feldmarschall 277

WORDSWORTH, William, engl.
Dichter 92
WURMSER, Sigismund von, österr.
General 149

YMBERT, Publizist 393
YORCK VON WARTENBURG, Graf,
preuß. Feldmarschall 276

ZACH, österr. General 200
ZOLA, ÉMILE, Schriftsteller 408

AACHEN 225, 321

ABBEVILLE (Somme) 23, 40

ABUKIR (Schlacht von) 156f., 159f.

ADDA 149

ADRIA 360

AFRIKA 17, 31, 169, 430

ÄGYPTEN 153–158, 201, 209, 369

AISNE (Dep.) 172

AIX (Insel, Charente-Maritime) 314

AJACCIO (Korsika) 162

AKKON 157

ALBI (Tarn) 305

ALENÇON (Orne) 227, 233, 376

ALÈS (Gard) 167, 172

ALESSANDRIA (Piemont) 200

ALEXANDRIA (Ägypten) 155, 369

ALGERIEN 362, 389, 399f., 424, 429f., 456, 466, 469

ALGIER (Algerien) 342, 428

ALKMAAR (Niederlande) 159

ALLIER (Dep.) 233

ALPEN 149, 198, 222, 225, 228

ALTDORF (Schlacht von) 159

ALTENKIRCHEN 148

AMBOISE (Indre-et-Loire) 38

AMERIKA, s. Vereinigte Staaten v. Amerika

AMIENS (Somme) 26, 224, 328

AMIENS (Frieden von) 201f., 205, 209, 282

AMSTERDAM (Niederlande) 26, 267, 280, 321

ANCONA (Italien) 220, 266, 360

ANDALUSIEN (Spanien) 260

ANDELYS, Les (Eure) 269

ANDRÉZIEUX (Loire) 384

ANGERS (Maine-et-Loire) 119, 125

ANJOU 376

ANTILLEN 17, 31, 97, 120, 169, 210, 297, 389

ANTIN (Chaussée d', Paris) 325, 378

ANTWERPEN (Belgien) 132, 224, 264, 297, 360

ANZIN (Nord) 37, 224, 446

AQUITANIEN 290

ARANJUEZ (Revolte von) 259

ARANJUEZ (Vertrag von) 201

ARCOLE (Sümpfe von) 149

ARDÈCHE (Dep.) 375

ARGONNEN 80, 105

ARIÈGE (Dep.) 172

ÄRMELKANAL 210, 226

ARMENTIÈRES (Nord) 435

ARRAS (Pas-de-Calais) 29, 55, 78, 123, 131

ARS (Ain) 381

ARSENAL (Paris) 437

ARTOIS 38, 61

ASIEN 154

ASPERN (Österreich) 263

ATLANTISCHER OZEAN 17, 107, 169, 222, 225f., 389

AUERSTEDT (Schlacht von) 216

AUGSBURG 195, 212, 255

AUSTERLITZ (Schlacht von)
211–219, 221, 250, 262, 273, 458
AUTEUIL (Paris) 32
AUTUN (Saône-et-Loire) 55, 71, 76
AUVERGNE 228, 376
AUXERRE (Yonne) 304
AVIGNON (Vaucluse) 17, 92, 96, 150,
158, 297
AZOREN (Inseln) 301

BAILÉN (Andalusien) 260, 294
BALLHAUS (Schwur) 57, 98
BARD (Fort) 199
BAR-LE-DUC (Meuse) 56
BASEL (Frieden von) 148, 199
BAS-RHIN (Dep.) 225, 305
BASSANO (Italien) 149
BASSES-ALPES (Dep.) 468
BASTILLE (Paris) 60f., 65, 453, 471
BATAVISCHE REPUBLIK 148, 151,
158, 201, 209, 214
BAUTZEN 278
BAYERN 148, 198, 212ff., 262f., 267
BAYONNE (Pyrénées-Atlantiques)
259
BAYREUTH 215
BAZANCOURT 233
BÉARN 49
BEAUCAIRE 172
BEAUCE (Loir-et-Cher) 376
BEAUJOLAIS 174
BEAUVAIS 61
BELFORT 284
BELGIEN 106, 132, 150, 158, 173,
200, 219f., 224, 280, 285, 297, 308,
310, 340, 360, 430
BELLEVILLE (Paris) 190
BERESINA 274
BERG (Großherzogtum) 222, 267
BERGUES (Nord) 423

BERLIN 215f., 219, 276–279
BERN (Schweiz) 431
BERRY 45
BESANÇON (Doubs) 26, 298, 410, 412
BÉZIERS (Hérault) 305
BIBERACH 199
BIDASSOA 281
BIESKI (Rußland) 272
BLAYE (Gironde) 362
BLOIS (Loir-et-Cher) 286
BÖHMEN 96, 262, 279, 285
BOLOGNA (Italien) 360
BON-SECOURS (Kloster) 233
BORDEAUX (Gironde) 31f., 113, 120,
123, 125, 169, 172, 226f., 282, 287,
290, 313, 338, 372, 389, 403
BORISSOW 272
BORMIDA-TAL 148
BORODINO 273
BORYSTHENES 272f.
BOUCHES-DE-L'EBRE (Dep.) 267
BOUCHES-DE-LA-MEUSE
(Dep.) 267
BOUCHES-DU-RHÔNE (Dep.) 107,
453, 458
BOULOGNE (Pas-de-Calais) 210, 367
BOUNDOU (Senegal) 342
BOURBON (Insel, La Réunion) 330
BOURBON (Palais) 223, 315, 348,
350, 451
BOURGES (Cher) 167, 451
BOURMONT 342
BRANDENBURG 218, 276
BRASILIEN 259
BRAUNAU 262
BREISACH 199
BREMEN 267
BRENTA 149
BRESLAU 278
BREST (Finistère) 118, 211

BRETAGNE 49, 62, 120, 227, 328, 374, 376
BRIE 374, 376
BRIENNE (Aube) 285
BRÜSSEL 413
BURGUND 304, 328
BUZENÇAIS (Indre) 447

CÁDIZ (Spanien) 211, 260, 328, 332
CAEN (Calvados) 26, 120, 227, 269
CAHORS (Lot) 70
CALAIS (Pas-de-Calais) 225
CAMPO FORMIO (Frieden von) 150, 153
CANAL DU MIDI 235
CANTAL (Dep.) 107
CARDIBONA-PASS 148
CARROUSEL (Place du) 438
CASSANO (Schlacht von) 158
CASTELLANE (Basses-Alpes) 303
CASTIGLIONE (Schlacht von) 149
CEVENNEN 364
CHAILLOT 247
CHALON-SUR-SAÔNE 304
CHÂLONS-SUR-MARNE 105, 286
CHAMBORD (Loir-et-Cher) 327f.
CHAMPAGNE 61, 105, 374, 376, 435, 445
CHAMPAUBERT (Marne) 285
CHAMPS-ÉLYSÉES 437, 468
CHARENTE (Dep.) 107
CHARENTE-INFÉRIEURE (Dep.) 458
CHARENTON (Val-de-Marne) 244
CHARLEROI (Belgien) 310
CHARTRES (Eure-et-Loir) 55, 78, 87
CHÂTEAU-THIERRY (Aisne) 286
CHÂTILLON-SUR-SÈVRE 308
CHAUMONT (Haute-Marne, Vertrag von) 286, 369
CHER (Dep.) 76, 404

CHERASCO (Waffenstillstand) 149
CHERBOURG (Manche) 349
CHOLET (Maine-et-Loire) 119, 125
CINTRA (Abkommen von) 260
CISALPINISCHE REPUBLIK 150, 158, 201f., 213
CIVITAVECCHIA 220
CLAMART (Hauts-de-Seine) 446
CLAMECY (Nièvre) 468
CLERMONT-FERRAND (Puy-de-Dôme) 88
CLICHY (Hauts-de-Seine) 146, 190
COLMAR (Haut-Rhin) 328f.
COMBOURG (Ille-et-Vilaine) 37
COMPIÈGNE (Oise) 292
CONDÉ 298
COPPET (Schweiz) 245
CORRÈZE (Dep.) 107
CÔTE-D'OR (Dep.) 174
CRAONNE 286
CREUSE (Dep.) 76, 376, 455, 458
CREUTZWALD 233

DALMATIEN 213, 263
DÄNEMARK 220, 226
DANZIG 216f., 257, 276f.
DAUPHINÉ 49, 57, 66, 76, 358
DEGO (Italien) 149
DEN HAAG 148, 267
DENNEWITZ 279
DEUTSCHLAND 92, 96, 153, 165, 178, 195, 198, 200, 209ff., 213ff., 218, 220, 222, 225, 245, 247, 260, 265, 268, 276–280, 284, 297, 415, 430, 448
DIGNE (BASSES-ALPES) 303
DIJON (CÔTE-D'OR) 26f., 49, 88, 199, 325
DOMBES 166
DONAU 148, 212, 262

DONAUWÖRTH 212, 262
DOUAI 108
DOUBS (Dep.) 295
DOVER (Großbritannien) 210
DRESDEN 274, 277ff., 314
DRISSA (Rußland) 272
DRÔME (Dep.) 375, 458, 468
DRUJA (Rußland) 272
DÜNA 272
DÜNKIRCHEN 114, 225
DURANCE 375

EBRO 281
EGGMÜHL 262
EL-AZHAR (Moschee) 156
ELBA 201, 288, 300f., 309, 314
ELBE 218, 276f.
ELCHINGEN 212
EL FERROL 210
ELSASS 62, 91f., 95f., 114, 126, 225, 312
ÉLYSÉE-PALAST (Paris) 310, 459, 467
ENGLAND 13, 17, 22f., 52, 73, 92, 111, 119, 148, 150, 152, 154, 157f., 169, 194, 198, 201, 209ff., 215, 219ff., 226, 261, 267, 269f., 279, 286, 301, 309, 312, 332, 349, 360, 367ff., 376, 388, 402, 409, 413f., 416, 428, 434, 440, 457, 472
ÉPINAL (Vogesen) 328, 458
ERFURT (Konferenz von) 260
ESSLING 263
ÉTAMPES (Essonne) 94
ÉTOILE (Drôme) 67
ETRURIEN (Toskana) 201, 220
ETSCH (Tal) 149
ETTENHEIM 206
EURE (Dep.) 88, 231
EURE-ET-LOIR (Dep.) 231
EUROPA 50, 92f., 106, 110, 157ff.,

184f., 188, 201f., 208, 210, 214, 218, 222, 225, 258, 262, 264–267, 282, 291, 300f., 303, 309, 330f., 348, 353, 360, 368f., 400f., 416, 430f., 444
ÉVREUX (Eure) 324
EYLAU (Preußisch-) 217, 219

FERNEY (Ain) 23
FEURS (Loire) 123
FINISTÈRE (Dep.) 458
FLANDERN 62, 92, 105, 148, 172, 312
FLEURUS (Belgien) 132
FLORENZ 265
FONTAINEBLEAU (Seine-et-Marne) 237, 274, 283, 287, 396
FONTAINEBLEAU (Dekret von) 288
FONTAINEBLEAU (Vertrag von) 258, 268
FONTENAY-LE-COMPTE (Vendée) 123
FRANCHE-COMTÉ 49, 61, 91, 308, 435
FRANCIADE (Saint-Denis) 190
FRANKFURT AM MAIN 268, 274
FRIEDLAND (Schlacht bei) 218f.

GAETA (Italien) 460
GANGES 155
GARD (Dep.) 70, 172, 174
GAZA (Israel) 157
GEISBERG 126
GENF 26, 158, 199, 224
GENT (Belgien) 80, 354, 417
GENUA 150, 158, 199f., 227f.
GIRONDE (Dep.) 88, 402
GOLF VON JUAN (Alpes-Maritimes) 301
GOLYMIN (Polen) 217
GOURDON (Lot) 70

GRANDCHAMP (Morbihan) 194
GRANVILLE (Manche) 125
GRASSE (Alpes-Maritimes) 303
GRENELLE 146
GRENOBLE (Isère) 49, 55, 183,
    301, 303ff., 318, 326
GRIGNON (Yvelines) 373
GROSS-BEEREN 279
GUADELOUPE 120
GUAYANA 152

HAM (Gefängnis) 367, 412, 457
HAMBURG 168, 267, 276
HANAU 280
HANNOVER 154, 214f., 218
HARTWELL (Großbritannien) 303
HAUTE-GARONNE (Dep.) 153,
    379, 466
HAUTE-LOIRE (Dep.) 166
HAUTE-VIENNE (Dep.) 458
HAUT-RHIN (Dep.) 305
HAYANGE (Moselle) 233, 388
HEILSBERG 217
HENNEGAU 62
HÉRAULT (Dep.) 70, 468
HOCHKIRCH 278
HOHENLINDEN 200, 205
HOLLAND 97, 111, 148, 158f.,
    209, 214, 219f., 224f., 266f.,
    280
HONDSCHOOTE 114
HONFLEUR (Calvados) 440
HÜNINGEN 284

ÎLE DE FRANCE 38, 76, 172
ILLYRIEN 235
INDIEN 25, 155, 330
INDRE (Dep.) 76
INN 262, 279
INNTAL 212

INVALIDES (Hôtel des) 441
ISÈRE (Dep.) 458
ISLY (Wadi) 429
ISTRIEN 213
ITALIEN 51, 92f., 147–150, 156, 158,
    163, 177f., 198ff., 209, 211, 213f.,
    218ff., 222, 225, 227f., 245, 262,
    265, 267f., 280f., 284f., 297, 357,
    360, 430, 448, 462

JAFFA 157
JAVEL 223
JEMAPPES 106, 348, 354
JENA 211–219
JOUY-EN-JOSAS (Yvelines) 233
JURA 285
JUVISY 287

KAIRO 156, 368
KALUGA (Rußland) 273
KARNAK (Ägypten) 156
KÄRNTEN 263
KASSEL 218
KATALONIEN 132, 281
KATZBACH 279
KAUKASUS 400
KEHL 199
KIEW 271
KOBLENZ 95, 285, 303, 340
KOLBERG 216
KÖNIGSBERG 216ff.
KONSTANTINOPEL 154, 157, 195,
    209, 218, 261, 368
KOPENHAGEN 218f.
KORSIKA 376, 458
KOWNO (Rußland) 271
KRAIN (Österreich) 263
KRAKAU 263, 431
KRASNOJE (Rußland) 274
KREFELD 225

KROATIEN 263
KULM 279
KÜTAHYA (Vereinbarung von) 368

LA-CROIX-AUX-BOIS (Schlucht)
105
LAFFREY (Isère) 303
LA FLÈCHE (Sarthe) 237
LA GRAND-COMBE 37
LAIGLE (Orne) 233
LA MEILLERAYE (Trappisten-
kloster) 359
LANCASHIRE (Großbritannien) 221
LANDAU 126, 312
LANDSBERG 262
LANDSHUT 262, 272
LANGEAIS 382
LANGRES (Plateau von) 285
LANGUEDOC 62, 91, 298, 376, 386
LAON (Aisne) 174, 286
LA ROCHELLE (Charente-Maritime)
31, 226, 329
LA ROCHE-SUR-YON (Vendée) 119,
228
LA ROTHIÈRE 285
LE CREUSOT (Saône-et-Loire) 32,
446
LE HAVRE (Seine-Maritime) 169,
227, 403
LEIPZIG 274
LEIPZIG (Völkerschlacht bei) 279
LE MANS (SARTHE) 125
LEOBEN 150
LE PELETIER 143
LE PLESSIS 27
LES BROTTEAUX 123
LES GRAVILLIERS 126
LES SABLES D'OLONNE 119
LES SABLONS 143
LIGNY (Belgien) 310

LILLE (Nord) 40, 224, 372, 436
LIMERAY 39
LIMOGES (Haute-Vienne) 407, 450
LISSABON 195, 218, 259
LIVORNO (Italien) 220, 227, 300
LOBAU (Insel) 262f.
LODI (Brücke von) 149
LOIRE 123, 125, 376, 388, 408
LOIRE-INFÉRIEURE (Dep.) 227, 295
LOIRET (Dep.) 70, 76
LOMBARDEI 150
LONATO (Schlacht von) 149
LONDON 26, 97, 165, 201, 203, 210,
215, 221, 321, 336, 360, 369, 413,
460
LONDON (Vertrag von) 369
LONGWY (Moselle) 102
LOTHRINGEN 62, 312, 376
LOT-ET-GARONNE (Dep.) 176
LOUISIANA (USA) 209
LOUVIERS (Eure) 233
LOUVRE (Paris) 180, 232, 242, 245,
247, 347
LOZÈRE (Dep.) 94
LÜBECK 267
LUBLIN (Polen) 263
LUNÉVILLE (Meurthe-et-Moselle,
Frieden von) 200
LÜTZEN 277
LÜTTICH 132, 224
LUXEMBOURG (Palais) 161, 223, 315,
422, 450
LUXOR (Ägypten) 156
LUYNES 382
LYON (Rhône) 26f., 77, 91, 104, 113,
120, 123, 125, 137, 151, 169, 193,
206, 225f., 267f., 282, 286, 304,
307f., 322, 328, 359, 363, 371f.,
376, 384f., 389, 400, 402f., 408,
410, 435, 442

MAAS 147f.

MACHECOUL (Loire-Atlantique) 119

MÂCON (Saône-et-Loire) 62, 304, 436

MACTA, LA (Algerien, Niederlage von) 429

MADAGASKAR 342

MADRID 281

MADRID (Aufstand von) 259ff.

MAGDEBURG 216, 218, 276

MÄHREN 255

MAILAND 96, 149f., 199, 202, 213, 220, 222, 228

MAIN 148, 212, 277

MAINE-ET-LOIRE (Dep.) 227

MAINTENON (Eure-et-Loir) 349

MAINZ 106, 199, 280

MALO JAROSLAWEZ (Rußland) 273

MALMAISON 248, 311

MALTA 155, 209f.

MANCHESTER 221

MANNHEIM 285

MANTUA 149

MARENGO (Schlacht) 195f., 200

MARIENBURG 17, 277, 312

MARNE (Dep.) 295, 306, 314

MAROKKO 424, 429

MARSEILLE 29, 35, 68, 99ff., 107, 113, 120, 226f., 281f., 313, 328, 365, 371, 385, 388f., 410, 446, 453

MARSFELD 67, 82, 89, 132, 151, 308

MARTINIQUE 120, 202

MASKAT (Oman) 209

MAUBEUGE (Nord) 114, 125

MAYENNE (Dep.) 227, 375

MAZAS 468

MEDINA 260

MÉNILMONTANT 411

MÉRY-SUR-SEINE (Aube) 286

METZ (Meuse) 26, 80, 90, 105

MILLESIMO 149

MINCIO (Tal) 149

MINSK (Rußland) 272

MISSISSIPPI 72

MITTELMEER 151, 155, 159, 169, 209, 226, 342, 371, 376, 385, 389, 429

MODENA (Italien) 149f., 360

MODLIN 276

MOHILEW (Rußland) 272

MOLODETSCHNA (Rußland) 275

MONDOVI (Italien) 149

MONS (Belgien) 286

MONTARGIS (Loiret) 396

MONTBÉLIARD (Doubs) 158, 297

MONT CENIS 225, 228

MONTEBELLO 200

MONTENOTTE (Schlacht) 148

MONTEREAU (Seine-et-Marne) 286, 396

MONTMÉDY 80

MONTMIRAIL (Aube) 285

MONTPELLIER (Hérault) 108, 183

MONTREUIL (Seine-Saint-Denis) 190

MONTSERRAT (Dep.) 267

MORBIHAN (Dep.) 458

MORIÈRES 182

MORTEFONTAINE (Vertrag von) 201

MORVILLE 330

MOSEL 148

MOSELLE (Dep.) 239, 316, 458

MOSKAU 270f., 273

MOSKWA 273

MOSSUL (Irak) 424

MOYEUVRE (Moselle) 233, 388

MÜLHAUSEN 158, 225, 386

MÜNCHEN 200, 212

NANCY (Meurthe-et-Moselle) 26, 29, 118, 373

NANTES (Loire-Atlantique) 31f., 61, 123, 125, 137, 167, 169, 226f., 305, 372, 405, 422, 450

NAREW (Rußland) 271

NAVARINO (Griechenland) 368

NEAPEL 158, 214, 220, 222, 228, 258f., 267, 280f., 328

NECKAR 212

NEERWINDEN (Belgien) 111

NEMOURS (Seine-et-Marne) 396

NEUILLY (Hauts-de-Seine) 32

NEUSIEDEL 263

NEUVY-SUR-LOIRE (Nièvre) 469

NEZIB (Schlacht bei) 368

NIEDERBRONN 233

NIEDERLANDE 17, 80, 97, 286, 312

NIÈVRE (Dep.) 77, 128, 167, 174, 233, 468

NILDELTA 156

NÎMES (Gard) 137, 172, 305, 313, 351, 450

NINIVE (Ruinen von) 424

NIORT (Deux-Sèvres) 125

NIZZA 17, 106, 148f., 158

NJEMEN 218, 271

NORD (Dep.) 239

NORDSEE 151

NORMANDIE 27, 61f. 120, 227, 231, 308, 389, 435, 445

NORWEGEN 277

NOTRE-DAME DE PARIS 128, 208, 242, 293, 383

NOVI (Italien) 158, 160

ODER 276f.

ODESSA (Rußland) 316

OGLIO (Italien) 149

OLDENBURG (Herzogtum) 267, 269

OLÉRON (Insel, Charente-Maritime) 152

ORAN (Algerien) 342

ORLÉANS (Loiret) 76, 197, 287, 374

ORNE (Dep.) 231, 268

ÖSTERREICH 90, 92, 96, 111, 148, 158, 198, 210f., 213f., 218, 220, 260–263, 271, 278f., 286, 301, 309, 312, 330, 369

OSTSEE 269

OSMANISCHES REICH 368

OUESSANT (Finistère) 132

OURTHE (Belgien) 243

PALAIS-ROYAL (Paris) 59, 77, 346, 349, 359

PAMIERS 116

PAMPLONA 281

PANTHÉON 78, 146, 454

PANTIN 190

PARIS (Frieden von) 149, 297

PARISER BECKEN 39, 374

PARMA 149, 266, 360

PASSY (Paris) 32, 190

PFORZHEIM 212

PHILIPPEVILLE (Belgien) 17, 312

PIACENZA (Italien) 149, 266

PIAVE 150

PICARDIE 61, 146, 376

PIEMONT 148, 158, 200, 222, 228, 267, 431

PILLNITZ 93

PISA 220

PLYMOUTH (Großbritannien) 314

PO 149

POISONNIÈRE (Paris) 232, 454

POITIERS (Vienne) 57

POLEN 95, 148, 222, 270f., 357, 430, 451

POMMERN 218, 235

PONDICHÉRY (Indien) 120
PONTS-DE-CÉ (Maine-et-Loire) 119
POPINCOURT (Kaserne) 275
PORTOFERRAIO (Elba) 301
PORTUGAL 220, 258, 260, 360
POSEN (Polen) 274
PRAG (Kongreß) 279
PRATZEN (Plateau von) 213
PRESSBURG (Frieden von) 213 f.
PREUSSEN 92, 96, 106, 111, 148, 198, 214 ff., 218, 276 ff., 286, 309, 312, 369
PRIPJET (Rußland) 271
PROVENCE 76, 123, 282, 380
PULTUSK (Polen) 217
PYRENÄEN 17, 111, 114, 222, 260

QUARTIER LATIN (Paris) 439
QUERCY 70
QUIBERON (Morbihan) 146, 417
QUINZE-VINGTS (Paris) 437
RAAB (Ungarn) 263
RAINCY (Schloß, Seine-Saint-Denis) 173, 348
RAMBOUILLET (Yvelines) 345, 349
RASTATT 150
RÉ (Insel, Charente-Maritime) 152
REGENSBURG 96, 262
REICHENBACH 278 f.
REICHSHOFEN 126
REIMS (Marne) 27, 40, 104, 167, 233, 286, 333, 350, 435
RENNES (Ille-et-Vilaine) 29, 55, 195, 298, 305, 317, 385
RHEIN 17, 93, 106, 111, 148, 158, 177, 199, 201, 214 f., 218, 220, 222, 225, 274, 280, 285, 312, 332, 369, 424, 430
RHÔNE 91, 303, 313
RHÔNE (Dep.) 172

RIOM (Puy-de-Dôme) 55
RIVE-DE-GIER (Loire) 408
RIVOLI 149
ROANNE (Loire) 384
ROCHEFORT (Charente-Maritime) 311
RODEZ (Aveyron) 305
ROER (Dep.) 225
ROM 158, 168, 184 f., 196 ff., 218, 247, 265, 283, 338, 340, 424, 431, 460, 462
ROMAGNA 150, 360
RÖMISCHE REPUBLIK 158
ROUBAIX (Nord) 386
ROUEN 26, 40, 173, 193, 227, 268, 361, 372, 402 f., 435, 450, 456
ROVERETO (Schlacht bei) 149
ROVILLE (Meurthe-et-Moselle) 373
RUSSLAND 158, 198, 201, 210, 215, 218, 220, 222, 237, 269 ff., 276 f., 279 f., 286, 309, 312, 316, 368 f.

SAALE 276
SAARBRÜCKEN 312
SAARLOUIS 312
SACHSEN 215 f., 218
SAINT-ANTOINE (Paris) 59, 65, 89, 99, 101, 103, 120, 139, 306, 347, 361, 379, 437 ff., 468
SAINT-CHAMOND (Loire) 226
SAINT-CLOUD (Hauts-de-Seine) (Schloß) 79, 161, 345, 347, 440
SAINT-CYR (Yvelines) 237
SAINT-DENIS (Seine-Saint-Denis) 179, 299, 311
SAINT-DENIS (Paris) 367, 454, 468
SAINT-DIZIER (Haute-Marne) 286
SAINTE-CLOTILDE (Paris, Kirche) 422

SAINT-ETIENNE (Loire) 226, 384, 442, 446

SAINT-ETIENNE (Becken von) 388

SAINTE-MENEHOULD (Aisne) 80

SAINT-GERMAIN (Paris) 237, 317, 325, 359, 378 f., 385, 415

SAINT-HONORÉ 192

SAINT-JULIEN (Tours) 39

SAINT-MALO (Ille-et-Vilaine) 298

SAINT-MARCEAU (Paris) 139, 306

SAINT-MARCEL (Paris) 103, 454

SAINT-MARTIN (Paris) 367, 439, 468

SAINT-PIERRE-ET-MIQUELON (Inseln) 120

SAINT-OUEN 292 ff.

SAINT-QUENTIN (Aisne) 146, 224, 389, 463

SAINT-ROCH 298, 420

SALAMANCA 281

SALM 267

SALZBURG 263

SAN GIORGIO (Schlacht) 149

SAMBRE 147 f., 310

ST. BERNHARD 199, 246

ST. GOTTHARD 199

ST. HELENA 163, 185, 201, 205, 228, 234 f., 301, 309, 314, 416

ST. PETERSBURG (Rußland) 270 ff.

SANTO DOMINGO (Haiti) 93, 120, 155, 169, 209, 330

SAÔNE-ET-LOIRE (Dep.) 458

SARDINIEN 148, 312

SARTHE (Dep.) 227, 231

SATORY (Lager, Yvelines) 464

SAUMUR (Maine-et-Loire) 119, 174 f., 329, 396

SAVENAY (Vendée) 123, 125

SAVONA 265

SAVONA (Konkordat von) 283

SAVOYEN 17, 96, 106, 126, 148 f., 158, 297, 312

SCEAUX (Hauts-de-Seine) 190

SCHAFFHAUSEN 199

SCHLESIEN 218, 276 ff., 285 f.

SCHÖNBRUNN 347

SCHOTTLAND 373

SCHWABEN 211 f.

SCHWARZWALD 212

SCHWEDEN 210, 220, 222, 277, 354

SCHWEIDNITZ 279

SCHWEIZ 158 f., 201, 209, 214, 220, 222, 225, 267, 279 f., 285, 354

SEDAN (Ardennen) 40, 103, 233

SÉES (Orne) 233

SÈGRE 267

SÉGUR (Edikt von) 34

SEINE (Dep.) 68, 142, 161, 176, 234, 246, 269, 275, 287, 311, 314, 351, 411, 458

SEINE (Fluß) 112, 223, 384

SEINE-ET-MARNE (Dep.) 70, 231

SEINE-ET-OISE (Dep.) 231

SEINE-INFÉRIEURE (Dep.) 231, 372

SEMMERING (Paß) 150

SÉMOUVILLE 285

SENEGAL 202, 297, 342

SENLIS (Oise) 167

SENS (Yonne) 76

SÈVRES (Hauts-de-Seine) 238, 248

SIDI-BRAHIM 429

SIDI-FERRUCH 342

SIMPLON (Paß) 228

SIZILIEN 214 f., 354

SLONIM (Rußland) 271

SMOLENSK (Rußland) 272 ff.

SOISSONS (Aisne) 61, 97, 99, 174

SOMME (Dep.) 231

SOMOSIERRA (Spanien) 261

SPANIEN 90, 111, 148, 201, 209, 218,
220, 227, 245, 258–262, 264, 270,
281 f., 284, 331 f., 342, 366, 415
SPEYER 106
STETTIN 277
STOCKACH 158, 199
STOCKHOLM 218 f.
STRALSUND 277
STRASSBURG 99, 118, 174, 183, 225,
282, 366, 372
SÜDAMERIKA 97, 247
SUEZ (Isthmus von) 154
SURAY (Rußland) 272
SYRIEN 157, 368 f.

TABOR (Schlacht von) 157
TAHITI 430
TARARE (Rhône) 226
TAUROGGEN (Konvention von)
276
TEJO 360
TER (Dep.) 267
TESSIN 267
THEBEN 156
THEMSE 166
THORN 216 f., 276
THOUARS (Deux-Sèvres) 329
TILSIT 218, (Frieden von) 226, 269
TIROL 148, 213
TITTERI (Algerien) 342
TOBAGO 97, 120
TOLENTINO (Frieden von) 150
TORGAU 276
TOSKANA 228, 266
TOUL (Meurthe-et-Moselle) 105
TOULON (Var) 114, 118, 125, 143,
155, 160, 163, 210, 306
TOULOUSE (Haute-Garonne) 26 f.,
49, 61, 108, 153, 172, 287, 290, 305,
313, 317, 330 f., 372

TRAFALGAR 211, 258
TRAPPES (Yvelines) 238
TRIANON (Yvelines, Erlaß von) 268
TRIER 91, 96
TRIEST 220, 227, 263 f., 314
TROYES (Aube) 40, 47, 167, 285, 287
TUILERIEN 59, 66, 79 f., 90, 98 ff.,
110, 112, 132, 223, 247, 250, 256 f.,
274, 303 f., 306, 318, 321, 341, 343,
345, 355, 358, 439 f., 442
TURIN 90 f., 149, 158, 165, 228
TÜRKEI 269

ULM 199, 212, 219, 255
UNGARN 96
UZÈS (Gard) 313

VACQUEVILLE (Meurthe-et-
Moselle) 38
VALENCE (Drôme) 67, 168
VALENCIA 281
VALENCIENNES (Nord) 114, 224
VALMY (Schlacht) 105 f., 354
VANNES (Morbihan) 305
VAR (Dep.) 199, 458, 468
VARENNES (Meuse) 80 f., 91, 93
VAUCHAMPS 268
VAUCLUSE (Dep.) 92
VENAISSIN (Grafschaft) 92, 150, 375
VENDÉE 94, 111, 113, 116, 119, 121,
123, 125, 193, 196, 199, 227 f., 300
VENEDIG 59, 150, 213, 222
VERCELLI 196
VERDUN (Meuse) 102 f.
VEREINIGTE STAATEN VON
AMERIKA (USA) 17 f., 41, 45, 155,
201, 209, 226, 248, 258, 261, 354,
366, 415, 457
VERONA 145, 150
VERONA (Kongreß von) 331